本书系：

国家社科基金重大项目（17ZDA088）

国家自然科学基金项目
（71772164；71402168；71772163；71632005；71573234；71772165）

中国博士后科学基金（2016M600399）

浙江省自然科学基金项目（LY17G020023；LY17G020024）

资助

支持单位：

浙江工业大学中国中小企业研究院

浙江工业大学中小微企业转型升级协同创新中心

南京大学商学院

转型期我国民营企业国际化若干理论研究

程聪 贾良定 Monica Yang 等著

Zhuanxingqi Woguo Minying Qiye
Guojihua Ruogan Lilun Yanjiu

中国社会科学出版社

图书在版编目（CIP）数据

转型期我国民营企业国际化若干理论研究/程聪等著. —北京：中国社会科学出版社，2018.12
ISBN 978-7-5203-2955-2

Ⅰ.①转… Ⅱ.①程… Ⅲ.①民营企业—国际化—研究—中国 Ⅳ.①F279.245

中国版本图书馆 CIP 数据核字（2018）第 180618 号

出 版 人	赵剑英
责任编辑	卢小生
责任校对	周晓东
责任印制	王　超
出　　版	中国社会科学出版社
社　　址	北京鼓楼西大街甲 158 号
邮　　编	100720
网　　址	http://www.csspw.cn
发 行 部	010-84083685
门 市 部	010-84029450
经　　销	新华书店及其他书店
印　　刷	北京明恒达印务有限公司
装　　订	廊坊市广阳区广增装订厂
版　　次	2018 年 12 月第 1 版
印　　次	2018 年 12 月第 1 次印刷
开　　本	710×1000　1/16
印　　张	39.75
插　　页	2
字　　数	612 千字
定　　价	188.00 元

凡购买中国社会科学出版社图书，如有质量问题请与本社营销中心联系调换
电话：010-84083683
版权所有　侵权必究

前　言

　　随着世界经济格局的转变,以中国为首的新兴市场国家日益成为当前经济全球化的中坚力量。《2016年度中国对外直接投资统计公报》显示,2016年中,国对外直接投资达到1961.5亿美元的历史新高,同比增长34.7%,在全球对外投资中占13.5%,稳居世界第二位。另外,2016年,有2.44万家境内投资机构设立对外直接投资企业3.72万家,覆盖了全球190多个国家(地区)。中国企业的大规模国际化经营标志着以新兴市场企业为代表的全球化新时代已经到来。更重要的是,随着近年来中国经济发展进入新常态、供给侧结构性改革、人民币国际化等国家重大战略决策的相继实施,中国政府正尝试以"走出去"战略、"一带一路"倡议等来推动经济全球化进一步发展,为维护全球自由贸易体系和开放型世界经济格局提供"中国方案"。在此背景下,中国企业如何发挥好全面"走出去"战略的"排头兵"作用成为我国当前理论界与实务界都十分关注的焦点问题。

　　企业国际化战略关乎今后很长一段时间内中国"走出去"发展战略的实施成效和未来发展,是一项涉及政治、经济、文化等多方面因素的系统工程,需要从国家政策制度、全球产业布局、企业跨国经营等多个视角谋篇布局、全盘规划。尤其是在当前传统发达国家受全球经济衰退影响、企业国际化发展动力不足的背景下,国际贸易保护主义思潮不断抬头,发达国家对新兴经济体国家设置了新的技术转移、知识产权保护和市场进入壁垒。例如,2017年年初,美国特朗普政府宣布退出《跨太平洋伙伴关系协定》(TPP);2018年3月,美国商务部宣布对我国中兴通讯实施元器件禁运处罚等。当前,中国企业的国际化经营战略比以往面临着更高的风险。特别是一些具备较好发展潜力、通过国际化经营能够成长为世界级企业的中国企业，如何科学判断国内外市场制度体系、找到适合企业国际化经营最优战略的路径，不仅成为中国企业国际化经营的终极目标，同时也是中国政府全面"走出去"战略实施赋予中国企业的历史使命。

近些年，民营企业在我国企业国际化经营中扮演越来越重要的角色，并且取得了令人瞩目的成就。截至2016年年末，我国对外投资流量中，非公有经济占68%，成为我国对外投资的主角。相对于国有企业来说，我国民营企业由于在市场经济大潮中成长起来，不仅具备敏锐的市场洞察力，同时政商关系也十分清晰，在国际市场经营中受到的歧视和偏见较少。随着国家大力推进"走出去"战略、"一带一路"倡议，在国内市场日益拥挤的情况下，这些具有良好基础的民营企业纷纷"扬帆出海"，寻找另外一片天地。然而，我国民营企业在国际化经营中竞争劣势也十分明显，从企业自身来看，企业规模小、实力薄弱、国际化经营经验不足、国际化经营人才稀缺等是制约民营企业发展的重要因素。从政策机制层面来看，当前我国各级政府及相关机构对于民营企业国际化经营的支持力度明显小于国有企业。另外，国内的融资、法律等咨询机构尚未形成体系，缺乏成熟有效的企业国际化经营服务机制。这些不足也是当前我国民营企业国际化经营效益不理想的重要原因。

本书正是基于以上重要发展背景，充分汲取笔者所在团队的前期研究成果，旨在通过前沿理论探讨、定性定量分析、典型案例解剖和应用对策研究等综合方法，对当前国际贸易保护主义思潮不断高涨和我国实施全面"走出去"战略双重背景下，为民营企业更好地实施国际化经营战略提供理论指导和实践启发。本书首先从制度理论视角切入，系统地阐述了我国政府部门有关企业对外投资的管理制度变迁、国际市场制度差异情景下企业国际化的动力机制、战略多元化和国际化过程中的制度逻辑、模仿机制等相关制度理论基础。其次，从企业创新、人力资源管理和并购决策机制三个视角，系统地梳理了中国民营企业国际化的相关理论发展脉络，构建了一个较为全面、系统的中国民营企业国际化理论框架。最后，基于笔者所在团队对于前期企业国际化研究的理论积累和浙江、江苏、广东等地200余家民营企业国际化案例的实地调研，总结了若干推进我国民营企业国际化战略的实践思考。总体来说，本书通过分析国际经济格局转变和我国经济转型发展之间关系的调整，从政府政策体系改革、国际制度文化差异和企业国际化经营战略诉求三个层面揭示了全面推进中国民营企业国际化的必要性、可行性以及制度保障和具体战略路径，对我国当前的民营企业国际化经营具有深刻的理论启发意义和实践指导价值。

在我国改革开放 40 年的历程中，针对我国民营企业国际化的研究成果虽然浩如烟海，但非常分散，研究成果破碎化现象十分严重。基于长达十年的实地跟踪调查和田野访谈，笔者所在的团队收集到了代表中国民营企业发展最高水平的长三角和珠三角地区的大量民营企业的资料，并紧紧围绕企业国际化经营进行了全方位、长期和系统的跟踪研究，获得了持续性、系统性的研究成果。总体来说，本书的学术价值和社会价值主要体现在以下两个方面：

其一，在理论贡献方面，本书提出了我国全面"走出去"战略背景下关于民营企业国际化经营的一套较为系统的概念和理论，提出了从国家监管制度改革、制度体系构建、创新能力培养、人力资源配置和战略决策机制等理论视角剖析中国民营企业国际化经营过程中面临主要障碍的理论逻辑基础，并提出了可操作化的对策建议。本书前期主要成果以 30 余篇论文的形式发表在 *Journal of Business Research*、*International Journal of Entrepreneuriap Behaviour and Research*、《管理世界》《南开管理评论》等国内外期刊上，部分成果观点还被《人大报刊复印资料》等全文转载或论点摘编，或者以研究报告的形式获得省级主要领导的批示并被相关部门采纳。这些研究成果为本书系统地梳理中国民营企业国际化理论奠定了扎实的理论基础。

第一，关于民营企业国际化制度相关理论。本部分首先阐释了我国政府管理体系关于企业国际化经营管理机制变革的理论背景，在此基础上阐述了企业国际化过程中的制度创业与多元化决策机制，总结了企业国际化经营中多元化战略生态决策的特征及其对企业国际化经营的启示。最后，以浙江民营企业为研究对象，采用定性和定量相结合的方法，系统地展示了国际化过程中我国民营企业制度逻辑变革过程，总结了民营企业国际化过程中的制度模仿机制。

第二，关于民营企业国际化创新相关理论。本部分首先从企业技术创新能力、线上或线下融合经营、知识转移以及网络嵌入等视角探讨了企业竞争力的问题。通过进一步的理论总结和梳理，提出了民营企业国际化过程中的创新模式理论，总结出了成熟市场驱动型、新兴市场驱动型、企业内部驱动型和投机市场驱动型企业国际化经营创新模式。

第三，关于民营企业国际化人力资源管理理论。本部分主要从创业者和高层管理者团队两个层面分析企业国际化经营绩效问题。创业者角度主要考虑到民营企业家族决策体制在企业国际化创业过程中的影响和作用，我们从创业者心理资本、政治技能、个体特质和领导风格四个视角开展分析。关于高层管理者团队，主要探讨企业国际化经营中高层管理者团队关系管理及其对企业国际化绩效的影响机制。

第四，关于民营企业国际化决策机制相关理论。本部分首先回顾了企业跨国并购的驱动机制，并识别出了规范市场型、转型市场型、封闭市场型和震荡市场型四种驱动机制。其次，在此基础上，针对特定的企业国际化驱动模式，分别从组织合法性、资源基础、所有权参与、制度同构等角度进行讨论。最后，我们以我国资源型企业为例，总结出了一个企业跨国并购战略决策的理论模型。

第五，关于民营企业国际化战略的理论。本部分主要从企业动态竞争角度论述了企业如何根据竞争对手的竞争意图来实施反击策略，并将企业战略决策划分为理性决策和感性决策两种类型，提出企业理性决策模式，比如通过联盟、兼并等手段获得核心技术专长，对于企业实施反击策略的重要性，这为企业国际化经营提供了可借鉴的思路。此外，我们还讨论了企业实施战略性企业社会责任项目时应具备的独特性组织特征，这也是企业国际化经营中应该具备的基本素质。

其二，在应用对策方面，本书在深刻总结我国民营企业国际化相关理论分析结果的基础上，与当前的政策实践紧密结合起来，特别是围绕国家提出的"一带一路"倡议、人民币国际化、供给侧结构性改革、《中国制造2025》等宏观顶层设计，经过广泛调研后整理形成本书，为政府决策部门提出了翔实可靠的政策建议。多份研究报告被浙江省经信委、浙江省商务厅、浙江省中小企业局等政府职能部门采纳及应用。

本书也是国家自然科学基金重点项目（71632005）、国家自然科学基金项目（71772164、71402168、71772163、71573234、71772165）以及中国博士后基金（2016M600399）和浙江省自然科学基金项目（LR19G020001、LY17G020023、LY17G020024）的阶段性研究成果。在研究过程中得到了浙江工业大学中国中小企业研究院、浙江工业大学中小微企业转型升级协同创新中心和南京大学商学院等平台的大力支持。参加本书写作的主要团队成员有程聪、贾良定、Monica Yang、谢洪明、郭元源、池仁勇、钟慧慧、钱加红等，感谢钟慧慧、钱加红等对初稿进行的编撰和校对工作，程聪负责对全书进行了统稿。

本书在研究和撰写过程中，一直得到国家自然科学基金委、国家社科规划办、教育部社科司、中共浙江省委办公厅、浙江省政府办公厅、浙江省经信委、浙江省商务厅、浙江省社科联等政府相关部门及机构的大力支持，并对本书前期的实地调研、资料收集、数据完善等工作提供了极大的帮助，在此一并表达笔者的诚挚感谢。同时，还要感谢中国社会科学出版社编审卢小生及其专业团队的辛勤工作，他们为本书的出版付出了诸多心血和努力，他们严谨的态度和专业的操作保证了本书的顺利出版。

最后，尽管本书的内容凝结了笔者及团队十多年来关于我国民营企业国际化潜心研究的成果，但由于企业国际化所面临的复杂多变环境，国内外政策制度差异巨大，再加上笔者能力所限，仍然有很多理论需要进一步研究阐释。本书如有不足或者其他不妥之处，敬请各位读者批评指正。

程　聪

2018年6月于小和山

研究框架和章节安排

从引进外资、"三来一补"、OEM 到中国企业"走出去"参与国际竞争，短短 30 多年间，中国企业已经成为全球市场上的重要力量之一。中国企业的大规模"走出去"，打破了全球产品市场、要素市场的平衡，成为名副其实的参与者。作为新兴市场的后发企业，中国企业面临的"来源国劣势"和"外来者劣势"更加突出。一方面，中国既是全球最大的发展中国家，也是最大的新兴市场国家，中国企业国际化过程受到发达国家制度歧视、文化偏见的挑战，甚至将中国企业国际化经营作为 21 世纪的经济"侵略"，引发了一些国家政府的警觉和不满，对中国企业在当地市场的经营做出各种限制。另一方面，大部分中国民营企业技术实力不强、国际化经验不足，在国际化战略实施过程中面临着价值观分歧、技术陷阱、管理失控等治理难题，常常陷入"技术落后—技术获取—技术再落后—技术再获取"的恶性循环。在企业跨国并购方面，表现出"购而不整、整而不合"的怪圈。对于政府扶持力度相对较小、技术基础相对落后的中国民营企业尤其如此。因此，本书从制度理论和战略理论两个视角探索中国民营企业的国际化问题，尝试回答如何消除中国民营企业面临的"来源国劣势"和"外来者劣势"双重困境的问题。

从制度理论来看，中国民营企业由于"身份"问题，一直到 20 世纪 90 年代初国家出台关于非国有企业国际化经营的相关法律法规之后，民营企业国际化才走上快速发展的道路。因此，从宏观管理角度来看，关于中国民营企业国际化研究，我们首先需要对国家相关管理部门和机构关于我国对外投资的政策演变过程进行总结。从企业微观视角来看，中国民营企业由于出身于改革开放的市场大潮中，具有敏锐的市场嗅觉，形成了百折不挠的生存（创业）能力，有必要从企业国际化制度创业视角再一次审视中国民营企业的国际化过程。考虑到民营企业国际化经营经验的欠缺和国内外制度体系的巨大差异，制度同构压力下的制度模仿也成为中国民营企业国际化过程的重要理论依据之一。为了进一步论证制度理论对于民营企业国际化的影响机制，我们在本书第四篇展开了详细的定性定量检验和理论总结。

从战略理论来看，中国民营企业国际化既是国内竞争加剧、市场逐渐饱和压力下的必然选择，也是民营企业参与国际竞争、追求更高水平发展的必然要求。我们首先总结了中国民营企业国际化过程中的多元化战略理论，并根据国内外市场环境的要求，论证了多元化战略基础上的企业战略生态及其战略群理论，提出了民营企业国际化过程中的企业决策是一个涉及技术、人力资本、资源基础乃至范式变革的系统决策过程。同时，从企业创新和人力资源管理两个理论视角展开详细阐述，民营企业国际化过程中的创新主要体现在技术和知识获取能力、经营策略能否适应东道国市场要求、新技术下企业经营范式的转变等方面，本质上说，这是由民营企业实力薄弱所决定的。而人力资源管理视角下的民营企业国际化主要体现在民营企业创业者自身特质和高层管理者团队建设两个方面，中国大部分发展较好的民营企业都有一个德高望重、一言九鼎的明星创业者，这在民营企业国际化中体现得尤为明显，例如吉利的李书福、万向的鲁冠球、三花的张道才等。创业者的胆识、魄力和勇气往往会对民营企业国际化产生决定性影响。而关于高层管理者团队的建设则体现在具体的国际化经营层面，民营企业国际化经验不足可以通过高素质的企业管理层团队构建来弥补，这也是我们重点论证的观点之一。这些理论观点的阐述主要体现在本书的第二篇和第三篇中。

在总结了上述理论观点的基础上，我们结合对研究对象的实地考察，进行了一些实践上的反思和提炼，总结了若干民营企业国际化经营的实践启示。主要包括企业经验总结和政府政策建议两个方面。在企业经验方面，我们提出了企业通过兼并和收购核心资产来重塑企业核心专长的重要性，尤其是在当前面对竞争环境动态化日趋复杂的背景下，企业需要不断拓展自身的核心竞争领域。另外，从一个战略性企业社会责任的案例中，提出国际化经营中企业明确的项目目标导向、及时的项目市场反应、显著的项目经济效益以及良好的项目声誉机制能够提高企业的竞争力。在宏观政策方面，主要从浙江民营企业国际化经营借鉴国外经验、浙江民营企业征信体系建设、民营企业规模化与振兴浙江实体经济等角度论证了民营企业国际化的必要性和现实意义。本部分内容主要体现在第五篇中。

  总体上看，本书的内容安排围绕纲举目张、效用结合的原则，首先，从我国民营企业面临的"来源国劣势"和"外来者劣势"双重挑战出发，提出了从制度理论和战略理论分别探讨企业面临上述两大挑战的理论突破口，在此基础上，将制度理论细化为制度创业和制度模仿两个子理论，并从企业战略决策机制角度论证了制度同构、组织合法性、驱动机制等决策过程机制对于企业国际化的影响机制。其次，将战略理论划分为多元化和战略生态两个子理论，并归纳为企业创新和人力资源管理两大内容，企业国际化创新理论主要探讨了技术创新、知识获取、经营策略调整以及产业关系等对于国际化经营的影响。而人力资源管理则聚焦在创业者特质和高层管理者团队两方面。最后，基于理论成果提出了企业层面的经营策略和政府层面的对策建议。本书研究的理论逻辑和章节内容安排如下图所示。

4 / 研究框架和章节安排

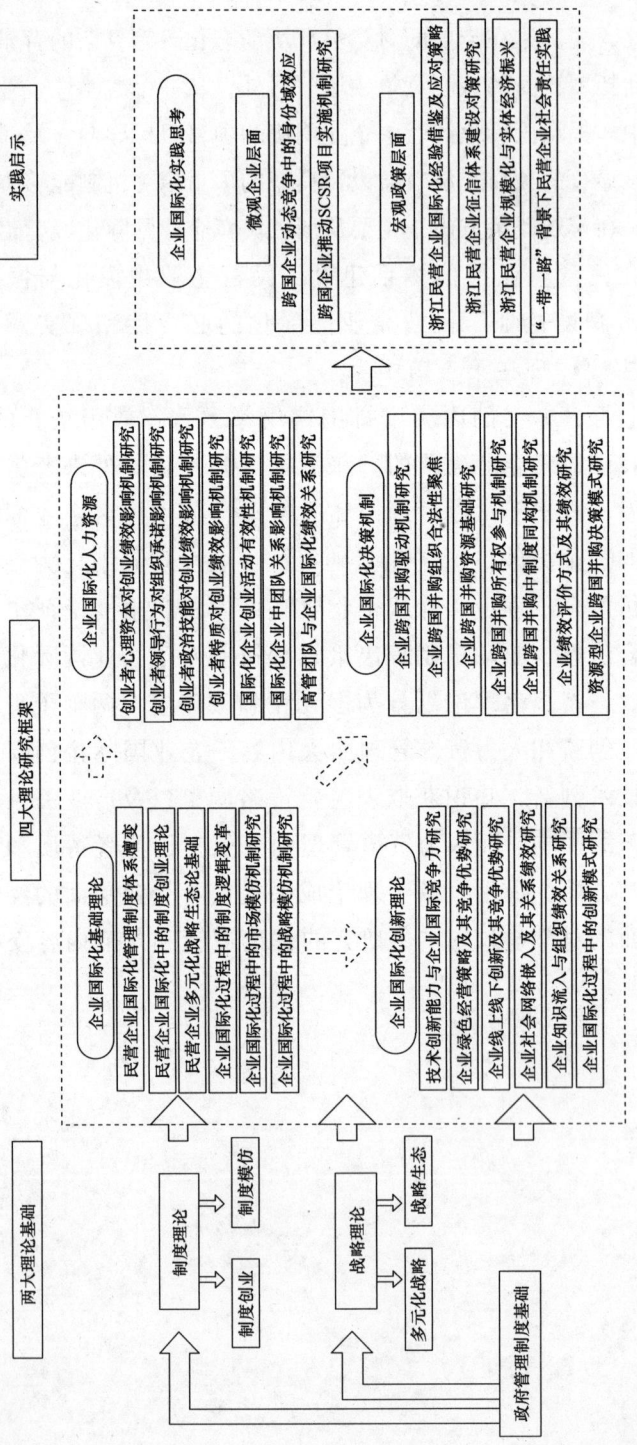

本书研究的逻辑框架和章节安排

目　录

第一篇　民营企业国际化基础理论研究

第一章　我国企业国际化管理制度体系嬗变 ································ 3
- 第一节　我国企业国际化现状 ································ 3
- 第二节　我国企业国际化相关宏观政策变迁 ················ 4
- 第三节　我国企业国际化管理机制及政策分析 ·············· 14
- 第四节　结论与讨论 ·· 23

第二章　民营企业国际化中的制度创业理论 ···························· 33
- 第一节　理论背景 ·· 33
- 第二节　组织场域理论基础 ·································· 37
- 第三节　企业制度创业过程机制 ······························ 40
- 第四节　理论总结 ·· 45

第三章　民营企业多元化战略生态理论基础 ···························· 46
- 第一节　企业战略多元化 ···································· 46
- 第二节　企业战略生态化 ···································· 48
- 第三节　企业战略生态演进 ·································· 52
- 第四节　企业战略群论 ······································ 59
- 第五节　理论总结 ·· 74

第四章 企业国际化过程中的制度逻辑变革 …… 76

第一节 研究背景 …… 76
第二节 理论基础 …… 78
第三节 研究方法 …… 83
第四节 研究发现 …… 88
第五节 结论与讨论 …… 102

第五章 企业国际化过程中的市场模仿机制研究 …… 107

第一节 研究背景 …… 107
第二节 相关理论及假设 …… 108
第三节 研究方法 …… 113
第四节 实证分析 …… 115
第五节 结论与讨论 …… 118

第六章 企业国际化过程中的战略模仿机制研究 …… 120

第一节 研究背景 …… 120
第二节 相关理论及假设 …… 122
第三节 研究方法 …… 125
第四节 数据分析和结果 …… 128
第五节 结论与讨论 …… 130

第二篇 民营企业国际化创新理论研究

第七章 技术创新能力与企业国际竞争力研究 …… 135

第一节 研究背景 …… 135
第二节 相关理论及假设 …… 137
第三节 研究方法 …… 141
第四节 数据分析和结果 …… 143

第五节　结论与讨论 …………………………………………… 149

第八章　企业绿色经营策略及其竞争优势研究 …………………… 151

第一节　研究背景 ……………………………………………… 151

第二节　相关理论及假设 ……………………………………… 152

第三节　研究方法 ……………………………………………… 155

第四节　数据分析和结果 ……………………………………… 160

第五节　结论与讨论 …………………………………………… 163

第九章　企业线上或线下创新及其竞争优势研究 ………………… 165

第一节　研究背景 ……………………………………………… 165

第二节　理论基础 ……………………………………………… 167

第三节　研究方法 ……………………………………………… 171

第四节　研究与结论 …………………………………………… 179

第十章　企业社会网络嵌入及其关系绩效研究 …………………… 181

第一节　研究背景 ……………………………………………… 181

第二节　相关理论及假设 ……………………………………… 182

第三节　研究方法 ……………………………………………… 190

第四节　数据分析和结果 ……………………………………… 192

第五节　结论与讨论 …………………………………………… 194

第十一章　企业知识流入与组织绩效关系研究 …………………… 197

第一节　研究背景 ……………………………………………… 197

第二节　相关理论及假设 ……………………………………… 198

第三节　研究设计 ……………………………………………… 201

第四节　数据分析和结果 ……………………………………… 204

第五节　结论与讨论 …………………………………………… 207

第十二章　企业国际化过程中的创新模式研究 ········ 209

第一节　研究背景 ········ 209
第二节　相关理论基础 ········ 210
第三节　研究设计 ········ 213
第四节　数据分析和结果 ········ 215
第五节　结论与讨论 ········ 220

第三篇　民营企业国际化人力资源研究

第十三章　创业者心理资本对创业绩效影响机制研究 ········ 225

第一节　研究背景 ········ 225
第二节　相关理论及假设 ········ 227
第三节　研究方法 ········ 232
第四节　数据分析和结果 ········ 234
第五节　结论与讨论 ········ 237

第十四章　创业者领导行为对组织承诺影响机制研究 ········ 239

第一节　研究背景 ········ 239
第二节　相关理论 ········ 240
第三节　研究设计 ········ 246
第四节　结论与讨论 ········ 252

第十五章　创业者政治技能对创业绩效影响机制研究 ········ 255

第一节　研究背景 ········ 255
第二节　相关理论及假设 ········ 257
第三节　研究设计 ········ 260
第四节　数据分析和结果 ········ 262
第五节　结论与讨论 ········ 267

第十六章 创业者特质对创业绩效影响机制研究 …… 270

- 第一节 研究背景 …… 270
- 第二节 相关理论及假设 …… 271
- 第三节 研究设计 …… 275
- 第四节 数据分析和结果 …… 277
- 第五节 结论与讨论 …… 281

第十七章 国际化企业创业活动有效性机制研究 …… 283

- 第一节 研究背景 …… 283
- 第二节 相关理论基础 …… 284
- 第三节 研究设计 …… 289
- 第四节 数据分析和结果 …… 291
- 第五节 结论与讨论 …… 303

第十八章 国际化企业中团队关系影响机制研究 …… 305

- 第一节 研究背景 …… 305
- 第二节 相关理论及假设 …… 306
- 第三节 研究设计 …… 311
- 第四节 数据分析和结果 …… 313
- 第五节 结论与讨论 …… 315

第十九章 高层管理者团队与企业国际化绩效关系研究 …… 317

- 第一节 研究背景 …… 317
- 第二节 相关理论及假设 …… 318
- 第三节 研究设计 …… 322
- 第四节 数据分析和结果 …… 324
- 第五节 结论与讨论 …… 326

第四篇　民营企业国际化决策机制研究

第二十章　企业跨国并购驱动机制研究 ································ 331
 第一节　研究背景 ································ 331
 第二节　相关理论基础 ································ 333
 第三节　研究设计 ································ 336
 第四节　数据分析和结果 ································ 338
 第五节　结论与讨论 ································ 344

第二十一章　企业跨国并购组织合法性聚焦 ································ 346
 第一节　研究背景 ································ 346
 第二节　相关理论基础 ································ 347
 第三节　研究设计 ································ 352
 第四节　主要发现 ································ 357
 第五节　结论与讨论 ································ 374

第二十二章　企业跨国并购资源基础研究 ································ 380
 第一节　研究背景 ································ 380
 第二节　相关理论基础 ································ 381
 第三节　研究设计 ································ 386
 第四节　数据分析和结果 ································ 388
 第五节　结论与讨论 ································ 393

第二十三章　企业跨国并购所有权参与机制研究 ································ 395
 第一节　研究背景 ································ 395
 第二节　相关理论及假设 ································ 396
 第三节　研究设计 ································ 401
 第四节　数据分析和结果 ································ 402

第五节　结论与讨论……………………………………… 405

第二十四章　企业跨国并购中制度同构机制研究……………… 407
　　第一节　研究背景………………………………………… 407
　　第二节　相关理论及假设………………………………… 408
　　第三节　研究设计………………………………………… 411
　　第四节　数据分析和结果………………………………… 412
　　第五节　结论与讨论……………………………………… 417

第二十五章　企业绩效评价方式及其效果研究………………… 418
　　第一节　研究背景………………………………………… 418
　　第二节　相关理论及假设………………………………… 420
　　第三节　研究设计………………………………………… 424
　　第四节　结论与讨论……………………………………… 431

第二十六章　资源型企业跨国并购决策模式研究……………… 433
　　第一节　研究背景………………………………………… 433
　　第二节　相关理论基础…………………………………… 434
　　第三节　研究设计………………………………………… 438
　　第四节　实证分析………………………………………… 441
　　第五节　结论与讨论……………………………………… 446

第五篇　民营企业国际化战略的实践思考

第二十七章　跨国企业动态竞争中的身份域效应……………… 451
　　第一节　研究背景………………………………………… 451
　　第二节　相关理论基础…………………………………… 453
　　第三节　研究设计………………………………………… 457
　　第四节　案例分析………………………………………… 465

第五节　结论与讨论 …………………………………………… 478

第二十八章　跨国企业推动 SCSR 项目实施机制研究 ……………… 483

第一节　研究背景 ……………………………………………… 483
第二节　相关理论基础 ………………………………………… 485
第三节　SCSR 项目案例分析 ………………………………… 490
第四节　进一步的实证检验 …………………………………… 497
第五节　结论与讨论 …………………………………………… 504

第二十九章　浙江民营企业国际化经验借鉴及应对策略 ……………… 509

第一节　浙江民营企业国际化经营现状分析 ………………… 509
第二节　浙江民营企业国际化经营劣势探讨 ………………… 510
第三节　日本和韩国企业国际化经营经验分析 ……………… 513
第四节　促进浙江民营企业国际化经营的对策建议 ………… 515

第三十章　浙江民营企业征信体系建设对策研究 ……………………… 518

第一节　浙江民营企业国际化经营迫切需要
　　　　征信体系支撑 ………………………………………… 518
第二节　浙江"先行先试"取得的经验借鉴 ………………… 519
第三节　完善浙江民营企业征信体系建设的建议 …………… 522

第三十一章　浙江民营企业规模化与实体经济振兴 …………………… 524

第一节　浙江实体经济发展现状分析 ………………………… 524
第二节　振兴浙江实体经济的三大原则 ……………………… 525
第三节　以民营企业"小升规"为抓手,振兴实体经济 …… 526
第四节　促进民营企业"小升规",振兴实体经济的
　　　　对策建议 ……………………………………………… 528

第三十二章　"一带一路"背景下民营企业社会责任实践 ……… 532

第一节　加强企业社会责任是实施"一带一路"
　　　　倡议的必然要求……………………………… 532
第二节　我国民营企业社会责任实践的不足……………… 533
第三节　加强我国企业社会责任建设的对策与建议……… 535

参考文献……………………………………………………… 538

第一篇
民营企业国际化基础理论研究

在我国全面"走出去"战略、"一带一路"倡议等深入推进的大背景下，如何提高中国民营企业国际化经营水平已经成为当前理论研究的重要问题之一。党的十九大报告指出，培育一批具有国际核心竞争力的跨国企业是当前我国实施"走出去"战略的重要抓手。本篇首先对改革开放以来我国关于企业对外投资的相关政府管理部门的管理体系及机制变迁进行了整理分析，并以制度理论和战略理论两个基本理论为基础，总结出影响中国民营企业国际化的主要理论发展脉络及其基本观点。其中，关于制度理论，主要讨论了企业国际化制度创业、制度逻辑变革以及制度同构机制等理论观点。关于战略理论，主要探讨了多元化战略及其生态基础、创新战略、人才竞争等理论观点，为后面的研究奠定了扎实的理论基础。

第一章 我国企业国际化管理制度体系嬗变

第一节 我国企业国际化现状

近年来,我国对外直接投资增长十分迅速。《2016年度中国对外直接投资统计公报》显示,2016年,中国对外直接投资达到了1961.5亿美元的历史新高,同比增长34.7%,占全球对外投资的13.5%,稳居世界第二位。另外,2016年,有2.44万家境内投资机构设立了对外直接投资企业3.72万家,覆盖全球190多个国家(地区)。作为对外投资的主要方式之一,我国企业国际化热潮的兴起源自我国经济的快速崛起和我国政府近年来大力倡导的"走出去"战略,在国内市场竞争白热化和海外广阔的市场机遇的驱使下,我国企业进入国际市场参与国际化竞争的欲望越发强烈,而我国独特的国家制度所带来的产业竞争优势,进一步增加了企业希望通过国际化战略,充分利用国家政策优势来完成企业国际化经营战略转型的意愿(Luo and Tung, 2007; Rui and Yip, 2008; Luo et al., 2010; 蓝庆新和张雅凌, 2009)。近年来,我国企业的国际化活动引起了全世界的关注。一方面,我国企业以后来者的身份并购了很多发达国家的"领先企业",引起了实务界和理论界的广泛讨论。另一方面,我国企业在国际化过程中体现出来的强劲实力也让竞争对手非常震惊。从传统发展理论视角来看,后发企业不仅技术水平、研发实力方面落后于发达国家企业,而且在并购经验、国际化经营方面也存在经验不足的问题,从而使我国企业如何在如此短的时间内获得显著的国际化成效成为实务界和理论界关注的焦点。

关于我国企业国际化的研究中，很多学者都从我国独特的国家制度体系视角来探讨。大部分学者认为，我国独特的制度因素在塑造我国企业国际扩张行为和投资模式中发挥了重要作用。自改革开放以来，我国一直坚持有中国特色社会主义市场经济制度，这一制度体系也是我国对外经济合作的基本原则。在这种最核心的基本经济制度体系下，我国政府构建了以国务院为首的行政制度管理架构，这种权力制度架构对我国企业的国际化活动产生了深远的影响。比如，我国政府部门在为跨国企业提供制度支持时所起的关键性作用，包括为这些在国际竞争过程中面临后发劣势、特殊能力缺乏、受到新债外债等威胁的我国跨国公司提供金融和非金融的制度支撑，等等。更重要的是，我国政府部门的具体政策如何刺激对外直接投资的过程至关重要，因为它同时决定了政策制定和跨国公司发展的实际效益。在改革开放后的 40 年时间里，我国从一个小角色发展成为发展中国家国际化中极其重要的资本输出国。以我国长达 30 多年的对外投资合作政策制度演进为分析对象，本章将阐述我国政府在对外直接投资及国际化中发挥的重要作用，以及我国政府的一系列政策如何鼓励我国企业的国际化。

第二节 我国企业国际化相关宏观政策变迁

一 企业国际化中的政府权力层级划分

自新中国成立以来，我国政府一直在经济建设中发挥着重要的影响力。在计划经济时期，政府主导了我国国民经济建设，改革开放后，虽然我国政府对计划经济进行了大规模的改革，但建设有中国特色社会主义市场经济的国家经济发展规划中，还是肯定了政府在经济建设中的作用。从我国对外投资发展来看，20 世纪 70 年代末期，改革开放刚刚起步时，我国政府有关对外直接投资采取的是一种相当消极的态度，积极鼓励国外企业到我国来投资，而对于本土企业的境外投资行为则控制得十分严格。这种鼓励境外资本流入而限制国内资本流出的政策一直持续到 20 世纪 80 年代中期。到了 80 年代末期，少数国有企业开始尝试在国外开展投资经营活动，例如，1986年，中国国际信托投资有限公司（以下简称"中信"）收购加拿大赛尔加纸浆厂项目，这是我国最早的对外投资项目之一。当时，该项目并非经营不善，而是由于环境保护、文化差异等因素形成的企业经营矛盾，在我国政府的授意下，董事会最终决定关闭加拿大的赛尔加纸浆厂，这给中信乃至国家造成了巨大的经济损失。这个时期，我国企业国际化活动主要由政府主导，在企业国际化活动中，除经济因素之外，还掺杂着政治、地缘等非经济性因素。进入20世纪90年代，国际政治、经济联系日益频繁，企业国际化活动逐渐成为国与国之间经济、社会交往的重要方式。这个时期，随着我国经济市场化改革的不断深入，一些最早成长起来的大型企业也开始尝试走出国门，进行跨国经营活动。我国政府也逐渐放开对于企业对外投资的各种政策制约，允许一些发展良好、潜力巨大的企业实施对外投资经营活动。

进入21世纪以来，经济全球化所带来的贸易、金融与投资自由化成为世界未来经济发展不可逆转的趋势。我国政府也逐渐意识到了全球化对于促进经济长期增长、提升国家影响力的巨大作用。我国政府在决策中深刻认识到可以采用企业"走出去"的方式参与全球化，以更加温和、灵活的方式实现中国的"和平崛起"，并在地区乃至全球范围内参与国际经济、政治以及文化的管理（Knight，2008），发出中国的声音。如今来看，随着我国经济总量稳居世界第二位，国民经济保持稳健增长，国内政治稳定，我国在国际经济政治中的话语权越来越有分量，在一大批具备较强国际竞争力的跨国企业支撑下，我国经济已经在很大程度上嵌入了全球经济体系，通过大量企业的对外投资合作，我国几乎与世界上所有国家都建立了经济联系。在技术相对落后、跨国经营经验不足的背景下，我国企业国际化活动能够在短短的十几年之内获得飞速发展，离不开我国政府部门的大力支持。尽管国际市场竞争标准带来的压力在一定程度上削弱了我国政府在企业国际化经营中的影响力，但这也是我国政府部门愿意看到的，因为中国企业的国际化、市场化竞争不仅验证了我国特色社会主义市场经济的发展成就，同时也检验了中国企业在西方市场经济体系中的竞争力。

世界主要发达国家的经济萎靡和我国经济的稳健增长给我国企业提供了对外兼并和收购的重要契机。比如，谋求稀缺资源、加强外交关系等。中国企业国际化活动在2008年国际金融危机之后又达到一个高潮。在这种企业全方位"走出去"战略背景下，中国企业国际化活动也出现了新问题，具体表现在国有企业国际化行为面临的各种经济政治阻力日趋增大，国家有关部门对民营企业国际化活动的支持力度不够，等等。从国家层面来看，我国有关企业国际化的法律、金融、财政和税收等政策仍然难以满足新形势下企业的实际需求，政策上的制度体系仍需要进一步完善。从行政管理层面来看，有关企业国际化的行政审批、监管环节十分复杂，效率低下，在企业国际化的信息服务和政策导向方面却不充分。当然，我国政府高层也注意到了解决这些问题的迫切性，并从最高行政管理层级推出了一系列改革措施，包括：①简化对外直接投资行政管理程序；②改革外汇交易制度，放松资本管制；③提供关于我国投资机会的信息与指导；④降低我国企业对外直接投资的政治风险。

我国经济全球化以及由此带来的经济结构转型的另一问题是，对我国既有行政管理权力的冲击。快速国际化的经济进程必然会对我国既有的行政管理体系造成影响，因此，在企业国际化的行政管理决策过程中，我国政府并没有全盘照搬西方国家的经济制度和市场化管理体系。从中国企业国际化相关宏观政策和管理制度的演变来看，虽然我国实施了全面"走出去"发展战略，但由于企业全方位国际化所面临的许多新情况，例如，新的贸易规则和经营模式。这是我国政府在决策过程中需要重点考虑的。由于很难把握这种国际化经营对于我国经济乃至政治可能产生的潜在影响，因此，在具体的政策制定和决策过程中仍然存在很多模糊之处。从国家顶层政治体系架构层面上，我国政府有关企业国际化的政策措施往往混合了经济和政治因素的管理秩序态势（Luo et al.，2010）。这种带有混合目的的经济秩序并非政府追逐经济扩张的自然结果，而是政府权衡各种利弊后的折中决策。

从行政级别来看，国务院各部委与省级行政部门（省人大、人民政府等）具有同等的行政级别，但在具体的企业国际化相关政策制定甚至导向方面，省级行政部门所发挥的影响力往往无法与国务院各部委相提并论，省级行政单位的对外投资策略导向必须以国务院各部委的政策导向为基本指导。相较于其他国家地区，我国各地区发展不平衡的现状尤为突出，显然，各省级行政单位对于国家有关企业国际化活动的规章制度政策反应差异很大。地方政府必然是通过频繁地与相关部委、中央其他机构的沟通、协调中获得特殊"照顾"，典型的就是针对特定省份、特定地区的企业国际化相关政策，例如，针对浙江温州的金融改革试点、在上海自贸区内的对外投资优惠政策等。总体来说，随着国家关于企业对外投资活动管制的日益松动，无论是在中央内部机构，还是在中央和地方政府机构之间，他们对于企业国际化活动的相关经济政策和改革项目里，所涉及的矛盾都在逐渐减少。而那些获得显著成功的对外直接投资项目会同时为中央政府和地方政府带来丰厚的利益回报。在这一轮企业国际化大潮中，我国各级地方政府都希望国家进一步放开企业国际化的行业管制等，提供更多元、更强烈的刺激政策。企业国际化带来的出口增加，国际化扩张带来的新技术引进，以及业务扩张带来的税收收入等，不仅对于国家有利，对于地区的发展也有极大的促进作用。在中国企业国际化活动中，中央政府各部门间、地方政府虽然在权力层级上存在"天花板效应"，但都是隶属于国务院领导的同一个政治权力团体，不同权力层级之间在对外投资的政治经济利益方面仍然呈现出互补的态势，而且共同为推进国家有关中国企业国际化的宏伟蓝图负责（Luo et al.，2010）。

我们以国有企业的国际化管理为例，我国隶属于不同层级国资委管辖的国有企业在实施国际化战略之前，首先要经过国资委的详细审查，审查通过后再向商务部申请批准，一些涉及国计民生或者具有重要影响力的国际化项目还需要向国家发展改革委乃至国务院汇报、审核。相对于国有企业，我国民营企业的国际化活动在审批方面相对简单，一般只需要经省级主管部门（主要是商务厅）审核批准即可。近年来，随着我国大力鼓励民营企业"走出去"，原本归商务部、国家发展改革委主管的对外投资审批权已经下放到省一级的商务厅和发展改革委，极大地推动了我国民营企业的国际化活动效率。我国对外投资中权力架构体系可以用图1-1来表示。

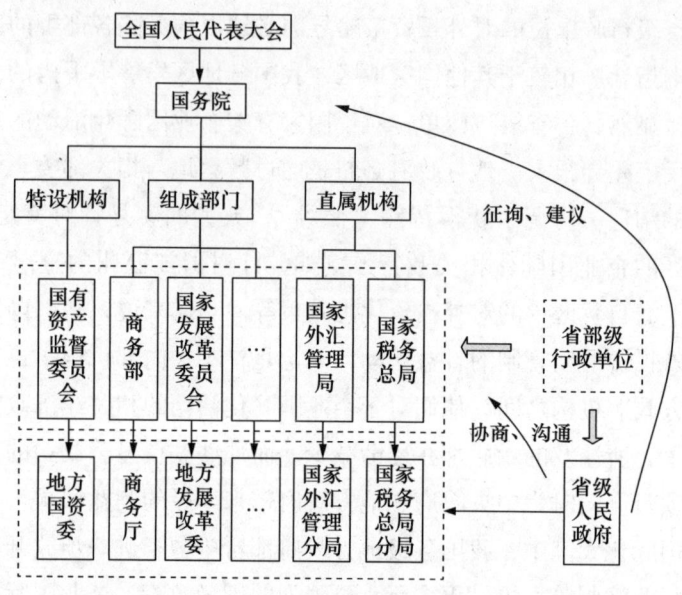

图 1-1 我国对外投资中的权力架构体系

资料来源：笔者整理。

二 我国企业国际化相关宏观政策演进特征

从 20 世纪 70 年代末期开始，在以改革开放为标志的大规模经济建设过程中，从中央到地方的我国各级政府部门都深度参与了这种全国性的经济建设国家发展战略。这种政府深度参与经济建设的过程在我国企业国际化活动方面也体现得尤为明显（Luo et al., 2010; Ren et al., 2011），我国各级政府部门在推动企业实施对外投资战略、引导企业对外投资目标和区位选择、塑造企业国际化行动规范方面都发挥了十分重要的作用。从 20 世纪 70 年代末开始一直到现在，我国经济建设的宏观政策经历了显著的变迁过程。从企业对外投资视角来看，可以划分为以下四个阶段：

（一）探索阶段（1979—1990 年）

1978 年，党的十一届三中全会提出了改革开放战略，由此拉开了我国接下来持续了 30 多年的经济高速发展阶段。到 20 世纪 80 年代中期，一部分在我国经济改革中发展起来的企业（主要是国有企业）已经初步具备了国际竞争力,并开始尝试走出国门参与世界市场竞争。然而,当时的我国经济建设虽然取得了巨大的进步,但从经济制度体系来看,仍然难以完全摆脱计划经济的牵绊,针对企业的市场地位、产业范围以及其他方面的限制仍然较多,从而迫切要求我国政府针对企业对外投资出台相关的法律制度。20 世纪 80 年代初,国务院首次明确了中国企业海外投资与发展的概念,并开始制定具体的法律政策来对我国企业海外投资活动进行引导和管理。由于我国正处于改革开放初期,企业也处于对外投资的起步阶段,不仅企业缺乏足够的对外投资经验和参考。另外,受制于我国独特的社会经济发展制度,我国政府在对外投资政策制定方面也面临着"摸着石头过河"的窘境,因此,这个时期的企业对外投资规章制度建设还处于摸索阶段。从当时国家的宏观政策和相关部委几个代表性的规章制度内容来看,我国企业对外投资的政策体系具有内容单一、限制严格、适度开放以及谨慎行事的特点。这就使当时的我国企业在对外投资活动中常常面临着审批渠道单一、审批程序复杂以及效率低下的问题。

(二) 逐步完善阶段 (1991—2000 年)

20 世纪 90 年代初,我国发生了两件对我国经济建设影响十分深远的事件。第一件事是 1992 年年初,邓小平在考察了武昌、深圳、珠海、上海等南方城市之后,提出了坚定不移地贯彻执行党的"一个中心、两个基本点"的基本路线,坚持走中国特色社会主义道路,抓住当前有利时机,加快改革开放的步伐,集中精力把经济建设搞上去的我国经济建设发展总方针。第二件事发生在 1992 年 12 月,江泽民同志在党的十四大报告中明确指出,在我国深化改革与扩大开放的国家经济发展政策中,要加大对中国企业的对外投资与企业跨国经营运作。在邓小平南方谈话和党的十四大关于加强我国企业对外直接投资政策的指导下,我国相关政府部门制定了更加详细的对外投资法律规定和制度体系,并增加了对企业对外直接投资的管理和监控系统。

随着我国改革开放政策的不断深化和对外经济技术合作的持续发展,国内成长起来的企业到海外投资经营的情况逐年增多。我国部分企业通过对外直接投资引进国外先进技术、补充国内短缺资源等方面起到了一定的积极作用。由于我国大部分企业缺乏对外直接投资经验，对国际市场和外国法律制度体系不熟悉等原因，也有一些海外直接投资项目并没有获得预期的效果，甚至出现对外直接投资亏损、失败的问题，不仅给国家造成巨大的经济损失，也给当时的政治稳定带来了负面影响。因此，以国家计划委员会和国家对外经济贸易合作部为主的国家有关职能部门制定了一系列规范我国对外直接投资的法律法规和制度规章体系。

（三）快速发展阶段（2001—2007年）

进入21世纪以来，我国经济建设、社会发展都取得了显著的成就。2000年年初，江泽民在全面总结我国对外开放经验的基础上首次把"走出去"战略上升到"关系我国发展全局和前途的重大战略之举"的高度。同年2月，江泽民在广东考察工作时指出：当今世界经济的发展，要求我们必须勇于和善于参与经济全球化的竞争，充分利用好国外和国内两种资源、两个市场。随着我国经济水平的提高和现代化建设的推进，我们必须加快实施"走出去"战略。同年10月，党的十五届五中全会首次正式提出实施我国经济"走出去"战略。2001年，我国"十五"规划明确提出：鼓励能够发挥我国比较优势的对外投资，扩大国际经济技术合作的领域、途径和方式。继续发展对外承包工程和劳务合作，鼓励有竞争优势的企业开发境外加工贸易，带动产品、服务和技术出口。支持到境外合作开发国内短缺资源，促进国内产业结构调整和资源置换。鼓励企业利用国外智力资源，在境外设立研究开发机构和设计中心。支持有实力的企业跨国经营，实现国际化发展。健全对境外投资的服务体系，在金融、保险、外汇、财税、人才、法律、信息服务、出入境管理等方面，为实施"走出去"发展战略创造条件。完善境外投资企业的法人治理结构和内部约束机制，规范对外投资的监管。

2003年10月，党的十六届三中全会通过的《关于完善社会主义市场经济体制的若干重大问题的决定》指出：继续实施"走出去"战略……"走出去"战略是建成完善的社会主义市场经济体制和更具活力、更加开放的经济体系的战略部署，是适应统筹国内发展和对外开放的要求的，有助于进一步解放和发展生产力，为经济发展和社会全面进步注入强大动力。时任总书记胡锦涛和时任国务院总理温家宝都在我国经济发展重大决策中强调了"走出去"战略的重要性。胡锦涛曾多次对我国经济发展做出指示:要积极鼓励和支持有条件的企业"走出去",更多、更好地利用国外资源和国际市场,要进一步完善相关政策法规,加强对境外投资的统筹协调,改善服务和监管,务求实效;要积极稳妥地实施"走出去"战略,在取得实效上下功夫。这既是新形势下充分利用两个市场、两种资源的重要途径,也是扩大国际经济技术合作、提高企业竞争力的重大举措。2005年,温家宝在政府工作报告中提出:"要进一步实施'走出去'战略。鼓励有条件的企业对外投资和跨国经营,加大信贷、保险外汇等支持力度,加强对'走出去'企业的引导和协调。建立健全境外国有资产监管制度。"

(四) 全面完善阶段 (2008年至今)

进入2008年以来,国际金融危机爆发,我国政府由于实行了较为稳健、谨慎的经济刺激政策,维持了我国经济的持续、稳定增长,使我国企业可能遭受的损失尽可能减小。但不容忽视的是,随着我国以资源、劳动力以及价格优势所主导的经济发展方式已经无法适应我国经济的进一步深化发展要求,实施产业转型升级、变革经济增长模式已经刻不容缓。从我国外部经济环境来看,由于国际金融危机的影响,欧美主要发达国家的大量企业都遇到了经营困难,无论是在国内经营还是跨国投资方面都面临着巨大的挑战,很多企业都进入了难以维持正常经营的窘迫状态,这无形中给我国企业实施对外投资战略提供了契机。我国企业由于起步较晚,在国际化经营、国际品牌塑造以及核心技术研发等方面,与发达国家的领先企业相比,具有很大的差距,因此,以核心技术、品牌以及国际化经验为主的战略性资产获取为主的对外投资成为我国企业国际化经营的重要方式之一。这个时期,我国政府提出了全面"走出去"战略,加大了对企业国际化经营的扶持力度,从国家层面对关系到国计民生的、国家核心利益的能源、资源、技术以及其他战略性资源的海外并购活动进行了大力支持。2009年3月,时任国务院总理温家宝在十一届全国人大二次会议的政府工作报告中明确提出:继续实施"走出去"战略,支持各类有条件的企业对外投资和开展对外投资,充分发挥大型企业在"走出去"中的主力军作用。

以国有企业为主的我国大型企业,在国家政策的大力支持下,在这个时期对海外以油气、矿产以及其他原材料为主的战略性能源资源展开了大规模的并购活动,在国际并购市场上掀起了一股中国并购浪潮,引起了世界各国尤其是被并购国家的高度关注。由于经济利益、政治敏感以及国家战略等方面的因素,我国以央企为主的大型企业海外并购战略实施效果并不理想,很多海外并购最终都以失败告终,给国家造成了巨大的经济损失。因此,我国政府也开始逐渐扶持民营企业"走出去",参与全球并购。2012年11月,党的十八大正式提出,要加快"走出去"步伐,增强企业国际化经营能力,培育一批世界水平的跨国公司。这标志着我国企业对外投资已经从全面"走出去"阶段上升到注重对外投资效率、提高企业国际竞争力的战略层面。

从图1–2可以看出,每一阶段的企业国际化相关宏观政策体系架构都紧紧围绕一个核心的顶层指导思想展开。

在探索阶段,由于我国改革开放刚刚起步,主要通过吸引外国投资的方式来发展经济,并且这个阶段,我国企业受制于计划经济体制的桎梏,实力普遍不强,还不具备足够的能力来开展对外跨国经营活动。因此,此时有关我国对外投资的政策体系主要处于理论研究阶段,顶层指导思想就是我国正式提出海外投资的概念。

在逐步完善阶段,我国经济经过十几年的高速发展,已经取得了不小的成就,一批起先成长起来的企业开始尝试跨国经营,这个阶段,我国宏观政策开始聚焦在如何引导和管理我国企业的国际化经营,并从国家经济长远发展的角度制定了具体的操控政策,顶层指导思想是党的十四大提出的深化改革与扩大开放,加大对我国企业对外投资与跨国经营的支持。

在快速发展阶段,我国经济规模已经得到增长,一批早期实施中外合资、中外合作的企业具备了较为丰富的跨国经营经验,为了满足企业国际化发展要求,国家开始实施大规模的对外投资策略,这个阶段,对外投资顶层指导思想是,我国"十五"规划提出,鼓励能够发挥我国比较优势的对外投资,扩大国际经济技术合作的领域、途径和方式。

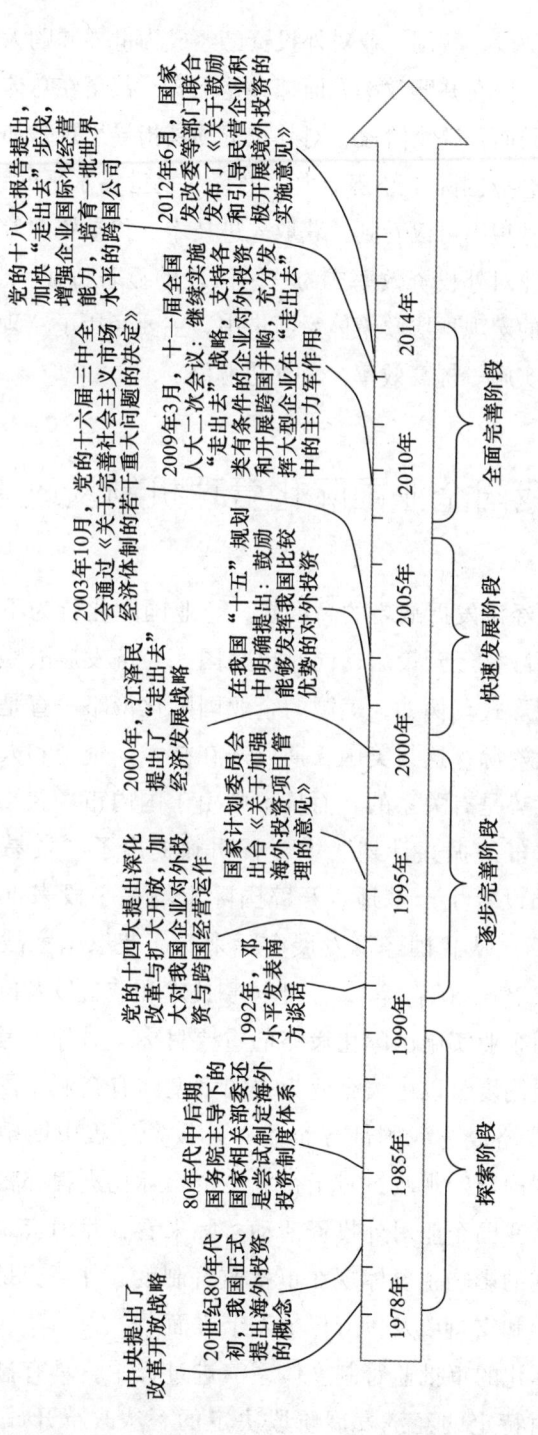

第一章 我国企业国际化管理制度体系嬗变 / 13

图1-2 我国企业国际化的相关宏观政策演进

时间轴节点（1978年—2014年）及阶段划分：探索阶段、逐步完善阶段、快速发展阶段、全面完善阶段。

主要事件：

- 中央提出了改革开放战略
- 20世纪80年代初，我国正式提出海外投资的概念
- 80年代中后期，国务院主导下的国家相关部委还是尝试制定海外投资制度体系
- 党的十四大提出深化改革与扩大开放，加大对我国企业对外投资与跨国经营运作
- 1992年，邓小平发表南方谈话
- 国家计划委员会出台《关于加强海外投资项目管理的意见》
- 2000年，江泽民提出了"走出去"经济发展战略
- 2003年10月，党的十六届三中全会通过《关于完善社会主义市场经济体制的若干重大问题的决定》
- 在我国"十一五"规划中明确提出：鼓励能够发挥我国比较优势的对外投资
- 2009年3月，十一届全国人大二次会议：继续实施"走出去"战略，支持各类有条件的企业对外投资和开展跨国并购，充分发挥大型企业在"走出去"中的主力军作用
- 党的十八大报告提出：加快"走出去"步伐，增强企业国际化经营能力，培育一批世界水平的跨国公司
- 2012年6月，国家发改委等部门联合发布了《关于鼓励和引导民营企业积极开展境外投资的实施意见》

资料来源：笔者整理。

在全面完善阶段，我国企业对外投资已经成为世界并购大潮中一支十分重要的力量，但在并购效率方面却参差不齐，甚至在总体上呈现出并购效益不高的局面，这个阶段，对外投资顶层指导思想是加快"走出去"步伐，增强企业国际化经营能力，培育一批世界水平的跨国公司，从这一核心指导思想中可以看到，获取先进技术、稀缺资源等战略性资产，提高我国企业对外投资效率成为这一阶段的显著特征。概括地说，在我国对外投资的宏观顶层政策体系演进中，主要经历了"理论探讨—实践摸索—全面实施—提高效率"的演进脉络。

第三节 我国企业国际化管理机制及政策分析

从国家宏观经济发展战略的高度看，企业国际化行为不仅仅是一种企业自发的国际化经营策略，同时也是国家经济发展战略在世界经济体系中的表现形式。例如，美国的企业国际化策略一直是占领全球市场和获取自然资源，这与美国长期以来在技术、资金和人才储备方面的巨大竞争优势是有关系的。而日本则由于国内市场狭小、资源紧缺，在战后的"经济振兴计划"中，就明确提出了"贸易立国"战略，通过在海外设置生产基地、开辟国际市场等手段来推动日本的"经济振兴计划"。从我国经济发展实际来看，获取国家战略性资源（诸如石油、天然气、矿石等）、产业核心技术和装备以及国际品牌与市场等成为我国企业实施国际化策略的重要目标。另外，考虑到我国独特的经济发展制度，以中央企业为主的大型国有企业在国际化过程中的非经济性战略成为我国部分企业对外投资过程中期望达成的目标。因此，我国国家宏观政策对于企业整个国际化进程都将起到至关重要的作用。从我国企业对外投资活动实际来看，我国宏观政策对于企业国际化实施的影响主要体现在审批监管制度、外汇交易管制、审查和评估、引导和支持以及投资保护五个方面。

在企业国际化的审批监管制度体系演进过程中，具有显著的阶段性特征，这是由特定的经济发展阶段决定的。从改革开放初期到20

世纪90年代初，我国对于企业境外投资实行十分严格的审批制度，"无论以何种方式出资，也无论投资金额大小，一律报国务院批准"，1984年国务院授权外贸部制定颁发了《关于在境外开办非贸易性企业的审批程序和管理办法的试行规定》，明确了我国能够到海外开办企业的必须是实体经济。在审批程序上，国务院、外经贸部、国家计委及国内其他部门需要层层把关，逐层审批，严格控制企业的国际化活动。90年代以后，随着我国逐步实施全方位对外开放政策，外经贸部等部委连续发布了《我国企业境外国际化审批和管理的若干意见》，例如，1993年外经贸部出台了《境外投资企业的审批程序和管理办法》，逐渐扩大了海外投资企业的范围，简化了审批手续。进入21世纪以后，我国境外投资的审批制度在进一步简化、放权的同时，也在不断地规范化。例如，2004年我国开始对部分投资行业企业实行改审批制度为核准备案制度的规定，标志着我国境外投资企业审批制度的全面改革，并不断适应我国企业"走出去"发展的需要。2010年以后，我国境外投资企业审批监管制度主要的特点是加强对企业投资引导、提高审批效率，建立符合我国企业境外投资实际的国际化审批监管制度体系。总体上看，我国境外投资企业审批制度是一个从严到宽、逐步改审批制为备案制的不断完善的制度演进过程，这种审批制度演变过程是我国经济社会发展背景下企业实现"走出去"战略的现实要求。

20世纪80年代以来，我国企业国际化审批监管制度变革情况大致如图1-3所示。

外汇交易管制是企业对外投资过程中的核心问题之一。改革开放以来，我国的外汇交易管理制度经历了"从无到有、从紧到松"的发展过程（见图1-4）。20世纪80年代初，我国逐步放开企业国际化活动，政府相关部门在企业国际化的管理实践中，陆续出台了企业国际化外汇交易相关管理政策。1989年3月，经国务院批准，国家外汇管理局发布了《境外投资外汇管理办法》，旨在促进对外经济技术合作，加强对境外投资外汇管理，并在随后出台了《境外投资外汇管理办法实施细则》。进入90年代之后，我国逐步建立了企业境外加工贸易信贷、资金

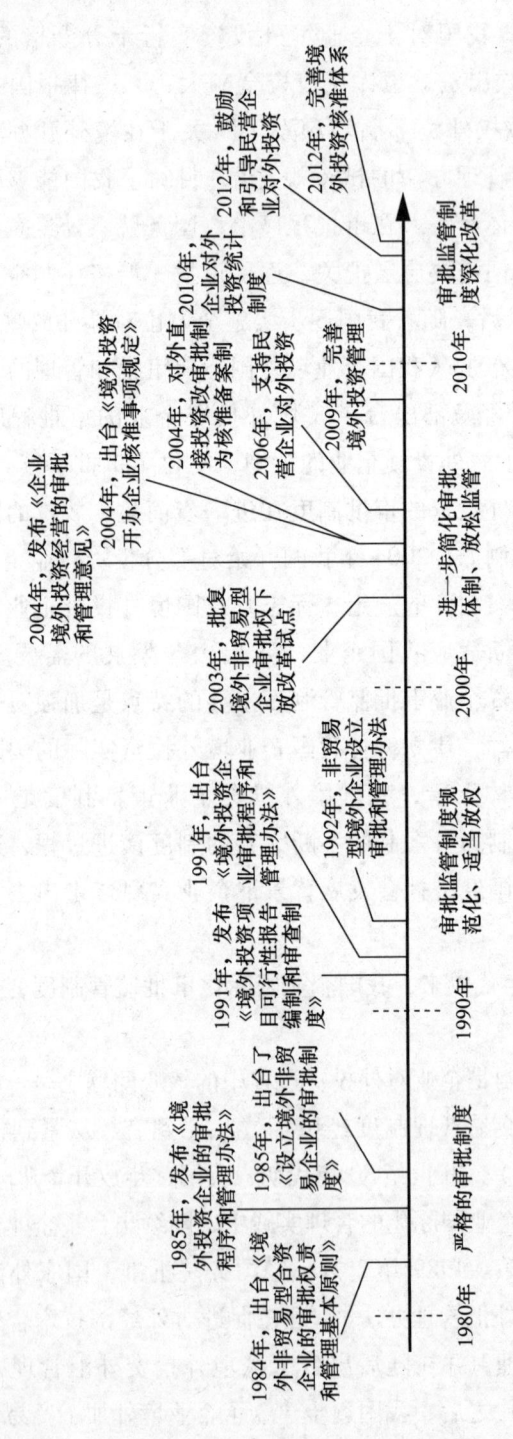

图 1-3 我国企业国际化审批监管制度变革

时间轴节点：

- 1984年，出台《境外非贸易型合资企业审批权责基本原则》和管理基本原则》
- 1985年，发布《境外投资企业审批程序和管理办法》、出台了《设立境外非贸易型企业的审批制度》
- 1991年，发布《境外投资项目可行性报告编制和审查制度》、出台《境外投资企业审批程序和管理办法》
- 1992年，非贸易型境外企业设立审批和管理放权
- 2003年，批复境外非贸易企业审批改革试点
- 2004年，发布《企业境外投资经营意见》；出台《境外投资事项规定》；2004年，对办企业开办企业核准事项规定
- 2004年，对外投资审批改革，核准备案制
- 2006年，支持民营企业对外投资
- 2009年，完善境外投资管理
- 2010年，对外直接投资统计制度
- 2012年，鼓励和引导民营企业对外投资
- 2012年，完善境外投资核准体系

阶段划分：

- 1980年 — 严格的审批制度
- 1990年 — 审批监管制度规范化、适当放权
- 2000年 — 进一步简化审批体制、放松监管
- 2010年 — 审批监管制度深化改革

资料来源：笔者整理。

第一章 我国企业国际化管理制度体系嬗变 / 17

1980年
　严格审查资金来源、使用范围和收益分配

1989年，设立境外投资专项资金担保账户，保证境外投资外汇收益
1989年，出台《境外投资外汇管理办法》

1990年
　规范外汇交易标准，允许国内投资机构交易外汇

1990年，发布《境外投资外汇管理办法实施细则》
1993年，发布《境外投资外汇风险及外汇资金来源审查和审批规范》
1995年，发布《关于境外投资外汇管理办法的补充意见》
1999年，发布《关于支持境外加工贸易的信贷指导意见》

2000年
　完善外汇交易管理体系，取消担保制度

2002年，取消境外投资存款担保制度
2003年，简化对外投资有关的外汇管理程序
2003年，发布对外投资外汇管理办法
2005年，发布《关于扩大境外投资外汇管理改革试点有关问题的通知》
2006年，调整部分境外投资外汇管理政策
2007年，颁布非公有制企业对外投资外汇管理意见

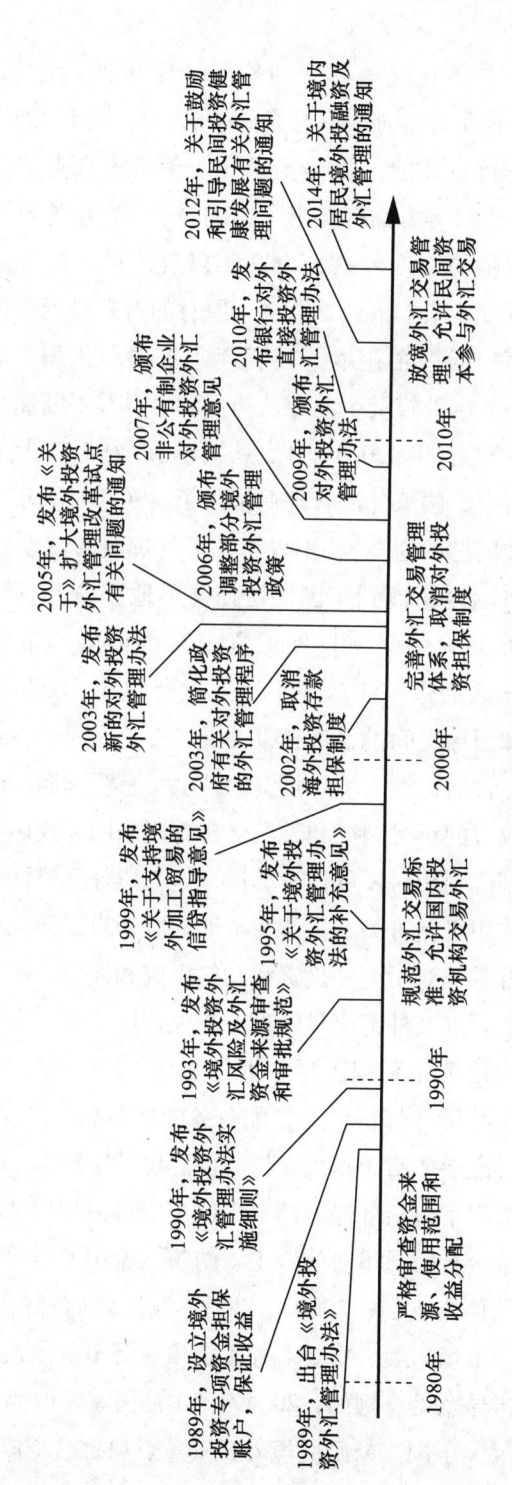

2010年
　放宽外汇交易管理，允许民间资本参与对外外汇交易

2009年，颁布对外投资外汇管理办法
2010年，发布银行对外直接投资外汇管理办法
2012年，关于鼓励和引导民间投资健康发展有关外汇管理问题的通知
2014年，关于境内居民境外投融资及外汇管理的通知

图1—4　我国企业国际化相关外汇交易制度变革

资料来源：笔者整理。

来源审查和审批、外汇风险等内容的外汇管理办法，例如，1999年，中国人民银行、外经贸部等部委联合发布了《关于支持境外加工贸易的信贷指导意见》，对境外加工贸易业务范围、信贷重点支持行业以及企业资格、银行资金保障等方面都做出了明确要求，在境外投资外汇管理方面形成了较为规范的制度体系。2000年以后，我国政府进一步完善了外汇交易管理制度体系，重点是取消了原有的对外投资担保制度，对简化外汇管理程序，促进企业境外投资起到了推动作用。例如，2002年，我国正式取消了国外投资企业存款担保制度，并不断简化政府有关对外投资的外汇管理程序。2005年以后，我国政府部门为了满足企业境外投资实际的需要，国家外汇管理局推出了《关于扩大境外投资外汇管理改革试点有关问题的通知》，不仅将外汇管理改革试点从原来的24个省、直辖市和自治区拓展到全国，还提高了地区境外投资外汇总额度，并提高了地方关于单个项目外汇资金来源额度的审查权。进入2010年以后，我国政府进一步放宽了境外投资的外汇交易管理，最显著的特征是鼓励和引导民间投融资健康发展，支持民间资本进行境外投资活动，并实施允许居民个人境外投资的外汇交易管理制度。

相对于境外投资的审批制度和外汇交易管理制度，我国有关境外投资的审查和评估制度则相对发展比较缓慢，这与境外投资活动中审查和评估制度独特的作用机制有关。虽然在早期的境外投资活动中，我国政府相关部门也非常重视对于境外投资活动的审查和评估，但大多是融入境外投资审批、监管以及外汇交易管理的相关程序当中，专门针对境外投资审查和评估的政策体系则出现在世纪之交。1999年，国务院办公厅发布了《关于支持境外带料加工装配业务的信贷指导意见》，明确了对境外来料加工装配业务给予积极支持，促进境外来料加工装配业务发展的指导意见，提出了包括外经贸部、中国进出口银行以及各商业银行在我国设备、技术上有较强优势的轻工、纺织、家用电器等服装加工及机械电子等行业的信贷支持。2000年以后，我国政府部门及相关部委也对中小企业国际市场拓展、重要对外投资项目乃至重点投资国家和行业都发布了相关指导意见。例如，2004年10月国家发改委联合中国进出口银行发布了《关于国家鼓励的境外投资重点项目给予信贷支持政策的通知》，强调国家应该重点支持能够弥补国内资源相对不足的境外资源开发项目；能带动国内技术、产品、设备等出口和劳务输出的境外生产型项目和基础设施项目；能利用国际先进技术、管理经验和专业人才的境外研发中心项目以及能提高企业国际竞争力、加快开拓国际市场的境外企业收购和兼并项目等。从信贷金融方面给予政策倾斜、加强政策指导、强化必要协调以及加快核准进度等。2010年以后，我国形成了较为全面的境外投资审查和评估制度体系，不仅定时发布完善的境外投资产业指导政策，还出台了不同领域和产业的境外投资项目核准和备案管理办法。概括地说，20世纪80年代以来，我国企业国际化相关审批和评估制度完善情况大致如图1-5所示。

与对外投资审查与评估制度体系一样，我国企业国际化引导和支持制度发展也相对较晚，这与我国对外投资的特定发展阶段有关，进入21世纪以后，我国对外投资活动进入高速发展期，大规模投资活动日益频繁。我国政府相关部门也逐渐意识到加强对境外投资活动的宏观引导的必要性，2002年10月，外经贸部和国家外汇管理局联合发布了《境外投资联合年检暂行办法》，为加强我国对境外投资的宏观监管、掌握境外投资变动情况提出了基本的指导思想。在后续的具体境外投资引导和支持方面，相继发布了我国企业在境外主要投资目标国家的经营状况、企业对外投资效益等报告，形成了较为完善的企业境外投资统计报告制度。2007年，国务院发布了《关于鼓励和规范企业对外投资合作的意见》，鼓励和支持有条件的各种所有制企业按照国际通行规则对外投资和跨国经营，主动参与各种形式的国际经济技术合作和竞争。2007年9月，商务部联合财政部、中国人民银行等出台了《关于鼓励支持和引导非公有制企业对外投资合作的若干意见》，强调个体、私营等非公有制企业对外投资合作已经进入快速发展期，为了充分发挥非公有制企业在实施"走出去"战略中的作用，要充分认识非公有制企业对外投资合作的重要意义；深化行政体制改革，推进非公有制企业"走出去"便利化；加强政策支持，促进非公有制企业对外合作；加强引导与服务，为非公有制企业对外投资合作创造条件；加强协调监管，保障非公有制企业国际化相关合作有序进行等一系列非公有制企业对外投资

1999年,发布《关于支持境外带料加工装配业务的信贷指导意见》

2000年,出台《中小企业支持开拓国际市场的政策措施》

2003年,鼓励对重要的对外投资项目提供信贷支持

2004年,发布有关建立海外投资项目风险保护机制的通知

2004年,我国对外投资的国家和行业的指导目录

2005年,发布有关调整企业海外投资管理模式的通知

2005年,对外投资管理担保海外投资的金融支持

2005年,对重点投资项目更多金融支持

2005年,对外经济合作专项基金的使用和管理

2009年,完善境外项目管理有关问题

2012年,完善境外投资产业指导政策

2014年,出台境外投资项目核准和备案管理办法

1980年 1990年 2000年 2010年

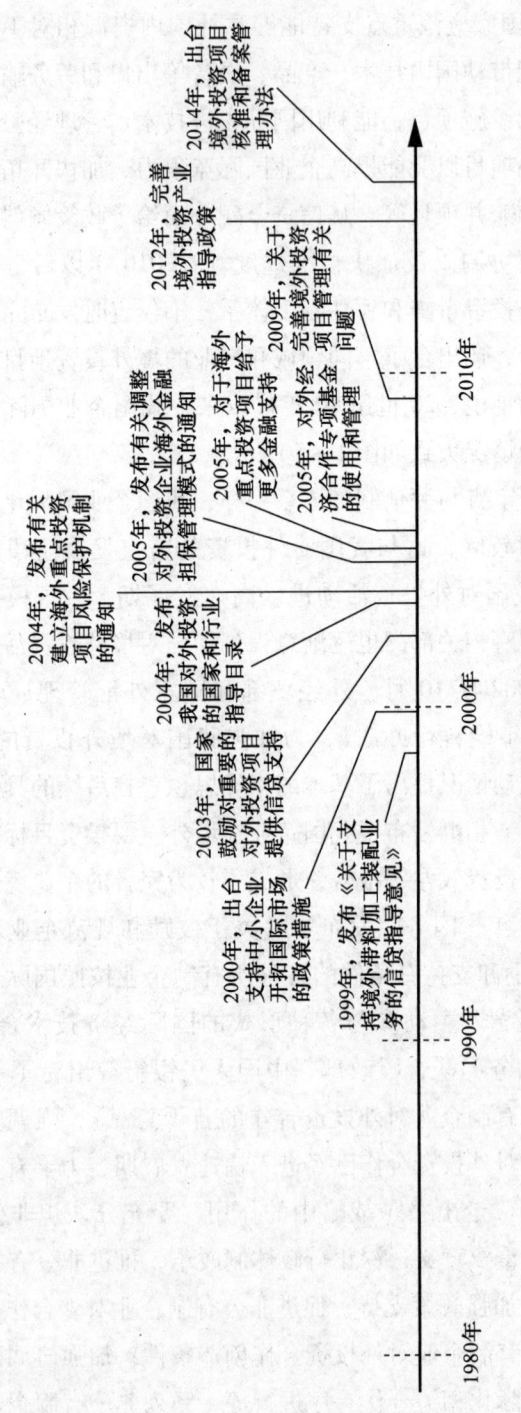

图 1-5 我国企业国际化相关审查和评估制度完善

资料来源:笔者整理。

引导和支持政策建议。2010年以后，我国政府则明显加强了对整个对外投资的产业引导和整体布局。2012年5月，国务院发布了《关于加快培育国际合作和竞争新优势的指导意见》，提出了优化对外贸易结构、提高产业国际竞争力和深化国际经济合作的对外投资总体目标。因此，我国已经基本建成了对外投资的宏观引导和支持政策体系。20世纪80年代，我国企业国际化引导和支持制度完善情况大致如图1-6所示。

对外投资保护制度是世界各国对外投资中十分重要的政策体系之一，无论是从对外投资发展历史，还是当前世界主要发达国家的对外投资实际来看，保护企业和资本在境外的投资合作权益是母国政府对外投资决策关注的重点。当前，世界上主要发达国家都建立了十分完善的企业国际化相关保护制度。虽然我国对外投资起步相对较晚，但在企业国际化相关保护制度建设方面，却能够与我国的对外投资实践保持一致。1982年，我国政府就与瑞典签订了双边投资协定，这是我国政府与发达国家签订的第一个双边投资协定。1985年，我国政府与泰国签订了双边投资协定，这是我国政府与发展中国家签订的第一个双边投资协定。进入20世纪90年代后，我国政府在加入双边（多边）经济合作组织和签订双边投资协定方面都取得了长足的进步。1991年，我国正式加入亚太经合组织、2001年加入世界贸易组织。2004年建立中国东盟自由贸易区等。截至2000年，我国政府已经与世界上主要的发达国家和发展中国家签订了双边投资协定。这一时期，我国政府有关对外投资的保护机制主要是国家或地区组织宏观层面的。对外投资保护机制往往建立在国家经济发展和双边友好合作的国家战略层面，对于企业实际操作的微观层面却十分缺乏。2010年以后，我国政府及相关部门深刻认识到这种微观层面对外投资保护机制缺乏可能产生的消极影响，并逐渐摸索适合我国企业对外投资的保护机制政策体系。2010年8月，商务部出台了《对外投资合作境外安全风险预警和信息通报制度》，从境外安全风险种类、境外安全风险预警以及境外安全风险信息通报等方面提出了具体的境外投资保护制度。2012年2月，商务部进一步发布了《境外中资企业机构和人员安全管理指南》，要求企业针对海外经营的地区分布、所在行业、业务类型的不同特点，参照《境外中资机构和人员安全管理

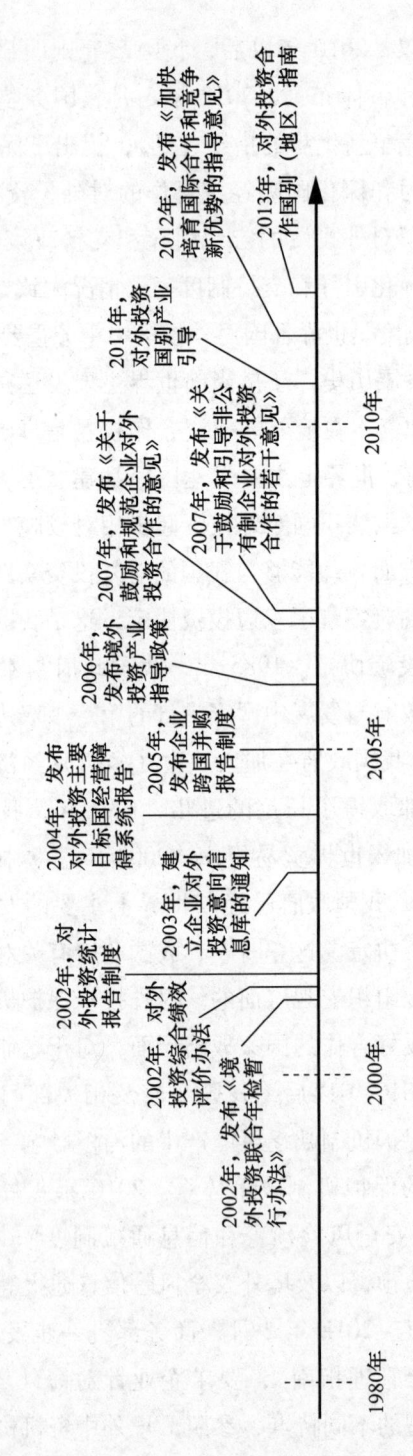

22 / 第一篇 民营企业国际化基础理论研究

图1-6 我国企业国际化引导和支持制度完善

时间轴事件（按时间顺序）：

- 2002年，对外投资联合暂行办法
- 2002年，发布《境外投资联合年检暂行办法》
- 2002年，对外投资综合绩效评价办法
- 2002年，对外投资统计报告制度
- 2003年，建立对外投资意向信息库的通知
- 2004年，发布对外投资主要目标国经营障碍体系统报告
- 2005年，发布企业跨国并购报告制度
- 2006年，发布境外投资产业指导政策
- 2007年，发布《关于鼓励和规范企业对外投资合作的意见》
- 2007年，发布《关于鼓励和引导非公有制企业对外投资合作的若干意见》
- 2011年，对外投资国别产业引导
- 2012年，发布《加快培育国际合作和竞争新优势的指导意见》
- 2013年，对外投资合作国别（地区）指南

时间刻度：1980年 — 2000年 — 2005年 — 2010年

资料来源：笔者整理。

指南》，建立并完善了本企业的境外安全管理体系和相关管理制度。总之，我国对外投资保护制度经历了从国家经济发展保护宏观层面到国家经济发展和企业经营保护宏观—微观相联系的完善的对外投资保护制度体系。20世纪80年代以来，我国企业国际化相关保护制度情况大致如图1-7所示。

作为我国企业国际化相关宏观政策制度体系的五个核心构成要素，审批和监管、外汇交易管理、审查和评估、引导和支持以及投资保护制度都在不断完善，并对我国企业国际化的相关活动产生了深远的影响。从制度演进视角来看，审批和监管制度变迁是伴随着对外投资活动的产生而构建的，主要经历了由严到宽，并在21世纪初期逐渐改审批制度为备案制度的过程。外汇交易管理制度也经历了一个从严到宽的过程，国家逐渐放松了对于外汇交易的管制，尤其是在资金来源和交易风险方面，以国家外汇管理局为首的政府部门进一步下放了审查和监管权力。相对来说，在企业国际化相关项目审查和评估、引导和支持制度方面发展相对缓慢，我国有关企业国际化评估和引导方面的相关支持政策，主要是从21世纪初开始着手建设的，并且更加倾向于对境外实体投资项目的支持政策，比如，在信贷、资金、信息以及税收等方面的优惠政策，并初步建立了较为有效的审查和评估机制。最后是企业国际化相关保护制度，我国对外投资保护制度虽然建立得比较早，但主要是国家层面的宏观经济合作协定，对于企业实际国际化微观层面的保护作用并不大。因此，在后续的企业国际化相关保护制度构建过程中，政府部门加快了对于企业国际化具体保护机制的构建和完善过程。

第四节 结论与讨论

一 主要研究结论

我国政府在企业国际化相关活动管制、国际化模式等方面发挥显著的作用。这种作用体现在企业国际化资格审查、外汇交易管理、审批和监管以及投资支持和风险控制等方面。制度理论的观点表明，国家制度

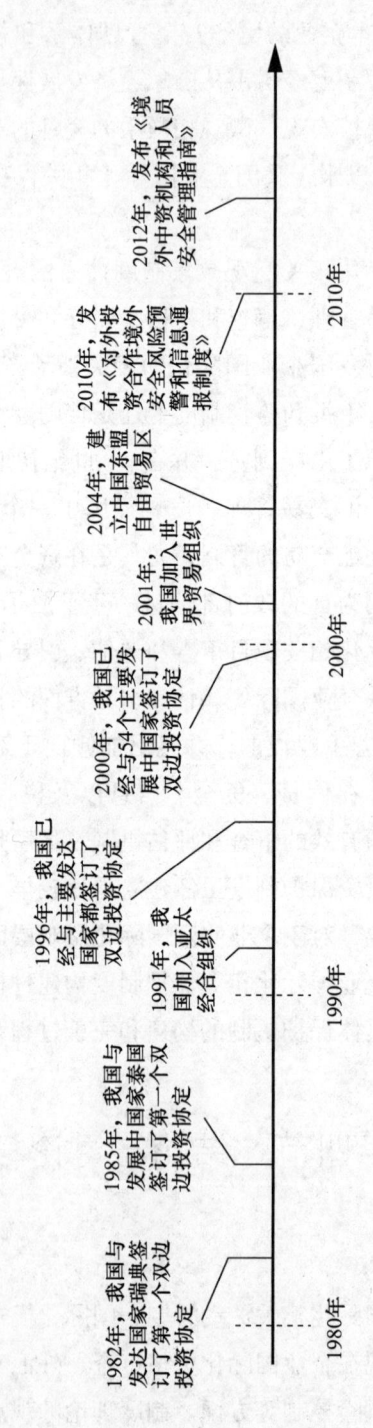

1982年,我国与瑞典签订了国家第一个双边投资协定

1985年,我国与发展中国家泰国签订了第一个双边投资协定

1991年,我国加入亚太经合组织

1996年,我国已经与主要发达国家都签订了双边投资协定

2000年,我国已经与54个主要发展中国家签订双边投资协定

2001年,我国加入世界贸易组织

2004年,建立中国东盟自由贸易区

2010年,发布《对外投资合作境外安全风险预警和信息通报制度》

2012年,发布《境外中资机构和人员安全管理指南》

图1-7 我国企业国际化相关保护制度

资料来源:笔者整理。

在跨国公司所有权、国际化和区域化地理优势获取方面都发挥着重要的作用,进而决定了企业国际化战略的实施(Dunning and Lundan,2008;姜波和刘成军,2002)。在国际生产折中理论中,企业只有在具备了所有权优势、内部化优势和区位优势之后,才能获得较好的对外投资效益。显然,对于我国这种尚不具备显著上述优势的新兴市场国家而言,从国家政策制度优势来探讨所有权优势、内部化优势乃至区位优势对于对外投资的影响更符合我国对外投资的实际。Sun 和 Colleagues(2010)提出的国家比较优势制度框架详细阐述了中国、印度等新兴市场国家跨国公司能够快速国际化并形成国际竞争优势的重要原因。从企业本身来看,如何充分利用国家层面的制度优势,并将其转化为企业层面的竞争优势,对企业国际化进程中比较优势的获取至关重要(Ren et al.,2011)。

相对于 Dunning 和 Lundan(2008)、Sun 和 Colleagues(2010)以及 Ren 等(2011)关于国家制度层面影响企业国际化的研究,我们的研究更加强调我国经济发展过程中所形成的有关我国企业国际化活动的诉求,这种诉求通过国家顶层制度设计所创立,并在宏观政策指导下产生企业国际化相关活动行政管理制度体系。因此,对于我国改革开放以来的顶层制度体系变革进行分析,将能够深入地探索国家制度内在优势维度及其原因,并从制度影响机制角度探讨国家层面政策体系在企业国际化活动中的具体作用方式。事实上,作为新兴市场国家,我国政府更加关注企业国际化活动能够给我国经济进一步稳定发展带来的推动效应,在面临企业技术势差、国际经验不足等企业国际化活动中可能的劣势方面,我国政府能够高效地整合国内各种政治、制度要素来突出国家制度优势,从而弥补企业层面的对外投资"劣势"。我国制度优势的重要体现方式之一,就是我国实行的是高度集权的政治体系,中央政府在国家经济建设中具有领导地位。因此,我们得出第一个结论:

结论一:我国高度集权式的管理制度体系提升了我国国家制度优势,充分发挥了这种目标统一、决策高效率的制度优势在企业国际化中的推动作用。

改革开放以来,我国关于企业国际化的宏观政策主要经历了起步探索、逐步完善、快速发展和全面完善四个阶段，这种带有时代特征的宏观经济政策是我国政府关于企业国际化态度的鲜明反映。从20世纪80年代初期的消极回避，到90年代的谨慎投资，再到21世纪以来的全面开放策略，都在我国近30年的对外投资中体现得淋漓尽致。在这种长期的国家宏观政策演进过程中，管理制度体系也在不断完善，这种完善过程主要从企业国际化相关管理部门权力架构和相关规章制度发布两个方面体现出来。

从我国企业国际化相关管理部门权力架构来看，30多年的企业国际化管理由原来的外经贸部、原国家计委以及国家外汇管理局逐渐过渡到商务部、国家发展改革委、国家外汇管理局、中国人民银行等众多部门，进入2000年后，国务院甚至单独设立国家税务总局、国有资产监督与管理委员会等直属部门，并负责国有企业等的对外投资管理活动。关于我国企业国际化的相关管理，商务部、国家发展改革委、国家外汇管理局等都成立了专门负责机构行使审批和监管权力。这种不断完善的企业国际化相关管理政策体系虽然满足了我国企业国际化的需求，但机构之间权力交叉、职能重叠的现象仍然较为突出，反过来抑制了企业国际化活动的展开，例如，企业国际化项目审批效率的下降等。另外，从我国政府对企业国际化相关管理整体范式的长期发展来看，经历了从最初的计划经济体制管理模式不断向市场经济管理模式转变，再向国际化管理范式转变的过程，这也是我国企业国际化未来发展的必然要求。我国企业国际化活动也在长期的制度演进过程中不断向国际化经营模式靠拢。

从规章制度发布来看，我国早期的企业国际化相关活动主要由原外贸部负责，原外贸部在1984年7月发布了我国第一个针对对外投资的条例《关于在境外开办非贸易性企业的审批程序和管理办法的实行规定》，并在整个20世纪80年代都以这个条例作为我国对外投资的纲领性文件。而到了90年代，邓小平南方谈话对于整个宏观政策松绑的推动作用十分明显。1991年，国家计委发布的《关于加强境外投资项目管理的意见》成为整个90年代的核心指导意见，该意见不仅明确了我国对外投资项目的审批额度、项目监管细则，并对90年代后续的对外投资项目类型、项目金额申报等都进行了明确。这个时期，我国对外投资活动已经开始逐渐增加,但从宏观政策导向来看,保守谨慎的政策倾向仍然占据主导地位。进入21世纪以后,我国从全面开放到完全"走出去"战略,将我国企业国际化相关政策导向完全放开,此时的企业国际化相关规章制度管理体系已经较为完善,并且与国际逐渐接轨。截至2013年,通过对改革开放以来在企业国际化活动中发挥重要影响的规章制度进行统计,我们以四个阶段为时间划分标准,并统计这一阶段的企业对外投资总金额,具体如表1-1所示。

表1-1　　　　我国不同阶段制度规章与对外投资总额统计

阶段	核心制度规章数量	对外投资总额(亿美元)
探索阶段(1979—1990年)	4	78
建立完善阶段(1991—2000年)	7	226
快速发展阶段(2001—2007年)	11	778.9
全面完善阶段(2008—2013年)	16	3593

不同阶段核心制度规章数量与对外投资总额之间的相关系数为0.918,显著性水平为0.082(小于0.1)。因此我们可以判断,我国宏观制度政策对于我国对外投资活动的影响非常显著。基于上述分析,我们得出第二个研究结论:

结论二:在我国对外投资宏观政策体系的逐步完善过程中,一直对企业对外投资活动产生广泛的影响,伴随我国对外投资活动规模越来越大,对外投资规章制度体系也日趋复杂。

受到我国计划经济思维的影响,在对外投资活动中,国有企业一直是我国政府重点关注和照顾的对象,我国国有企业受惠于国家政策支持,经济实力相对较强,管理也相对更加规范,在很长一段时间内承担了我国对外投资的主要任务。进入21世纪以来,大型国有企业更是国家"走出去"战略的核心力量,在能源、矿产、核心技术等关系到国家战略的资源获取方面承担了重要任务,我国政府也为这些国有企业的大型对外投资项目提供了资金、政策方面的大力支持。因此,我国一些大型国有企业的对外投资活动目标已经超越了单纯的经济利益范畴(Luo and

Tung，2007；Luo et al.，2010），可能还承担了维护国家利益的使命。近些年来，我国国有企业对外投资项目遭到了前所未有的危机：潜在的并购目标所在国家或地区出于政治、地缘因素往往对我国大型的对外投资项目进行干预和阻挠，从而导致我国国有企业对外投资活动的低效率甚至失败。尤其是2008年国际金融危机爆发以来，一些国家针对我国国有企业对外投资活动的阻挠行为已经上升到国家战略影响层面，严重影响了我国国有企业更深入地参与国际化竞争的势头。

　　近几年，我国政府开始鼓励民营企业积极实施对外投资，大力倡导我国民营企业参与国际化经营。相对于国有企业来说，我国民营企业所有权归属更明确、市场化程度更高，在企业国际化活动中更加灵活，受到的制度约束作用较少。当前我国原材料、能源的日益紧缺、劳动力价格的持续高涨也迫使我国民营企业需要通过国际化等对外投资战略以开拓更为广阔的资源和市场空间，甚至实现企业的转型升级。然而，我国大多数民营企业规模相对较小、经济实力不强、缺乏国际化经营经验，同时，我国政府在政策制度上对民营企业对外投资活动的支持落后于对国有企业的支持，从而制约了民营企业对外投资战略的实施。

　　在国际化市场背景下，我国国有企业与民营企业的所有权属性、经营模式差异被进一步放大，我国政府的对外投资政策"双刃剑"效应十分明显（Ren et al.，2011），强大的国家政策体系支持推动了国有企业的对外投资活动，而国有企业也不辱使命，在对外投资活动中很好地实施了国家战略。但对于市场目标更加单纯的民营企业来说，这种国家政策体系却未必会带来显著的制度优势；相反，我国民营企业在国际化过程中不仅很难获得中央政府的政策支持，复杂的审批程序、部门监管盲点都将成为民营企业国际化的无形制约力量。

　　随着国有企业面临的国际化挫折越来越多，民营企业国际化活动呈"井喷式"发展趋势，如何将国家经济战略融入广大的民营企业国际化活动当中，推动国有企业与民营企业"两驾马车"的共同发展越来越受到中央和地方各级政府的重视。因此，2008年以后，国家有关部门陆续出台了关于推动我国民营企业国际化活动管理的相关规章制度，例如，2010年，由国家发展改革委牵头包括11个部委及相关机构联合发布的《鼓励和引导民营企业积极开展境外投资的实施意见的通知》，系统地阐述了对于民营企业对外投资活动的大力支持政策。在积极推动民营企业对外投资的同时，也逐渐加强对民营企业对外投资活动的引导，乃至融入国家战略，因此，我们得出第三个研究结论：

结论三：随着我国宏观政策制度的演变，我国企业国际化经历了由国有企业为主过渡到国有企业与民营企业共同发展，由单纯的企业市场投资行为发展到承担国家意志的企业混合式对外投资行为。

改革开放以来，国家制度对我国企业国际化的影响大致如图1-8所示。

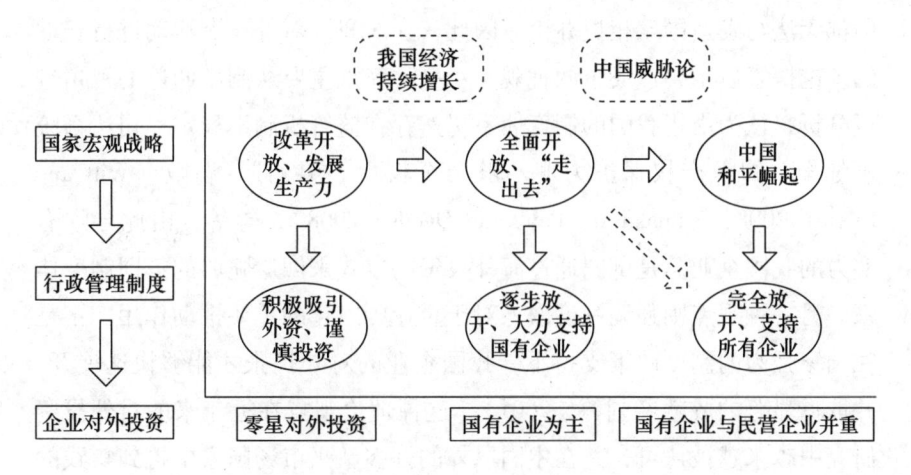

图1-8 国家制度对我国企业国际化的影响

资料来源：笔者整理。

二 可能的理论贡献

近年来，我国企业对外投资的迅猛增长引起了国内外学者的高度关注（Luo and Tung，2007；Rui and Yip，2008；Ren et al.，2011），从国家制度建设角度来看，我国企业国际化活动的高速增长主要得益于政府监管的逐渐放松和高效率的政府支持政策体系（Luo et al.，2010）。我国在20世纪80年代初制定的重视吸引外资、促进经济发展策略，在我国对外投资项目审批以及由此形成的海外利润回流方面制定了严格的规定，并最终给我国带来了巨额的外汇收益，因此，实施对外投资策略是我国全面对接国际经济发展的必然要求。有关企业对外投资的研究,国内外学者已经做了大量的工作(Dunning,1981;刘红忠,2001),早期的对外投资活动主要由发达国家向发展中国家投资,这是由产业转移、市场拓展、降低生产成本等因素推动的(Backley and Casson,1976;Dunning,1980),并最终形成了有关企业对外投资的经典理论之一——生产折中理论(Dunning,1981,2001),认为支撑企业对外投资的核心要素包括所有权优势、区位优势和市场内部化优势。显然,对于中国等新兴市场国家而言,这种国际生产折中理论并不能很好地解释其高速增长的对外投资活动,无论是在所有权优势还是市场化内部优势方面,我国都无法与发达国家相提并论。因此,在对我国对外投资活动进行长期的理论探索后主要形成了两种观点:一种观点主要从制度回避的视角进行分析,认为由于我国的制度体系仍然存在监管机制不稳定、司法系统不健全、知识产权保护力度不够乃至权力"寻租"、腐败(Witt and Lewin,2008;Yamakawa,Peng and Deeds,2008),等等,由此导致有实力的我国企业总是试图通过海外投资的方式来回避脆弱的本国制度体系。另一种观点则强调制度嵌入对于企业国际化的重要推动作用,正是在国家强力的制度政策支持下,我国企业的对外扩张才能够快速展开,并取得显著的成就(刘笋,2001)。这种理论观点在近年来的对外投资研究中越来越被认可,并在中国以外的许多新兴市场国家中得到实践的检验。

本章的研究结论指出,国家强大且高决策效率的制度体系在我国企业国际化活动中起到了显著的推动作用,但仍然不可忽略这种制度力量的负面效应,即并非所有企业都能够从国家支持政策中获得预期的制度优势。而以往关于新兴市场企业国际化的研究并没有系统地探讨这种新兴市场国家制度长期演化过程,以及对于不同企业在国际化活动中的制度溢出效应。Luo等(2010)、Ren等(2011)尝试分析了改革开放以来我国企业国际化策略的演进过程,并结合企业自身能力的观点,为我国跨国公司进行国际扩张找到了理论依据。我国企业投资于发达国家,目的是获得发达国家企业先进的技术、知识以及管理和市场经验(Child and Rodrigues,2005;Cui and Jiang,2009;吴先明,2007)。显然，我国企业的这种国际化模式与发达国家的国际化模式存在本质上的区别，发达国家企业往往运用所有权优势在国外展开扩张活动（Dunning，2001），而我国企业是为了弥补自身在知识、技术和国际化经验方面的竞争劣势。但事实上，获取先进技术、管理经验并不是所有企业都追求的，如原材料、能源、廉价劳动力等资源的获取也是我国企业实施跨国经营的另一重要推动因素。这些企业的对外投资活动更需要国家政策层面的支持，高匹配度的嵌入模式能够让这些企业获得显著的国家制度优势。

从以上分析来看，我国企业国际化中，因国家政策制度体系所引发的企业制度规避和政策刺激需要结合起来分析。考虑到我国企业独特的发展历史，国有企业产生于国家对经济命脉的控制，民营企业成长于改革开放经济市场化发展的需要，我国企业国际化活动的分析应当重视企业属性对于这种国家制度力量的战略反应（王珏，2006）。对于国有企业来说，与生俱来的高水平制度嵌入决定了其对外投资活动不仅强烈依赖于国家对外投资政策，而且在我国国际化经济发展战略中承担了主要任务，虽然近年来国有企业面临了许多来自国际上的政治、经济乃至制度上的阻挠和挑战，但对于民营企业来说，国内本身的制度性障碍，审批监管不确定性、司法系统体制不全、融资经营成本居高不下、知识产权保护不力以及政府权力"寻租"导致的行政腐败（Yamakawa et al.，2008）等，严重影响了市场化程度更高的民营企业，从而导致逐渐成长起来的民营企业去海外寻求更好的投资环境。当然，从我国企业国际化宏观政策的长期演进来看，国有企业与民营企业的国际化路径并不是绝对意义上的平行机制，彼此之间必然存在交叉点，这既是国家宏观政策调整的必然结果，也是我国企业形成整体国际竞争力的必然之路。国家大力支持国有企业的国际化活动，使国有企业的对外投资功能不再是单纯的经济利益获取，从而增强了海外政治制度敏感性。民营企业的崛起必然需要分担国有企业的这种对外投资压力，并努力成为我国对外投资的重要力量。因此，我国政府正在实施的企业国际化优惠政策，合法地推动了所有跨国企业的海外投资活动。诚然，这种国家在对外投资中所发挥的制度"双重效应"在不同产业和企业中的影响程度仍然存在巨大差异（Ren et al.，2011），国有企业可能更加倾向于嵌入国家制度体系中获取国家制度优势，而民营企业的深层动机也仍然倾向于回避国家并不健全的政府监管制度体系。但无论如何，我国开放的宏观政策制度体系变革将长期存在，并且将对我国企业国际化产生深远的影响。

第二章　民营企业国际化中的制度创业理论

第一节　理论背景

一　企业国际化中的制度创业

制度性约束是中国企业国际化过程中面临的主要障碍之一，尤其是中国企业作为后发企业并购发达国家企业时，这种制度性约束效应特别明显。考虑到企业跨国并购是一个涉及国家政治经济制度等宏观体制以及企业经营策略微观行为的综合过程，因此，非常有必要关注企业国际化过程中的制度创业机制。作为连接宏观社会与微观组织之间互动机制的桥梁，制度变革是社会经济变迁研究领域中受到普遍关注的研究主题，而制度创业家作为推动制度变革的关键力量，也一直是学者关注的焦点。在组织新制度主义理论研究中引入制度创业家具有深刻的理论意涵：一方面，制度创业家在制度变革中得到普遍重视意味着制度研究中利益与能动性作为引发制度变革的原动力正式纳入制度创业的研究框架之中。另一方面，制度变革领域中以制度创业家为研究切入点，对于长期困扰制度变革研究中的方法论是一种创造性突破，由于制度创业家同时具备基本的利益追逐同质性特征和推动企业经营模式变革方式多样化的异质性特点，那么，从制度创业家视角切入将能够对制度变革过程中的同质性制度变迁（制度扩散）和异质性制度变迁（制度创新）进行整合分析（胡祖光和张铭，2010）。

这种新制度理论重视制度创业家在制度变革中的重要作用，并强调制度在组织、制度创业家及其活动中所起到的制约与型塑作用，并关注组织合法性机制对于组织的制度同构所产生的深刻影响（沃尔特·鲍威尔和保罗·迪马吉奥，姚伟译，2008）。但这种单方向的制度—组织关系所导致的结果只能是原有制度的进一步强化，从而无法解释新制度是怎样产生的问题，这也成为长期困扰新制度领域学者的难题之一。此时，学者又将目标转移到制度创业家身上，为了揭示企业国际化背景下制度创业家活动对于推动制度变革的内在机制，制度创业被引入新制度研究领域中。在制度创业研究框架中，制度创业家成为引发制度变迁的核心力量。本章首先对制度创业理论进行回顾，然后在制度创业的框架下探讨制度创业家是如何推动制度变革的，到底有哪些因素影响制度创业家推动制度变革。

作为新制度研究领域中衍生出来的一个分支，制度创业是一个相对崭新的概念，其最初出现于20世纪80年代早期的新制度研究文献中，一般认为，DiMaggio发表于1988年的代表性论文《组织理论中的利益与能动性》是制度创业研究的奠基之作。制度创业是制度体系下的创业行为，制度理论强调制度对于组织行为的约束和规制作用，强大的制度力量总是能够对组织及其运作过程产生持续、显著并且同质化的影响（DiMaggio and Powell，1983），而创业理论则强调创造性力量在资源整合、技术创新方面的变革性作用。因此，将"制度"与"创业"纳入一个研究框架中进行分析，对于回答新制度理论中"新制度从何而来"的问题提供了新的切入视角。从经济学角度来看，制度创业是经济制度安排与市场需求之间存在一定差距，由此带来的关系到企业成长的产业基础资源整合与制度变迁的可能性空间的发掘和开拓过程。由此，制度创业是指现行制度下的组织或者个人意识到改变现行制度或者创造新制度能够给自身带来潜在的巨大利益，进而通过建立并推广新制度所需的规则、行为模式及价值理念等，最终获得新制度所创造（带来）的利益的过程（Maguire et al.，2004）。迟考勋（2012）在张铭和胡祖光（2010）的启发下，进一步提出了制度创业"探究制度创业原动力—识别与描述制度创业主体—刻画与解构制度创业过程"的研究逻辑。然而，这种研究逻辑忽略了制度创业主体全程参与制度创业过程所有阶段的事实，而仅仅是从制度创业的一个研究部分或阶段来分析。因此，本章认为，制度创业研究的逻辑应该划分为两个层面：一是以"制度创业原动力—制度创业环境—制度创业过程及结果"为主轴的制度创业活动实际为对象的研究思路；二是以制度创业的实际推动者——制度创业家为对象的研究思路。

二 制度创业原动力

新制度理论研究学者关于"新制度从何而来"的思考是引发制度创业研究的原动力。作为一种倡导变革（创业）的同时又必须遵循某种规范（制度）的新型力量，制度创业是一种存在矛盾但又非常活跃的制度变革模式。Holm（1995）、Seo 和 Creed（2002）指出，如何在制度理论中展开制度创业研究是制度创业面临的最根本问题，而制度创业中强调的能动性特征则与相对稳定的制度规范难以很好地融合，这就是制度理论研究中著名的"制度嵌入悖论"。"制度嵌入悖论"将制度领域中确定性和规范性特征与创业领域中能动性与创造性特征之间的矛盾进一步具体化，从这个角度来看，制度创业的原动力来自制度领域中那些不稳定的因素，如技术进步、管理创新等。另一个关键的问题是，作为制度创业活动的主要执行主体，如果组织或个体的行为规范和共同信念都是由制度决定的，那么这种制度创业执行主体的主观能动性又如何成为改变制度的因素？Seo 和 Creed 通过对大量制度创业行为实践的剖析，提出了制度创业实践的潜在的制度变革诱发因子、制度变革意识的深层转变、创业主体的活化行为和创业主体集体行动四个结构因素。现行制度运行的低效率、制度与外部环境的不协调、制度内部主体不相容以及原有利益分配的分歧最终导致了制度矛盾的逐渐累加，这些矛盾为制度创业提供了制度空间，但这还远远不够，现行的制度之所以能够长期存在，必然有其存在的合理性，并且得到部分既得利益集团或组织的拥护，盲目的制度创业所引发的制度变革将可能引发强烈的制度震荡，从而带来巨大的制度变革成本，使制度创业无法达到预期的目标，最终得不偿失。因此，制度创业往往发生在制度变革实践的调节力量达到足够大以致能改变现有制度逻辑的情景中。

那么，如何才能够识别制度变革中的这种促发制度创业的调节力量呢？Begley（1995）、Greenwood 和 Hinings（1996）等从制度内部各组织之间的权力布局、利益分配和组织之间的作用关系等角度进行了分析。在大多数情况下，组织并不会主动去挑战现行制度的权威性，但在现行制度的重压之下，组织之间所表现出的应激性反应却出现了显著的差异。Greenwood 和 Hinings 认为，这是由于组织内部的制度变革诱发动力与变革执行能力差异所导致的。尹玉林和张玉利（2009）则进一步对这种组织内部的变革诱发动力与执行能力进行了分析，在他们的研究中，制度变革的诱发动力是组织对现有利益的不满足，而执行能力则是制度体系内部组织权力大小及其实施的可能性。由于现行制度框架下的组织对于利益的追求存在很大差异，从而使组织的这种利益不满足无法构成制度变革诱发的直接动力，即组织对于当前利益的不满足无法直接转化为制度模式或原型的根本变革力量（Fligstein, 1997）。这个时候，组织之间的契约关系或价值承诺就显得尤为重要，组织之间达成共同遵循的契约关系或价值承诺意味着所有有志于改善自身利益分配的组织都对未来的制度变革所产生的收益有了比较客观的预期，从而形成了整体性的、对于现行制度的反对与抗拒。此时，价值承诺就成了调节制度变革过程中各种矛盾与纠纷的力量。此外，现行制度对于组织之间的权力分配也将制约制度创业的实施（Begley, 1995），一般情况下，只有有志于推动制度变革的组织掌握了大多数权力后，制度创业活动才能顺利展开，同时后续的组织逐渐加入制度创业活动中来，即权力依附效应，加速制度创业过程的推进（尹玉林和张玉利，2009）。总体来说，Greenwood 和 Hinings 以及尹玉林和张玉利等从制度内部来探讨制度创业原动力的研究是非常客观的，组织收益、权力分布和运作效率作为制度理论研究中的三个关键因素，一直是学者关注的焦点，而将这三种因素纳入制度创业的原动力分析中，则进一步将制度创业与制度理论研究衔接起来。

现行制度框架下的组织动态性虽然能够较好地解释制度创业的原动力，但也应该注意到，这种现行制度下的组织动态性并不是无条件的，例如，组织间价值承诺需要组织间具有共同的价值判断标准，而组织间权力依附则要求组织之间存在某种业务关系等。这就需要重视组织情景性因素的作用（Mutch, 2007; Battilana et al., 2009）。后来的学者都普遍重视组织外部环境对于现行制度可能产生的冲击作用。从制度发展的长期性来看，稳定的社会制度总是由众多利益关系者在持续的集聚与融合过程中构建的，这种利益关系者的互动不仅使现行的制度具备有序、可预期的特征，保证利益关系者在遵循现有制度下的利益获取与分配权益（尹玉林和张玉利，2009）。同时，随着时间的推进，利益关系者关于利益、权力的意识也在不断地发生变化，从而引发利益关系者对于现有制度的分歧，最终促成组织关于改变现有制度意识和行动的形成。正如 Seo 和 Creed（2002）、Maguire 等（2004）基于制度发展的视角所阐述的那样，现代制度具有如下内在的结构性矛盾：组织合法性问题、制度实施效率、组织适应的暂时性、制度的多层次性结构以及制度无法满足内部所有组织的诉求，等等。这些制度内在结构性矛盾是伴随制度变革过程所形成的固有属性。事实上，这些因素也是引发制度创业的根本性因素。然而，如前文所述，制度本身所蕴含的内生结构性矛盾因素只是促发制度。

无论是从组织动态性还是从制度本身的内在结构性矛盾视角来分析制度创业的原动力，都需要在特定的情景下才能体现出现行制度对于制度创业的有效影响机制。迟考勋（2012）认为，制度创业的动因应该从场域出发去探寻原因所在。如果将组织利益获取、环境冲击等因素从特定的制度情景下抽离出来分析，这就背离了制度创业原动力分析的基本原则。因此，下一节重点探讨制度创业理论中的关键要素之一——组织场域。

第二节 组织场域理论基础

组织场域作为制度创业研究中的基本分析单元，一直是制度创业理论研究学者坚持整体主义方法论的基本出发点。这是有其深刻的理论背景的，组织场域能够将组织内部行为、制度内在逻辑关系整合到共同的情景下进行分析，从而避免了制度创业脱离制度实际而形成"泛泛而谈"的局面。那么，什么是组织场域呢？关于这个问题国内外学者没有给出明确的定义，或许大家都是基于这样一个共同的认识：现行制度条件下制度创业活动实际发生的时间与空间区域集合即为组织场域。这给组织场域的内涵与外延提供了宽广的拓展空间。将制度创业的原动力归因于组织场域中的制度本身特征，既可以从组织内部解释制度创业行为，也体现了制度创业理论中"制度嵌入悖论"的"原罪论"思想（DiMaggio and Powell，1983）。

在组织场域研究中，学者最关心的是如何将这种能动性与制度因素纳入同一情景下，并分析这些因素是如何通过组织场域这一情景体现出来的（Rao，1994；Leca，2004）。为此，国内外学者针对组织场域进行了深入的讨论，概括地说，主要是从场域类型的划分和场域内部制度矛盾两个层面进行阐述的。

一　组织场域类型

当前组织场域主要划分为成熟场域和新兴场域两种类型。所谓成熟场域，是指具有稳定的制度体系，场域内部成员分工明确、组织结构化程度较高，市场监管与控制机制完善的制度情景。而新兴场域则正好相反，新兴场域中制度体系还不完备，组织成员变动频繁，尚未形成具有明确组织层级结构模式的制度情景（Fligstein，1997）。这种关于组织场域的类型划分得到了众多学者的认可，但关于组织场域到底是如何对制度创业产生作用的，却一直未能形成一致意见。其中，以 Maguire 等（2004）为代表的学者认为，新兴场域相对更为宽松的制度情景能够给制度创业提供更加宽广的空间。Tolbert（1996）也指出，制度构建是一个长期的过程，新兴场域中的制度由于构建时间较短、尚未获得场域内部成员广泛接纳从而更容易受到各方面的挑战，因此，新兴场域中的制度约束与监管效率是相对较差的。Fligstein（1997）认为，新兴组织场域意味着场域内部组织之间尚未形成统一的运作范式，现行制度对于成员的约束效应尚不明显，从而使场域中产生变革性战略行为的概率更大。Maguire 等（2004）指出，新兴场域意味着制度化程度还处于较低水平，场域内部成员具有较大的空间来调整自身在场域内的地位与角色，从而更有可能形成制度创业。另一些学者提出了不同的观点，认为成熟场域更能够促进制度创业的发生（Beckert，1999；Dorado，2005）。

Beckert（1999）指出，不确定性是制度理论中组织场域构建的核心要素，成熟组织场域意味着组织内部具有很高的制度化水平，这与组织场域要求的不确定性特征是背道而驰的，从而使那种背离现行制度规则的策略行动更有可能在此制度情景下产生。在 Beckert（1999）的研究成果基础上，Dorado（2005）通过实证研究发现，当组织场域的多样性和制度化水平一般，并且在组织场域的预期机会收益上具有明确的目标时，制度创业发生的概率将非常大。究其原因，如果组织场域是一个处于高度演化与变革阶段的复杂系统，组织成员进行制度创业决策的成本将迅速提升；而只有在成熟的组织场域中，制度规制与组织运作机制才能够有效运行，组织成员才能对制度变革的预期收益进行准确评估。

二 场域制度矛盾

组织场域内部的制度矛盾是内生性的，这与制度本身的多重结构以及制度层级间的相互渗透有关。当组织场域内部不同层级的制度架构或制度逻辑出现不兼容状况时，就会出现制度矛盾（Greenwood and Hinings，1996；张铭和胡祖光，2010）。组织制度的存在为组织规范自身行为和活动提供了准则与信念，也保证了组织在特定领域内的身份、实践以及社会关系的合法地位。因此，特定的制度结构或制度逻辑意味着场域内组织成员定位、角色和利益分配是一种理所当然的行为。当多种制度在这种组织成员定位、角色和利益分配方面产生显著差异时，组织场域内的利益争夺与权力斗争将逐渐尖锐化，从而上升到制度层面的矛盾。当制度矛盾达到一定阈值时，将推动组织场域内的制度变革，从而推动制度创业的产生。

在制度矛盾的研究中，最具代表性的是 Seo 和 Creed 的研究。他们对制度的长期演变过程进行分析，认为制度矛盾是制度演进的必然结果，同时也是制度持续演进的根本动力。在组织场域中，组织合法性与制度效率的矛盾、组织适应能力退化与制度长期发展之间的矛盾、制度多层次结构互不兼容以及制度难以满足所有组织成员的利益诉求等是制度矛盾的四个主要方面。Seo 和 Creed 关于制度矛盾的理论模型尽管很有价值，但在他们的模型中主要是在描绘制度矛盾发生的原因、情景以及整体发展趋势，并没有给出具体的、可识别的参数变量。他们的研究揭示了组织场域中制度矛盾会对组织实践起到促进作用，而实践活动则通过对这些变化因素进行制度化，在制度矛盾和制度变化之间进行调节，最终达到新的制度平衡。

第三节 企业制度创业过程机制

制度变迁过程无法回避这样一个明显的矛盾：那些通过适应现行制度以获取合法地位和稳定收益的组织为什么最终也会成为新制度的创立者。Holm（1995）提出，当被现行制度所型塑的这些组织成员行为、意识及合理性都建立在既定制度基础上时，它们又如何改变这些制度呢？一个比较合理的解释是，制度内部多层级结构不相容和制度实施低效率促进制度本身达到新的均衡（Seo and Creed, 2002）。这个解释揭示了制度内部不相容会导致新的组织实践，而组织实践又引发了制度变迁。尽管这个观点很有价值，却没有明确指出组织实践和制度变革的作用机制。该问题引发了当前学术界研究的一个重要问题：实践活动和制度创新的过程机制究竟是什么？这需要对制度创业过程进行系统的探究与分析。

大多数学者认同制度创业过程是一个涉及社会、经济多方面因素的复杂过程，在此过程中，利益驱使、组织能动性与制度变革之间的辩证关系是核心问题。国内外学者希望通过对制度创业过程的研究来发掘制度创业机制中利益、能动性与制度变革之间的内在关系。当然，这种制度创业过程的研究是离不开制度变革的特定场域的，正如Fligstein（1997）所阐述的那样，制度创业过程是在特定的制度情景（组织场域）下实现的，组织场域差异会对制度创业活动产生深刻的影响。受到组织场域视角的启发，Maguire 等（2004）、Greenwood 和 Suddaby（2006）以及 Misangyi 等（2008）提出了特定组织场域下的制度创业过程模型。

Maguire 等的新兴场域模型。新兴场域中制度体系的不完善为新制度的构建创造了良好的条件，也为制度创业过程研究提供了丰富的素材。在该模型中，Maguire 等通过对加拿大艾滋病治疗促进组织在价值观输出、组织合法性地位获得以及对外合作等方面的案例分析，构建了新兴场域制度创业过程的关键阶段。该模型可以通过图2-1来反映。

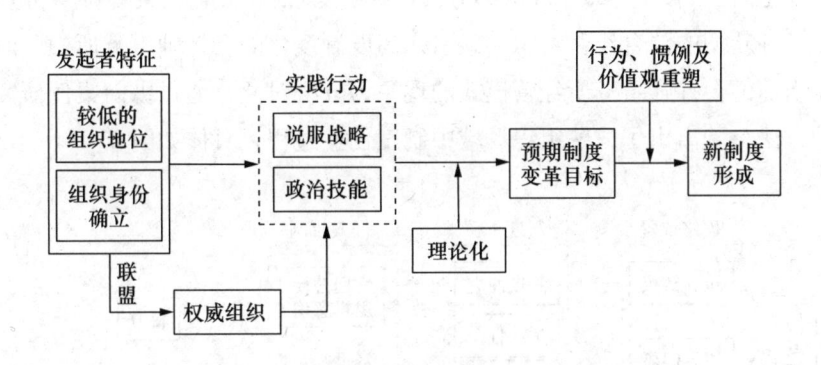

图2-1　新兴场域中的制度创业过程模型

资料来源：笔者参考 Maguire 等（2004）进行整理。

图2-1清楚地描绘出了新兴场域中组织在引导制度创业过程中所采取的战略与战术行为。新兴组织场域意味着组织制度化程度较低，各种价值理念、行为范式并存。作为组织场域中的组织成员若要提出一种新的制度体系，实现自身目标，就必须统筹组织场域中成员的行为范式与组织惯例。具有强烈制度变革动力的组织成员通常位于组织场域的边缘位置，因此，与组织场域中拥有较高地位的权威成员结盟，努力说服他们加入制度变革力量当中就显得尤为重要。在实践活动中，高超的游说战略与必要的政治技能是制度创业家将制度变革目标进一步理论化与合法化的重要方式，也是平衡参与制度变革各组织成员利益关系、达成"共赢"局面的重要手段。新兴组织场域的低制度化水平意味着制度变革成功之后，还需要加强成员关于行为、惯例以及价值观的型塑过程，从而推进组织场域制度化水平的提升。

总之，Maguire 等的模型中强调制度创业过程需要组织场域中具有权威地位的组织参与才能顺利开展，在制度变革实践过程中通过说服策略与政治技巧将这种实践经验抽象成理论，并通过这种新实践过程与组织成员惯例、价值观联系起来以强化新制度体系。因此，新兴组织场域中制度创业的关键在于创造有利于新制度推广的组织场域空间。

Greenwood 和 Suddaby 的网络位置模型。该模型从成熟的组织场域中心位置出发去探究被完善的制度所高度型塑的组织成员是如何推动变革发生的。Greenwood 和 Suddaby（2006）以加拿大五大会计师事务所将一种新型的混合经营组织模式引入高度制度化的会计师事务所中，改变当前的会计师事务所经营模式的现象为分析对象，通过纵向案例研究的方法，剥离出了成熟组织场域中制度创业过程，具体如图 2-2 所示。

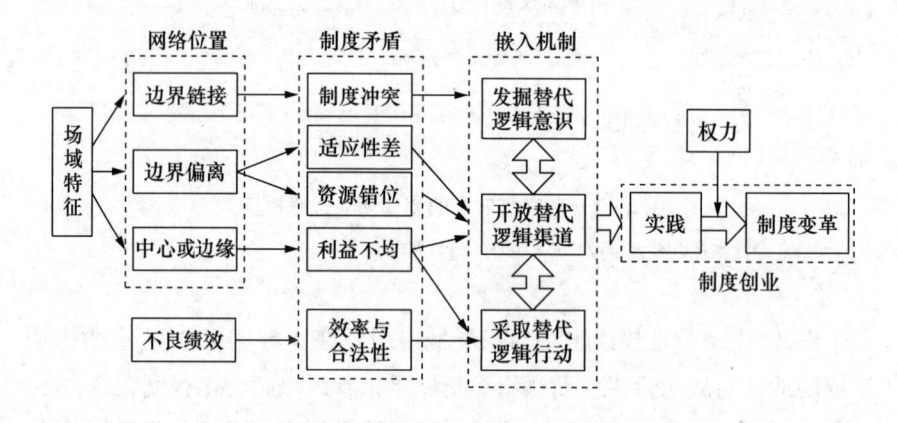

图 2-2　成熟场域下中心组织的制度创业过程模型

资料来源：Greenwood, R. and R. Suddaby, "Institutional Entrepreneurship in Mature Fields: The Big Five Accounting Firms", *The Academy of Management Journal*, 2006, 49 (1): 27-48。

从图 2-2 中可以看出，成熟场域中的组织制度创业首先由网络位置的特殊性所引发，网络视角下的组织场域由于网络边界链接模式、组织网络位置偏离和网络中心与边缘地位的划分使场域内部成员逐渐形成分化，这种成员分化将在组织成员关于资源获取、适应能力、利益分配以及运作效率与身份合法性方面产生不兼容，进而体现为制度的多层次结构冲突状态，这种场域之间的制度冲突依据组织成员所在网络位置的差异而表现出不同的曝光程度。频繁的制度冲突曝光凸显现行制度的不合理之处，急需一种新的、可行的制度来替代现有制度。组织场域中组织嵌入性由成员意识、制度开放程度和成员能动性三方面构成，随着制度矛盾的不断激化，组织场域内部成员的网络嵌入性将促使他们不断发现现行制度的弊端，从而产生强烈的制度替代与变革意识，寻找一种新的替代制度的理念将逐渐在组织成员内部进行探讨、协商与公开。处于网络中有利场域位置的精英组织会充分利用这种逐渐公开的变革动机引导变革团体在实践过程中充分运用组织所赋予的权力进行集体动员，最终促成制度变革的完成，这个由精英组织领导的制度变革过程就是制度创业过程。因此，Greenwood 和 Suddaby 基于成熟场域所构建的制度创业过程模型也被称为精英制度创业过程模型（张铭和胡祖光，2010）。

Greenwood 和 Suddaby 基于成熟场域的制度创业过程模型的最主要贡献在于将网络理论引入制度变革分析之中，将网络特征与组织成员嵌入性结合起来考虑。组织场域中成员的网络位置特征决定了成员在场域内部的权益分配，而网络嵌入性则决定了成员在制度创业过程中的角色定位，进而通过制度矛盾对组织场域成员网络与嵌入状态的连接作用选择了特定的制度创业路径。遗憾的是，Greenwood 和 Suddaby 的研究关注于组织场域中处于网络中心位置的场域成员，而相对忽略了边缘位置的成员在制度变革中发挥的作用，进而制约了该模型在更大范围内的应用。

Misangyi 等的边缘位置模型。与 Greenwood 和 Suddaby 的研究一样，Misangyi 等也关注于成熟场域的制度创业过程分析，只是在他们的研究中关注的是处于组织场域边缘位置的成员。正如 Maguire 等所阐述的那样，处于场域边缘位置的成员往往在场域中是一种资源占有空间小、地位相对低下的行动主体。作为现行制度框架下利益分享的"受害者"，他们必须不断地向现行制度发起挑战以寻求改变。该模型可以用图 2-3 来表示。

从图 2-3 中可以发现，制度创业实质上是一个新制度逻辑替代现行制度逻辑的过程，组织场域成员的任务就是彻底消除现行制度逻辑对组织场域的影响。制度逻辑是一种组织成员关系模式（关系对象与方法选择）、成员角色扮演和实施规则与流程、行为主体实质性行动之间的不断循环过程。现行制度逻辑的良好运作需要现行制度（既得利益者）的维护，而新制度逻辑的形成则需要制度创业的推动。在这种新旧制度逻辑替代过程中，都需要组织场域内部资源的充分利用以支撑制度创业活动的开展。正是基于上述考虑，Misangyi 等（2008）提出了制度创业家在制度创业过程中的四项主要工作：首先，要充分认识现行制度的逻辑规律以及其运作的资源基础。其次，要对未来新制度逻辑与现行制度之间的边界进行科学、准确的评估。再次，努力获取制度创业所必需的各种资源与条件。最后，创造新制度逻辑。

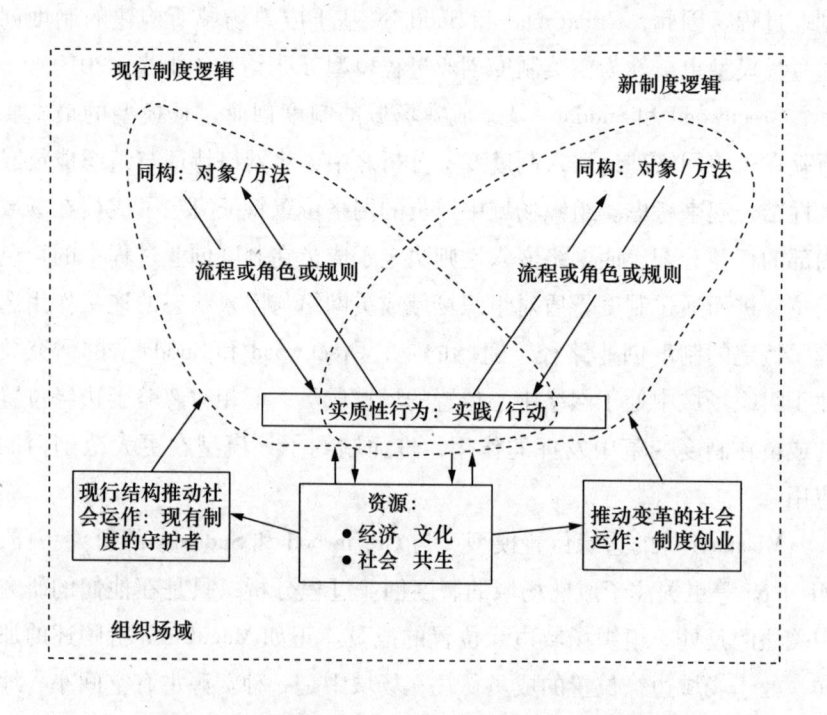

图 2-3　成熟场域下边缘组织的制度创业过程模型

资料来源：Misangyi et al., "Ending Corruption The Interplay Among Institutional Logics, Resources And Institutional Entrepreneurs", *Academy of Management Review*, 2008, 33 (3): 750-770。

Misangyi 等（2008）的边缘位置模型综合了 Maguire 等（2004）与 Greenwood 和 Suddaby（2006）两个研究模型的优势，并较为系统地阐述了制度创业过程中不同阶段所需要完成的工作及其性质，是对制度创业过程研究的全面概括，但遗憾的是，他们的研究并未给出每一制度创业阶段制度创业家在资源配置、活动范式选择上的具体措施，这也是大多数制度创业过程模型所欠缺的。一直以来，作为制度创业活动参与主体的制度创业家在制度创业过程中发挥了主导作用。

第四节 理论总结

在企业国际化过程中，面临的最大挑战是来自不同国家（地区）之间的制度差异，要克服这种制度性障碍给国际化企业带来的挑战，尤其是中国等新兴市场国家的企业，需要先从制度本身的内在机制层面展开讨论。一般来说，制度创业原动力、组织场域规制和制度创业过程机制是制度创业相关理论的三个主要内容。制度创业是既有制度情景下行动者追求超额利润所引发的制度震荡，也符合国际市场新进入者带给市场的扰动和规则重构的理念。而组织场域作为研究制度创业的主要载体，关键是将制度能动性和制度因素纳入同一情景下，并分析这些因素是如何通过组织场域这一情景体现出来的。制度创业家是在既定的制度环境中发起那些偏离现行制度变革的行动者的统称。在特定的组织制度情景下，制度创业家尝试通过构建制度变革愿景并动员组织场域内其他相关利益者参与到这种背离现行制度的具有不同风险的活动中来，制度创业家将面临来自组织场域内外部的一系列挑战。这对于中国企业国际化来说非常具有启发意义，作为后发企业，中国企业急需在尽可能不损害东道国企业利益的情况下，获得国际化绩效的最大化。追求的也是一种"共赢"的发展理念。然而，考虑到市场目标、制度体系、文化理念等方面的巨大差异，要实现这种共赢局面，并不是一件容易的事，因此，需要充分发挥制度创业家各方面的力量来实现。

第三章 民营企业多元化战略生态理论基础

第一节 企业战略多元化

自 20 世纪 60 年代以来，多元化战略成为风靡全球的企业经营战略。20 世纪 90 年代以来，随着中国经济的飞速发展和企业的成长壮大，很多中国企业也把多元化经营作为企业发展的一种手段，尤其是在企业国际化战略不断兴起的国际化竞争中，多元化战略得到了学者的普遍关注。关于企业国际化过程中的多元化战略，虽然西方文献汗牛充栋，但针对中国企业多元化的实证研究还刚刚起步。在综述了大量多元化文献基础上，Hoskisson 和 Hitt（1990）给出了"多元化动机—多元化战略—企业绩效"的研究范式。如果在中国情景下研究该范式所描述的关系，一些受文化、制度影响较大的概念，如多元化动机以及多元化时机、产业选择，必须要在中国情景下检验其量表的效度和信度。伴随着 21 世纪初中国企业国际化的不断深入，越来越多的中国企业也把多元化战略引入企业的国际化决策中，但在企业实际的多元化国际战略中，多种战略的共存以及战略决策过程的复杂化，国际市场竞争的剧烈程度提升，加速了企业的战略决策制定过程。因此，研究多元化动机下的中国国际化企业战略决策的基本理论及其决策机制具有重要的理论意义。

企业为什么要多元化？现有文献给出 6 个主要方面的理论解释。

一 资源基础理论

资源基础论认为，企业不仅仅是一个管理单位，而且是在一个管理框架组织下的生产性资源集合体（Penrose，1959）。企业成长（如多元化、并购）都应该寻求现有资源的利用与新资源开发之间的平衡（Wernerfelt，1984）。能力理论是资源论的发展，意欲成为能力领导者的企业倾向于围绕核心能力进行水平多元化，而非垂直一体化（Hamel，1994）。在实证研究中，资源被分为有形资源（厂房、设备、技术等）、无形资源（经验与诀窍等）和资金资源（流动性最强的资源），有形资源的共享能导致多元化，无形资源也同样促进多元化（Hoskisson and Hiit，1990）。

二 交易成本理论

威廉姆森（1975）认为，企业多元化的理由是利用内部资本市场。由于高交易成本而存在不确定性和市场失败，企业往往内部化使用其资产，而非外部化使用其资产或通过市场交易方式获得某些服务。对那些高专用性的资产和服务，企业尤其如此。其结果是，企业建立用于有效地分配资本的多分部结构的内部资本市场。但是，可能由于可操作性困难，关于市场失败对企业多元化的影响的实证研究很少。

三 资产组合理论

组合理论认为，企业多元化投资能够平衡风险和稳定收益。Markham（1973）认为，只要多业务公司的各业务现金流不完全相关，公司总体现金流的变动性，即总的风险，就由于多元化而降低。Lubatkin和Chatterjee（1994）研究发现，公司多元化与股票收益风险之间是L形关系，因此，公司最小化经营风险的方法是相关多元化而非专业化或无关多元化。

四 委托—代理理论

委托—代理理论认为，追求自身效用最大化的代理人会采取与委托人利益不一致的行为（Jesen and Meckling，1976）。Amihud和Lev（1981）是这方面实证研究的开创者。管理者进行多元化也许并不是从资源、市场失败、政府政策或资产组合等方面出发，而是考虑降低自身就业风险和提高自身报酬水平出发（Amihud and Lev，1981；Hoskisson and Hitt，1990）。

五 政府政策论

政府政策对企业多元化的影响主要是反托拉斯法和税法。Markides 等（1995）研究表明，在美国，直到 20 世纪 60 年代，限制水平和垂直并购的反托拉斯法导致 20 世纪六七十年代混合多元化的盛行，但是，到 80 年代，这些限制放松使企业又盛行回归主业的并购。Hoskisson 和 Hitt 等（1990）研究了 20 世纪 80 年代以前及早期美国股利税、公司税政策与企业多元化之间的关系。

六 制度学派论

在研究转型经济或新兴经济的国家或地区企业多元化时，普遍采取制度理论解释（姚俊、吕源和蓝海林，2004）。在这些国家或地区中，虽然市场机制发挥一定的作用，但企业的发展很大程度上依赖于非市场机制获取资源。这可能说明在解释中国企业多元化动机和战略时要考虑制度因素。

企业经营者在进行多元化战略时，总要进行外部环境和内部实力分析，以判断企业所面临的环境特征以及企业所拥有的实力情况。企业经营者对环境和实力的判断，以确定多元化战略，这种时机的认识和选择是企业多元化战略分析和选择的一个重要内容，也是战略分析过程的基本范式。从企业当前的竞争态势来看，技术进步和信息交流成本的日益降低，极大地促进了企业多元化战略实施的空间，凭借互联网、物联网以及信息平台集成的手段，企业多元化战略的生态化不断引起学者的注意，本章接下来将从生态视角切入来探讨企业多元化的理论基础，剖析企业多元化战略是如何在当前复杂的战略竞争体系下演化的。

第二节 企业战略生态化

随着企业间竞争程度的日益激烈和竞争模式的日益多样化，企业战略和动态竞争成为学者关注的焦点（谢洪明和蓝海林，2004），学者试图通过企业之间依据战略目标构成的竞争或合作一体化联盟来研究企业之间的这种竞争行为，并将这种战略联盟定义为"战略群"。这种战略群虽然能够较好地反映企业当前的战略决策关系,但并不能为企业未来的战略决策制定提供全面、可靠的指导。另外,作为一种基于企业实体所构成的战略群,在一定程度上制约了这种战略群对于企业战略决策的关注。正是在这种背景下,蓝海林和谢洪明(2003)最早提出了"战略生态"的概念,将其用来反映企业战略群的构建和运作活动。后来,谢洪明(2003)在其博士学位论文中首次较为系统地对企业战略生态进行了阐述。谢洪明(2003)对战略生态的思想理念进行了较为合理的定位,认为战略生态是反映企业未来战略定位的企业战略抽象群的表现形式。

自此以后,国内的一些学者对战略生态的内涵进行了进一步分析。张燚和张锐(2003)指出,战略生态是以生态学理论为基础,应用生态学方法研究以企业内外部竞争环境为核心的战略生态系统的结构、功能及动态变化,以及系统成员与系统周围环境间相互作用规律,并利用这些规律为企业成长提供资源、空间的系统环境。在此后的研究中,他们对战略生态的主要研究内容、战略生态系统功能、生态学特征、企业战略生态规划和建设进行了分析(张燚和张锐,2004,2005)。高丽和潘若愚(2009)从复杂性视角对战略生态系统进行了分析。吴秋明(2010)从系统评价角度将战略生态定义为在企业赖以生存的战略环境下,企业及其利益相关者构成的集群,是一个复杂的生态系统。综观这些学者的定义,他们主要是从组织生态学的视角切入,将生态学理论与企业战略管理理论结合起来阐述企业间的战略协调与战略回应问题,将商业生态系统中的企业关系行为抽象成企业战略组合问题,强调企业战略的前瞻性。通过对企业未来可能出现(面临)的问题或困难进行预判,从而采取超前战略。谢洪明和蓝海林(2004)还创造性地提出了采用集合的方式来表达战略生态的方法,他们将企业战略群表示为一个集合,那么集合中的元素就是企业具体战略。而所有战略的集合再加上外部环境就是企业战略生态的系统表达。

从张燚和张锐(2003)、蓝海林和谢洪明(2003)等关于战略生态的界定中可以看出,战略生态是作为一种分析关联企业未来战略演化的工具,强调企业对未来可能面临的内外部环境,特别是产业或者关联企业的战略演化的准确评估、预测和运用,从而适时地调整企业发展战略以适应内外部环境的改变。谢洪明和蓝海林(2003)更是将战略生态视为关联企业战略及其环境构成的整体性系统,这种系统具有生长性,具体体现在企业对于潜在竞争市场的整体认识以及对于自身所在企业战略组织发展、演变的评估,进而挖掘市场机会,扩展企业战略生存空间,强调企业战略的主动性。但这种主动性的企业战略决策却忽略了这样一个事实:商业生态系统中企业的紧密联系性,相对于企业前瞻性的战略决策,更多情况下是为了解决生态系统中企业共同面临问题而采取的被动战略。事实上,企业发展过程中存在严重的惰性行为,组织结构老化、技术陈旧及产品过时等都是企业发展过程中非常普遍的现象(Sørensen and Stuart,2000)。更多的研究表明,外部环境的急剧变化才是推动企业不断调整战略的重要因素,以往的战略生态研究虽然强调众多具有关联企业战略的集合,但并未从整个产业发展变化视角进行深入分析,而是将研究重点聚焦在企业个体层面的战略决策上,重视企业自身战略对于外部环境的应对策略与意义。一家企业的战略决策往往是有限理性的,当企业在评估可选择的行动方案时会被自身利益追求和过去的成功经验所束缚。为了巩固自身在系统中的特殊地位,商业生态中占主导地位的企业或者企业联盟将会产生维持企业整体战略而聚焦在它们所占据的资源空间和细分市场方面的动机(Pfeffer and Davis – Blake,1986),这种资源空间和细分市场的长期占领能够给企业带来显著的经济效益和相对稳定的发展环境。但对于那些长期处于市场边缘的企业来说,频繁地暴露于快速变化的环境当中将促使它们不断地积累组织与环境之间的匹配经验,增强环境适应能力,进而发展出领先于核心企业的特殊专长。如果这种特殊专长被主导企业所发现,即使这种特殊专长尚未对整个商业生态系统构成威胁,核心企业也会感受到自身利益受到潜在的威胁,进而采取进一步措施以获取或者抑制这种特殊专长。这就说明,无论处于商业生态系统外围或边缘的企业采取怎样的战略策略(隐藏优势或主动出击),其与系统内部占据主要资源空间的核心企业之间都将在资源和市场方面形成各种博弈关系。从本质上讲,就是同一系统中的企业由于面临环境冲击强度不同、资源配置差异以及组织变革矛盾所导致的企业之间的各种问题和冲突。然而，持续不断的冲突并不利于整个商业生态体系的发展，需要有一个由多个企业参与的、相互依赖并且得到所有成员认可的组织协调模式来规范这种冲突行为，这与以往关于商业生态系统成员之间关系频繁变化的研究相呼应。因此，外部环境冲击和产业内部企业的动态竞争关系是造成战略生态演变的重要动力，即战略生态演进的双重性，这种双重演进是一个持续不断的过程，稳定性相对较差。战略生态的不断演进过程也意味着战略生态系统中企业战略的持续动态变化。

那么，如何基于战略生态系统构建出既满足所有企业自身战略发展需求，又能够很好地解决企业面临的共同问题的战略生态运作与管理机制就显得尤为重要。本章在参考了蓝海林和谢洪明（2003）关于战略生态内涵的界定以及 Gerencser 等（2010）关于组织"群"的观点之后，对战略生态的内涵进行了进一步的拓展，将战略生态定义为一种以企业共同面临的问题解决为导向的商业生态系统中企业及其他相关组织所采取战略的组合、战略相互作用机制及其外部环境。战略生态作为一种全新的企业战略与产业环境组合模式，能够有效地整合共同目标相关各方的资源，激发其组织潜力，通过"求同存异、优化管理"的方式实现企业共同问题的解决。在当前产业链分化与市场细分日益深入的情况下，这种共同问题的解决主要体现在新产品研发、设计以及制造过程中企业之间的合作，企业为了共同对抗外部风险形成的企业与其他组织之间的合作等方面。

当商业生态系统中的相关组织为了共同问题的解决而在战略决策方面进行协调、整合时，这些组织之间本身并没有严格的隶属关系，每一组织在看待问题的方式以及处理问题的方法与步骤上仍然存在一套各自独特的观点，这就意味着组织之间会存在各种意见分歧甚至战略竞争关系。这种既有强烈的共同问题解决意愿导向，同时又在问题解决实际过程中存在分歧的战略生态组织之间的关系界定问题，既是战略生态的显著特征之一，也是急需解决的重要问题之一。Gerencser 等（2010）在关于组织群理论的研究中指出，各组织成员需要协同解决共同问题的实质在于组织成员之间具有内在相互交织的关键利益，这种利益交织是组织成员组建"群"的动态张力基础。在战略生态中,动态张力的理念也为企业之间的战略持续互动提供了一个简捷而有效的分析视角。相对于企业战略联盟,战略生态系统无论在组织成员还是与外部环境的互动方面都要更加丰富。从战略生态整体层面来看,基于战略群的组织间动态竞争构成了战略生态的整体战略动态张力框架。从企业层面来看,战略生态中企业之间的合作与竞争关系则是微观视角的关系张力行为。

通过上述分析,我们可以将本章的战略生态用图 3–1 来描述。

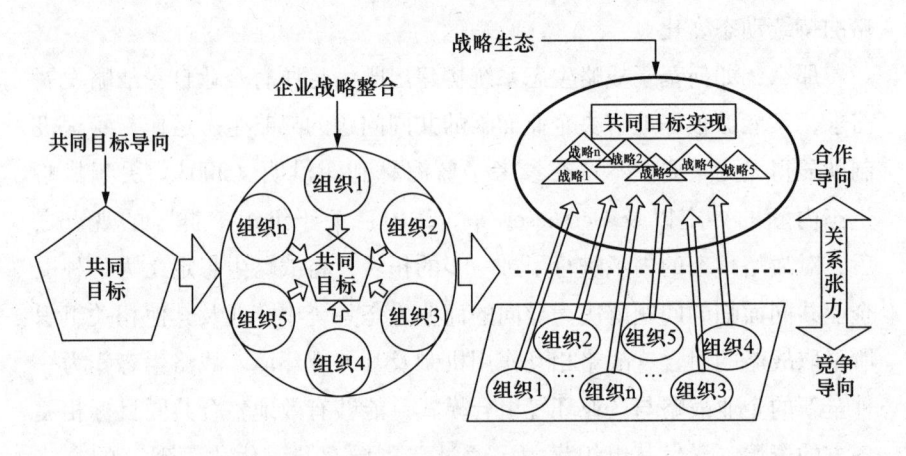

图 3–1 战略生态的构建

资料来源:笔者整理。

第三节 企业战略生态演进

战略生态中成员的聚集动力来自不同成员需要通过合作来实现企业在资源、技术或者市场方面的优劣势互补。因此,在共同目标和自身利益之间,企业并不总是能够达成一致的。当企业、政府部门或其他组织试图通过战略协调与整合实现共同目标时,需要彼此间在竞争与合作方面维持一种动态的关系张力,而这种动态关系张力则是战略生态的演进动力。

处于战略生态中的企业若要获得成功,必须与系统内部其他企业或相关组织建立良好的合作关系。稳定、持续的合作关系将对企业信息获取、资源利用以及竞争力的提升带来巨大的优势。然而，国内外学者有关企业合作关系的研究却明显存在两种相互对立的观点：一些学者强调合作关系可能给企业带来积极影响，例如，合作双方彼此信任、技术共享和风险共担等（Benson, 1977; Lee and Kim, 1999）。另一些学者则将研究重点集中在合作关系中存在的、可能对企业合作关系产生的不良影响进而降低企业合作绩效的不利因素上，例如，"搭便车"、信息泄露和投机行为等。Das 和 Teng（2000）指出，企业之间的合作关系并不总是有效的，他们将企业合作关系中同时存在的关系冲突、投机行为、不对称关系等消极行为称为企业关系的黑暗面，这种关系黑暗面往往是由于企业间关系过于紧密或者过于松散，进而给企业关系管理造成困难而形成的。Anderson 和 Jap（2005）指出，企业战略联盟中的合作关系黑暗面并不代表企业之间合作关系功能的丧失，即企业双方之间不一定会因为关系黑暗面的存在而解散彼此之间已经存在的合作关系。程聪和谢洪明（2012）以我国浙江地区的产业集群为调研对象，进一步对不同社会文化背景下的集群企业、政府、协会及其他相关机构之间的关系张力进行了分析，指出了企业之间关系张力维持平衡对于企业乃至集群发展的重要性。战略联盟中，企业为了实现共同目标而相互合作，同时为了自身战略实现又相互竞争的事实说明，在绝大多数企业联盟或者其他形式的关系中，以关系冲突、投机行为、不对称关系等消极合作行为与以互动、协调、相互帮助等积极合作行为是共存于企业关系当中的。

在当前关于企业战略生态合作关系的探讨中，很少有学者从企业合作关系的消极因素和积极因素两方面进行探讨，究其原因，主要是对企业合作关系中这种消极因素与积极因素之间的相互关系缺乏一种有效的衡量标准或工具。Deephouse（1999）采用折中的观点来看待企业合作关系中这两种因素之间的博弈过程，他认为，企业合作关系效率低下，是由企业合作关系中这两种对立因素平衡遭到破坏所造成的，当企业间合作关系中这两种相互对立的因素维持在平衡状态时，企业合作绩效也将处于最高水平。张子建（2009）、方世荣等（2009）、程聪和谢洪明（2012）在总结前人研究的基础上提出，企业合作关系绩效低下甚至合作联盟解散的原因在于企业合作关系中这两种对立因素之间无法维持在平衡状态，并认为，这种对立因素主要包括行为、结构和心理三个层面。战略生态中，企业、政府部门以及其他非正式组织之间的竞争与合作关系张力也表现为组织行为张力、组织结构张力和组织心理张力三个层面的关系张力，这三个方面的关系张力就是战略生态动态张力的重要内容，按照组织属性和组织功能的差异，本章将战略生态中组织间关系张力划分为同质性组织关系张力和异质性组织关系张力两大类，具体如图 3-2 所示。

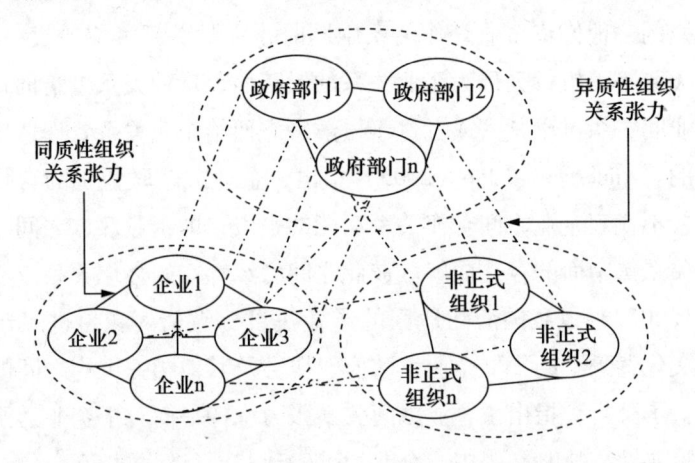

图 3-2　战略生态中组织间关系张力

资料来源：笔者整理。

一　战略生态中的组织行为张力

战略生态中组织之间的组织行为张力主要体现在组织战略执行策略方面，即在采取合作层面的策略与竞争层面的策略之间的权衡问题。战略生态中，组织之间的这种既相互竞争又彼此合作的动态策略关系就是行为张力的具体表现。Teece（1992）指出，企业间的联盟关系中合作与竞争同时存在是企业联盟能够保持长久竞争力的关键因素，也是维持企业创新能力的必要条件之一。Hermens（2003）的研究则认为，企业间的合作与竞争是否保持动态平衡不仅是联盟策略能否获得成功的重要特征之一，也是推动联盟不断演进的重要动力。与行为张力具有相似理念的是企业竞合思想，企业竞合理论指出，企业间的合作与竞争是既相互对立又相互联系的，并且是不可分割的有机组合。在战略生态组织行为张力中，本章根据不同组织的策略选择倾向将其分为以下三种情况：一是合作主导的关系张力，即战略生态不同组织间的关系中合作占据主要地位；二是竞争主导的竞合关系，即战略生态不同组织间的关系中竞争占据主要地位；三是合作—竞争平衡的竞合关系，即战略生态中不同组织间的合作与竞争策略是相对平衡的关系。需要指出的是，战略生态不像企业战略联盟那样具有成熟、完善的组织结构体系，更倾向于一种组织松散、临时性的组织结构，这就意味着在战略生态共同目标的条件约束下，战略生态的组织行为张力将不断地在上述三种类型的行为张力之间发生跃迁。具体如图 3-3 所示。

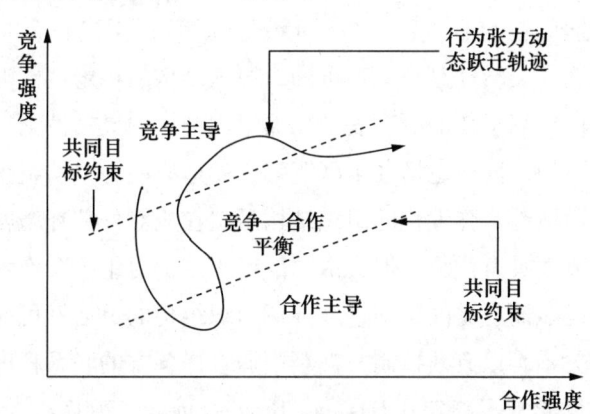

图 3-3　战略生态组织行为张力变化轨迹

资料来源：笔者整理。

战略生态系统中的同质性组织关系具体包括企业间、政府部门间或者其他同类型组织之间等。按照组织生态学的观点，同质性组织在组织生态位上具有相对更高的重叠程度，对于资源空间的争夺更加激烈，而商业生态系统的区域性特征则进一步强化了战略生态系统中的"地盘"主义观念，具体表现为企业同质性导致的价格战等形式的恶性竞争、政府部门的多头管理、研发机构的排他性等。因此，战略生态系统中的同质性组织行为张力显然是竞争主导的行为张力。而战略生态中的异质性组织关系则主要包括企业与政府部门之间、企业与其他机构之间或者政府部门与其他机构之间的关系。异质性组织在组织生态位上重叠程度相对较低，这为异质性组织间关系中合作空间创造了基础。另外，战略生态共同目标实现对于这种跨行业、跨领域的异质性组织之间的合作提出了更高的要求，这种共同目标的强制性约束作用则进一步强化了异质性组织之间的合作关系，因此，战略生态系统中的异质性组织行为张力是合作主导的行为张力。

二 战略生态中的组织结构张力

战略生态中组织之间的组织结构张力主要关注合作关系灵活性与稳定性之间的平衡问题。组织权变理论表明，企业联盟绩效高低与企业所在环境、企业策略等存在重要关系（Ramanujam and Venkatraman，1987），在高度不确定的环境中，企业联盟需要重视内部成员之间合作关系结构的适应性与合理性。Fredericks（2005）指出，企业战略联盟结构的稳定性与灵活性是缺一不可的，组织结构的稳定性能够维持企业联盟作为整体组织运作的顺利展开，而组织结构的灵活性则保留了企业的自主能动空间，同时也增强了联盟整体的适应能力。从组织结构层面来看，高度灵活性、弹性化的组织结构虽然在应对外部环境剧烈变化所带来的挑战方面具有优势，但灵活性的组织结构对组织合作可能造成的消极影响也是显而易见的，即过度强调组织结构的灵活性可能会导致组织之间合作关系难以有效控制，甚至削弱合作各方的联系程度而使这种合作关系变得异常不稳定（Das and Bing - Sheng，2002）。但是，高度稳定的组织结构则可能会导致企业向一种一成不变的合作"休眠"状态发展，这种"休眠"状态将使组织结构僵化，进而无法适应激烈竞争的外部环境（Anderson and Jap，2005；张子建，2009）。战略生态中组织结构张力大致如图3－4所示。

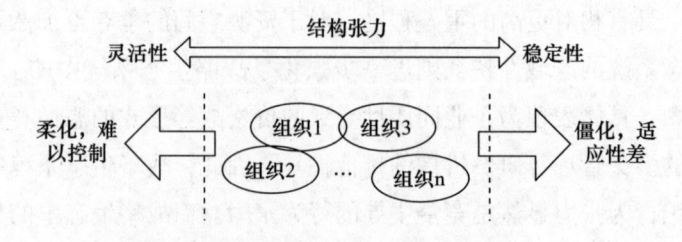

图3－4 战略生态中组织结构张力

资料来源：笔者整理。

战略生态中组织结构张力在同质性组织与异质性组织之间并没有本质区别。在战略生态的演进过程中，同质性组织之间由于在产品设计、技术应用等业务类别和行动方式等方面具有共同性，其在合作关系结构模式上更容易达成一致。在战略生态共同目标的约束下，这种同质性组织之间由于很难在产品设计、市场营销等方面进行创新，所以，同质性组织结构逐渐向一种机械式的、一成不变的状态发展的概率更大。而异质性组织之间由于角色定位、组织功能以及组织运作方式的巨大差异，必然要求在组织合作范式方面更具灵活性和创造性。此时，战略生态共同目标虽然要求异质性组织在结构模式上尽可能趋于一种稳定状态，但战略生态是一个相对开放的系统，需要不断调整异质性组织的组合模式。另外，泛组织化决策机制也表明，战略生态中的异质性组织必须在联盟模式上不断创新以满足共同战略实施的需要。因此，战略生态中异质性组织结构张力中灵活性可能占据主导地位。

三　战略生态中的组织心理张力

战略生态中的组织心理张力是指参与主体之间在合作时间上的决策问题，概括起来，就是选择长期联盟还是短期合作问题（张子建，2009）。Jap（2000）指出，企业在合作关系中采取长期联盟还是短期合作对于企业的发展将产生深远的影响。Pressey 和 Tzokas（2004）的研究发现，早期的企业合作中，大多数企业倾向于选择长期联盟的合作关系。随着后来产业发展趋势难以预测、产品生命周期缩短以及新兴技术层出不穷，使企业在合作时间选择上更愿意采取短期合作模式。在战略联盟中组织之间合作时间的选择方面，长期联盟和短期合作是同时存在的。一方面，战略生态的共同目标实现是一个长期的过程，从战略生态组织构建到解散的全过程都需要各组织之间的长期合作。另一方面，考虑到战略生态的开放性和动态性，在具体的组织关系中，采取短期合作模式更能够适应战略生态演进的要求。

如图 3-5 所示，战略生态的不断变革与演化意味着战略生态内部组织之间需要不断调整合作方式与合作状态以适应这种变革与演化，因此，战略生态中组织之间在合作时间模式的选择上更倾向于选择短期合作。另外，并没有研究表明组织心理张力与组织功能、产业结构等之间存在内在联系，因此，本章认为，组织异质性与否与组织在合作时间模式上的选择并没有显著的内在关联性。而组织心理张力更可能受到组织之间的信任水平、合作意愿以及组织卷入程度等因素的影响。

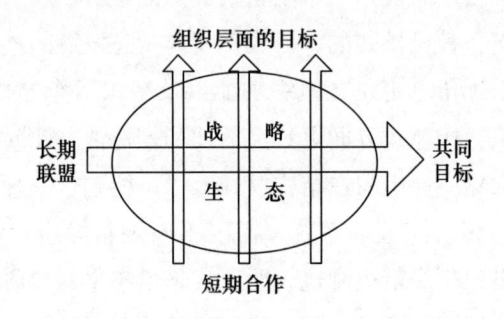

图 3-5　战略生态中组织心理张力

资料来源：笔者整理。

考虑到企业国际化经营中所面临的复杂的制度文化差异，这种跨文化经济活动所带来的跨文化心理行为必然上升到组织层面，战略生态的演进过程受到战略生态中组织关系张力的推动作用。战略生态组织关系张力可以划分为同质性组织关系张力和异质性组织关系张力，这两种组织关系张力在行为方式、组织结构和合作时间选择方面都具有自身特点。具体如表 3-1 所示。

表 3-1　　　　　　　　战略生态中组织关系张力比较

关系张力	同质性组织	异质性组织
行为张力	竞争主导的竞合关系	合作主导的竞合关系
结构张力	趋向于稳定结构发展，适应性能力下降	趋向于弹性化结构发展，难以有效控制
心理张力	短期合作	短期合作

战略生态演进包括企业层面的竞争与合作关系张力变迁以及组织层

面的战略群动态演化两个方面。本节关于战略生态演化主要是从企业层面的合作与竞争关系展开的，下节将从战略群视角对战略生态演化进一步予以分析。

第四节 企业战略群论

企业战略群最早出现在经济学领域有关企业市场结构的研究中。学者在早期的产业组织理论中就提出了"市场结构—厂商行为—企业绩效"（S—C—P）产业分析模式。在S—C—P产业分析模式中，市场结构主要包括企业数量、产品差异、市场进入或退出门槛等因素。企业行为则是企业对于特定的市场结构要求而采取的企业战略决策模式，例如，联盟战略、技术领先战略、市场营销战略等。企业绩效是指企业的经营成果，具体包括利润率、市场占有率、生产效率以及成长率等方面。S—C—P产业分析模式的核心思想是市场结构变革将导致企业行为多样化，而多样化的企业行为则会产生不同的企业绩效，即市场结构影响企业行为，企业行为决定企业绩效。因此，关于市场结构和企业行为的研究就成为产业组织理论研究中的重要方向。关于企业战略群研究就是源自市场上企业战略决策的多样化及其导致的企业相似战略的集合。战略管理研究者认为，这种具有相似企业战略决策模式的集合现象能够很好地解释统一市场结构下企业绩效的差异问题（Short et al., 2007）。在市场竞争环境中，相似企业战略集合在产业与企业之间衍生出一个新的"产业层级"，即企业战略群。企业战略群理论的提出为揭示同一行业内企业之间的动态竞争和绩效差异开创了一条新的研究路径，能够揭开宏观层面的产业研究和微观视角下的企业研究所无法解释的企业绩效差异产生内在机理（杨鑫和金占明，2011）。

战略群概念由Hunt（1972）首次提出，在其博士学位论文中，他以20世纪60年代的美国家用电器行业为研究对象，通过对行业中不同家电企业在产品策略、市场营销、竞争态势等企业行为差异方面的研究，发现即使是在行业集中度和进入门槛都相对较高且竞争日趋激烈的家电产业当中，企业之间战略的差异化和多样化不仅能够抑制整个行业发展成寡头垄断市场，而且将使整个行业形成层级鲜明的"区块化"企业群组割据势力，这种企业群组之间的相互竞争模式是企业竞争的一种新模式。那么，如何来区分和评价这种市场中的企业群组呢？Hunt（1972）采用垂直一体化、产品多样化和产品多样化差异程度作为区分这种行业中企业群组的标准。Caves 和 Porter（1977）在 Hunt 的基础上，将企业战略群定义为处于同一产业内的企业，在面对外部相似的机会或威胁时所形成的在战略决策模式上具有相似或互补特征的企业群组。Porter（1980）将产业内的企业战略群定义为在产品设计、技术水平、品牌认同以及专业化经营等战略决策内容方面采取相似战略的企业集合。这种企业集合能够在一定程度上代替产业中的技术合作、产品竞争以及人员流动等功能，因此，企业战略群也可以称为"产业中的战略"，是高速变革的外部环境中产业与企业之间的具有双重属性的过渡阶段。在后来的研究中，这种同一产业中具有相似战略决策模式的企业组合即为企业战略群的概念得到了大多数学者的认可。

在企业战略群分析中，另一个不容忽视的要素是移动壁垒。与传统产业具有产业壁垒一样，战略群之间也存在某种限制企业在不同企业战略群之间流动的类似产业壁垒的门槛，Caves 和 Porter（1977）、Mascarenhas 和 Aaker（1989）、Caves 和 Ghemawat（1992）等将其定义为移动壁垒，以凸显企业战略群之间这种阻止企业进入的、同时在进入难度方面具有动态变化的战略群门槛。移动壁垒的存在提高了战略群内外部企业进出战略群的门槛。因此，企业战略群移动壁垒是战略群结构维持相对稳定的基础，同时也是造成产业内部不同战略群之间绩效差异的重要原因（McGee and Thomas，1986）。构成企业战略群移动壁垒的相关因素主要包括企业资产（资金、品牌、工厂及稳定的消费者等）、技术（技术专利、研发机构等）和影响力（企业荣誉、管理者地位）等。移动壁垒具有较强的动态性，Mascarenhas（1989）的研究指出，移动壁垒不仅能够控制外部企业进入企业战略群，还将对战略群动态变革产生显著的影响，具体表现为：当企业战略群内部一些企业战略决策模式发生变化时，将引发企业战略群在战略决策、群成员以及战略群数量三个层面的变革,具体如图 3-6 所示。从图 3-6 中可以发现,当企业战略群内部一些企业改变战略决策(如实施创新战略)时,若内部移动壁垒较低,则企业战略群内部所有企业都可能遵循这种战略决策,从而彻底引发企业战略群的战略重组,以更好地适应外部环境,提升竞争力。若内部移动壁垒较高,则企业战略群中部分企业能够达到这种战略决策的要求,此时若外部移动壁垒较低,则无法达到创新战略的企业将向周围具有相似战略的企业群发展,争取进入这些企业战略群,从而引起原有战略群成员的变化。当外部移动壁垒较高时,无法达到创新战略的企业将很难向周围相似战略的企业群发展,无法进入这些企业战略群,此时它们将以这些企业为主重新构建战略群,那么将导致原有的战略群向多个战略群分化。

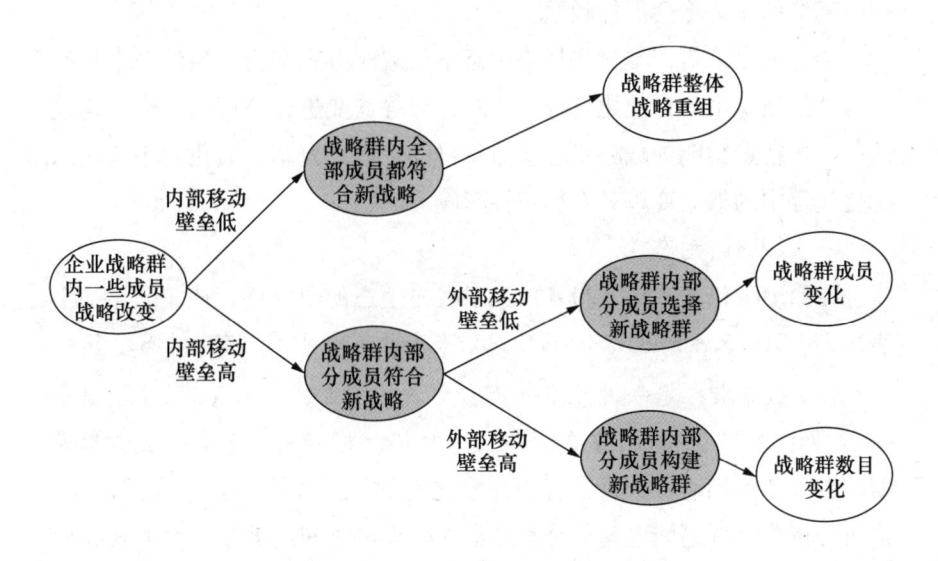

图 3-6 企业战略群移动壁垒的功能

资料来源:笔者在参考 B. Mascarenhas(1989)的基础上进行改编。

总体上看,企业战略群的内涵主要包括以下两个方面:一是企业战略群的构建是为了尽可能地发挥自身内部资源优势,形成整体竞争力。二是是通过企业战略群企业能够更好地应对产业变革所带来的冲击。这与上文关于商业生态系统中各种组织形式之间战略决策的协调与整合具有相似的特征。在商业生态系统中，各组织之间的战略集合是为了充分利用参与主体的优势资源完成共同目标，以适应外部环境变革所带来的挑战。从本质上讲，商业生态系统中的战略群与企业战略群具有共同之处，它们之间的显著区别主要体现在以下两个方面：一是商业生态系统中战略群的参与主体在产业领域、组织功能等方面跨度更大，而构成企业战略群的成员基本上来自同一产业的企业。二是关于战略群移动壁垒认知的差异。企业战略群中移动壁垒的功能是为了维持企业战略群结构与功能的相对稳定性。在商业生态系统中，由于战略群的构建更加重视组织之间在功能协调、专业目标实现方面的互补性，因此，商业生态系统中战略群的移动壁垒主要是通过战略群目标特征要求与战略群成员功能特点来体现的。考虑到战略群中移动壁垒缺乏对称性，商业生态系统中战略群的变革将会更加频繁。

结合上述分析，本章将战略生态中的战略群定义为战略生态中具有关联性的组织由于专业化目标、组织差异等需要进行协调、组合所构建的，具备特定功能的战略集合。战略群的生成、变革与演化对于企业国际化过程中的战略变革具有决定性影响。

一　战略群动态性

在谢洪明和蓝海林（2004）关于战略生态的研究中，他们采用如下表达式：$\vec{ST}=\vec{S_1}\Theta\vec{S_2}\Theta\vec{S_3}\Theta\cdots\Theta\vec{S_n}\otimes E$ 来表示战略生态，其中，$\vec{S_1}$、$\vec{S_2}$……$\vec{S_n}$等表示战略群，是一种元素的集合形式，例如，$\vec{S_1}=(s_{11}, s_{12}, \cdots, s_{1n})$。E 代表与战略群相关的外部战略环境。将战略生态抽象成数学模型，有利于我们通过分析集合中元素之间的相互关系以及集合的性质，进而分析战略群之间以及集合与外部战略环境之间的关系。由上式我们可以发现，战略生态可以抽象成战略群（$\vec{S_1}$，$\vec{S_2}$，…，$\vec{S_n}$），战略群互动关系（Θ）以及战略群与战略环境之间关系（$\otimes$）等因素的综合，其中，战略群（$\vec{S_1}$，$\vec{S_2}$，…，$\vec{S_n}$）和战略群互动关系（Θ）是战略生态的核心内容。因此，下文我们将重点阐述战略群内部成员关系与战略群之间动态演化关系。

依据本章关于战略群的定义，战略群内部成员是按照战略群目标实现需要和成员所具备的功能集合在一起的。强调成员在战略上的协调、互补功能。但个体有限理性理论则表明,具有共同目标的战略群内部成员之间仍然会存在竞争关系。因此,战略群内部成员之间是一种既合作又竞争的关系,这在上文关于战略生态中不同组织之间的关系张力部分已经做了较为详细的阐述。接下来,我们将具体分析战略群中成员张力产生的原动力。

假设战略生态中某一区域内的 n 个成员具有相互竞争与合作关系,我们首先来考虑 n 个成员之间没有形成战略群的情形:

为了便于分析,我们假设每个成员都是有限理性的,由于战略生态中的成员按照特定的功能定位和特征进行分布,那么处于同一战略生态某一"区域"中的成员往往具有实现共同目标的使命。假设处于同一"区域"中的每个成员的单位战略决策成本与收益是一致的,其中战略决策成本与收益分别为 c 和 e,那么,每个成员根据自身资源禀赋和利益需求的差异决定在战略群中的战略决策总投入成本 cw_i,其中 w_i 代表第 i 个成员的投入程度(或者说努力程度),那么,该"区域"中第 i 个成员的战略决策利润为 $(e-c)w_i$。我们假设"区域"中目标实现所需要的成员总体投入程度为 W,则 $W = w_1 + w_2 + \cdots + w_n$。此外,依据早期经济学中博弈论的相关假设,W 应满足约束条件 $W = y - e$,y 表示理论上能够获得的最大利益阈值。另外,我们假设"区域"中成员的战略决策是一个持续循环多次的过程,成员之间在进行战略决策时,对于战略群内其他成员的前一次决策是能够观察到的。那么,某一成员的战略决策在一定程度上还要受到其他成员上一次战略决策的影响。按照完全信息动态博弈的观点,第 i 个成员的战略决策收益 E_i 为:

$$E_i = (e-c)w_i$$

式中,e 满足约束条件:$W = w_1 + w_2 + \cdots + w_n$,$W = y - e$,那么,第 i 个成员的战略决策最大收益 E_{max} 为:

$$E_{max} = \mathrm{argmax}\,(e-c)w_i = \mathrm{argmax}\,(y-c-w_1-w_2-\cdots-w_n)w_i$$

由于同一"区域"中成员之间具有对称性,根据一阶条件,可以解得:

$$w_i = \frac{y-c}{n+1},\ e = \frac{y+nc}{n+1} \tag{3-1}$$

因此，我们可以得到第 i 个成员的战略决策最大收益为：

$$E_{max} = (e-c)w_i = \left(\frac{y-c}{n+1}\right)^2 \qquad (3-2)$$

接下来，我们来考虑战略群的情况。战略群构建的目的是通过成员间的战略整合以实现资源最优化利用，进而形成单个成员无法具备的整体竞争优势，实现战略群目标。战略群目标的实现能够给所有战略群成员带来利益，由于战略群利益实现的整体性。战略群内成员之间对于战略群这种整体利益具有"平等均沾"的特点，因此，战略群内成员之间更容易达成一致，从而实现战略上的整合。从产品市场边际效益来看，就是企业之间达成垄断行为。此时，战略群目标实现能够带来的收益 E 为：

$$E = (e-c)W$$

式中，$e = y - W$。

由一阶条件，可以解得：

$$W^* = \frac{y-c}{2}$$

同样，我们假设战略群中成员所需付出的努力程度是一样的，那么，第 i 个成员所需付出的努力程度 w_i 为：

$$w_i = \frac{y-c}{2n}, \quad e = \frac{y+c}{2} \qquad (3-3)$$

可以算得战略群中第 i 个成员的收益为：

$$E_{max} = (e-c)w_i = \frac{(y-c)^2}{4n} \qquad (3-4)$$

通过比较式 (3-3) 与式 (3-4)，我们可以发现，当 n 大于 2 时，战略群内部成员完成目标所需的战略决策努力程度要比战略生态中仅仅是"区域"集中的成员完成共同目标所要付出的努力程度低。这说明，战略生态中战略群的构建能够实现成员资源优势互补，降低成员战略决策成本。

另外，通过比较式 (3-2) 和式 (3-4)，我们可以发现，战略群中成员所获得的收益一定高于"区域"集中的成员收益。这说明，战略生态中战略群的构建确实能够提升成员效用，而这种个体效益的提升究竟是战略群整体竞争力提升还是成员资源充分利用所导致的，则需要我们做进一步分析。

接下来，我们考虑战略群运作过程中一种非常普遍的情况，战略群中部分成员在战略决策上背离战略群整体战略决策的问题。当战略群中某些成员感到通过创新战略能够给自己带来更多收益时，其有可能选择偏离其所在战略群的既定战略目标。为了便于分析，我们假设只有一个成员发生战略决策偏离的情况，并且假设这种战略决策偏离同样采用成员的战略决策成本改变（成员努力程度变化）来反映。假设战略群中实施战略创新的成员的努力程度变为 w_j，此时其将获得的收益 E_j 为：

$$E_j = (y - c - \sum_{i=1}^{n-1} w_i - w_j) w_j$$

式中，$w_i = \dfrac{y-c}{2n}$。

此时，战略群中实施战略创新策略成员的收益就变为：

$$E_j = \left[y - c - \dfrac{(n-1)(y-c)}{2n} - w_j \right] w_j$$

由一阶条件，可以解得实施战略创新的成员的努力程度为：

$$w_j = \dfrac{(n+1)(y-c)}{4n}$$

所以，战略群中实施战略创新策略成员的收益就变为：

$$E_j = \left(\dfrac{n+1}{4n} \right)^2 (y-c)^2 \qquad (3-5)$$

通过比较式（3-4）与式（3-5），我们很容易发现，实施战略创新策略的成员所获得的收益大于其尚未偏离战略群中既有战略所获得的收益。那么，为什么战略群内部具备创新战略的成员并不一定会采取创新战略呢？这是因为，战略群决策是一个长期过程，具有时间效应。具体来说，就是战略群中成员战略决策是由多个阶段、不同类型的子战略构成的，在战略群内某一成员采取创新战略的起初阶段，战略群内其他成员就会发现成员的这一异常行为，从而采取相应的战略调整策略进行应对。为了便于分析，我们将战略群内成员的战略决策行为划分为多个子决策，并且每个子决策的收益按照时间贴现率 δ（$0 < \delta < 1$）进行折

算。此时,我们就可以分别算得当一个成员采取创新策略与不采取创新策略情况下的成员收益:

(1) 当战略群中某一成员采取创新策略时,战略群内其他成员在第二阶段必然会做出应对策略,最坏的情况是战略群解散,所有成员又回到仅仅在"区域"中集中的状态,那么该成员从第二阶段开始的战略决策收益又将回到 $\left(\frac{y-c}{n+1}\right)^2$ 的水平,从长远来看,该成员的总体收益为:

$$E = \left(\frac{n+1}{4n}\right)^2 (y-c)^2 + \left(\frac{y-c}{n+1}\right)^2 \cdot \delta + \left(\frac{y-c}{n+1}\right)^2 \cdot \delta^2 + \cdots$$

进一步化简为:

$$E = \left(\frac{n+1}{4n}\right)^2 (y-c)^2 + \left(\frac{y-c}{n+1}\right)^2 \frac{\delta}{1-\delta} \tag{3-6}$$

(2) 当战略群中某一成员不采取创新策略时,那么战略群内部的成员都将按照原来的既定决策开展陆续的活动,此时,该成员的长期战略决策总收益为:

$$E^* = \frac{(y-c)^2}{4n} + \frac{(y-c)^2}{4n} \cdot \delta + \frac{(y-c)^2}{4n} \cdot \delta^2 + \cdots$$

进一步化简为:

$$E^* = \frac{(y-c)^2}{4n} \frac{1}{1-\delta} \tag{3-7}$$

显而易见,战略群内成员是否采取创新战略的关键在于成员创新后收益 E 和成员创新前收益 E^* 相比较的大小。当 $E > E^*$ 时,即:

$$\left(\frac{n+1}{4n}\right)^2 (y-c)^2 + \left(\frac{y-c}{n+1}\right)^2 \frac{\delta}{1-\delta} > \frac{(y-c)^2}{4n} \frac{1}{1-\delta} \tag{3-8}$$

化简可得:

$$\delta < \frac{(n+1)^2}{(n+1)^2 + 4n} \tag{3-9}$$

因此,当时间贴现率满足式(3-9)时,战略群内该成员必然会采取创新战略,此时也意味着原战略群的解散。从式(3-9)中我们也可以推算出,战略群中成员是否采取创新战略,受到战略群内部成员数量和战略决策效益时间效应的深刻影响。而战略群中成员战略决策效益的时间效应不仅与成员战略决策模式、战略群有关，还受到战略决策的外部相关环境以及战略生态的影响。

总之，无论是从战略决策成本降低还是收益提升视角来看，战略生态中战略群的存在是有其内在生成动力的，战略群内成员之间由于存在内在的资源、战略互补性，能够有效整合成一个高度协调运作的有机组织，同时，战略群内部成员采取创新战略，不仅与其能够获得的收益有关，还与战略群发展、外部环境等因素密切相关。这从另一视角证实了战略生态中组织之间关系张力的存在。

二　企业战略群演化形态

战略群之间的互动关系是战略生态组织结构的重要特征之一。谢洪明（2003）认为，战略生态下系统中存在多种战略，例如，相互补充战略、相互对抗战略、相互制衡战略以及非对称关系战略等。他基于企业纯粹的市场竞争视角进行分析，根据企业的这种战略差异将战略生态中的战略划分为相残态、互不侵犯态、跟进态和牵制态四种类型。然而，战略生态系统中并不仅仅是企业之间的战略决策行为，包括政府部门、研发机构以及公民组织等其他组织形式都是战略生态中战略决策活动的主要参与者。这些组织形式的战略决策关系与企业战略决策关系具有本质上的区别（Peér and Gottschalg, 2011）。而战略群作为众多关联组织（企业、政府部门及研究机构等），根据战略互补优势生成的具有特定功能的战略集合，更符合纯粹的企业市场战略决策行为分析。因此，本章认为，从战略群之间的战略决策视角去分析战略生态的战略形态更有说服力。

在战略生态中，不同类型的战略群往往具备不同的功能，是为了战略生态整体目标的完成而构建的，因此，战略生态中不同类型的战略群一般不会为了资源空间而产生竞争关系。但同一类型的战略群由于具有相同或相似的功能，彼此之间必然会产生竞争关系。为了阐明战略生态中同一类型战略群之间的相互作用机制，我们将借鉴 Waltman（1980）、陆志奇和李静（2008）等的研究结论，从组织生态学关于种群成长的视角对战略群演化进行分析。为了便于分析，我们假设某一战略生态中仅有战略群 1 和战略群 2，则战略群 1 和战略群 2 之间的关系可以用以下方程组来表示：

$$\begin{cases} \dfrac{dx_1}{dt} = r_1 x_1 \left(1 - \dfrac{x_1 + \alpha x_2}{k_1}\right) \\ \dfrac{dx_2}{dt} = r_2 x_2 \left(1 - \dfrac{\beta x_1 + x_2}{k_2}\right) \end{cases} \quad (3-10)$$

式中，x_1 和 x_2 分别表示战略群 1 和战略群 2 的资源禀赋，r_1 和 r_2 分别代表战略群 1 和战略群 2 的竞争力，k_1 和 k_2 则分别代表战略群 1 和战略群 2 所需的最大资源空间。而 α 代表战略群 2 的战略决策对战略群 1 产生的冲击程度，同理，β 代表战略群 1 的战略决策对战略群 2 产生的冲击程度。此时，我们可以分三种情况进行讨论：

(1) 当 α 和 β 都等于零时，表示战略群 1 和战略群 2 之间不存在相互影响关系。此时，战略群 1 和战略群 2 的战略决策过程只与自身资源禀赋、目标实现难易程度以及外部环境等因素有关，与战略生态中的其他战略群没有关系。这种情况下的战略群战略决策是独立进行的。然而，在现实的战略生态系统中，这种战略群战略决策是不可能存在的。

(2) 当 α 等于零、β 不等于零时，表示战略群 2 对战略群 1 产生单方面的影响。此时，战略群 2 的战略决策是独立进行的，而战略群 1 的战略决策则需要参考战略群 2 的战略决策实施情况，因此是一种单方向的影响作用。这种单方面的影响机制对于影响方的战略决策实施影响较小，而对于被影响方的战略决策实施过程则影响较大。同理，当 α 不等于零、β 等于零时，战略群 1 和战略群 2 的影响关系正好相反，这里就不再展开讨论。

(3) 当 α 和 β 都不等于零时，情况则比较复杂。这也是战略生态现实系统中最有可能出现的情况。参照 Waltman（1980）、陆志奇和李静（2008）的研究思路，我们对方程组式（3-10）进行解分析，则可以得到以下四种情况的解：

第一种情况：当 $\alpha < \dfrac{k_1}{k_2}$，$\beta < \dfrac{k_2}{k_1}$ 时，则有：

$$\lim_{t \to \infty}[x_1(t), x_2(t)] = \left(\dfrac{1-\alpha\beta}{k_1 k_2}\right)^{-1}\left(\dfrac{1}{k_2} - \dfrac{\alpha}{k_1}, \dfrac{1}{k_1} - \dfrac{\beta}{k_2}\right) \quad (3-11)$$

此时，方程组有两个稳定的解 $x_1 = \dfrac{1}{k_2} - \dfrac{\alpha}{k_1}$，$x_2 = \dfrac{1}{k_1} - \dfrac{\beta}{k_2}$，这说明，

战略群 1 和战略群 2 在战略生态系统中实现共存，并且这种共存状态是相对稳定的。

第二种情况：当 $\alpha > \dfrac{k_1}{k_2}$、$\beta < \dfrac{k_2}{k_1}$ 时，则有：

$$\lim_{t \to \infty}[x_1(t), x_2(t)] = (0, k_2) \qquad (3-12)$$

此时，方程组的两个解为 $x_1 = 0$ 和 $x_2 = k_2$，这表明，战略生态系统中战略群 1 和战略群 2 产生了激烈的竞争作用，最终战略群 1 被淘汰，在战略生态系统中解散，而战略群 2 则实现了稳定发展。

第三种情况：当 $\alpha < \dfrac{k_1}{k_2}$、$\beta > \dfrac{k_2}{k_1}$ 时，则有：

$$\lim_{t \to \infty}[x_1(t), x_2(t)] = (k_1, 0) \qquad (3-13)$$

此时，方程组的两个解为 $x_1 = k_1$ 和 $x_2 = 0$，这表明，战略生态系统中战略群 1 和战略群 2 产生了激烈的竞争作用，最终战略群 2 被淘汰，在战略生态系统中解散，而战略群 1 则实现了稳定发展。

第四种情况：$\alpha > \dfrac{k_1}{k_2}$、$\beta > \dfrac{k_2}{k_1}$ 的情况比较复杂。方程组式（3-10）并没有稳定的解。为了全面刻画这种情况下战略群 1 和战略群 2 的战略决策情况，我们可以首先假定 $\alpha > \dfrac{k_1}{k_2}$ 情况下，获得战略群 2 的战略决策轨迹，然后，假定 $\beta > \dfrac{k_2}{k_1}$ 情况下，获得战略群 1 的战略决策轨迹，最后将这两个战略群 1 和战略群 2 的战略决策轨迹在同一坐标上进行分析，那么，两个战略群 1 和战略群 2 的战略决策轨迹重合点就是战略群 1 和战略群 2 最终的战略决策状态。

为了便于将战略群 1 和战略群 2 的战略决策过程在坐标系中描绘出来，我们参照陆志奇和李静（2008）进行如下假设：

$$e_{12} = \alpha \dfrac{r_1}{k_1} 和 e_{21} = \beta \dfrac{r_2}{k_2}$$

那么，上述四种情况下，战略群 1 和战略群 2 的战略决策结果可以用图 3-7 来表示。

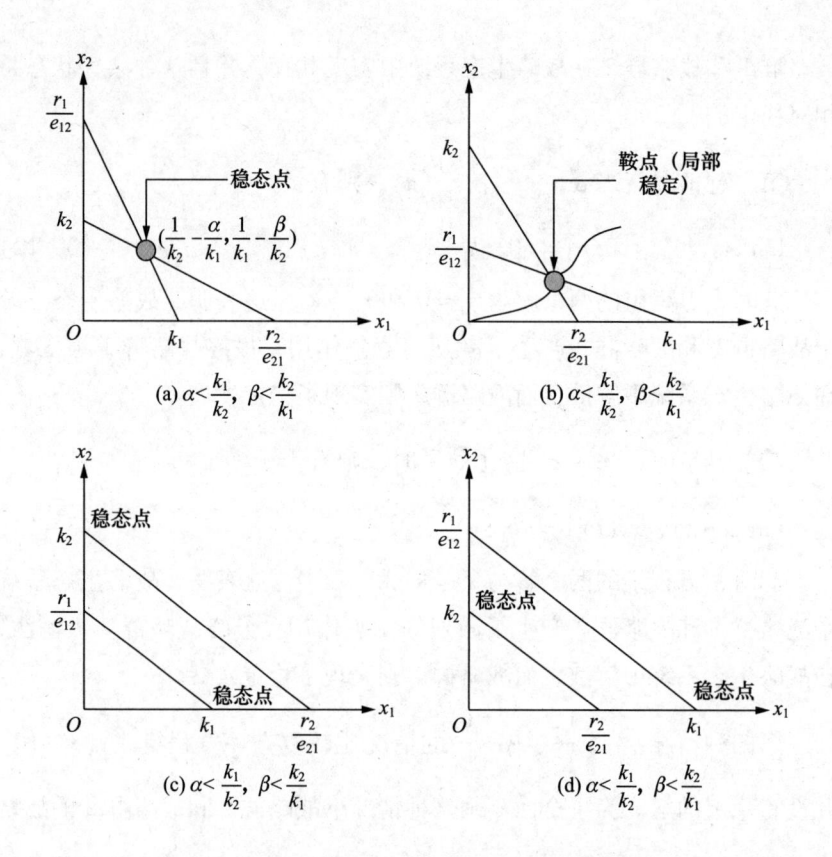

图 3-7 战略群 1 和战略群 2 的战略决策轨迹

(a) $\alpha < \dfrac{k_1}{k_2}$，$\beta < \dfrac{k_2}{k_1}$，稳态点 $\left(\dfrac{1}{k_2}-\dfrac{\alpha}{k_1},\ \dfrac{1}{k_1}-\dfrac{\beta}{k_2}\right)$

(b) $\alpha < \dfrac{k_1}{k_2}$，$\beta < \dfrac{k_2}{k_1}$，鞍点（局部稳定）

(c) $\alpha < \dfrac{k_1}{k_2}$，$\beta < \dfrac{k_2}{k_1}$

(d) $\alpha < \dfrac{k_1}{k_2}$，$\beta < \dfrac{k_2}{k_1}$

资料来源：笔者在参考了陆志奇和李静（2008）的相关研究基础上改编。

将图 3-7 与蓝海林和谢洪明（2003）的研究成果进行比较，我们可以发现，本章关于战略群之间的互动研究结果与蓝海林和谢洪明（2003）关于战略生态的基本形态的描述具有异曲同工之妙，具体体现在以下四种情况：

（1）当 $\alpha < \dfrac{k_1}{k_2}$、$\beta < \dfrac{k_2}{k_1}$ 时，战略群 1 和战略群 2 之间将最终达到一种稳定的共存状态，这与蓝海林和谢洪明（2003）所阐述的战略牵制态是一致的。所谓战略牵制态，是指某一行业内同时存在若干个战略群，这些战略群都占据着一定的资源空间，形成相互牵制，共同维持行业发展的情况。此外，本章还给出了战略生态内部战略群形成牵制态的

基本条件，即战略群 2 战略决策对于战略群 1 战略决策的冲击要小于战略群 1 所需资源空间与战略群 2 所需资源空间的比值，同时，战略群 1 战略决策对于战略群 2 战略决策的冲击也要小于战略群 2 所需资源空间与战略群 1 所需资源空间的比值。

(2) 当 $\alpha > \dfrac{k_1}{k_2}$、$\beta > \dfrac{k_2}{k_1}$ 时，战略群 1 和战略群 2 的战略决策将是一个长期的变化过程，在此过程中，战略群 1 和战略群 2 的战略决策可能会有一个暂时性的稳定期（图 3-7 中的鞍点状态），但从长期来看，战略群 1 和战略群 2 的战略决策将根据彼此战略决策的变化而做出相应的调整，以回应对方的战略冲击。因此，这与蓝海林和谢洪明（2003）所阐述的战略生态中战略相残态是一致的。处于相残态的战略群往往是对抗非常激烈的，容易导致恶性竞争，是战略生态中需要避免的战略形态。通过上文的定量分析，本章同样给出了战略生态中战略群之间形成战略相残态的基本条件：战略群 2 战略决策对于战略群 1 战略决策的冲击要大于战略群 1 所需资源空间与战略群 2 所需资源空间的比值，同时，战略群 1 战略决策对于战略群 2 战略决策的冲击也要大于战略群 2 所需资源空间与战略群 1 所需资源空间的比值。

(3) 当 $\alpha > \dfrac{k_1}{k_2}$、$\beta < \dfrac{k_2}{k_1}$ 时，战略群 1 和战略群 2 将最终达到一种稳定状态，只不过此时战略群 1 将难以抵挡战略群 2 的战略冲击，从而最终在战略生态系统中被战略群 2 完全替代，从而形成战略群 2 的垄断地位，这是一种市场驱逐战略形态。这种竞争态势的形成基本条件为：战略群 2 战略决策对于战略群 1 战略决策的冲击要大于战略群 1 所需资源空间与战略群 2 所需资源空间的比值，同时，战略群 1 战略决策对于战略群 2 战略决策的冲击要小于战略群 2 所需资源空间与战略群 1 所需资源空间的比值。

(4) 当 $\alpha < \dfrac{k_1}{k_2}$、$\beta > \dfrac{k_2}{k_1}$ 时，战略群 1 和战略群 2 的情况与（3）正好相反。这里不再详细阐述。

三 企业战略群生态

在战略群动态演化中，战略群决策环境也是重要的影响因素，这从蓝海林和谢洪明（2003）关于战略生态的抽象表达式中也可以看出来，本章将战略群及其决策环境构成的整体称为战略群生态。战略群生态与战略生态之间的本质区别在于战略群生态的基本单位是战略群，而战略生态的基本单位则是构成战略群的各种类型组织（包括企业、政府部门、公民组织及研发机构等）。因此，战略生态系统包含战略群生态，战略群生态是"生态中的生态"。战略群生态与战略生态之间的关系可以用图3-8来描述。

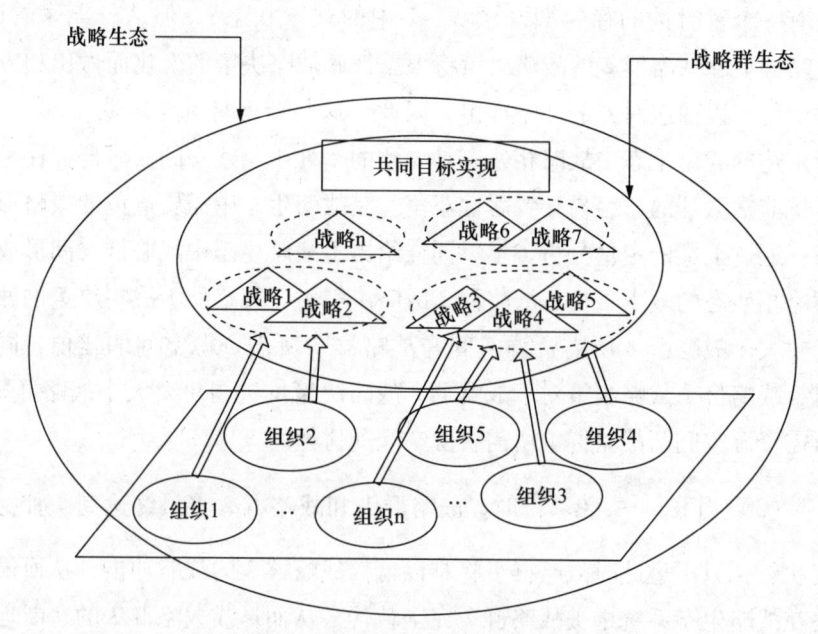

图3-8　战略群生态与战略生态

资料来源：笔者整理。

相对于战略生态从基本组织单元的视角分析参与主体的利益关系，战略群生态中的战略群在勾画战略生态系统中所有各类组织的利益全景图方面显然更加简洁，对于实现战略生态目标也更加明确。战略群是依据特定组织功能需要而构建起来的，因此，在战略生态整体目标的实现过程中，战略群功能的重要程度决定了该战略群在战略生态系统中的地位（见图3-9）。另外，具有统一功能的战略群之间往往还会存在竞争关系，这种竞争关系也是影响战略群在战略生态系统中能否得到广阔资源空间，进而实现顺利发展的关键。

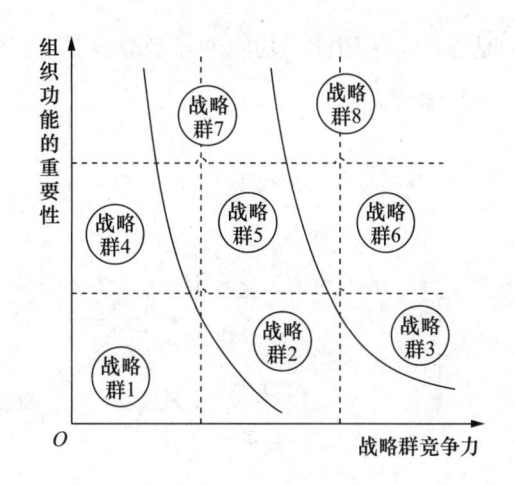

图 3-9 战略生态中战略群层级结构

资料来源：笔者整理。

图 3-9 中所示的战略群层级结构对于战略群的构建来说非常重要。战略生态中的各类组织根据自身资源禀赋和利益诉求找到相匹配的战略伙伴形成战略群，并通过战略群整理竞争优势，实现自身利益最大化。通过上文的分析，我们已经知道，战略生态中战略群的竞争主要发生在具有相同（类似）功能的战略群之间，因此，战略生态中战略群若要获得长期发展，与相异功能的战略群保持密切的合作关系是一个不错的选择。

在网络连接关系中主要包括强连接与弱连接两种组织间的连接关系。在信息传递效率、资源发掘等方面，弱连接比强连接更具优势。强连接遍布于紧密关系网络中，具有稳定的信息可传递性，所谓信息可传递性是指组织 a 与组织 b 之间、组织 b 与组织 c 之间具有强连接关系，那么组织 a 与组织 c 之间也将形成强连接关系。弱连接则不具备这种信息的可传递性效应。现实网络中，具有强连接关系的网络在空间分布、覆盖范围上显然无法与具有弱连接关系的网络相提并论。为了获得更加高效的外部资源信息，战略群在与其他类型的战略群形成合作关系时，采用弱连接关系策略显然要优于采用强连接关系策略。从战略群内部成员之间的角度来说，由于具有共同目标，彼此之间的联系也更加紧密，成员之间更多的是强连接。因此，功能差异型战略群之间的连接关系我们可以用图3-10来描述。

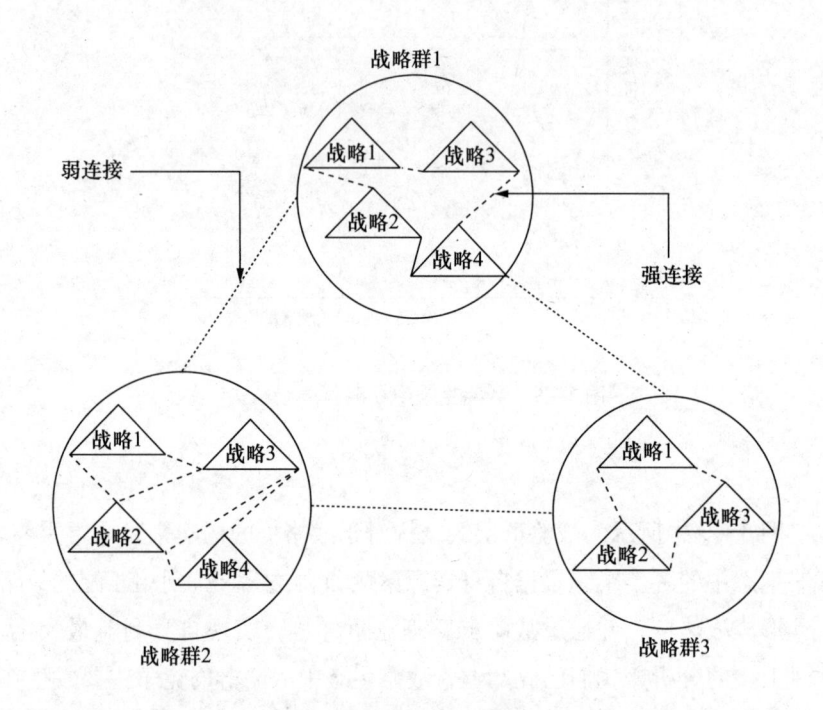

图3-10 战略群连接关系

资料来源：笔者整理。

为了维持战略群的竞争力，必须充分利用弱连接与战略生态中的其他具有不同功能的战略群建立各种联系，发掘战略生态中的潜在资源与价值空间，进而增强战略群的竞争力，提升战略群整体效益。

第五节 理论总结

多元化战略是企业国际化进程需要采用的战略之一，多元化战略，既是企业通过国际化战略获取国际市场稀缺性资源的必然要求，也是适应不同市场发展环境的路径之一。在当前企业之间的竞争模式逐渐向商业生态系统之间竞争过渡时，当前的企业国际化战略越来越呈现出一种产业链完整化、企业平台化的趋势，拥有雄厚实力的企业最终都想构建一个完整产业链的商业生态系统。因此，在企业国际化过程中，分析这种以商业生态体系为基础的企业战略生态就显得尤为重要。战略生态是一种以企业共同面临的问题解决为导向的商业生态系统中企业及其他相关组织所采取的战略组合以及战略与外部环境之间的相互作用机制，战略生态演化动力来自战略生态内部成员之间的关系张力。作为战略生态的核心部分——战略群，其在战略生态系统的生成、拓展、成熟及衰亡等阶段发挥着主导作用。本章中，我们将战略生态中的战略群定义为战略生态中具有关联性的企业由于专业化目标、组织差异等需要进行协调、组合所构建的，具备特定功能的战略集合。战略群的存在是有其内在生成动力的。

第四章 企业国际化过程中的制度逻辑变革

第一节 研究背景

自提出企业"走出去"战略以来，中国企业国际化已经成为"一带一路"倡议、供给侧结构性改革等国家宏观顶层经济制度设计的重要举措之一。然而，世界经济发展的不平衡、国际市场的多样化以及独特的社会制度文化体系，迫使缺乏丰富国际化经验的大部分中国企业不得不再一次通过"摸着石头过河"的方式探索国际化道路。尤其是当中国企业进入发达国家市场时，"洋河水流更加湍急"，具体表现在企业面临的制度性压力更加严峻。学者已经针对这种制度性压力下中国企业的战略决策进行了大量的探讨，并获得了诸多启发性的结论（Lu and Xu，2006；Liou et al.，2016；张建红和周朝鸿，2010；刘洪深、汪涛、周玲和苏晨汀，2013；魏江、王诗翔和杨洋，2016；程聪、谢洪明和池仁勇，2017），例如，"外来者劣势"和"来源国劣势"双重制度压力下的多元化制度同构机制（魏江、王诗翔和杨洋，2016），企业内外兼顾的组织合法性聚焦模式（程聪、谢洪明和池仁勇，2017），等等。总体来看，中国企业在面对外部多源制度性压力时，往往需要采取"兼容并蓄"的多重制度逻辑理念来指导企业的国际化经营。

近年来，如何应对由于环境动态性引起的异质性压力成为新制度理论关注的焦点（Battilana et al.，2015；Ramus et al.，2016）。从制度逻辑视角来看，组织需要通过调整内部的制度逻辑来回应多源制度性压力,这是由制度逻辑代表着独特的组织利益、价值观乃至实践的社会构建机制所决定的(Thornton and Ocasio,1999)。组织内部独特的制度逻辑能够约束组织可接受的目标(Pache and Santos,2013)、界定组织边界范围(Battilana and Dorado,2010)以及引导组织战略实施(Battilana et al.,2015),因此,组织内部制度逻辑的转变是组织回应外部不同制度诉求的结果。这种制度逻辑变革虽然给企业应对多样化的制度压力提供了创造性思路,但仍然面临巨大的挑战,其中最突出的就是组织内部多种制度逻辑共存引发的制度复杂化问题(Greenwood et al.,2011;Besharov and Smith,2014;杜运周和尤树洋,2013),如关系紧张、争权夺利甚至组织功能丧失(Almandoz,2012;Ashforth and Reingen,2014)。因此,单纯从制度同构、多元合法化等组织内部多种制度逻辑差异化的战略思维来应对外部的多源制度性压力远远不够,这时,如何处理好组织内部不同制度逻辑之间的关系就显得尤为重要。

那么,该如何来应对组织内部多种制度逻辑可能导致的制度复杂化问题呢?一些学者指出,组织内部不同逻辑之间的竞争是组织适应外部环境变化的必然结果,通过主导制度逻辑之间的竞争性上位来实现组织重构,提升组织竞争力(Misangyi et al.,2008;Reay and Hinings,2009;Dunn and Jones,2010)。然而,组织内部不同制度逻辑之间的竞争性替代可能造成资源耗竭、组织机能下降,这与组织通过制度逻辑变革来应对外部压力的初衷并不一致。因此,在面临外部多源制度性压力时,探讨组织内部不同制度逻辑之间地位变化是否存在非竞争渠道就显得非常必要。Ramus等(2016)在其研究中关注到了这一问题,他们通过对意大利4家不同制度逻辑下的社会型企业进行分析,发现外部环境冲击是导致企业主导制度逻辑转变的重要触发条件,并且指出,正规化、协作是促成企业逻辑顺利变革的保障因素。中国企业在进入发达国家市场时,不仅面临更加多元、复杂的制度性压力(魏江、应瑛和刘洋,2014),同时在国际化经验、技术积累、知识储备等资源方面劣势明显(Deng,2009;江诗松、龚丽敏和魏江,2011;刘洋、魏江和江诗松,2013),因此,国际化情景下的中国企业更需要强调发挥企业的主观能动性和创造力，充分利用企业内外部资源，通过相互补充、彼此协同等非竞争模式的制度逻辑转变来应对国际化过程中多源制度性压力带来的挑战。本章以吉利并购沃尔沃为分析对象，从企业即兴发挥与资源拼凑两个角度对中国企业国际化过程中的主导制度逻辑转变进行理论挖掘，以期对中国情境下的新制度理论做出贡献。

第二节 理论基础

一 制度逻辑和组织主导制度逻辑转变

（一）制度逻辑及其对组织决策的影响

广义上看，制度逻辑是人们经济社会生活中能够赋予特定行为合法性，并具备意义建构的价值观、文化信仰和规范（Thornton and Ocasio，1999），它们与社会层面的其他制度规则一起，对个体、组织、市场等各种主体的行为产生引导、制约和型塑作用（Thornton et al.，2012；周雪光和艾云，2010）。因此，组织内部独特的制度逻辑预设了组织行动者的认知规则，并在对组织的特定行为进行识别、规制的同时将组织价值"嵌入"其中，是影响组织现实、行为以及指导组织获得成功的正式与非正式准则（Greenwood et al.，2014）。制度逻辑不仅能够诠释组织存在的意义："……什么是组织规范行为……怎样才能达成组织目标……"（Thornton，2004），同时也为组织内部成员关系构建、资源配置方式、组织行为范式等确立了基本原则。随着外部环境对于组织要求的不断提升，组织内部多重制度逻辑共存的现象变得十分常见（Thornton，2002；杜运周和尤树洋，2013）。一般来说，组织内部多重组织逻辑主要以相容和冲突两种方式存在：组织内部相容形态下的制度逻辑之间通常具有相同或相似的价值理念，并在引导组织实践时能够相互理解、包容乃至相互支持，因此，组织能够较为容易地处理各方之间的关系，形成一致的行动策略（Thornton et al.，2012）。相反，冲突状态下的制度逻辑之间往往在价值观、行动准则以及意义构建方面表现出巨大的差异，导致组织内部不同制度逻辑之间的竞争现象十分普遍，这也是大多数情况下的组织表现形式（Pache and Santos, 2010；杨书燕、吴小节和汪秀琼，2017）。

制度逻辑之间的冲突意味着组织在行动目标、行动方案以及行动战略方面很难达成一致，当冲突进一步投射到组织行动的决策者时，就加剧了组织各方之间的紧张关系（Golden-Biddle and Rao, 1997；Marquis, 2007），迫使组织陷入一个更加复杂的制度情景中。因此，如何管理组织内部不同制度逻辑之间的冲突就成为新制度领域的重要研究议题。也有学者指出，多重制度逻辑的竞争虽然给组织带来挑战，但对于组织保持竞争力也能起到积极的作用。例如，当组织内部一种新的逻辑取代原有占主导地位的制度逻辑时，意味着新制度逻辑的倡导者在行动合法性方面更有优势，其所代表的价值理念更能适应外部环境的要求（Besharov and Smith, 2014）。另外，虽然组织内部可能存在多种制度逻辑之间的竞争关系，一旦其中一种制度逻辑占据主导位置，这种竞争关系将处于一种非对称的平衡状态，主导逻辑和边缘逻辑之间能够分别承担各自的组织功能，进而维持组织的柔性特征，相应地，组织内部的紧张关系也将得到缓解（Jones et al., 2012；Canales, 2014）。

（二）组织内部主导制度逻辑转变

由于组织内部不同制度逻辑之间竞争对于组织发展的重要性，很多学者尝试对制度逻辑之间的竞争过程进行了分析。Thornton（2004）探讨了图书出版市场中商业逻辑和出版逻辑之间在应对出版市场变化中的地位转变过程，指出商业逻辑对于出版逻辑主导地位的竞争性替代是出版市场发展的必然结果。Reay 和 Hinings（2009）通过对加拿大医疗改革过程中专业逻辑和健康逻辑的竞争性分析，构建了一个组织内部新制度逻辑出现、原有制度逻辑抗争以及最后两种制度逻辑实现共存的过程模型。Dunn 和 Jones（2010）以美国医疗教育行业为研究对象，对医疗逻辑和科学逻辑两种主导制度逻辑重叠、冲突以及地位转变的竞争过程进行了讨论，说明了医疗逻辑的成功上位预示着医疗教育首先是治病救人的意涵。刘振等（2015）通过对国内 3 家社会型企业案例的分析发现，社会型企业市场逻辑、公益逻辑和理性选择逻辑的不同配置方式分别导致了企业市场、联盟和关系合法性行为。这些研究都基于这样一个假设背景：组织内部新的主导制度逻辑迎合了组织未来发展的需求，并且聚集了组织的核心资源。正如 Canales（2014）所述：当组织内的某种逻辑构成了组织使命的重要基础时，其成为组织主导逻辑的可能性将大大提高。在组织强有力的支持下，代表着组织未来价值观的制度逻辑能够名正言顺地收集组织各种资源为己所有，并对其他竞争性逻辑形成资源壁垒（Battilana et al.，2015），同时，在竞争过程中不断提高自身的合法性水平（Pache and Santos，2013）。因此，在特定市场中居于领导地位，并拥有足够的资源基础是组织通过制度逻辑竞争性替代推动自身发展的重要条件。

此外，外部环境的剧烈变化通常被认为是引发组织制度逻辑转变的触发条件（Davis et al.，2009；Reay and Hinings，2009），环境的持续动荡不仅为组织提供了新的机会，同时也使组织面临更大的风险。从制度视角来看，环境动荡性打破了组织内部不同制度逻辑之间的平衡，它不仅带给了原本处于边缘位置的制度逻辑挑战主导逻辑的机会，同时也对组织内部原有的行动准则、不同利益相关者之间的关系造成了冲击（Almandoz，2012；Smith et al.，2017）。为了防止组织内部不同制度逻辑之间冲突扩大化对组织产生的消极影响，同时有效应对外部环境的冲击，组织不得不采取妥协、谈判、协同等方式来努力实现制度逻辑之间地位的转变。例如，不同制度逻辑之间的交错、融合，以实现组织制度共担（Battilana and Dorado，2010），鼓励组织成员之间共同行动（DiBenigno and Kellogg，2014），信息交换与资源共享（Battilana et al.，2015），如此等等。这些方法虽然对于促进组织内部主导制度逻辑的"和平"转变具有积极意义，但并没有改变组织内部不同制度逻辑相互竞争的既定事实。以往的一些研究也发现，面临巨大的环境动荡压力时，组织内部不同利益方之间也可能相互支持、齐心协力，共同应对外部压力（Hwang and Powell，2009），而组织内部不同制度逻辑都有其独特的组织功能（Battilana and Dorado，2010；猴倩雯和蔡宁，2015），那么，在面临外部异质性的制度压力时,组织内部不同制度逻辑之间是不是一定要通过竞争的方式来实现地位转换呢?

二 组织即兴行为与企业资源拼凑

(一) 组织即兴行为

即兴行为最早出现在爵士乐与剧场表演中,是一种表演者根据表演需要的临场发挥行为(Weick,1998)。由于这种临场发挥行为不在原有的表演计划之中,是一种瞬间反应的创造性行为,常常被学者作为隐喻来分析组织内部的即兴现象(Crossan,1998;Vera and Crossan,2004)。随着外部环境对组织冲击的不断加强,即兴行为突出表现在组织未经计划的目的性反应上,是一种思考与行动同时进行的创新性行为(Moorman and Miner,1998)。由于即兴行为在解释组织应对外部环境变革时十分方便,自主性和即时性就成为反映即兴行为的重要特征。然而,后续的一些研究发现,并非所有的组织即兴行为都对组织产生积极的作用(Vera and Crossan,2004;Mannia et al.,2009),那么,如何来识别、引导组织即兴行为对于组织绩效的促进作用就显得十分必要。一些学者提出,应该从能力观角度来分析即兴行为,即兴行为是在时间压力下,组织利用手边资源及时、创造性地解决问题的能力(Leybourne,2006),强调组织要"巧妙地应付各种情况"(Vendelo,2009),"足智多谋地解决棘手问题"(Krylova et al.,2016)。Vera、Crossan等在此方面做出了卓有成效的贡献,他们依据时间压力和环境不确定性,不仅对组织即兴行为的能力水平进行了划分,还创造性地提出了修饰性即兴行为、发现性即兴行为和完全性即兴行为等类型(Crossan et al.,2005;Vera and Crossan,2007)。

组织即兴行为体现在战略决策与实施同步进行,是一种更可能发生在组织突然面临压力或者资源匮乏时的"权宜之计"。在瞬息万变的动态环境中,即兴往往意味着企业必须舍弃市场调研、可行性分析、战略决策等复杂冗长的业务流程(Hodgkinson et al.,2016;唐翌和周萍,2017),这在机会稍纵即逝的企业国际化经营中体现得尤为明显。对于中国企业来说,金融危机、产业转移以及跨国企业战略调整带来的国际市场机会，根本不让你有充足的时间去进行详尽的市场调研、完备的战略规划（徐雨森、逯垚迪和徐娜娜，2014），只有对环境的快速响应，并迅速行动，才能抓住机会（买忆嫒、叶竹馨和陈淑华，2015）。另外，制度文化的巨大差异和资源劣势，迫使中国企业需要采取更加"高明"的策略，充分调动各种可得性资源对外部市场的非预期行为及其威胁进行迅速回应，先发性地实现企业、外部相关利益者以及企业决策过程三者的相互协同、密切配合，这对企业即兴行为的创造力提出了更高的要求。基于上述分析，在实施国际化战略的中国企业即兴行为中，主动性和创造力是十分关键的两个要素，那么，在面临多源制度性压力时，中国企业如何发挥企业的主动性和创造力呢？以往的研究并没有给出很好的理论解释。

(二) 企业资源拼凑

"拼凑"的概念最早出现在社会学领域，是指利用手边能用的资源来达成特定目标的过程。Weick（1993）最早将"资源拼凑"的概念引用到组织研究领域中，而当前被公认为最经典的定义则是由 Baker 和 Nelson（2005）提出的，即"将手边的资源进行拼接以应对企业面临的新机会或新问题的资源组合行为"。由于事件的突发性，资源拼凑既没有预先设计的完备方案（Wu et al., 2017），也缺乏足够的外部资源支撑，通常被看作是外部突发情况时的企业资源应对方式（Vanevenhoven et al., 2011；苏芳、毛基业和谢卫红，2016）。因而，在一些研究中，资源拼凑也经常被拿来与企业即兴行为进行比较，比如企业即兴行为引起的资源拼凑（Garud and Karnoe, 2003），资源拼凑导致的企业即兴发挥（Baker et al., 2003）。作为对传统资源依赖理论有关资源获取、组合以及利用的重要补充，学者对这种"不完美"的资源利用方式进行了大量的分析，包括拼凑对象（Baker, 2007；Duymedjian and Rüling, 2010）、拼凑过程（Vanevenhoven et al., 2011；苏芳、毛基业和谢卫红，2016）、拼凑效果（Garud and Karnoe, 2003；Di Domenico et al., 2010），等等，并构建了一个"手边资源—重新组合—问题解决"的资源拼凑框架。从资源拼凑的本质来看，受限制的资源条件和外部环境突发性是引发企业资源拼凑的重要前提,因此,资源拼凑战略是分析中国企业国际化的重要切入视角之一。

国际市场的动荡性时刻都会给中国企业的国际化战略造成深远影响,而对于先进知识、技术等战略性资产的获取又意味着中国企业面临巨大的资源约束(Deng,2009)。因此,充分利用手边资源进行开发、利用、重组来缓解外部环境带来的巨大压力就显得十分重要。对于后发企业来说,国际化过程也是一个资源渠道从内到外不断拓展的过程(程聪、谢洪明和池仁勇,2017),资源组合也将经历一个获取、匹配、筛选到重组的序列优化过程(Duymedjian and Rüling,2010)。显而易见,资源获取渠道和资源组合方式,在中国企业国际化过程的资源拼凑战略中非常重要。最近的研究已经关注到资源拼凑也可能是一个持续性的资源管理过程(Salunke et al.,2013;Wu et al.,2017),并强调了资源拼凑的动态性(Guo et al.,2016;苏芳、毛基业和谢卫红,2016)。概言之,在突发性、多元化外部压力下,中国企业该如何来取舍资源、采用哪种方式来组合资源?这些问题仍有待于进一步回答。

第三节 研究方法

一 方法选择

本章采用单案例探索性研究方法来对上述议题进行探讨。理由如下:其一,本章的研究主旨在回答中国企业在面临多源制度性压力下,如何利用手边资源实施国际化战略的问题,本质上是一个"如何"(How)型范畴的案例研究,需要对多源制度性压力下的中国企业国际化案例的制度逻辑变革进行全过程揭示,因此,采用单案例探索性研究是非常合适的(Strauss and Corbin,1998;Yin,2002)。其二,在单案例探索研究中,可以对研究对象的整个系列行为进行详尽、深入的挖掘,从而概括出核心事件并进行逻辑推理,识别出异质性压力下的核心事件决策机制,同时归纳这些核心事件之间的逻辑演化关系。从本章的研究目的来看，采用单案例研究方法有利于我们详细地阐述商业逻辑与社会逻辑在中国企业跨国并购中是如何转换的，并探讨这种制度逻辑变换下企业决策的触发机制问题，从而获得更加符合中国企业国际化实际的理论总结。

二 案例选取

为了保证研究案例的独特性和典型性，本章选择浙江吉利控股集团并购福特汽车旗下沃尔沃品牌（以下简称吉利并购沃尔沃）这一在当前看来非常成功的中国企业跨国并购案例作为研究对象。吉利并购沃尔沃是中国并购公会选出来的 2010 年十大并购案例，在国内外政府、产业以及媒体界都产生了非常大的影响。选择吉利并购沃尔沃作为本章的研究对象，主要有以下两方面的优势：一是吉利从 2006 年尝试接洽福特表达并购沃尔沃的意向开始，到 2013 年 9 月，吉利与沃尔沃联合建立的吉利集团欧洲研发中心开始正式运营。在这一过程中，涌现出了许多影响吉利并购与整合战略转变的外部突发事件，例如，2006 年福特提出"one Ford"战略；2008 年国际金融危机导致的汽车市场萧条；2009 年年末到 2010 年年初，国外舆论对于吉利并购沃尔沃的负面评价、沃尔沃工会的消极态度乃至并购竞争对手的出现等，这为本章探讨多种制度压力下的并购逻辑转变提供了丰富的研究素材。二是在吉利正式提交并购申请到并购后整合完成长达 6 年多的时间里，不仅涉及主并方吉利与被并方福特之间复杂的业务谈判及其跨文化制度情景差异，还包含并购目标沃尔沃总部及其工厂所在地的独特社会情景，这极大地丰富了本案例研究所需的多重制度文化情景，同时，吉利作为一家当时名不见经传的中国民营企业，如何通过即兴发挥、资源拼凑来克服并购面临的制度障碍也为本章的研究奠定了扎实的资料基础。结合本章的研究主旨和案例发展实际，我们对吉利并购沃尔沃的主要发展脉络进行了初步的概括总结，具体如图 4-1 所示。

三 数据收集与分析

案例研究要求用于分析的数据资料来源要多元化（Glaser and Strauss，1967），一般包括企业内部人员访谈、实地观察、企业档案查

第四章 企业国际化过程中的制度逻辑变革 / 85

图 4-1 吉利并购沃尔沃主要发展脉络

时间轴：2006年 — 2009年 — 2010年 — 2013年

2006年： 国内中高端汽车需求市场的爆发性增长；并购沃尔沃能够缩短吉利的学习过程，快速提升吉利的汽车品牌形象；中国汽车企业参与国际竞争的必然要求

"福特"one Ford"战略、2008年国际金融危机爆发，同时福特不信任吉利" （虚线箭头指向2009年节点）

2009年： 吉利发布以产品质量推动企业转型的《宁波宣言》，加强研发投入；吉利培育、挖掘人才，组建"V项目组"并购团队；收购DSI，保持相对独立运营；向福特讲述一个"中国故事"，吉利认同福特保持沃尔沃品牌的责任心

"国内外舆论的怀疑态度，沃尔沃工会的消极态度，并购竞争对手出现" （虚线箭头指向2010年节点）

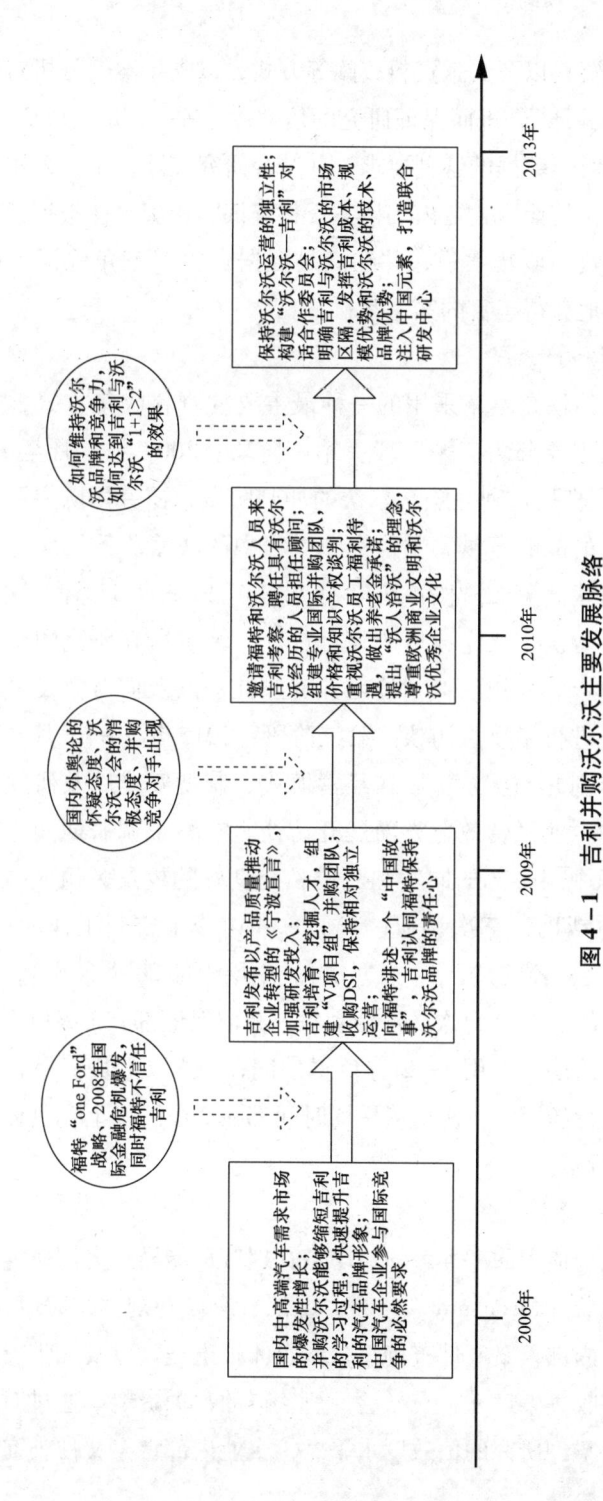

2010年： 邀请福特和沃尔沃人员来沃经历的人员担任顾问，组建和知识产权谈判价值和知识产权谈判；重视老沃尔沃员工福利待遇，做出养老金承诺；提出"沃人治沃"的理念，尊重欧洲商业文明和沃尔沃优秀企业文化

"如何维持沃尔沃品牌和沃尔沃竞争力，如何达到沃尔沃与吉利"1+1>2"的效果" （虚线箭头指向2013年节点）

2013年： 保持沃尔沃运营的独立性；构建"沃尔沃-吉利"对话合作委员会；明确沃尔沃与沃尔沃的市场区隔，发挥吉利和沃尔沃成本、规模优势和沃尔沃的技术、品牌优势，打造联合；注入中国元素，进入中国研发中心

资料来源：笔者整理。

询、公共媒体资料以及文献资料查阅等方式，以支持案例分析对于资料来源的"三角验证"，进而保证研究的信效度水平（Yin，2002）。本章遵循案例研究对于数据的这种要求，并结合研究实际，主要采用企业内部员工半结构化访谈、企业内部档案资料查询、权威媒体报道搜索、文献资料查阅等资料收集渠道，并在满足数据资料"三角验证"的基础上，尽可能多地获得丰富的案例素材。

（一）半结构化访谈

半结构化访谈是本章采用的一种最主要的资料收集方式，本章的半结构化访谈主要分为三个阶段：第一阶段：2009年8月至2010年11月。这一阶段是吉利并购沃尔沃的冲刺阶段，研究团队主要围绕吉利并购沃尔沃的战略考量、并购实施过程中的战略决策思路这个主题展开对话式访谈。第二阶段：2011年9月至2013年11月。这一阶段发生在吉利并购沃尔沃完成后的整合过程，笔者所在研究团队主要是对并购过程中吉利采用的谈判技巧、资源杠杆以及面对突发事件时采取的应急策略进行了重点访谈。第三阶段：2015年1—11月，这一阶段主要围绕吉利并购沃尔沃后在经营模式、制度安排以及研发生产等并购整合后的企业经营效益方面展开访谈。在整个调研期间，笔者两位在吉利任职中层干部的同学和三位私交良好的校友为访谈顺利实施提供了巨大的帮助，三次调研，我们总共访谈了吉利工作人员56人（次），其中，公司高层领导4人（次），中层干部28人（次），基层管理人员24人（次）。在每次访谈活动中，我们保证都有3人以上的研究团队成员参与访谈，采用1—2位负责发问，1位以上负责录音和速记的分工模式进行访谈，每次访谈平均时间都在2小时以上，具体访谈情况如表4-1所示。

（二）二手资料收集

为了避免访谈中回溯性解释、印象管理等可能导致案例研究信效度产生偏差的现象（Eisenhardt，1989；魏江、应瑛和刘洋，2014），本章还采用了企业内部档案文件查询、权威媒体报道搜索以及文献资料查阅三种二手资料收集渠道来补充、验证所获得的数据资料，通过对比验证的方法来提高案例研究的信效度水平。①企业内部档案文件查询。在企

表 4-1　　　　　　　　半结构化访谈情况汇总

访谈阶段	访谈时间	访谈次数	访谈人次	基层主管	中层干部	高层干部	录音时长	录音字数
第一阶段	2009年8月至2010年11月	3	15	10	5	0	744分钟	9.8万字
第二阶段	2011年9月至2013年11月	6	27	9	15	3	1204分钟	20.3万字
第三阶段	2015年1—11月	3	14	5	8	1	498分钟	4.6万字

业实地调研考察过程中，研究团队首先向企业接待人员说明了相关资料查阅只用于学术研究，在保证不会产生商业纠纷或者商业机密泄露的情况下，我们从企业内部获得了大量有关吉利并购沃尔沃的珍贵资料，经过分析整理后，总计达到了10万字的文本材料。为了稳妥起见，我们还将最终整理形成的文本材料返回给吉利相关负责人审阅，一方面是为了保证后面证据举例不涉及商业机密泄露，另一方面也是对文本整理结果准确性的再一次检验。②权威媒体报道搜索。考虑到对于吉利并购沃尔沃外部制度、文化以及舆论资料的要求，我们还收集了美国、英国、瑞典以及国内主要媒体、网站等关于吉利并购沃尔沃的相关媒体报道资料。③文献资料收集。我们收集了2010年以来有关吉利并购沃尔沃的相关书籍、评论以及学术论文等资料。

（三）资料整理与分析

第一，关于访谈资料。研究团队成员首先对访谈录音进行誊抄，并结合访谈中速记的内容进行对比，按照时间统一和主题一致的原则，归类整理成文本文档。

第二，关于企业内部档案文件。我们首先通读文本文件，按照表述最详细和最新出现两个原则，摘取出本书需要的具体文本信息。

第三，关于权威媒体报道。我们主要以中国、美国、英国和瑞典等国主流媒体关于吉利并购沃尔沃的相关新闻报道为主要线索，具体包括美国的《华尔街日报》和《商业周刊》、英国的《经济学人》、瑞典的《每日新闻》和《每日工业报》等，以及国内的《中国经济时报》、央视新闻报道等，同样，按照报道具体内容归类成文本文档。具体的资料归类总结如表4-2所示。

表4-2　　　　　　　　　　案例资料编码分类

资料来源		资料分类	编码类别
一手资料	企业访谈	通过企业半结构化访谈获得	A
二手资料	企业内部档案	通过现场查看企业发展历程文件、重大事件表、宣传资料	B
	权威媒体报道	通过社会媒体报道、网络媒体、新闻报道等资料	C
	文献资料	通过查阅书籍专著、学术文献、回忆录等资料	D

第四节　研究发现

从图4-1中我们已经知道，吉利在并购沃尔沃过程中主要经历了三次明显的外部制度性压力冲击，每一次外部冲击之后，吉利的主导制度逻辑以及由此引发的即兴行为和资源拼凑方式都经历了较大的调整，这是吉利为了克服特定外部制度、文化压力而做出的必然反应。遵循案例分析的情景化和阶段性原则（肖静华、谢康、吴瑶和冉佳森，2014；程聪、谢洪明和池仁勇，2017），在下面的分析中，我们以吉利经历的三次制度性冲击为分界线，重点分析特定制度、文化环境压力下吉利并购沃尔沃主导制度逻辑的变化过程，并探讨该变化过程中企业是如何发挥即兴行为，并采取相应的资源拼凑战略的。

一　国际金融危机带来的并购机遇

自从进入汽车行业以来，以李书福为首的吉利一直都有一个"做好车"的梦想，打造最安全、最环保的好车，让吉利车走遍全世界一直是吉利人为之奋斗的目标。进入 21 世纪以来，随着中国经济的持续高速增长，中国汽车市场迎来了一个中高级汽车品牌爆发期，吉利必须抓住机会，在中国中高端汽车市场取得主动权。而要在短期内提升吉利品牌号召力，与国外成熟的中高端品牌汽车商合作是当时一条比较现实的路径，显然，以"安全、高贵"享誉世界的沃尔沃能够满足吉利的这种需求。通过与沃尔沃合作，不仅能够填补吉利在中高端豪华车市场的空白，加强吉利的品牌影响力；同时，也能够显著缩短吉利在技术研发、国际化经营等方面的学习过程，加快吉利在前沿技术、品牌管理等领域的积累，推动吉利的快速发展。

机会终于在 2006 年出现了，福特在 2006 年产生了高达 127 亿美元的巨额亏损。从波音空降而来的新 CEO 穆拉利为了减轻福特的巨大压力，提出了"one Ford"战略，即将福特的战略重心聚焦到"Ford"这"唯一"的品牌上，整合企业内部人才、技术以及资金等资源，强化资源配置与集成化利用，以达到规模效应，因此，从福特的长远战略来看，出售沃尔沃是一个必然的战略选择。2008 年国际金融危机爆发，进一步加剧了汽车市场的萧条状态，北美汽车市场更是惨不忍睹，福特也不能独善其身，不得不开始秘密运作出售沃尔沃资产的计划。然而，吉利起初向福特发出并购沃尔沃的意向，并没有得到福特的回应，"一开始，福特根本不理睬我"。福特即使选择出售沃尔沃，也会选择一家有责任心、能够保持沃尔沃持续发展的实力派企业，而吉利显然还没有进入福特的视野。

吃了"闭门羹"的吉利并没有灰心，而是从基本功练起，吉利调整了"价格优惠、以量取胜"的经营模式，提出以技术创新和突破、质量提升为核心的战略转型，并迅速付诸实施，例如，在宣布战略转型之后，马上在经销商大会上发布了代表吉利"品质决胜"的《宁波宣言》。为了快速落实吉利的战略转型，一方面，加强与国内浙江大学、吉林大学等高校的科技合作，并成立了吉利汽车研究院、北京吉利大学等吉利汽车专业人才培养机构，加强了吉利的人才储备，同时也扩大了吉利的社会影响力。另一方面，吸收了一大批在国内汽车行业具有丰富阅历的高端人才，例如，以技术见长的副总裁赵福全、财务总监尹大庆、负责动力总成的安聪慧等。这些人也成为吉利组建并购沃尔沃"V项目组"的核心成员。为了体现吉利并购的诚意，2009年年初，吉利以迅雷不及掩耳的速度完成了对澳大利亚DSI的收购，但保留了DSI核心管理团队，并承诺维持原有的薪酬待遇甚至高额奖金。同年年中，李书福带着预先聘好的并购顾问再次拜访了福特CEO穆拉利，"我准备得很充分，顾问团队都请好了"。李书福在与穆拉利的会谈中还表达了对美国企业管理文化和理念的赏识，"波音的转型成功是美国企业家精神淋漓尽致的展现，吉利同样也有这种勇于变革、敢于转型的创业精神"，"吉利若能成功收购沃尔沃，将继续坚持最有品质的汽车品牌的理念"，"吉利虽然是中国一家起步晚的汽车企业，但发展速度非常快，企业强调实干精神、责任心"。这都体现了吉利高度负责的社会责任承担态度。最终，福特同意将吉利作为并购沃尔沃的首选竞购方。

由表4-3可知，吉利并购沃尔沃最初的主导制度逻辑是以提高吉利技术水平、产品质量，进而提升市场竞争力为核心的商业逻辑，在福特"one Ford"战略和2008年国际金融危机的冲击下，吉利看到了并购沃尔沃的商机，但此时福特对于吉利的实力和责任心并不信任。为了顺利成为福特出售沃尔沃的首选竞购对象，吉利将并购的主导逻辑调整为商业逻辑为主，社会逻辑为辅。这是由吉利本身实力不够，需要向福特展示吉利并购的决心、诚心和责任心决定的。为了抓住这一千载难逢的机会，吉利迅速行动起来，充分发挥自主能动性和创造力，在李书福的主导下进行了一系列的改革，树立了以"质量优先"的发展战略，并调动企业内部一切能够利用的资源，进行深入的开发、挖掘，集中力量办大事。此时，吉利即兴行为中的自主性和创造力都充分地发挥了出来，并通过企业内部资源潜力的最大限度开发，推动了吉利在被动局面下的并购进程。本章进一步将此阶段企业主导制度逻辑转变、即兴行为与资源拼凑战略概括如图4-2所示。

表 4-3　金融危机带来并购机遇和福特不信任压力下的典型事件证据

主导逻辑	典型证据引用				
商业逻辑	1. 我的梦想就是打造最安全、最环保的好车，让吉利车走遍全世界（D）				
	2. 随着中国经济的高速增长，中国中高端汽车市场将迎来大爆发……吉利拥有沃尔沃，就能够在中高端市场取得主动权……（A）				
	3. 沃尔沃能够提供给吉利急需的技术、专利资源，大大缩短吉利的学习过程，改变吉利在国内市场占有率和出口上的劣势（A）				

主导逻辑	典型证据引用	即兴行为		资源拼凑	
		主动性	创造力	主动性	创造力
商业逻辑	1. 2006 年，赵福全从华晨转投吉利，负责建立全新的吉利技术体系（B）	√	√	内部	开发
	2. 2007 年 4 月，吉利宁波和路桥两个基地开始率先实行供应商质量严格检验和考核体系（A）	√	√	内部	开发
	3. 抽调企业内部骨干力量，组建收购沃尔沃行动小组（D）	√		内部	开发
	4. 研发出自主知识产权的 CVVT-4G18 发动机，震撼国内同行（C）	√	√	内部	开发
	5. 吉利对人事任免、组织架构和产品布局进行了大调整，重新规划（设计）了研发链、供应链和营销链（A）	√		内部	开发
	6. 吉利 60% 的一线技术工人通过自己培养（D）	√	√	内部	开发
社会逻辑	7. 成立吉利汽车研究院、吉利大学、浙江汽车工程学院等（B）	√	√	内部	开发
	8. 收购 DSI，保留 DSI 核心团队，同意维持薪酬待遇不变（A）	√		外部为主	开发
	9. 预先聘请并购团队，表达敢于变革、勇于担当的企业家精神，讲述吉利的"中国故事"以及对并购沃尔沃后的资金投入（A/C）	√	√	内部为主	开发

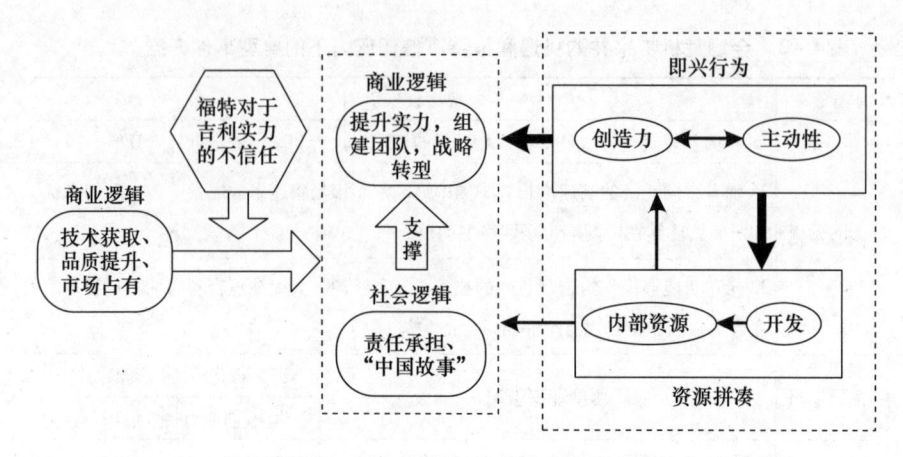

图 4-2 "商业逻辑+社会逻辑"阶段的企业即兴行为与资源拼凑

注：箭头越粗代表影响越大，下同。

资料来源：笔者整理。

二 沃尔沃、国外舆论以及竞争对手带来的冲击

当福特正式宣布吉利成为并购沃尔沃的首选竞购方后，引起了沃尔沃工会、瑞典政府及民间相关组织、美国和西欧主要国家舆论的巨大关注，这些外部因素基本上对于吉利并购沃尔沃持负面态度，例如，"吉利是世界上非常小的汽车制造商，不足以消化和吸收沃尔沃"，"以桑德默为首的瑞典沃尔沃工会不欢迎中国企业来当沃尔沃汽车的老板"，等等。此时，潜在的竞争对手也逐渐浮出水面。最早对沃尔沃抱有兴趣的是法国雷诺集团，其一直对沃尔沃"虎视眈眈"。其次是由沃尔沃工程师协会提议成立的瑞典雅各布财团，其目的非常明确，就是要从吉利手中夺得沃尔沃，雅各布财团还联合美国一家名为皇冠的财团商讨对沃尔沃发起联合收购要约。从国内来看，当时对沃尔沃产生兴趣的可能还包括长安汽车、奇瑞汽车、上汽集团等，其中，长安汽车与福特之间具有天然的联系，并且长安汽车的实力在当时也比吉利要强大，这一度让长安汽车的呼声非常高。这一系列的不利局面对当时吉利的并购进程产生了很大的威胁，吉利必须在很短的时间内整合资源，形成解决方案。

针对上述不利局面，吉利结合自身实际和外部条件，迅速采取了以下三个方面的应对策略：

第一，加快对沃尔沃并购相关专业人才的聘任和国际并购咨询机构的合作。例如，聘任前沃尔沃总裁、现罗斯柴尔德集团顾问奥尔森作为首席并购顾问，引入罗斯柴尔德集团、富尔德、德勤等在国际并购领域享有崇高声誉的咨询机构，其中，富尔德负责收购的法律事务，德勤负责财务咨询、尽职调查，罗斯柴尔德负责项目并购的总体协调，等等。另外，以李书福为首的吉利团队还聘请到了罗斯柴尔德集团大中华区总裁余丽萍、汽车业务负责人考克斯、富尔德律师事务所知识产权专家马丁代尔等，再结合吉利自身的核心并购骨干，例如，财务专家尹大庆、汽车资深技术专家赵福全、跨国并购专家张芃、公关主管袁小林、后勤保障童志远等，组建了一支"本土派"和"洋专家"互有所长、分工明确的并购团队。

第二，主动、及时地与福特保持密切沟通。在罗斯柴尔德集团董事长的安排下，吉利团队多次赴美国拜会福特 CEO 穆拉利、负责国际业务的副总裁、董事会办公室主任以及采购总监等高层领导，向他们保证吉利会在并购后继续加大对沃尔沃的资金投入，维持沃尔沃的全球顶尖品牌地位。另外，还邀请约翰·桑顿、科特勒到中国吉利宁波、路桥研发生产基地进行参观、考察，通过第三方机构向福特传达吉利在汽车研发制造方面的实力，以及作为首选竞购方的合理性。

第三，及时、多次地赶赴欧洲瑞典、比利时等地，与瑞典政府副首相兼能源与工业大臣毛德·奥洛夫松、沃尔沃 CEO 斯蒂芬·奥德尔以及工会组织、沃尔沃比利时工厂员工进行全方位的面谈、沟通与交流。采用西方的思维方式阐述并购后的经营理念，并在不裁员和保障沃尔沃员工利益方面做出书面承诺，尊重沃尔沃工会对于管理架构以及公司未来发展战略的意见，并为收购完成后对沃尔沃的资金投入做出承诺，提出了"沃人治沃"的创造性管理理念。另外，吉利还邀请了瑞典政府高层、沃尔沃工会代表以及瑞典媒体到中国吉利总部进行访问，亲自考察吉利的各项指标和实力。

经过上述种种努力，2009 年夏天，吉利终于跟福特在伦敦霍金豪森律师事务所展开谈判，双方的谈判异常激烈，经常僵持不下，最为核心的问题就是并购价格与知识产权。在价格谈判上，吉利主要从以下两个角度来说服福特：一方面，福特出售沃尔沃是必然的战略选择，沃尔沃已经不在福特未来的战略规划当中，作为全球汽车行业的领导者，其有责任找到一家能够维持沃尔沃未来稳定发展的潜在买家，因此，就不能给买家带来巨大的资金负担。另一方面，为了保证后续沃尔沃的可持续经营，吉利需要持续给沃尔沃"输血"，以保证沃尔沃研发投入和资金周转。另外，吉利还要负担沃尔沃员工庞大的养老金，这也是一笔巨大的资金负担。在知识产权谈判上，由于信息不对称、福特与沃尔沃之间的长期技术合作，导致吉利处于较为被动的局面，那么如何尽可能地争取吉利的权益就显得尤为重要，吉利再次将临场应变能力发挥到了极致，采用"将心比心"的共情战略，知识产权是沃尔沃的核心资产，"沃尔沃没有知识产权，就是'空壳'的沃尔沃，只有拥有了知识产权，沃尔沃才是'沉甸甸'的沃尔沃"，这与福特20世纪末并购沃尔沃看重其技术资产的道理是一样的。因此，要保证原属于沃尔沃的知识产权全部回归，沃尔沃与福特联合拥有的知识产权开放、共享，并以此将知识产权划分为广泛授权、有限授权和排除性知识产权三类，这也是吉利知识产权谈判的基本底线。谈判完成后，吉利将拥有沃尔沃轿车商标所有权和使用权、10963项专利和专用知识产权、10个系列可持续发展的产品及产品平台……可谓是沉甸甸的果实。

通过跟沃尔沃、福特、瑞典政府及其他机构以及新闻舆论界的长期持续磋商、沟通，在瑞典政府和沃尔沃工会的支持下，2010年8月，吉利与福特在伦敦签署了并购协议，以18亿美元的价格完成对沃尔沃的收购。同时，吉利与瑞典政府投资促进署在北京签署了《合作谅解备忘录》，标志着吉利终于完成对沃尔沃的并购。

由表4-4可知，在沃尔沃工会、西方舆论以及潜在竞争对手的多元制度性压力下，吉利对于竞购沃尔沃的主导制度逻辑思路又进行了调整，采取了以社会逻辑为重点、商业逻辑顺势推进的制度逻辑框架。为了打消沃尔沃工会、瑞典政府乃至西方舆论界对于吉利在社会福祉、品牌责任以及员工待遇上的各种怀疑态度，吉利不得不及时调整行事方式，对于外界的消极情绪做出快速、有效的回应，以李书福为首的吉利团队不仅多次赴瑞典、比利时等地与瑞典政府高层、沃尔沃工会以及员工进行面对面、坦诚的沟通，倾听他们的意见并尽可能地满足他们的诉求。同时,吉利也加快了高水平国际化并购专业人才、并购咨询机构的聘任工作,以向福特表明吉利并购工作的专业、周到,在后续的并购谈判中,尽可能地为吉利争取到满意的并购方案。从吉利的系列应对行动来看,此次吉利的即兴行为在自主性和创造力方面的侧重点出现分化,在回应企业社会责任意涵的制度压力时,企业的即兴行为更加强调主动性,而在商业谈判方面的即兴行为中创造力更显重要。最后,从资源拼凑的角度来看,此阶段吉利更加重视外部资源的获取,并强调对于外部资源的最大化利用。本章将此阶段的企业制度逻辑转变、即兴行为与资源拼凑战略概括如图4-3所示。

表4-4 沃尔沃、国外舆论以及竞争对手压力下的典型事件证据

主导逻辑	典型证据引用	即兴行为		资源拼凑	
		主动性	创造力	资源渠道	组合方式
社会逻辑	1. 聘任前沃尔沃董事长、现罗斯柴尔德集团顾问奥尔森为首席并购顾问(A)	√	√	外部	利用
	2. 聘任国际咨询机构(罗斯柴尔德、富尔德、德勤、罗兰贝格等)(A)	√		外部	利用
	3. 聘任国际汽车并购相关领域专业人才(考克斯、马丁代尔等)(A)	√		外部	利用
社会逻辑	4. 邀请约翰·桑顿、科特勒等重要人物到吉利总部参观、考察(A)	√		外部	利用
	5. 多次赴美国拜会福特高层,再次承诺投入资金维持沃尔沃品牌地位(B)	√		外部	利用
	6. 李书福率领高层管理者团队吉利奔赴哥德堡与沃尔沃CEO斯蒂芬·奥德尔等高层和比利时根特工厂与工会代表对话、沟通(B)	√		内部外部	利用
	7. 李书福定下了独立运营沃尔沃品牌的计划,提出"沃人治沃"的理念(C)		√	内部外部	利用
	8. 邀请沃尔沃工会代表和新闻界人士到吉利总部考察(A)	√		外部	利用

续表

主导逻辑	典型证据引用	即兴行为		资源拼凑	
		主动性	创造力	资源渠道	组合方式
商业逻辑	9. 发挥吉利国内专业人才优势（尹大庆、赵福全、袁小林、童志远等）（A）	√		外部	利用
	10. 充分利用德勤、富尔德等国际机构在并购谈判上的经验优势（D）	√		外部	利用
	11. 以维持沃尔沃持续发展为切入，要求福特降低出售价格（B/C）		√	外部	利用
	12. "沃尔沃没有知识产权，就是'空壳'的沃尔沃"（D）		√	外部	利用
	13. 采用"将心比心"的共情战略，阐述吉利并购的初衷（A）		√	内部外部	利用
	14. 吉利将拥有沃尔沃轿车商标所有权和使用权、10963项专利和专用知识产权、10个系列可持续发展的产品及产品平台等资产（D）			外部	利用

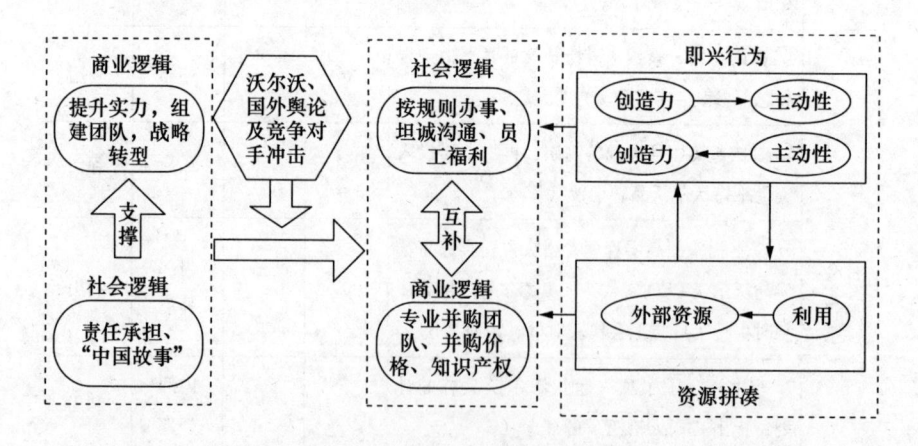

图4-3 "社会逻辑+商业逻辑"阶段的企业即兴行为与资源拼凑

资料来源：笔者整理。

三 吉利如何处理与沃尔沃的关系，如何维持沃尔沃的竞争力

2010年8月，吉利与福特完成关于沃尔沃的正式交割手续，标志着吉利完成对沃尔沃的全部股权收购。但吉利接下来对于沃尔沃的管理问题却再一次摆在了吉利与沃尔沃之间，吉利如何处理好与沃尔沃之间的关系？吉利又如何保证沃尔沃品牌的长盛不衰？这些问题再次成为沃尔沃、瑞典政府以及舆论界关注的焦点。在吉利完成对沃尔沃并购后不久，吉利就在杭州总部接见了来访的瑞典国王卡尔十六世。瑞典国王十分关心沃尔沃在吉利手中能否得到持续发展的问题："沃尔沃是瑞典的骄傲……瑞典国民最想知道的是，吉利能否保证沃尔沃的水准""瑞典国内有很多沃尔沃的供应商，吉利收购沃尔沃后，是否会对这些供应商造成冲击"，等等。这其中，反响最大的就是沃尔沃的供应商了，"……规模大、以技术为主的供应商肯定对中国侵犯知识产权的记录感到担忧……如果沃尔沃没有成为供应商的优先客户，沃尔沃将陷入真正的困境……"凡此种种，预示着吉利并购沃尔沃后的整合之路仍然面临着巨大的压力。

虽然吉利在并购谈判期间就已经意识到了后并购整合阶段的艰巨任务。但沃尔沃及其相关利益方对于吉利技术、能力以及管理的质疑态度仍然让吉利管理层非常被动。为了协调好吉利与沃尔沃之间的关系，从而推进吉利与沃尔沃之间形成"1+1>2"的效应，吉利不得不采取迅速、行之有效的应对方案。一方面，吉利多次邀请包括瑞典国王、瑞典负责工业事务的副首相等政府官员、沃尔沃供应商和经销商等企业代表以及媒体界人士到吉利考察，与吉利各层次的干部员工进行直接对话，亲自见证了吉利有足够的实力来保证沃尔沃的高水平运营。另一方面，李书福还向外界郑重提出了吉利"全球性，本土化"的发展战略，"'全球性'就是全球一个品牌，全球一个标准，全球采购，全球资源共享；'本土化'就是本土化设计、制造、销售"，"欧洲的沃尔沃，一定是在欧洲研发、生产、制造，所有的零部件供应商都不会发生任何变化，但沃尔沃想要打开中国市场，就需要听听中国人的声音……"，"吉利与沃尔沃之间不是父子关系，而是兄弟关系，不是谁领导谁，而是优势互补，共同成长……"从后续吉利对于沃尔沃的管理实践来看，吉利很好地践行了当初许下的承诺，并取得了非常好的效果。例如，在并

购完成之后，吉利就成立了处理吉利与沃尔沃之间关系的"沃尔沃—吉利对话与合作委员会"。2011年年初，吉利在上海嘉定成立了沃尔沃中国区总部，专门负责中国市场的开发。2012年3月，吉利与沃尔沃关于沃尔沃向吉利转让技术达成协议。同年，吉利首次进入世界500强行列。2013年2月，吉利宣布在瑞典哥德堡设立欧洲研发中心，整合沃尔沃和吉利的优势资源，打造新一代中级车模块化架构及相关部件，以满足沃尔沃汽车和吉利汽车未来的市场需求，并在同年9月启动运行，加深了双方在技术上的合作关系。2014年12月，吉利发布了具有完全自主知识产权的首款中高级轿车——吉利博瑞，这也是吉利与沃尔沃技术深度合作的显著成果之一。自2015年开始，随着吉利技术可靠性的不断提升，吉利汽车的产品质量一直位居自主品牌第一。本章将此阶段的企业制度逻辑转变、即兴行为与资源拼凑战略概括如图4-4所示。

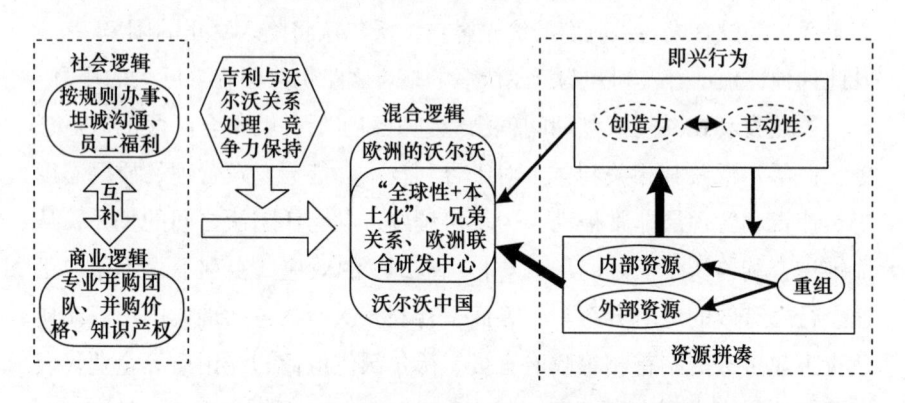

图4-4　混合逻辑阶段的企业即兴行为与资源拼凑

资料来源：笔者整理。

由表4-5可知，在沃尔沃、瑞典政府等有关吉利如何经营好沃尔沃的压力下，吉利不得不履行并购期间做出的社会承诺，例如，在高度"沃人治沃"理念下成立"沃尔沃—吉利对话与合作委员会"，给予沃尔沃足够自主权的"兄弟"关系，维持沃尔沃在欧洲的研发、制造和营销体系等。这些举措一方面是为了履行并购前对福特和沃尔沃的承诺，以保证沃尔沃的平稳发展；另一方面在这种平等的治理机制下，吉利与沃尔沃之间关于技术、品牌之间的相互促进、共同成长的商业模式才能取得"1+1>2"的效应。吉利与沃尔沃后面的发展表明,吉利与沃尔沃的良性互动、协同治理关系,不仅对彼此的经营效益起到了显著的推动作用,同时吉利与沃尔沃的市场竞争力的提升又贯穿于彼此之间十分紧密、和谐的合作文化之中。因此,吉利对于并购后的沃尔沃的管理控制是社会逻辑与商业逻辑"交织、融合"存在的混合逻辑形式。从企业的即兴行为发挥来看,并购后确立的管理控制度体系和稳定的合作协议,既保证了吉利管理沃尔沃的权利,同时也给吉利对于沃尔沃的行动制定了特定的制度空间,因而,吉利此时对于管理控制沃尔沃并不需要极力发挥即兴能力。从资源拼凑的角度来看,吉利的资源获取主要来自吉利内部和沃尔沃两个渠道,并更加注重吉利与沃尔沃之间在技术、市场以及品牌资源方面的互补、吸收和整合,面临较大的挑战,需要发挥吉利的创造力,重点采用了重组的组合方式。

表4-5　　　　　　并购后整合压力下的典型事件证据

主导逻辑	典型证据引用	即兴行为		资源拼凑	
		创造力	主动性	资源渠道	组合方式
混合逻辑	1. 邀请瑞典国王卡尔十六世到杭州访问,并听取他关于沃尔沃管理的意见(A)	√		外部	利用
	2. 所谓"全球性"就是全球一个品牌,全球一个标准,全球采购,全球资源共享;而"本土化"就是本土化设计、制造、销售,欧洲的沃尔沃,一定是在欧洲研发、生产、制造(C)		√	内部外部	重组
	3. 欧洲的沃尔沃,一定是在欧洲研发、生产、制造……我们要发挥沃尔沃人的才干,沃尔沃过去掌握在你们手里,未来更掌握在你们手里(D)			外部	开发
	4. 吉利与沃尔沃之间不是父子关系,而是兄弟关系(C)		√	内部外部	重组
	5. 2010年11月,沃尔沃—吉利对话与合作委员会成立(A)	√		内部外部	重组
	6. 吉利在上海嘉定成立了沃尔沃中国区总部,专门负责中国市场的开发(D)	√		内部外部	重组

续表

主导逻辑	典型证据引用	即兴行为		资源拼凑	
		创造力	主动性	资源渠道	组合方式
混合逻辑	7. 吉利与沃尔沃之间关于沃尔沃向吉利转让技术达成协议（C）			内部 外部	重组
	8. 瑞典哥德堡欧洲研发中心启动运行，加深了双方在技术上的合作关系（C）			内部 外部	重组
	9. 吉利发布了具有完全自主知识产权的首款中高级轿车——吉利博瑞（A）		√	内部 外部	重组

四 并购全过程的主导制度逻辑转变、即兴行为与资源拼凑

对吉利并购沃尔沃全过程的进一步总结，我们发现，在外部多元制度性压力的冲击下，吉利需要通过调整并购的主导制度逻辑来应对不同的制度性压力，具体表现为从商业逻辑到商业逻辑为主、社会逻辑为辅，再到社会逻辑为主导、商业逻辑为支撑，最后到社会逻辑与商业逻辑交织、融合的混合逻辑出现的转变过程。这是吉利应对外部多元化的经济、社会与制度文化压力的必然结果。在并购起步阶段，面对福特对于吉利实力和责任心的不信任压力，吉利需要在强化企业实力的同时，补上自身在企业社会责任承担、事业心上的"短板"。在面临沃尔沃工会、瑞典政府以及竞争对手的多方压力时，吉利则需进一步展现企业在跨文化管理、社会责任履行、员工福祉以及企业国际化经营方面的高度承诺，并为此做出各种努力，以此来说服沃尔沃、瑞典政府及民间组织对于吉利的消极态度，进而推动企业在商业谈判上的不断前进。在并购后整合阶段，吉利又面临如何处理与沃尔沃之间关系以及如何经营好沃尔沃的压力，此时吉利需要的是能够满足社会责任和商业利益双重目标协同的制度架构，即混合制度逻辑体系。吉利在并购沃尔沃过程中的主导制度逻辑转变很好地验证了新制度理论中关于企业采取合适的战略来应对外部多元社会、文化压力的观点（Ramus et al., 2016；杜运周和尤树洋，2013），这种制度逻辑转变塑造了组织可接受的目标及其相关行事原则，是对所有影响组织战略和实践的优先顺序、制度安排的逻辑组合。

进而言之，本章的案例分析发现，吉利在并购沃尔沃过程中的主导制度逻辑转变伴随着独特的企业即兴行为战略和资源拼凑模式。在并购初始阶段面，对福特的压力时，吉利充分发挥了自身在决策方面的主动性和创造力，通过各种方式向福特证明吉利具备并购沃尔沃的实力。同时，此阶段吉利的资源获取渠道主要是吉利内部，强调对吉利自身所拥有资源的深度挖潜和开发。在面临沃尔沃、瑞典政府以及竞争对手多方压力的并购谈判阶段，吉利的即兴行为针对性更强，且关注点也发生了改变，例如，在以社会逻辑为行事准则的前提下主要是采用主动性策略，来表明吉利勇于承担责任、高度负责任的企业态度，而在商业逻辑主导下则更加强调创造力的重要性，以克服商业利益分歧，达到共赢。从企业资源拼凑模式来看，外部资源在此阶段成了吉利获取资源的重要渠道，并且资源组合方式以利用的方式为主。最后，在并购后整合阶段，吉利的即兴行为发挥相对不再那么重要，这主要是由于此阶段的并购整合行为都有比较明晰的并购方案、组织制度和管理控制机制约束。与之相反的是，此阶段吉利的资源拼凑方式表现得更加复杂化，一方面，企业的资源获取渠道有吉利和沃尔沃两个渠道；另一方面，资源的组合方式则以实现资源优势互补、共同开发的重构形式为主。

基于上述分析，本章将吉利并购沃尔沃过程中的主导制度逻辑转变、即兴行为和资源拼凑关系描述如图4-5所示。

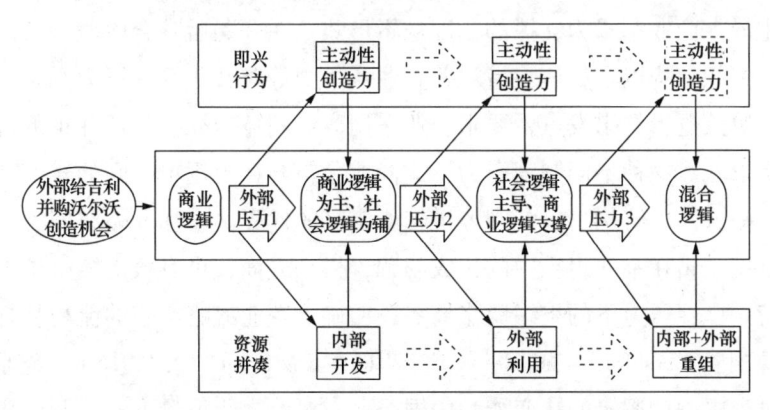

图4-5 吉利并购沃尔沃过程中主导制度逻辑转变、即兴行为和资源拼凑

资料来源：笔者整理。

第五节 结论与讨论

一 研究结论

本章以吉利并购沃尔沃为研究对象,阐释了多元社会文化压力下企业内部主导制度逻辑的转变机制问题,以及企业如何通过即兴行为与资源拼凑战略来实现这种制度逻辑地位的转变过程。本章的主要研究结论包括以下三个方面。

第一,当前企业面临的外部制度性压力日趋多元化、复杂化,导致企业在具体战略决策过程中遵循的制度逻辑不再是平稳一贯制,而是需要应对不同的制度性压力做出调整。吉利并购沃尔沃过程中的主导制度逻辑经历了从单一商业逻辑到商业逻辑与社会逻辑互补共存、互有侧重,再到混合逻辑出现的转变过程,这种转变过程是吉利为了应对不同阶段外部制度性压力而做出的制度逻辑变革。在并购初期,中国企业需要克服西方社会舆论对于中国企业"技术落后、实力薄弱"偏见的压力,因此,采用商业逻辑为主、社会逻辑为辅的制度逻辑形式。在并购谈判阶段,如何说服出售方对于中国企业的认可,保证技术转让顺利、知识产权获得则成为并购战略推进面临的主要压力,此时采用社会逻辑为主导、商业逻辑为支撑的制度逻辑形式。在并购后整合阶段,技术整合、组织架构以及如何保持被并企业竞争力等跨文化管理压力则是企业并购决策逻辑的出发点,要求企业采用商业利益与社会责任并重的混合逻辑形式。这种不同制度压力下的商业逻辑与社会逻辑之间的转变和统一,一方面,解构了单一制度逻辑所定义的优先次序和战略,回答了不同制度逻辑在单一组织内的集成问题;另一方面,也有效地缓解了外部独特制度性压力下的组织紧张局势,明确了企业战略实施的流程目标和资源配置(Ashforth and Reingen,2014;Ramus et al.,2016)。企业并购过程中制度逻辑的转变能为中国企业应对跨文化情景下多重制度压力的复杂性,改变企业战略实施的意义构建,为实施恰当的措施来解决企业面临的紧张局面提供创新性的决策思路。

第二，在制度逻辑转变过程中，企业即兴行为和资源拼凑战略也存在显著差异。从企业即兴行为发挥来看，随着企业跨国并购进程的持续推进，企业在主动性和创造力发挥上受到的约束性压力逐渐增强。在企业并购的早期，由于受到外部制度性条件的约束较少，企业能够充分发挥自身的主动性和创造力，即兴行为在企业并购初期制度逻辑转变中的重要性最为突出。在并购中期，由于各种并购约束条件的不断增加以及多元化压力的不断涌现，导致企业即兴行为发挥的制度空间受到限制，企业不得不采取更具针对性的即兴行为策略。进入并购整合阶段，随着并购战略思路的不断清晰，制度框架的日趋完善，企业的重心将是落实先前的战略议题和组织架构，因此，企业即兴行为能够发挥的余地十分有限。从资源拼凑的角度来看，随着企业跨国并购过程中主导制度逻辑的转变，企业资源获取渠道经历了内部、外部再到内外部相结合的变化过程，同时企业在资源组合方面则先后采取了开发、利用和重组为主要方式的变化过程，并且这种资源获取渠道与资源组合方式之间存在内在的对应关系。此外，通过本案例研究还发现，企业即兴行为和资源拼凑对于推动并购过程中主导制度逻辑的转变起到了相互补充的作用。具体来看，企业即兴行为发挥的制度性空间将随着并购进程的持续推进而不断受到压缩，而资源拼凑则恰恰相反，企业并购战略的持续推进要求企业采取更加高阶的资源拼凑战略。

第三，本章从企业即兴行为和资源拼凑视角构建了一个中国企业跨国并购过程中制度逻辑转变的触发机制。中国企业跨国并购过程中对于先进技术、专利知识等战略性资产的追求决定了企业并购的初始制度逻辑是商业逻辑，但在外部关于中国企业"功利性强、能力欠缺"的质疑下，不得不通过发挥企业主动性和创造力，并全面挖掘企业内部资源来回应外界对于中国企业国际化经营能力的质疑，从而推动了企业商业逻辑到商业逻辑为主、社会逻辑为辅的主导制度逻辑变革。当企业进入并购实际谈判阶段时，外部日趋多样化、更加强烈的制度性压力迫使企业需要采取更具针对性的即兴行为战略，以缓和多种制度压力带来的紧张局面，此时企业需要努力获取外部资源的支持和帮助，充分利用外部资源来弥补自身能力的不足，最终形成企业以社会逻辑为主导、商业逻辑为支撑的制度逻辑体系。当企业进入并购后整合阶段，企业面临的关键问题是主并企业如何处理与被并企业之间的关系？如何来保持并购后企业的整体竞争力？此时企业的战略重心既要处理好自身与被并企业之间在跨文化管理、组织架构等方面的控制机制问题，又要重视自身与被并企业资源的有效整合，以实现重构企业技术、知识体系，因此是一个社会逻辑与商业逻辑相互交织、彼此融合的混合逻辑状态。基于此，我们进一步概括出中国企业跨国并购过程中主导制度逻辑转变下的企业即兴行为与资源拼凑关系如图4-6所示。

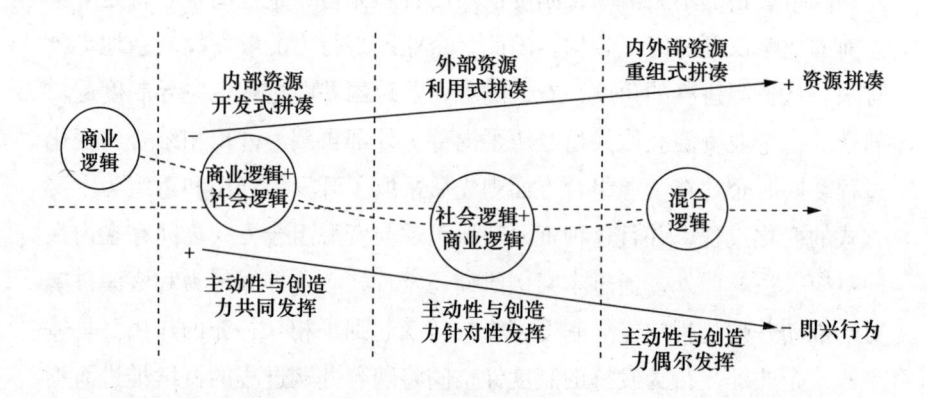

图4-6　企业主导制度逻辑转变下的即兴行为和资源拼凑关系战略

资料来源：笔者整理。

二　研究贡献

中国企业在国际化过程中面临着连续不断地暴露在来自外界环境的多元制度性压力之中，例如，更多异质性的利益相关者、错综复杂的制度文化体系、跨文化管理带来的困扰等。以往的学者已经对组织如何应对由于制度多样化、利益分歧以及竞争压力带来的挑战进行了大量的分析，从制度逻辑的观点来看，主要是通过组织内部不同制度逻辑之间的竞争性替代来降低组织面临的紧张局势（Almandoz，2012；Canales，2014；Battilana et al.，2015）。例如，Battilana等（2015）指出，在外部动荡环境的压力下，组织内部原本处于边缘化位置的制度逻辑通过竞争行动将变成组织新的主导制度逻辑。这种研究的局限性在于扩大了组织内部多种制度逻辑共存或分歧可能产生的制度复杂性（Greenwood et al., 2011），并太过聚焦于同一组织内部不同制度逻辑的竞争性关系（Besharov and Smith, 2014）。本章认为，组织内部不同制度逻辑的地位变换并非一定是通过竞争手段来实现的。尤其是在组织资源匮乏的背景下，组织内部不同制度逻辑的主导地位也可以通过互助、合作的形式来实现转变，甚至在某种程度上能够实现相互交织、彼此兼容的混合逻辑状态，这种不同制度逻辑之间的转变和统一能够帮助企业找到合适的应对外部制度性压力的方法。这一结果也进一步验证了 Ramus 等（2016）有关不同制度逻辑通过协同和规范化在单一组织内集成的观点，也回答了杜运周和尤树洋（2013）、Du 和 Aldrich（2013）关于现有研究过多地强调制度逻辑间的冲突，而忽略了不同制度逻辑之间可能存在的兼容性、互补性及其作用边界问题。此外，本案例的研究进一步论证了中国企业国际化情景下组织内部多种制度逻辑转变过程的触发机制，由于缺乏足够的技术、知识以及国际化经验等资源积累，中国企业更需要借助于企业即兴行为和资源拼凑战略来推动内部主导制度逻辑的变革，以克服企业面临的多种制度化障碍。

本章的研究还为企业即兴行为与资源拼凑相关领域的研究做出了贡献。在以往的研究中，学者关于企业即兴行为与资源拼凑之间的关系一直存在争议，包括资源拼凑是企业即兴行为的一个维度或一种形式（Orlikowski and Hoffman, 1997；Cunha et al., 2001；Garud and Karnoe, 2003），资源拼凑包括即兴行为（Baker et al., 2003；Baker and Nelson, 2005），以及两者之间没有本质区别（Weick, 1993）等观点。我们的研究在对企业即兴行为与资源拼凑相关理论进行深入分析的基础上，尝试对两者之间的内在机制进行了探索性讨论，构建了一个企业即兴行为与资源拼凑的理论互动机制。首先，按照 Cunha 等（2001）、Crossan 等（2005）、Baker 和 Nelson（2005）等关于即兴行为和资源拼凑的论述，我们分别从主动性和创造力两个层面来讨论企业即兴行为，以及从资源获取渠道和资源组合方式两个层面来分析资源拼凑战略。我们发现，在组织资源匮乏的情景下，企业即兴行为与资源拼凑将对促发组织主导制度逻辑转变的企业战略决策产生显著的推动作用，并且在这种推动作用过程中企业即兴行为与资源拼凑相互配合、相互补充。具体来说，即兴行为的发挥随着组织外部约束性制度压力的增强而逐渐减弱，与此同时，组织资源拼凑则经历了一个从开发、利用的初级阶段到整合、重组等高阶形式的持续强化过程，这一资源拼凑增强过程能够弥补组织即兴行为受到制度性约束可能造成的不足。本章的研究尝试从制度逻辑的视角回答了即兴行为与资源拼凑之间的联系与区别，是对买忆嫒等（2015）、苏芳等（2016）研究的进一步深化，也为企业即兴行为与资源拼凑相关理论的发展提供了研究方向。

第五章 企业国际化过程中的市场模仿机制研究

第一节 研究背景

跨国并购是企业从不同国际市场行业领域中获得大量企业欠缺的核心资产的战略。在企业跨国并购研究中,核心研究问题是什么因素决定了企业选择相关或不相关的并购?过去对这个问题的讨论主要集中在经济和战略动机上。随着人们越来越关注作为并购选择基础的社会决策机制过程,有研究认为,企业并购行为也在很大程度上参考了其他企业的行动。在本章中,我们关注的问题是参与跨国并购的企业以谁的战略行为为导向?模仿作为组织学习的一种特殊形式,是指企业通过回顾自己以往的战略行动或观察分析其他企业的行动,并以此为参考采取相似的战略行为的组织过程。组织学习相关文献中存在大量区分不同模仿源的方式,例如,有的以地理位置来区分模仿目标的远近,有的利用组织特征如组织规模来区分大企业和小企业的模仿标准,有的利用企业间是否存在直接联系将模仿对象区分为战略伙伴和其他企业。因此,对企业战略行动中的模仿源研究已经在战略管理和组织社会学研究中大量存在,但遗憾的是,在企业国际化研究中仍然非常缺乏。

与以往大多数研究倾向于强调企业模仿行为聚焦在某一特定群体的研究范式相反,本章采取多层次视角将模仿源分为个体企业层面、市场层面和行业层面三个层次。笔者认为,多层次方法提供了以往关于学习"他人"的文献中没有系统探讨不同模仿对象的独特优势。例如,在一个多元化案例中,当不同产品市场的两个企业发生合并时,并购企业的并购目标可能存在以下几种可能的模仿对象：收购企业自身产品市场内的竞争者、目标企业所处产品市场内的企业、其他间接接触的产品市场内的企业。以往的研究尚未对这些可能的模仿对象进行深入的分析。多层次方法是一种系统的、综合的方法，为识别三种不同模仿源的相关影响提供了依据，同时也有助于揭示不同层次的模仿源是否与并购的选择有关。本章试图阐明这些层次的模仿是否同时独立地存在。

本章的研究背景是金融服务业。随着20世纪八九十年代的立法逐渐取消产品的市场和地域限制，越来越多的金融行业从业者进入了不同的金融市场。我们选择将金融服务业的并购活动作为研究对象，是因为金融机构在这个时期里进入不同产品市场的现象十分普遍。我们将不相关并购定义为在金融服务业中不同产品市场内的两个企业之间的并购。相关并购是指发生在金融服务业中同一产品市场内的两个企业之间的并购。我们将在下一节详细描述企业并购选择的决定因素，尤其是不相关并购影响因素的有关理论与假设。在研究设计部分，我们阐释本章的数据来源、变量和数据处理方法。最后讨论研究结论和未来的研究方向。

第二节 相关理论及假设

以往关于并购选择的研究主要强调相关和不相关并购的动机，试图找出相关并购比不相关并购更有可能发生的条件。例如，Berger（1997）提出了收购不相关业务的四个战略动机。第一，从财务协同视角看，不相关并购可以降低收购方的资本成本，提高企业运营效率或创造其他财务收益。第二，从治理效率来看，不相关并购的发生是因为收购的业务在母公司的治理系统内可以更高效地运转。第三，从管理层激励的视角来看，不相关并购可以帮助企业建立市场支配力，扩大企业规模。第四，从企业维持竞争优势的角度来看，不相关并购可以平衡财政周期效应，降低多元化经营的风险。这四个不相关并购的战略动机虽然是综合性的，但没有详细阐述其内在机理。至少它们忽视了不相关并购动机可能来自其他企业的环境和社会影响。如1998年花旗和旅行者集团的并购协议，这次交易规模庞大的并购活动吸引了众多金融服务机构，并且这些金融服务机构可能也在很大程度上学习和模仿了它们的行为，在这场不相关并购宣布之后，类似的银行和保险公司间的并购活动大大增加。

早期的管理理论和组织模仿的相关研究成果均强调个体企业的活动受到其他企业影响的重要性。作为社会惯例下的独特组织形式，企业很有可能以其他组织为典范，导致企业的模仿实践被大量采用，但并非所有企业都会成为模仿的目标。企业在自身对其他企业的行为或实践上的模仿是具有选择性的。一般来说，企业识别模仿对象有多种方法。如利用企业的特性来识别不同的模仿目标。举例来看，当企业将某些具有鲜明特质（如规模或信誉上）的企业作为实践参考时，基于企业特征的模仿便发生了。同样，企业网络结构的文献也表明，企业受到其他占据相似结构位置的企业的强烈影响。这些方法主要集中在模仿的单一来源：企业的特性或组织间的关系。

以往比较不同水平模仿对象的实证研究主要集中于不同层次模仿目标带来的不同影响。例如，研究发现，企业最初从实践中获得的效率受益于自身经验；但从长远来看，会因为缺乏深谋远虑的战略而受到限制。Garcia–Pont 和 Nohria（2002）的研究发现，任何两家企业之间结盟的可能性取决于其战略集团成员间联盟的紧密关系，而不是行业中所有企业联盟的关系状态。尽管这些研究为不同模仿对象带来的不同后果提供了支持性的证据，但一直缺乏同时且系统检验可供企业进行战略决策的多重模仿目标的实证研究。在本章中，我们将企业的模仿对象分为企业层面、市场层面和行业层面三个层次来分析。在企业层面，企业自身经验是模仿的主要来源。由于企业不仅从它们自身的经验中学习，还大量地从其他企业以往的经验行为中学习，所以，本章也研究同一产品市场（市场层面）中的企业和那些同一行业（行业层面）内其他产品市场中的企业的模仿情况。在市场层面，同一产品市场的竞争对手被认为是模仿的主要对象。在行业层面，我们区分出模仿的两种形式。第一，被模仿的企业所处产品市场的外部存在竞争者，这些竞争者选择通过并购方式进入该产品市场。第二，企业选择通过并购方式进入同行业内的其他产品市场。我们将前一种情况归于进入焦点产品市场，后者为不进入焦点产品市场。接下来，我们将讨论每个层次的模仿目标如何影响企业并购中的战略决策。

一　企业层面模仿：企业自身经验

组织惯例理论认为，企业会随着时间的不断推移而采取系列行动，这些行动方式的持续积累会成为企业未来行动的惯例和能力。遵循这个思路，本章假定一个企业最初出于某一战略或经济猜想的原因着手展开并购，并从中发展出能够成为模仿标准的惯例和能力。认知理论认为，组织的思维或意识形态会影响环境感知，并以这种环境感知对企业的战略决策影响形成固定的思维模式。当一个企业从事收购时，这类收购在主导联盟的认知地图中起着更为核心的作用，更有可能被视为是对外部刺激的最恰当反应，因此，企业就按照这个标准进行后续的不相关并购。Amburgey 和 Miner（1992）在一项实证研究中调查了 262 个大型企业兼并活动，发现企业倾向于重复它们以前实施过的并购战略决策模式。他们称这种行为为"重复动量"。每当一个企业从事同一类型的收购时，企业就锻炼出继续进行这类收购的能力，从而增加了更多收购的可能性。

基于上述理论逻辑，本章认为，不相关并购的可能性与企业在不相关并购中积累的经验呈正相关关系。另外，由于企业积累了相关并购的经验，其有可能在相关兼并中展现出对相关并购偏好的惯例和能力，从而降低了不相关并购的可能性。因此，本章提出以下假设：

假设 5-1a：企业不相关并购经验与不相关并购可能性呈正相关关系。

假设 5-1b：企业相关并购经验与不相关并购的可能性呈负相关关系。

二　市场层面模仿：同一产品市场内竞争者的影响

企业总是可以在同一市场内寻找到具有创新能力的竞争者。正如制度理论家所言，企业很可能模仿那些它们认为与自身产品最接近的竞争对手的行为。例如，占据相同行业利基的企业很可能会比那些占据不同位置（商机）的企业表现得更为相似。Balack 等（1995）调查了苏格兰纺织行业企业的运作，发现企业会定期评估其认为在市场细分方面有着相似追求的主体的行动。其他研究也表明，相同属性的企业更可能发展相似的、可预测的行为模式。在这项研究中，企业很可能将同一产品市场内的其他企业视为主要竞争者。例如，商业银行更有可能将另一家商业银行而不是某个房地产公司视为主要竞争者。因此，不相关并购的选择很可能受到同一市场中企业行为的影响。同一产品市场内的企业发起的不相关并购的数量会增加不相关并购的可能性；然而，同一产品市场内的企业发起的相关并购的数量会减少不相关并购的可能性。因此，本章提出以下假设：

假设5-2a：企业不相关并购可能性与同一产品市场内企业发起的不相关并购数量呈正相关关系。

假设5-2b：企业不相关并购可能性与同一产品市场内企业发起的相关并购数量呈负相关关系。

三 行业视角模仿：焦点产品市场外部竞争者

从行业角度来看，企业的国际化经营也倾向于模仿同一行业中实施较为普遍的企业经营模式。多元化经营的相关研究发现，处于同一行业中企业的经验显著提高了企业对其行动的敏感性。在以往的研究中，我们发现，行业经验往往是行业内部实施最为普遍的企业行为战略。不同于前面基于企业和市场层面提出的两个假设，我们把瞄准焦点产品市场发起不相关并购的企业与那些不针对焦点产品市场的企业区分开来，因此，我们在行业层面上提出了三个假设。例如，当一家银行发起不相关并购时，可能会模仿一家收购银行的房地产公司。我们认为，这是基于进入焦点产品市场（银行业）的企业的模仿。如果该银行模仿了一家收购保险公司的房地产公司，我们就认为，这是基于未进入焦点产品市场的企业的模仿。多元化经营理论指出，当焦点产品市场以外的企业进入焦点产品市场时，焦点产品市场内的企业将进入其他产品市场以维持其竞争地位。这是战略资源转移的一种形式。因此我们认为，处于焦点产品市场外部但选择进入该市场的企业发起的不相关并购，可能会增加焦点产品市场内部企业发起不相关并购的可能性。本章提出以下假设：

假设5-3a：企业不相关并购可能性与处于焦点产品市场外部且选择进入该市场的企业发起的不相关并购数量呈正相关关系。

制度理论认为，当企业把更多其他同行采取的不相关并购看作市场扩张的"合法"活动时，更有可能从事不相关并购活动。因此，处于焦点产品市场外部、选择瞄准其他产品市场的企业的行动，也将成为焦点产品市场内企业有效的模仿目标。以花旗集团和旅行者集团间的合并为例，这一巨大的不相关并购引起了来自商业银行、保险市场以及有其他市场中对成为"一站式"或"全方位服务"金融中心感兴趣的金融机构等潜在模仿者的注意。事实上，美国花旗集团和旅行者集团合并的关键驱动因素之一是在其他金融产品市场（如投资市场）中造成影响的多元化趋势。因此我们认为，处于焦点产品市场外部且选择进入其他产品市场的企业发起的不相关并购可能会增加焦点企业发起不相关并购的可能性。本章提出以下假设：

假设5-3b：企业不相关并购可能性与处于焦点产品市场外部且选择进入该焦点产品市场以外市场的企业发起的不相关并购数量呈正相关关系。

假设5-3a和假设5-3b的假设均得到理论论据的支持，但尚未在经验主义环境中分别检验区分它们独特的影响，能使我们更清楚焦点产品市场外部的哪一组企业对焦点企业的战略决策有更大的影响。根据企业层面上的假设5-1b和市场层面上的假设5-2b的逻辑，提出焦点产品市场外部的相关并购数量很有可能降低焦点产品市场内的企业发起的不相关并购的可能性。因为所有焦点产品市场外部的企业都在其所处产品市场内部发起相关并购，所以，没必要像假设5-3a和假设5-3b那样对企业进行更精细的区别分析。本章提出以下假设：

假设5-3c：企业不相关并购可能性与焦点产品市场外部的企业发起的相关并购数量呈负相关关系。

除了区分焦点产品市场外部企业的直接和间接影响，我们还采用了同一行业中并购的集体选择的变化这个新变量，以获取行业级并购经验的试验和不确定性。与企业行业级经验的测量方法不同，并购的集体选择的变化考虑了不同选择的不均匀分布，反映了企业间选择的离差。当企业的选择在数量上增加且这些不同选择的分布相对均匀的时候，表明这个行业正经历着试验阶段，缺乏并购选择方向的一致性或明确性。当企业意识到行业正在经历试验各种并购的过程时，它们更有可能发起不相关并购或加入不相关并购的行列。这并非指企业并购是一项试验性的活动；相反，这遵循了社会影响或学习理论的逻辑，即逐渐加剧的选择或意见的变化成为一个"试验"阶段，企业在这个阶段集体寻求备选方案，然后选定"合法"的战略行动方针。当并购的集体选择发生巨大变化时，企业更倾向于选择不相关并购。因此，本章提出以下假设：

假设5-4：企业行业层面并购行为的集体选择与不相关并购的可能性呈正相关关系。

第三节 研究方法

一 数据收集

本章的数据资料来自 SDC Merger & Corporate Transaction Database 数据库。该数据库以其收纳了 1980 年以来价值超过 500 万美元的并购事件综合清单而闻名。数据库中的公司来自各行各业，按标准工业代码（SIC）排序。这些数据包含若干交易特征，如收购企业和目标企业的名称、地址、主要业务、交易价值和交易状况（已完成或待定的）。为了更好地控制行业层面的模仿变量，我们将研究范围限定在金融服务业。我们选取了 1981—2000 年收购企业和目标企业都是美国金融服务业中的公共组织的并购，原因是这些企业容易获得可靠有效的数据，从而能保证研究的真实性与完整性。

我们运用 SIC 代码将样本划分为七个细分市场：商业银行、储蓄信贷协会（S&L）、非存款机构、证券、保险、房地产和投资。初始总样本量为 2091 家企业发起的 8299 个并购。由于缺少交易成交额和收购企业特征（例如资产）的信息，最终有效样本是 1762 家企业发起的 6465 个并购。这些企业的资产在 630 万—90 亿元之间。为了验证初始样本与最终样本间的偏差问题，我们检查了这七个市场上不相关和相关并购的样本比例（见表5-1）。这七个市场的平均样本比例为 79.9%。其中，商业银行发起的有 2573 项（占 39.8%），储贷协会发起的有 904

项（占14%），非存款机构发起的有 178 项（占 2.8%），证券公司发起的有 256 项（占 4%），保险公司发起的有 1101 项（占 17%），房地产公司发起的有 177 项（占 2.7%），投资公司发起的有 1276 项（占 19.7%）。

表 5-1　不同市场的相关或非相关并购企业数量即比例情况

市场	原始数据		最终数据		平均值比例（%）
	相关并购	非相关并购	相关并购	非相关并购	
商业银行	2411	828	2002	571	76
储蓄信贷协会	1196	165	754	150	76.9
非存款机构	182	37	156	22	72.6
证券公司	244	54	222	34	76.9
保险公司	1289	92	1013	88	87.1
房地产公司	175	31	163	14	69.2
投资公司	623	972	325	951	75
总体	6120	2179	4635	1830	79.9

二　变量测度

（一）并购选择

本章的因变量是并购选择。编码 1 为不相关并购，编码 0 为相关并购。产业组织和战略管理研究中，研究者通常使用 SIC 分类系统来定义相关和不相关的产品群或多元化策略。一般来说，相同二位数产业群内不同的 SIC 四位数行业中的产品被视为相关产品；不同的二位数产业群中的产品定义为不相关产品。因此，当两个企业来自各自二位数 SIC 编码规定的不同金融市场时，定义为不相关并购。例如，一家保险公司（SIC 63XX）与一家房地产公司（SIC 65XX）的合并将被认为是不相关并购。鉴于多元化公司可能有不止一个企业代码，我们使用了收购公司的所有 SIC 代码以确定因变量。例如，如果一个公司拥有代表 61、62 和 63 的二位数 SIC 编码，收购了一家来自保险市场的公司（SIC 63），那么这项交易被作为相关并购。

（二）相关经验

以企业先前从事过的相关并购数量作为相关经验。这个数量是在截至因变量前一年［并购选择（t-1）］的所有相关并购数量的基础上确定的。非相关经验，与相关经验的方法同样，企业自身的不相关并购数量是在截至因变量前一年的所有不相关并购数量的基础上确定的。

内部相关交易，是指被研究的并购所在的那一年中，焦点产品市场内的其他企业先发的相关并购交易的数量，对发生在被研究的并购之后的交易案例不作分析。内部无关交易，是指被研究的并购所在的那一年中，焦点产品市场内的其他企业先发的不相关并购的数量。

无关交易进入，这个变量显示了被研究的并购活动所在的那一年中，处于焦点产品市场外部且选择进入该焦点产品市场的企业先发的不相关并购数量。外部无关交易，这个变量表明了焦点产品市场外部的企业先发的不相关并购数量。被研究的并购所在那一年的交易中，收购企业和目标企业都在焦点产品市场外部。

(三) LagDvar 选择项

LagDvar 是用来捕获金融业企业并购的集体选择的离差。本章中，我们采取赫芬达尔指数（HHI），它是最常见的测量产业集中度的指标，并以这一指标的倒数反映多元化程度。它是在 t-1 时发生的每一类并购的百分比的平方和的倒数。

第四节 实证分析

为了更加准确地分析本章提出的市场因素对于企业选择不相关并购可能性的影响，我们采用 Logistic 回归模型进行分析，数据计算方法采用当前实证研究中普遍采用的最大似然估计法。

Logit：$(Unrelated\ deal_i = 1 \mid x_i) = \exp(x_i\beta)/[1 + \exp(x_i\beta)]$

如前所述，如果并购交易是不相关的，我们将因变量编码为 1；如果是相关并购，编码为 0。我们将这个变量回归到 x_i，即解释变量，β 是参数估计值。共同行动者效应意味着同一企业发起的交易可能不是独立的，需要加以解决。我们通过同时处理同一企业发起的并购交易纠正了这一问题，使这些交易集中在每一家收购企业上。

在实证分析之前，首先，计算本章各变量的均值、标准差和相关性。其次，为了检验本章变量之间是否存在多重共线性的问题，我们采用方差膨胀因子（VIF）方法进行检验，检验结果表明，变量之间没有共线性问题，即方差膨胀因子都大于1，并且没有一个因子的解释程度解释了绝大部分结果变量。因此，我们可以初步判断我们的数据结果满足基本的假设要求，表5-2展示了企业选择特定并购方式的逻辑回归结果。

表5-2　　　　　　　　　　　并购选择的逻辑回归结果

变量	模型1: 控制变量	模型2: 企业层面	模型3: 市场层面	模型4: 行业层面	模型5: 全模型	假设
截距项	-4.59***	-3.84***	-3.25***	-3.84***	-3.96***	
企业层面						
相关经验		0.25***			0.24***	假设5-1a 成立
不相关经验		-0.14***			-0.13***	假设5-1b 成立
市场层面						
焦点产品市场的 不相关交易			0.003***		0.003***	假设5-2a 成立
焦点产品市场的 相关交易			-0.002***		-0.002**	假设5-2b 成立
行业层面						
进入焦点产品市场的 不相关交易数量				-0.001	-0.000	假设5-3a 不成立
焦点产品市场外的 不相关交易数量				0.002***	0.001*	假设5-3b 成立
焦点产品市场外的 相关交易数量				-0.001***	-0.001*	假设5-3c 成立
LagDvar				0.04*	0.42***	假设5-4 成立

续表

变量	模型1: 控制变量	模型2: 企业层面	模型3: 市场层面	模型4: 行业层面	模型5: 全模型	假设
控制变量						
收益率	0.20***	0.16***	0.11***	0.12***	0.04*	
年限	0.24**	0.09	0.19	0.29*	0.16	
资产对数值	−0.09***	−0.09**	−0.09**	−0.09**	−0.09*	
价值对数值	0.03	0.02	0.02	0.02	0.01	
完成情况（完成=1）	2.64***	2.38***	2.56***	2.58***	2.32***	
loglikelihood	−2641.22	−2414.5	−2579.5	−2599.7	−2346.3	
Wald χ^2	471.24***	618.74***	583.63***	538.63***	701.64***	
likelihood ratio test		453.35***	123.30***	83.00***	589.91***	
观测值	6465	6465	6465	6465	6465	

注：***、**、*分别表示1%、5%、10%的显著性水平。

模型1介绍了所有控制变量的检验结果。模型2至模型4是不同层次模仿对象的检验结论。模型5展示了三个层次的模仿对象检验结果的比较。总体来看，所有模型都具有统计显著性且三级模仿来源对企业的相对影响也不同。其中，企业不相关并购经验对于其不相关并购具有积极作用，而相关并购经验对于不相关并购具有消极影响，假设5-1a和假设5-1b得到了数据的支持。从市场层面来看，表5-2中的模型3显示了企业同一产品市场内部不相关并购数量的增加提升了并购选择可能性（r=0.003，p<0.001），并且焦点产品市场内相关并购数量与企业并购选择对象数量之间存在负相关关系（r=−0.002，p<0.001），这表明企业在选择不相关或相关的并购与其市场内的企业特定的并购经历（相关或不相关）也密切相关。这些结果支持假设5-2a和假设5-2b。模型4中的结果表明，进入同一产品市场的并购交易数量与企业是否采取相关并购的概率并没有显著的关联，假设5-3a没有得到实证结果支持。然而，不相关并购可能性与处于焦点产品市场外部且选择进入该焦点产品市场以外市场的企业发起的不相关并购数量呈正相关关系，假设5-3b得到实证检验支持。同时，不相关并购的可能性与焦点产品

市场外部的企业发起的相关并购数量呈负相关关系，假设5-3c也获得了实证检验的支持。最后，模型4的结果表明，行业层面上并购的集体选择的变化与不相关并购可能性呈正相关关系，假设5-4得到实证研究结果支持。

第五节　结论与讨论

　　本章的研究目的是回答如下问题：企业应该模仿谁？我们从组织模仿或学习的文献，尤其是向"他人"学习的概念中厘清了多种模仿源。确切地说，本章采用多层次方法检验了三个层面（企业层面、市场层面、行业层面）的模仿源是否独立、同时影响企业并购的战略选择。如前一节所述，这三层模仿源确实独立、同时起作用。企业层面，一个企业在不相关并购中积累的经验对其选择不相关并购的倾向有积极影响。另外，企业在相关并购方面的经验会对不相关并购可能性产生消极影响。这些结果证实了组织惯例和认知决策理论。随着时间的推移，企业采取的行动会发展出成为未来行动引擎的惯例和能力。市场层面，不相关并购可能性与同一产品市场内的企业发起的不相关和相关并购数量呈显著相关关系。这一发现支持了制度理论和战略集团理论，即企业更有可能模仿那些它们认为最接近自己的竞争者的行为。最后，行业层面，本章将定位于焦点产品市场的外部竞争者和定位于其他产品市场的企业发起的不相关并购的外部竞争者区分开来。我们发现，不相关并购可能性与目标于焦点产品市场的企业发起的不相关并购数量没有显著关系。然而，不相关并购可能性与处于焦点产品市场外部且选择进入其他产品市场的企业发起的不相关并购数量呈正相关关系、与发起的相关并购数量呈负相关关系。

　　并购中集体选择的变化是本章检验的一个新变量，它不仅捕获了不同并购类型的频率，还揭示了这些不同并购间的离差。结果表明，并购中集体选择的变化与不相关并购的可能性呈正相关关系。这一发现支持了这样的观点：当集体环境表现出更高层次的试验和不确定性行动时，企业更有可能"随大流",探索新战略。本章研究在模仿研究的基础上,丰富了已有的并购活动研究。传统并购研究关注战略并购决策背后的经济动机,较少强调该战略决策的"社会"层面。而组织学习和战略选择理论认为,模仿避免了先行者发现或试错的成本,因而模仿可以是对竞争对手活动的战略性反应。我们对并购选择中多种模仿源的研究支持了这样的论点:企业受到其他企业的影响,并表明了它们更有可能模仿哪些企业。

本章研究的主要局限性主要体现在三个方面:第一,只考虑了金融服务行业的并购。因此,结果不能反映金融业以外的企业或定位于金融服务业以外的企业发起的不相关并购可能性。第二,本章没有考虑影响不相关并购可能性的每一个可能的构想,所以,未来的研究可以扩展更多的自变量,以完善企业选择不相关并购的原因。例如,目标企业和收购企业间的资源兼容性等。第三,本章只考虑了每个独立变量的主要影响,忽略了这些变量之间可能的相互作用。如协同进化理论指出的多种模仿源的相互动态作用,因为后续研究可以探讨三个层面模仿源之间的交互作用。

第六章 企业国际化过程中的战略模仿机制研究

第一节 研究背景

跨国并购是经济全球化进程中与国际贸易、国际资本并列的高端经济活动。简单来讲，跨国并购是指总部设在不同国家企业之间的跨市场并购（Hitt et al.，2007），这一战略是跨国公司使用最为普遍的国际市场拓展方式（Hitt and Pisano，2003；Shimizu et al.，2004）。企业在实施跨国并购战略时，一般要做出一系列战略决策。例如，收购企业需要决定合并或收购哪些企业以及采取何种收购方式，其中又涉及许多子决策，包括获取目标企业的产品相关性、目标企业的位置、并购后的企业所有权结构安排等。以往的研究认为，企业通常需要在宏观经济和企业战略双重情景考虑下寻求优化企业跨国并购的战略决策。因此，研究主要集中在与这些决策相关的各种选择的优势与劣势上。例如，收购企业和目标企业之间的高产品相关性是企业战略决策最先考虑的问题，因为企业之间的互补性会对企业绩效产生协同效应。同样，某些所有权结构可以帮助企业实现其战略目标。例如，并购后如果主并企业拥有大多数所有权则意味着企业控制了被并企业的经营管理权，从而并节约了代理成本，而平等的股权结构则可能引发更多的合作伙伴间冲突，并增加管理成本。

传统的对外直接投资决定因素（如CBMA）的研究主要运用交易成本理论和所有权位置内化模型（Dunning，1988），假设跨国企业（MNE）决策者往往会在经济和战略考虑下做出优化资源的决定

(Buckley et al., 2007; Vasconcellos and Kish, 1996）。例如，当目标企业拥有与收购企业的核心业务互补的资产或资源时，成功收购的可能性会大大增加（Hitt et al., 1998）。此外，由于受到特定社会规范的影响，企业往往会学习以往的企业并购案例经验来作为参考，例如，组织间模仿被视为影响企业国际战略的关键决定因素（DiMaggio and Powell, 1983）。社会网络学者认为，面临高度不确定性环境的企业可能会考虑将其他企业作为参考对象，以选择进入哪些东道国（地区）以及目标企业要合并或获得哪些目标（Gimeno et al., 2005）。尽管已有研究表明，企业之间的模仿同构现象出现在国际商业环境中（Delios et al., 2008; Li and Yao, 2010; Wu, 2002），但这种模仿同构论仍然面临着挑战（Greenwood et al., 2008）。如以往的模拟同构研究经常使用扩散模型来检验企业是否采用与其他企业相同的策略。因此，这种模仿同构是通过采纳共同行为可能性的增加来实现，而不是企业战略决策相似性。诸如CBMA企业的多重战略决策（例如，收购与目标企业之间的产品相关性、目标企业的位置）是否同时受到模仿的影响以及类似问题仍未得到解答。

本章中，我们将国际商业背景下有关企业模仿行为的文献扩展到由新兴市场企业发起跨国并购的特定战略领域。我们之所以只关注企业的模仿机制，而不是其他两种同构（调节性和强制性）机制，是因为国际商业环境中企业模仿机制的文献比较多，这使我们能够追踪到当前研究的热点问题。在中国企业从1985—2006年发起的海外并购中，我们基于制度同构论的视角出发，探讨两个核心问题：第一，新兴市场企业在国际化过程中是否存在互相模仿的现象，并在企业跨国并购的多重决策上是否存在战略相似性，如产品之间的相关性。第二，影响企业市场模仿强度的具体因素包括哪些。与以往企业模仿同构文献中通常使用的二元方法（采用相同选择或不相同）不同，本章中，我们将三个样本企业在跨国并购过程中的模仿战略决策与其他企业战略行为相似程度从低到高进行判断。根据企业模仿同构理论的观点，当企业模仿行为非常相似时，三个企业在跨国并购战略决策中的决策相似程度会显著增加。

第二节　相关理论及假设

基于组织决策视角的社会网络学者认为，企业是在特定的规范、价值观条件下经营的，这些基本条件决定了构成适当或可接受的行为的伦理基础。如果没有良好的经验积累，新进入的企业可能会采取与竞争对手相同的行动方式来应对陌生环境的不确定性，因为大部分企业采取的行动具有普遍性特征，这种普遍性将会提高该行动的合法性（Oliver，1991）。因此，模仿同构指的是组织通过模仿而变得与其他组织相似的过程（DiMaggio and Powell，1983；Haveman，1993）。当越多的企业观察到其他企业采取这种行动时，这些企业就越有可能模仿其行为，最后导致彼此之间的行动决策趋同。过去的研究已经检验了将从事特定活动的企业数量作为模仿该活动的预测因子（Hauschild and Miner，1997；Haveman，1993；Henisz and Delios，2001）。当前企业跨国并购战略决策机制日益成熟，这种成熟的跨国并购战略加剧了新进入企业的模仿倾向。但本章对于新兴市场国家跨国并购战略的内涵"相似性"却有其独特的解释，本章认为，跨国并购决策内容包括产品相关性、并购目标位置和企业所有权结构。如果实施跨国并购战略的企业在这三种并购决策上表现出差异时，那么就意味着这些企业难以简单地抉择企业跨国并购战略的模仿机制，并且这种跨国并购战略决策的相似程度会非常低。因此，当其他企业进行大量跨国并购决策交易时，这些交易在相关企业跨国并购战略决策的选择（例如，收购企业与目标企业之间的产品相关性、目标企业的位置以及所有权结构）方面是相似时，我们就认为，这种企业模仿行为是非常精确且可靠的。根据企业模仿同构论，当企业模仿强度增加时，企业跨国并购的战略决策相似程度会显著增加。

考虑到中国企业并购发达国家企业的实际，我们有理由相信，相比于发达国家市场企业，中国企业所面临的目标企业并购或合并的环境的不确定性和信息不对称性更加明显。因此，中国企业可能会观察和模仿其他中国企业所做的并购决策战略。当中国企业完成了大量跨国并购交易,并且这些交易在有关跨国并购决策具体内容方面(收购企业与目标企业之间的产品相关性、目标企业的所在地以及所有权结构)形成相同的决策选择机制时,很容易导致后来的中国企业选择模仿先入者的跨国并购决策机制,从而增加这种跨国并购战略决策的相似程度。另外,如果中国企业在先前的跨国并购过程中经常遭遇失败,那么后来的企业将不会选择这种决策机制,即在企业跨国并购决策上的相似性将会显著减少。基于此,本章提出如下假设:

假设6-1a:企业前一年(t-1)的模仿倾向与跨国并购中产品决策的相似程度正相关关系。

假设6-1b:企业前一年(t-1)的模仿倾向与跨国并购中位置决策的相似程度正相关关系。

假设6-1c:企业前一年(t-1)的模仿倾向与跨国并购中企业所有权决策的相似程度正相关关系。

一 环境不确定性的调节作用

除企业对于模仿同类企业跨国并购战略决策行为之外,还有其他因素会影响模仿同构的力量。根据制度理论,企业在面临环境不确定性时更可能模仿其他企业的行为(DiMaggio and Powell,1983;Meyer et al.,1983)。环境不稳定带来的不确定性通常会导致企业决定是否模仿其他企业的行为。例如,经济不稳定可能会导致所有企业经营的外部商业环境发生巨大变化(Robock and Simmonds,1989)。这种变化迫使企业更倾向于相互模仿经营行为,从而使企业经营行为更加合法化(Hauschild and Miner,1997)。

以中国企业为例,1997年亚洲金融危机给中国经济和东南亚国家发展造成了严重的冲击。这一事件引发了强烈的经济不确定性,造成包括中国在内的亚洲国家的外国投资数量急剧下降(Faison,1998;Yang and Tyers,2001)。从宏观上看,受到宏观经济政策的深刻影响,经济风险增加可能会改变中国企业的对外投资行为。在这样一个不确定的环境下,大多数企业都倾向于寻求财务安全的保守并购策略。默认选择那些被认为安全、可行的企业经营行动。因此,我们认为,环境不稳定性很可能会增强企业之间相互模仿的倾向性与企业跨国并购战略决策相似程度之间的联系。基于此,本章提出以下假设:

假设 6-2a：环境不确定性正向调节企业前一年的模仿倾向与跨国并购中产品决策相似程度之间的关系。

假设 6-2b：环境不确定性正向调节企业前一年的模仿倾向与跨国并购中位置决策相似程度之间的关系。

假设 6-2c：环境不确定性正向调节企业前一年的模仿倾向与跨国并购中所有权决策相似程度之间的关系。

二　并购经验的调节作用

除外部环境的不稳定会影响企业模仿倾向之外，企业在环境中积累的并购经验也会影响跨国并购的战略决策。企业跨国并购中的相似程度也与企业自身的并购经验有关。许多研究表明，企业的收购选择实际上是由其先前的收购经验驱动的（Haleblian et al.，2006）。组织学习研究文献指出，企业经验对战略选择起着关键作用。首先，过去的经验为企业提供了判断其行为有效性的标准，使它们能够更好地预测与企业相关的外部威胁。其次，过去的经验提高了企业执行特定任务的能力，并允许企业针对实施相关战略制定可行的对策。因此，从以往经验中学习对企业绩效有正面影响，如降低成本和提高生产率。至于先前经验对企业模仿同构的影响，那些具有丰富经验的企业比经验较为缺乏的企业积累了更多的模仿惯例和相关实践。具有更多经验的企业可能会在模仿他人的过程中产生新的变化，因为它们可以轻松地与其他企业制定的选择进行整合，并产生符合其独特业务环境和需求的选择。

在中国企业实施跨国并购战略过程中，我们认为，那些在跨国并购方面具有丰富先验经验的中国企业会像发达国家的企业那样进行决策的可能性更高。因此，先前的经验将鼓励企业优化组织决策并创造竞争优势以赢得竞争。相反，跨国并购经验较少的企业往往会更密切地关注降低跨国并购风险的决策，通过寻求更多的社会认可来实现企业在东道国市场的合法化。因此，以往的经验可能会对企业模仿倾向和企业跨国并购战略决策的相似程度之间的关系产生负面影响：

假设 6-3a：并购经验负向调节企业前一年的模仿倾向与跨国并购中产品决策相似程度之间的关系。

假设 6-3b：并购经验负向调节企业前一年的模仿倾向与跨国并购

中位置决策相似程度之间的关系。

假设6-3c：并购经验负向调节企业前一年的模仿倾向与跨国并购中所有权决策相似程度之间的关系。

第三节 研究方法

一 研究样本

本章的数据来源是汤姆森金融公司的 Thomson One Banker。该数据库以其包含自1980年以来按 SIC 代码排序的不同行业价值超过500万美元的并购数据而闻名。本章中的数据包括1985—2006年的由中国企业组织发起的所有完整的跨国并购。中国作为国际扩张活动中快速增长的新兴市场具有重要的研究价值。例如，2006年中国的对外直接投资额为211.6亿美元，其中，40%以跨国并购形式出现（商务部，2007）。我们选择这个数据库能捕捉到中国最早的跨国并购交易，并且包含2008年国际金融危机以前的大部分数据，以排除巨大的经济危机带来的影响。在这段时间内，中国企业跨国并购经历了重要的经济和政治里程碑，如"走出去"战略、加入世界贸易组织（WTO）。在对变量中的缺失值进行调整后，最终确定样本规模为937家中国企业进行的1580次跨境并购交易。本研究样本中，43.2%的收购企业来自金融业（如商业银行和投资公司），20.2%来自制造业，其余样本则主要来自服务业和公共事业等行业。

二 变量测度

关于企业跨国并购战略决策相似程度的测度。我们将焦点企业的跨国并购与同一行业中其他中国企业在特定时间点发起的跨国并购的相似程度进行测量。具体的测量方法是：在特定的一年周期内，企业每项跨国并购决策都与同一行业中的其他中国企业在同一年启动跨国并购回应策略进行比较，并以百分比的方式来表示。在进行计算之前，我们首先计算每个回应策略的类别。例如，对于产品相关性，如果双方（发起公司和目标企业）的四位数 SIC 代码相同，我们首先编码为0；如果 SIC 代码的前两位数字相同则为1；如果只有SIC代码的第一个数字相同则为2，如果没有SIC代码相同则为3。然后，我们计算了同一时间段内其他跨国并购案例的比例，这个比例的回答与焦点公司的战略回应相匹配。这个比例就表示产品相关性决策的相似程度。比例越高，表明企业跨国并购决策的相似度越高。

模仿倾向性的测量则通过两个要素相乘来实现：企业上一年完成交易的并购数量与企业跨国并购决策中最常用的决策方式。模仿倾向性的第一个要素是在所研究的企业发起跨国并购交易之前，由同一行业的其他中国企业发起完成的并购企业数量。第二个要素则取决于企业特定跨国并购决策中最流行的决策方式比例与第二常用的决策方式选择之间的比例。比例越高说明该企业跨国并购战略决策方式越集中。因此，当一年内同一行业中中国企业跨国并购完成的交易数量很高时，乘以最常用的跨国并购决策方式比例，就是本章所采用的模仿倾向性程度。

关于环境不稳定性的测量。本章主要通过1997年亚洲金融危机事件来测量。按照以前研究中广泛使用的方法（Lee and Pennings, 2002；Sherer and Lee, 2002），我们将1997年和1998年两年编码为1，其他年份则编码为0，来刻画中国企业国际化经营外部环境的不稳定性。关于企业跨国并购经验的测量，本章采用企业进入国际市场经营的年限时间作为测量依据。

关于控制变量。我们选择中国的外商直接投资金额作为控制变量，并取其对数值，以保证数据的平滑性。另外，本章还对并购时间点进行了控制，在中国企业国际化进程中，1999年中国实施的"走出去"战略被认为是影响中国企业国际化进程中的标志性事件，该政策被认为是中国政府对企业海外投资的重要支持。从政策的影响效果来看，中国政府"走出去"战略的实施，显著提高了中国企业的国际投资水平，提高了企业跨国并购项目的运作质量，拓宽了企业并购资金来源渠道，提升了中国企业在国际市场上的品牌认知度（Buckley et al., 2007）。因此，本章将1999年之前的并购编码为0，1999年以后（包括1999年）的并购编码为1。

三 描述性统计

表6-1给出了所有自变量、调节变量和因变量的描述性统计量及相关矩阵。另外，本章还采用方差膨胀因子分析方法对多重共线性进行了检验，检验结果表明，本章所采用的回归方程中不存在多重共线性问题。

表6-1 描述性统计与相关分析

变量	均值	标准差	1	2	3	4	5	6	7	8
1. 产品相关性	0.35	0.16								
2. 位置	0.28	0.19	0.030							
3. 所有权	0.35	0.11	0.048	0.051*						
4. 模仿产品相关性	118.91	51.71	0.093***	0.051*	0.152***					
5. 模仿位置相关性	168.29	76.19	0.014	0.091***	0.079**	0.663***				
6. 模仿所有权相关性	244.31	126.65	0.081**	0.056	0.167***	0.568***	0.473***			
7. 环境不稳定性	0.08	0.28	0.040	0.051*	0.009	0.399***	0.510***	0.208***		
8. 并购经验	5.07	16.95	-0.161***	-0.012	-0.171***	0.034	0.063*	0.018		
9. FDI	3.37	0.36	-0.084**	-0.047	-0.217***	0.542***	0.154***	0.336***	0.036	0.005
10. 1999年以后	0.43	0.49	-0.018	-0.061**	-0.175***	0.361***	0.165***	0.235***	-0.004	0.010

注：*，**，***分别表示10%，5%，1%的显著性水平。表中第一栏的序号分别表示表中第一列相同序号的变量。

第四节 数据分析和结果

表6-2是本章假设的回归结果。其中，模型1、模型4和模型7是所有控制变量的分析结果。模型2、模型5和模型8是假设6-1a、假设6-1b和假设6-1c的结果。模型3、模型6和模型9分别表示环境不稳定和并购经验的调节效果。由表6-2所知，假设6-1a、假设6-1b和假设6-1c分别表示的是企业跨国并购模仿倾向性与企业跨国并购决策中产品相关性、目标位置和所有权结构等相似程度之间存在正相关关系。如模型2、模型5和模型8所示，企业模仿倾向性与企业跨国并购中的产品相关性呈正相关关系，与企业跨国并购中的位置相似程度也呈正相关关系。然而，企业模仿倾向性与企业跨国并购中所有权的相似程度没有显著关系。这表明，并非所有的企业跨国并购活动决策都以相同的方式来应对跨国并购的同构压力。因此，假设6-1a和假设6-1b得到实证支持，但假设6-1c没有获得支持。由此可知，从事跨国并购的中国企业与发达国家市场的跨国企业一样，如果企业观察到其他中国企业在同一行业发起的跨国并购完成交易越来越多时，就越容易判断出跨国并购中的哪些选择更受欢迎，那么它们可能会形成类似的跨国并购决策。然而，本章的研究结果表明，并非所有的企业跨国并购决策都受到模仿同构的影响，这是由中国企业的所有制结构所决定的，不同所有制结构的企业不仅在跨国并购决策行为上会产生差异，在制度同构方面也将受到企业所有权结构的严重制约。

通过表6-2我们还发现，环境不稳定性对于加强企业跨国并购模仿倾向性与企业跨国并购中的产品相关性和企业跨国并购中的位置相似程度之间存在显著的影响关系，但在企业跨国并购模仿倾向性与企业跨国并购中所有权之间的关系中没有起到强化作用，假设6-2a和假设6-2b得到实证支持，假设6-2c没有获得实证检验。这表明，企业所面临的环境不稳定性主要对行业产品发展趋势、并购区位选择产生显著的影响，这是因为，企业跨国并购所面临的外部环境不确定性主要就是

表 6-2　回归结果

控制变量	产品相关性			位置			所有权		
	模型 1	模型 2	模型 3	模型 4	模型 5	模型 6	模型 7	模型 8	模型 9
FDI	-0.04**	-0.023	-0.016	-0.008	-0.014	-0.032	-0.063**	-0.059**	-0.059**
1999 年以后	0.045	0.034	0.021	-0.051	-0.050	-0.077	-0.018*	-0.018*	-0.018*
环境不稳定性	0.010	0.003	0.199	0.080*	0.049	0.213**	0.015	0.015	0.016
并购经验	-0.001*	-0.001*	-0.001	-0.000	-0.000	-0.001*	-0.001*	-0.001*	-0.001*
主效应									
模仿倾向性		0.001*	0.001**		0.001*	0.002**			0.000
环境不稳定性 × 主效应			0.002**			0.001**			0.001
并购经验 × 主效应			-0.000			-0.000			-0.001**
调整的 R^2	0.137	0.140	0.147	0.153	0.160	0.185	0.082	0.081	0.089
F	16.91***	15.77***	14.21***	14.92***	15.16***	15.83***	8.339***	7.591*	7.029

注：***、**、* 分别表示 1%、5%、10% 的显著性水平。

国外行业发展、区位文化差异等因素，而关于企业所有权结构分配，更多的是企业内部不同利益相关者的博弈、妥协结果，与外部并购环境的并不存在显著的影响关系。此外，本章的研究还表明，企业过去的经验并没有削弱跨国并购模仿倾向性与企业跨国并购中产品相关性、位置相似程度之间的正相关关系，即假设 6-3a 和假设 6-3b 没有得到实证支持。企业过去的跨国并购经验在跨国并购倾向性与企业并购目标所有权获取之间的负向关系起到强化作用，因此，假设 6-3c 获得支持。这一发现表明，拥有更多跨国并购经验的中国企业可能在所有权结构决策中的灵活性更强，更愿意根据企业在目标市场的实际经营情况来选择并购完成后的企业控制权分配问题。

第五节 结论与讨论

企业跨国并购是企业进入国外市场并创造竞争优势的重要战略之一。早期的学者一直致力于理解跨国并购战略的动机及其经济性的决定因素。最近，越来越多的研究涉及了企业战略决策等战术层面因素对于跨国并购的影响，例如，组织间模仿，并尝试为跨国环境中的企业模仿同构提供了重要的理论证据。然而，企业战略模仿的相似程度以及影响新兴市场企业模拟同构强度的因素尚未被广泛研究。本章对企业跨国并购决策多个方面的相似程度的检验增加了我们对国际化情景中"同构"概念的理解。借鉴模拟同构论的观点，我们确定了影响中国企业模拟和同构关系的因素。

本章的第一个结果表明，当企业模仿倾向性非常明显时，有关企业跨国并购过程中产品、目标和所有权结构决策的三种战略选择的相似程度并不总是成为企业的重要决策依据。因此，本章的研究结果并不完全支持企业国际化情景中的模拟同构论观点。在本章关注的三个企业跨国并购决策模式中，产品相关策略、位置相关决策与所有权结构相关决策之间存在显著差异。具体而言，产品相关策略与位置相关决策对于企业跨国并购的战略模仿倾向性产生显著影响，但跨国并购中所有权结构相似性不会对企业模仿倾向性产生作用。这可能是基于这样一个事实：那些在过去实施跨国并购决策的企业在所有权分配方面选择上存在明显的分歧，目标企业的所有权结构分配问题在并购过程中十分敏感。另外，由于企业并购实际情况的差异性，后进企业在模仿先前企业的并购战略时往往发现这种针对所有权结构分配问题的模仿战略非常困难。

此外，我们发现，外部环境不稳定和企业并购经验的调节作用的部分地支持了本章提出的假设。具体而言，当企业觉察到其他中国企业完成并购的交易增加时，面临环境不稳定性的中国企业在收购企业及目标企业之间的产品关联性和目标企业所在位置之间显示出高度相似性，并且这些企业经常会选择被普遍接受的并购战略决策方式。另外，当中国企业在其所有权结构决策中看到其他中国企业完成跨国并购交易量增加时，拥有更多并购经验的企业在模仿相似性方面显著降低，这些企业会按照以往的并购经验来决断跨国并购战略。

第二篇
民营企业国际化创新理论研究

　　本篇从创新理论视角来探讨民营企业的国际化问题。首先，从企业技术创新、绿色经营策略实施、价值链网络嵌入、知识转移等角度进行分析，核心观点认为，加强企业的技术创新能力、实施负责任的经营策略（绿色经营）、改善企业网络关系、提高企业获取知识能力等能够显著提升企业的竞争力。其次，结合当前"互联网+"、大数据给企业带来的经营模式转变，企业平衡好线上创新与线下创新之间的关系，并从协同机制和资源配置两个视角识别出了四种线上或线下创新模式，研究结果对企业构建竞争优势具有积极意义。最后，基于上述研究结论的总结及启发，本篇最后一章对企业国际化过程中的创新模式进行了总结分析，提出了成熟市场驱动下创新模式、新兴市场驱动下创新模式、企业内部驱动模式和投机市场驱动模式四种企业国际化创新模式。

第七章 技术创新能力与企业国际竞争力研究

第一节 研究背景

经济全球化门槛的日益降低,产业组织重构以及专业分工的持续细化,使同一产业链上的企业面临着持续的产业地位动态调整过程,企业必须不断地整合产业链上的战略性资产,以维持企业在产业上的竞争优势。跨国并购作为一种企业高效率获得海外战略性资产的途径,已被世界各国的许多企业所采用。尤其是一些发展势头强劲的新兴市场国家企业,十分渴望通过跨国并购来获取发达国家先进技术和国际化经验,推动企业转型升级,从而实现企业全球化目标。产业分工理论指出,企业在产业中的地位是由企业产业嵌入程度决定的,具体表现为企业在与产业链上下游企业之间的技术、知识等交换过程中的信息优势、谈判能力等。处于同一产业链上的企业之间由于分工协作的天然互补性,彼此之间可以通过较低的交易成本实现资源交流、共享,因此,加强与产业内部上下游企业之间的合作关系,能够提升企业的业务关联水平,从而维持企业竞争优势。然而,也有学者指出,产业内部资源无论是在品类还是特征方面都存在相似性,这显然不利于企业获取稀缺性知识、技术,对于企业持久竞争优势的维持也是不利的,即业务关联程度越深,企业经营发展的锁定效应越强。因此,在企业跨国并购过程中,是否进入关联产业成为十分重要的战略决策行为。

在我国企业跨国并购过程中,获取以先进技术为主的战略性资产是企业寻求产业转型升级、参与全球竞争的重要途径。然而，大量的国内外研究表明，以先进技术获取为核心的战略性资产并购在跨国并购中将扮演"双刃剑"的作用：既能够促进企业的技术更新、升级乃至创新，同时，也可能导致企业的技术错位、分化进而整合失败（Cheng and Yang，2017）。很多学者从产业进入模式、组织匹配机制、知识获取能力以及技术兼容程度等视角进行了分析（Graebner，2004），这样的研究虽然能够较好地回答企业跨国并购中技术、知识等战略性资产整合过程中的产业选择、组织层级、技术转移壁垒等制约性问题，但是，由于研究视角的单一性，使这些研究无法给出整合性的研究结论。在我国企业获取海外先进技术过程中，并购企业之间的技术匹配能力至关重要，这是由于主并企业与被并目标之间由低到高的技术势差所决定的。这种技术势差效应在技术关联度、技术获取方式以及技术吸收能力等整合因素的影响下表现得尤为明显。因此，我国企业在跨国并购过程中的产业进入模式以及由此形成的主并企业与并购目标之间的业务关联程度就非常重要。

那么，跨国并购企业的业务关联程度是如何通过企业技术匹配能力来影响企业并购绩效的呢？从现有文献来看，有关企业跨国并购的业务关联主要受到产业进入模式的影响，具体包括行业发展、区位优势、竞争强度和正式合约等（Puranam et al.，2006），而关于技术匹配能力的研究则聚焦在技术获取能力、吸收能力以及技术动态性方面（Gomes et al.，2013）。关于企业业务关联程度与技术匹配能力在企业跨国并购中的互动机制研究仍然很少。事实上，企业在跨国并购过程中通常面临着产业空间分离、技术势差显著的双重挑战，这就要求企业在跨国并购过程中维持良好的业务拓展能力和业务关联水平，即企业的业务关联程度，进而弥合由于技术势差可能带来的技术整合挑战。虽然探讨企业跨国并购过程中业务关联与技术匹配之间的内在互动机制具有非常重要的理论价值，但本章更感兴趣的是企业在这种国际化的跨地理、跨文化经营环境下业务关联程度对于技术匹配能力的作用机制是否会发生改变，从而导致企业跨国并购绩效的变化？营销管理领域的学者也证实，业务关联程度对于企业技术整合的积极效应受到市场动态、竞争态势等因素的制约。因此，本章将进一步探讨企业跨国并购过程中业务关联程度与技术匹配能力之间的作用机制是如何受到环境动态性的调节作用的，探讨产业进入模式对于跨国并购企业技术匹配能力的作用边界。

第二节 相关理论及假设

一 业务关联程度影响跨国企业国际竞争力

一般来说，业务关联程度是指企业在产业生态组织中与核心供应商、经销商和客户之间的关系来往紧密程度（Keller，1994）。在产业链重构、全球化调整趋势越来越明显的背景下，通过跨国并购方式深度参与全球产业链布局，拓展企业业务关联范围，将有助于企业在全球范围内获得稀缺性资源，并促进企业的全球化信息交换（Sheng，2011）。从企业并购整合的视角来看，业务关联程度能通过以下两种机制来促进企业国际竞争力的提升。

第一，全球化的业务关联极大地拓展了企业在产业链上的合作范围，使企业获取关联产业最新产品工艺技术的可能性迅速提高，帮助企业获得全球产业发展态势中最前沿的市场产品信息，从而研发出功能独特、更受市场青睐的新产品（Delong and Deyoung，2007）。如企业与世界各地经销商的密切来往帮助企业分析新兴地区市场的需求偏好，从而快速开发出迎合市场新需求的产品，使企业获得差异化优势，不断推陈出新，从而获得更好的企业市场业绩表现。

第二，通过全球化的业务关联行为，能够促进企业在全球市场上合理布局产业生态，通过空间距离效应、文化制度差异来构建全球性产业"结构洞"优势（Cassiman and Colombo，2006），通过紧密的业务往来加强彼此间的优势地位，从而在产业生态圈内相互依赖，建立完善的竞争生态系统，以实现企业国际竞争力的提升。在紧密的业务关联纽带下，彼此之间更愿意分享稀缺性知识和信息，致力于共同解决问题（Cording et al.，2008），从而促使企业能够快速识别潜在的市场机会，先于竞争对手对市场变化做出反应，开发出新产品，这对企业竞争力的提升将起到十分重要的作用。

基于此，本章提出以下假设：

假设7-1：企业跨国并购过程中业务关联程度越高，企业国际竞争力越强。

二 技术匹配能力的中介作用

在我国企业技术发展过程中，难以模仿的、进入门槛高的先进技术仍然是我国企业构建核心专长的重要制约因素（Cheng and Yang, 2017），于是，有志于参与国际化竞争的我国企业往往采用跨国并购方式来获取这种稀缺性战略资源。然而，在并购国外企业先进技术过程中，我国企业常常会遭遇"似是而非"的困惑（谢申祥和王孝松, 2012），即虽然通过并购活动得到了先进的技术，但在运用技术方面却远远无法达到预期的效益。技术匹配能力作为衡量主并企业整合外部技术的重要方式之一，在跨国并购理论和实践中都得到了广泛的关注。技术匹配能力对于跨国并购企业技术整合的影响主要体现在以下两个方面：第一，企业自身技术与并购技术之间的顺利衔接问题，企业良好的技术匹配能力意味着企业能够实现并购技术在原有技术上的有效集成，从而实现企业技术的可持续性和再创新能力（Weber, 2011）。第二，良好的企业技术匹配能力将极大地降低企业使用并购技术的成本，具体体现在企业通过高效率的协同合作、共同开发以及经验累积等方式快速掌握新技术的应用范式和情景。显然，技术匹配能力决定了企业是否能够将并购过程中所涉及的先进技术价值、技术市场潜力以及技术整合成本在内的多种要素的动态演变过程（Liu and Buck, 2007）。

在跨国并购企业技术匹配过程中，企业需要通过各种渠道搜索、识别、整合和转移有价值的技术资源来促进企业技术的升级。一般来说，跨国企业从处于相同或相近行业的企业中更容易获取、吸收和利用先进技术，这已经在关联产业内企业技术整合中得到了检验。处于同一产业体系中的企业，在长期的合作经营中形成了分工明确的上下游价值链，在技术累积、运营操作等方面，不仅衔接性更强，技术外延性也更好（Cefis，2010）。因此，在跨国并购实例中，先进技术获取的一个重要途径便是并购同一产业内部的企业。另外，具有频繁业务来往的企业之间在产品供应和销售渠道方面都具有相对稳定性，良好的业务关系能够降低企业获取新技术的成本，促进企业快速适应新技术所带来的研发、制造以及营销模式的改变（程聪、谢洪明和池仁勇，2017）。因此，业务关联的紧密性促成了企业之间在技术层面更多、更频繁以及更广阔的互动交流，能够显著提升企业的技术匹配能力。

显而易见，企业在跨国并购过程中表现出来的技术匹配能力对企业国际竞争力具有显著的影响作用。从企业组织学习的观点来看，企业技术匹配能力可以通过以下三种机制促进企业国际竞争力的提升。

第一，企业良好的技术匹配能力有利于企业更好地识别市场中有价值的信息，较为准确地评估潜在合作者的知识基础和能力，从而提升企业技术整合效应，能够更好地利用原有的企业业务关联，增强企业技术发掘与创新能力，提高企业市场解读能力。另外，技术匹配能力越强，企业能在巨大的制度文化差异背景下准确甄别、选择有能力和值得信赖的合作伙伴，促进企业并购绩效的提高。

第二，跨国企业技术匹配能力越强，企业在由于技术整合所引发的企业规章制度变革、员工福利待遇、公平竞争氛围创造方面将面临更小的压力（Kallunki et al.，2009），从而有助于企业吸引更多潜在的商业伙伴，并在客户和市场中提高了企业产品认可度。

第三，企业良好的技术匹配能力将使企业管理者对于新技术、想法和实践具备更开放的心态，鼓励个人和部门之间的技术分享，而且这种共享精神会深刻地影响企业与潜在合作伙伴的互动，进一步深化双方之间的信任水平，减少交易成本和投机行为，使企业能够把更多的精力和资源集中于提升企业跨国并购文化整合方面（Puranam and Srikanth，2007）。因此，企业跨国并购过程中，技术匹配能力将在企业业务关联程度与企业国际竞争力之间扮演重要的桥梁作用。基于此，本章提出以下假设：

假设7-2：企业跨国并购技术整合过程中，并购双方的业务关联程度将通过主并企业的技术匹配能力影响主并企业的国际竞争力。

三 外部环境动态性的调节作用

环境动态性是指环境中相关因素变化速度和不稳定程度（Preffer and Salancik，2007），在企业跨国并购情景中，环境动态性具体表现为行业关键技术更新加快、客户需求偏好不断变化、竞争激烈程度迅速攀升、供应商的价格和质量、政府政策与制度体系变化等。由于跨国并购所面临的制度体系不健全、信息交流非对称等竞争环境的影响，跨国企业之间在业务层面的频繁联系就显得尤为重要。企业跨国并购环境动态性具有不可预测和快速变化的特点，从而增加了企业并购过程及其结果的不确定性。这种不确定性表现为企业并购预期和并购实际结果之间的差异，从而使跨国企业对于并购关键、稀缺技术及其特征相关信息的强烈需求，促进企业技术学习能力、技术适应水平等的提升（Hagedoorn and Duysters，2002）。对于跨国并购企业来说，由于无法控制国家层面的政治、文化制度因素，而尝试加强与业务合作伙伴的互动，意图通过与供应商、经销商和目标企业之间组建多元化团队联盟来获取信息，提升企业技术融合水平，以克服环境不确定性带来的技术并购风险。从交易成本的理论观点来看，跨国并购活动中，企业与非关联业务企业进行并购交易将面临更高的技术交易风险和技术整合成本（Deng，2009），而处于同一产业链上的企业之间更容易搜寻到可靠的技术信息，无论技术交易风险还是技术交易成本都要低很多，进而间接地提升了企业的技术匹配能力。另外，在外部环境高度动荡的情形下，跨产业的技术并购行为往往迫使跨国并购企业面临更多的知识、信息处理负担，极大地增加了企业甄别和区分先进技术效用的成本，容易使企业在跨国并购过程中产生压迫感（Moschieri and Campa，2009）。

一般来说，同一产业内部的企业跨国并购活动所面临的外部并购环境相对稳定，企业能快速搜寻到信用良好的合作伙伴，无论是与具有业务来往的企业，还是业务关联外新的合作伙伴，其技术交易成本与技术交易风险都将得到较好的控制。因此，实施技术并购的企业与目标企业在技术转移过程中将呈现出较为稳定、和谐的常态水平。在高不确定性的外部环境下,企业想要达到高水平的并购效益,则必然需要极大地提升企业技术匹配能力和技术整合能力,以应对跨国并购可能带来的巨大风险挑战。大量的企业跨国并购成功实践表明,那些在面临高不确定环境下仍然能够实施跨国并购决策的企业,其信心来自对自身技术适应能力和业务整合水平的高度自信。在企业跨国并购技术转移、吸收以及整合进程中,主并企业通过技术匹配能力来应对环境不确定性的潜在风险,保证双方能够在协作、共享与双赢的状态下完成先进技术的最优化整合过程。因此,本章提出以下假设:

假设7-3:企业跨国并购技术整合过程中环境动态性越高,技术匹配能力在业务关联程度和企业国际竞争力之间所起的中介作用越强。

基于上述理论分析,本章构建的理论模型如图7-1所示。

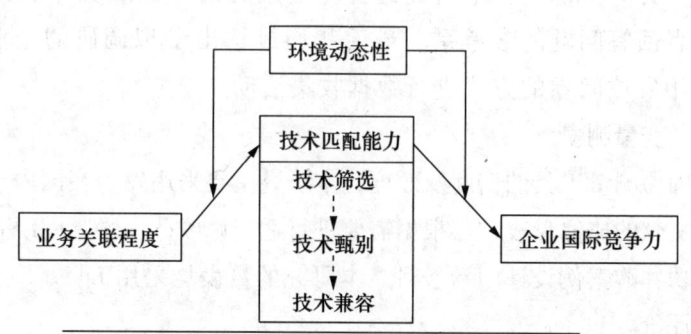

图7-1 研究框架

资料来源:笔者整理。

第三节 研究方法

一 研究样本

本章的数据来自长三角地区的浙江、江苏以及上海等地从事跨国经营的企业,调研对象主要是企业负责跨国并购(国际化)业务的企业

中高层管理者。数据收集过程如下:

笔者从专业跨国并购数据库(Zephyr 数据库)中找到主并企业为大陆的企业共 1410 家,从中挑选出所在地为浙江、江苏和上海三地的企业。之所以选择这三个地方的企业是考虑到后续数据收集的便利性,笔者与这三个地方的政府部门、行业组织以及一些企业建立了长期的合作关系。在浙江省科技厅高新技术发展及产业化处和苏州工业园区管委会等职能部门的配合下,从企业行业代表性、并购经验、并购年限以及数据可获得性等方面进行筛选:①一般从事跨国并购的企业都是本地区行业内发展领先的企业,在主管部门的建议下,我们选择本地区效益相对较好的跨国企业;②本次调研发现,企业的跨国并购次数最多达到了 17 次,最少为 1 次,大部分企业的跨国并购次数为 5 次以下,本研究选择企业最近的一次成功并购案例作为调查者回答问题的参考系。最后我们挑选出了拟调研的企业 231 家,采用发放问卷的方式进行数据收集活动。

二 变量测量

为确保测量工具的信度及效度,本研究主要采用发表在国内外顶级期刊上文献的成熟量表,再根据需要进行适当修改,即紧紧围绕企业最近的成功并购案例设计问卷条目。本研究的量表均采用 Likert 5 点评分法进行评价。

(1) 业务关联程度:在参考 Sheng 等(2011)所编制的包含 5 个题项的量表基础上进行适当修改,示例问题如"在最近的并购事件中,贵公司与交易伙伴之间(如供应商、客户等),能够快速并很好地相互理解"。

(2) 环境动态性:综合程聪等(2012)所编制的量表,最终选取其中 7 个题项的量表,示例问题如"在最近的跨国并购事件中,与贵公司并购相关的业务领域,例如供应商的来源、供应价格与供应质量等变化很快"。

(3) 技术匹配能力:主要参考 Keller 等(1994)所采用的测量量表,在进行了预测试的基础上,最终选择 6 个问题项,示例问题如"在贵公司最近一次的跨国并购事件中,贵公司的员工对并购所获得的新技术适应能力较强"。

（4）企业国际竞争力：主要参考刘文炳（2011）的测量指标体系，最终设计了8个问题条目，示例问题如"在贵公司最近一次的并购事件中，贵公司的技术开发人员起到了非常重要的作用"。此外，本研究还将行业性质、企业并购经验和企业规模作为控制变量，其中，行业性质按照制造业和服务业分别赋值为0和1；并购经验按照企业所有并购次数赋值，取值为1—5；企业规模以企业并购当年的资产总值取对数值。

第四节 数据分析和结果

一 区分效度的验证性因素分析

为了检验本章变量业务关联程度、环境动态性、技术匹配能力和企业国际竞争力之间的区分效度以及各个量表的测量参数，本研究采用Amos17.0软件对各变量进行验证性因素分析。

首先，本章借鉴Mathieu和Farr（1991）采用的操作方法对变量所包含的题项进行调整，使业务关联程度和环境动态性各保留4个题项，技术匹配能力仍保留5个题项，企业国际竞争力保留5个题项。

其次，按照理论检验的要求构建四因子模型、三因子模型、二因子模型以及单因子模型测量模型，并对其模型拟合度进行了对比。

结果显示，四因子模型拟合度最好 [$\chi^2(127) = 196.61$，$p < 0.01$；RMSEA = 0.06，TLI = 0.93，CFI = 0.94]，区分效度显著地优于其他模型，具体如表7-1所示。

表7-1　　　　　　　　　验证性因素分析

模型	χ^2	DF	RMSEA	TLI	CFI	ILI
零模型[a]	1775.52	153	0.23	0.00	0.00	0.00
四因子模型	196.61	127	0.06	0.93	0.94	0.92
三因子模型[b]	379.54	130	0.08	0.87	0.87	0.89

续表

模型	χ^2	DF	RMSEA	TLI	CFI	ILI
三因子模型[c]	367.53	130	0.09	0.81	0.84	0.86
三因子模型[d]	325.22	130	0.09	0.80	0.82	0.83
三因子模型[e]	313.91	130	0.11	0.81	0.79	0.81
二因子模型[f]	498.13	132	0.12	0.75	0.74	0.76
单因子模型[g]	896.28	133	0.13	0.66	0.71	0.72

注：a 零模型是指所有因子之间没有联系；b 将业务关联程度和环境动态性合并为一个潜在因子；c 将业务关联程度和技术匹配能力合并为一个潜在因子；d 将技术匹配能力和企业国际竞争力合并为一个潜在因子；e 将技术匹配能力和环境动态性合并为一个潜在因子；f 将业务关联程度和环境动态性合并为一个潜在因子，技术匹配能力和企业国际竞争力合并为一个潜在因子；g 将所有变量合并为一个潜在因子。

二 变量的描述性统计

我们首先进行基本的描述性统计分析，表7-2总结了各主要变量的均值、标准差及相关系数。从表7-2中我们可以看出，业务关联程度和环境动态性（$r=0.18$，$p<0.01$）、技术匹配能力（$r=0.24$，$p<0.01$）及企业国际竞争力（$r=0.15$，$p<0.05$）具有显著的正相关关系。同时，环境动态性和技术匹配能力（$r=0.21$，$p<0.01$）、企业国际竞争力（$r=0.15$，$p<0.01$）也表现出显著的正相关关系，技术匹配能力和企业国际竞争力（$r=0.27$，$p<0.01$）也呈现出显著的正相关关系。另外，表7-2中括号内的数字表示变量的信度水平，本章的主要变量信度水平都大于0.7，这说明本章的问卷具有较好的信度水平。

表7-2　　各主要变量的均值、标准差和相关关系

变量	平均值	标准差	1	2	3	4	5	6	7
1. 行业性质	0.76	0.43							
2. 并购经验	2.13	1.01	0.09						
3. 企业规模	3.39	0.15	0.06	0.08					

续表

变量	平均值	标准差	1	2	3	4	5	6	7
4. 业务关联程度	4.02	0.51	-0.03	0.10*	-0.06	(0.77)			
5. 环境动态性	3.58	0.64	0.07	0.04	0.03	0.18**	(0.73)		
6. 技术匹配能力	3.83	0.81	0.02	0.09	0.00	0.24**	0.21**	(0.76)	
7. 企业国际竞争力	3.65	0.62	-0.12*	0.11*	-0.03	0.15**	0.15**	0.27**	(0.82)

注：*、**分别表示10%、5%的显著性水平；表中第一栏的序号分别表示表中第一列相面序号的变量。

三 假设检验

（一）主效应检验

假设7-1提出，企业跨国并购中业务关联程度对企业国际竞争力具有显著的正向影响。为了验证这个假设，我们首先将企业国际竞争力设为因变量，其次加入控制变量（行业性质、并购经验与企业规模），最后将自变量（业务关联程度）放入回归方程，回归结果如表7-3所示。从表7-3中我们可以看到，业务关联程度对企业国际竞争力（模型6，$\beta = 0.14$，$p < 0.05$）具有显著的正向影响。假设7-1得到了数据的支持。

（二）中介作用检验

我们运用回归方法来验证企业技术匹配能力在业务关联程度和企业国际竞争力之间所起的中介作用，让自变量、中介变量依次进入回归方程，层次回归结果如表7-3所示。从表7-3中可以看到，业务关联程度对技术匹配能力（模型2，$\beta = 0.23$，$p < 0.05$）和企业国际竞争力（模型6，$\beta = 0.14$，$p < 0.05$）都有显著的正向影响，同时，技术匹配能力对企业国际竞争力（模型7，$\beta = 0.26$，$p < 0.05$）也具有显著的正向影响。在加入中介变量技术匹配能力后，业务关联程度对企业国际竞争力仍有显著影响（模型8，$\beta = 0.10$，$p < 0.1$），而技术匹配能力也对企业国际竞争力有显著的影响（模型8，$\beta = 0.23$，$p < 0.05$）。由此，我们可以得出结论：企业技术匹配能力在业务关联程度和企业国际竞争力之间起到部分中介作用，假设7-2得到了数据的部分支持。

表 7-3　假设检验结果

	技术匹配能力				企业国际竞争力				
	模型 1	模型 2	模型 3	模型 4	模型 5	模型 6	模型 7	模型 8	模型 9
控制变量									
行业性质	0.02	0.03	0.02	0.01	-0.09	-0.08	-0.10	-0.09	-0.08
并购经验	0.10	0.09	0.08	0.08	0.02	0.03	0.01	0.02	0.03
企业规模	0.00	0.02	0.01	0.01	-0.02	0.00	-0.02	0.00	-0.01
自变量									
业务关联程度		0.23**	0.19**	0.21**		0.14**		0.10*	
中介变量									
技术匹配能力			0.20**	0.17**			0.26**	0.23**	0.16**
调节变量									
环境动态性				0.12**					0.08
交互项									
业务关联程度×环境动态性									
环境动态性×技术匹配能力									0.09*
R^2	0.00	0.07	0.09	0.11	0.01	0.04	0.10	0.08	0.12
F 值	0.11	4.47**	6.30**	6.42**	1.32	3.81**	5.25**	4.10**	4.46**
ΔR^2	0.00	0.05	0.04	0.03	0.01	0.02	0.05	0.05	0.03

注：*、** 分别表示 10%、5% 的显著性水平。

为了进一步检验中介作用的显著性水平，本章进一步使用 Sobel (1982) 的方法来检验中介作用的显著性。结果显示，技术匹配能力在业务关联程度和企业国际竞争力之间（$Z=2.48$，$p<0.05$）起着显著的中介作用。因此假设 7-2 得到了进一步支持。

（三）调节作用检验

关于企业跨国并购所面临的环境动态性在业务关联程度、技术匹配能力和企业国际竞争力之间的调节作用，本章分两步进行检验：

第一步，检验环境动态性在业务关联程度与技术匹配能力之间的调节作用。首先将技术匹配能力设为因变量，然后依次引入控制变量、自变量和调节变量，最后加入交互项（业务关联程度和环境动态性的乘积项）。为了消除共线性的影响，我们在构建乘积项之前，先将业务关联程度和环境动态性分别进行了标准化处理。层次回归结果如表 7-3 所示，从表 7-3 中可以看到，业务关联和环境动态性的交互作用对技术匹配能力（模型 4，$\beta=0.12$，$p<0.05$）产生显著的正向影响。这表明，企业跨国并购过程中环境动态性越高，业务关联程度和技术匹配能力之间的正向联系就越强。假设 7-3 得到了数据支持。

第二步，检验环境动态性在技术匹配能力与企业国际竞争力之间的调节作用。首先将企业国际竞争力设为因变量，然后依次引入控制变量、中介变量和调节变量，最后加入交互项（技术匹配能力与环境动态性的乘积项）。为了消除共线性的影响，同样，在构建乘积项之前，先将技术匹配能力和环境动态性分别进行了标准化。层次回归结果如表 7-3 所示，从表 7-3 中可以看到，环境动态性和技术匹配能力的交互作用对企业国际竞争力（模型 9，$\beta=0.09$，$p<0.1$）产生显著的正向影响。这表明，企业跨国并购过程中环境动态性越高，技术匹配能力与企业国际竞争力之间的正向联系就越强，假设 7-3 得到了数据支持。根据 Cohen 等（2003）推荐的方法，我们分别以高于均值一个标准差和低于均值一个标准差为基准描绘了企业跨国并购面临的环境动态性情景下的企业业务关联程度对于技术匹配能力的影响、技术匹配能力对于企业国际竞争力的影响机制差异，分别如图 7-2 和图 7-3 所示。

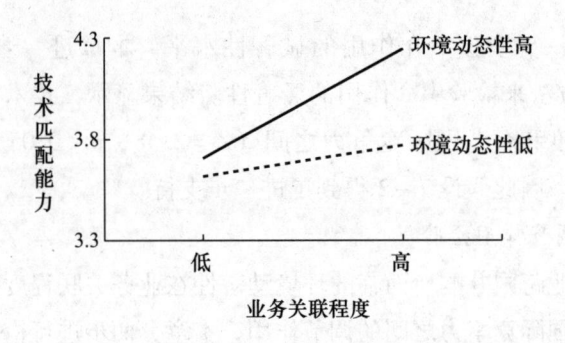

图 7-2　环境动态性在业务关联程度与技术匹配能力之间的调节作用

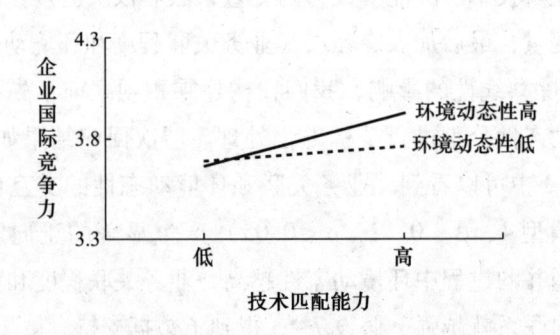

图 7-3　环境动态性在技术匹配能力与企业国际竞争力之间的调节作用

资料来源：笔者整理。

有调节的中介作用检验。假设 7-4 提出企业跨国并购过程中环境动态性越高，技术匹配能力在业务关联程度和企业国际竞争力之间所起的中介作用就越强。为了检验这一假设，本章分析了在不同环境动态性水平下，技术匹配能力在业务关联程度和企业国际竞争力之间中介作用的差异。从表 7-4 中可以看到，当环境动态性较高的时候，业务关联程度对企业技术匹配能力的影响非常显著（$r=0.38$，$p<0.05$），而当环境动态性较低的时候，业务关联程度对企业技术匹配能力的影响是不显著的（$r=0.04$，不显著），并且两者之间的差异十分显著（$r=0.34$，$p<0.05$）。另外，我们还可以发现，当环境动态性较高的时候，企业技术匹配能力对于企业国际竞争力的影响十分显著（$r=0.28$，$p<0.05$）；当环境动态性较低的时候，企业技术匹配能力对于企业国际竞争力的影

响也显著（r=0.11，p<0.1），并且两者之间的差异也显著（r=0.17，p<0.05）。上述研究结论进一步表明，企业跨国并购过程中环境动态性越高，业务关联程度和技术匹配能力之间的正向联系就越强。此外，从表7-4中还可以看到，业务关联程度通过技术匹配能力对企业国际竞争力的间接影响在低环境动态性下是不显著的，而在高环境动态性下十分显著，且两者的差距十分显著（Δr=0.06，p<0.05）。因此我们得出结论：企业跨国并购过程中环境动态性会强化企业技术匹配能力在业务关联程度和企业国际竞争力之间所起的中介作用，并且这种中介作用主要通过促进企业业务关联与企业技术匹配能力之间的关系而实现的。因此，假设7-4得到了数据支持。

表7-4　　　　　　　　　有调节的中介作用分析

调节变量	业务关联程度（X）→技术匹配能力（M）→企业国际竞争力（Y）				
	阶段		效应		
	第一阶段	第二阶段	直接效应	间接效应	总效应
	P_{MX}	P_{YM}	P_{YX}	$P_{YM}P_{MX}$	$P_{YX}+P_{YM}P_{MX}$
环境动态性高	0.38**	0.28**	0.09*	0.06*	0.15**
环境动态性低	0.04	0.11*	0.16**	0.00	0.16**
差异	0.34**	0.17**	-0.07*	0.06*	-0.01

注：P_{MX}代表业务关联程度对技术匹配能力的影响，P_{YM}代表技术匹配能力对企业国际竞争力的影响，P_{YX}代表业务关联程度对企业国际竞争力的影响。高环境动态性代表均值加1个标准差，低环境动态性代表均值减1个标准差。*、**分别表示10%、5%的显著性水平。

第五节　结论与讨论

本章主要获得了以下结论：

（1）企业跨国并购过程中，技术匹配能力在业务关联程度与企业国际竞争力之间起到部分中介作用。在获取以先进技术为主的海外战略性资产过程中，企业既要重视产业链拓展、经营业务紧密程度对于企业海外产业进入模式决策的重要影响，同时，也要充分考量企业在吸收、利用海外先进技术方面的能力。本章结果表明，我国企业以跨国并购为杠杆来提升企业在国际市场上的竞争力，关键在于企业如何以较低的代价来实现企业的技术更新和产业升级。显然，企业优秀的技术匹配能力能够促进企业更好地接受海外先进技术，构建核心专长。在企业深度嵌入全球产业价值链、全面布局国际市场战略上将面临更小的来自企业的内外部阻力。

（2）企业跨国并购过程中，环境动态性将发挥显著的调节作用，这种调节作用主要表现在对于业务关联程度与技术匹配能力之间关系的调节。本章研究结果表明，企业跨国并购面临的外部环境动态性越高，业务关联程度与技术匹配能力之间的正向影响关系就越强，从而进一步加强了技术匹配能力在业务关联程度与企业国际竞争力之间的中介作用。另外，外部环境动态性的变化，对于技术匹配能力与企业国际竞争力之间影响关系的调节作用并不明显。这一研究结果进一步表明，我国企业在产业进入模式决策时，除企业本身的技术、人员以及组织层面等因素能否适应所获取的先进技术、稀缺知识等战略性资产外，还需要重视市场变革、产业演进等因素可能对企业这种适应能力起到的影响机制。

本章的研究结论对于我国企业如何实施跨国并购战略具有重要的实践启示。虽然寻求海外先进技术为主的战略性资产是我国企业实施跨国并购战略的主要目标，但企业也要做到"量力而行"。一方面，企业需要慎重选择产业海外进入模式，这是决定企业能否获得核心专长，进而实现企业转型升级的基本条件。另一方面，企业的技术升级、人事安排和组织架构要能够充分适应海外核心技术获取、吸收和应用，从而努力降低由于采用先进技术实现企业竞争优势构建而付出的成本。当然，企业还需要特别关注跨国并购过程中面临的外部环境变化可能给企业产业进入模式、企业获取战略性资产带来的影响。在外部环境迅速变化的情景下，企业应该选择技术匹配能力更好、适应性更强的产业及其内部先进技术、资源等作为并购目标。

第八章　企业绿色经营策略及其竞争优势研究

第一节　研究背景

随着企业生产经营活动对环境影响效应的日益显现，近年来，将环境因素纳入企业管理实务中已经成为企业管理领域研究的重要趋势之一。而人类环境承载力的日益饱和、资源存量减少与获取增长之间矛盾的持续激化，迫使企业必须重视绿色、可持续化的环境管理。基于此，国外许多企业纷纷将资源高效利用、环境保护等因素纳入其发展战略规划中，并提出了企业绿色经营策略（Hoffman，2000）。然而，众多企业在选择绿色经营策略之后，其经营效果之间的差异非常大。一些企业在采用了绿色经营策略之后，由于其经营成本迅速增加，导致企业原有的竞争优势逐渐消失，而另一些企业在采取绿色经营策略之后，竞争优势却日益明显（Sarkis，2003）。为什么相同的经营策略（绿色经营策略）对于企业竞争优势的影响在不同企业之间会产生如此巨大的差异呢？有学者提出，企业自身的经营理念、价值观与技术实力等方面的差异是造成上述现象的主要原因，并且后续的相关研究也证实了他们的观点（Cordano and Frieze，2000；Andreas and Michael，2007）。然而，也有一些学者在对产业集群中的企业进行相关研究时指出，纵然是具有相同生产方式、技术实力或经营理念的企业，绿色经营策略对于企业竞争优势的影响效果也存在很大的差异（Josefina and Murillo-Luna，2008）。绿色经营策略，对于企业竞争优势的影响效果，不仅受到企业自身相关因素的影响，我们还应该注意到，企业执行绿色经营策略的过程，是一个时刻都在与外部环境产生互动的过程。总体来说，这种互动过程可以从以下两方面进行分析：一是企业生产过程是否对环境造成了污染、产品是否达到了环保标准、经营理念是否得到了消费者认可等；二是包括外部环境中的技术积累是否有效地促进企业绿色经营策略的实施、绿色产品是否得到了市场的青睐以及由此带来的企业与其他利益相关方的关系改变等。因此，只有在充分考虑企业外部环境的条件下，才能较为真实、准确地探讨企业绿色经营策略与竞争优势之间的作用关系。

此外，企业在实施绿色经营策略过程中，不仅会对企业竞争优势产生影响，而且会产生相应的环境效益。当前社会经济条件下，环境效益越来越受到人们的重视。在企业与环境互动过程中，环境效益是相关环境法律法规和社会舆论评判企业绿色经营策略实践效果的重要标准。为了更准确地把握企业外部环境、绿色经营策略与竞争优势之间的关系，本章以我国浙江绍兴和江苏吴江化工印染产业集群为研究对象，并以企业环境绩效作为调节变量对上述三者之间的关系进行实证研究。

第二节　相关理论及假设

一　企业外部环境与竞争优势

从企业外部环境来探讨企业竞争优势一直是学者关注的焦点（陈晓红和王傅强，2008）。随着企业信息技术的不断进步与专业分工的日益细化，企业销售渠道、产品市场等外部环境在企业生产经营过程中扮演越来越重要的角色，一个成功的企业一定能够客观地评估其所在的市场环境，并通过对产品需求导向改变的准确把握而获取持续竞争优势（Barret and Segerson，1997）。Starik 和 Marcus（2000）认为，企业所在行业的技术更新与发展将对企业经营战略调整和竞争优势获取产生重要影响。Charles 等（2006）认为，在当前企业外部环境日益复杂化的情形下，企业只有及时、高效地获取市场最新信息，利用外部环境中新兴技术来替代企业自身原有的落后技术，才能创造出满足市场需求的高品质产品，进而取得企业竞争优势。Chen 等（2006）通过对企业联盟的研究指出，联盟内部企业间的互动关系对企业间的知识、技术与资源等信息交流与共享具有重要作用，因此，企业间或企业与外部组织间的关系互动也将影响企业竞争优势的确立。Clarkson（2006）进一步指出，在日益饱和的现代产品市场中，企业积极参与社会活动，提升企业社会形象将有利于企业产品市场占有率的提升。综上所述，企业外部环境对竞争优势的影响主要通过企业外部环境中生产技术变迁、产品市场调整及企业间关系互动等渠道实现。因此，本章提出以下假设：

假设 8 - 1：企业外部环境对企业竞争优势具有显著正向影响。

假设 8 - 1a：企业外部环境中的技术变迁对企业竞争优势具有显著正向影响。

假设 8 - 1b：企业外部环境中的市场调整对企业竞争优势具有显著正向影响。

假设 8 - 1c：企业外部环境中的关系互动对企业竞争优势具有显著正向影响。

二 企业外部环境与绿色经营策略

企业绿色经营策略强调企业生产经营过程必须满足资源的合理、高效利用，并达到环境保护的要求，通过流程改进与工艺创新，创造出环境友好型产品，进而塑造出一种绿色企业形象。因此，企业开展绿色经营策略，离不开外部环境的支持（Winter，1998）。Sharma（2000）认为，正是由于企业周围环境的恶化迫使企业提出了绿色经营策略，企业采取绿色经营策略，意味着企业将采用更加环保的生产、加工技术与绿色管理模式，而企业外部环境中的技术进步与产品需求导向转变则为企业制定绿色经营策略提供了技术支持和决策引导。此外，Hill（2001）指出，企业制定并执行绿色经营策略，必须与企业外部环境中的技术经济条件相匹配，并做到有效结合，才能获得预期效果。Montabon（2007）进一步指出，当前企业外部环境的高度不确定性，对企业采取合理的绿色经营策略提出了挑战，企业若想取得预期的经营绩效，需要对企业外部环境中的技术变化趋势、产品市场需求导向以及企业与外部组织间新的合作关系进行长期、及时和准确的判断。综上所述，关于企业外部环境对于绿色经营策略的影响，本章提出以下假设：

假设 8-2：企业外部环境对于绿色经营策略具有显著正向影响。

假设 8-2a：企业外部环境中的技术变迁对绿色经营策略具有显著正向影响。

假设 8-2b：企业外部环境中的市场调整对绿色经营策略具有显著正向影响。

假设 8-2c：企业外部环境中的关系互动对绿色经营策略具有显著正向影响。

三 绿色经营策略与企业竞争优势

关于绿色经营策略对于企业竞争优势的影响。Porter 和 van der Linde（1995）认为，企业早期的绿色经营策略很大程度上是迫于环境保护法规与公众舆论压力而提出来的，其主要关注企业生产过程可能给环境造成的负面影响以及产品或服务可能给消费者带来的伤害两方面，而行业中新兴技术的大量涌现，使企业通过改进产品生产技术、工艺与流程，可以切实提升产品的功能与品质，进而提高消费者对产品的认知水平，并最终促使企业竞争优势的确立。Berry 和 Rondinelli（1998）指出，在企业生产经营中，实行绿色管理能够促进产品或服务质量的提升，以弥补绿色经营带来的成本增加。Toffel（2003）认为，企业采取积极主动的绿色环境管理策略，能够将企业经营目标与环保目标相结合，通过新兴的环保技术与工艺解决产品或服务可能存在的环保问题，进而开拓市场空间，提升企业形象，最终确立企业竞争优势。Schneider（2008）通过实证研究发现，企业采用环保生产技术与产品绿色管理方式，能够引领产品市场的未来发展趋势，企业甚至可以通过向其他相关企业或组织出售其拥有自主知识产权的环保技术与服务发掘新市场，以获取竞争优势。综上所述，关于绿色经营策略对企业竞争优势的影响，本章提出以下假设：

假设 8-3：企业绿色经营策略对于竞争优势具有显著正向影响。

假设 8-3a：企业绿色技术对竞争优势具有显著正向影响。

假设 8-3b：企业绿色管理对竞争优势具有显著正向影响。

四 环境效应在绿色经营策略与竞争优势之间的调节作用

企业环境效应是指企业在执行绿色经营策略过程中所获得的一种企业综合性环境保护效益。Savitz（2006）对企业环境绩效做了更加通俗的定义，他认为，企业环境效益就是企业生产经营过程中污染物（工业废气、废水及有毒有害物质等）排放量的减少、员工工作环境改善、绿色企业形象塑造等方面。Stock 等（1997）指出，企业良好的环境绩效将促进企业产品市场占有率的提高。Zhu 等（2007）认为，企业环境绩效具有反馈性，作为企业绿色经营策略执行效果的重要内容之一，企业环境绩效将反作用于企业经营策略，进而影响企业的竞争优势。Sharfman 和 Fernando（2008）指出，良好的企业环境效益能够使企业环境危机发生的概率降到最低，进而减轻企业的经营风险，提升企业竞争力。结合高明瑞等（2010）关于环境绩效的分析以及 ISO 14000 环境体系的相关定义，本章将环境绩效划分为环境作业绩效与环境管理绩效两方面。本章提出以下假设：

假设 8 - 4：企业环境绩效越高，绿色经营策略对于竞争优势的影响越显著。

假设 8 - 4a：企业环境作业绩效越高，绿色经营策略对于竞争优势的影响越显著。

假设 8 - 4b：企业环境管理绩效越高，绿色经营策略对于竞争优势的影响越显著。

第三节 研究方法

一 研究样本

本章的数据采集对象主要是浙江绍兴市和江苏吴江市化工印染企业。之所以选择绍兴和吴江化工印染企业为研究对象，一是考虑到化工印染产业一直是环境污染较重的行业，实行绿色经营对于化工印染企业来说尤为迫切，其在绿色经营上的投入也相对较大；二是笔者所在单位与绍兴、吴江化工印染企业集群相关协会组织建立了长期合作关系，因此，在数据采集方面具有较大的便利性与可靠性。

在本次调研活动中，我们以企业基层员工和中层管理人员为主要调研对象，采用邮寄方式发放问卷，对管理人员则辅以邮件或电话访谈的方式进行数据采集。数据采集活动分为两个阶段：第一阶段起始时间2009年10月到2010年3月。我们主要是对浙江绍兴化工印染企业进行调研，一共收集到有效问卷158份。第二阶段为2010年6月到2010年10月。我们主要对江苏吴江化工印染企业进行调研，一共回收有效问卷101份。在获得两次问卷数据之后，我们对其进行了差异性分析，根据独立样本T检验的结果，发现两次获得的数据不存在显著性差异。此外，考虑到本章所测量的所有变量均来自同一份调查问卷，为了检验问卷是否会出现普通方法误差，我们将所有测量指标进行了因子分析，检验非旋转因子分析结果，没有出现单一因子，因此，我们认为，本章所使用的量表可靠性较高，且从绍兴和吴江两地所获得的数据不存在显著性差异，可以当作一个样本来使用。

二 变量测度

关于本章变量的测量，我们通过对国内外相关学者研究成果的全面梳理，并结合调研对象的实际情况，有针对性地选取了测量量表。关于企业外部环境的测量，我们主要参考了 Clarkson（2006）、陈晓红和王陟昀（2008）的研究成果，从企业外部环境中的技术变迁、市场调整和关系互动三个维度来衡量企业外部环境的变化状况。关于绿色经营策略的测量，我们主要参考了黄義俊和高明瑞（2003）、高明瑞等（2010）的研究成果，将企业绿色经营策略测量指标划分为绿色技术与绿色管理两方面。关于环境绩效的测量，我们主要参考了 Savitz（2006）和胡健等（2009）的研究成果，并从环境作业绩效和环境管理绩效两个维度对环境绩效进行测量。关于企业竞争优势的测量，我们主要参考了 Carlos 等（2007）和蒋天颖等（2010）的研究成果，将竞争优势的测量指标划分为财务绩效和战略绩效两方面。本章的记分方式采用 Likert 5 点尺度测量法，其中，"1"表示非常不同意，"2"表示不同意，"3"表示一般，"4"表示同意，"5"表示非常同意。

三 信度与效度检验

在本章中,我们以克隆巴赫 α 系数(以下简称 α 系数)作为检验问卷信度的标准。通过 SPSS 17.0 分析,我们发现,各变量中所有问题条目的项目相关度均大于 0.4,且企业外部环境、绿色经营策略、企业环境绩效和企业竞争优势的整体 α 系数分别为 0.712、0.731、0.788 和 0.805,即所有变量的 α 系数均达到了 0.7 以上,这表明,本章中企业外部环境、绿色经营策略、企业环境绩效和企业竞争优势等变量中所有因子的相关问题条目之间具有很强的一致性,本次调研问卷在可信度方面较好。

在测量量表的效度检验中,收敛效度和区别效度是运用最为广泛的两项效度检测项目。关于调研问卷的收敛效度,我们将采用标准化项目载荷量(λ)、潜在变量的组合信度(CR)和平均萃取量(AVE)三项指标来进行检验,检验结果如表 8-1 所示。

表 8-1　　　　　　　　　变量收敛效度检验

变量	问题条目	λ	CR	AVE
企业外部环境			0.72	0.57
技术变迁	贵公司所在的行业技术更新速度较快	0.64	—	—
	贵公司的生产技术对外依赖程度较高			
	贵公司经常与其他机构进行技术交流活动			
市场调整	贵公司生产的产品市场目标较多,市场范围较广	0.78	—	—
	贵公司能够根据消费市场偏好的变化而及时改进产品品质			
	贵公司内部会定期探讨应对市场环境变化的策略			
关系互动	贵公司与合作伙伴能够进行及时、有效的沟通	0.82	—	—
	贵公司经常参与社会活动,与外界相关组织联系紧密			
	贵公司经常参与绿色产品宣传、推广与沟通活动			
	贵公司经常邀请环保机构参与其产品的设计与开发			

续表

变量	问题条目	λ	CR	AVE
绿色经营策略			0.83	0.65
绿色技术	贵公司采用了环保效果较好的生产技术	0.74	—	—
	贵公司愿意投入资金引进环境效益好的生产设备			
	贵公司产品的设计与生产符合环保型产品的设计理念			
	贵公司在环保技术改造方面投入较大			
绿色管理	贵公司定期在员工中进行环保宣传活动	0.81	—	—
	贵公司对厂区进行了大量绿化工作			
	贵公司在生产经营商实行节能减排政策			
	贵公司实行企业经济与环境效益相结合的稽核制度			
企业环境绩效		—	0.79	0.62
环境作业绩效	贵公司大量采用绿色产品原材料进行生产、加工	0.71	—	—
	贵公司环境污染纠纷事件少			
	贵公司违反排污许可的次数非常少			
环境管理绩效	绿色组织或消费团体对于贵公司的认可程度较高	0.76	—	—
	贵公司员工发生职业病的概率较低			
	贵公司经常对社会环保活动进行资助			
企业竞争优势		—	0.84	0.67
财务优势	贵公司相对于主要竞争对手的销售额增长较快	0.82	—	—
	贵公司相对于主要竞争对手的投资回报率较高			
	贵公司相对于主要竞争对手的市场占有率较高			
战略优势	贵公司拥有良好的市场信息筛选能力	0.79	—	—
	贵公司能够为顾客提供超越竞争对手的产品和服务价值			
	贵公司拥有较多的产品专利权或知识产权			
	贵公司在外界拥有良好的信誉			

从表8-1中我们可以看到,各问题条目的标准化项目负荷量均大于0.5,各潜在变量的组合信度值都大于0.6,平均变异抽取量除企业外部环境略小于0.6以外,其余各变量均大于0.6,因此,所有测量因子均收敛于各对应的变量,即具有较好的收敛效度。

关于区别效度的检验,我们将分别对企业外部环境、绿色经营策略、企业环境绩效和企业竞争优势所包含的各因子进行检验,本章中企业外部环境、绿色经营策略、企业环境绩效和企业竞争优势的区别效度如表8-2所示。

表8-2　　　　　　　　企业外部环境的区别效度

模型	χ^2	df	$\Delta\chi^2$
企业外部环境			
未限制测量模型	102.45	66	—
技术变迁与市场调整的相关系数限定为1	128.61	67	10.12***
技术变迁与关系互动的相关系数限定为1	130.65	67	14.31***
市场调整与关系互动的相关系数限定为1	142.87	67	21.72***
绿色经营策略			
未限制测量模型	131.41	74	—
绿色技术与绿色管理的相关系数限定为1	158.23	75	15.48***
企业环境绩效			
未限制测量模型	86.29	60	—
环境作业绩效与环境管理绩效的相关系数限定为1	98.67	61	17.05***
企业竞争优势			
未限制测量模型	99.08	62	—
财务优势与战略优势的相关系数限定为1	110.14	63	19.18***

注:***表示1%的显著性水平。

从表8-2我们可以看出,所有变量相关因子中,未限制测量模型与限制测量模型的χ^2差异值较大(最小值为10.12),且显著性水平很高(均达到$p<0.001$的水平)。因此可以认为,本章中企业外部环境、

绿色经营策略、企业环境绩效和企业竞争优势等变量所包含的因子区别效度均达到了显著水平。

四 变量描述性统计

为了进一步分析本章各变量之间的内在相互影响关系，我们对收集到的数据予以进一步的描述性统计分析，变量之间的均值、标准差和相关系数分析结果如表8-3所示。

表8-3　　　　　　　　　　变量描述性统计

	均值	标准差	企业外部环境	绿色经营策略	企业环境绩效	企业竞争优势
企业外部环境	3.28	0.45	1			
绿色经营策略	4.02	0.61	0.48***	1		
企业环境绩效	2.65	0.53	0.51***	0.57***	1	
企业竞争优势	3.76	0.67	0.43***	0.39***	0.22**	1

注：**、***分别表示5%、1%的显著性水平。

从表8-3中可以看到，企业外部环境、绿色经营策略、企业环境绩效和企业竞争优势之间存在显著的正向相关关系，这表明，在本章的研究框架中，企业外部环境、绿色经营策略、企业环境绩效和企业竞争优势之间确实存在相互影响关系。为了进一步验证上述几个变量之间的内在关系，我们将在下节中运用Amos 17.0进行验证。

第四节　数据分析和结果

一 整体模型分析

为了检验企业外部环境、绿色经营策略和企业竞争优势关系模型的数据拟合状况，我们使用结构方程模型分析软件Amos 17.0对模型进行整体拟合度分析。在本章中，我们将主要采取绝对拟合指标与增值拟合指标作为评价模型拟合优度的指标体系，检验结果如表8-4所示。

表8-4　　　　　　　　　整体模型拟合度分析

拟合指标	指标值	参考值	拟合情况
绝对拟合度			
绝对拟合指数	P=0.078	>0.05	理想
χ^2/df	1.607	<3	理想
平均残差平方根（SRMR）	0.045	<0.08	理想
平均近似值误差平方根（RMSEA）	0.059	<0.08	理想
增值拟合度			
规范拟合指标（NFI）	0.893	<0.90	不够理想
增量拟合指标（IFI）	0.944	>0.90	理想
比较拟合指标（CFI）	0.927	>0.90	理想

从表8-4中可以看出，除规范拟合指标（NFI）不够理想之外（0.893<0.90），其他指标均达到了理论要求标准，因此我们认为，本章理论模型的整体模型与数据的拟合情况较好，其结果具有参考价值。接下来，我们对企业外部环境、绿色经营策略和企业竞争优势关系模型的影响路径进行了分析，分析结果如表8-5所示。

表8-5　　　　　　　整体理论模型路径系数与假设验证

原假设	路径系数	P值	验证结果
假设8-1a：技术变迁对竞争优势有正向影响	0.42***	0.000	支持
假设8-1b：市场调整对竞争优势有正向影响	0.57***	0.000	支持
假设8-1c：关系互动对竞争优势有正向影响	0.32***	0.001	支持
假设8-2a：技术变迁对绿色经营策略有正向影响	0.45***	0.000	支持
假设8-2b：市场调整对绿色经营策略有正向影响	0.28**	0.008	支持
假设8-2c：关系互动对绿色经营策略有正向影响	0.21**	0.009	支持
假设8-3a：绿色技术对竞争优势有正向影响	-0.12*	0.037	不支持
假设8-3b：绿色管理对竞争优势有正向影响	-0.17*	0.026	不支持

注：*、**、***分别表示10%、5%、1%的显著性水平。

从表8-5中可以看到，企业外部环境对绿色经营策略和企业竞争优势均产生了显著的影响作用，这表明，企业外部环境中的技术更新与发展、产品市场结构调整以及企业与外部组织间关系的改变等将对绿色经营策略和企业竞争优势产生影响，验证了 Barret 和 Segerson（1997）、Clarkson（2006）等的观点。但在绿色经营策略对于企业竞争优势的影响中，我们发现，绿色技术和绿色管理对于竞争优势的影响虽然存在，但都是负相关的（路径系数分别为 -0.12 和 -0.17）。为了进一步研究绿色经营策略对于企业竞争优势的影响，我们以企业环境绩效为调节变量，进行多层次回归分析，对绿色经营策略与企业竞争优势之间的关系进行更为深入的研究。

二　多层次回归分析

我们将环境作业绩效和环境管理绩效分别作为调节变量，分析其在绿色经营策略与企业竞争优势之间的调节作用。统计结果如表 8-6 所示。

表 8-6　　　　　　　　环境作业绩效的调节作用

	企业竞争优势			
	模型 1		模型 2	
主效应	B	T	B	T
绿色技术	0.08	0.412	0.12*	1.738
绿色管理	0.14*	1.823	0.23**	2.301
环境作业绩效	0.23**	2.209	0.18**	2.099
交互效应				
绿色技术×环境作业绩效			0.34**	3.473
绿色管理×环境作业绩效			0.46***	3.786
主效应				
绿色技术	0.07	0.398	0.13*	1.443
绿色管理	0.08	0.597	0.19**	2.109
环境管理绩效	0.17*	1.908	0.12*	1.143
交互效应				
绿色技术×环境管理绩效			0.47***	4.024
绿色管理×环境管理绩效			0.58***	4.786
R^2	0.509		0.576	
F	8.732**		14.486***	

注：*、**、***分别表示 10%、5%、1% 的显著性水平。

从表 8-6 中我们可以看到,一方面,企业绿色技术与企业竞争优势之间的关系受到环境作业绩效的正向调节作用(回归系数为 0.34,显著性水平为 $p<0.01$);企业绿色管理与企业竞争优势之间的关系受到环境作业绩效的正向调节作用(回归系数为 0.46,显著性水平为 $p<0.001$)。另一方面,企业绿色技术与企业竞争优势之间的关系受到环境管理绩效的正向调节作用(回归系数为 0.47,显著性水平为 $p<0.001$);企业绿色管理与企业竞争优势之间的关系受到环境管理绩效的正向调节作用(回归系数为 0.58,显著性水平为 $p<0.001$)。

第五节 结论与讨论

现有研究成果关于绿色经营策略对于企业竞争优势的影响作用主要从企业内部角度展开分析,包括企业自身经营理念、技术实力以及价值观等方面。本章认为,企业外部环境也是影响绿色经营策略与企业竞争优势之间关系的重要因素。研究结果表明,企业外部环境对于绿色经营策略和企业竞争优势均存在显著的正向影响,并且环境作业绩效和环境管理绩效在绿色经营策略与企业竞争优势之间都产生了显著的正向调节作用。该研究结果丰富了企业绿色经营相关理论,在实践中,对于企业制定科学、合理的绿色经营策略也具有重要指导价值。

首先,对于江浙地区的化工印染企业决策者来说,选择绿色经营策略,大多是出于政府法律政策约束作用和周边群众的舆论监督压力而不得已为之。对于他们来说,企业进行绿色经营活动,只是为了减轻企业生产过程可能造成的环境污染或危害,而没有深刻地理会企业绿色经营的真谛。未能(或很少)意识到企业可以通过倡导绿色经营理念,加强企业绿色技术或产品推广活动来获取社会相关组织与消费者市场的支持,创造更大的企业外部环境效益。因此,对于江浙地区大部分化工印染企业来说,在进行绿色经营活动过程中,既要加强企业技术更新和工艺改进,同时也要重视企业绿色经营策略的推广。例如,企业绿色经营理念的贯彻、企业绿色产品的推广活动以及企业在员工职业病防护等方面的成果宣传等。

其次，化工印染产业具有能耗大、污染重和产业饱和度高的特征，决定了化工印染产业内企业间的竞争是非常激烈的。我国江浙地区的化工印染产业基本上是民营企业，大部分企业处于产业链底端，规模较小，技术水平低。并且对于大部分企业经营管理者来说，企业经营利润远比企业环境效益更具吸引力。

最后，企业要么在相关部门的监督下消极应对，要么重新回到传统生产经营模式的老路上。要改变上述不利局面，相关经济组织、政府相关部门和产业协会等社会团体需要对其提供一系列的扶持和帮助，例如，社会团体积极引导绿色产品需求导向；通过政府部门的牵线搭桥，促成企业与研究机构（高校、研究所等）在技术创新、产品开发等方面的合作，降低企业的技术更新成本，为企业提供绿色工艺和产品设计思路等；行业协会为各协会成员提供必要的技术、资金与人力资源等支持，从而有效地降低企业进行绿色生产经营活动的投资成本。

第九章 企业线上或线下创新及其竞争优势研究

第一节 研究背景

随着 ICT 技术在商业领域的普遍运用,传统实体企业也纷纷借助互联网开拓线上"战场",力求变革以维持竞争力。然而,由于资源、技术乃至管理机制方面的限制,企业这种线上或线下运营模式未必能够取得"1+1>2"的效应。例如,小米公司自 2010 年 4 月成立以来,其产品凭借超"高性价比+互联网"营销经历了"爆炸式"增长,但近两年,销售额增长出现严重疲软,逐渐被华为、OPPO 超越,究其原因是其过分依赖于"粉丝参与式"的线上运营模式,仅仅注重于线上创新,而忽视了线下创新,致使线上或线下创新模式之间出现巨大分歧,阻碍了企业的进一步发展。相反,美特斯邦威则聚焦于传统线下门店的扩张,而对于线上运营渠道创新则关注不足,在"互联网+"的大潮下,企业绩效骤然下降,面临发展危机。在互联网浪潮的冲击下,如何处理好企业线上与线下创新战略之间的矛盾,找到一种适合企业自身的线上或线下创新模式,已经成为当前我国企业面临的首要问题。

相比于国外那些领先企业,我国企业线上或线下运营仍然存在较为明显的不足,造成这种差距的主要原因就是我国企业创新能力的薄弱。目前,国内外学者关于企业线上或线下创新的研究已初有成果。有学者指出,虽然企业的线上模式和线下模式存在诸多分歧,但是,两者中的任何一个都无法真正代替另一个（Gallaugher et al., 2000），线上经营或线下经营必定在企业运营中共存。然而，现有的研究都没能提出较为全面的理论来阐述企业的这种线上或线下运营模式，更没有对企业线上或线下的创新模式进行系统的研究，有的仅是一些企业线上与线下割裂的创新成果。例如，OECD（2008）的分析报告表明，线上模式的创新演变对于线下模式创新具有显著的市场替代性，从而导致了线上或线下创新之间的潜在矛盾乃至冲突。然而，当前的研究似乎很少对这种线上或线下创新问题进行研究，以往学者主要关注企业线下（传统）创新模式的研究（郑称德、王倩、刘涴潇、倪亮亮和吴宜真，2014）。近年来，虽然有学者注意到了线上创新的重要性，并尝试进行了探索式分析（孙耀吾，2013），但他们也没有结合线下传统创新进行研究，导致企业线上或线下创新的研究成果碎片化。现有的研究成果很难全方位透彻地阐释企业线上或线下创新之间的内在互动机制。由于企业线上或线下的创新所面临的情景复杂性，线上创新与线下创新模式之间，一方面存在紧密的网络嵌入性，另一方面在资源承载、机制体制方面则存在显著的差异性，因此，将线上或线下两种创新模式结合起来，从网络协同和资源承载两个视角来探讨企业线上或线下创新模式具有显著的理论意义和实践价值。

本章采用清晰集定性比较分析的方法来研究企业线上或线下创新模式问题，主要基于以下两方面的原因：

第一，企业线上或线下创新之间并不是绝对的对立关系，也存在相互补充、相互促进的影响机制，而这种互动机制并不是传统意义上的线性作用机制，定性比较分析强调影响因素的组合作用，能够很好地解释企业线上或线下创新之间的这种非线性关系。

第二，通过清晰集定性比较分析方法的运用，能够帮助我们识别出企业线上或线下创新在资源协调、管理机制等方面的特殊性，克服传统研究方法在定性定量研究中的局限性。这不仅为我国企业如何制定线上或线下创新治理机制提供启发，同时也为定性比较分析在管理科学相关领域的运用提供借鉴。

第二节 理论基础

通过对我国企业线上或线下创新可能的影响因子进行全方位、多角度的系统性梳理，可以较为全面地分析我国企业线上或线下创新的驱动要素。目前，国内外相关学者已经对企业的线上或线下创新关系进行了一系列研究，研究切入点从互联网环境下的视角到企业资源属性、企业网络协同模式等。董洁林通过对小米公司的案例研究，提出了"用户全面参与"式的企业运营模式，充分利用互联网平台，进行企业"互联网+"创新（董洁林和陈娟，2015）。在市场竞争日益激烈的大环境下，通过有效地组织网络创新，可促进企业获取更多稀缺性资源来实现自身的持续创新（Kelley et al.，2009）。国外学者 Lopez‐Cabrales 等（2009）的研究表明，企业的人力资源实践能够生成知识管理能力，从而对企业的线上或线下创新产生显著的正向影响作用。李海舰等（2014）指出，传统企业的再造与创新必须嵌入互联网思维，促使企业虚拟实体打通、时空约束打破，减少交易环节，拓展交易空间，加快交易速度，对企业线上或线下的互补创新具有显著作用。在当今互联网经济高速发展的背景下，企业必须进行开放式的网络创新，秉承合作、平等、创新和共享的思维，打造出与众不同的创新模式为企业提供持续的竞争优势（Etzkowitz and Loet，2009；Chesbrough and Crowther，2006；罗小鹏和刘莉，2012）。

基于互联网的大环境下，学者对众多企业线上或线下创新进行了研究，并取得了一些成果。然而，通过观察我国企业线上或线下创新演进的研究趋势，由于经济、文化、环境以及相关制度方面的巨大差异，研究焦点逐渐聚焦到线上或线下网络协同、企业资源分配等方面（程聪、曹烈冰、张颖和谢洪明，2014）。因此，本章的研究将在充分借鉴前人研究成果的基础上，结合网络协同和资源协调来探究影响我国企业线上或线下创新模式的驱动要素及其关系。其中，企业网络协同核心要素包括群体决策、参与监督和家长导向三个方面（Mikhailitchenko，2008），资源协调影响则包括人力资本、研发投入以及信息获取三方面（Barnes, 2002）。

一 线上或线下网络协同机制

（一）群体决策

在企业创新战略中，当前我国企业线上或线下创新战略决策受到企业管理层决策的导向作用十分明显，这些具有强烈指引导向的决策受到管理层偏好及决策规则等的影响（Manz and Sims, 1987）。企业线上或线下创新行动之间的战略决策是由企业高层领导发起的，然而，企业高层领导由于认知有限，其个体决策具有倾向性和独断性特征，难以做到全面、有效地利益平衡，进而可能导致对企业线上或线下的创新演进产生负面影响。相对应地，群体决策则能够克服个体认知的局限性，群体决策是把企业高层领导作为建议者和促进者，能够营造一种观点表达和情感表达的氛围，并摒弃个体偏见，允许决策群体围绕合适主题做出民主性决策的过程（魏存平和邱菀华，2000），从而尽可能照顾到各方利益。企业线上或线下创新之间的协同演进关系到企业的生存与发展，需要做出合理的决策以引导企业线上或线下创新模式的发展。因此，营造企业内部和谐、民主的创新决策机制，促进企业线上或线下创新协同，离不开有效的群体决策。以往的研究表明，有效的群体决策能够集思广益，达成各方都认同的企业创新模式（杨付和张丽华，2012），同时，有利于提高企业管理水平，进而打造利于提高企业绩效的创新网络协同机制。基于此，我们推断，群体决策是影响企业线上或线下创新互动的重要因素之一。

（二）参与监督

在企业创新组织体系中，参与监督是指企业管理层包括广大员工参与到企业创新网络协同机制的建设当中，同时摒弃落后、过时的契约关系，提出行之有效的创新管理方法并督促实施。参与监督表明，企业内部的契约关系不再是固化的，由于企业内部传统创新模式想要保持自身的相对独立性和稳定性，它们渴望与网络内部的其他组织维系一种非正式的契约关系（Reuber and Fischer, 2011），从而维持自身的创新优先权。然而，这种创新优先权并不利于线上或线下创新的协作、融合。

Cox 等（2006）的研究表明，企业内部员工参与监督能够给予员工充分的创新空间，进而发挥员工的创造性。从企业组织机制来看，参与监督力度小的企业其内部网络协同机制往往变革程度低，在信息传递、资源共享方面都存在一定的滞后性。而中低层员工参与监督力度大的企业在网络关系机制上则具备与时俱进的动态演变，时刻保持网络协同的弹性机制。因此，积极、强有力且合理地参与监督能够加强企业网络内部关系的弹性空间，继而对其线上或线下创新行为给予足够的支持。我们推断，参与监督为企业线上或线下创新模式的发展奠定了制度变革空间，充分发挥了各自优势，能够高效地促进企业发挥线上或线下创新的优势。

（三）家长导向

传统的企业管理机制中，家长导向是作为一种企业行事风格的伦理依据而存在，具体包括威权、仁慈和德行三个重要维度（鞠芳辉、谢子远和宝贡敏，2008）。已有研究指出，家长导向对于企业创新行为的影响是通过独特的组织惯例、文化氛围掌控来实现的（Friedrich et al.，2010）。在高度变化的环境下，企业在实施线上或线下创新活动时，由于缺乏足够的技术、管理以及决策经验，往往会对企业那些高风险的创新活动产生置疑，从而使企业整体的创新行为出现"力不从心"的现象。因此，家长导向越强的企业，将能够有效地克服这种因线上或线下创新双重性带来的"迷茫"心理。家长导向能够较好地协调企业权威决策、管理风格与创新范式之间的协调性，促成各方之间的优势互补，进而引导企业线上或线下创新活动向有利于企业绩效增长方向等方面演进。基于上述讨论，我们认为，家长导向越强的企业，其线上或线下创新活动通常能够实现较好的协调，能够帮助企业克服互联网情景下的创新"两难"问题。

二 线上或线下创新资源配置

（一）人力资本

人力资本是指个人所拥有的能够为个人、企业和社会创造经济与非经济效用的技能、知识、素质和能力的总和，是企业资源中非常重要的组成部分（顾琴轩和王莉红，2009）。一直以来，人力资本对于我国企业的创新活动一直具有十分重要的影响。随着当前技术复杂度的不断攀升,企业对于人才的争夺也进入了白热化阶段,基于人力资本的知识密集型创新活动成为企业竞争中最具核心竞争力的要素。已有大量的研究结果表明,人力资本是企业创新与发展的内生因素,人力资本越丰富,企业的创新实力就越强,强大的人力资本能提高企业创新的效率和质量(吴爱华和苏敬勤,2012)。在企业面临线上或线下双重创新模式的背景下,丰富的人力资源显然能够缓和两种创新模式之间的冲突问题,从而促进企业线上或线下创新活动的顺利展开。基于此我们推断,企业内部人力资本的丰裕程度对于企业线上或线下创新活动协同具有至关重要的作用。

(二) 研发投入

研发是指在科学技术领域内,为增加人类文化和社会知识的总量,并且运用这些知识去创造新的应用和方法所进行的系统的创造性活动。一般来说,研发活动能够促进企业的技术进步,促进企业运营效率改善,进而达到企业绩效持续增长的目标。从本质上看,研发活动的不同代表着企业在创新模式选择上的差异,企业将研发活动聚集在特定活动上,就意味着企业的创新导向聚焦在该层面(许强和高一帆,2016)。因此,研发活动对于企业的创新模式及方向具有重要的导向作用。随着企业间知识竞争的白热化,越来越多的企业逐渐加强对研发的投入,以期通过研发投入来改变自身创新能力的不足(安同良、周绍东和皮建才,2009)。对于面临线上或线下双重创新活动的企业来说,如何来分配研发投入资源,从而更好地协调两种创新之间的导向问题,就显得非常重要了,因为线上创新与线下创新之间存在模式上的巨大差异。所以,研发活动也将影响企业的线上或线下创新行为。

(三) 信息获取

基于信息资源基础的观点,信息资源是有价值的、无法模仿的并且不可替代的一种无形资源,能够为企业的创新发展提供积极的帮助(Majchrzak and Malhotra,2013)。在时刻发生巨变的外部环境下,新的信息资源可以将原先无法确定的事物变得可预知,从而有利于企业掌握外部环境的不确定性,制定相应的创新应对措施。因此,对于当前企业来说,如何来高效率地获取信息,获得有价值的信息资源,是企业实施有针对性创新行为的先决条件。有研究表明,在企业创新活动中,信息获取方式同样会影响企业的创新行为,因为高质量的信息获取是有成本的(马鸿佳、董保宝和葛宝山,2010)。尤其在当今中国经济转型的背景下,市场的瞬息万变要求企业不断地进行信息获取以求得生存与发展。因此,我们推断,信息获取也将对企业的线上或线下创新产生显著的影响。

第三节 研究方法

定性比较分析(Qualitative Comparative Analysis,QCA)是一种结合了定性与定量两者优势的分析方法,其采用一种概率分布为核心的布尔运算法则来分析可能的前因条件组合类型(王程韡,2013)。在定性比较分析中,我们假定 k 个变量可能影响因变量 Y 发生,则可以算出 2k 个包含所有前因条件的逻辑条件组合,3k-1 个至少包含一个前因条件的逻辑条件组合,这些逻辑条件组合都可以看作是潜在的前因条件构型。在获得所有可能的前因条件构型之后,通过评估这些前因构型的一致率和覆盖率,挑选出最具解释力的若干个逻辑条件组合,最终得到最有可能导致结果的前因条件构型。定性比较分析中,一致性是指每一前因构型与原始研究材料(数据)的逻辑条件组合之间的关系程度,该值范围在 0—1,最理想的状态是接近 1。在实际研究中,一般只要大于 0.8 即可认为该前因构型符合理论要求,可以用来解释后果发生的原因。覆盖率则是在前因构型满足一致性条件之后,其在所有导致最终研究结论中的前因构型中所占的比重,即反映前因条件构型对于研究结果的解释程度。从结果来看,所有前因条件构型组成的解集由于复杂交错而被称为复杂解,这种复杂解中不同前因条件构型之间存在重复性解释问题,通常需要进一步通过简单类反事实分析和困难类反事实分析简化得到优化解和简洁解。

本章采用 QCA 方法来探讨我国企业线上或线下创新协同问题。

首先,QCA 方法对变量之间因果关系的理解与一般的定量研究方法存在显著差异。与以往的线性分析不同,QCA 方法将因果关系视为组合模式，这意味着单个自变量不仅能够独自对因变量产生影响，还可以通过组合的方式对因变量产生影响，这个组合即前因条件构型，而单个自变量就是其中一个不可分割的前因构型要素。由于当前社会科学研究现象的复杂性，研究单个自变量对于因变量的影响效应的实践意义将逐渐弱化，而专注于特定社会现象的前因条件构型的研究将具有广泛的理论前景（程聪和贾良定，2016）。

其次，传统回归分析方法仅能处理对称的相关关系（若 A→B，则 ~A→~B）①，而对于变量之间非对称关系则很难处理。在现代社会科学研究领域，很多情况下变量之间的因果关系都是不对称的（若 A→B，则 ~A→~B 未必成立）。例如，企业研发投入的持续增加会提高企业创新产出，那么依据传统分析方法，企业研发投入的减少则会导致企业创新产出下降，但事实上很多企业的创新实践表明，即使一些企业减少研发投入，企业的创新活动同样也会获得成功。因此，很好地处理这种因果不对称关系是 QCA 方法优于其他研究方法的重要特征。

再次，大量的文献综述和实证研究结果显示，多种路径可能在导致同一研究结果上具有同等效应（A→B，C→B）。例如，不仅企业增加研发投入能促进企业创新活动的产出，企业对于信息资源的高效搜寻也同样能够提高企业创新效率，或者说企业创新资源的高效率利用能够抵消研发投入不足给企业带来的创新产出影响。显然，QCA 方法在处理这种影响效应时更加得心应手（Fiss，2007）。

最后，由于本章的研究对象的特殊性，本研究样本大小为 43 个，并不符合传统定量研究所规定的"大样本"要求，无法对企业网络、资源视角下的前因条件做出高效率的定量分析，从而很难获得理想的结果。而采用案例研究来分析，则获得的数据又显得太单薄，同时案例数量又过于庞大。由于 QCA 方法的核心算法是布尔运算，分析结果稳健性与样本大小无关，只取决于样本中的个体是否具有代表性。在前面的理论探讨中，我们识别出了群体决策（GD）、参与监督（PS）、家长导向（PO）、人力资本（HC）、研发投入（R&D）和信息搜寻（IS）6 个

---

① 在这里"~"代表变量不存在。

自变量和线上或线下创新协同 1 个因变量，根据 Marx 和 Dusa（2011）的数据模拟，当前因条件为 6 时，样本数达到 39 即可清晰地区分随机数据和真实数据，本研究样本量为 43 个，因此，能保证分析结果具有较高的内部效度。

一　研究样本

本章选取浙江永康电动工具制造、瑞安汽车配件、乐清高压电器和浙江临安节能灯的中小企业作为研究对象。理由如下：第一，这些企业经过 20 多年的发展，在各自行业都具备了较强的设计、研发实力，都拥有自己的品牌。第二，这些企业近年来都在大力开拓网上营销渠道，但是，由于企业资源的局限性和经验不足，线上或线下协调的效果参差不齐。样本共包括 43 家企业，其中，来自永康五金企业 15 家，瑞安汽配企业 13 家，乐清变电器企业 10 家，临安节能灯企业 5 家。

二　真值表构建

本章按照清晰集定性比较分析的要求，将样本中的前因条件及结果按照"二分归属原则"标定为 0 或 1（Ragin，2014），具体如表 9-1 所示。接下来，我们对本研究中所涉及的前因要素和因变量分别进行赋值。前因变量的具体测量方法如表 9-1 所示，关于因变量的测量我们通过问卷调查的形式测量，具体测量标准如下：贵公司线上销售与线下生产获得了很好的协同效果，则赋值为 1；反之则赋值为 0。最后，我们获得了本章案例资料所有资料赋值后的真值如表 9-2 所示。

表 9-1　　　　　　　　　　测量标准与赋值

	解释变量	测量标准	赋值
线上或线下网络协同	群体决策（GD）	贵公司关于产品制造与网络营销之间的协调经常展开集体讨论，实行民主决策	1
		贵公司关于产品制造与网络营销之间的协调通常是由企业"一把手"独自决定	0
	参与监督（PS）	贵公司经常邀请中基层员工参与线下产品生产与线上网络销售之间的协调问题	1
		贵公司很少听取中基层员工关于线下产品生产与线上网络销售之间协调的意见	0

续表

解释变量		测量标准	赋值
线上或线下网络协同	家长导向（PO）	贵公司一旦做出行动方案之后，全体成员都会坚决贯彻落实	1
		贵公司即使出台良好的行动方案，在落实过程中也会遭遇各种阻力	0
企业资源禀赋	人力资本（HC）	贵公司具有充足的员工配置来应对线上销售和线下生产的同时开展	1
		贵公司员工在应对线上销售和线下生产的同时开展时力不从心	0
	研发投入（R&D）	贵公司具有足够的研发投入来应对线上销售渠道创新和线下研发对于产品的差异化需求	1
		贵公司研发投入在应对线上销售创新和线下研发对于产品差异化需求方面力不从心	0
	信息搜寻（IS）	贵公司能及时获得有关线上销售变化的信息来调整产品设计、制造	1
		贵公司通过线上销售变化信息获得来调整产品设计、制造的能力一般	0

表 9-2　　　　　　　　　　真值

GD	PS	PO	HC	R&D	IS	OUT	FRE.
1	1	1	0	0	1	1	6
1	0	0	1	1	1	1	5
0	1	1	0	1	0	0	4
1	0	0	1	1	0	0	4
1	1	1	0	1	0	1	3
1	1	0	1	0	1	1	2
1	0	1	0	1	1	1	2
0	1	0	1	0	0	0	2
1	0	1	1	1	0	1	2
1	0	0	1	0	1	0	2
1	1	0	1	1	1	1	1
1	1	1	0	1	0	1	1
0	0	1	1	0	0	0	1

续表

GD	PS	PO	HC	R&D	IS	OUT	FRE.
0	1	1	1	1	1	1	1
0	1	0	1	1	1	1	1
0	0	0	1	0	1	0	1
1	1	0	1	1	0	1	1
0	1	1	0	1	0	1	1
0	1	1	1	0	1	1	1
1	0	0	0	0	1	0	1
1	1	1	1	1	0	1	1

注：OUT 表示结果，FRE 表示频数。下同。

三 企业线上或线下创新模式分析

本章中，我们使用 fsQCA2.0 软件分析我国 43 家企业线上销售或线下产品制造的创新相关数据，识别出决定企业线上或线下创新协同的前因条件构型。本研究中一致性门槛值都设定为不小于 0.8，由此得到线上或线下创新的初始前因条件构型，即复杂解。之后，结合上文有关企业线上或线下创新协同的相关影响要素，设定简单类反事实前因条件，通过简单类反事实分析和困难类反事实分析得出简洁解和优化解。当一个变量同时出现于简洁解和优化解中，则将其记为核心条件；若变量仅出现在优化解中，而未出现在简洁解中，则将其记为边缘条件，如此获得本研究的复杂解如表 9-3 所示。

表 9-3　企业线上或线下创新协同的前因条件构型

	C1	C2	C3	C4	C5	C6	C7	C8	C9	C10	C11
GD	●	·	●	⊕	·	●	●	●	●		⊕
PS	●		●	●		●	⊕	●	●	●	
PO	·	●	⊕	●	⊕	●			⊕	⊕	
HC		·		●	●	⊕	⊕	·		·	·
R&D	·	·				⊕	●				
IS	⊕	⊕	●	●	●	●		●			●
CS	1	1	1	1	1	1	1	1	1	1	1

续表

	C1	C2	C3	C4	C5	C6	C7	C8	C9	C10	C11
CV	0.19	0.11	0.11	0.07	0.22	0.22	0.07	0.07	0.07	0.07	0.07
NCV	0.15	0.07	0.07	0.04	0.19	0.22	0.07	0.00	0.00	0.00	0.00
OCS	1										
OCV	1										

注：(1) ●或•表示该条件存在，⊕或⊕表示该条件不存在，"空白"表示构型中该条件可存在、可不存在；●或⊕表示核心条件，•或⊕表示辅助条件。(2) CS 表示一致率（consistency），CV 表示覆盖率（coverage），NCV 表示净覆盖率（net coverage），即由该构型独立解释、不与同一被解释结果的其他构型重合的覆盖率；OCS 表示总体一致率（overall consistency），OCV 表示总体覆盖率（overall coverage）。

在 QCA 分析中，一致性和覆盖率用来评估不同前因构型与结果之间的紧密程度。由表 9-3 我们可以初步得到：所有前因条件构型的一致性指标（CS）都为 1，大于理论值 0.8，这说明所获得的前因条件组合中的所有企业案例都满足一致性条件，即所有 11 个前因条件构型都能够促成企业的线上或线下创新协同。总体一致性指标（OCS）也为 1，大于理论值 0.8，进一步说明这些前因条件构型涵盖了所有可能导致企业线上或线下创新协同的前因条件组合类型。覆盖率指标则是用来衡量前因构型对于结果的解释程度，覆盖率指标越大，相应的前因条件构型对于结果的解释力度越大。由表 9-3 可知，C1、C5 和 C6 构型在解释企业线上或线下创新协同中覆盖率最高，说明这三个构型最有解释力。

由于 QCA 分析中存在重叠覆盖的问题，而表 9-3 中的 C8—C11 的唯一覆盖率都为 0，这意味着我们需要进一步精简前因条件构型，来获得更加精确的研究结果。我们按照简单解一致性逻辑，对复杂解进行合并，由于所获得的四类高阶构型中都包含信息获取（IS），因此，在后面的分析中，我们去掉信息获取这一前因要素，最后得到如表 9-4 所示高阶的结果。

表 9-4　　　　　　　企业线上或线下创新协同的高阶构型

	Ca	Cb	Cc	Cd
GD		●	●	
PS	●	●		●
PO	●	●	●	
HC	●			
R&D			●	●
CS	1	1	1	1
CV	0.64	0.64	0.68	0.71

由表 9-4 可知，精简后我们获得四类高阶前因构型条件，并且每一构型的一致性水平均为 1，满足大于 0.8 的要求，覆盖率都大于 0.6，能够很好地解释企业线上或线下创新协同的机制问题。由于在上文中我们已经发现信息获取在每一构型中都作为核心条件存在，这意味着高效率的信息获取是企业进行线上或线下创新协同的前提条件，无论企业如何进行线上或线下创新网络协同管理，如何在线上或线下配置资源，都离不开前期的高效信息收集工作。我们对四类高阶构型中的其他核心要素组合情况进行详细阐述，并总结如图 9-1 所示。

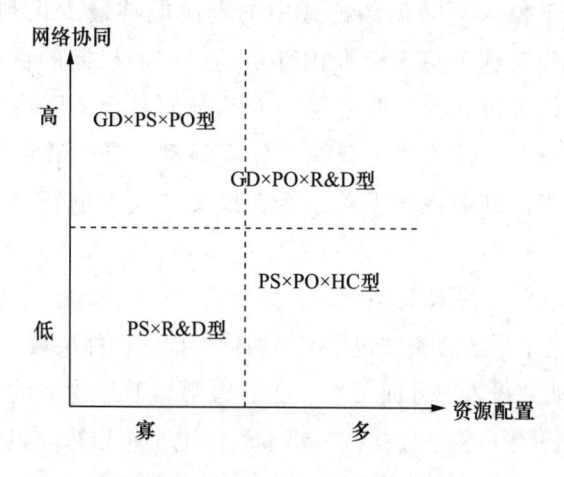

图 9-1　企业线上或线下创新协同高阶前因构型

资料来源：笔者整理。

(一) PS×PO×HC 型

在此构型中,核心条件包括线上或线下创新网络协同层面的参与监督、家长导向和资源层面的人力资本三个要素。这一构型说明,在企业人力资源充足的情况下,企业在线上或线下创新决策过程中,各层次员工积极参与企业战略方案的探讨,线上创新与线下创新之间能够在创新机制上达成某种默契,并最终形成一种多方利益者都认同的创新变革措施。而良好的组织惯例、积极的创新文化则保证了两种创新活动之间的良性沟通机制,形成一种积极、协调的集体利益关系体,将潜在的创新矛盾化解在组织内部沟通机制中,提高企业创新行动效率。因此,在这三个要素的协同作用下,企业将能够协调好线上创新与线下创新之间的关系,并使线上或线下创新协同获得最佳效果。

(二) GD×PS×PO 型

在此构型中,核心条件只有网络协同层面的群体决策、参与监督和家长导向三个要素,这说明,企业内部良好的网络协同能够维持企业线上或线下创新活动获得较好的产出。无论企业内部资源是否充裕,群体决策维护了企业内部的协商机制,使企业整体的创新战略安排总是能够按照一种多数认可的创新方向推进。员工参与监督的最大优势不仅体现在监督创新资源分配、创新计划按照既定战略推进,而且对于投入不同创新模式中的资源能够最大化利用。最后,家长导向同样有利于稳定企业内部协商、沟通机制的良好运转,保证前面的群体决策和参与监督策略能够全面契合,网络协同层面三要素的严密配合推动了线上或线下创新活动的最大化协同。这一研究结果是对当前网络视角下关于企业线上或线下创新协同研究的重要理论支撑。

(三) GD×PO×R&D 型

在此构型中,核心条件包括网络协同层面的群体决策、家长导向和资源层面的研究投入三方面要素。这个构型与上一构型的区别在于研发这一要素替代了参与监督这一要素。这也是可以理解的,当企业研发投入充分时或者研发投入不断增加,企业拥有足够的创新资源来应对关于线上或线下创新活动之间的资源配置问题,使企业能够一定程度地容忍资源利用效率下降的局面。因此，员工参与监督就显得不再那么重要，或者说即使缺乏员工高参与监督，企业仍然能够较好地应对线上或线下创新之间的范式差异及其带来的资源分配、治理体系问题。

（四）PS×R&D 型

在此构型中，核心条件包括网络协同层面的参与监督和资源层面的研发投入两个要素。这个构型与上一构型在网络协同层面正好相反，在研发投入充足的条件下，只要有员工参与监督这一要素，就能够保证企业线上或线下创新活动之间实现较好的协同效应。显然，这一前因构型更加简明地阐述了网络协同机制中员工参与监督和研发投入的重要性，高效的员工参与监督能够将创新资源发挥到最大效益，从而抵消企业内部各种不利因素对于线上或线下创新协同带来的负面影响。

第四节 研究与结论

本章采用清晰集定性比较分析从网络协同和资源配置角度来探讨我国企业线上或线下创新的协同问题，最终获得了四种最具解释力的前因条件构型，具体包括 PS×PO×HC 型、GD×PS×PO 型、GD×PO×R&D 型和 PS×R&D 型，并针对这四种企业线上或线下创新协同的前因条件构型进行了系统分析。我们的研究发现，一方面，有效的信息获取是我国企业线上或线下创新协同获得最佳效益的前提条件，这说明，在互联网时代，如何获得外部市场关于产品、消费变革等高价值信息是决定企业线上或线下创新成功的先决条件。另一方面，企业在实施线上或线下创新战略时，企业内部不同利益主体的网络关系与企业资源配置是需要相互配合的，只有将网络与资源层面的相关要素较好地配合起来，企业才能克服线上或线下创新协同过程中可能面临的困难，实现企业整体创新利益的最大化。当然，本章仍然存在以下一些不足之处。首先，由于案例资料来源的多样化以及案例数量的限制，影响企业线上或线下创新的前因条件还包括企业外部网络关系、资源获得等因素，这些要素也可能是影响企业线上或线下创新的核心要素。其次，在本章中，样本是民营企业，本章的研究结论是否适用于国有大中型企业仍然是一个未知数，需要在未来的研究中做进一步分析。

第十章 企业社会网络嵌入及其关系绩效研究

第一节 研究背景

传统交易成本学派认为,如果处于同一行业领域或产业链上的不同企业之间能够展开高效率的合作,则可以有效地降低企业交易成本,并在彼此之间形成某种较为稳定的契约关系,在地理位置上相邻近的集群企业之间由于空间区域所限以及文化环境规制更容易产生这种契约式的稳定合作关系(Inkpen and Tsang, 2005)。而产业分工的日益细化和信息技术的不断进步则促使这种合作关系不断向综合化、立体化的方向演变:集群企业社会网络化,处于社会网络中的集群企业为了获取竞争优势和确立市场地位,进而提高企业在复杂多变环境下的竞争力,必须努力加强企业间的合作。然而,以往的很多研究表明,企业各种形式的合作关系并不一定会促进企业组织绩效的提升,事实上,在企业间各种形式的合作关系中一直存在某些不利因素,例如,企业间的信息不对称、投机行为、关系冲突及关系嵌套等(Nunlee, 2005)。Anderson 和 Jap (2005)将这些不利因素统称为企业关系的黑暗面,这种合作关系中的黑暗面是导致企业间合作效率低下的重要因素,因此,如何减少企业合作关系中的黑暗面就显得尤为重要。Das 和 Teng (2000) 基于关系张力的视角指出,企业关系黑暗面是由于企业间关系过于紧密或过于松散造成的,企业间关系过于紧密或过于松散都会对企业关系绩效产生消极作用。因此,只有企业合作关系张力维持在相对平衡的状态,才能使企业获得最佳合作绩效。那么,对于处于社会网络中的集群企业来说,它们之间的关系张力又如何呢？以产业分工与政策规制等为主的集群网络嵌入机制又将如何影响企业间的关系张力呢？这些问题都未取得较为满意的答案。基于上述原因，本章以企业合作关系张力作为连接企业社会网络嵌入机制与集群企业合作关系绩效研究的"桥梁"，构建了"社会网络嵌入机制—关系张力—关系绩效理论模型"，并以我国集群企业发展代表性较强的浙江集群企业为研究对象进行实证检验。

本章至少在以下两方面做出了理论贡献：一是以往的研究在分析企业间的合作关系时，往往只关注到不利因素对于企业合作关系产生的消极影响，很少探寻企业合作关系中这种不利因素产生的原因，仅有的以合作关系不利因素产生原因作为研究重点的文献也往往只讨论其中的某一方面的不利因素，而本章通过对企业关系张力的理论剖析，梳理了企业关系张力所包含的行为张力、结构张力和心理张力三种张力形态，并尝试将导致企业间合作效率低下的所有不利因素（关系黑暗面）都纳入不同形态的关系张力中进行分析，全面探讨合作关系中的所有不利因素产生的原因。二是提出从水平嵌入（产业分工）与垂直嵌入（政策规制等）视角刻画社会网络嵌入对于集群企业关系张力变化的影响，将企业间以产业分工为基础自发形成的网络嵌入关系与制度空间、产业环境等引发的集群网络嵌入关系纳入模型中进行分析，从而更为全面、准确地把握社会网络对集群企业合作关系张力及关系绩效可能产生的影响。

第二节　相关理论及假设

一　集群企业社会网络嵌入

在产业集群形成初期，区域社会网络一直是影响产业集群发展的重要因素，以区域一体化为连接纽带的企业价值链关系是产业集群网络中最常见、最原始的集群企业间合作形式。集群企业所嵌入的区域社会网络虽然是一个具有多元特征的复杂系统，但其均是围绕"本地性"内涵来探讨的。Capello 和 Faggian（2005）指出，集群企业地方社会网络包括地理临近性网络和组织临近性网络两大类。而 Argouslidis 和 Indounas（2010）则进一步将集群企业所在的地方社会网络划分为地理相近、组织相近、社会相近、制度相近和认知相近五个维度。在区域社会网络的后续研究中，有关区域产业集群网络嵌入的差异分析主要从上述五个维度展开。集群企业从单纯的价值链嵌入发展到区域社会网络嵌入使集群企业间的关系更为复杂，这种复杂性体现在区域社会网络嵌入下的集群企业不仅包含企业间基于产业分工的水平网络合作关系，还包含区域网络环境中其他行为主体与集群企业间存在的网络合作关系（朱华晟，2003）。在区域产业集群网络中，其他行为主体主要包括政府部门、产业协会等机构，这些机构虽不直接参与集群企业的日常生产经营活动，但往往通过政策颁布、制度建设等措施对集群企业起到规制作用，因此，在本章中，我们将区域社会网络中的其他行为主体与集群企业之间的网络关系又称为垂直网络合作关系。这样看来，区域社会网络嵌入下的集群企业主要存在水平网络嵌入关系和垂直网络嵌入关系两种合作方式。集群企业区域社会网络嵌入的差异可以通过水平网络嵌入关系和垂直网络嵌入关系的差异来反映。王缉慈通过对我国区域产业网络集群的实证分析，证实了这种区域产业集群网络化差异是存在的，并且进一步指出，这种差异化的区域网络在避免过度依赖发达国家或地区来发展本国或当地经济具有重要意义（王缉慈，2001）。

在集群企业水平网络嵌入关系中，集群企业之间为了降低生产和交易成本、及时获取先进知识与技术以及通过联盟整体共同对抗风险而形成合作关系（Grégoire and Fisher，2008）。处于区域社会网络中的集群企业经过一段时间的成长将在产品、技术以及企业规模方面产生分化，部分企业由于技术创新投入大、产品质量优良以及战略决策科学等原因最终发展成区域产业网络中的核心企业，而另一些企业则由于技术创新能力弱、产品层次较低等各方面原因只能作为产业网络中的卫星企业存在（王缉慈，2001）。此时，集群企业在合作关系上也将发生变化，以核心企业和卫星企业合作为主的集群企业网络合作方式构成了集群企业水平网络嵌入关系的主体。在水平网络嵌入关系中，核心企业首先掌握先进产品生产、加工技术，然后将局部或部分技术标准转包给特定的卫星企业形成特殊的生产合作关系。而集群企业垂直网络嵌入关系中的集群企业主要是与当地政府部门以及产业协会等机构产生的合作关系。政府部门在当地企业集群网络形成中的重要作用是显而易见的，为了促进本地经济的发展，国内外大多数国家和地区都在政府主导或参与之下建立了众多区域产业集群（朱华晟，2003）。而行业协会对于集群企业的贡献则主要体现在产业发展趋势预测、集群企业发展态势分析以及产业集群转型与升级等方面。政府部门、行业协会等组织和机构对于区域集群企业发展的巨大促进作用已经得到了许多研究的支持（Saxenian and J. Y. Hsu，2001；Kim and Swaminathan，2006）。通过上述分析，集群企业社会网络嵌入可以用图10-1来描述。

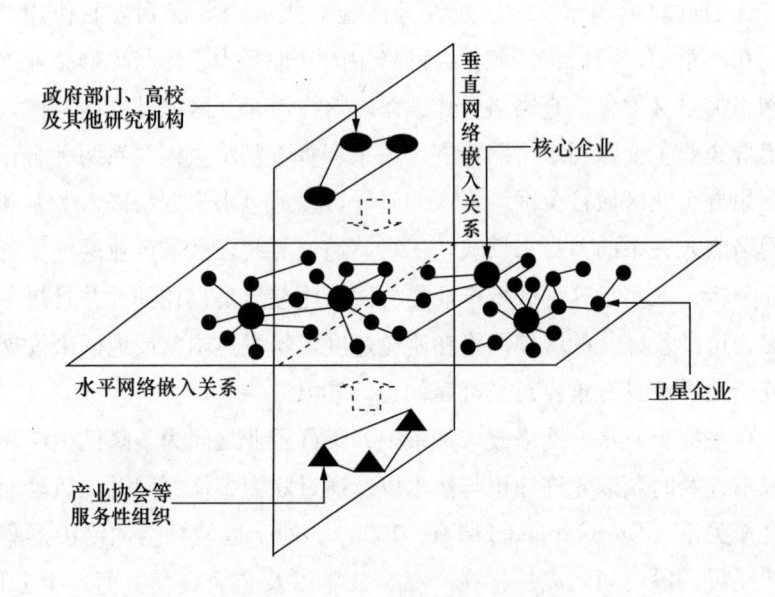

图 10-1 集群企业网络嵌入模型

资料来源：笔者整理。

二 企业关系张力

张力原本是物理学研究领域的一个概念，表征一种既相互联结但方向相反的作用力。后来，一些学者将张力理论应用于政治学、社会学、管理学、心理学等领域研究并提出了关系张力的概念（Ram et al.，

2009）。Das 和 Teng（2000）指出，企业关系张力是指影响企业合作关系的两种对立因素之间的博弈关系。在不同研究领域中，企业关系张力所涵盖的内容存在非常大的差异。从企业关系营销理论来看，企业合作关系建立的基础是通过合作关系企业能够扩大自身的影响范围，同时提高自身的市场地位和品牌价值，无论在企业水平嵌入关系中还是垂直嵌入关系中，企业之间总是存在一种既相互合作又相互竞争的关系。Melles 和 Kuys（2000）认为，企业间在合作时间长短上的博弈对于企业绩效将产生重要影响，即企业在合作决策上是选择建立长期合作联盟还是确立短期合作关系将深刻影响企业关系绩效。在企业合作关系中，企业间对于合作关系的弹性水平（灵活性与稳定性）也有不同的认识，Fang 等（2008）则进一步将其概括为企业合作关系结构层次上的关系张力。Das 和 Teng（2000）在总结了前人相关研究的基础上，将企业合作关系中存在的关系张力划分为行为张力、结构张力和心理张力三个维度。

　　企业关系张力中的行为张力是指具有合作关系的企业间既相互竞争又相互合作的关系。企业间合作关系中合作与竞争同时存在是企业联盟能够保持长久竞争力的关键因素，也是维持企业关系绩效在较高水平的必要条件之一。Fang 等（2008）认为，企业间的合作与竞争是否保持相对平衡是企业联盟策略能否获得成功的重要特征之一，因此，对于企业管理层来说，最重要的任务或挑战就是确保企业合作关系中竞争与合作之间的平衡。在企业合作中关系结构的灵活性与稳定性之间也存在博弈关系，这种关系结构灵活性与稳定性之间的博弈关系就是结构张力。组织权变理论学者一直强调企业组织绩效的高低与组织环境、组织策略和组织结构具有重要关系，在环境不确定性越高的背景下，企业必须重视其合作关系结构的合理性，保持企业合作关系灵活性与稳定性的平衡，促进企业合作绩效的提高（Fredericks，2005）。企业选择长期联盟还是短期合作对于企业发展也将产生深远影响，不同的企业对于采取长期联盟还是短期合作一直存在矛盾与冲突（Anderson and Jap，2005）。在早期的企业合作中，大多数企业倾向于选择长期联盟的合作关系，然而，随着产业发展趋势愈加难以预测、产品生命周期缩短以及新兴技术的层出不穷，使企业在合作方式上更愿意采取短期合作的模式（Pressey and Tzokas, 2004)。从企业长期发展周期来看,长期联盟与短期合作并存的合作关系对于企业更为有利,根据外部环境的变化和企业策略的变革,企业应在上述两者之间实现动态平衡,因此,时间导向下的企业合作心理张力是指长期联盟与短期合作的博弈过程。

三 研究假设

企业社会网络水平嵌入是以企业间的产业分工为基础的网络嵌入形态。网络中的企业依据不同嵌入态势来确定彼此在合作目标与合作方式等方面的具体合作机制。Rosenkopf 和 Nerkar (2001) 指出,以网络嵌入为基础的竞争策略导向对于企业获取网络资源、技术以及市场信息具有重要作用,而且对于企业良好合作关系的维持也产生重要影响。从企业网络能力的角度来看,企业间合作制度是否完善、合作机制是否健全不仅取决于企业市场策略、组织结构等因素,还取决于企业对彼此间合作关系维持时间长短以及合作态度等因素。社会网络嵌入机制差异是导致企业资源依赖的重要原因,Gulati (1999) 认为,复杂的社会网络嵌入机制造成了企业资源获取方式和获取渠道的多样化,这就要求企业在合作方式上采取更加动态化与弹性化的策略。在持续变革的动态社会网络中,企业合作时间的长短不仅取决于企业资源获取与利用的有效性,还受到企业新技术研发或者替代产品出现等因素的影响。Das 和 Teng (2000) 指出,当前企业间合作关系的紧密与否不仅受到原料、人才以及技术等传统资源的影响,而且更强调产品品牌、工艺理念以及技术标准可能给企业竞争态势带来的冲击,这在高新技术产业中体现得尤为突出。根据上文分析,本章提出以下假设:

假设 10-1:企业社会网络水平嵌入对企业关系张力具有显著的正向影响。

假设 10-1a:竞争策略对企业关系张力具有显著的正向影响。

假设 10-1b:网络能力对企业关系张力具有显著的正向影响。

假设 10-1c:资源依赖对企业关系张力具有显著的正向影响。

企业社会网络垂直嵌入通过政府政策、产业环境等对企业合作关系产生规制作用。一般来说,政府政策对于企业间合作关系的影响主要体现在企业布局、技术创新和产业联盟三个层面。Mudambi 和 Swift

(2009) 指出，通过政府政策的"桥接"作用，知识密集型企业在研究机构强大的技术支持和帮助下所取得的结果差异非常大，即研究机构对于企业的这种支持与帮助并不总是有效的，其受到研究机构与企业间技术和管理人员之间关系紧密性、融洽程度（关系张力）的深刻影响。随着全球化的持续深入和企业间竞争的白热化，企业需要通过不断地评估彼此间的合作关系和调整合作模式，因此，产业环境对于企业间关系张力的影响也是显而易见的。Kazuhiro (2001) 在对日本跨国企业技术和产品研发国际化的分析后指出，产业布局、子公司所在地产业环境等因素均会对企业组织张力以及合作模式造成重要影响。Perez – freije 和 Enkel (2007) 指出，企业合作层面的创造性张力是由企业所处的行业产品更新和产业发展速度决定的，因此，企业在合作过程中应重视那些自由度高、灵活性强的创新团队建设。而企业间在关系博弈、关系依赖以及合作方式上的差异是由不同产业组织构建原则、运作方式不同导致的观点也得到了众多学者的认可。基于此，本章提出以下假设：

假设 10 - 2：企业社会网络垂直嵌入对企业关系张力具有显著的正向影响。

假设 10 - 2a：政府政策对企业关系张力具有显著的正向影响。

假设 10 - 2b：产业环境对企业关系张力具有显著的正向影响。

企业社会网络水平嵌入对于关系绩效的影响。在企业社会网络水平嵌入中，企业由于所处社会网络位置的差异使企业间的竞争与合作是全方位、多层次的（Das, 2006）。因此，企业依据自身在社会网络中所处位置来制定科学、合理的竞争策略就显得尤为重要。Gay 和 Dousset (2005) 指出，企业网络中心性对于企业间的合作效率具有重要影响，而处于社会网络中心位置的企业由于涉及更多的企业连接关系，在合作关系上更具主动性和竞争性。Palmatier 等 (2007) 认为，企业良好的网络能力能够提升企业充分利用其与合作伙伴之间的合作关系，促进企业间的技术交流与互动，使不同主体间的技术、知识转移更加顺畅，进而提高企业间的合作效率。资源获取一直是企业竞争战略关注的焦点，也是企业合作关系构建过程中非常关键的阶段。Bartz 和 Lydon (2008) 指出，由于不同企业间资源异质性与难转移性（既可能是缺乏转移途径，也可能是企业故意不让转移),因此,构建高效率的合作关系是企业非常重要的战略选择。而企业拥有高价值、难以模仿以及不可替代资源的多寡则决定了其在合作关系中的地位,同时,不同企业间在资源需求度和互补性上的差异也在很大程度上决定了企业合作效率的高低(Ritter and Gemunden, 2003)。因此,本章提出以下假设:

假设10-3:企业社会网络水平嵌入对企业关系绩效具有显著的正向影响。

假设10-3a:竞争策略对企业关系绩效具有显著的正向影响。

假设10-3b:网络能力对企业关系绩效具有显著的正向影响。

假设10-3c:资源依赖对企业关系绩效具有显著的正向影响。

企业社会网络垂直嵌入对于关系绩效的影响。政府政策在企业合作关系中一直扮演着重要的作用,尤其是在高新技术、新兴技术领域的产业集群中体现得更为明显。Lehrer 和 Kazuhiro (2004) 在深入分析日本生物产业集群企业的基础上指出,政府在调控企业与高校、研究所等研究机构的合作关系中具有重要作用,政府部门通过其特有的资源、权力禀赋能够保证企业与研究机构间的合作关系维持下去。胡卫国和方海峰基于产业组织理论的角度指出,作为产业政策的制定者——政府部门应该充分发挥自身的权力资源,促进汽车企业的合作以及汽车产业的发展。此外,关于产业环境对于企业合作关系绩效的影响,Grégoire 和 Fisher (2008) 指出,外商投资企业对于外部产业环境的依赖性较强,这种依赖性主要体现在企业的外部产业嵌入与技术、产品嵌入等方面,即产业环境对于企业与当地合作伙伴之间的合作效率将产生重要影响。McEvily 和 Marcus (2005) 指出,企业为了维持彼此间良好的合作关系,有效地解决各种问题与纠纷往往愿意共同承担合作风险,从而有助于企业之间核心知识与技术的转移和共享,提高企业合作效率。从这个角度来看,政府政策导向及外部产业环境将促进企业合作效率的提高。基于此,本章提出以下假设:

假设10-4:企业社会网络垂直嵌入对企业关系绩效具有显著的正向影响。

假设10-4a:政府政策对企业关系绩效具有显著的正向影响。

假设10-4b：产业环境对企业关系绩效具有显著的正向影响。

关系张力对于关系绩效的影响。良好的网络关系能够提高集群企业信息、技术和知识等方面资源的获取效率，进而为企业构建竞争优势、确立市场地位奠定基础。Das 和 Teng（2000）指出，企业间的合作关系必须保持在特定的水平上才会促进企业效率维持在较高水平，过度的合作关系不仅会抑制企业间的合作效率，还会使企业失去进取心与合作动力，最终导致合作关系的解散。因此，维持企业之间合理的竞争与合作关系才能有效地促进企业合作效率的提高。Fang 等（2011）认为，企业间弹性化的合作关系能够很好地适应外部环境变化，应对市场变革所带来的挑战，因此，弹性化的合作关系对企业合作绩效也具有促进作用。然而，弹性化的企业合作关系往往容易导致企业合作关系缺乏稳定性，一旦企业间由于追求合作关系上的灵活性而动摇了企业合作关系构建的基础，将导致企业在合作关系上权责不明确、管理方式混乱等问题。因此，合理的企业合作关系的灵活性应该与企业合作关系的稳定性相辅相成，从而共同促进企业合作效率的提升。

一直以来，很多学者都认为，企业间建立长期合作关系能够有效地提升企业合作效率（Das and Teng，2000）。在企业形成初期，长期的合作关系能够保证企业间建立高度信任关系，从而利于企业获取及时的信息与资源，但随着企业不断发展长期的合作关系也可能成为阻碍企业进一步发展的因素（胡晨光、程惠芳和俞斌，2011），例如，处于变革期的企业在战略决策和市场导向等方面必然面临着调整和转变，而长期的合作关系模式则成为阻碍其变革的重要因素。因此，合作策略的选择应以企业实际战略需要为标准，构建合理的短期合作关系对于提升彼此间的合作绩效较为有利。根据上文分析，本章提出以下假设：

假设10-5：企业关系张力对企业关系绩效具有显著的正向影响。

假设10-5a：行为张力对企业关系绩效具有显著的正向影响。

假设10-5b：结构张力对企业关系绩效具有显著的正向影响。

假设10-5c：心理张力对企业关系绩效具有显著的正向影响。

根据上文理论假设分析，我们提出了本章的研究框架如图10-2所示。

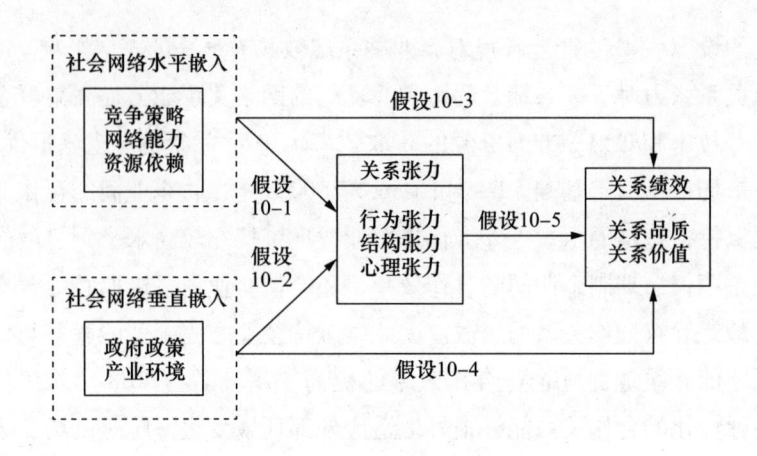

图 10－2 本章研究框架

资料来源：笔者整理。

第三节　研究方法

一　研究样本

为了保证数据采集的可靠性与合理性，本章在调查对象上也进行了精心挑选，最后确立本章的主要调查对象为温州平阳皮革、永康五金以及诸暨大唐袜业等富有特色的区域产业集群。此外，考虑到本问卷中企业社会网络、关系张力等概念在理解上具有一定的难度，我们主要选择企业中具有较高学历（本科以上）的中高层管理人员来填制问卷。本次调研一共调查了不同产业集群内的172家企业，最终发放问卷640份，收回问卷209份，经分析处理后，得到有效问卷168份，问卷回收率为32.7%，有效问卷率为26.3%。本次调查问卷回收率之所以比较低，一方面是因为调查的企业中满足问卷填制条件的员工相对较少；另一方面是由于其中一部分被调查者对于问卷中企业社会网络、关系张力的概念仍然不是很有把握。但整体来说，这并不影响本研究的顺利展开，且所回收的有效问卷均具有良好的代表性，基本保证了调查结果的可靠性。

在获得了样本之后，我们运用频数分配方法对所获得的样本基本特性进行统计分析，主要包括企业所在地区及所在产业、与同行相比的规模等。具体结果如下：①与同行相比的规模。在所调研的企业中，与同行相比，属于大规模的企业有 21 家，占样本总数的 12.5%；属于中等规模的企业有 43 家，占样本总数的 25.5%；属于小规模的企业有 99 家，占样本总数的 59%；未填答的为 5 家，占样本总数的 3%。②在所有样本企业中，机械设备行业企业有 47 家，占样本总数的 28%；纺织服装业企业有 67 家，占样本总数的 39.9%；皮革包装产业企业有 43 家，占样本总数的 25.6%；未填答的企业为 11 家，占样本总数的 6.5%。

二 变量测度

关于集群企业社会网络水平嵌入的测量，本章在参考了 Gulati (1999) 与 Kazuhiro 等 (2001) 的相关量表基础上从竞争策略、网络能力和资源依赖三方面进行测度。而关于企业社会网络垂直嵌入的测量，则以 Lehrer 和 Kazuhiro 等 (2004) 的研究成果为基础，主要分为政府政策和产业环境两方面进行测度。关于关系张力的测量我们借鉴了 Das 和 Teng (2000)、黄忆湘等 (2008) 的研究成果主要从行为张力、结构张力和心理张力三个层面展开。其中，行为张力，主要包括竞争和合作两种关系的博弈；结构张力是指企业合作关系在组织层面上的灵活性与稳定性平衡状况；心理张力反映的是企业在合作关系持续时间上的长短。对于企业关系绩效的测量，我们参考了 Ulaga 和 Eggert (2006)、方世荣等 (2009) 的研究成果，从企业关系品质和关系价值两个维度进行测度。

三 信度与效度检验

我们用 SPSS 17.0 和 Amos 17.0 检验了社会网络嵌入、关系张力和关系绩效三个测量量表的信度及效度。关于量表信度的分析，我们以克隆巴赫 α 系数和因素分析累计解释量为评价指标。一般认为，克隆巴赫 α 系数值大于 0.6 以及因素分析累计解释量值高于 0.5 即可认为量表的信度可以接受。关于量表效度的分析，我们以 GFI、CFI、RMR 和 RMSEA 为适配度指标，一般认为，适配度指标的理想数值范围是 GFI、CFI 大于 0.9，RMR 小于 0.05，RMSEA 小于 0.08，本章测量量表的信度和效度如表 10-1 所示。

表 10-1　　　　　　　　量表的信度和效度分析

变量	克隆巴赫 α 系数	累计方差解释率（%）	GFI	CFI	RMR	RMSEA	P
网络水平嵌入	0.849	67.42	0.951	0.932	0.041	0.061	0.000
网络垂直嵌入	0.864	69.13	0.928	0.924	0.053	0.053	0.002
关系张力	0.810	58.05	0.933	0.919	0.047	0.061	0.004
关系绩效	0.830	63.73	0.915	0.907	0.040	0.062	0.006

第四节　数据分析和结果

为了验证上述研究框架与假设的合理性，我们运用结构方程模型进行假设路径检验。首先构建了整体检验模型对理论假设进行实证检验，其次分别以企业规模和企业所在产业为控制变量进行了检验。其中，企业规模在剔除未填写的企业之后，划分为大规模企业、中等规模企业和小规模企业；企业所在产业在剔除未填写的企业之后，也划分为机械设备、纺织服装和皮革包装三个产业来进行分析，具体检验结果如表 10-2 所示。

表 10-2　　　　　　　不同模型的路径系数和假设验证

假设	整体模型（模型1）	控制变量（企业规模）（模型2）			控制变量（所在产业）（模型3）		
		大规模	中规模	小规模	机械设备	纺织服装	皮革包装
假设 10-1	0.531***	0.452**	0.274**	0.475***	0.432***	0.347***	0.217*
假设 10-1a	0.447***	0.371**	0.328**	0.214**	0.394***	0.315**	0.208*
假设 10-1b	0.101	0.201**	0.023	0.123*	0.301**	0.319**	0.099
假设 10-1c	0.523***	0.331**	0.237**	0.514***	0.332**	0.276**	0.102*

续表

假设	整体模型（模型1）	控制变量（企业规模）（模型2）			控制变量（所在产业）（模型3）		
		大规模	中规模	小规模	机械设备	纺织服装	皮革包装
假设10-2	0.622***	0.414**	0.501***	0.437***	0.301**	0.206*	0.346***
假设10-2a	0.214*	0.401*	0.197**	0.514***	0.202*	0.096	0.237**
假设10-2b	0.517***	0.365**	0.476**	0.523***	0.342**	0.211*	0.416***
假设10-3	0.430***	0.421**	0.523***	0.342**	0.401***	0.256**	0.224*
假设10-3a	0.478***	0.453**	0.389**	0.006	0.301**	0.247**	0.192**
假设10-3b	0.329**	0.412**	0.291**	0.423***	0.200*	0.100	0.091
假设10-3c	0.297**	0.234**	0.401**	0.452***	0.317**	0.202**	0.172*
假设10-4	0.296**	0.332**	0.342***	0.319**	0.409***	0.343***	0.371***
假设10-4a	0.097	0.354**	0.191*	0.364**	0.481***	0.328**	0.346**
假设10-4b	0.371***	0.378**	0.287**	0.213**	0.397***	0.321**	0.401***
假设10-5	0.468***	0.218*	0.412***	0.456***	0.501***	0.458***	0.271**
假设10-5a	0.378***	0.044	0.313***	0.353**	0.301***	0.372***	0.301***
假设10-5b	0.275**	0.293**	0.381***	0.327***	0.410***	0.024	0.009
假设10-5c	0.389***	0.090	0.077	0.301***	0.291**	0.363***	0.057
拟合度指标							
χ^2	38.12	35.74			27.14		
df	28	27			21		
GFI	0.921	0.903			0.873		
CFI	0.909	0.911			0.894		
RMSEA	0.042	0.051			0.063		

注：***、**、* 分别表示1%、5%和10%的显著性水平。

模型1是整体模型的假设检验结果，各拟合指标如下：$\chi^2=38.12$，df=28，GFI=0.921，CFI=0.909，RMSEA=0.042，均达到理论拟合水平要求。从模型1中我们可以看到，除假设10-1b和假设10-4a显著性不显著之外（路径系数分别为0.101和0.097），其他假设都得到了实证检验的支持。

模型2是以企业规模作为控制条件的假设检验结果，各拟合指标如下：$\chi^2 = 35.74$，$df = 27$，$GFI = 0.903$，$CFI = 0.911$，$RMSEA = 0.051$，均达到理论拟合水平要求。从模型 2 中我们可以看到，除假设 10 - 5a 和假设 10 - 5c 在大规模企业中没有获得实证支持（路径系数分别为 0.044 和 0.090），假设 10 - 1b 和假设 10 - 5c 在中等规模企业中没有获得实证支持（路径系数分别为 0.023 和 0.077）以及假设 10 - 3a 在小规模企业中没有获得实证支持（路径系数为 0.006）外，其他假设都得到了实证检验的支持。

模型 3 是以企业所在产业作为控制条件下的假设检验结果，各拟合指标如下：$\chi^2 = 27.14$，$df = 21$，$GFI = 0.873$，$CFI = 0.894$，$RMSEA = 0.063$，均接近或达到理论拟合水平要求。从模型 3 中我们可以看到，除假设 10 - 2a、假设 10 - 3b 和假设 10 - 5b 在纺织服装产业企业中没有没有获得实证支持（路径系数分别为 0.096、0.100 和 0.024），假设 10 - 1b、假设 10 - 3b、假设 10 - 5b 和假设 10 - 5c 在皮革包装产业企业中没有得到实证支持（路径系数分别为 0.099、0.091、0.009 和 0.057）之外，其他假设都得到了实证支持。

第五节　结论与讨论

本章将社会网络水平嵌入机制与社会网络垂直嵌入机制相结合，并基于关系张力视角来探讨集群企业间的关系绩效。社会网络水平嵌入是基于企业之间产业分工所自发形成的网络连接关系，而社会网络垂直嵌入则是由于制度空间变迁、产业政策导向等所引发的网络连接关系。本章研究的一大理论贡献是通过引入关系张力概念，将所有可能导致企业合作低效率的不利因素纳入具体的关系张力形态中加以讨论，并通过分析不同产业集群及规模下企业的社会网络水平嵌入和社会网络垂直嵌入对关系张力及关系绩效的作用机制。

在整体模型中，我们的研究表明，企业网络能力对于集群企业关系张力的变化并不产生显著的影响，这充分说明了区域集群企业网络的相对稳定性，产业集群内部资源、信息的交流都处于一种因产业长期发展而相对固化的模式之中，企业间合作关系状态的改变受到集群企业网络的影响非常有限。整体模型的研究还表明，政府政策并不对企业关系绩效产生显著影响，我们认为，可能是由于政府部门只有在产业集群发展出现"瓶颈"（集群衰退、产业转型等）时，才会大规模地颁布实施相关政策，而面临集群衰退或产业转型中的集群企业合作关系通常处于破裂或解散状态，同时盲目或过度的外部政策干预也会导致合作关系张力发生严重倾斜，从而滋生大量的不利因素导致企业间合作的低效率。

在以企业规模为控制变量的模型中，我们发现，心理张力对于关系绩效的影响在产业集群中的大规模企业中并不明显。这主要是因为大规模企业往往占据产业集群网络的中心位置，占据了产业链的核心地位，与原料供应为主的合作伙伴保持稳定、持续的资源与信息交流是大规模企业建构核心能力的重要基础，因此，大规模企业总是倾向于与下游企业建立长期的合作关系。而对于产业集群中的中等规模企业来说，其往往处于产业集群分工网络或价值链的"中间位置"，一方面，其无法像上游的大型企业一样引领产业变革；另一方面，又不像集群中小规模企业那样对政策调控、产业变革具有敏感、强烈的反应，只有与上下游企业维持长期、稳定的合作关系，才能够获得更为可观的绩效。我们还发现，企业竞争策略对于小规模企业合作关系状态并不产生显著的影响。这也是可以理解的，从本次调研的大部分产业集群来看，集群中的小规模企业往往是作为主导型企业的"卫星"式企业而存在的，对于主导型企业具有较强的依附关系。由于小规模企业的合作关系主要发生在其与产业集群的主导型企业之间的纵向合作方面，所以，其竞争策略在这种纵向的合作博弈中起到的作用肯定是有限的。

在以企业所在产业为控制变量的模型中，政府等部门的相关政策对于企业合作关系状态的变化在纺织服装产业企业中并不产生显著影响，并且企业的经营模式、销售渠道等网络对于企业关系绩效的提升在纺织服装和皮革包装产业企业中也不显著。此外，我们还发现，在纺织服装与皮革包装产业企业中结构张力对于企业关系绩效的促进作用并不明显，而心理张力对于关系绩效的影响在皮革包装产业企业中也不显著。我们认为，可能的原因是，作为一种技术含量相对较低、产业分工相对粗糙但市场需求相对稳定的纺织服装与皮革包装产业企业，本次调研的大唐袜业、平阳皮革等产业集群中的企业仍然停留在以低成本、低价格驱动的发展模式中，依托相对广阔且稳定的国内外市场，对于以强调研发与技术进步且可能需要较大成本的合作关系建立并不积极，大多数企业间的合作关系也仅仅是建立在以原材料共享、通过结盟降低市场风险等"初级抱团发展"的理念之上，在实际的调研过程中我们也发现，这些集群中的企业间在产业链上的联系并没有像机械设备产业集群中企业之间联系那样紧密。

本章的研究结论启发我们认识这样一个道理：集群企业高效率的合作关系建立在集群企业间竞争与合作关系、组织合作弹性以及合作时间选择的动态平衡之上。另外，在当前国内外整体经济环境不景气及全球产业布局面临调整，我国产业结构亟待转型升级的背景下，我们的发现还意味着要准确分析导致企业间合作关系效率低下的不利因素，也必须从产业集群中企业特殊的合作方式与产业发展生态视角进行探讨。

第十一章 企业知识流入与组织绩效关系研究

第一节 研究背景

所有的创新都是以创意为出发点,但并非所有的创意都会导致创新(Goldenberg et al., 2001)。创意的绝对数量也不能保证创新(Baer, 2012)。尽管多年来他和他的同事设计了许多成功的产品,但苹果公司首席设计师乔纳森艾夫从未停止过创造性解决方案形成过程的探究,即培育初创思想一直到最终的创新。创新的成就不仅需要好的想法,而且还取决于从最初的创意想法到最终创意解决方案的形成过程。任何人都能够产生创造性的想法,事实上,这种情况每天都会发生。但是,单独工作的人很难将创意转化为实际创新。当一个人隶属于一个组织或团队时,成功完成复杂的创新任务更有可能发生(Singh and Fleming, 2010)。团队是现代组织的基本工作单位(Bush and Hattery, 1956),呼吁团队成员将他们的技能、知识和想法融合为一个共同目标。建立专门的研发团队和规划团队可以帮助组织促进创新过程,从而实现创新。但是,这些团队成员创意如何在创造性解决方案形成过程中发挥作用?这些因素如何影响组织创新绩效?在本章中,我们尝试研究解决这些问题。

知识流入是企业不断从外部环境中获取、吸收和利用知识的过程,知识流入是影响企业组织创新效率的重要因素之一,具体表现在以下两个方面:一是外部环境中准确的市场信息、消费者需求以及技术变迁等知识的流入为企业组织活动的高效、顺利开展奠定了扎实的知识基础。

二是流入企业的外部知识与企业内部知识进行持续、广泛的碰撞和交流，激发了企业创意的产生，进而推动了企业创意活动的开展，使企业的组织创新活动更容易获得成功。然而，以往相关研究往往忽视了企业知识流入首先引发企业创意产生，进而通过企业创意提升企业组织绩效这一事实。根据企业知识获取渠道、利用方式和知识效用的差异，流入企业中的知识主要可以划分为技术知识和市场知识。其中，技术知识主要包括产品研发、工艺流程设计以及组织管理技术等方面的知识。市场知识则主要是有关市场信息、消费者需求以及竞争者经营策略等方面的知识，高效率的市场知识流入能够提升组织洞悉市场发展态势、掌握消费者需求变化以及评估竞争对手未来发展策略的能力。只有充分吸收组织外部的技术知识和市场知识资源，才能保持组织的持续竞争力。

倡导时尚、新潮流的企业创意一直是企业市场营销实践关注的焦点之一，然而，理论界将创意理念引入企业创新实践研究中还较少。学者在对企业创意过程进行持续、深入的分析与解构后却引发了对企业组织实践中关于创意与创新之间相容性问题的讨论，并最终形成了不同的研究方向（蔡宗宪，2007）。一般来说，企业创意是企业在生产经营活动中形成的新想法、新理念的水平（王先辉、段锦云和田晓明，2010）。基于企业市场营销视角，Im 和 Workman（2001）将企业创意分为产品创意和营销创意两种类型，其中，产品创意是指实现产品在外形、功能及品质上的新奇性、独特性及其所能带给消费者的感受程度。营销创意是指企业通过拓展特殊的销售渠道和特色营销方案，将新产品的创新性与独特性展现给消费者，获得消费者认可或青睐的程度。

第二节 相关理论及假设

创意是指任何领域的新颖和有用的想法的结果（Amabile，1996）。Amabile（1983，1996）提出了一个主要组件模型，指出，个人创意有三个重要组成部分：动机、专业知识和创造性技能。虽然这三个因素通常对创造力有正面影响，但还有其他因素可能产生负面影响。Amabile 等（1996）的组织创造力环境的 KEYS 量表表明，在评估创造性工作环境时，应评估诸如工作挑战和工作量等压力。我们基于个体层面的创造力因素、知识库存、个人创造力和压力建立了一个研究模型，并分析了这些因素如何影响创意团队创造性解决方案的形成过程。组织内部团队创意是一个复杂的社会系统，它将多个相互依赖的团队成员的知识和信息结合起来，形成更多新的想法（Chen，2006）。Kratzer 等（2004）认为，团队创造力是人际沟通的讨论过程，由团队成员的互动和影响驱动。团队创意的形成和提升依赖于团队成员的创造力及其相互作用和努力的结合。因此，要了解团队的创造过程，团队及其成员的创造性因素必须同时在单一模型中考虑。

最近的一些研究集中在研发过程中个人贡献与团队绩效之间的关系。Taggar（2002）在 Amabile（1983，1996）提出的主要组成部分的理论基础上构建了一个层次化的个人团队创意模型，并探讨了组织利用其个人成员的创意资源的能力。与 Taggar（2002）一样，Pirola－Merlo 和 Mann（2004）将团队创意视为个人团队成员创意的组合。上述两项研究讨论了创意过程中个体创意对团队绩效的影响，但他们没有解决影响个人创意的因素或这些因素如何最终影响团队的创造性表现。

一 知识流入与企业组织绩效

由于需要对流入企业的知识进行消化吸收，因此，企业只有积累了足够丰富的知识整合、利用能力，才能对外部流入的知识进行充分消化吸收，并与企业已有的知识进行融合与创新并形成新知识，进而提升企业组织绩效。随着企业间合作联盟的持续发展，拥有深厚知识累积经验的企业，通过合作、并购以及其他方式能够充分利用这种联盟方式获得的知识从事组织创新活动，提升组织创新绩效。当然，这种跨越联盟或产业界限的外部知识流入对于企业整合来自不同专业领域知识的能力提出了非常高的要求。组织通过持续地获取外部知识能够降低组织内部知识的转移成本、提升知识转移效率以及增加知识资产的累积效应等。在现代企业竞争中，按照知识作用机制的差异，将流入企业的知识进行分类、编码和管理，能够极大地提升组织内部知识的利用效率，使组织获取更高的绩效。此外，在市场竞争中，竞争对手的竞争策略也是企业普遍关注的焦点之一，拥有竞争对手丰富的市场知识，就意味着企业可以精确地掌握竞争对手的市场定位和竞争态势，从而有的放矢地进行战略调整，提升组织绩效。随着外部市场趋势的变化，企业对市场信息进行及时的分析与总结，对具有较好市场前景的产品进行功能改进或完善，保持企业组织绩效在较高水平。因此，本章提出如下假设：

假设11-1：企业知识流入对企业组织绩效具有显著的正向影响。

二　知识流入与企业创意

现代市场条件下，知识的爆发式增长不仅扩充了知识存量，而且使知识专用性更加明显。Weisberg（1999）在其研究中指出，组织内部知识存量与企业创意之间并不存在线性关系，即并不是组织内部知识存量越高，组织内部的创业活动越频繁，只有当组织内部知识维持在一定的水平时，才能调动组织内部相关创意活动保持在较高水平。企业创意不是凭空产生的，其需要某一特定领域中相关知识的长期积累，尤其是员工技术知识的积累非常关键。在企业创意形成过程中，市场知识通常在创意产生过程中起到"启发"作用，而技术知识则是突破创意"瓶颈"和拓展创意延伸渠道的主要推动力量。因此，只有充分融合流入组织内部的市场知识和技术知识，才能够获得较好的企业创意行为。此外，在企业创意形成过程中，还要重视组织内外部知识间的互补性与协调性，关键是加强企业员工在创意形成过程中的团队学习与合作。

在大多数情况下，企业组织绩效的高低需要通过组织在市场上的表现得以反映，其中组织产品市场占有率是最能反映企业组织绩效的指标之一。一般来说，外部知识流入较多、知识储备越丰富的企业，往往在回应市场产品发展趋势变化和消费者需求转变方面更为迅速和敏捷，更能依据市场变化和消费者偏好进行企业创意活动。因此，本章进提出如下假设：

假设11-2：企业知识流入对于企业创意产生具有显著的正向影响。

三 企业创意与企业组织绩效

从当前学者关于企业创意的研究成果来看,无论是基于产品研发创意还是市场营销创意,企业创意对于企业组织绩效的提升作用是显而易见的,企业拥有较高的产品研发创意绩效,意味着企业对于外部市场发展趋势的把握、产品设计理念的构建均形成了自身独特且较为完备的计划方案,为企业新产品创造奠定了扎实的思想基础。完善的市场营销创意能够提升企业产品销售计划的成功率,将产品具备的新功能和新特性很好地展现在消费者面前。这都说明了企业创意在促进企业组织绩效提升方面的重要性。而众多有关新产品创新成功与失败案例的分析也表明,良好的企业创意能够促进企业在产品功能新颖性和独特性方面实现较大提升,增强新产品的市场竞争力,进而构建企业组织竞争优势。企业创意对于组织绩效的提升还表现在其对于组织内部知识的整合与迁移方面,一般来说,良好的企业创意产生意味着组织内部具有很强的组织学习驱动因素,组织内部成员学习速度快、知识复制迁移能力强,对组织的发展过程具有更好的控制,也有助于组织更好地理解知识传递与组织变革。因此,本章提出如下假设:

假设 11-3:企业创意对于企业组织绩效提升具有显著的正向影响。

第三节 研究设计

一 研究样本

本章的样本主要来源于申报 2007/2008 年度广东省高新技术企业中的部分企业和浙江省杭州市的高新技术企业。具体的调研过程分两步进行,第一步是对广东省高新技术企业进行调研,采用问卷调查的研究方法对上述样本进行抽样调查;第二步是对浙江省杭州市的高新技术企业进行调研,同样采用问卷调查的研究方法对上述样本进行抽样调查。本次数据收集活动共发放 1000 份问卷,收回 271 份,回收率为 27.1%,其中,有效问卷 213 份,有效回收率为 21.3%,之所以问卷回收率较低，是因为调研对象对于本问卷中的企业创意内涵把握不是很清楚，但这并不影响本章的研究。

二 样本统计性描述

我们采用频数分配方法对样本的基本特性进行统计分析，包括与同行相比的规模、研发投入。具体结果如下：

（1）企业规模：在所有调研企业中，与同行相比，属于大规模的企业有45家，占样本总数的21.1%；属于中等规模的企业有121家，占样本总数的56.8%；属于小规模企业的有47家，占样本总数的22.1%。

（2）近三年来新产品研发费用占公司营业额的比重：在所有调研企业中，近三年新产品研发费用占公司营业额0—6.9%的企业有79家，占样本总数的37.1%；占公司营业额6.9%以上的企业有124家，占样本总数的58.2%；未填答的为10家，占样本总数的4.7%。

三 信度与效度分析

关于量表信度的分析，我们首先根据项目相关度分析，剔除了项目相关度小于0.4的问题条目，并对具有相似性的指标进行了净化。其次，我们利用克隆巴赫 α 系数（以下简称 α 系数）对问卷的整体信度进行了检验。内容效度与构造效度是关于测量量表效度分析中反映量表效度最为重要的两个维度。由于本章的量表是在参考以往相关学者的研究成果基础之上提出来的，且问题条目设计过程中大量参考了权威期刊的相关文献，在内容效度方面具有较高的可信度。因此，我们将主要对问卷的构造效度进行考察、分析。根据主流量表构造效度分析方法，本章将主要利用KMO样本测度和因子载荷量来检验量表的构造效度。本章中测量量表的信度与效度测量结果具体如表11-1所示。

从表11-1中可以发现，本章测量量表的问题条目相关度均大于0.4（最小为0.406），且 α 系数均大于0.6（最小为0.681），表明量表具有较好的信度；而KMO样本测度值均在0.7以上，且因子载荷量的比例也都在50%以上（最小为58.05%），表明量表具有良好的信效度。

表 11-1　　　　　　　　　　　信度与效度分析

变量	问题条目	CITC	α 系数	KMO	累计百分比（%）
知识流入			0.781		
技术知识	Q1.1 贵公司会定期邀请行业技术专家、产品研究机构和人员来进行技术指导	0.462	0.798	0.795	58.05
	Q1.2 贵公司经常安排员工学习其他部门或领域的相关技术知识	0.696			
	Q1.3 贵公司会购买有关产品研发的新技术和专利权	0.675			
	Q1.4 除本行业的技术外，贵公司也很关注其他相关行业的产品技术发展趋势	0.624			
市场知识	Q1.5 贵公司经常对本行业的产品市场流行状况进行调查	0.462	0.681		
	Q1.6 贵公司会对市场产品的消费状况进行跟踪、反馈分析	0.406			
	Q1.7 贵公司会与其他企业开展定期产品生产、销售交流活动	0.457			
	Q1.8 贵公司经常邀请消费者参与产品的使用情况调查活动	0.535			
企业创意			0.855		
产品创意	Q2.1 贵公司的产品能够体现消费者独特的消费价值和品位	0.700	0.845	0.861	65.18
	Q2.2 贵公司的产品能够较好地满足消费者对于艺术、娱乐等方面的追求	0.706			
	Q2.3 贵公司的产品内涵容易被消费者理解，产品更容易被消费者操作和使用	0.711			
	Q2.4 相比于其他产品，贵公司的产品获得了消费者更高的认可度	0.611			
营销创意	Q2.5 贵公司在产品营销过程会经常寻找新的销售方式和渠道	0.573	0.775		
	Q2.6 贵公司可以通过试用的方式来测试产品功能	0.590			

续表

变量	问题条目	CITC	α系数	KMO	累计百分比（%）
营销创意	Q2.7 贵公司通常拥有比竞争者更多的产品销售渠道	0.612	0.775	0.861	65.18
	Q2.8 贵公司在产品营销过程中注重产品内涵的诠释和特征的展现	0.546			
组织绩效			0.835		
产品绩效	Q3.1 贵公司的产品能够引领市场上同类产品的发展潮流	0.726	0.856	0.803	61.79
	Q3.2 贵公司的产品在市场上具有较强的号召力	0.741			
	Q3.3 贵公司的产品在市场上拥有明确的消费群体目标	0.668			
	Q3.4 贵公司的产品与竞争者投入市场的同类产品相比，差异性更明显	0.670			
财务绩效	Q3.5 贵公司的产品市场占有率较高	0.409	0.698		
	Q3.6 贵公司的产品在销售价格上具有优势	0.492			
	Q3.7 贵公司的产品盈利能力较强	0.637			
	Q3.8 贵公司的产品能提升企业竞争力	0.406			

第四节 数据分析和结果

一 整体模型分析

在实证检验中，我们首先构建了直接影响模型（模型1）来检验企业知识流入和企业组织绩效之间的直接影响关系，然后构建了中介模型（模型2）来检验企业创意在知识流入和企业组织绩效之间的中介作用，最后在中介模型（模型2）的模型基础上，加入控制变量企业规模与研发投入对企业知识流入、企业创意与企业组织绩效三者关系的影响，其中，图 11-1 是未加控制变量的中介模型（模型 2）的分析结果。

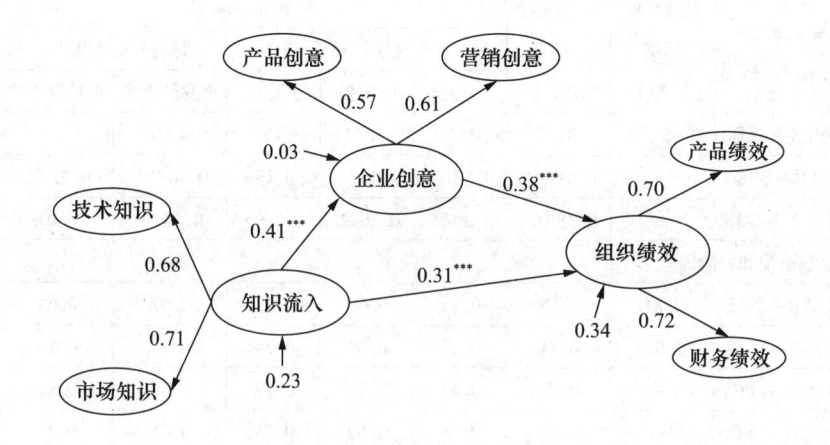

图 11-1 中间变量模型

资料来源：笔者整理。

二 控制变量的影响

在企业创新实践过程中，企业规模大小是影响企业获取外部知识资源的重要因素之一，而企业研发投入对于企业创意形成、企业创意付诸创新活动等也将产生重要影响。因此，在本章研究中，我们结合数据收集实际，以企业规模和企业研发投入作为控制变量，进一步分析知识流入、企业创意和企业组织绩效之间的关系。

当前理论界关于企业规模和企业研发投入的划分并未形成统一的标准，因此，本章关于企业规模的大小，我们是依据调研对象对于其企业规模在所在行业中的主观判断作为划分标准，具体将样本企业划分为大规模企业、中等规模企业和小规模企业三种类型。关于研发投入的划分标准，我们在对收集到的数据进行描述性统计时发现，以研发投入为 6.9% 为标准进行分组获得的两组数据较为均衡，因此，在研发投入控制变量分析中，我们将样本企业研发投入分别划分为 0—6.9% 和 6.9% 以上两种类型，然后对上述的理论模型进行再一次验证，结果如表 11-2 所示。通过表 11-2 可以发现，上述实证模型的结果在不同规模和不同研发投入的企业模型中有很大的不同。

表 11-2 模型检验结果分析

假设路径与模型验证指标	直接影响模型（模型1）	中间变量模型（模型2）	控制变量模型 企业规模（模型3）			控制变量模型 研发投入（模型4）	
			大规模	中规模	小规模	研发投入多	研发投入少
ZSLR→ZZJX	0.53***	0.31***	0.42***	0.38***	0.12*	0.48***	0.23*
ZSLR→QYCY	—	0.41***	0.32**	0.30**	0.14	0.40***	0.22**
QYCY→ZZJX	—	0.38***	0.30**	0.26**	-0.03	0.29**	0.05
模型检验和一阶因素							
ZSLR→JSZS	0.81	0.68	0.71	0.69	0.73	0.67	0.69
ZSLR→SCZS	0.78	0.71	0.68	0.69	0.54	0.72	0.76
QYCY→CPCY	—	0.57	0.64	0.75	0.77	0.69	0.81
QYCY→YXCY	—	0.61	0.58	0.69	0.58	0.71	0.72
ZZJX→CPJX	0.82	0.70	0.74	0.76	0.79	0.73	0.68
ZZJX→CWJX	0.77	0.72	0.65	0.68	0.71	0.76	0.71
拟合度指标							
χ^2	226.36	902.37	2341.65			1608.31	
df	92	437	1210			904	
GFI	0.965	0.888	0.927			0.897	
CFI	0.942	0.931	0.973			0.941	
TLI	0.903	0.912	0.944			0.938	
RMSEA	0.059	0.047	0.043			0.041	

注：ZSLR、JSZS 和 SCZS 分别代表知识流入、技术知识和市场知识；QYCY、CPCY 和 YXCY 分别代表企业创意、产品创意和营销创意；ZZJX、CPJX 和 CWJX 分别代表组织绩效、产品绩效和财务绩效；路径系数为标准化值；***、**、* 表示 1%、5%、10% 的显著性水平。

从表 11-2 中可以看到，拟合指标中 χ^2/df 最大值与最小值分别为 2.46（模型 1）和 1.78（模型 4），处于 1—3，达到理想水平；GFI 的最小值为 0.888（模型 2），接近于 0.9 的最低理想水平；CFI 的最小值为 0.931（模型 2），高于 0.9 的最低理想水平；TLI 的最小值为 0.903（模型 1），高于 0.9 的最低理想水平；RMSEA 最大值为 0.059（模型 1），小于理想水平 0.08，最小值为 0.041，大于理想水平 0.01；因此，根据结构方程模型理论检测标准,我们推测本研究所有模型的拟合指标都达到了理想水平,可以用来检验各模型中变量之间的相互影响关系。

从模型 1 中可以看到,知识流入对于企业组织绩效的影响路径系数为 0.53,显著性水平小于 1%,因此,我们推测企业外部持续的知识流入对于企业组织绩效产生显著的正向影响,假设 11-1 成立。在模型 2 中,知识流入对于企业组织绩效与企业创意的影响路径系数分别为 0.31 和 0.41,显著性水平都小于 1%,并且企业创意对于企业组织绩效的影响路径系数为 0.38,显著性水平小于 1%。因此,我们认为,企业创意在企业外部知识流入与企业组织绩效之间产生了部分中介作用。在加入企业规模控制变量的模型 3 中,我们发现,小规模企业中企业创意并不在外部知识流入与企业创新绩效之间产生显著的中介作用。同样,在加入研发投入控制变量的模型 4 中,企业研发投入少则企业创意在外部知识流入与企业组织绩效之间也没有显著的中介作用。

第五节 结论与讨论

本章的实证研究结果表明,知识流入对于企业组织绩效具有显著的正向影响。尽管这一结论早已被众多学者所证实,但他们主要是基于知识自身属性以及知识在不同行为主体间的转移方式和转移效率角度考虑的。然而,在企业生产经营实践过程中,最为关键的是流入企业中的各种形式的知识要能够切实促进企业创意活动的实施,进而提高企业组织运作效率。本章的这一发现揭示了这样一个道理:致力于提升组织创新绩效的企业应该将知识管理的战略重心从知识获取成本控制、知识获取渠道拓展等转移到有针对性地获取、吸收有利于企业产品创新与市场潜力挖掘等方面上来。

企业创意在知识流入与企业组织绩效之间具有部分中介作用。这在一定程度上验证了本章提出的企业知识流入首先引发企业创意产生,通过企业创意促进企业组织绩效提升的观点。这一发现不仅从理论上阐释了企业知识流入与企业组织创新行为之间的作用机制,描绘出了企业

"知识整合（创新观念构建）—创意形成（创新理念设计）—组织创新实践（创新理念实施）"的企业知识流入与企业组织绩效之间的内在逻辑关系。同时也在实践中给予企业更大的启发：企业若要获取组织创新活动的高绩效必须把握企业组织活动的内在规律，在组织创新活动开展之前，要充分论证创新的可行性与合理性，重视企业创意构思与设计，完善企业内部创新制度与规范创新实践。另外，我们还发现，在小规模企业和研发投入较小的企业中，企业创意的这种中介作用并不明显。究其原因，一方面可能是由于在这些企业中原本就很少有创新活动（从知识流入对企业组织绩效的影响作用也不明显可以看出）。另一方面，与企业组织创新活动不同，企业创意作为一种尚未付诸行动的创新设想，在没有引导创新活动实施前，并不会给企业带来实际的经济回报或价值，从而往往被经济效益敏感性较高的小规模企业和研发投入少的企业所忽视。

综上所述，企业从外部获取的知识在一定程度上需要通过企业创意发挥作用，企业创意作为指导企业创新实践的理论根源，将对企业创新成功与否产生重要影响。在当前国内外经济环境难以捉摸、市场变化莫测的背景下，对于我国企业来说，根据企业实际发展情况充分重视外部知识目标获取以及知识利用方式变革，同时重视企业创意对企业组织创新实践中的推动作用对于提升企业组织绩效具有重要意义。

第十二章 企业国际化过程中的创新模式研究

第一节 研究背景

随着我国"走出去"战略的持续实施,我国实施国际化战略的企业呈现出井喷式增长。2015年,我国企业对全球155个国家和地区进行了非金融类直接投资,累计实现对外投资金额达到1180.2亿美元,同比增长14.7%,我国已经成为仅次于美国的世界第二大对外投资贸易大国。遗憾的是,与世界上主要对外直接投资大国企业投资效率相比,我国企业的对外直接投资仍然处于较低水平,最直接的表现就是企业通过国际化战略提升创新能力的效果并不明显。创新是企业获取核心专长、保持企业竞争力的核心要素,对于实施国际化战略的中国企业来说,不仅面临创新活动高收益和高风险并存的特征,同时企业根据自身国际化目标,选择合适的创新路径也十分重要。

作为"后来者"实施国际化战略的我国大部分企业,在技术能力、管理水平等方面与发达国家领先企业之间存在较大的差距,这种差距集中体现在我国企业高端创新资源缺乏、创新能力不强、原创性创新偏少等方面。因此,从资源基础观来看,通过国际化战略来推动我国企业创新活动过程实际上是企业获取能够弥补企业技术距离、缩短企业能力势差的重要手段。而企业在国际化过程中面临的制度、文化情景差异,使这种创新要素在不同企业之间的转移、继承和作用功效大打折扣,具体表现为企业国际化过程中的创新低效率(Deyoung et al., 2009)。因此,很多学者认为，外部环境中的资源禀赋是决定企业国际化过程中创新行为的重要因素（乔晶和胡兵，2014；毛其淋和许家云，2014）。资源基础观强调了稀缺性资源对于企业技术创新影响的重要作用，但却无法回答同一资源禀赋条件下企业国际化技术创新行为差异问题。企业国际化动机的不同必然要求企业在创新资源获取、创新投入方面存在显著差异，从而导致不同国际化动机的企业在创新潜力上的差异，对于我国后发企业来说尤其如此。然而，当前的研究并没有考虑到这一问题，迫切需要我们在立足我国企业国际化动机差异情景下，对中国国际化过程中的创新模式进行研究，从而为提升我国企业国际化创新效率、加快融入世界经济进程做出贡献。

第二节　相关理论基础

自20世纪50年代以来，全球跨国公司的迅速发展使企业之间的竞争环境由国内市场逐渐延伸到国外市场。然而，对于实施国际化战略的企业而言，国外市场环境不确定性更高，面临的制度、文化更加复杂多变，因此，企业在考虑国际化战略时，除分析企业自身的组织内部创新资源与能力外，对于投资所在国家和地区的产业环境、制度环境以及公司本身的进入策略的分析都会影响其最后的创新模式决策问题（葛顺奇和罗伟，2013）。首先，对于我国企业来说，国际化创新动机是决定创新行为的首要因素，这是由国际化预期目标所带来的战略决策所决定的。其次，我国企业国际化中的创新行为主要作为一种追踪式的创新行为而存在，其遵循"跟随—模仿—赶超"的基本创新逻辑（Dunning，1980；程聪和贾良定，2016）。在社会网络关系日益丰富和信息非对称现象日渐突出的背景下，实务界和学术界都十分强调企业自身资源与国际化目标所在地区资源的匹配性对于创新活动的影响，进而发展出网络创新、合作创新、跨界创新等创新模式（Hymer，1960；Kojima，1973）。这种强烈依赖于内外部资源匹配的企业创新模式更加凸显了资源匹配在企业国际化创新行为中的重要作用。另外，转型经济背景下的中国企业已经形成了一套成熟的市场运作体系，这种运作体系是否符合国际市场的运作规则是企业面临的又一核心问题，这就对企业的海外适应能力提出了很高的要求，即企业在国际化过程中对于市场规则的认知能力，进而实现对资源的整合与运用能力（程聪、刘凤婷、池仁勇和郭元源，2016）。因此，本章主要从国际化创新动机、资源匹配和适应能力三个方面探讨中国企业国际化过程中的创新模式问题。

一 企业国际化创新动机

马亚明和张岩贵（2003）指出，企业国际化创新动机立足于企业自身优势，企业自身优势主要是指企业在长期经营过程中所具备的独特性资产，包括专有技术、知识以及核心产品或服务等，这些独特性资产能够帮助企业充分发挥竞争优势与产能，从而有利于企业制定独特的国际化创新动机，扩大竞争优势。一般来说，企业国际化创新动机主要可分为以下两种目标导向：一是技术与管理能力的提升。从创新资源整合角度来说，企业在实施国际化战略时主要考虑技术与管理能力的获取和提升（汤临佳、范彦成、池仁勇和程聪，2016）。换言之，即通过出口贸易、资源转让等FDI过程能够使企业获得显著竞争优势的技术和管理资源。一般包括企业所拥有的专利、特有技术、稀缺性信息、独特生产技术与研发能力等，这些能力对于企业提升创新能力具有积极的影响。二是获取企业规模经济优势。规模经济优势对于企业创新的影响作用主要体现在创新资本投入方面。葛顺奇和罗伟（2013）认为，在国内市场日益饱和的情景下，企业通过国际化扩张才能获得市场的可持续拓展，凭借扩大企业经营规模的方式，拓展创新资本投入，提高企业联合创新的能力。企业规模经营优势是伴随着企业规模不断扩大而形成的，企业规模越大，就越可能拥有这种优势。比如，企业国际化活动及由此产生的规模经济带来交易成本降低、产品多样化与对供货商议价力提升等都是规模经济优势的体现，这些伴随特定规模经济优势而形成的行为能够为企业创新争取外部的资本投入。

二 企业资源匹配

企业国际化动机不同虽然对于创新活动具有很强的引导作用，但这并不意味着实施国际化的企业能够将这种导向性资源充分运用到国际化进程当中,尤其是在外部环境随时可能对企业创新行为产生冲击的背景下。阎大颖(2013)指出,东道国所拥有的经营资源、制度环境优势会改变企业的经营行为,进而对企业原有的创新活动产生消极影响。在创新导向分歧的情景下,作为推动企业对外投资的重要因素之一的区位优势也可能成为区位劣势。以往的企业国际化研究表明,企业国际化的重要推动因素之一就是利用不同国家地区之间的市场要素差异来获得独特竞争优势,然而,并不是所有利用区位优势的企业都获得了显著的创新产出。因此,区位优势所带来的资源匹配程度是影响企业创新行为的重要因素(Kuivalainen et al., 2012)。一般情况下,企业国际化都不会偏离国际化所在地区制度、文化等社会意识形态对于创新的发展要求,但在企业国际化过程中实施创新战略时,往往基于技术水平或者产品性能的超前性以获得在当地的创新产出,这种企业技术或产品层面的超前发展战略必然导致企业与国内积累的创新行为范式之间形成偏差。这个时候,区位优势在这种内外部资源匹配中的重要性就体现出来了。概括起来看,区位优势中影响创新资源匹配要素主要包括有形资源要素匹配与无形资源要素匹配两种。其中,有形资源要素匹配偏向于各种市场经营要素禀赋的匹配(王永钦、杜巨澜和王凯,2014),例如,自然资源获取、地理位置临近性(接近原料产地)、廉价劳工或者东道国市场购买潜力巨大,等等。而无形资源要素匹配则主要是指投资经营环境、经济状况乃至文化商业氛围中的创新影响因子,具体包括创新文化、外商投资政策的优惠程度、外汇管制与金融体制,等等。

三 企业适应能力

近年来,企业国际化过程中创新活动的另一个突出现象是适应外部市场的能力问题,企业不断适应外部市场的目的在于通过降低外部环境的不确定性以保证创新产品或服务产出的质量。项本武(2009)认为,通过对外投资行为将外部市场内部化过程,有助于企业控制从生产到市场的所有环节,从而控制企业的创新范式。简言之,通过对外投资活动为企业建立内部市场,利用内部贸易进行协调与分工,直接利用企业本身具备的技术、市场优势,再将外部相关的生产与营销活动置于企业原有的创新系统当中(阎大颖、洪俊杰和任兵,2009)。在企业强大的市场整合与容纳能力之下,能够有效地将企业内部的资源与产品合理配置且充分利用,以实现企业的创新产出高绩效。另外,在现代市场竞争中,企业在技术、知识等方面的跨文化整合趋势日益明显(Wolf et al.,2012)。Büschgens(2013)指出,文化制度差异是决定企业创新资源整合效率的首要因素,能够获得创新高绩效的企业往往具备跨文化整合能力。因此,实施国际化战略的我国企业需要从管理者态度、企业管理模式以及文化塑造等方面加强企业的创新潜力挖掘,只有具备强大适应能力的企业,才能获得显著的国际化创新绩效。

基于上述有关我国企业国际化过程中创新活动三方面影响要素的分析,我们认为,企业国际化动机在企业创新行为中扮演的是决定企业"为什么要实施国际化创新战略"的问题;而资源要素匹配回答的是"企业在哪个地方创新"的问题;企业适应能力则回答的是"该如何实施国际化过程中的创新"的问题,因此,企业国际化的创新逻辑可以概括为:企业在进入海外市场之前,需要先考虑自身有什么优势能够帮助企业在海外市场开展创新活动,在对企业自身优势进行详尽分析之后,通过比较分析母国与东道国之间的市场经济制度环境差异,寻求最佳资源匹配方式进行创新活动,最后充分发挥企业的适应能力以决定企业的创新形态。

第三节 研究设计

定性比较分析是一种以案例研究为导向的理论集合研究方法,具备一种全新的分析逻辑。其本质上是一种韦伯式的思想实验,例如,对于 k 个变量而言,有着 2k 个包含所有前因条件的逻辑条件组合,3k – 1 个至少包含一个前因条件的逻辑条件组合。这些逻辑条件组合都可以看作是潜在的前因条件构型。进而通过评估一致率和覆盖率,挑选出最具解释力的数个逻辑条件组合,最终得到可能导致结果的前因条件构型。其中，一致性是指评估运算出来的逻辑条件组合与原始实证数据的逻辑条件组合之间的关系程度。该值范围在 0—1 之间，最理想的状态是接近 1，但一般只要大于 0.8 即可认为这样的逻辑条件组合可以被接受，可以用来解释实际现象。覆盖率则是在一致性运算后，评估运算出来的逻辑条件组合在原始实证数据中存在的比例，可以用来反映逻辑条件组合对结果的解释程度。如此得到的是较为原始而繁杂的复杂解，进一步通过简单类反事实分析和困难类反事实分析简化得到优化解和简洁解。本章采用定性比较分析（QCA）来进行研究。王程韡（2013）认为，定性比较分析以集合的形式来判断事件的可能性，是一种概率统计的分析方法，具备一种全新的分析逻辑。Ragin（2000）指出，QCA 对因果关系的理解与传统的定量分析存在显著差异，其将因果关系视为复杂的、可替代的，模型内的自变量是以组合的方式共同影响结果，这个组合即前因条件构型，又称路径或多重条件并发原因，自变量就是其中一个不可分割的组合要素。QCA 方法可以很清晰地识别出决定企业国际化过程中创新活动的前因条件构型，而一般的线性统计方法则很难做到这一点。以往的研究还发现，大量企业国际化的创新研究结果显示，不同的国际化过程中创新影响要素是相互影响、共同作用的，即多种路径可能在导致同一研究结果上具有同等效应。例如，一些企业的自身优势（如绝对领先的技术优势）虽然能促进企业国际化过程中的创新成功，但企业对于东道国制度、文化环境的高度关注也同样可能促进企业国际化的创新成功。王凤彬等（2014）的研究发现，在以往的研究中，学者总是尝试通过定义中介、调节变量将主效应之外的其他变量纳入分析，然而，这样却限制了所有自变量在解释因变量变异时的内在关系，使自变量只能处于替代或者累加的关系中，而非完全等效效应。QCA 方法则能够很好处理这种完全等效的因果关系（Grandori and Furnari, 2008）。

　　本章研究的数据来自长三角地区从事国际化经营的企业的调查数据，我们通过深入调查，逐家走访调研，围绕具体负责国际化经营的高层管理者展开重点访谈，最后获得了 51 份调查数据样本，本章获得的样本量相对较小，不符合传统定量研究所规定的"大样本"的理论要求，无法满足本章提出的企业国际化动机、资源匹配乃至企业适应能力的众多影响要素的跨层次处理要求,因此,采用传统的统计方法很难获得很好的研究结果。QCA 方法的核心算法是布尔逻辑运算,分析结果稳健性与样本大小无关,只取决于样本中的个体是否具有代表性,因此,本章采用 QCA 方法来进行分析。根据 Marx 和 Dusa(2011)的数据模拟,当前因条件为 6 时,样本数达到 40 以上即可清晰地区分随机数据和真实数据,本章研究样本量为 51,因此,能保证分析结果具有较高的内部效度。

第四节 数据分析和结果

一 数据采集及编码

本章数据来自我国长三角地区从事对外直接投资的企业,为保证样本的代表性,我们首先从商务部对外投资企业目录中选取了 2014 年和 2015 年所有浙江、江苏和上海三省市的对外投资企业;其次剔除当年具有多起对外投资活动的企业样本,只保留一次对外投资经历的样本;再次按照企业名称的首个字母排序,每个字母随机抽取 4 家企业作为调研对象;最后通过当地相关政府部门、产学研合作以及同事校友关系,我们发放了本研究的调研问卷。由于企业对外投资相关数据较为敏感,为了尽量避免敏感性信息对调研造成的困扰,我们在问卷中阐明调研目的只是作为学术研究之用,还通过让调研对象主观判断本企业对外投资满意度的方法来规避客观数据获取困难的问题。最后,我们获得了 83 家企业作为我们的分析样本,回收有效问卷 51 份,有效率为 61.4%。这样,样本共包括 51 个对外投资案例,其中对外投资满意度高的包含 34 个;而对外投资满意度一般的案例则包括 17 个。

二 真值表构建

本章中我们按照清晰集定性比较分析的要求,将样本中的前因条件及结果按照"二分归属原则"标定为 0 或 1(程聪和贾良定,2016),具体如表 12-1 所示。接下来,我们对企业国际化创新动机、资源匹配和适应能力相关变量及企业创新成效进行赋值测量。对于企业国际化动机，我们从企业技术与管理导向和企业规模经济导向两个方面进行度量，其中，对于企业技术管理导向我们以企业在对外投资中是否为获得核心技术与管理知识作为标准，输出则赋值为1，否则赋值为0；对于企业规模经济，我们以企业国际化的目的是否为了在东道国市场推销产品或服务作为标准，是则赋值为1，否则赋值为0。对于企业资源匹配，我们从东道国硬性资源匹配和软性资源匹配两个方面进行度量，其中，对于东道国硬性资源匹配，我们以企业在特定东道国进行投资是否看中了该国丰富的资源或者生产经营成本优势作为标准，是则赋值为1，否则赋值为0；对于东道国软性资源匹配，我们以企业在特定东道国进行投资是否着重考虑了该国的政治制度稳定性作为标准，是则赋值为1，否则赋值为0。对于企业适应能力，我们从企业产业链完整性和跨文化整合两个方面进行度量，其中，对于企业产业链完整性，我们以通过对外投资战略，企业是否构建了从生产到销售的完整产业链作为标准，是则赋值为1，否则赋值为0；对于企业跨文化整合，我们以实施国际化战略的企业高层领导者持开放管理风格、创新理念等作为标准，是则赋值为1，否则赋值为0。最后，我们获得了案例资料的真值表如表12-2所示。

表12-1　　　　　　　　　　变量选择与赋值

	解释变量	判断标准	数据权重	赋值
企业国际化创新动机	企业技术与管理导向（TM）	企业在对外投资中更加关注核心技术与管理知识可能给企业创新带来的帮助	41.2%（21）	1
		企业在对外投资中没有关注核心技术与管理知识可能给企业创新带来的帮助	58.8%（30）	0
	企业规模经济导向（SE）	企业对外投资的目的是在东道国市场推销产品或服务	76.5%（39）	1
		企业对外投资的目的不是为了在东道国市场推销产品或服务	23.5%（12）	0

续表

	解释变量	判断标准	数据权重	赋值
资源匹配	东道国硬性资源匹配（YS）	企业在特定东道国进行投资是看中了该国丰富的资源或者生产经营成本优势	51.0%（26）	1
		企业在特定东道国进行投资并没有重点考虑该国丰富的资源和生产经营成本优势	49.0%（25）	0
	东道国软性资源匹配（WS）	企业在特定东道国进行投资考虑了该国的政治经济制度稳定性	49.0%（25）	1
		企业在特定东道国进行投资时，该国的政治经济制度稳定性并不是其考虑重点	51.0%（26）	0
适应能力	企业产业链完整性（IC）	通过对外投资战略，企业构建了从生产到销售的完整产业链	66.7%（34）	1
		对外投资战略不能帮助企业构建从生产到销售的完整产业链	33.3%（17）	0
	企业跨文化整合（CD）	企业在对外投资过程中，非常关注知识与技术的融合	39.2%（20）	1
		实施国际化战略的企业的高层领导者持开放管理风格	60.8%（31）	0

表 12-2　　　　　　　　　　　真值

TM	SE	YS	WS	IC	CD	DV	FRE
0	1	1	1	1	0	1	6
1	1	1	1	1	1	1	4
0	1	0	1	1	0	1	3
0	1	0	1	0	1	0	3
1	1	0	1	0	1	1	3
1	1	1	0	0	0	0	3
1	0	1	0	0	0	0	3
0	1	1	0	0	0	1	2
0	1	0	0	0	0	1	2
0	0	1	0	0	1	0	2
1	1	1	1	1	1	0	2

TM	SE	YS	WS	IC	CD	DV	FRE
1	1	0	1	1	0	1	2
1	1	1	0	1	1	1	1
1	1	0	0	1	1	0	1
1	1	0	0	0	0	1	1
1	1	0	0	0	1	0	1
1	0	0	0	0	0	1	1
1	1	0	0	0	1	0	1
0	1	1	0	1	1	0	1
1	0	1	0	0	1	0	1
1	0	0	0	0	1	0	1
1	0	0	1	1	1	0	1
0	1	1	0	0	0	1	1
0	1	0	0	0	0	0	1
1	1	0	1	1	1	0	1
0	0	0	1	0	0	1	1
0	0	0	0	0	1	1	1

注：DV 表示结果。

三 企业国际化过程中创新模式分析

我们使用 fsQCA2.0 软件分析 51 份对外投资企业样本数据，识别出决定我国企业国际化过程中的创新成效的前因条件构型。企业国际化过程中的创新结果的一致性门槛值都设定为不小于 0.8，由此我们得到了企业国际化过程中的创新满意与不满意的初始前因条件构型，即复杂解。之后，结合上文有关我国企业国际化过程中创新行为的三类驱动要素，设定简单类反事实前因条件，通过简单类反事实分析和困难类反事实分析得出简洁解和优化解。当一个变量同时出现于简洁解和优化解中，则将其记为核心条件；若变量仅出现在优化解中，而未出现在简洁解中，则将其记为边缘条件。研究结果如表 12-3 所示。

表 12 - 3　　　　企业国际化过程中创新模式前因条件构型

	C1a	C1b	C2	C3a	C3b	C3c	C4	C5	C6
TM	⊕	⊕		⊕	•	⊕	●	●	●
SE			●	•	⊕	⊕	•	•	•
YS	⊕	⊕							
WS	●			⊕	⊕	⊕	⊕	●	●
IC	●	●	⊕	●	●	●	⊕		
CD		⊕	⊕			⊕		⊕	•
CS	1	1	1	1	1	1	0.33	1	1
CV	022	0.25	0.14	0.08	0.06	0.08	0.03	0.06	0.04
NCV	0.06	0.14	0.14	0.03	0.06	0.06	0.00	0.03	0.06
OCS	0.93								
OCV	0.75								

注：(1) ●或•表示该条件存在，⊕或⊕表示该条件不存在，"空白"表示构型中该条件可存在、可不存在；●或⊕表示核心条件，•或⊕表示辅助条件。(2) CS 表示一致率（consistency），CV 表示覆盖率（coverage），NCV 表示净覆盖率（net coverage），即由该构型独立解释、不与同一被解释结果的其他构型重合的覆盖率；OCS 表示总体一致率（overall consistency），OCV 表示总体覆盖率（overall coverage）。

由表 12 - 3 我们可以初步得到：我国企业国际化过程中的创新影响要素组合包括 9 种前因构型，我们按照核心条件组合进行归类，可以进一步划分为 5 种前因条件构型，其中，C1a 和 C1b 作为一种类型（C1b 包含 C1a），其核心条件组合方式为 ~ YS × IC，我们将其称为 C1 构型，该构型非常重视软性资源匹配和产业链完整性的要求，因此是成熟型市场驱动下的创新模式。C3a \ C3b \ C3c 作为一种类型，其核心条件组合为 YS × ~ WS × IC，我们将其称为 C3 构型，该构型在资源匹配上正好与成熟市场型相反，重视硬性资源的匹配，因此，我们将其概括为新兴市场资源驱动型创新模式。C4 作为一种类型，其核心条件组合方式为 TM × WS × ~ IC，该构型重视企业国际化中的技术与管理优势获取，同时重视软性资源匹配，因此，我们将其概括为企业内部驱动型创新模式。最后，C2 和 C5 分别作为单独的前因条件构型，其核心条件分别为

SE×~YS×~WS×~CD 和 TM×WS×~CD,该构型非常看重企业高层管理者国际化风格以及企业软性资源的匹配问题,因此,我们将其概括为投机市场驱动型创新模式。另外,我们还发现,C6 构型的核心条件是 TM×WS,因此,可以归纳到 C4 和 C5 构型中。我们不再进行单独讨论,总之,这些前因构型组合构成了我国企业国际化过程中创新模式接触到的核心条件。

第五节 结论与讨论

本章以我国长三角地区从事对外投资的企业为样本,通过采用定性比较分析方法进行研究,研究发现,我国企业国际化过程中的创新主要包括五种主要决策模式。C1 构型表明,企业在国际化过程中的创新活动更加重视东道国政治制度稳定性、经营市场机制的完备性,而对于资源禀赋情况并不是特别在乎,并且通过国际化战略达到了全产业链布局的目标,则更容易提升企业国际化活动中创新活动的满意度水平,提升企业创新效率。C2 构型表明,当企业在特定国家或地区实施国际化战略,并在东道国获得预期的产品或服务市场占有率时,即使缺少国家层面的区位优势,同时在东道国市场的经营成本上升也不会对企业的国际化活动中的创新活动造成显著的消极影响。这说明,企业针对特定国家的国际化战略,在市场适应性方面具有良好的表现,这种强烈的市场适应力引导企业创新活动不断适应东道国的需求,最终反哺企业创新活动。C3 构型表明,企业在国际化过程中如果更加重视东道国的资源禀赋情况,而对于东道国的政治制度稳定性、经营市场机制的完备性并不关心,并且通过对外投资活动达到了全产业链布局的目标,则企业国际化过程中的创新活动更容易获得成功。这一研究结果与 C1 构型具有互补性,这表明,企业通过对外投资活动达到了全产业链布局能够克服东道国资源匹配不协调的不足之处,同样,企业国内外资源的良好匹配能够弥补企业国际化过程中的产业多样化所带来的困扰。C4 构型则表明,当企业无法通过国际化战略达到全产业链布局的目标时,企业采用技术与管理导向的国际化动机，以及对于东道国政治制度稳定性、经营市场机制的详细考察、评估，仍然能够获得国际化过程中的创新高绩效。相似地，C5构型表明，当企业在对外投资活动中如果高层领导没有很开放的管理风格时，企业仍然可以通过既定的技术和管理国际化动机，以及对于东道国政治制度稳定性、经营市场机制的全面适应来达到国际化过程中的创新预期目标。

本章的研究结果不仅从资源基础理论角度对我国企业国际化过程中的创新模式进行了全面分析，对于我国企业国际化过程中的创新机制进行了较为完整的阐述，获得了丰富的理论意义。同时，对于我国企业如何根据自身情况实施适合企业国际化战略的创新决策具有很好的实践启发意义。当然，本章所提出的我国企业国际化创新模式因素的前因构型仍然存在某些局限性。比如，由于数据资料详细程度所限制，本章的数据主要以企业负责国际化经营的高层管理者主观判断为主，而高层管理者对于企业判断的主观情感因素作用，使研究数据具有一定的主观偏差。另外，本章虽然从国际化动机、资源匹配和适应能力三个角度来分析企业国际化行动中的创新策略问题，但仍然存在一定的局限性，未来可能需要从制度、文化等角度进一步探讨这种作用机制。最后，本章的数据主要来自长三角地区，从而使本章的前因条件适用性受到制约，因而在未来的研究中需要进一步地探讨。

第三篇
民营企业国际化人力资源研究

本篇从人力资源管理视角讨论企业的国际化理论。从国际创业中的创业者视角论证企业国际化问题，具体包括创业者心理资本、领导行为、政治技能和创业者个体特征等特质如何影响企业国际化经营，在此基础上，我们采用元分析进一步论证了创业者特质与创业活动有效性之间的影响关系，研究表明，一般来说，创业者特质对于企业创业绩效具有积极影响。从企业高层管理者团队角度探讨企业国际化经营绩效，研究表明，企业团队内部关系治理、高层管理者团队特征都对企业国际化经营产生显著的影响。保持团队内部良好的合作关系，提升高层管理者团队整体素质对于提升企业国际竞争力具有积极意义。本篇的核心论点表明，民营企业国际化过程中，高端人才储备是决定企业国际化效益的重要决定因素之一。

第十三章 创业者心理资本对创业绩效影响机制研究

第一节 研究背景

在市场竞争日趋激烈的环境中,以原材料、能源、资金等为主要形式的硬性资源已经不再是决定企业获得成功的核心条件,而是以员工素质、团队合作以及组织氛围为主的软性因素则成为影响企业竞争力的重要因素,这在创业型企业中体现得尤为明显。创业一直以来都被认为是社会经济增长和发展的一个重要因素,因为创业为社会提供了大量的就业机会和多种多样的消费品、服务,对提高国家整体的繁荣和竞争力有重要作用。从创业者视角来看,是否能够通过创业活动创造新的产品或发掘新的市场是决定创业活动成败的关键,专注于创新活动是创业型组织区别于其他组织的显著特征之一(Mueller and Thomas,2001)。然而,大量的创业实践表明,创业过程中的创新是一项具备高风险、高成本特征的集体行为(Patrick et al.,2002;谢洪明和程聪,2012),这就对创业者自身的心理素质提出了更高的要求。因此,要想在高风险当中获取创业活动的成功和高创业绩效,这就要求创业者具备高度的自我效能感、对于创业困境的认知、抗压能力以及对于创业成功的渴望程度,这便是创业者的心理资本。

心理资本是一种能够促使员工产生积极组织行为的心理状态(Luthans,2004)。众多研究表明,心理资本对员工的工作态度和工作绩效都会产生积极的影响,是组织价值创造的重要源泉之一(Luthans et al., 2006；仲理峰，2007），这其中也包括创业绩效。创业绩效是创业研究中最重要的因变量，是解释各种创业理论解释力和预见性的标准，是重要的效标。有关创业绩效影响因素的研究历史悠久、Hmieleski 和 Carr（2008）研究发现，相对于财务资本、人力资本和社会资本而言，企业家心理资本能够更全面解释创业绩效的变化（Hmieleski and Carr, 2008）。但就目前的研究来看，或是以企业家整体心理资本和创业绩效的关系为研究对象，且都基于西方文化背景下；或是仅仅聚焦于稳定型组织内部员工的心理资本对于组织绩效的影响作用，针对创业者心理资本对于创业绩效的影响机制研究还存在较大的理论空白。基于此，本章将深入探讨创业者个体心理资本对创业绩效产生的影响。

在对有限的心理资本和创业绩效之间关系的研究中，学者从创业机会能力、创业团队行为等团队视角引入了中介变量的研究，试图探索从心理资本到创业绩效的中间转换路径，挖掘"黑箱"的内部运作机理。此外，创业者心理资本是个体层次的概念，探索其如何跨越个体、群体、组织层次进而作用于企业创业绩效的研究也成为学者必须关注的焦点。因此，在本章中，我们还将深入探讨创业者心理资本如何通过创业导向路径作用于创业绩效的机理，在不同的环境、组织情景下，变量之间的关系会产生不同的结果。在组织团队当中，团队成员个体的心理资本之间往往存在相互补充、相互冲突等各种关系状态，这种基于个体心理资本关系状态形成的团队氛围是成员心理资本形成的重要基础。也就是说，这种心理资本各要素之间的相互影响机制受到员工所在组织情景和工作环境等外部因素的制约作用。目前，仍未有相关的研究去深入探讨团队层面的特质对创业者个体心理资本作用过程的权变影响。因此，在本章研究中，我们将探讨分析团队氛围在创业者心理资本和创业导向之间所起的调节作用。本章的研究将对丰富创业行为相关理论起到重要的推动作用。

第二节 相关理论及假设

一 创业者心理资本与创业绩效

心理资本最早由 Luthans（2004）提出，他从个体积极心理和团队积极氛围的视角出发，在分析金融资本、社会资本和人力资本之间差异的基础上，提出了以个体积极心理暗示为核心的心理资本的概念（李超平，2008）。当前，学术界普遍认可的心理资本内涵主要由效能、乐观、韧性和希望四个维度构成（Rego et al.，2012）。其中，效能是指在特定的情景中能够激发个体工作动机，调动个体认知资源，以及采取必要的行动来完成特定工作的信念。Stajkovic 和 Luthans（1998）的研究表明，员工自我效能和工作绩效之间具有内在的正相关关系，并且这种员工的自我效能感能够促发其他组织外部相关因素对于工作绩效的影响机制，如员工目标设置、员工工作满意度等。乐观体现的是一种积极的归因倾向，具有将积极情景归因于个体的持久和普遍性的促发因素的倾向，而把消极事件归因于外部的、暂时性的相关原因的倾向。Seligman（2000）以大城市人寿保险的销售人员为研究对象，证实了具有乐观品质的员工更容易获得较高的工作绩效。韧性是个体具备的一种能促使自身从逆境、冲突和失败中快速恢复过来的能力和超越平凡的意志力。坚强的意志和个性品质能够帮助员工克服面临的工作困难，适应组织的工作压力，提高员工学习新知识和获取经验的能力，从而提升员工的工作绩效（Reivic and Shatte，2002）。希望是指在驱动成功的因素与实现路径交叉所形成的个体体验的基础上所产生的一种积极的动机状态。Youssef 等（2005）的研究表明，组织内部员工的个体期望水平与员工工作绩效和组织承诺之间均存在显著的正相关关系。借鉴以上学者的研究分析，我们得出结论：心理资本的四个维度均对创业绩效的提升有促进作用。事实上，个体心理资本各要素之间是通过相互影响并以协同的方式对创业绩效产生影响的（刘万利和胡培，2010），并且，当效能、乐观、韧性和期望等构成要素以协同方式发挥整体作用时，比单个因素对各自创业绩效的促进作用之和要大得多（Luthans，2008）。此外，心理资本是个体在成长和自我发展过程中表现出来的一种积极心理状态（Luthans，2004，2006），具备此类状态的创业者往往拥有较好的社交智慧，这对于创业绩效同样有极大的帮助。根据上述分析，我们可以做出以下推断：具有积极心理资本的创业者无论在创业目标确定、创业动机发掘方面还是在克服各种创业困境、激发创业潜力方面都具有更加显著的心理优势，这种心理优势显然会对创业者的创业活动开展起到促进作用，进而提升创业绩效。因此，本章提出以下假设：

假设13-1：创业者心理资本对创业绩效具有显著的正向影响。

二 创业导向的中介作用

创业者的创业导向行为主要通过创业者的创新性、自主能动性和风险承担性三个特征体现出来。创新性是指创业者追求新的产品、服务和技术的倾向；自主能动性主要表现创业者的前瞻性视角，采取主动出击、先发制人的行事风格，始终寻求机会成为"领先者"；风险承担性反映的是创业者为有效抓住发展机会，大胆行动的表现意愿。

大量的创业研究表明，创业者的认知方式和心理状态将影响其创业导向策略的实施，与创业导向的三个行为特征具有紧密关系。很多研究者把创业导向归因于创业者个人的内部心理特征，认为积极的心理状态使潜在创业者倾向于冒险且对成就的获得有更强的信念（Reivich and Shatte，2002）。创业面临重重挑战和困境，失败率一直居高不下。我们不禁要问：是什么原因让这些潜在创业者甘于承担风险和不确定性，执着地选择创业？这其中很大一部分原因就是效能与乐观。潜在创业者的效能、乐观等积极的心理状态为自身提供了持之以恒的内驱力，使心灵获得极大的坚持，从而开启了创新性、自主能动性和风险承担性的心智模式。在这种心智模式下，创业者在强烈的自我效能感、坚韧品质和高水平的期望中提升风险感知，发挥最大潜能来实施创业策略，推动创新活动的展开。无论创业成败与否，我们必须承认，正是创业者的这种积极心理状态为创业历程发展的经久不衰提供了强大的支持。这些创业者被认为是能够为经济增长和发展提供"火花"的先驱，对创业导向具有极大的催化作用（Li et al.，2008）。

在创业研究领域中,有学者将创业导向视为创业者战略选择时所持的倾向,也有学者将其看作一种战略过程(张玉利,2009)。尽管研究视角不同,大部分学者仍支持这样一个观点:创业导向作为一种战略导向,对创业绩效具有重要作用。在 Rauch 观测到的包含 51 个样本的 Meta 分析中,创业导向和创业绩效($r=0.242$)之间普遍存在正向的且适度的相关关系(Rauch et al., 2009)。具备高度创业导向的新成长企业可能获取更高的创业绩效,主要有以下三方面的原因。

第一,具有高度创业导向的企业会对有前景的新技术积极地进行试验,抢先对新的市场进入机会进行评估(Sathe, 2003),倾向于为捕获任何有可能的新产品市场机会而开展高风险行动(Lumpkin and Dess, 1996)。在这里,创业导向代表了一种重要的手段和途径,相比其他企业而言,具有高度创业导向的新成长企业更有可能挖掘出新的市场进入机会,从而抢先获得竞争优势而促进创业绩效的提高。

第二,具有高度创业导向的新成长企业更倾向于建立和保持战略联盟,这些联盟和网络进一步驱动了企业与客户更深层次关系的发展(Walter et al., 2006),从而为新成长企业提供关键的信息和资源。同时,创业导向对组织学习具有积极的影响作用,提高了企业获取和利用市场信息的能力。具有高度创业导向的新成长企业往往在识别企业资源用途上表现得更巧妙,能够更富有成效地利用这些资源,这促使了企业进一步的成长。

第三,具有更高创业导向的企业能更好地整合现有知识,形成有关市场机会的新认识,从而更好地进行成长机会的识别以寻求创新突破。据 Wu 等观察,创业导向增强了企业探讨和发掘其智力资本的能力,使企业能够获取更高层次的创业绩效(Wu et al., 2008)。

综合以上分析可以看出,创业导向与创业绩效之间存在正向联系。

因此,我们有理由相信,创业者创业导向战略能够有效地衔接创业者心理资本与创业绩效之间的关系。组织内部创业者创业动机差异、处事风格、适应能力高低等都将对创业者的自主性、创新行为以及风险归因产生影响,进而决定创业者的创业绩效。基于上述分析,本章提出以下假设:

假设 13-2：创业导向在创业者心理资本与创业绩效之间起到完全中介作用。

三 团队氛围的调节作用

团队氛围是指在某种特定的环境中员工对一些事件、活动和程序以及那些可能会受到奖励、支持和期望的行为的认知。Anderson 和 West 在基于社会心理学基础上的不断回顾和修正后，提出了团队氛围的四因素模型，它们分别是参与安全、创新支持、愿景目标和任务导向（Anderson and West, 1998）。参与安全是指一种积极的人际交往氛围，员工之间能够充分地进行互动和交流；创新支持反映的是团队对员工试图改进其工作的想法和行为给予鼓励和支持；愿景目标表现为团队成员感知到的团队目标是既富有远见又是可实现的，同时也是清晰一致；任务导向是指团队员工对工作质量的共同关注。团队氛围是与团队成员的心理、情感和行为相联系的一种状态，团队成员运用这些认知信息去调整其心理、愿望和行为方式。团队氛围是工作环境中一组可以被其中生活或者工作的人直接或间接感知的一组可预测的属性，这组属性对团队成员彼此间的心理认同和行为认知具有重要影响（叶许红、张彩江和廖振鹏, 2006）。

Luthans 等（2008）的研究表明，积极的团队氛围对员工心理资本塑造具有显著的正向影响，并且这种影响通过员工的认知态度和行为方式体现出来。积极的团队氛围表现为团队成员基于信息开放且资源共享的环境，在积极的人际交往中进行充分的互动和交流，相互理解、相互关心，为清晰一致的目标而努力。同时，团队鼓励和支持员工为改进工作而提出的新想法和尝试，乃至容忍员工为改进工作所犯的错误。在这样的团队氛围下，一方面，团队员工自由而广泛的交流使思想发生激烈的碰撞，创业者从中不断整合新构想，集结了创造力。另一方面，创业者感受到了来自团队的鼓励、支持和安全感，积极性得到极大提高。这种集思广益的做法和其乐融融的氛围激发了创业者更为创造性的思维，使其萌生了大胆而冒险的决策（Mathisen et al., 2006）。另外，即使创业者在创业过程中面临惨痛的失败，团队给予的安全稳固感和全力的支持使创业者并不因此畏惧失败而消极，抑或放弃冒险精神（Arménio et al.，2012)。与此相反，创业者仍然不屈不挠，坚持不懈完成接踵而至的挑战性工作，在团队的通力合作之下，竭尽全力达到目标，以乐观积极的心态保持一种必胜的信念。如此，创业者依然以孜孜不倦的能动性保持敢于冒险的态度，大胆尝试新的想法和策略。综上所述，积极的团队氛围带来两重功效。第一，积极的团队氛围有利于创业者塑造协调、互补的团队合作精神，同时有利于创业者形成自信、坚韧等心理品质，创业者由此产生更广阔而创造性的思考，进而进行大胆而冒险的决策，有效地促进了创业者创业导向的实施。第二，积极的团队氛围在创业过程中与可能发生的失败相抗衡，有效地规避了失败对创业者的冲击，使创业者不至于面临失败而失去创业信心。

与积极的团队氛围相反，消极团队氛围下的团队成员由于缺乏互动和交流，信息和资源闭塞，呈现出貌合神离、各行其是的工作状态。组织成员工作效率低下，且由于没有归属感和安全感，对团队的未来发展也表现为悲观失望和不知所终的状态，因此，并不关注工作质量的改进。低下的工作效率和绩效反过来又打击了员工的自信心和积极性，由此进入了一个恶性循环。在这种消极的团队氛围下，团队一盘散沙，凝聚力涣散，创业者在创业道路上独自探索，使积极性受到很大打击，对创新而冒险的决策感到焦虑不安，甚至极度恐惧决策结果的失败。为了减少这种焦虑和失败，创业者很可能从一开始就放弃大胆尝试和创新。在这样的情况下，当创业者在探索过程中经历一次失败后备受打击，从此很可能一蹶不振，从而放弃创业导向策略的实施（韩翼和杨百寅，2011)。因此，我们有理由相信，创业者所在的组织团队氛围将在创业者心理资本与创业导向之间起到调节作用，基于此，本章提出以下假设：

假设13-3：团队氛围在创业者心理资本与创业导向之间起到调节作用。

基于以上假定，积极的团队氛围强化了创业者心理资本和创业导向之间的正向关系，但并没有在创业导向和创新绩效之间起到调节作用，且创业导向在创业者心理资本和创新绩效之间起着中介作用。因此，团队氛围越积极，创业者心理资本对创业导向的正向效应就越强，从而进一步推论：创业导向在创业者心理资本和创业绩效之间所起的中介作用就越强。

假设13-4：组织团队氛围越好，创业导向在创业者心理资本与创业绩效之间的中介作用就越强。

综上所述，我们提出了本章的理论模型，具体如图13-1所示。

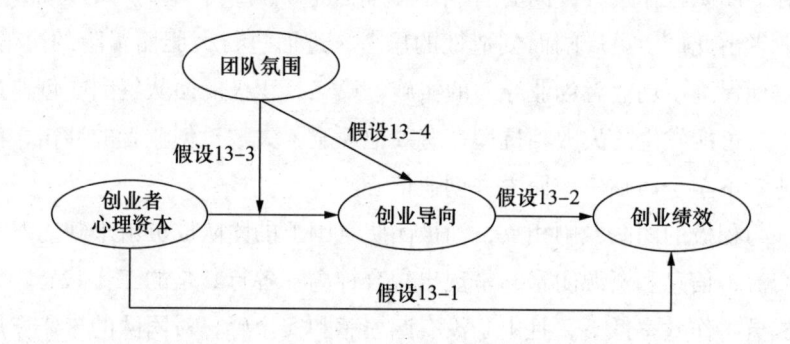

图13-1 研究假设模型

资料来源：笔者整理。

第三节 研究方法

一 研究样本

本章的数据主要来自浙江省部分地区（杭州、宁波和台州）的民营企业，调研对象主要是企业中高层领导。本次调研主要采用邮寄问卷的调查方式进行，调研分为两个阶段，每一阶段的时间跨度在3个月左右。两次调研活动共发放了600份问卷，实际回收问卷390份，回收率为65%，剔除无效问卷69份，得到有效问卷321份，有效问卷的回收率为53.5%。在这321份问卷中，男性占93.8%，样本的平均年龄为37.8岁（标准差=8.23）。

二 变量测度

为了确保测量量表的信度和效度，在本章研究中，我们全部采用发表在国外顶级期刊上的文献中的成熟量表。并在进行大样本调研之前，先进行小样本的问卷预调研，以评估问卷设计及问卷措辞的精确程度，再根据预试者反馈的数据，分析情况，对问卷进行修订。本章中，心理资本的测量主要参考 Luthans 等（2006）编制的量表，该量表包括自我效能、个体乐观、个体韧性和个体期望四个维度，共设计了 21 个问题项。本章选择其中的 6 个问题项进行测度。团队氛围的测量参考 Grary（2001）编制的量表，该量表由领导支持、团队信任、团队沟通、团队成员参与水平以及团队开放性五个维度组成，共设计了 20 个问题项。本章选取其中的 6 个问题项进行测度。创业导向的测量参考 Kreiser 等（2001）编制的量表，该量表包括创新性、自主性和风险感知性三个维度，共设计了 8 个问题项，考虑到本章主要从创业者自主性和风险感知视角进行分析，我们选择其中的 5 个问题项进行测度。创业绩效的测量参考 Kropp 等（2006）编制的量表，该量表包括主观绩效和客观绩效两个维度，共设计了 18 个问题项，本章主要从主观绩效的视角进行测量，选择其中的 7 个问题项进行测度。

三 信度与效度分析

为了对本章中心理资本、团队氛围、创业导向和创业绩效等变量的信度以及彼此之间的区分效度进行判断，我们运用 SPSS 17.0 和 AMOs 17.0 对上述变量分别进行信度检验和效度检验，检验结果如表 13-1 所示。

表 13-1　　　　　　　　变量的信效度分析

变量	包含因素	因子载荷值	信度（α）	GFI	CFI	TLI	RMSEA
创业者心理资本	自我效能	0.41	0.71	0.91	0.94	0.93	0.06
	个体乐观	0.45	0.71				
	个体韧性	0.50	0.74				
	个体期望	0.52	0.82				
创业导向	自主性	0.57	0.87	0.93	0.94	0.91	0.05
	风险感知	0.73	0.81				

续表

变量	包含因素	因子载荷值	信度（α）	GFI	CFI	TLI	RMSEA
团队氛围	领导支持	0.65	0.87	0.90	0.92	0.91	0.05
	团队信任	0.77	0.85				
	团队沟通	0.66	0.83				
	团队成员参与水平	0.56	0.73				
	团队开放性	0.57	0.72				
创业绩效	主观绩效	0.67	0.81	0.91	0.92	0.91	0.06

由表 13-1 可以看出，本章所采用的变量之间具有较好的信度和效度，绝大部分变量的因子分析载荷值大于 0.50（在社会科学研究中，因子载荷值大于 0.40 即可）、克隆巴赫 α 系数（以下简称 α 系数）都在 0.70 以上，并且模型拟合指标都满足理论上的要求。因此，我们可以推断，本章研究的问卷具有较好的信度与效度。

第四节 数据分析和结果

一 描述性统计

本章中研究变量之间的描述性统计如表 13-2 所示。由表 13-2 可知，创业者心理资本与团队氛围（$r=0.12$，$p<0.05$）、创业导向（$r=0.30$，$p<0.05$）及创业绩效（$r=0.14$，$p<0.05$）都存在显著的正相关关系。团队氛围与创业导向（$r=0.12$，$p<0.05$）、创业绩效（$r=0.11$，$p<0.05$）也存在显著的正相关关系。创业导向与创业绩效（$r=0.41$，$p<0.01$）也具有显著的正相关关系。据此，我们可以初步推断，创业者心理资本、团队氛围、创业导向与创业绩效之间存在内在的相互影响关系。这说明，创业者心理资本、团队氛围、创业导向与创业绩效之间具有内在影响作用，初步验证了本章提出的研究假设。

表 13-2　　各主要变量的均值、标准差和相关关系

变量	平均值	标准差	1	2	3	4	5	6
1. 年龄	37.8	8.23						
2. 性别	0.94	0.05	0.025					
3. 工作年限	11.60	7.40	0.37**	0.02				
4. 创业者心理资本	3.61	0.48	0.12*	0.09	0.09			
5. 团队氛围	4.01	0.82	0.04	0.06	0.04	0.12*		
6. 创业导向	3.66	0.56	0.05	0.04	0.07	0.30**	0.12*	
7. 创业绩效	3.70	0.74	0.13*	0.06	0.11*	0.14*	0.11*	0.41**

注：*、** 分别表示10%、5%的显著性水平；表中第一栏中的序号为表中第一列相同序号的变量。

二 假设检验

我们采用线性回归方法检验本章的相关研究假设。首先，本章对创业者心理资本与创业绩效之间的关系进行分析；其次，探讨创业导向在它们之间的中介作用；再次，分析团队氛围在创业者心理资本与创业导向之间的调节作用；最后，综合探讨创业导向与团队氛围在创业者心理资本与创业绩效之间的交互作用。具体分析结果如表13-3和表13-4所示。

（一）基本假设检验

由表13-3中模型6可知，创业者心理资本对于创业绩效具有显著的正向影响作用（$\beta = 0.14$，$p < 0.05$），并且模型拟合效果显著（$F = 7.21$，$p < 0.1$），因此假设13-1成立。表13-3中的模型7表明，创业导向对创业绩效具有显著的正向影响作用（$\beta = 0.42$，$p < 0.01$）。模型8表明，创业导向在创业者心理资本和创业绩效之间起到完全中介作用（$\beta = 0.05$，不显著；$\beta = 0.41$，$p < 0.01$），模型7和模型8的拟合效果均显著（$F = 17.38$，$p < 0.01$；$F = 18.14$，$p < 0.01$）因此假设13-2成立。表13-3中模型4表明，团队氛围在创业者心理资本与创业导向之间起到显著的调节作用（$\beta = 0.15$，$p < 0.05$），模型拟合效果显著（$F = 16.98$，$p < 0.01$）。这说明，在不同的组织团队氛围下，创业者

心理资本对于创业导向的影响是存在显著差异的,组织团队氛围越好,创业者心理资本对于创业导向的推动作用越显著。因此假设13-3成立。

表13-3 假设检验结果

	创业导向				创业绩效			
	模型1	模型2	模型3	模型4	模型5	模型6	模型7	模型8
控制变量								
年龄	-0.04	-0.01	-0.02	-0.02	-0.02	-0.03	-0.04	-0.03
性别	0.13	0.04	0.06	0.07	0.12	0.05	0.11	0.07
工作年限	0.06	0.06	0.05	0.06	0.07	0.04	0.07	0.05
自变量								
创业者心理资本		0.29**	0.21*	0.19*		0.14*		0.05
中介变量								
创业导向							0.42**	0.41**
调节变量								
团队氛围			0.12*	0.09				
交互项								
创业者心理资本×团队氛围				0.15*				
R^2	0.01	0.11	0.13	0.15	0.02	0.04	0.17	0.16
F值	1.02	10.56*	12.87*	16.98*	1.85	7.21*	17.38**	18.14**
ΔR^2	0.01	0.12	0.14	0.16	0.01	0.09	0.18	0.17
ΔF	1.02	11.99*	13.39*	17.34*	1.85	8.98*	19.11**	20.44**

注:*、**分别表示10%、5%的显著性水平。

(二)有调节的中介作用

在本章研究中,使用有调节的中介作用检验创业导向在创业者心理资本与团队氛围之间交互效应和创业绩效之间的中介作用,即在不同的组织团队氛围情景下,创业导向在创业者心理资本与创业绩效之间中介作用的差异性。具体方法采用Edwards和Lambert(2007)所采用的Bootstrapping method(拔靴法)进行分析。分析结果如表13-4所示。

由表 13-4 可知，在不同的组织团队氛围情景下，创业者心理资本对于创业导向的影响是存在显著差异的（$\Delta\beta = 0.20$，$p < 0.01$），即组织团队氛围对于创业者心理资本和创业导向之间的作用机制产生显著的调节作用，假设 13-3 得到进一步检验。另外，从表 13-4 中还可以看到，在较低的组织团队氛围情景下，创业者心理资本通过创业导向对创业绩效的影响是不显著的（$\beta = 0.01$，不显著），而在较好的组织团队氛围情景下，创业者心理资本通过创业导向对创业绩效产生了显著的影响作用（$\beta = 0.13$，$p < 0.05$），并且这两种不同的组织团队氛围情景下的显著性水平是存在显著的差异的（$\Delta\beta = 0.12$，$p < 0.05$）。另外，从创业者心理资本对于创业绩效的影响总效应来看，不同的组织团队氛围情景下，创业者心理资本对于创业绩效的整体影响机制也是存在差异的（$\Delta\beta = 0.17$，$p < 0.01$）。因此假设 13-4 成立。

表 13-4　　　　　　　　　有调节的中介作用分析

调节变量	创业者心理资本（X）→创业导向（M）→创业绩效（Y）				
	阶段		效应		
	第一阶段	第二阶段	直接效应	间接效应	总效应
	P_{MX}	P_{YM}	P_{YX}	$P_{YM}P_{MX}$	$P_{YX} + P_{YM}P_{MX}$
较差的团队氛围	0.11	0.12*	0.11	0.01	0.12*
较好的团队氛围	0.31**	0.43**	0.16**	0.13*	0.29**
差异	0.20**	0.31**	0.05	0.12*	0.17**

注：P_{MX} 代表创业者心理资本对创业导向的影响，P_{YM} 代表创业导向对创业绩效的影响，P_{YX} 代表创业者心理资本对创业绩效的影响。较高的团队氛围代表均值加 1 个标准差，较低的团队氛围代表均值减 1 个标准差。*、** 分别表示 10%、5% 的显著性水平。

第五节　结论与讨论

创业者心理资本在推动创业活动开展过程中发挥着重要的作用，尤其是在当前创业情景更加复杂化的背景下，创业者是否具有高水平的心理素质更是成为决定创业者能否获得成功的决定性因素。本章的研究结果表明：①创业者心理资本对创业绩效具有显著的正向影响，并且创业导向在创业者心理资本与创业绩效之间起到完全中介作用；②创业者所在组织的团队氛围在创业者心理资本与创业导向之间起到显著的调节作用；③在组织积极的团队氛围下，创业者心理资本和创业导向之间的正向联系就越强，从而进一步加强创业导向在创业者心理资本与创业绩效之间的中介作用。

  本章的研究结果具有重要的理论意义。第一，创业者心理资本基于积极的心理学范式，是体现特定组织中个人或团队对未来的信心、希望、乐观以及面对逆境的韧性等精神品质。对于创业者个体来说，心理资本是促进其个人成长和自我实现的心理资源。本章从创业者心理资本视角探讨了创业绩效问题，强调了创业过程研究中对于创业者个体心理素质培养的重要性，创业者拥有的心理资本越丰富，其获取创业绩效的概率就越高。同样，对团队员工个体心理资本进行投资、开发和管理形成的团队心理资本也将会对组织绩效产生显著的正向影响。第二，积极的心理资本构建是需要团队内部良好的成员互动和组织氛围为依托的。在组织积极的团队氛围情景中，个体心理资本通过构成心理资本各要素之间的互补与协调，形成互动默契、协同一致的合作精神，通过充分发挥团队整合优势，能够促进创业者创业导向策略的实施，并最终实现组织整体绩效的提升。这与 Finkle 等（2006）的研究结果在一定程度上相契合，高水平的创业绩效获取是建立在创业者积极的心理因素基础上的，这种积极的心理素质包括对组织环境的正向归因，以及在此基础上构建的团队内部互补性强、协调一致的团队整体心理氛围（Finkle，2006）。结合我国的组织情景来看，中国是一个高度重视人际交往的社会，团队成员的相互交往与团队氛围有密切关系，人际交往的冲突往往对团队氛围有很大挫伤。同时，积极的团队氛围是培育开放包容的跨文化管理氛围，这也为我国实施企业国际化战略提供了新的途径和方向，具有一定的本土意义。

第十四章 创业者领导行为对组织承诺影响机制研究

第一节 研究背景

以往的研究已经证实，企业高层领导行为是影响组织绩效的重要因素。然而，既往的研究表明，创业者领导行为是否以及如何影响创业活动绩效却一直未能达成一致的意见。当前，在全球经济放缓、就业压力不断增大的背景下，创业活动已经在世界各国全面展开，如何倡导和推动创业活动实施成为有关部门和组织的重要议题。特别是在我国当前处于社会经济转型的关键期，国家大力倡导"大众创业、万众创新"的背景下，如何发挥创业者领导水平以促进高效率的创业管理，提升创业绩效成为实务界和理论界都非常关注的热点问题之一。加强创业者的战略领导能力需要在当前的创业活动实践中引起高度重视。

一方面，从资源基础观来看，创业者实施创业活动实质上是一个资源聚集的过程，这就意味着创业者领导行为是一种基于推动创业资源获取、整合的领导过程，在这种资源获取、整合过程中，创业者需要平衡各种资源获取成本与收益关系，如此来看，创业者的交易型领导行为在企业创业过程中就显得十分重要。从制度理论来看，创业过程是一种新制度替代旧制度的过程，在此过程中，难免会存在新旧组织之间各种利益诉求和纷争，这个新旧组织博弈过程将构成创业活动所在组织情景的主要特征，这种创业活动所面临的组织情景将对创业者领导行为产生影响：相对公正的组织情景预示着创业者面临的管理情景相对简单，从而能够将主要精力聚焦在创业活动的推进方面；而缺乏公平的组织氛围将导致组织内部成员出现分歧甚至矛盾，迫使创业者在领导创业活动过程中不得不耗费部分精力来克服这种组织情景带来的不利局面。基于此，从创业者领导行为、心理授权和组织承诺视角来探讨创业绩效问题将具有十分重要的理论意义和实践价值。

另一方面，尽管员工工作态度由认知、感情和行为三部分构成，在本章研究中，为简单起见，学者通常主要关注工作态度的感情部分（如组织承诺、工作满意、工作投入）和行为部分（如组织公民行为）（Robbins and Coulter, 2004）。本章选择组织承诺作为员工的工作态度变量，其研究目的是：在中国情景下，进一步探讨变革型领导与员工的组织承诺的关系。虽然国外文献对此研究已经很多，但是，国内文献对此研究甚少，如孟慧（2004）在中国情景下验证变革型领导概念的信度和效度时，探讨了变革型领导与组织承诺的关系。因此，在中国情景下，进一步验证变革型领导与员工组织承诺的关系，加强此类实证经验证据，这无论对理论发展还是中国企业实践指导都非常有意义。

第二节　相关理论

一　团队员工组织承诺

从20世纪六七十年代开始，组织承诺这个主题在社会科学和管理学文献中得到了广泛的关注。最早研究组织中员工承诺行为的是 Becker（1960），他认为，员工对组织的投入越多，就越不愿意离开该组织，因为一旦离开，就会损失各种福利。随后，Porter 等（1976）的研究认为，组织承诺绝非是经济上的原因，而是员工对组织的一种感情依赖。关于组织承诺，不同的学者对其有不同的定义（刘小平，1999），本章采用在已有的文献中被广泛使用的 Mowday（1979）的定义。他把组织承诺定义为"个人对特定组织的认同和参与的相对程度"。根据这一定义，组织承诺有三个基本的组成成分：对组织目标和价值的信念和接受（认同）、愿意为组织的利益付出相当的甚至是额外的努力（参与）、对继续留在此组织的强烈愿望（忠诚）（Yousef, 2000）。凌文辁、张治灿和方俐洛（2000, 2001）把组织承诺概括为员工对组织的一种态度，可以解释员工为什么要留在某企业，因而也是检验员工对企业忠诚程度的一种指标。简单地说，组织承诺就是指个人对组织的参与、忠诚和认同（Meyer and Allen, 1984）。

员工组织承诺来自领导的引导。领导者通过引导团队员工追随其所倡导的愿景形成直至其被接受为"共同愿景"这一过程，其本质既是领导者的心智过程，也是领导者与其下属心智互动的过程。因此，对于提高员工的组织承诺，领导者的愿景可以划分为三个阶段：阶段一，愿景显现与产生，其结果是形成模糊的、粗糙的愿景。阶段二，愿景传播、成熟并被成员广泛接受，其结果是形成明晰的、成熟的愿景。阶段三，愿景执行与实施，努力实现愿景所想象、所描绘的未来。在执行与实施某一愿景过程中，组织可能会显现和产生新的愿景：愿景所描绘的蓝图基本实现，人们会对未来产生新的憧憬。人及其组织就是在不断憧憬、不断追求的过程中进步的，正是彼岸和此岸间的张力促进并引领人及其组织前进。然而，彼岸和此岸间的张力永远是"虽不能至、心向往之"的心智力量（贾良定、唐翌、李宗卉、乐军军和朱宏俊，2004）。因此，愿景型领导者是共同愿景的设计者和传播者，愿景型领导行为是领导及其成员间的动态的、互动的过程。该过程的本质是心智互动，能对员工的组织承诺形成显著的积极影响。因此，从领导者的形态角度考虑对员工组织承诺的影响具有积极意义。下面将从交易型领导和变革型领导两个角度展开阐述。

二 交易型领导与组织承诺

最早对领导行为展开研究的是 Burns（1978）。Burns 在其早期研究中就明确指出，组织中的领导行为包括变革型领导和交易型领导两种类型，这一研究成果为后续的领导行为研究奠定了基础。随后，Bass（1999）等进一步发展和完善了组织领导行为理论，该理论在后续的组织管理实践中得到了广泛应用。交易型领导理论认为，领导与下属间的关系是以彼此之间的信息、知识等形式的资源交换以及由此形成的契约关系为基础的。组织中交易型领导者的任务是设定员工达成组织目标时所获得的报酬，界定员工的角色，提供资源并帮助员工找到达成目标和获得奖酬的途径。可见，交易型领导主要是以奖赏的方式来激励下属工作的，当下属完成特定的工作目标后，便给予其承诺的奖赏，整个过程本质上是一项交易行为。Bass（1999）等将交易型领导分为权变奖励和例外管理两种实施方式。权变奖励是指当员工完成领导者所分派的工作时，领导者给予员工适当奖励以增强其工作积极性。例外管理则是在下属或者组织实现出现问题或发生意外时表现出来的领导行为。其又分为积极例外管理和消极例外管理，积极例外管理型的领导者一般在问题发生前就开展实施，通过持续监督员工的工作以防止问题的发生。而消极例外管理型的领导者往往是在问题已经发生或没有达到规定的标准时，以批评和责备的方式介入，而且是在错误发生后才阐明工作的标准。

组织学习是指以员工个体学习为基础，通过组织内部成员间的社会交流和互动，使组织观念和行为发生持久变化的过程。组织学习是一个循环往复的集体探索和实践过程，包括不断地获得新知识和新技能，并对其进行理解、整合和制度化。要建立一个学习型组织必须要得到领导者的承诺与支持，企业领导者有责任去创造合适的组织环境来推进组织学习。已有研究表明，组织领导者较为民主的领导风格会对组织团队学习产生显著的积极效应。组织中的领导者必须身兼学习者和教导者的角色，当组织成员认为领导者是公正的教导者，并体会到领导者在组织中所分享的是有用的知识时，就会促使组织知识整合的成功。组织管理者领导行为，不仅会影响特定组织文化、组织价值观和组织信念，还会促进组织内部成员与内外部单位或团体的沟通与互动，从而推动组织内部成员将组织中显性知识与隐性知识整合成新知识。

在跨国企业经营中，常常会因为跨文化因素造成不同管理层次之间的分歧或误会，而组织内部成员如果通过心理授权行为将有效化解组织内部成员之间的误会，同时提高组织竞争力。Hult 等（2002）以美国

346家大企业为研究对象，探讨组织学习对企业物资采购时间的影响，实证研究发现，通过组织学习可以缩短组织在物资采购上花费的时间，促进组织运营效率，提升组织绩效。此外，Bakker 和 Leiter（2010）指出，若组织内部领导采取交易型领导，会显著增加员工对工作的兴趣和激情，从而在组织中表现出高绩效。Tims 和 Bakker（2011）等提出，组织领导行为的魅力与工作满足以及绩效表现之间具有密切的联系。创业活动作为追求超额利润的组织行为，更需要通过组织承诺来促进创业活动效率的提高。

三 变革型领导与组织承诺

通过成为角色典范和描绘愿景，变革型领导能使员工认同组织的目标，使他们意识到自己对整个组织的作用，使他们感觉到自己是组织愿景中的利益相关者，从而激励其为了实现组织的目标而付出额外的努力；通过提供智力激发，变革型领导鼓励员工去追求并满足自己的智力好奇心；通过个性化的关怀，变革型领导能使员工得到个人发展方面的理解和支持。变革型领导的所有这些行为将使员工专注于自己的工作任务，从而提高组织承诺。相当多的实证研究表明，在不同的组织和文化中，变革型领导风格与员工组织承诺呈正相关关系（Avolio et al., 2004; Chen, 2002; Bycio et al., 1995; Dubinsky et al., 1995）。变革型领导风格能使员工信任并尊重领导者，从而员工会付出超出期望的额外努力。Howell 和 Avolio（1993）研究发现，变革型领导的下属会将领导者的价值观和目标内在化，其结果是下属将会超越个人眼前的利益而去追求领导者所提出的使命和目标。Bass（1999）进一步认为，变革型领导能够有选择地激起员工自发的成就、从属和权力动机，这些动机激起的结果是员工自我监控、自我评估的加强，从而最终使员工对使命的承诺得到增强。李超平和时勘（2003）研究表明，领导魅力对员工的额外努力有正面影响。孟慧（2004）的研究也证实，变革型领导及子因素对员工的组织承诺具有一定预测力。

在变革型领导与组织承诺关系中，还有一个非常重要的因素是心理授权。根据激励的期望理论，效价和期望的提高激励员工增强组织承诺感。心理授权是指员工对其工作"能力（或自我效能）、影响力、意义和自主性"的认知,反映了自我概念的自尊和自我效能部分。根据已有的关于心理授权与员工组织承诺的关系的研究,不难推理,变革型领导风格的某些方面能通过心理授权来影响员工的组织承诺。比如,领导魅力可以为员工提供工作的意义感,从而能够增强其组织承诺;智力激发能够影响员工对自身能力的认知,从而带来更高的组织承诺和更好的绩效表现;个性化关怀能够培育员工的自我决定性和影响力,从而间接地带来更高的组织承诺。总之,通过建立员工的自信心、自我效能和自尊心,变革型领导对员工的工作动机和对组织的认同程度有很强的正面影响(陈永霞、贾良定、李超平、宋继文、张君君,2006)。尽管有大量研究从理论和实证上考察了变革型领导风格与组织承诺的联系,但是,很少有实证研究关注变革型领导对员工组织承诺的影响过程,对心理授权在其中的中介作用的研究则更少。在已有的文献资料中,Avolio 等(2004)的研究是唯一一项对心理授权在变革型领导风格与组织承诺的关系中的中介作用所进行的研究。但是,正如他们在分析其研究所包含的局限性时所指出的那样,他们的研究所选择的样本是新加坡一所大型公立医院的护士,其研究发现能否推广到其他医院或者其他类型的组织中去,还需要用其他样本加以验证。因此,本章的研究目的就是利用更广泛的样本,进一步研究心理授权在变革型领导风格与员工组织承诺的关系中的中介作用。

四 愿景型领导与组织承诺

愿景是指"我们想创造的",愿景型领导者是共同愿景的设计者和传播者,愿景型领导行为是领导及其成员间的动态的、互动的过程。该过程的本质是心智互动。我们可以从中国传统文化中寻到愿景及其领导行为的上述理解,如孙子的"道"(令民与上同意)、老子的"道"(道可道,非常道;道常无为而无不为;道生一,一生二,二生三,三生万物)、孔子的"仁"(德治、礼治)。愿景是对未来的憧憬和想象,回答"我或我们想创造什么?未来我或我们将成为什么?"根据 Senge(1990)和贾良定、唐翌、李宗卉等(2004)的研究,愿景形成直至其被接受为"共同愿景"是一个过程,其本质既是领导者的心智过程,也是领导者与其下属心智互动的过程。愿景过程由两个时点分割为三个阶段：阶段一：愿景显现与产生，其结果是形成模糊的、粗糙的愿景。阶段二：愿景传播、成熟并被成员广泛接受，其结果是形成明晰的、成熟的愿景。阶段三：愿景执行与实施，努力实现愿景所想象、所描绘的未来。在执行与实施某一愿景过程中，组织可能会显现和产生新的愿景：愿景所描绘的蓝图基本实现，人们会对未来产生新的憧憬。人及其组织就是在不断憧憬、不断追求的过程中进步的，正是彼岸和此岸间的张力促进并引领人及其组织前进。然而，彼岸和此岸间的张力永远是"虽不能至、心向往之"的心智力量。

对于企业内部员工来说，愿景型领导促进组织承诺主要通过以下三个途径来实现：

第一，愿景型领导能够准确地把握事物的本质，准确地发现解决问题的关键步骤，分清轻重缓急、有条不紊地做事，即对症下药的能力。"对症下药"，首先要看到"症"，然后开出"药"，所以，洞察力强调既能看到问题所在，又能抓住问题的本质。这对于企业内部员工的组织承诺具有极大的帮助，因为很多组织内部的不协调和矛盾都是由于组织隐晦、缄默的组织问题所引发的。

第二，从愿景产生的模式来看，内省和互动是最重要的两种方式，内省即在心里进行反省，检查自己的思想行动。互动即相互作用、互相影响。这种通过自我反思、成员互动模式形成的组织内部人际关系互动模式能够提升组织的内部认知统一性，提供组织承诺。

第三，愿景型领导在推动组织执行任务时，并不是简单的命令式，而是通过推理演绎和总结归纳的方式推动的。在愿景型领导过程中，演绎逻辑往往是先在头脑中形成经营的理论或理念，通过理论去指导具体的实践，在实践过程中，理论或理念是判断如何行事的标准或准则；归纳逻辑往往开始没有明确的思路，从做事着手，在解决具体问题的过程中，逐步形成一定的经营理念，属于实践上升为理论的思维过程，这在企业跨国并购过程中显得尤为重要。

第三节 研究设计

一 研究一

研究一主要是探讨企业国际化背景下企业员工的组织承诺在交易型领导与创业绩效之间的关系。

（一）研究方法

本章的研究样本来自浙江省杭州、金华和台州地区的民营企业高级管理人员。具体数据收集工作分为两个阶段展开：第一阶段我们调研了杭州滨江高新区的民营科技型企业，采用随机抽样的方式发放了300份问卷，一共收回了145份有效问卷。第二阶段我们对金华和台州地区的民营企业进行了调研，同样采用随机抽样的方式发放了300份问卷，一共收回了176份有效问卷。在获得两份数据之后，我们对数据进行了整体偏差分析，根据独立样本T检验的结果，发现两次获得的数据没有显著差异，因此，我们认为，本章从不同地区所获得的数据不存在显著性差异，可以当作一个样本来使用。本次调研共获得了321份有效问卷，在这321份问卷中，男性创业者占93.8%，样本的平均年龄为37.8岁（标准差为8.23）。

变量的测量主要来自国外成熟的量表。关于创业者交易型领导的测量，我们采用Bass和Avolio（1989）采用的包含32个问题项的测量问卷，我们选取其中的6个问题项进行测量。关于组织学习，我们采用Tippins和Sohi（2003）采用的包含29个问题条目的测量量表，我们选择其中的6个问题条目进行测量。关于组织承诺的量表，主要基于Meyer和Allen（1984）、Chen和Francesco（2003）的工作，我们主要选用其中的所测量员工对组织的认同、参与和忠诚的7个问题条目。

（二）实证检验

本章收集到的实证数据描述性统计分析结果如表14-1所示。从表14-1中我们可以看到，创业者交易型领导与组织承诺（$r=0.27$，$p<0.01$）、组织学习（$r=0.13$，$p<0.05$）之间都存在显著的正相关关系。

同时，组织承诺与组织学习之间（r = 0.19，p < 0.01）也存在显著的正相关关系。据此，我们可以初步推断，创业者交易型领导、组织学习与组织承诺之间存在内在的相互影响关系。

表 14 – 1　　　　交易型领导等变量的均值、方差和相关关系

变量	平均值	标准差	1	2	3	4	5	6	7
1. 年龄	37.8	8.23	1.00						
2. 性别	0.94	0.05	0.025	1.00					
3. 工作年限	11.60	7.40	0.37**	0.02	1.00				
4. 交易型领导	4.90	0.88	0.07	0.05	0.08	1.00			
5. 组织学习	3.86	0.78	0.02	0.07	0.03	0.13*	1.00		
6. 组织承诺	3.80	0.53	0.06	0.03	0.08	0.27**	0.19**	1.00	

注：*、**分别表示10%、5%的显著性水平。

我们采用线性回归方法对本章提出的研究假设进行实证检验。具体包括创业者交易型领导与组织承诺之间的直接效应检验、组织学习在创业者交易型领导与组织承诺之间的中介作用。

第一，直接效应检验。直接效应分析创业者交易型领导对于组织承诺的影响，为此，我们构建了创业者交易型领导与组织承诺直接影响关系模型。并依次将控制变量（创业家年龄、性别和工作年限）、自变量（创业者交易型领导）加入模型中，进行分析。具体结果如表 14 – 2 所示。模型4表明，创业者交易型领导对于组织承诺具有显著的影响作用（β = 0.12，p < 0.05），并且模型拟合效果显著（F = 6.66，p < 0.05）。

表 14 – 2　　　　　　　　　假设检验结果

	组织学习		组织承诺			
	模型1	模型2	模型3	模型4	模型5	模型6
控制变量						
年龄	-0.04	-0.05	-0.02	-0.06	-0.06	-0.06

续表

	组织学习		组织承诺			
	模型1	模型2	模型3	模型4	模型5	模型6
控制变量						
性别	0.13	0.08	0.12	0.07	0.09	0.07
工作年资	0.06	0.06	0.07	0.05	0.09	0.05
自变量						
创业者交易型领导		0.27**		0.12*		0.03
中介变量						
组织学习					0.14*	0.36**
R^2	0.01	0.03	0.02	0.12	0.17	0.18
F值	1.02	6.94*	1.85	6.66*	7.41*	8.18*
ΔR^2	0.01	0.03	0.01	0.11	0.17	0.18
ΔF	1.02	6.94*	1.85	8.97*	14.41**	16.44**

注：*、**分别表示10%、5%的显著性水平。

第二，中介作用检验。中介作用分析组织学习在创业者交易型领导与组织承诺之间的中介作用。同理，我们构建了包括创业者交易型领导、组织学习和组织承诺三个变量的中介模型，并依次将控制变量、自变量和中介变量加入到回归方程中。模型5表明，组织学习对组织承诺具有显著的正向影响作用（$\beta = 0.14$，$p < 0.05$）。而模型6则表明，组织学习在创业者交易型领导和组织承诺之间起到完全中介作用（$\beta = 0.03$，n.s；$\beta = 0.36$，$p < 0.01$），模型5和模型6的拟合效果均显著（$F = 7.41$，$p < 0.05$；$F = 8.18$，$p < 0.05$）。

二 研究二

研究二主要是探讨心理授权在变革型领导与组织承诺之间的关系。

（一）研究方法

在本部分研究中，我们邀请全国11所高校工商管理专业的教师帮助发放和回收问卷。所有问卷都在教学课堂上发放和回收，其中大多数问卷是在MBA教学课堂上，只有少数在工商管理研究生进修班课堂上。11所高校总共回收有效问卷1128份，平均每所高校回收问卷将近103份，最多的为197份，最少的为28份，最后回收有效样本972个。样本企业的平均经营时间达 17 年，平均员工数 2004 人，所有制分布较分散，产业分布主要集中在制造 4 个行业。64.5% 的回答者为男性，79.3% 为本科以上学历，主要从事市场营销、行政管理、人力资源管理、财务会计和信息管理职能，其他职能分布也较均匀。

同样，变量的测量也主要来自国外成熟的量表。关于变革型领导，我们综合了 Waldman 等（2001）的量表和 Bass（1985）及 Bass 和 Avolio（1990）所开发的多因素领导问卷，主要从领导魅力和感召力两方面来测量变革型领导。关于心理授权，我们直接借用 Spreitzer（1995）所发展的 4 因子 12 个条目的心理授权量表。组织承诺的测量与研究相同。

（二）实证检验

首先，我们把只有一个因子的变量随机地分成 3 个部分（Wang et al., 2005）的方法，这种方法也是为了避免结构模型中的潜变量仅有一个显示条目所导致的模型不能识别的问题。这样，变革型领导 8 个条目被随机地分成 3 个部分，组织承诺的 7 个条目也被随机地分成 3 个部分，并把各变量的每部分看作 1 个因子。

其次，我们把变革型领导、心理授权、组织承诺 3 个变量的各因子作为显示条目进行验证性因子分析。分析结果表明，变革型领导、心理授权和组织承诺是 3 个不同的概念，具有良好的区分效度。3 个变量的信度分别为 0.81、0.72 和 0.90（见表 14 – 3）。因此，可以进行下一步的结构模型分析。

表 14 – 3　　变革型领导等变量的均值、方差和相关关系

变量	均值	标准差	1	2	3
1. 变革型领导	4.58	0.87	(0.81)		
2. 心理授权	4.35	0.72	0.56**	(0.72)	
3. 组织承诺	3.99	0.95	0.46**	0.73**	(0.90)

注：** 表示 5% 的显著性水平，括号内的数字为信度。

表 14 – 3 给出了 3 个变量的均值、标准差和相关系数。变革型领导与心理授权显著正相关（r = 0.56，p < 0.01），与组织承诺也显著正相关（r = 0.46，p < 0.01）。心理授权与组织承诺显著正相关（r = 0.73，p < 0.01）。

心理授权在变革型领导风格与员工组织承诺的关系中起中介作用。按照 Baron 和 Kenny（1986）所建议的方法，心理授权在变革型领导和员工组织承诺关系中起完全中介作，必须满足四个条件：①变革型领导与心理授权必须显著相关；②变革型领导与员工的组织承诺必须显著相关；③心理授权和员工组织承诺必须显著相关；④在心理授权进入变革型领导和员工组织承诺的关系分析中，变革型领导和员工组织承诺的关系消失。如果当心理授权进入变革型领导和员工组织承诺的关系分析中，变革型领导和员工组织承诺依然显著相关，但关系显著减弱，则称心理授权在变革型领导和员工组织承诺关系中起部分中介作用。表 14-4 所给出的 5 个结构方程模型是嵌套关系。由 $\Delta\chi^2$ 可知，模型 3、模型 4 和模型 5 与模型 1 和模型 2 显著不同。模型 3、模型 4 和模型 5 说明的是，心理授权不是变革型领导和组织承诺关系的中介变量，其不产生中介作用。从数据拟合指标来看，模型 3、模型 4 和模型 5 对数据拟合得不好，因此，我们拒绝接受模型 3、模型 4 和模型 5。模型 1 和模型 2 说明的是，心理授权是变革型领导和组织承诺关系的中介变量。

表 14-4　　　　　　　　结构方程模型间比较

结构模型	χ^2	df	$\Delta\chi^2$	GFI	RMSEA	CFI	PNFI	TLI
模型 1. 部分中介：TL→PE→OC 和 TL→OC	261.16	32		0.94	0.094	0.94	0.66	0.91
模型 2. 完全中介：TL→PE→OC	261.13	33	0.03	0.94	0.092	0.94	0.68	0.92
模型 3. 无中介 1：TL→PE 和 TL→OC	385.93	33	124.77***	0.91	0.11	0.89	0.65	0.88
模型 4. 无中介 2：TL→OC 和 PE→OC	416.72	33	155.56***	0.91	0.12	0.89	0.65	0.86
模型 5. 无中介 3：TL→OC	515.7	34	254.54***	0.89	0.13	0.83	0.63	0.83

注：TL 表示变革型领导；PE 表示心理授权；OC 表示组织承诺。***表示 1% 的显著性水平。

三 研究三

研究三主要探讨愿景型领导的内在维度及其效用问题。

（一）研究方法

本部分的研究样本同样来自浙江省杭州地区的民营企业主管以上领导。具体数据收集工作分为两个阶段展开：第一阶段我们调研了杭州滨江高新区的民营科技型企业，采用随机抽样的方式发放了300份问卷，一共收回了123份有效问卷。第二阶段我们对杭州未来科技城和青山湖科技城的民营企业进行了调研，同样采用随机抽样的方式发放了300份问卷，一共收回了148份有效问卷。在获得两份数据之后，我们对数据进行了整体偏差分析，根据独立样本T检验的结果，发现两次获得的数据没有显著差异，因此，我们认为，本章从不同地区所获得的数据不存在显著性差异，可以当作一个样本来使用。本次调研共获得了271份有效问卷，在这271份问卷中，男性创业者占91.4%，样本的平均年龄为42.8岁（标准差为9.21）。

变量的测量主要来自国外成熟的量表。关于创业者愿景型领导的测量，我们采用贾良定、唐翌、李宗卉等（2004）所设计的测量问卷，我们选取愿景产生的心智能力、愿景产生的心智特征和愿景的战略焦点三个层面的15个问题项进行效度测量。关于组织承诺的量表，主要基于Meyer和Allen（1984）、Chen和Francesco（2003）的工作，我们主要选用其中的所测量员工对组织的认同、参与和忠诚的7个条目。

（二）实证检验

本部分我们采用探索性因子分析来检验。探索性因子分析结果如表14-5所示，从表14-5中我们可以看到，企业跨国并购中的愿景型领导结构主要包括愿景产生的心智能力、心智特征和愿景的战略焦点三个因子，三个因子分别包括5个问题条目、3个问题条目和3个问题条目，第一个因子方差变异的解释率为31.741%，主要反映中小企业在社会网络中的网络地位；第二个因子方差变异的解释率为23.362%，主要反映中小企业渐进式创新战略与网络发展之间的契合程度；第三个因子方差变异的解释率为19.323%，主要反映中小企业实施创新战略的动力，三个因子总计解释总体方差变异的74.426%。因此，我们认为,本部分所获得的关于我国企业跨国并购过程中愿景型领导三因子模式满足理论要求。

表 14-5　　愿景型领导三维度结构

问卷条目	心智能力	心智特征	战略聚焦
本公司领导具有丰富的想象力	0.812		
本公司领导常常突发灵感	0.787		
本公司领导具有先见之明	0.765		
本公司领导具有良好的外部洞察力	0.712		
本公司领导具有良好的内部洞察力	0.693		
本公司领导经常深思熟虑		0.798	
本公司领导经常思考企业未来的发展		0.760	
本公司领导会努力践行深思熟虑的想法		0.744	
本公司领导会为了理想奋斗			0.880
本公司领导非常重视产品品质			0.723
本公司领导善于组织能力强			0.709
特征根值	3.788	2.783	2.590
解释变异百分比(%)	31.741	23.362	19.323
克隆巴赫 α 系数	0.884	0.832	0.747

在此基础上,我们还检验了愿景型领导三个维度对于组织承诺的影响效果,回归分析研究结果表明,愿景型领导的三个维度愿景产生的心智能力、心智特征和愿景的战略焦点对于组织承诺的影响都十分显著($r_1 = 0.23$, $p < 0.01$; $r_2 = 0.17$, $p < 0.05$; $r_3 = 0.16$, $p < 0.05$),模型的整体拟合度也达到理论要求($F = 6.98$, $p < 0.01$)。

第四节　结论与讨论

研究一的结果表明,组织学习在创业者交易型领导与创业绩效之间具有完全中介作用。一般来说,创业过程中的创业者交易型领导主要是通过强有力的领导行为来满足参与创业活动的所有组织内部成员的创业预期,包括物质报酬、自我满足等,从而推动整个创业组织高效率的作用,发挥组织整体竞争力,增加创业活动的整体绩效。对我国绝大部分创业者而言,创业活动中各方利益诉求的多样化、组织情景的复杂化以及创业组织的不完善都将使创业者的领导行为面临巨大挑战,因此,如何在我国特定的文化情景下来实施这种交易型领导将是一项非常具有挑战性的工作。在缺乏足够的创业活动经验积累时,加强组织学习将是创业者在领导创业活动中非常必要的途径,创业者领导行为中的组织学习过程也能激发组织内部企业成员的学习意识,通过提升组织内部成员的学习意识,激发创业团队成员学习欲望和学习动力,重视组织学习导向,营造浓厚的组织学习氛围,构建完善的组织学习机制,才能有效地促进创业绩效的提升。

组织承诺对创业者交易型领导与组织学习之间的影响关系起到显著的调节作用。具体来说,创业活动所面临的组织情景公正性水平越高,创业者将能够将主要领导精力放在创业活动领导方面,通过交易型领导促进组织学习的效率就越高。反之,创业者交易型领导对组织学习效率的促进作用就越低。另外,在员工不同的组织承诺情景下,组织学习对于创业者交易型领导促进创业绩效提升的影响机制也是存在差异的。在创业者实施创业计划过程中,创业者为了获得核心知识、信息等资源,需要创业者与资源所有者、创业活动参与者以及其他相关利益者之间构建互利互惠的,基于资源呼唤、政治扶持以及心理依赖等的利益或价值平等互换的关系,当创业者及其他相关利益主体所处的组织环境能够为这种知识、信息等资源的交换提供保障时,将极大地促进创业者高效率地获得其所需的知识和技能,提升组织学习能力。因此,在创业过程中营造相对公正的组织环境,有利于创业者提升组织学习能力。

研究二从心理授权的角度探求变革型领导风格对员工组织承诺的作用过程。与前人的研究相一致(Bono and Judge,2003;Lowe,Kroeck and Sivasubramaniam,1996;Koh,Steers and Terborg,1995),我们的研究结果显示,变革型领导风格与员工组织承诺之间存在显著的正相关关系。企业的领导者如果表现出变革型领导的行为风格,比如具备一定的个人魅力、为员工描绘美好的愿景、关心员工的发展需要等，员工就会将领导者的价值观内在化，从而超越个人眼前利益转而追求所在组织的长远利益，这表现为员工对所在组织的承诺水平的增强。

与 Avolio 等（2004）的研究结果相一致，我们的研究结果也说明，心理授权在变革型领导风格与员工组织承诺的关系中起完全中介作用。也就是说，变革型领导风格是通过心理授权这个中介变量来影响员工的组织承诺的。我们之所以选择心理授权作为中介变量来研究，是因为，一般来说，人的行为态度是由其思想或心理因素支配的，从心理授权的角度解释变革型领导风格对员工组织承诺的作用机制，符合从心理因素的角度理解人的行为特征的惯例，正如马斯洛、赫茨伯格等从人的需要出发探索激励问题和研究人的行为一样。当然，除心理授权这个心理因素可以成为变革型领导与组织承诺关系中的中介变量外，还存在其他一些变量，比如员工的组织信任感等。

研究三首先探讨了企业跨国并购过程中愿景型领导的内在维度结构，研究发现愿景型领导主要包括愿景产生的心智能力、心智特征和愿景的战略焦点三个维度，与以往贾良定、唐翌、李宗卉等（2004）的研究存在较大的差异，这是与企业跨国并购的独特情景十分相关的。企业跨国并购过程中，愿景型领导的最重要工作是如何在短时间内保持组织内部的高度统一，如何发挥组织成员的能动性，充分调动组织成员的潜力，推动企业跨国并购的顺利开展。因此，本章的研究成果指出，愿景产生的心智能力、心智特征和愿景的战略焦点能够很好地满足愿景型领导对于企业跨国并购战略推进的诉求。而愿景产生的心智模式、愿景产生和发展的心智逻辑则显得不再重要。最后，我们的实证研究也支持，愿景产生的心智能力、心智特征和愿景的战略焦点对于企业跨国并购过程中的员工组织承诺产生显著的正向影响。

第十五章 创业者政治技能对创业绩效影响机制研究

第一节 研究背景

随着外部环境不确定性的日益提高,越来越多的创业研究学者发现,创业者所在组织为了适应外部环境不确定性往往会选择改变组织传统的架构模式。这种组织架构模式的改变预示着创业组织体系中的创业者需要构建对于创业信息、资源以及人际关系管理的新模式(郭海、李垣和段熠,2007),然而,创业活动是一个显著的"破坏性创新"过程,其本质在于通过变革原有的商业模式来构造一种更加高效的价值创造活动体系,这种价值创造活动体系必然会对原有的商业生态系统造成冲击,尤其是对一些在位者的利益造成冲击。那么,如何发挥创业者的社交能力来说服组织内部的利益相关者支持创业行为就显得尤为重要,正如刘军等(2010)所呼吁的那样,组织内部成员高超的政治技能能够影响他人的行为态度,从而达到增强或保护自身利益的功能。因此,我们认为,创业者努力提升政治技能,能够显著推进创业活动的展开。

虽然组织政治影响无处不在,以及长久以来政治技能被看作是一种个体私利导向型的社会心理行为,政治技能一直不为早期的组织管理研究学者所重视。但在外部环境变动日益复杂以及组织内部竞争日趋激烈的背景下,作为组织内部十分重要的社会交往技能之一,政治技能被认为是促进组织内部成员达成目标的有效手段(Gerhard et al., 2008;

Ferris et al.，2005）。在Ferris等（2005）的开创性研究中，政治技能在社会交往中主要通过社交敏感性、自我约束以及灵活的处世方式等非智力性因素表现出来，不仅仅是一种以"自利"为核心的公民行为，同时也具备降低工作压力、缓解员工紧张以及提高工作绩效等方面的功能。由于创业活动本质上是一种打破常规的商业模式，因此，这种基于维护成员关系、带有说服和鼓动意涵的政治技能对于创业者来说就显得尤为重要。无论是从理论研究还是社会实践来看，创业者政治技能都将成为未来创业研究的重要方向之一。

从创业实践发展来看，当前的产品技术复杂度和商业经营模式变化已经将创业活动推到了前所未有的高度，这就意味着现在的创业活动单靠创业者个体"单打独斗"的创业模式已经很难获得成功，需要以团队合作的方式来推动创业活动的展开。然而，新建立的创业组织在制度体系和管理方式方面总是存在许多有待完善的地方，这种创业型组织能否给组织内部所有的创业者创造公平的创业环境将对创业者的创业行为产生显著的影响，而创业者高超的政治技能显然会对这种创业型组织内部的成员关系梳理、机会发掘以及精神感染产生积极的影响。相对于以往的研究，本章将在以下两方面做出贡献：

第一，本章首次提出了从创业者政治技能的视角来探讨创业者推动创业过程的机制问题，这不仅更加符合创业活动中利益分配、制度博弈过程强调创业者说服、鼓动以及妥协等社交技巧运用的重要性，同时也是对以往创业过程中重视制度、场域等外部性制约因素的一种回应，即发挥创业者自身的社交技能，充分运用组织政治来推动创业活动的展开。

第二，考虑到创业活动本身缺乏有效的制度约束机制（谢洪明和程聪，2012），这就意味着创业者可以自由地发挥自身政治技能，而创业型组织内部相对公正的组织运作机制将促使创业者尽可能采用积极导向的政治技能，因此，本章将采用一种较为新颖的方法来探讨这种创业者政治技能和组织公正的交互作用是如何影响创业导向战略及其绩效的。

第二节 相关理论及假设

一 创业者政治技能与创业绩效

"政治技能"的概念是由 Pfeffer（1981）首次提出来的，拥有足够的政治技能是组织内部成员获得成功的必要条件之一。而 Mintzberg（1983）则首次较为详细地阐述组织内部成员的政治技能是如何发挥作用的，即体现在组织内部成员通过说服、操纵和谈判的形式对组织内其他成员施加影响力。组织内部具有高超政治技能的成员总是表现出自信、稳重和充满活力，能够使周围的人感受到亲和力甚至受到鼓舞，从而吸引更多的成员加入自己的创业计划中来，通过团队的力量来达成目标。因此，国内的一些学者指出，政治技能事实上也是一种社交技能或者说至少具备某些社交技能的特征，例如，灵活的处事原则、社会活动以及人际关系管理智慧等，这些技能尤其体现在具有上下级关系的人际交往中，例如师徒关系（韩翼和杨百寅，2012）。

考虑到创业活动中出现的商业模式和制度体系重构机制，在创业者推动创业活动过程中，难免会遇到来自组织内外部的各种不利于创业活动推进的因素，由于创业过程中资源配置、利益分配等方面的分歧，这些不利因素当中很大一部分是人为因素造成的，这就需要创业者通过号召、说服、谈判甚至妥协等方式来克服创业活动中的各种困难。因此，创业者政治技能将对其是否能够克服创业阻力产生深刻的影响，正如 Baron 和 Tang（2009）所述，以说服、感染和号召为主的外显性政治技能对于提升创业者的个人魅力具有非常显著的促进作用，而基于这种外显性政治技能的创业者社会认知和创业者自我展示将进一步对创业绩效产生积极的影响。因此，我们认为，创业者高超的政治技能将对创业活动的顺利开展起到积极的作用。基于此，本章提出以下假设：

假设 15 - 1：创业者政治技能对创业绩效产生显著的影响。

二 创业导向的中介作用

创业导向对于创业绩效的影响是贯穿整个创业过程的。在此过程中，创业导向主要通过为创业活动提供准确、高效的信息来实现，而有效的创业信息资源获取则成为创业成功的重要条件之一（买忆媛和熊婵，2012；Baron，2006）。创业者需要与组织内外部不同的信息、资源拥有者进行持续、长期的频繁互动来获取稀缺性资源，从而更加及时地发掘和定位创业机会，实施准确的创业导向战略。然而，这种创业信息资源的获取总是非常困难：一方面，创业机会的发掘需要创业者持续且密切地关注市场需求、竞争态势以及外部整体环境的变化（Ireland et al.，2003）。另一方面，创业者在获取这种稀缺性资源过程中还需要及时调整创业策略，以满足创业活动开展的要求（Baron，2006）。在创业组织中，具备高超政治技能的创业者能够通过私人、非正式社交网络来避开正式组织机构的束缚，从而能够获得额外的信息和资源（王洪青和张文勤，2012）。因此，创业者政治技能将对其创业导向战略制定产生正向的影响作用。

创业过程中创业导向的核心作用在于引导创业活动发展趋势、约束创业者行为以及描绘创业愿景，因此，创业导向实施战略能够在很大程度上保证创业活动的顺利展开。社会交往理论的相关研究也表明，社交能力强的创业者在创业机会发掘和创业策略制定方面将比社交能力弱的创业者更具优势，并且能够获得更高的创业绩效（Ozgen and Baron，2007）。而大量创业领域的研究也表明，创业导向总是能够促进创业绩效的提升。因此，我们推断，创业者政治技能将对创业者构建社交网络以获取创业信息产生积极的作用，进而对创业者发掘机会、制定创业策略发挥重要作用，并最终促进创业绩效的提升。基于此，本章提出以下假设：

假设15-2：创业导向在创业者政治技能和创业绩效之间起到完全中介作用。

三 创业组织公正的调节作用

相对公正的组织氛围有利于促进组织内部成员的社会交往（Moorman et al.，1998；Wayne et al.，2002）。在这种组织公平情景下的社会交往中，组织成员能够找到一种自我存在感和满足感，并将更加积极地投入到工作当中。从社会交换理论来看，组织成员对于组织公正的感知来自组织及其管理者对于成员行为的反应,既包括认可、支持、奖励等积极评价,也包括忽视、冷漠甚至惩罚等消极评价,当然,最重要的是组织成员对于其付出与收获是否对等的感知(Bishop and Scott, 2000)。总之,组织情景的公正与否,将影响组织内部成员的认知归因情况,进而决定成员的政治技能发挥,组织中的成员总是会将自身对于组织的认同感和归属感建立在其与组织内部管理者的业务、情感关系上(赵文,2010)。因此,组织公正就意味着组织内部成员之间的这种业务和情感关系更加合理规范,是组织成员能否展开高效率工作的驱动因素。

创业型组织作为一种建立不久的新组织形式,其内部的创业者显然更加需要这种以业务和情感为基础的成员关系网络(赵文红、孙万清和王垚,2013)。从创业者创业策略制定来看,公平的组织情景能够让组织内部创业者之间充分交流意见,并充分考虑不同创业者的利益诉求,从而发挥创业者政治技能的正向作用(Semadar et al., 2006),获取既符合自身目标又能满足全局要求的信息资源,制订合理的创业活动计划。相反,处于不公平的组织情景中,创业者之间互不信任,所有创业团队成员只从自身利益最大化的角度去谋划创业战略,这将导致创业者的政治技能只会用来谋取自身利益的最大化,创业者"自私自利"的政治技能发挥将对创业导向战略制定和实施产生消极影响,从创业活动的长期发展来看,显然是非常不利的。基于上述分析,本章提出以下假设:

假设15-3:组织公正在创业者政治技能与创业导向之间起到调节作用。

四 创业组织公正与创业导向的综合作用

创业者高超的政治技能有利于创业者规避正式组织结构的束缚,构建以知识、信息、资源获取、分享为基础的紧密的社交网络,并以此为基础来获得创业活动所需的稀缺性信息资源(Robert and Tang, 2009),因此,创业者政治技能对于创业活动所需资源获取具有重要意义(张生太和梁娟,2012)。前面的理论阐述已经表明,在不同创业组织公正情景下,创业者政治技能实施导向是存在显著差异的:组织公正性高的创业型组织中，创业者政治技能的发挥是以创业活动顺利推进以及创业整体绩效获取为导向的，在这种创业者政治技能的影响作用下，创业者之间更容易建立高水平的、以信任和互惠为核心内容的社会交往关系，彼此也更容易形成对创业组织的使命感和归属感（Lewicki et al.，2005），从而使创业者更有可能运用自身的政治技能来推动创业导向策略的制定和实施，进而促进创业绩效提升。在组织公正性低的创业组织中，创业者显然不会对组织形成强烈的使命感，而更可能发挥自己的政治技能在获取更多的个人利益方面，这对于创业团队构建、创业导向战略制定和实施是非常不利的，从而对创业组织整体创业战略的制定和实施产生负向影响，降低创业活动的整体绩效。基于上述考虑，本章提出以下假设：

假设15-4：创业者政治技能与组织公正交互作用促进创业绩效通过创业导向中介作用来实现。

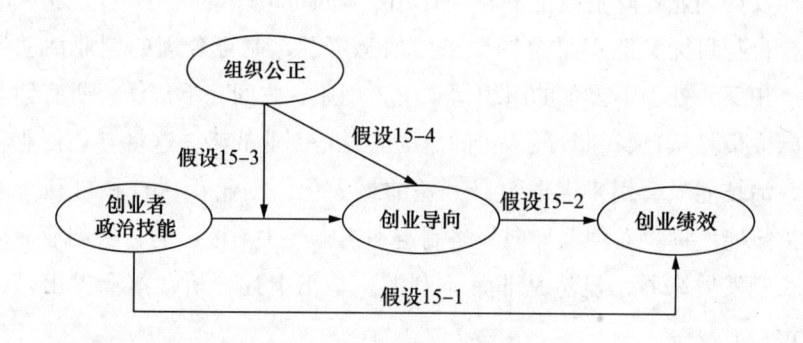

图15-1 本章的理论模型

资料来源：笔者整理。

第三节 研究设计

一 研究样本

本章数据资料来自浙江省杭州、台州和宁波三个地区的成立时间不到三年的民营企业，主要是对以企业创建者为主的企业高层领导进行了调研。具体调研过程分为三个阶段：第一阶段是对杭州地区的民营企业进行调研，在滨江高新区管委会相关管理人员的支持下，我们采用邮寄的方式一共发放了 300 份调研问卷，两个月以后回收 176 份问卷，剔除无效问卷后共收集到 112 份有效问卷。第二阶段是对台州地区的企业进行了调研，在天台经信局的支持下，同样采用邮寄的方式发放了 300 份问卷，两个月以后回收 214 份问卷，剔除无效问卷后共收集到 144 份有效问卷。第三阶段是对宁波地区的企业进行了调研，在宁波高新区管委会相关人员的帮助下，同样采用邮寄的方式发放了 300 份问卷，两个月以后回收 178 份问卷，剔除无效问卷后共收集到 137 份有效问卷。在获得三份数据之后，我们对数据进行了整体偏差分析，根据独立样本 T 检验的结果，发现三次获得的数据不存在显著性差异。因此，本次调研共获得了 393 份有效问卷，在这 393 份问卷中，男性创业者占 91.4%，样本的平均年龄为 33.4 岁（标准差为 7.66）。

二 变量测度

为了保证本章所采用测量问卷的信度和效度水平，我们将借鉴发表在国外顶级期刊上的相关测量问卷，再根据本研究的需要加以适当修改，作为收集实证数据的工具。其中，关于创业者政治技能的测量，主要参考了 Ferris 等（1999）和刘军等（2010）所编制的关于政治技能的测量问卷；关于组织公正的测量，采用 Byrne（1999）所编制的包含 7 个问题条目的测量问卷；关于创业导向的测量，选择了 Kreiser 等（2002）所编制的测量问卷中的 5 个问题条目。关于创业绩效的测量，采用 Kropp 等（2006）所编制的包含 7 个问题条目的测量问卷。所有的测量问卷均由调查对象亲自进行填写，问卷基于李克特五点评分法进行评价。此外，本章还以创业者的年龄、性别以及工作年限作为控制变量进行分析，以获得更加准确的研究结果。

三 信度与效度分析

为了检验本章所采用问卷的信效度水平，我们采用克隆巴赫 α 系数（以下简称 α 系数）和题项因子载荷值进行判断。其中，测量问卷的 α 系数最小为 0.78，问题项的因子载荷均大于 0.6，这表明，本章的测量问卷具有良好的信度与收敛效度。此外，为了有效检验创业者政治技能、组织公正、创业导向和创业绩效等变量之间的区分效度以及各个量表的相应测量参数，本章中我们采用Amos17.0对上述变量进行验证性因子分析，并比较本章所有变量所构成的四因子模型、三因子模型以及单因子模型之间的拟合效果。结果表明，四因子模型整体拟合效果比较好（χ^2 = 1201.84，$p < 0.01$；RMSEA = 0.069，CFI = 0.91，TLI = 0.90），而且这一模型要显著地优于三因子模型和单因子模型的整体拟合效果，具体见表15-1。这说明，本章的测量问卷具有较好的区分效度。

表15-1　　　　　　　　　验证性因素分析结果

模型	χ^2	df	RMSEA	TLI	CFI
零模型[a]	3800.66	300	0.160	0.000	0.000
四因子模型	1201.84	269	0.069	0.910	0.900
三因子模型[b]	1605.89	273	0.103	0.582	0.619
三因子模型[c]	1602.20	273	0.104	0.583	0.622
三因子模型[d]	1417.62	273	0.096	0.639	0.673
单因子模型[e]	2179.08	275	0.123	0.407	0.456

注：a在零模型中，所有测量项目之间没有关系；b将创业者政治技能和创业导向合并为一个潜在因子；c将创业者政治技能和组织公正合并为一个潜在因子；d将创业导向和组织公正合并为一个潜在因子；e将所有变量合并为一个潜在因子。

第四节　数据分析和结果

在对本章研究的变量进行实证检验之前，我们首先对收集到的数据进行了描述性统计分析，具体如表15-2所示。从表15-2中可以看到，创业者政治技能与创业导向（$r = 0.31$，$p < 0.01$）、组织公正（$r = 0.18$，$p < 0.01$）和创业绩效（$r = 0.14$，$p < 0.01$）具有显著的正相关关系。同时，创业导向与组织公正（$r = 0.12$，$p < 0.05$）和创业绩效

（r=0.41，p<0.01）具有显著的正相关关系，组织公正与创业绩效（r=0.13，p<0.05）具有显著的正相关关系。此外，除性别（r=0.03，不显著）外，年龄（r=0.11，p<0.05）和工作年限（r=0.12，p<0.05）与创业者政治技能也存在显著的相关关系，这表明创业者政治技能在不同年龄和工作年限的创业者中是存在差异的。

表15-2　　　　各主要变量的均值、方差和相关关系

变量	平均值	标准差	1	2	3	4	5	6	7
1. 年龄	33.4	7.66	1.00						
2. 性别	0.94	0.05	0.02	1.00					
3. 工作年限	11.6	7.40	0.37**	0.02	1.00				
4. 创业者政治技能	3.47	0.45	0.11*	0.03	0.12*	1.00			
5. 创业导向	3.57	0.63	0.04	0.13	0.08	0.31**	1.00		
6. 组织公正	3.86	0.78	0.05	0.07	0.08	0.18**	0.12*	1.00	
7. 创业绩效	3.70	0.74	0.13*	0.06	0.11*	0.14**	0.41**	0.13*	1.00

注：*、**分别表示10%、5%的显著性水平；表中第一栏的序号表示表中第一列相同序号的变量。

（一）主效应检验

主效应用来检验创业者政治技能对创业者创业绩效的影响，按照线性回归分析步骤，本章中，我们首先让控制变量纳入回归方程中，其次再将自变量纳入回归方程中进行分析。分析结果如表15-3所示。从表15-3中模型6可以看出，创业者政治技能对于创业绩效具有显著的影响作用（β=0.12，p<0.05），即假设15-1成立。

（二）中介作用检验

中介作用分析创业导向在创业者政治技能与创业绩效之间的中介作用。同理，我们首先让控制变量进入回归方程；其次让中介变量进入回归方程中；最后将自变量和中介变量同时加入到回归方程中。从表15-3中的模型7可知，创业导向对创业绩效具有显著的正向影响作用（β=0.38，p<0.01）。从模型8可以看出，在同时加入自变量与中介变量

表15-3 假设检验结果

	创业导向						创业绩效				
	模型1	模型2	模型3	模型4	模型5	模型6	模型7	模型8	模型9	模型10	模型11
控制变量											
年龄	0.09	0.03	0.04	0.05	-0.02	-0.04	-0.04	-0.03	-0.03	-0.03	-0.03
性别	0.06	0.02	-0.02	-0.02	0.12	0.06	0.05	0.04	0.04	0.04	0.04
工作年资	-0.04	-0.04	-0.05	-0.05	0.07	0.04	0.05	0.04	0.04	0.04	0.04
自变量											
创业者政治技能		0.31**	0.22**	0.13*		0.12*		0.07	0.14*	0.11*	0.06
中介变量											
创业导向							0.38**	0.34**			0.37**
调节变量											
组织公正			0.11*	0.08					0.12*	0.12*	0.09 (n.s)
交互项											
创业者政治技能×组织公正				0.12**						0.13	0.08
R^2	0.01	0.12	0.17	0.18	0.02	0.21	0.14	0.16	0.17	0.23	0.13
F值	0.95	8.77**	20.33**	20.99**	1.85	11.80**	9.33**	18.44**	18.99**	19.87**	8.97**
ΔR^2	0.00	0.11	0.17	0.18	0.01	0.21	0.13	0.12	0.16	0.24	0.13
ΔF	0.95	37.55**	62.73**	67.21*	1.85	79.99**	40.24**	38.53**	42.34**	50.34**	36.73**

注：*、** 分别表示10%、5%的显著性水平。

后,创业者政治技能不再对创业绩效产生显著的影响($\beta=0.07$,不显著),而创业导向则对创业绩效产生显著的影响($\beta=0.34$,$p<0.01$),因此,我们推断,创业导向在创业者政治技能和创业绩效之间起到完全中介作用,假设15-2成立。为了进一步检验中介作用的显著性,本章采用拔靴法对中介作用进行显著性检验,结果表明,创业导向在创业者政治技能和创业绩效之间的中介作用是显著的,进一步证实了假设15-2的成立。另外,从表15-3中的模型10和模型11还可以看出,创业导向在创业者政治技能与组织公正之间交互作用和创业绩效之间起到完全中介作用,因此,有必要对这种交互作用进行进一步的检验。

(三)调节作用检验

调节作用用来分析组织公正对于创业者政治技能与创业导向之间影响关系的调节作用。因此,本章首先将创业导向设为因变量,然后依次将控制变量、自变量、调节变量以及自变量和调节变量的乘积项加入回归方程当中。为了消除共线性,在构造自变量和调节变量的乘积项时,我们将自变量和调节变量分别进行了标准化处理。分析结果如表15-3所示。从表15-3中的模型4可以看出,组织公正在创业者政治技能与创业导向之间起到显著的调节作用($\beta=0.12$,$p<0.01$)。这说明,在创业组织内部更加公平公正的情景下,创业者政治技能与创业导向之间的关系就越显著,即假设15-3成立。

(四)有中介的调节作用

有中介的调节作用用来检验创业者政治技能与组织公正之间交互作用如何通过创业导向的中介作用来实现对创业绩效的影响机制问题。本章中,我们将参考Edwards和Lambert(2007)所采用的拔靴法进行分析,这一方法的显著优势在于能够更加精确地刻画多个变量之间的复杂影响关系,具体结果如表15-4所示。由表15-4可知,在不同组织公正情景下,创业者政治技能对于创业导向的影响存在显著差异($\beta=0.26$,$p<0.01$)。当组织公正性较低时,创业者政治技能对于创业绩效的影响较弱($\beta=0.11$,$p<0.05$);当组织公正性较高时,创业者政治技能对于创业绩效的影响较强($\beta=0.37$,$p<0.01$)。因此,我们推断,组织公正在创业者政治技能和创业导向之间起到显著的调节作用,

这进一步验证了假设15-3。另外，从表15-4中的间接效应中可以发现，在不同的组织公平情景下，创业导向在创业者政治技能与创业绩效之间的中介作用机制是存在差异的（$\beta=0.10$，$p<0.05$），当组织公平性较低时，创业导向对于创业者政治技能和创业绩效的中介作用并不显著（$\beta=0.04$，不显著）；当组织公正性较高时，创业导向对于创业者政治技能和创业绩效具有显著的中介作用（$\beta=0.14$，$p<0.01$）。最后，从表15-4中的总效应来看，在不同的组织公正情景下，创业者政治技能对于创业绩效的整体影响机制也存在差异（$\beta=0.19$，$p<0.05$），具体来说，当组织公正性较低时，创业者政治技能对于创业绩效的整体影响作用显著（$\beta=0.11$，$p<0.05$）；当组织公正性较高时，创业者政治技能对于创业绩效的整体作用则更加显著（$\beta=0.30$，$p<0.01$）。通过上述分析，我们认为，组织公正在创业者政治技能与创业导向之间的调节作用通过创业导向间接地对创业绩效产生了影响，即创业者政治技能与组织公正交互作用对于创业绩效的影响机制需要通过创业导向的中介作用来实现，因此，假设15-4成立。

表15-4　　　　　　　　有中介的调节作用分析

调节变量	创业者政治技能（X）→创业导向（M）→创业绩效（Y）				
	阶段		效应		
	第一阶段 P_{MX}	第二阶段 P_{YM}	直接效应 P_{YX}	间接效应 $P_{YM}P_{MX}$	总效应 $P_{YX}+P_{YM}P_{MX}$
组织公正性低（减1个标准差）	0.11*	0.37**	0.05	0.04	0.11*
组织公正性高（加1个标准差）	0.37**	0.38**	0.16**	0.14**	0.30**
差异	0.26**	0.01	0.11*	0.10*	0.19*

注：P_{MX}代表创业者政治技能对创业导向的影响，P_{YM}代表创业导向对创业绩效的影响，P_{YX}代表创业者政治技能对创业绩效的影响。组织公正性高表示均值加1个标准差，组织公正性低表示均值减1个标准差。*、**分别表示10%、5%的显著性水平。

我们对本章的理论假设检验进行进一步整理，具体如图15-2所示。从图 15-2 中可以看出,创业导向在创业者政治技能与创业绩效之间起到完全中介作用(β 系数由 0.12 变为 0.06,显著性水平由显著下降到不显著),由此推断,创业者政治技能在创业活动中的运用主要是通过影响创业导向来促进创业绩效提升的。另外,创业者政治技能与组织公正对于创业绩效的影响在加入创业导向后不再显著(β 系数由 0.13 变为 0.08,显著性水平由显著下降到不显著),这进一步证明了有中介的调节作用是通过组织公正调节创业者政治技能与创业导向之间关系产生的,组织公正将在创业者运用政治技能制定创业导向策略时发挥重要作用。

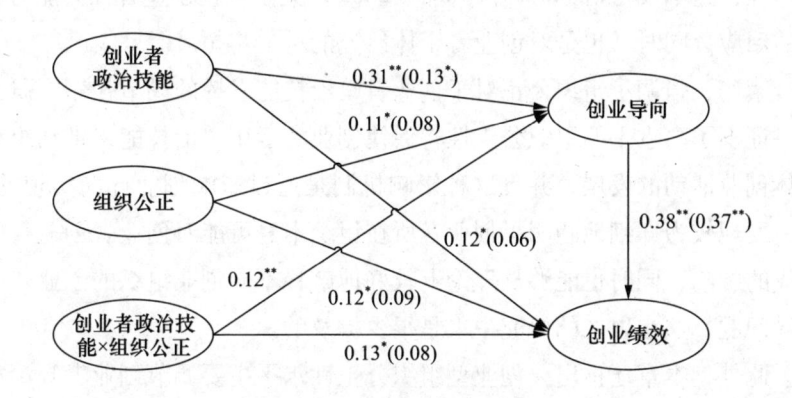

图 15-2 实证研究结果汇总

注：*、** 分别表示 10%、5% 的显著性水平。

资料来源：笔者整理。

第五节 结论与讨论

作为创业者重要的社交技能之一,创业者积极的政治技能能够给创业者克服创业困难、制定创业策略以及促进创业绩效提供极大的帮助。本书以我国浙江省杭州、台州和宁波地区的创业型企业创建者为调研对象,对创业者政治技能、组织公正、创业导向和创业绩效之间的关系进行了实证分析,主要获得了如下研究结论:①创业者政治技能对于创业绩效具有显著的正向影响;②创业导向在创业者政治技能与创业绩效之间起到完全中介作用;③组织公正在创业者政治技能与创业导向之间具有调节作用;④创业者政治技能与组织公正的交互作用将通过创业导向对创业绩效产生间接影响。

本章的理论意义主要包括以下三个方面:

第一,本章关于创业者政治技能的研究极大地丰富了创业领域有关创业者个体特质的研究成果。从社会交换理论的视角探讨了创业者创业过程也是一个创业者与在位者信息、资源以及利益博弈过程中的公民行为过程,这不仅是对 Baron 和 Tang(2002)关于重视创业者社会能力研究的回应,同时,也是对创业者个体研究的进一步拓展。

第二,强调了组织公正对于创业者政治技能发挥的调节作用。研究结果证实了高水平的组织公正性将促使创业者运用政治技能来推动组织整体创业活动的发展,并且这种影响机制是通过影响创业导向实现的,这一发现较为详细地阐明了创业者所在组织本身可能对创业者创业行为造成的影响,同时也能够从理论上较好地解释不同创业组织的创业效率差异问题,这在以往的研究中也是很少提及的。

此外,本章还指出,创业型组织公正性水平主要调节创业者政治技能对于创业导向实施的影响,而对于创业导向促进创业绩效提升的调节作用则不显著,这一研究结论进一步凸显了构建公正的创业团队对于创业活动推进的重要作用(买忆媛和熊婵,2012)。

第三,本章还探讨了创业者政治技能与组织公正互动对创业绩效产生的影响。结果表明,创业者政治技能发挥受到创业组织公正的影响,而且这种影响是通过创业导向间接实现的。这说明创业者的创业导向具有情景性,在不同的组织公正条件下,即使是相同创业团队制定的创业战略也会存在差异。

本章的研究结论在指导创业活动实施方面同样具有积极的意义。一方面,在各方力量持续博弈的创业情景中,创业者要加强自身政治技能的培养,重视创业活动中的社会交往,构建紧密的人际关系网络,充分发挥自身人格、口才等个体魅力来说服其他成员加入到创业活动中,推动创业活动的开展。另一方面,组织内部创业团队成员之间要精诚合作,创造公正的组织环境。公正的创业环境有利于引导创业者发挥积极的政治技能,尤其是作为领导者的创业者,在公正的组织情景下,更能充分发挥自身政治技能在说服对立者、缓和不同群体矛盾以及化解创业危机中的影响力。总体来说,创业者在运用政治技能获取创业信息资源时既要追求自身利益的最大化,也要考虑创业活动整体发展需要,从而推动创业活动的持续发展。另外,创业者要重视创业活动的前期规划和安排,在创业导向策略制定过程中要尽量满足所有创业团队成员的不同利益诉求。

第十六章　创业者特质对创业绩效影响机制研究

第一节　研究背景

在创业研究中，创业者与生俱来的个体特征一直是学者关注的焦点之一。早期的创业研究学者普遍认为，探讨创业构想与创业行动之间的内在关系是创业过程研究的核心内容（Bird，1989；Krueger，1993）。后续的学者进一步指出，创业者意图是解释创业者如何将创业构想转化为创业行动的重要途径之一，并且这种创业者意图受到创业者个体特质以及创业者对于外部创业政策、社会规范认知的推动和影响（Ajzen，1991；Krueger et al.，2000）。随着创业研究对于创业者个体认知的不断深入，以创业者品格、风险偏好、创新潜质等为核心因素的创业者特质逐渐成为探究创业过程机制的重要途径之一。

从计划行动理论来看，创业过程是一个创业行为与外部环境交互的过程，因此，外部创业环境对于创业过程的影响也一直受到相关创业学者的重视（Wright et al.，2002）。从资源基础理论来看，企业创业实质上是一个异质性资源累积、整合与重组的过程（Barney，2001；Armington and Acs，2002），在这一过程中，原来相对离散、破碎的异质性资源将逐渐整合成具有专属性、不可分割的新资源（蒋天颖和程聪，2012）。显而易见，这种资源整合过程需要创业者具备敏锐的创业环境洞察能力和资源整合技巧。因此，创业者结合自身特质及其对于创业环境的认知能够提升创业者创业导向战略的定位。然而，综观国内外相关研究，学者普遍重视对于创业过程机制及其影响因素的分析，很少强调创业者特质在创业活动中可能发挥的作用。本章研究遵循上述研究思路，构建了创业者特质、创业环境感知、创业导向与创业绩效之间的理论模型，并根据我国浙江省部分地区的调研数据，对该模型进行了实证检验，相关研究结论对于创业研究领域的理论发展具有积极贡献。

第二节 相关理论及假设

一 创业者特质与创业绩效

大量的国内外研究指出，创业活动来自创业者对于当前工作状态或事业发展的不满足，例如，对于事业成功的强烈追求（Johnson，1990）、喜欢尝试冒险性工作（Hisrich and Peters，1995）、倾向于采用个性化的工作方式（Bonnett and Furnham，1991）以及习惯接受挑战（Luthje and Franke，2003）等。从产业变革、制度演进等视角来看，创业过程实质上是一个商业模式革新以及由此带来的企业组织架构和经营模式变革过程，在此过程中，必然会涉及相关利益者的商业地位变化、价值再分配等问题，那么，作为创业活动的发起者，必然需要平衡这种以经济利益为核心的价值关系，并努力说服潜在的创业活动支持者加入到这一活动中来，通过整合尽可能多的创新性资源来推动创业活动的发展。因此，创业者高超的说辞、愿景描述、交际能力以及个体魅力等都将对创业者的创业活动实施产生积极的推动作用。

创业者的说服技巧、愿景表达、交际能力以及个体魅力都根植于创业者内在的个体品质，是创业者与生俱来的个体特征与环境感化相互作用的结果。事实上，任何创业过程都带有创业者独特的个体色彩，这也是造成创业活动独特性的重要原因之一。例如，具有高风险倾向的创业者在推动创业活动过程中可能会采取更加激进、开放的策略（Lange et al.，2007），而那些勇于开拓、追求创新的创业者在创业活动中则更加强调技术进步和企业核心竞争力的培育（Sarason and Tegarden，2003）。

随着社会学、心理学以及管理学等研究的进一步深入，后续的研究较为系统地探讨了创业者自我价值实现、创业愿景、政治技能等对于创业活动的影响机制问题，相关研究结果也证实了创业者个体特征能够显著促进创业活动的开展，并提升创业绩效（Forbes，2005；Frese et al.，2007）。因此，本章提出以下假设：

假设16-1：创业者特质对创业绩效产生显著的积极影响。

二　创业导向的中介作用

创业导向作为创业活动实施战略的主要方面，其明确的活动目标、详细的商业计划以及规范的活动范式等内容一直在促进创业绩效提升方面起到显著的作用（谢洪明和程聪，2012）。从创业者的视角来看，创业导向是创业者付诸创业实践，保持创业活动目标稳定以及维持创业活动持续展开的重要措施。创业活动中严格执行创业导向策略，意味着创业活动中明确的创业目标能够促使创业者按照既定计划去实施创业活动（Baker，2003），在外部环境不确定性增大、机会主义盛行的氛围下，一旦企业创业活动偏离了既定的目标轨道，创业者也能够及时找到原因并进行纠正、改进。Delmar和Shane（2003）认为，良好的创业导向策略意味着创业者已经对与创业活动相关的资源进行了充分而准确的分析和评估。在创业导向策略的指导下，创业者能够降低由于外部环境变化等因素所造成的创业活动偏离，减少由于创业者主观因素导致的创业活动低效率。

大量的创业研究文献指出，创业导向能够显著提高企业创业绩效，具备精确创业导向策略的新创企业更可能获取高水平的创业回报。创业者积极实施创业导向策略，能够提升创业者获取和利用市场信息的能力，促进创业者更好地整合现有知识，形成有关市场机会的新认识，从而通过成长机会识别以寻求创新突破。另外，创业活动作为一种颠覆性的变革行为，在其实践过程中，创业者为了降低外部环境及其他不利因素对于创业活动可能造成的阻碍作用，也迫切需要通过创业导向来获得这种创业活动在特定组织情景中的合法地位（Honig and Karlsson，2004）。通过这种合法地位的不断获取，创业者才能取得组织内部对于创业活动的支持，获得相关的创业资源，进而提升企业创业绩效。

基于上述考虑,本章研究推断,创业导向策略将在创业者特质与创业绩效之间起到良好的"桥梁"作用,创业者独特的个体品质将在创业导向策略实施过程中体现出来,进而对创业效率产生影响,因此,本章提出以下假设:

假设 16 - 2:创业导向在创业者特质和创业绩效之间起到完全中介作用。

三 创业环境感知的调节作用

创业活动的显著特点之一是高收益与高风险并存,这就意味着创业者在实施创业活动计划前必须对创业环境具有充分的认识和理解,这也是创业者实施创业活动面临的重要问题之一。国内外相关研究已经表明,创业者风险感知能力在创业者创业实践决策中发挥着重要的作用(Palich and Bagby,1995;刘万利和胡培,2010)。而很多创业实践案例表明,缺乏对外部环境的高水平感知能力,是造成创业者创业失败的重要原因之一(Kuratko,2005)。创业活动的高风险体现在创业活动所面临的是更加不确定的外部创业环境,同时,由于创业活动的独特性,使创业活动往往缺乏可以借鉴的成功经验。因此,在企业创业实践过程中,对于创业环境的准确、详细评估是决定创业者创业活动能够持续、顺利展开的重要因素。

也有学者指出,创业者对于创业环境的认知水平并不会直接影响到创业活动的实践过程(Low,2001),而是通过影响创业者的创业决策计划安排来间接地影响创业活动的开展。从创业导向指导创业实践来看,创业者对于创业外部环境的认识首先将影响其创业计划的制订,这种基于创业环境感知的创业导向策略能够将外部环境冲击可能对创业活动造成的损失降低到最小。正如 Haber 和 Reichel(2007)所指出的那样,即使是在外部环境不确定性很高的背景下,一些创业者还是会倾向于选择更为激进的创业行为以期获得更高的创业效益,这种创业者创业行为决策模式就是基于创业者对于创业外部环境感知基础上制定针对性的创业导向策略而实现的。基于上述分析,本章提出以下假设:

假设16-3：创业者创业环境感知水平越高，创业者特质对于创业导向策略实施的影响作用就越显著。

四 创业环境感知与创业导向的综合作用

从上述分析中，我们发现，创业者对于外部环境的认知和理解决定着创业者如何制定具体的创业导向，而创业导向则对创业者相关创业活动的具体实施计划起到指导作用。那么，我们有理由相信，创业者对于创业外部环境感知能力越强，其所制定的创业导向对于创业活动的规制作用就越显著，创业者将能够获得更高的创业绩效。正如Shane（2004）所指出的那样，创业者是否具有高水平的创业环境洞察能力，将影响到创业者在创业导向策略制定中的话语权，进而决定其在创业活动中的地位及其所扮演的角色。Finkle等（2006）通过对美国创业者及其创业活动的大量调研分析发现，一些创业者之所以能够获得超额的创业回报，很大程度上是建立在高效率的创业环境认知能力以及在此基础上形成的目标明确、协调一致的创业导向策略基础之上的。基于上述分析，我们在本章中进行如下假定：创业者的创业环境感知水平会强化创业者对于创业导向的制定，但不会影响创业导向策略对于创业绩效的影响。因此，本章提出以下假设：

假设16-4：创业者创业环境感知越强，创业导向在创业者特质与创业绩效之间的中介作用就越强。

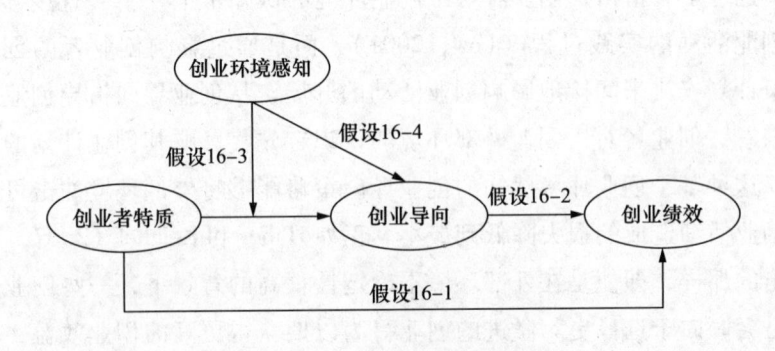

图16-1 本章的理论模型

资料来源：笔者整理。

第三节　研究设计

一　研究样本

本章的研究样本来自浙江省杭州、金华和台州地区成立不到三年的民营企业，调研对象是企业创建者或者在企业创建过程中发挥重要作用的企业高层领导。数据收集过程分为两个阶段：第一阶段主要是针对杭州地区的企业进行调研，我们在滨江高新区管委会相关管理人员的帮助下，采用随机抽样的调查方式发放了300份问卷，一共收回176份问卷，剔除无效问卷后，共收集到有效问卷145份。第二阶段是对金华永康和台州温岭地区的企业进行了调研，分别在永康模具行业协会和温岭经信局的支持下，同样采用随机抽样的调查方式发放了300份问卷，一共收回214份问卷，剔除无效问卷后，共收集到有效176份问卷。在获得两份数据之后，我们对数据进行了数据整体偏差分析，根据独立样本T检验的结果，发现两次获得的数据不存在显著性差异。此外，考虑到本章研究所测量的变量均来自同一份调查问卷，为了检验问卷是否会出现普通方法误差，我们将所有测量指标进行了因子分析，检验非旋转因子分析结果，没有出现单一因子，因此，我们认为，本章研究所使用的问卷可靠性较高，且从不同地区所获得的数据不存在显著性差异，可以当作一个样本来使用。因此，本次调研共获得了321份问卷构成，在这321份问卷中，男性创业者占93.8%，样本的平均年龄为37.8岁（标准差为8.23）。

二　变量测度

为了保证本章研究测量问卷的信度和效度水平，我们将采用发表在顶级期刊上的相关测量量表，再根据本章研究的需要加以适当修改，作为收集实证数据的工具。

创业者特质：本章采用Christian和Nikolaus（2003）编制的包含5个问题条目的测量量表，此测量量表由被调查者进行回答，示例问题如下："我喜欢尝试新的工作方式"。问卷基于李克特五点评分法进行评价。

创业环境感知：本章采用 Christian 和 Nikolaus（2003）编制的有 3 个问题条目的测量量表，此测量量表由被调查者进行回答，示例问题如下："企业创建者对当前的创业社会环境非常满意"。问卷基于李克特五点评分法进行评价。

创业导向：本章采用 Kreiser 等（2002）编制的有 8 个问题条目的测量量表，选取其中 5 个问题条目进行测量，此测量量表由被调查者进行回答，示例问题如下："在激烈的市场竞争中，企业高层往往会采取先发制人的战略决策"。问卷基于李克特五点评分法进行评价。

创业绩效：本章采用 Kropp 等（2006）编制的有 7 个问题条目的测量量表，此测量量表由被调查者进行回答，示例问题如下："贵公司已经处于高速成长阶段"。问卷基于李克特五点评分法进行评价。

控制变量：以往的研究还表明，创业者的个体特征（年龄、性别、工作年限等）将对创业者的创业行为产生影响（Bonnett and Furnham，1991）。因此，此次研究将创业者的年龄、性别以及工作年限作为控制变量进行分析。

三 信度与效度分析

为了检验本章所采用的问卷的信度和收敛效度水平，我们采用马隆巴赫 α 系数（以下简称 α 系数）和题项因子载荷值（loading）进行检验。测量量表的 α 系数最小为 0.742，即所有变量的 α 系数均达到了 0.7 以上，问题项的因子载荷除个别题项小于 0.6 外，其余各变量均大于 0.6，可见，本章的测量量表具有良好的信度与收敛效度。此外，为了有效检验本章中创业者特质、创业环境感知、创业导向和创业绩效等变量之间的区分效度以及各个量表的相应测量参数，本章采用 Amos 17.0 对上述变量进行验证性因素分析，并比较四因子模型、三因子模型以及单因子模型之间的拟合效果。结果表明，四因子模型整体拟合效果比较好（$\chi^2 = 375.15$，$p < 0.01$；$RMSEA = 0.064$，$CFI = 0.920$，$TLI = 0.901$），而且这一模型要显著地优于三因子模型和单因子模型的整体拟合效果，具体见表 16-1。表明本章的测量问卷具有较好的区分效度。

表 16-1　　　　　　　　　　验证性因素分析结果

模型	χ^2	df	RMSEA	TLI	CFI
零模型[a]	547.05	170	0.201	0.000	0.000
四因子模型	375.15	164	0.064	0.901	0.920
三因子模型[b]	765.16	167	0.090	0.716	0.774
三因子模型[c]	813.28	167	0.110	0.693	0.756
三因子模型[d]	630.82	167	0.090	0.780	0.825
单因子模型[e]	1250.46	170	0.140	0.497	0.592

注：a在零模型中，所有测量项目之间没有关系；b将创业者特质和创业导向合并为一个潜在因子；c将创业者特质和创业环境感知合并为一个潜在因子；d将创业导向和创业环境感知合并为一个潜在因子；e将所有变量合并为一个潜在因子。

第四节　数据分析和结果

在对本章研究的变量进行实证分析之前，我们首先对收集到的数据进行了描述性统计分析，具体如表 16-2 所示。从表 16-2 中可以看到，创业者特质与创业导向（r=0.24，p<0.01）、创业环境感知（r=0.16，p<0.05）及创业绩效（r=0.18，p<0.01）具有显著的正相关关系。同时，创业导向与创业环境感知（r=0.18，p<0.01）和创业绩效（r=0.42，p<0.01）具有显著的正相关关系，创业环境感知与创业绩效（r=0.37，p<0.01）具有显著的正相关关系。此外，年龄（r=0.05）、性别（r=0.01）和工作年限（r=0.04）与创业者特质都没有显著的相关关系，这表明创业者特质在不同年龄、性别和工作年限的创业者中并没有显著的差异。

表 16-2　　　　　　　各主要变量的均值、方差和相关关系

变量	平均值	标准差	1	2	3	4	5	6	7
1. 年龄	37.8	8.23	1.00						

续表

变量	平均值	标准差	1	2	3	4	5	6	7
2. 性别	0.94	0.05	0.025	1.00					
3. 工作年限	11.6	7.4	0.37**	0.02	1.00				
4. 创业者特质	3.38	0.52	0.05	0.04	0.05	1.00			
5. 创业导向	3.57	0.63	0.04	0.13	0.08	0.24**	1.00		
6. 创业环境感知	3.59	0.66	0.03	0.07	0.09	0.16*	0.18**	1.00	
7. 创业绩效	3.70	0.74	0.13*	0.06	0.11*	0.18**	0.42**	0.37**	1.00

注：*、**分别表示10%、5%的显著性水平。

（一）主效应检验

主效应分析创业者特质对创业绩效的影响，我们首先让控制变量（创业家年龄、性别和工作年限）进入回归方程中，其次再将自变量（创业者特质）加入到回归方程中进行分析。分析结果如表16-3所示。从表16-3中模型6可以看出，创业者特质对于创业绩效具有显著的影响作用（$\beta_1 = 0.19$，$p < 0.01$），即假设16-1成立。

表16-3　　　　　　　　假设检验结果

	创业导向				创业绩效			
	模型1	模型2	模型3	模型4	模型5	模型6	模型7	模型8
控制变量								
年龄	0.09	0.08	0.04	0.09	-0.02	-0.06	-0.06	-0.06
性别	0.06	0.02	-0.02	-0.02	0.12	0.07	0.09	0.07
工作年资	-0.04	-0.08	-0.05	-0.09	0.07	0.05	0.09	0.05
自变量								
创业者特质		0.26**	0.09	-0.08		0.19**		0.12*
中介变量								
创业导向							0.38**	0.32**
调节变量								
创业环境感知			0.32**	0.01				

续表

	创业导向				创业绩效			
	模型1	模型2	模型3	模型4	模型5	模型6	模型7	模型8
交互项								
创业者特质×创业环境感知				0.15*				
R^2	0.01	0.07	0.29	0.19	0.02	0.13	0.19	0.25
F值	0.95	5.27**	24.25**	21.23**	1.85	11.80**	18.00**	20.62**
ΔR^2	0.00	0.05	0.27	0.18	0.01	0.12	0.18	0.24
ΔF	0.95	18.05**	93.77**	64.67*	1.85	40.93**	65.29**	48.54**

注：*、**分别表示10%、5%的显著性水平。

（二）中介作用检验

中介作用分析创业导向在创业者特质与创业绩效之间的中介作用。同理，我们首先将控制变量加入回归方程，其次将创业导向加入回归方程，最后将创业者特质和创业导向同时加入回归方程中。从表16-3中的模型7可以看出，创业导向对创业绩效具有显著的正向影响作用（$\beta_2 = 0.38$，$p < 0.01$）。从模型8可以看出，在加入自变量后，创业者特质和创业导向均对创业绩效产生显著的影响（$\beta_3 = 0.12$，$p < 0.05$；$\beta_4 = 0.32$，$p < 0.01$），因此，我们可以推断出，创业导向在创业者特质和创业绩效之间起到部分中介作用，即假设16-2成立。

（三）调节作用检验

调节作用分析创业环境感知对于创业者特质与创业导向之间关系的影响。因此，本章首先将创业导向设为因变量，然后依次将控制变量、自变量、调节变量以及自变量和调节变量的乘积项加入回归方程当中。为了消除共线性，在构造自变量和调节变量的乘积项时，我们将自变量和调节变量分别进行了标准化。具体分析结果如表16-3所示。从表16-3中的模型4可以看出，创业环境感知在创业者特质与创业导向之间起到显著的调节作用（$\beta_5 = 0.15$，$p < 0.05$）。这说明，创业者对于创业环境的感知能力越强，创业者特质与创业导向之间的关系就越显著，即假设16-3成立。

(四) 有调节的中介作用

有调节的中介作用用来检验创业者对于创业环境感知水平不同条件下,创业导向在创业者特质与创业绩效之间起到的中介作用差异。本章中,我们将参考 Edwards 和 Lambert(2007)所采用的方法进行分析,这一方法的显著优势在于能够更加深入和精确地刻画变量之间的内在影响关系(第一阶段、第二阶段、直接效应、间接效应和总效应)。具体分析结果如表 16-4 所示。从表 16-4 中可以看出,创业者处于不同创业环境感知水平时,创业者特质对于创业导向的影响是存在显著差异的($\beta_6 = 0.29$,$p < 0.01$),因此,创业环境感知水平差异在创业者特质和创业导向之间起到显著的调节作用,进一步验证了假设 16-3。另外,从表 16-4 中可以进一步发现,当创业者处于较低的创业环境感知水平时,创业者特质通过创业导向对创业绩效的影响是不显著的($\beta_7 = 0.07$,n.s.);当创业者处于较高的创业环境感知水平时,创业者特质通过创业导向对创业绩效的影响是显著的($\beta_8 = 0.22$,$p < 0.01$),并且这两种情景下的显著性水平是存在差异的($\beta_9 = 0.15$,$p < 0.05$),因此,假设 16-4 成立。

表 16-4　　有调节的中介作用分析

调节变量	创业者特质 (X) →创业导向 (M) →创业绩效 (Y)				
	阶段		效应		
	第一阶段	第二阶段	直接效应	间接效应	总效应
	P_{MX}	P_{YM}	P_{YX}	$P_{YM}P_{MX}$	$P_{YX} + P_{YM}P_{MX}$
创业环境感知水平低	0.12*	0.59**	0.20*	0.07	0.27**
创业环境感知水平高	0.41**	0.53**	0.02	0.22**	0.23**
差异	0.29**	-0.05	-0.18*	0.15*	-0.04

注:P_{MX}代表创业者特质对创业导向的影响,P_{YM}代表创业导向对创业绩效的影响,P_{YX}代表创业者特质对创业绩效的影响。创业环境感知水平高代表均值加 1 个标准差,创业环境感知水平低代表均值减 1 个标准差。*、** 分别表示 10%、5% 的显著性水平。

第五节 结论与讨论

创业活动往往蕴含着创业者独特的"创业气质",这也是创业活动独特性的主要表现形式之一。而创业活动能否高效率地展开则在很大程度上取决于创业者对于创业环境的感知水平（Forbes，2005）。本章以我国浙江省杭州、金华和台州地区的创业型企业作为研究对象,对创业者特质对于创业绩效的影响及其作用机制进行了实证分析。研究结果发现:①创业者特质对创业者的创业绩效产生显著的影响,并且创业导向在其中起到部分中介作用;②创业环境感知在创业者特质与创业导向之间起到调节作用,创业者创业环境感知水平越高,创业者特质对于创业导向的影响作用就越显著;③在创业者高水平的创业环境感知情景下,创业导向在创业者特质与创业绩效之间的中介作用显著。

本章的相关结论具有重要的理论意义。第一,本章首次探讨了创业者特质与创业者创业环境感知能力对于创业导向存在的交互影响作用。这与创业研究领域中创业导向作为一种规范和约束创业行为活动的策略性措施的本质内涵是相辅相成的,创业者只有对自身的个性具有深入的认识,同时对创业可能面临的外部环境不确定性具备详细、全面的认知,才能够制定出准确、合理的创业导向策略,进而推动创业活动的顺利实施（Stevenson and Jarillo，1990）。第二,本章的研究发现,创业者对于创业环境感知水平的高低是通过创业导向来影响创业绩效的。这一研究结论比较明确地说明了创业者创业环境感知水平在创业活动中的具体作用机制,是对 Christian 和 Nikolaus（2003）提出的观点的进一步验证,对于深入认识创业过程机制具有重要的理论意义。

本章的相关结论对于创业实践也具有积极的启发作用。首先,研究发现,创业者特质是需要通过创业导向来影响创业绩效的,这就要求我们在创业实践中重视创业者个体特征差异对创业行为方式和创业计划安排可能造成的影响,综合权衡、考虑由于个体激进行为或极端思想可能对创业导向策略制定所造成的不利影响。其次,研究发现,创业者创业环境感知水平越高，创业导向在创业者特质与创业绩效之间的中介作用就越强，这说明在创业实践中要重视对创业环境的考察与分析，只有对创业环境中潜在的机会与威胁进行全面的评估，才能准确地定位创业战略（Eckhardt and Shane，2003）。

第十七章 国际化企业创业活动有效性机制研究

第一节 研究背景

创业活动一直是促进世界各国经济发展的重要动力之一,而创业者作为整个创业活动的实施者,在创业活动中扮演十分重要的角色。创业过程中创业者的特殊性主要体现在他们不满足于现有的企业运作方式和管理制度以及对于创造更高企业价值的战略引导方面(Meglino et al.,2002)。早期的创业研究学者认为,探讨创业者创业个人特质与创业行动之间的内在关系是创业过程研究的核心内容。而后续的学者进一步指出,创业者个体特质是解释创业者如何将创业愿景转化为创业行动的重要因素之一,并且这种创业绩效受到创业者所在文化情景以及创业者对于外部环境感知、社会规范认知的推动和影响(Ketchen et al.,2011)。因此,以创业者精神品质、社会关系以及学习能力等为核心因素的创业者个体特质是探究创业过程及其绩效的重要途径,一直受到国外创业管理学者的普遍重视(Corner and Ho,2010)。虽然大量的研究证实创业者在促进创业绩效提升过程中起到了非常重要的作用(Ahuja and Katila,2004;许小东和陶劲松,2010;程聪、张颖、陈盈和谢洪明,2014)。但进一步分析发现,学者关于创业者个体特质对于创业绩效的影响机制却存在较大的差异(Kor and Leblebici,2005;Chandler et al.,2011;张骁、王永贵和杨忠,2009;钟卫东和黄兆信,2012)。一方面是由于研究样本选择不同,创业者之间不仅在个性特质上存在显著差异,而且受到特定文化背景、成长环境等因素的影响,使创业者在机会把握、行动模式上也存在很大区别。另一方面由于研究视角不同,具体来说,就是研究嵌入视角、研究设计等的差异,如创业者研究变量选择、维度划分等。本章尝试采用 Meta 方法将国内外关于创业者与创业绩效之间关系的研究成果进行综合比较分析,具体包括从创业者创业精神、社会资本和学习能力三个方面来论证创业者个体特质对于创业绩效的一般性影响机制,并探讨创业者文化背景和创业环境在其中的可能调节作用。相对于以往的研究,本章研究的可能学术贡献在于以下两方面:一方面,采用 Meta 分析方法克服了以往单项研究在样本选取、研究设计以及评价侧重点等方面的差异可能导致的研究误差,首次全面评价了创业者与创业绩效之间的影响关系机制,获得了创业者与创业绩效之间影响关系的一般性结论。另一方面,从创业精神、社会资本和学习能力三个视角刻画了创业者对于创业绩效影响机制的差异,并且获得了文化背景和创业环境在创业者创业精神、社会资本和学习能力对于创业绩效影响机制调节的差异性,构建了一个统合性的创业者与创业绩效关系理论框架。

第二节 相关理论基础

一 创业者相关研究梳理

在创业研究中,影响创业者获得成功的前因条件一直是学者关注的焦点之一。由于创业过程的复杂性,学者从多个角度展开了分析,总体上看,主要包括创业者个体特质(Shepherd, 2011; Shirokova et al., 2016; 程聪, 2015; 单标安、费宇鹏、于海晶和陈彪, 2017)、创业者社会资本(Batjargal, 2007; 韩炜、杨俊和包凤耐, 2013; 张鹏、邓然和张立琨, 2015)和创业者学习能力(Politis, 2005; Martín - Rojas et al., 2013; García - Morales et al., 2014; 程聪、张颖、陈盈和谢洪明, 2014)三方面。针对这些角度,学者获得了大量的研究结论,如创业者特质中的个人魅力、责任心以及决断力等(Shepherd, 2011),中国情景下的创始人社会威望、社会关系积累等（张鹏、邓然和张立琨，2015），以及创始人超强的适应性与学习能力（García‐Morales et al.，2014）。遗憾的是，这些研究并没有对这三个层面的创业者创业活动可能影响要素进行统筹分析。事实上，创业者的创业精神、外部社会关系以及学习能力可能会对创业活动产生交互性影响。因此，有必要对创业者这三个方面的影响因素展开综合性讨论。

（一）创业精神

创业精神也称为企业家精神，学者一般从心理学和社会学视角研究企业家在创业活动中体现出来的这种个体特质及其行为模式，并认为，创新与风险承担精神是反映企业家精神的重要方面（卫维平，2008）。由于研究侧重点的差异，国内外学者关于创业精神的界定并不一致。Miller（1983）认为，创业者在创业过程中体现出来的创新、冒险以及开放等精神品质是创业精神的核心内容，并且随着企业的不断成长这种精神品质将进一步渗透到企业的生产经营实践中，具体表现在企业产品研发、设计方面的创新，创业者在企业战略决策方面的冒险倾向以及企业在市场竞争中的灵活性等。后来，Covin 和 Slevin（1991）、Farjoun（2008）在此基础上对创业精神内涵进行了拓展。Covin 和 Slevin（1991）认为，创业精神不仅体现在企业竞争方式的灵活性方面，还体现在创业者与创业团队成员以及其他外部成员在创业理念、关系建立方面的认同感与成效感。Farjoun（2008）主要是对创业精神的表现主体进行了拓展，他认为，创业精神不仅仅通过创业者体现出来，还通过创业者所组建的创业团队及其建立的企业体现出来。Shirokova 等（2016）指出，学生创业者与生俱来的创业特质更可能需要独特的创业环境来启发，进而推动学生创业的成功率。程聪（2015）则强调了创业者心理资本对于创业绩效的积极意义。

（二）社会资本

社会资本是指创业者在创业过程中所能利用的与创业活动有关的社会资源，包括原材料、资金、技术以及人际关系等。Westlund 和 Bolton（2003）明确指出，社会资本是创业者创立新企业并解决企业创立过程中产生问题的所有社会资源、关系的综合。由于创业者在创建企业过程中需要整合各方面的资源，在实际的研究中，很多学者也利用创业者的社会关系网络来替代创业者的社会资本（房路生，2010）。随着社会网络研究方法的日益完善与成熟，从社会网络视角分析社会资本在方法论上相对容易，这就为社会资本研究提供了更加可行的方案。一些学者也提出，社会资本镶嵌在创业活动所在地区的特定文化中（Goslin and Barge，1986），是创业网络以及其他创业相关机构的关系总和。从创业者本身来看，社会资本与创业者个人背景、成长经历以及工作经验密切相关，当前的社会资本主要反映在创业者拥有与其创业活动相关的社会关系方面。韩炜等（2013）基于中国文化制度情景，探讨了创业者初始资本的富集性、社会资本获得对于创业者创业活动效率的可能影响机制。创业者的社会资本能够在创业者持续的创业活动中不断累积，即创业者的创业经验、关系网络以及人员互动是能够通过创业活动实现贯通的，从而增加创业者的社会资本丰富度（李正彪，2010）。

（三）学习能力

学习能力被认为是创业者识别与开发创业机会的重要方式之一，创业者通过自身敏锐的直觉、创造能力以及社会地位来应对外部环境的不确定性（张玉利、刘依冉、杨俊和郝喜玲，2017），从而为推动创业过程的顺利展开奠定扎实的基础，同时也保证创业活动的独特性。这种以自身独特个性特质为基础的学习行为强调创业者在创业资源获取与知识传递中的作用，如很多学者都强调创业者的自我更新、先动性以及市场营销能力对于创业者在创业活动中的重要作用（张骁、王永贵和杨忠，2009；Politis，2005）。然而，大量的创业者创业实践表明，创业者的独特个性并不能很好地解释特定产业模式下的创业绩效趋同问题。Kirzner（1973）认为，创业者对于创业机会的识别是建立在创业者自身知识禀赋与信息存量基础上的，创业者通过后天学习所获得的知识与经验是其成为信息不对称情景下创业成功的关键。Cantillon（1990）的研究也表明，很多创业者之所以对一些创业决策充满信心，就是基于他们独特的信息获取渠道和专属性知识，从而做出对于稀缺性资源的准确识别。因此，通过学习行为获取异质性知识和高附加值信息是创业者提升创业成功的重要手段（陈文婷，2011）。近年来的研究表明，创业者的学习能力不仅能够增强创业者的环境适应能力，同时也是对创业者社会资源拼凑、创业主动性的有效补充（Martín – Rojas et al., 2013；程聪、张颖、陈盈和谢洪明，2014）。总之，创业者的个体特质与创造力能够对其识别创业机会起到重要作用，但不可否认的是，创业者以资源搜索、创新思考、协作进取等内容为主的组织学习能够决定创业者的创业活动成效。

二　创业绩效理论

创业绩效作为衡量创业活动成效的重要内容一直受到创业学者的关注。然而，关于创业绩效的评价问题却一直是创业研究领域的难题之一（Skaggs and Huffman，2003），这是由于创业过程的特殊性所导致的。创业理论作为企业管理领域相对较新的一个研究方向，在理论基础、研究框架以及研究范式等方面仍然存在许多有待于完善的地方，对于创业绩效的界定及其指标选择更是缺乏统一的理论指导。而关于到底处于哪一阶段的企业属于创业企业也是莫衷一是，况且处于成长期的企业往往并不愿意透露自己在此阶段的真实发展态势。因此，在最初的创业绩效研究中，学者倾向于借鉴组织绩效的研究方法来分析创业绩效的问题（Yaping，2003），并将企业效率、企业利润和企业成长作为衡量创业绩效的三个主要因素。后续的学者则在此基础上根据研究需要进行了适当的调整和改进，当前关于创业绩效比较权威的测量维度是企业生存绩效和企业成长绩效。

（一）企业生存绩效

企业生存绩效是指能够维持企业持续发展的最低经营条件，因此，生存绩效主要采用财务指标来衡量。在组织绩效评价研究中，常用的财务评价指标包括市场占有率、利润率、投资回报率、资产回报率等方面（Pegels et al., 2000）。企业财务指标的优势在于客观、可比性强以及数据资料获取方便。随着市场导向、企业社会责任等理论的深化，越来越多的研究也指出了财务指标在衡量企业发展方面的不足之处（柳燕，2007），如只能反映企业当前的发展状况、不能预测未来的企业状态等。企业生存绩效在创业绩效中的重要性体现在创业企业首先必须在市场竞争中生存下来（Rawley，2010），由于创业企业正处于成长期，大多数情况下财务状况自然无法与成熟企业相比，更需要其他指标来弥补财务指标在衡量新创企业绩效方面的不足。

（二）企业成长绩效

创业企业研究需要重视创业企业的成长问题，而企业成长是一个持续的动态发展过程，由于当前学术界对于这种创业企业成长仍缺乏一种统一的财务数据评估体系，从而无法采用客观的财务指标对创业企业成长过程进行有效测量。因此，采用一种能够较好反映企业成长的测量指标就非常必要。那么，该如何来评价创业企业的成长呢？这需要从创业企业成长的具体内涵来分析，一般来说，创业企业成长主要体现在员工增加、企业销售额增长、企业合约数增加等方面。在实际的创业企业成长绩效测量中，主要就是从企业员工数量、营业额以及收入增长等方面来度量的（沈超红，2006；田茂利，2007）。

三 控制变量

（一）创业者文化背景

从微观视角来看，创业者个体特质与行为方式受到创业家个人成长环境、社会阅历的影响。从那些获得巨大创业成功的创业家来看，其往往具有近乎传奇般的人生经历，并且在其创业过程中塑造了其独特而富有号召力的精神品质。从宏观视角来看，创业家所在地区或国家长期形成的文化传统和人际关系将对创业家的创业活动产生潜移默化的规制作用。当前国内外关于创业家文化背景的分析主要基于东西方文化背景差异性（Li et al.，2010；莫寰，2009），这种差异性的比较分析主要反映在以团队文化为核心的集体文化与强调自由为主的个体文化方面。因此，本章将以样本所在国家（地区）的主流文化价值观作为判断创业家背景的主要依据，进一步将创业者文化背景划分为集体主义文化背景和个体主义文化背景。

（二）创业环境

大量的创业实践表明，创业过程中的交流互动机制主要受到当地政策、制度以及特定交易模式的约束作用（李新春、何轩和陈文婷，2008），这种作用主要表现在其对于创业活动的支持、鼓励方面，除创业者自身素质外，创业环境的开放程度也是影响创业活动进程的重要因素，这也是为什么在一些国家（地区）创业活动总是"集群式涌现"，而另一些国家（地区）创业活动并不活跃的重要原因（Beugelsdijk and Boorderhaven, 2004）。因此，创业活动的发生地也是影响创业者创业活动实践的重要因素。在国内外的相关研究中，一般以国家经济发展水平、政治环境以及社会制度体系等作为划分标准（Beugelsdijk, 2007; Tan and Chow, 2009）。本章根据国家经济发展水平、政治环境、社会制度等将创业环境划分为开放情景和保守情景两种类型。

基于上述分析，本章构建了创业者与创业绩效之间关系的理论模型，具体如图 17-1 所示。

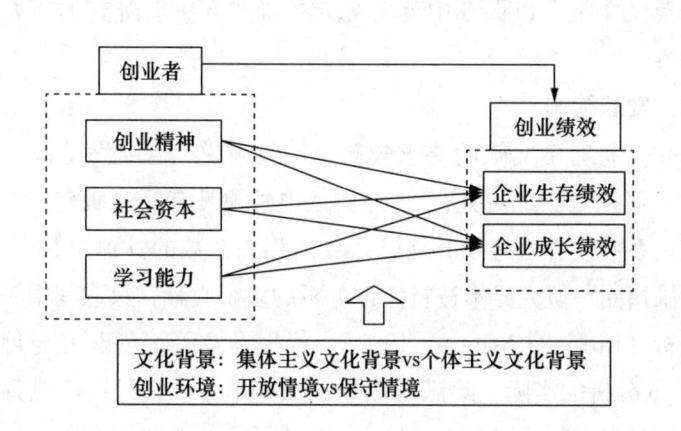

图 17-1 理论模型

第三节 研究设计

一 研究样本

为了全面检验创业者对于创业绩效的影响效果，需要对国内外相关文献进行全面检索，考虑到研究实际，本章的文献检索范围主要包括中文文献和英文文献。文献的检索方式以电子数据库检索为主，并采用人工文献查阅检索为补充，这样，就能够基本保证收集到比较完备的文献。文献检索工作从 2012 年 10 月开始持续到 2012 年 12 月。文献的时间跨度为 2000 年 1 月至 2012 年 10 月，之所以将文献发表时间设定在 2000 年以后主要是基于以下三个方面考虑：第一，通过文献的初步检索我们发现，关于创业者与创业绩效的实证研究主要出现在 2000 年以后，2000 年之前可以利用的文献很少。第二，创业活动由于受到特定时期政府政策、制度环境等因素的影响，文献发表时间跨度太大不利于进行截面数据的比较分析。第三，我国关于创业者与创业绩效的研究是最近几年才引起学者的普遍重视的，为了避免中英文文献在发表时间上出现很大的落差，我们有必要淘汰一部分发表时间很早的英文文献，以保证中英文文献在研究方法、研究主题方面较好的收敛性。

二 文献筛选

Meta 分析对于文献的要求较高，一般来说，需要满足以下三个条件：（1）必须是实证研究；（2）文献中必须具有反映研究主题变量关系的相关系数或者通过推导能够计算出相关系数的其他系数；（3）如果发现采用同一研究样本进行实证分析的多个文献，只取其中一个文献进行分析（Kirk and Noonan, 1982）。根据本章关于创业者与创业绩效关系 Meta 分析的实际，除满足以上三个基本条件以外，文献筛选过程中还需满足以下两个条件：（1）文献必须涵盖本章前面所阐述的创业精神、社会资本、学习能力与企业生存绩效、企业成长绩效等研究变量关系中至少一个变量关系的实证研究系数；（2）研究样本必须具有明确的国家或地区界线。在将收集到的 315 篇文献按照上述标准逐一核对后，发现总共有 66 篇文献中的 212 个数据是可以利用的，66 篇文献的总样本数为 15584 个，其他文献未被利用的主要原因是缺乏所需的相关系数。

三 文献编码

在文献数据编码方面，本章参照 Hunter 等（2004）的操作方法，在编码时遵循以下两个基本原则：（1）效应值的编码采用相关系数为基准，并且以独立样本为基本单位；（2）在研究创业者与创业绩效关系时，根据研究层次的需要（整体创业绩效还是企业成长绩效或企业生存绩效），对企业成长绩效和企业生存绩效的报告结果进行效应值均值化处理。因此，在下节的数据分析中，由于分析层次的差异使实际进入Meta分析的效应值存在数量方面的差异，但这并不影响对分析结果的讨论。为了保证所获得数据的可靠性，我们挑选了两位工作负责、充满热情同时又能够胜任数据编码工作的研究生来进行数据编码工作，编码的主要内容包括文献作者、出版时间、样本大小和特征、创业者与创业绩效测量维度以及相关系数及其他可以转化为相关系数的其他系数等。最终纳入Meta分析的文献数据统计如下：反映创业精神与创业绩效关系的文献数据有26个，反映社会资本与创业绩效关系的文献数据有32个，反映学习能力与创业绩效的文献数据有44个。本章中，我们也将采用Hunter（2004）所阐述的方法进行分析。我们以创业者与创业绩效之间的相关系数或偏相关系数r作为计算效应值的源数据，经过上述步骤的数据处理过程中后，纳入本章研究的原始文献一共有62篇共104个原始效应值。

第四节 数据分析和结果

在对检索文献进行随机效应模型和固定效应模型检验之前，首先对检索文献的发表偏差进行分析，所检索到的文献发表漏斗图如图17-2所示，本章所检索到的文献虽然没有完全呈现出倒立的漏斗形分布，但还是处于一种相对较为对称的平衡分布状态。另外，在下文的Meta分析中，我们将对检索到的文献进行进一步分类，因此，总体来看，所检索到的文献在发表偏倚水平方面是可以接受的。

在计算创业者与创业绩效的整体效应值时，应充分考虑每个相关系数所对应的样本大小，为了保证每项研究对总体效应值的贡献程度与其样本在总样本中所占的比例相一致，我们采取了对每个效应值以其标准误平方的倒数为权重的方法进行加权计算，具体公式为：

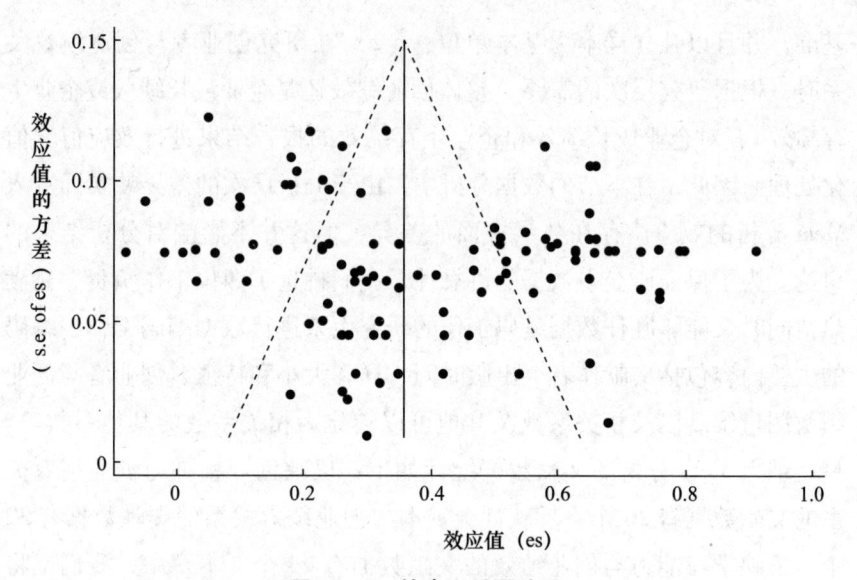

图 17-2　检索文献漏斗图

$$ES = \frac{\sum(w_i ES_i)}{\sum w_i} \quad (17-1)$$

$$SE_i = \frac{1}{\sqrt{n-3}} \quad (17-2)$$

式中，ES 是所有效应值的加权效应值，即整体效应值，$w_i = n-3$，$i = 1, 2, 3, \cdots$，ES_i 表示第 i 个效应值统计量，w_i 表示第 i 个效应值的方差倒数权重，i 表示效应值数量。

本章按照创业绩效测量的维度划分标准，分别采用固定效应模型和随机效应模型计算了创业者与创业绩效之间的整体效应值。需要指出的是，在关于创业者与整体创业绩效的关系研究中，除报告创业绩效的文献外，我们对文献进行了进一步审定，将来自同一篇文献中具有对称性的数据（企业成长绩效与企业生存绩效均有报告）进行平均化处理作为整体绩效纳入 Meta 分析中，而只报告一项数据（只有企业成长绩效或企业生存绩效）的文献则不予考虑。另外，有一些文献既包括对称性的数据，也包括整体数据，此时我们只采用整体创业绩效数据。具体如表 17-1 所示。

表 17 – 1　　　　　　　　　　样本整体效应值检验

检验关系	模型	整体效应值	95%置信区间		渐进值		样本数
			下限	上限	Z 值	Q 值	
创业者与 创业绩效	固定效应	0.366	0.349	0.383	42.50***	691.63***	53
	随机效应	0.412	0.348	0.475	12.72***	691.63***	
创业者与 生存绩效	固定效应	0.356	0.330	0.382	26.81***	274.17***	33
	随机效应	0.352	0.274	0.430	8.89***	274.17***	
创业者与 成长绩效	固定效应	0.345	0.319	0.371	26.27***	328.50***	29
	随机效应	0.372	0.282	0.463	8.08***	328.50***	

注：***表示1%的显著性水平。

从表 17–1 可以看出，无论是采用固定效应模型还是随机效应模型，异质性检验结果都是非常显著的（Z 值和 Q 值都显著）。另外，在文献数据检验异质性水平非常显著的情况下一般采用随机效应模型，在下文的分析中，我们都将采用随机效应模型。

一　Meta 二元异质性检验

为了更加全面、准确地探寻创业者与创业绩效之间研究结论存在显著差异的原因，我们将利用二元异质性检验方法对创业者与创业绩效之间影响关系进行进一步检验。本研究将创业者文化背景（本章中集体主义文化主要包括中国、日本、韩国等亚洲国家，个体主义文化则主要包括欧美等西方国家）与创业者活动所在地区（本章将创业者活动地区划分为发达国家与发展中国家）纳入二元异质性检验中。二元异质性检验结果如表 17–2 所示。

由表 17–2 可知，所有效应值的检验结果都在 95% 置信区间 0 水平线的右侧（即 95% CI 下限大于 0），这说明所获得的效应值具有良好的可信度水平。所有变量控制条件下的变量 I^2 值均高于 60%（最低为 72.4%），因此，我们可以推断本章的检验结果具有较高的效度。最小的失安全数为 18，大于所对应的 Meta 分析文献数量 7，其他样本中的失安全数都远大于文献数量，同时本章所用样本的平均失安全数为 134，也远大于平均文献数量 14，因此，本章所有控制条件下的变量关

表 17-2 二元异质性检验

变量类型	变量测量	文献数量	样本总量	相关系数	效应值	95% CI 上限	95% CI 下限	异质性检验 Q值	异质性检验 I^2 (%)	P值	Z值	失安全数
因变量（创业绩效）	创业精神	12	2033	0.496	0.553	0.509	0.597	95.22***	88.4	0.000	24.67	213
	社会资本	12	2863	0.328	0.354	0.317	0.390	154.57***	92.9	0.000	18.87	120
	异质性检验							46.62***		0.000		
	创业精神	12	2033	0.496	0.553	0.509	0.597	95.22***	88.4	0.000	24.67	213
	学习能力	18	6081	0.387	0.302	0.276	0.327	229.11***	92.6	0.000	23.20	181
	异质性检验							94.16***		0.000		
	社会资本	12	2863	0.328	0.354	0.317	0.390	154.57***	92.9	0.000	18.87	120
	学习能力	18	6081	0.387	0.302	0.276	0.327	229.11***	92.6	0.000	23.20	181
	异质性检验							5.20*		0.023		
因变量（企业成长绩效）	创业精神	7	1321	0.319	0.423	0.368	0.477	65.47***	90.8	0.000	15.19	78
	社会资本	8	1730	0.300	0.260	0.213	0.308	111.97***	93.7	0.000	10.73	35
	异质性检验							19.36***		0.000		
	创业精神	7	1321	0.319	0.423	0.368	0.477	65.47***	90.8	0.000	15.19	78
	学习能力	14	2850	0.394	0.361	0.324	0.397	130.41***	90.0	0.000	19.10	121
	异质性检验							0.09 (n.s)		0.764		
	社会资本	8	1730	0.300	0.260	0.213	0.308	111.97***	93.7	0.000	10.73	35
	学习能力	14	2850	0.394	0.361	0.324	0.397	130.41***	90.0	0.000	19.10	121
	异质性检验							10.62**		0.001		

续表

变量类型	变量测量	文献数量	样本总量	相关系数	效应值	95%CI 上限	95%CI 下限	异质性检验 Q值	异质性检验 I²（%）	P值	Z值	失安全数
因变量（企业生存绩效）	创业精神	7	1321	0.399	0.486	0.431	0.541	91.55***	93.4	0.000	17.46	106
	社会资本	12	2344	0.344	0.346	0.305	0.387	106.75***	89.7	0.000	16.60	90
	异质性检验							16.11***		0.000		
	创业精神	7	1321	0.399	0.486	0.431	0.541	91.55***	93.4	0.000	17.46	106
	学习能力	14	2132	0.291	0.302	0.259	0.345	78.83***	83.5	0.000	13.80	56
	异质性检验							26.92***		0.000		
	社会资本	12	2344	0.344	0.346	0.305	0.387	106.75***	89.7	0.000	16.60	90
	学习能力	14	2132	0.291	0.302	0.259	0.345	78.83***	83.5	0.000	13.80	56
	异质性检验							2.13（n.s）		0.144		
因变量（创业绩效）	集体文化	27	7041	0.436	0.451	0.428	0.475	261.70***	89.7	0.000	37.60	495
	个体文化	15	3873	0.331	0.199	0.167	0.231	155.50***	91.6	0.000	12.28	42
	异质性检验							156.12***		0.000		
	开放环境	22	6338	0.440	0.290	0.261	0.319	250.89***	92.4	0.000	19.45	118
	保守环境	20	4576	0.359	0.414	0.389	0.438	282.36***	92.6	0.000	32.71	375
	异质性检验							40.07***		0.000		

续表

变量类型	变量测量	文献数量	样本总量	相关系数	效应值	95%CI 上限	95%CI 下限	异质性检验 Q值	异质性检验 I^2(%)	P值	Z值	失安全数
因变量（企业成长绩效）	集体文化	22	4729	0.364	0.387	0.358	0.417	200.01***	89.5	0.000	25.56	219
	个体文化	7	1172	0.306	0.217	0.165	0.269	97.17***	93.8	0.000	8.24	18
	异质性检验							31.32**	0.004	0.000		
	开放环境	16	2644	0.429	0.226	0.191	0.260	149.31***	92.0	0.000	12.81	45
	保守环境	13	3257	0.253	0.493	0.455	0.532	76.77***	80.5	0.000	25.06	219
	异质性检验							102.43***				
因变量（企业生存绩效）	集体文化	24	3973	0.362	0.410	0.379	0.442	208.95***	89.0	0.000	25.56	219
	个体文化	9	1824	0.256	0.238	0.192	0.284	29.00***	72.4	0.002	10.06	28
	异质性检验							36.22**				
	开放环境	19	3655	0.397	0.242	0.199	0.284	51.83***	74.9	0.000	11.04	26
	保守环境	14	2142	0.246	0.423	0.390	0.455	179.08***	89.9	0.000	25.30	223
	异质性检验							43.26***		0.000		

注：*、**、***分别表示10%、5%、1%的显著性水平。

系检验结果都是强健的。从表 17-2 中还可以发现,因变量为创业绩效时,创业精神、社会资本与学习能力对于创业绩效的影响作用是存在显著差异的(Q 值分别为 46.62,$p<0.001$;94.16,$p<0.001$;5.20,$p<0.05$),创业精神对于创业绩效的影响系数为 0.496,社会资本对于创业绩效的影响系数为 0.328,学习能力对于创业绩效的影响系数为 0.387。因变量为企业成长绩效时,创业精神与学习能力对于成长绩效的影响作用没有显著性差异(Q 值为 0.09,$p=0.764$),这说明创业精神与学习能力在影响企业成长绩效方面具有相似的作用机制。而创业精神与社会资本、社会资本与学习能力对于企业成长绩效的影响作用是存在显著差异的(Q 值分别为 19.36,$p<0.001$;10.62,$p<0.01$)。因变量为企业生存绩效时,社会资本与学习能力对于企业生存绩效的影响作用没有显著性差异(Q 值为 2.13,$p=0.144$),这说明社会资本与学习能力在影响企业生存绩效方面具有相似的作用机制。而创业精神与社会资本、创业精神与学习能力对于企业生存绩效的影响作用是存在显著差异的(Q 值分别为 16.11,$p<0.001$;26.92,$p<0.001$)。

表 17-2 的结果还表明,在因变量是创业绩效的情况下,集体文化背景下的创业者与个体文化背景下的创业者对于创业绩效的影响作用存在显著差异(Q 值为 156.12,$p<0.001$),开放情景下的创业者与保守情景下的创业者对于创业绩效的影响作用也存在显著差异(Q 值为 40.07,$p<0.001$)。在因变量为企业成长绩效的情况下,集体文化背景下的创业者与个体文化背景下的创业者对于企业成长绩效的影响作用存在显著差异(Q 值为 31.32,$p<0.01$),开放情景下的创业者与保守情景下的创业者对于企业成长绩效的影响作用也存在显著差异(Q 值为 102.43,$p<0.001$)。在因变量为企业生存绩效的情况下,集体文化背景下的创业者与个体文化背景下的创业者对于企业生存绩效的影响作用存在显著差异(Q 值为 36.22,$p<0.01$),开放情景下的创业者与保守情景下的创业者对于企业生存绩效的影响作用也存在显著差异(Q 值为 43.26,$p<0.001$)。

二 Meta 回归分析

从 Meta 二元异质性分析可以看出,本章研究所检索到文献的大部分变量检验结果是显著的,这说明创业者与创业绩效测量方法的差异对于创业者与创业绩效之间的关系具有显著的影响,并且这种影响效应还受到创业者文化背景、创业活动环境的重要影响。那么,创业者维度、文化氛围以及创业环境到底对企业绩效产生多大的影响呢?我们采用 Meta 回归分析进行进一步检验,首先构建了三个待检验回归方程模型:

模型 I:

$$Z_1 = \alpha_0 + \beta_1 \times cyjjs + \beta_2 \times cyjzb + \beta_3 \times cyjxx + \beta_4 \times wh + \beta_5 \times hj$$

模型 II:

$$Z_2 = \varepsilon_0 + \delta_1 \times cyjjs + \delta_2 \times cyjzb + \delta_3 \times cyjxx + \delta_4 \times wh + \delta_5 \times hj$$

模型 III:

$$Z_3 = \varphi_0 + \varphi_1 \times cyjjs + \varphi_2 \times cyjzb + \varphi_3 \times cyjxx + \varphi_4 \times wh + \varphi_5 \times hj$$

式中,Z_1、Z_2 和 Z_3 分别表示创业绩效、企业成长绩效和企业生存绩效,α_0、ε_0 和 φ_0 是常数项,β_1、$\cdots$、β_5、δ_1、$\cdots$、δ_5 和 φ_1、$\cdots$、φ_5 是系数,$cyjjs$ 表示创业精神,$cyjzb$ 表示社会资本,$cyjxx$ 表示学习能力,wh 表示创业者文化背景,hj 表示创业环境。模型 I 表示创业绩效与创业者及控制变量之间的回归方程,模型 II 表示企业成长绩效与创业者及控制变量之间的回归方程,模型 III 表示企业生存绩效与自变量创业者相关维度和控制变量之间的回归方程。具体回归结果分别如表 17-3、表 17-4 和表 17-5 所示。

表 17-3　　　　　　　　　　模型 I 回归分析

控制变量	模型 1			模型 2		
	相关系数	95%临界值	标准差	相关系数	95%临界值	标准差
常数项	0.127	(0.162, 0.279)	0.077	0.059	(-0.003, 0.160)	0.102
自变量						
cyjjs	0.036	(-0.009, 0.082)	0.078	0.063	(-0.011, 0.132)	0.041
cyjzb	0.116**	(0.139, 0.232)	0.104	0.112**	(0.137, 0.221)	0.052
cyjxx	0.118**	(0.142, 0.241)	0.135	0.131**	(0.182, 0.321)	0.109
控制变量						
wh				0.092*	(0.102, 0.197)	0.084
hj				0.137**	(0.211, 0.439)	0.143

续表

控制变量	模型1			模型2		
	相关系数	95%临界值	标准差	相关系数	95%临界值	标准差
模型整体检验 F	4.21***			4.34***		
研究间方差可解释比例调整的 R^2	24.73%			46.21%		
异质性导致的残差变异百分比 I^2	69.44%			80.16%		
研究间方差的 REML 估计 τ^2	0.047			0.042		
效应值个数	42			42		

注：*、**、***分别表示10%、5%、1%的显著性水平。

从表 17-3 模型Ⅰ中的子模型 2 可以发现，社会资本和学习能力对创业绩效差异产生显著的调节作用（$\beta_2 = 0.112$，$p < 0.01$；$\beta_3 = 0.131$，$p < 0.01$），创业精神则对创业绩效差异不产生显著影响 [$\beta_1 = 0.063$，(n.s.)]。创业者文化背景和创业者所在环境对于创业绩效差异都产生显著的调节作用（$\beta_5 = 0.092$，$p < 0.05$；$\beta_6 = 0.137$，$p < 0.01$）。子模型 1 和子模型 2 的整体检验结果显著（F 值分别为 4.21 和 4.34，p 都小于 0.001），对比子模型 1 和子模型 2 我们可以发现，异质性导致的残差变异百分比 I^2 由 69.44% 上升到 80.16%，这说明，关于创业者不同视角（社会资本和学习能力）的研究结果异质性是造成创业绩效差异的重要原因（占研究结果差异的 69.44%），而关于控制变量（创业者文化背景和创业者创业活动环境）的文献研究结果异质性也是造成创业绩效差异的原因之一（占 10.72%）。另外，从子模型 1 到子模型 2，研究间方差可解释比例由 24.73% 上升到 46.21%，这说明，关于创业者维度的差异 [社会资本（正式关系 vs 非正式关系）和学习能力（经验式学习 vs 探索式学习）] 的研究结果异质性是造成创业绩效差异的重要原因（占研究结果差异的 27.43%），而关于控制变量 [创业者文化背景（个人文化 vs 集体文化）和创业者创业活动环境（开放型 vs 保守型）] 的文献研究结果异质性也是造成创业绩效差异的原因之一。

表 17-4　模型 II 回归分析

控制变量	模型 1			模型 2		
	相关系数	95%临界值	标准差	相关系数	95%临界值	标准差
常数项	0.045	(-0.001, 0.141)	0.032	0.077	(-0.076, 0.178)	0.089
自变量						
cyjjs	0.006	(-0.000, 0.012)	0.007	0.009	(-0.001, 0.073)	0.013
cyjzb	0.099 **	(0.121, 0.167)	0.113	0.107 **	(0.114, 0.165)	0.038
cyjxx	0.087	(0.071, 0.134)	0.056	0.078	(0.064, 0.122)	0.083
控制变量						
wh				0.069	(0.053, 0.107)	0.043
hj				0.101 *	(0.115, 0.195)	0.074
模型整体检验 F	3.91 ***			4.01 ***		
研究间方差可解释比例调整的 R^2	17.67%			26.64%		
异质性导致的残差变异百分比 I^2	43.69%			56.79%		
研究间方差的 REML 估计 τ^2	0.057			0.052		
效应值个数	29			29		

注：*、**、*** 分别表示 10%、5%、1% 的显著性水平。

从表 17-4 模型 II 中的子模型 2 可以发现，社会资本对企业成长绩效差异产生显著的调节作用（$\gamma^2 = 0.107$，$p < 0.01$），创业精神和学习能力则对企业成长绩效差异不产生显著影响（$\gamma^1 = 0.009$，不显著；$\gamma^3 = 0.078$，不显著）。创业者文化背景和创业者所在环境对于企业创造绩效差异都产生显著的调节作用（$\gamma^5 = 0.069$，不显著；$\gamma^6 = 0.101$，$p < 0.05$）。子模型 1 和子模型 2 的整体检验结果显著（F 值分别为 3.91 和 4.01，p 都小于 0.001），对比子模型 1 和子模型 2 我们可以发现，异质性导致的残差变异百分比 I^2 由 43.69% 上升到 56.79%，这说明，关于创业者不同视角（社会资本）的研究结果异质性是造成企业成长绩效差异的重要原因（占研究结果差异的 43.69%），而关于控制变量

（创业者创业活动环境）的文献研究结果异质性也是造成企业创造绩效差异的原因之一（占研究结果差异的 13.1%）。另外，从模型 1 到模型 2，研究间方差可解释比例为 17.67% 上升到 26.64%，这说明，关于创业者特定维度的差异［社会资本（正式关系 vs 非正式关系）的研究结果异质性是造成企业成长绩效差异的重要原因（占研究结果差异的 17.67%），而关于控制变量创业者创业活动环境（开放型 vs 保守型）］的文献研究结果异质性也是造成企业创造绩效差异的原因之一（占研究结果差异的 8.97%）。

表 17-5　　　　　　　　　　模型 Ⅲ 回归分析

控制变量	模型 1			模型 2		
	相关系数	95%临界值	标准差	相关系数	95%临界值	标准差
常数项	0.213	(0.320, 0.543)	0.165	0.187	(0.255, 0.383)	0.108
自变量						
cyjjs	0.012	(-0.007, 0.102)	0.024	0.022	(-0.011, 0.134)	0.134
cyjzb	0.039	(0.021, 0.077)	0.059	0.076	(0.064, 0.120)	0.071
cyjxx	0.093*	(0.101, 0.147)	0.069	0.096*	(0.164, 0.235)	0.116
控制变量						
wh				0.071	(0.063, 0.117)	0.065
hj				0.123*	(0.207, 0.363)	0.107
模型整体检验 F	4.17***			4.23***		
研究间方差可解释比例调整的 R^2	18.74%			29.23%		
异质性导致的残差变异百分比 I^2	37.78%			51.64%		
研究间方差的 REML 估计 τ^2	0.049			0.048		
效应值个数	33			33		

注：*、**、*** 分别表示 10%、1% 的显著性水平。

由上述分析可知，社会资本是影响企业成长绩效的重要因素。无论是资源整合、交易模式还是企业或环境关系互动都需要创业者充分调动自身社会资本来推进和实施。对于大多数创业者来说，正式的权利、社会地位及业务关系并不是先天赋予的，而需要创业者在长期的生活、工作历练中不断奋斗和争取，因此，这些正式的权利、地位及业务关系具有相对规范的实施机制和完善的运作体系。与此相对应的血缘、宗亲等地域性关系及其衍生出来的资源禀赋则更多的是一种与生俱来的关系模式，这种关系模式由于具有传承性，并且不具有正式的约束效力，往往对创业者发挥的是一种潜移默化的影响，因此具有很大的地域局限性，难以在更加广泛的时空条件和制度体系下发挥作用。

从表17-5模型Ⅲ中的子模型2可以发现，学习能力对企业生存绩效差异产生显著的调节作用（$\varphi_3=0.096$，$p<0.05$），创业精神和社会资本则对企业生存绩效差异不产生显著影响（$\varphi_1=0.022$，不显著；$\varphi_2=0.076$，不显著）。创业者所在环境对于企业生存绩效差异都产生显著的调节作用（$\varphi_5=0.071$，不显著；$\varphi_6=0.123$，$p<0.05$）。子模型1和子模型2的整体检验结果显著（F值分别为4.17和4.23，p都小于0.001），对比子模型1和子模型2可以发现，异质性导致的残差变异百分比I^2由37.78%上升到51.64%，这说明，关于创业者不同视角（学习能力）的研究结果异质性是造成企业生存绩效差异的重要原因（占研究结果差异的37.78%），而关于控制变量（创业者创业活动环境）的文献研究结果异质性也是造成企业生存绩效差异的原因之一（占13.86%）。另外，从子模型1到子模型2，研究间方差可解释比例为18.74%上升到29.23%，这说明，关于学习能力（经验式学习 vs 探索式学习）的研究结果异质性是造成企业生存绩效差异的重要原因（占研究结果差异的18.74%），而关于控制变量创业者创业活动环境（开放型 vs 保守型）的文献研究结果异质性也是造成企业生存绩效差异的原因之一（占研究结果差异的10.49%）。

由此可知，学习能力是影响企业生存绩效的重要因素。创业者的学习能力受到创业者教育水平、阅历、文化环境等方面的深刻影响，使创业者在克服企业生存压力的渠道和方式上具有独特性。一般来说，那些社会地位相对较低、资源禀赋较少的创业者更多是通过模仿、改造以及业务依赖等方式获得企业更好的生存，即更多的是采取一种经验式学习模式。而相对于那些具备较高社会地位、拥有丰富知识、资源及信息优势的创业者，则更加倾向于创新性更强的探索式学习模式来应对企业的生存绩效。

第五节 结论与讨论

一 研究结论

本章通过对关于创业者与创业绩效之间关系的 62 篇文献中的 104 个样本进行 Meta 检验，对创业者与创业绩效之间的影响机制进行了较为全面的分析。主要获得了如下研究结论：

首先，Meta 二元异质性分析表明，创业精神、社会资本与学习能力对于创业绩效的影响是存在显著差异的。从影响创业绩效的具体机制来看，创业精神与社会资本、社会资本与学习能力对于企业成长绩效的影响存在显著差异。在企业生存绩效的影响机制中，创业精神与社会资本、创业精神与学习能力也对企业生存绩效的影响存在显著差异。

其次，Meta 的回归研究结果表明：(1) 社会资本和学习能力对创业绩效产生了显著的影响。创业过程中社会资本的重要性主要体现在创业者行为、认知方式与当前创业趋势匹配与否等方面，也是决定创业者能否获取成功实施创业活动所需资源能力的重要体现。而创业者认知方式则受到创业者个人成长、生活经历和外部环境中政治文化制度体系的深刻影响。(2) 从企业成长绩效来看，社会资本是影响企业成长绩效的重要因素。在企业成长过程中，企业资源整合方式、企业市场交易模式以及企业与外部环境中行为主体、制度政策体系之间关系等发挥了关键性作用。(3) 从企业生存绩效来看，学习能力是影响企业生存绩效的重要因素。在外部激烈竞争情景下，创业企业首先面临的是生存问题，这就迫使创业者必须发挥主观能动性来扭转这种不利于企业生存的局面。(4) 本章还发现，创业环境是影响创业者与创业绩效之间关系的重要调节因素。

二　研究建议

本章的研究结论具有以下三个方面的实践启示：

首先，由于创业者在阅历、知识以及资源储备等方面的差异，使创业者在克服企业生存压力的渠道和方式上具有独特性，需要创业者根据自身实际制定创业目标，以解决创业过程中可能面临的困难。

其次，要根据创业者所拥有的独特资源优势，如通过创业者自身奋斗所获得的正式的权力、社会地位及业务关系，或者创业者与生俱来的血缘、宗亲等地域性关系及其衍生出来的资源禀赋，制定相适应的创业策略，以便发挥最大优势，提高创业绩效。

最后，在创业活动跨区域、跨行业发展日趋明显的情景下，创业活动已经不再像以往一样主要局限在特定的创业环境之中，这就意味着创业环境对于创业者与创业绩效之间的调节作用将更加复杂，要求创业者具备重视与外部的信息、资源交流，并提高信息获取质量，重视创业者的持续学习能力对创业环境多样化的挑战。

总体而言，本章采用 Meta 分析技术对以往关于创业者与创业绩效之间关系的文献进行了总结性论证和评价。克服了以往单项研究在样本选取、研究设计以及评价侧重点等方面差异可能导致的研究误差，全面评价了创业者与创业绩效之间的影响关系机制，获得了创业者与创业绩效之间影响关系的一般性结论。但本章也存在一些不足。

首先，本章的数据来源只限于中文文献和英文文献，对于其他文献的收集并不充分，这可能会对本章研究结论的普适性产生一定的影响。

其次，本章主要从创业者自身相关影响因素的角度展开分析。事实上，创业环境、创业过程特征等都会对创业绩效产生影响，这也是后续研究中需要重点考虑的。

第十八章 国际化企业中团队关系影响机制研究

第一节 研究背景

在当前激烈的社会竞争环境中,企业若要获得成功,必须与其他企业或相关组织建立良好的合作关系。稳定、持续的合作关系将对企业信息获取、资源利用以及竞争力的提升带来巨大的优势,因此,企业间的合作关系一直是企业管理理论研究的焦点。然而,综观以往国内外学者有关企业合作关系的研究,我们发现,他们的研究明显存在两种相互对立的视角:一些学者将研究重点集中在合作关系可能给企业带来的积极影响方面,例如,合作双方彼此信任、技术共享和风险共担等(Benson, 1977; Kassem, 1987; Ganesan, 1994; Kim, 1999);另一些学者则将研究重点集中在合作关系中存在的、可能对企业合作关系产生不良影响进而降低企业合作绩效的不利因素上,例如,"搭便车"、信息泄露和投机行为等(Lourenco and Glidewell, 1975; Moorman et al., 1993; Leuthesser, 1997; Hibbard et al., 2001)。而很少有学者从企业合作关系可能对企业造成消极和积极影响两方面进行探讨,究其原因,主要是对企业合作关系中这种消极因素与积极因素之间的相互关系缺乏一套有效的衡量标准。

关系冲突是日常生活和工作中特别是团队工作中常见的,而且是不可避免的现象,尤其是在国际化背景下,双元或多元文化带来的团队关系冲突十分普遍，并会对企业的国际化绩效产生显著的消极作用。不同于对工作任务理解的冲突，关系冲突是情感上的摩擦和紧张、人际关系上的不和谐（Amason, 1996; Jehn, 1995; Pinkley, 1990）。已有研究表明，关系冲突对组织绩效（Jehn et al., 1999; De Dreu and Weingart, 2003）、决策制定（Amason, 1996; Gruenfeld et al., 1996）、员工个体绩效（Jehn et al., 1999）和员工满意度（Duffy et al., 2000; Jehn et al., 2010）均有负面影响。团队是组织工作的基本单元，是组织发挥员工潜能，实现持续竞争优势的主要手段（O'Reilly and Pfeffer, 2000）。

工作或生活中，为了获取确定性安全感和增强自尊，人们会择类而聚，通过"去个性化"和"去个人化"，将自己归类于某一种"身份原型"，以提升自我（Tajfel and Turner, 1986），减少不确定性（Hogg and Terry, 2000）。由此，与个人认知冲突或对工作任务的理解冲突所不同，关系冲突实质上是人们所认同的各种"身份原型"之间的冲突。在以面子、圈子、关系以典型特征的儒家文化情景下，这种基于"身份原型"的关系冲突表现为圈子间冲突、面子冲突和人际关系冲突。虽然同处一个团队，信息即使能够通过诸如公告、邮件、会议等形式流动，但由于这些面子、圈子和关系的芥蒂及隔阂导致团队成员不可能在一起讨论、深度加工这些信息，从而不利于知识的高效和创造性运用。基于上述逻辑，本章引入两个与中国情景相关的概念：中庸思维和领导成员交换关系来抑制团队关系冲突可能对企业国际化绩效的消极影响。

第二节　相关理论及假设

传统的组织行为文献中，领导理论关注个人与工作小组间的关系，大量研究集中于中层或基层领导，而很少关注战略型领导和愿景型领导。同时，战略管理研究中也忽视了企业家及其高层管理团队在战略形成、实施和控制过程中的作用。20世纪80年代，学术界和实务界把战略与领导相结合产生愿景型领导概念，并开始逐步重视企业内部团队关系组织的管理问题，在学习型组织之中，领导者是设计师、仆人和教师。他们负责建立一种组织，能够让其他人不断增进了解复杂性、厘清愿景和改善共同心智模式的能力，也就是领导者要对组织的学习负责，其中最核心的问题就是处理好组织内部不同成员之间的利益关系。随着现代社会经济发展的不断推进，企业跨国经营不断出现新现象和新形式，企业团队内部关系也出现了新的关系形态，这就要求管理者对于企业内部团队的管理提出了新要求。本章从团队关系张力和关系冲突两个视角展开讨论。

一 关系张力

在不同研究领域中，关系张力所涵盖的内容存在非常大的差异。基于企业关系营销理论，Bengtsson 等（1999）认为，企业合作关系建立的理论基础是通过合作关系，企业能够扩大自身的影响范围，提高自身的市场价值。因此，无论在企业水平合作关系中还是垂直合作关系中，企业之间是既相互合作又相互竞争的。Ciborra（1996）指出，企业间合作关系的灵活性与稳定性也是一种很重要的关系张力，Good 和 Evans（1999）则进一步将其概括为企业合作关系结构层次上的关系张力。此外，Bozzo（2002）认为，企业间在合作时间导向上的关系张力对于企业绩效将产生重要影响，即建立长期合作联盟还是确立短期合作关系将深刻影响企业组织绩效。Das 和 Teng（2000）在总结了前人相关研究的基础上，将企业合作关系中存在的关系张力划分为行为张力（合作与竞争）、结构张力（灵活性与稳定性）和心理张力（长期联盟与短期合作）三个维度。

行为张力是指具有合作关系的企业双方之间既相互竞争又相互合作的关系。Teece（1998）指出，企业间合作关系中合作与竞争同时存在是企业联盟能够保持长久竞争力的关键因素，也是维持企业合作绩效在较高水平的必要条件之一。Hermens（2001）认为，企业间的合作与竞争是否保持相对平衡是企业联盟策略能否获得成功的重要特征之一，因此，对于企业管理层来说，最重要的任务或挑战就是确保企业合作关系中竞争与合作之间的平衡。

结构张力就是企业合作关系结构灵活性与稳定性之间的博弈关系。组织权变理论学派学者认为，企业组织绩效的高低与组织环境、组织策略以及组织结构具有重要关系（Venkatraman，1989），因此，在环境不确定性越高的背景下，具有合作关系的企业必须重点关注其合作关系结构的合理性。所以，保持企业合作关系灵活性与稳定性的平衡，将有效促进企业合作绩效的提高（Fredericks，2005）。

企业关于长期联盟还是短期合作关系的选择对于企业的发展将产生深远的影响，企业在选择长期合作联盟还是短期合作关系方面一直存在矛盾与冲突（Jap et al.，2005）。在早期的企业合作中，大多数企业倾向于选择长期联盟的合作关系；而在近期，由于产业发展趋势难以预测、产品生命周期缩短以及新兴技术的层出不穷，使企业（尤其是高新技术企业）在合作方式上更愿意采取短期合作的模式（Pressey and Tzokas，2004）。在当前企业间合作关系中，长期联盟和短期合作应该同时存在，根据外部环境的变化和企业策略的变革，企业应在上述两者之间实现平衡。因此，时间导向下的企业合作关系张力是长期联盟与短期合作的博弈过程。

二 关系冲突

许多学者把团队内的冲突分为任务冲突和关系冲突（Amason，1996；Jehn，1995），而 Jehn 和 Mannix（2001）则进一步把冲突分为关系冲突、任务冲突和过程冲突。不同于认知上的冲突，关系冲突是指情感上的摩擦和紧张，人际关系上的不和谐，比如对其他组织成员有不喜欢、厌恶和恼火等感觉（Amason，1996；Pinkley，1990）。关系冲突对在任何阶段的组织都是不利的，这一点学术界早有定论（Jehn，1995；Jehn and Mannix，2001；Shah and Jehn，1993），元分析的结果也证实了这种假设（De Dreu and Weingart，2003）。但是，关系冲突是如何对组织产生负面影响，并且如何化解这种影响，并没有学者对此进行深入的研究。

中国人自古以来就非常推崇"和而不同"的思维方式，这种思维并不是让每个人盲目附和，隐藏自己的观点，而是对持有不同立场的人相互包容，注重团结，允许不同声音的存在。孔子在《论语》中提到"君子和而不同，小人同而不和"，讲的就是君子在为人处世时，能在"和"的前提下，表达出自己不同的见解。也即君子应该做到在不同中求得和谐相处，既承认事物的差异，又要求和合，通过"济其不及，以泄其过"形成平衡和谐的状态。由于团队成员之间的关系冲突会导致成员的自我分类，而自我分类过程会产生内群—外群间以及群际的隔阂，将会打断信息加工过程。因此，有效的团队工作必须尽可能抑制社会分类过程，减少其对信息深度加工的影响。中国情景下的员工如果拥有较高的中庸思维，在面对这种冲突的时候，能从对方的角度思考问题，讲究整合性和和谐性，更愿意在"和"的前提下保持"不同"。这样，即使各个子群之间存在隔阂，彼此拥有不同的观念。

中庸思维的观点认为，事物总是变化的，任何事物整体都应该蕴含矛盾对立的两面，也正是这矛盾对立面之间的相济、相成和相容使事物生生不息、欣欣向荣。张德胜和金耀基（1999）指出，中庸不是居中折半，或者和稀泥，不分青红皂白，而是有很强的原则性，要择善固执，不偏不倚。中庸之道作为一种具有儒家特色的价值取向模式，还主要表现在恰到好处，过犹不及，在考虑问题乃至采取行动时从全局出发，不单从自己的立场出发。此外，中庸理性不只想到自己，还要顾及他人，有体谅和考虑周全之意。

三 理论假设

在大多数情况下，中国式的人际关系里，关系冲突往往发生在暗处，而不会表现在明面，这常常导致团队关系效率低下，但往往又找不到合适的理由或者缘由，更多时候甚至是形成一种隐性的负面情绪。

由于关系冲突的存在，以别人为参照面，人们能够更加清晰地建构自己的社会身份，从而会促进团队内员工的自我分类，形成一个个相对独立的子群，这些子群拥有各自原型，表面上同属于一个工作团队，实际上，互相之间存在芥蒂、隔阂。既然团队内的关系冲突会通过社会分类过程促进子群体的形成，子群体之间会产生隔阂，进而会降低团队成员进行信息加工处理的能力、动机，以及机会，因此不利于团队内信息深度加工处理。故综上可知，团队内关系冲突由于促进子群体形成，导致团队成员进行信息深度加工的能力、动机和机会的降低，从而不利于团队内信息深度加工处理。

在企业国际化过程中，这种信息深加工的机会不仅越来越少，同时由于文化、制度差异性的扩大化，信息深加工也将变得越来越困难，从而导致企业国际化过程中团队关系冲突更加突出，基于此，本章提出以下假设：

假设 18-1：工作团队内员工关系冲突与企业国际竞争力之间呈负相关关系。

领导—成员交换（LMX）理论最早由 Graen（1975）和 Dansereau（1975）等提出。该理论认为，当领导与下属之间的关系比较亲近时，领导与这些下属互相认为对方为"圈内人"，其他下属则是领导的"圈外人"，圈内人与领导的接触更为频繁，会得到更多的关注和信任，因此会更自信、更有工作责任感（Green et al.，1996）。以往的研究多集中于 LMX 对员工绩效、工作满意度和晋升机会等方面（Graen et al.，1982；Green et al.，1996；Wakabayashi et al.，1988），而对于 LMX 能否对团队内部关系冲突产生影响仍然缺乏研究。

同样，在关系冲突由于社会分类过程从而不利于信息深度加工的逻辑下，我们认为，感知到较高水平 LMX 的员工，由于感受到领导的信任和支持，会以成为领导者心中的"圈内人"而感到满意和自信，从而会表现出更高的信任和忠诚，更紧密地围绕在领导的身边。当一个团队内部拥有较高的 LMX 水平时，便会形成一个以领导为核心的更高层次的群体，员工对子群体的身份认同就会减弱，这样，即使各个子群体之间存在隔阂，其对企业整体工作绩效提升的动机、机会、能力的影响也会减小。这时，由于员工的自我分类产生的子群体对整个团队的分化作用就会减弱（Hornsey and Hogg，2000），关系冲突带来的员工之间隔阂的影响也会降低，对企业整体组织绩效的负向作用也会受到抑制。这在企业国际化情景下显得更为突出，因为国际化带来的文化价值观、人际管理处理等问题会更加尖锐，这时，良好的领导成员关系就显得更加重要，领导者除安抚不同成员的情绪外，坚定国际化的共同价值导向，稳定各方面的价值操守十分重要，基于此，本章提出以下假设：

假设 18-2：工作团队中领导成员关系会抑制关系冲突与企业国际竞争力之间呈负相关关系。

第三节 研究设计

一 研究样本

在大规模数据采集过程中，若要保证数据采集的可靠性与合理性，对调查问卷发放过程进行有效性控制也是重要的环节之一。为了保证获取关于浙江集群企业相关样本数据工作的顺利进行，我们在调查对象的选取上也进行了深入的分析与详细的安排，并进行了精心挑选，最后确立本章的主要调查对象为杭州萧山经济技术开发区、杭州滨江高新技术产业园区、温州平阳皮革产业区、温州乐清临港产业基地、宁波海曙科技园区、永康五金产业区以及诸暨大唐袜业等地区产业集群。上述产业集群中，杭州萧山经济技术开发区是以政府主导建设、外商投资为主体的产业集群，其企业主要分布在机械、化工以及仪器设备制造等传统产业领域，企业间的关系主要受到母体公司、政府政策以及产业环境等因素的影响；而杭州滨江高新技术产业园区则是以自主创业的中小科技型企业为主，主要分布在信息技术、通信以及电子商务等行业领域，由于在产业集群内的工作的员工知识水平和技术能力均较高，且其所在的行业特征决定了这些企业对于外部信息快速、准确传递的要求是非常高的。本次调研一共调查了不同产业集群内的172家企业，最终发放问卷640份，收回问卷209份，经分析处理后，得到有效问卷168份，问卷回收率为32.7%，有效问卷率为26.25%。

二 变量测度

（一）关系冲突

关于关系冲突的测量，我们采用Jehn和Mannix（2001）的3条目量表测量，分别为"在本工作组或团队中，成员间关系紧张的程度有多大"、"在本工作组或团队中，成员间争吵、闹纠纷有多频繁"，以及"在本工作组或团队中，成员间关系冲突的程度有多大"。团队成员以李克特五点评分法进行评价，从1＝"很小或很少"到5＝"很大或很多"。

（二）领导成员交换

我们采用 Wang 等（2005）的 7 个条目量表，示例问题如：(1) 一般来说，我很清楚我的主管是否满意我的工作表现；(2) 我觉得我的主管对我工作上的问题及需要非常了解；(3) 我觉得我的主管对我的潜力知道很多；(4) 我的主管会运用她或他的职权来帮我解决工作上重大的难题；(5) 我的主管会牺牲自己的利益来帮助我摆脱工作上的困难；(6) 我很信任我的主管，支持主管的决策；(7) 我和我主管的工作关系很好。主要测量主管与员工之间的了解、支持、信任和关系等。团队成员以李克特五点评分法进行评价，从 1 = "完全不同意"到 5 = "完全同意"。

（三）企业国际竞争力

我们主要参考了刘文炳等（2011）的测量指标体系，最终设计了 8 个问题条目，主要从企业的财务绩效和市场绩效两个角度来进行测度，示例问题如："在贵公司最近一次的并购事件中，贵公司的技术开发人员起到了非常重要的作用"。我们同样采用李克特五点评分法进行评价，从 1 = "完全不同意"到 5 = "完全同意"。

为了排除其他可能的解释机制，基于已有的研究（Jehn et al.,1999；Knippenberg et al., 2004），本章控制了团队层次四个方面的影响。(1) 团队规模，以工作团队成员数量来测量。(2) 团队成员平均年龄。该研究的样本都是高科技企业的研发团队，所以，员工相对都比较年轻。年龄测量从 1 = "小于等于 25 岁"到 9 = "大于 60 岁"，每级相差 5 岁。(3) 团队成员女性比例。(4) 团队成员平均教育水平。教育水平测量为：1 = 初中或以下；2 = 中专、高中；3 = 大专；4 = 大学本科；5 = 硕士；6 = 博士。

三 信度与效度分析

由于本章所采用的变量之间关系较为复杂，从企业员工层面的成员关系来讨论企业的国际化经营问题，涉及企业和员工两个层面，因此，需要对变量及其信效度进行全面的分析，我们用 SPSS 17.0 和 Amos 17.0 检验了关系冲突、领导成员交换和企业国际竞争力三个测量量表的信度和效度。关于量表信度的分析，我们以克隆巴赫 α 系数（以下

简称 α 系数）和因素分析累计解释量为评价指标。关于量表效度的分析，我们以 GFI、CFI、RMR 和 RMSEA 作为测量的适配度指标。本章测量量表的信度和效度如表 18-1 所示，由此可知，本章所采用变量的信效度水平都达到研究要求。

表 18-1　　　　　　　　量表的信度和效度分析

变量	α 系数	累计方差解释率(%)	GFI	CFI	RMR	RMSEA	P
关系冲突	0.851	53.32	0.923	0.946	0.042	0.067	0.000
领导成员交换	0.824	62.11	0.922	0.917	0.051	0.063	0.000
企业国际竞争力	0.815	59.23	0.916	0.938	0.058	0.064	0.001

第四节　数据分析和结果

一　回归分析

本章采用 Stata 10.0 软件进行假设检验，考虑到本章变量的跨层次问题，我们采用多层线性回归分析方法进行回归分析，具体研究结果如表 18-2 所示。在模型 1 中，只加入了 4 个控制变量，发现除团队规模对企业国际竞争力具有显著的正向影响外（$\beta = 0.24$，$p < 0.05$），其余控制变量对因变量的影响都不显著。为了验证假设 18-1，本章把自变量关系冲突加入回归方程，模型 2 表明，考虑了控制变量的影响后，团队内部关系冲突与企业国际竞争力显著负相关（$\beta = -0.38$，$p < 0.01$）。因此，假设 18-1 得到了验证，即团队关系冲突负向影响企业国际化竞争力。模型 3 中进一步加入领导成员交换与关系冲突的乘积项，两者的乘积项与企业国际化竞争力显著正相关（$\beta = 0.32$，$p < 0.01$）。另外，与模型 2 相比，模型 3 额外解释了企业国际化竞争力 19% 的方差（$\Delta R^2 = 0.19$，$p < 0.01$），这说明假设 18-2 是成立的。

表18-2　　　　　　　　　　多层线性回归分析结果

	企业国际竞争力		
	模型1	模型2	模型3
团队规模	0.24*	0.22*	0.22*
团队成员平均年龄	-0.06	-0.03	-0.03
团队成员女性比例	0.01	0.00	0.00
团队成员平均受教育水平	0.06	0.04	0.04
关系冲突		-0.38**	-0.34**
关系冲突×领导成员交换			0.32**
R^2	0.13*	0.24**	0.43**
ΔR^2		0.11*	0.19**
F	1.09*	4.38**	7.48**
ΔF		6.32**	10.56**

注：*、**分别表示10%、5%的显著性水平。

二　稳健性检验

为了保证本研究结论的可靠性，我们又从浙江工业大学的MBA学员中随机抽取了60人，并且保证这60人都有专门的团队带领。通过对该样本进行基本描述性统计分析，我们发现，该样本中员工的平均年龄为32岁，女性员工占总员工比例为18%，平均每个团队有6.58位成员（5.58位员工和1位主管）。我们采用Cohen等（2003）方法和Bootstrap方法分别进行检验，发现两个样本之间的相关系数没有显著差异。由此我们初步判断，总体而言，两样本间在统计上不存在显著差异。采用同样的研究方法，多层线性回归分析的结果表明，团队内部关系冲突与企业国际竞争力显著负相关（β=-0.28，p<0.01），团队关系冲突额外解释了企业国际竞争力19%的方差（ΔR^2=0.19，p<0.05）。领导成员交换与关系冲突的交互项与企业国际竞争力显著正相关（β=0.26，p<0.05），并额外解释了信息深度加工23%的方差（ΔR^2=0.23，p<0.01）。因此，我们判断领导成员交换在团队内部关系冲突与企业国际竞争力之间起到显著的正向调节作用。综上可知，本章所获得的研究结论是具有稳健性的。

第五节 结论与讨论

本章我们通过对浙江产业集群中从事国际化经营企业的团队进行分析，实证研究表明，团队成员间由于关系冲突会进行社会分类过程产生子群，从而对团队内的信任与合作产生负向影响。而当团队成员拥有较高水平领导成员交换关系时，会对员工自我分类造成的子群之间的隔阂和不和产生抑制作用，从而降低对企业国际竞争力的负向影响。本章对于研究关系冲突到信息的加工处理的作用机制、领导成员交换均有重要的理论意义。

其一，本章研究从团队内关系冲突这个团队工作中重要的现象出发，将其与信息加工这个重要的团队过程联系在一起，深入探讨了这种由于对企业国际化认知差异而导致的团队关系冲突对企业国际竞争力的具体作用机制问题。以往关于企业内部团队冲突的研究多是从社会分类视角和信息或决策制定视角来研究团队冲突和团队绩效之间的关系（Jehn，1995），本章不仅对这种研究方向进行了深入研究，同时不再以团队绩效作为最终结果进行考量，而是把关系冲突扩展到国际化文化背景下进行深入研究，模型更有逻辑性和说服力。本章的实证结果也在一定程度上验证了 van Knippenberg 等（2004）的观点，即由文化差异、认知差异而导致的团队关系冲突带来的团队内部不同成员之间的认同偏见，这种团队关系冲突会抑制企业国际竞争力。

其二，尽管领导成员交换关系是很热门的研究议题，很多学者研究了领导成员交换对组织公民行为、组织承诺等的影响（Eisenberger et al.，2010；Ilies et al.，2007；Wang et al.，2005），但是，领导成员交换对团队成员关系冲突的影响并没有得到重视。Knippenberg 等（2004）虽然从社会分类的角度提出了关系冲突对信息深度加工的负面作用，但是并没有研究如何来消除这种负面影响。因此，本章提出通过提高团队整体的领导成员交换水平，加强领导者对员工的支持、关怀和理解，来抑制社会分类形成的互相隔阂的子群的重要性，从而降低企业国际化背景下关系冲突给企业国际竞争力带来的不利影响,这为将来研究领导成员交换和团队冲突之间的关系提供了依据。

在国内市场环境下,人际关系是一个十分重要的社会交际机制,处于同一个工作团队内员工之间、人与人之间的关系可能会很大程度上影响到整个组织的绩效。由于任务多样化、社会地位、岗位设置以及个体性格特征等的差异,团队内部的关系冲突是不可避免的,既然关系冲突不可避免,如何把这种冲突带来的负面影响尽可能地降低就是管理者需要考虑的问题。

一方面,根据社会分类理论,关系冲突往往伴随着员工的自我归类,进而形成一个个小群体,即所谓的"圈子文化",而当员工拥有较高的领导成员交换效能时,往往意味着成员之间能够在团队内形成一个更高层级的群体。因此,团队主管在面对员工的关系冲突时,不应该对有冲突的员工严加批评和处罚,这样,反而会加强自我分类的过程,增加子群之间的隔阂。主管要做的应该是主动加强与员工之间的了解和关系,更多地支持和信任员工,使每个员工都能感觉到自己受上级重视,自己与上级和其他同事同属于一个群体,并且拥有同样的更高层级的团队身份,之前孤立的个体身份带给员工的影响就会减弱。

另一方面,考虑到跨文化的差异性,高水平领导成员交换效能感也能够弥合不同文化之间的差异,让团队成员之间克服不同文化背景的认知障碍,在领导者的感召之下,努力学习彼此之间的优势,形成合力,共同应对不同文化市场的制度文化偏见,最终提高企业的国际竞争力。

第十九章 高层管理者团队与企业国际化绩效关系研究

第一节 研究背景

高层管理者团队作为企业战略决策最主要的发起者和主导者，在企业组织科层的金字塔式结构下，他们处于顶端的高层战略活动会通过层级结构的传递，对在其领导下的所有组织的生产和管理活动产生巨大的影响。在战略管理领域中，对于高层管理者团队与企业战略关系的研究于20世纪80年代开始盛行。高层管理者团队如何影响企业战略？已经有大量研究关注该问题。不同的理论从不同的角度解释了高层管理者团队对战略的影响。而这些理论中，影响最大的是Hambrick和Mason（1984）提出的高层梯队理论。高层梯队理论强调，在决策制定过程中，高层管理者团队的价值观和认知基础对决策制定的影响。在实证研究中，主要用人口统计学特征来测量管理者的认知基础和价值观，如年龄、任期的长短、职业背景、教育水平等，从而探讨其与企业战略变革、多元化战略、研发投资的关系。

高层管理者团队在战略制定过程中起到提供信息、咨询的作用。高层管理者团队的特征与战略制定的关系往往受到战略决策者与高层管理者团队关系的影响。如果高层管理者团队对战略决策者的影响大，则高层管理者团队特征对战略决策的影响就大；反之则小。然而，目前很多有研究直接研究高层管理者团队的特征对企业战略选择的影响，忽略了高层管理者团队对战略制定者影响力的调节作用。高层管理者对战略决策者的影响力，即高层管理团队在战略决策过程中施加其愿望、看法的能力。高层管理者权力的基础来自处理内部和外部不确定性的能力。一般来说，高层管理者权力的内部不确定性来自其他高层管理者和董事，而外部不确定性来自任务和制度环境的不确定性。由于本章所关注的权力并非高层管理团队内部权力的比较，而是整个高层团队对决策制定过程施加影响力的能力。

在国际化背景下，企业战略决策更加依赖高层管理者团队，这是因为，国际化经营面临的外部环境更加复杂，这种复杂的外部环境赋予了企业高层管理者团队更大的决策权力。在我国众多的企业国际化经营案例中，发现企业高层管理者团队往往在决定企业国际化目标选择、战略推进以及经营模式上具有绝对的权威地位。而近年来诸多的实证检验则更加明确地证实了高层管理者团队在推进企业国际化经营方面发挥了主导作用。

第二节 相关理论及假设

高层管理者团队如何影响企业国际化？虽然国外已经有大量研究关注该问题。不同的理论从不同的角度解释了高层管理者团队对企业国际化决策及其绩效的影响。因此，高层管理者团队对企业战略的影响程度，受到其名望权力和专家权力的影响。在面对不确定环境时，如果高层管理者团队拥有战略决策者所没有的处理外部环境不确定性能力时，高层管理者团队权力大，在战略决策过程中能够较好地实现其愿望、看法，那么高层管理团队则拥有较大的权力。综观以往的研究发现，学者主要用人口统计学特征来测量管理者的认知基础和价值观，如年龄、任期的长短、职业背景、教育水平等，从而探讨其与企业战略变革、多元化战略、研发投资的关系。但针对国内高层管理者对于企业国际化经营绩效的研究还十分缺乏。本章首先对高层管理者的领导风格与个体特质进行理论回顾，在此基础上提出理论假设。

一 高层管理者团队的领导风格

一般来说,企业战略包括企业家、组织和技术三个层面,其中,企业家层面主要是指组织的市场和行业定位;组织层面主要是指协调和实施战略;技术层面主要是指用于企业产品和服务的技术和过程。根据企业家在战略形成中的作用,一些学者把企业战略分为开拓型、防御型、分析型和反应型四种类型。虽然Miles和Snow(1978)的研究侧重于对企业战略类型的探讨,但他们肯定了企业家在战略形成中的首要地位。而他们以追求革新和效率为标准对战略类型进行分类的思路,也为随后对于领导风格与企业战略关系的研究提供了有益的启示。

另外一些学者的研究则聚焦在领导者个人愿景对企业战略形成的影响。他们把领导者愿景的实施过程分为三个阶段:首先,领导者形成对组织发展图景的大概构想;其次,领导者通过语言和行动将个人构想的组织图景传递给追随者,并激发追随者对组织图景的认同;最后,追随者把组织图景变为现实。他们描述了愿景型领导者影响战略决策的四个维度:一是心智能力或领导风格,包括想象力、灵感、洞察力、预见力等,这是企业战略发展的起点;二是战略过程,心智图景通过内省或与环境的交互作用而产生,其演化可能是一个渐进和学习的过程,也可能是一个快速的过程;三是战略内容,图景可能重点聚焦于市场、产品或组织的不同方面;四是环境情景,包括组织的结构、规模和发展阶段等。

在创业型领导的组织中,战略决策是个人导向的,企业家主导了企业战略的形成,并使用个人的特质和魅力去影响组织中的其他人;在官僚型领导的组织中,战略决策是规则导向的,不同个体按照组织设定的角色进行活动,组织通过程序化的方式形成企业战略;在政治型领导的组织中,战略决策是职能导向的,不同职能部门负责人的权力主要限定在自己领域之内,战略决策是由不同职能部门的负责人联合做出的;在专业型领导的组织中,战略决策是专家导向的,他们通过控制信息和创造规则来影响企业战略的形成。

二 高层管理者团队的个体特质

企业发展过程中面临的最重要战略选择之一是,是否增加业务单元,是否进入新的行业,即是否进行多元化。大量的研究也表明,企业高层管理者团队的人口统计学特征对企业的多元化行为存在影响。如财务背景多的高层管理者团队所在的企业更倾向于进行无关多元化。

(一) 高层管理者团队的平均年龄

年龄可以代表管理者的阅历和风险承担倾向,进而影响战略决策。心理学家和管理学家对决策主体年龄与认知之间的关系已经做了大量的研究。一般而言,随着年龄的增长,决策者的一些认知能力会下降,知识结构会老化,在做出决策时也较年轻者缺乏信心。因此,年长的管理者会倾向于规避风险,因为他们常处于经济和职业安全最为重要的阶段;而年轻的管理者更愿意承担风险(Hambrick and Mason,1984)。Wiersema 和 Bantel(1992)通过对 87 家美国上市公司的实证研究发现,平均年龄越高的高层管理者团队,其战略决策行为就越保守,企业的多元化程度就越低。通常情况下,高层管理者团队的平均年龄越大,越不愿意采取进取性的战略,平均年龄与战略变革呈负相关关系。这在国际化市场中体现得更加明显,由于国际化面临的环境更加复杂,年龄越大意味着高层管理者团队越成熟,其制定的国际化战略将趋于保守,基于此,本章提出以下假设:

假设 19-1:高层管理者团队平均年龄越大,企业国际化企业绩效越低。

(二) 高层管理者团队平均受教育程度

教育水平反映了决策者的认知能力、对新异和复杂信息的收集处理能力。较高的教育水平,表明其愿意接受新思想和有能力适应变化,同时还具有较高的获取所需信息的能力。一个团队的社会认知复杂度与平均教育水平呈正相关关系。高的社会认知复杂度,使高层管理者团队能够在复杂的多元化经营环境中有能力进行准确的定位,快速确定适合企业自身的行为模式。在国际化背景下,受教育程度越高的高层管理者团队能够获得高附加值信息、掌握跨文化管理技巧的可能性越高,因此,高层管理者团队平均教育水平高的企业更容易在面临跨制度文化管理时形成正确的战略变革。大量学者的实证研究也支持了高层管理者团队受教育程度与企业战略变革呈正相关关系。基于此,本章提出以下假设:

假设19-2：高层管理者团队平均受教育程度越高，企业国际化企业绩效就越好。

(三) 高层管理者团队任职经历

企业高层管理者在不同行业、不同企业以及同一企业不同职能部门的工作经历，都会影响他们的知识、观念和工作取向。不同的职能背景，可能会导致组织成员对于企业战略重点的不同偏爱。具有生产型职能背景的管理者可能会对企业的自动化、生产设备的更新、工艺改进和后向一体化等战略更感兴趣，而具有输出型职能背景的人则可能会对新产品开发、多元化和前向一体化等战略更感兴趣。同时，是否具有丰富的其他职业经历，也会影响到高层管理者团队的战略选择。职业经历单一的高层管理者团队，其工作经验的积累可能会有助于很好地完成例行性任务，却有战略视角不够宽泛的缺陷，因为他们只能对外部环境进行有限的搜索。相关的实证研究支持了以上观点，Jensen和Zajac (2004) 基于全球企业500强的研究发现，高层管理者团队中具有财务背景的人数越多，越倾向于提高企业的多元化程度，并且倾向于采取并购战略。Datta和Guthrie (1994) 则认为，有着技术背景的高层管理者团队会采取密集型的研发战略。Sambharya (1996) 的研究发现，高层管理者团队中具有国外任职经历人数比例越高、具有的国外任职经历越丰富，就越倾向于选择国际多元化。基于此，本章提出以下假设：

假设19-3：高层管理者团队任职经历越丰富，企业国际化企业绩效越高。

(四) 高层管理者团队的异质性程度

高层管理者团队的异质性是指团队成员在人口特征变量上的差异。高层管理者团队的异质性会影响整个团队的内部沟通、凝聚力以及决策的效率和质量，是高层管理团队研究中的一个重点。高层管理者团队异质性的影响存在一个"悖论"：一方面，高层管理者团队成员的背景和经验的多样性，有利于拓宽高层管理者的视野，识别出更多的机会，从而提升了他们解决问题的整体能力。即异质性团队更适合处理非结构化、创造性的问题；它的异质性越高，创新导向就越明显。另一方面，高层管理者团队的异质性又影响了相互间的交流，增加了团队冲突，对团凝聚力产生副作用，使团队成员在权力争夺中浪费时间。虽然不同学者关于高层管理者团队异质性与战略决策质量的实证研究结论是不一致的，但相关研究都认为，异质性高的高层管理者团队更倾向于制定更加激进的战略。Ferrier（2001）研究了高层管理者团队人口特征对企业从事一系列竞争战略的影响，发现异质性高的团队更倾向于首先采用进攻型战略，且这种战略复杂性会随着团队异质性的增加而提高。在国际化情景下，异质性程度越高的高层管理者团队，对于新生事物的接受可能性越高，同时也倾向于更加开放的国际化经营策略。因此，本章提出以下假设：

假设19-4：高层管理者团队异质性程度越高，企业国际化企业绩效越好。

基于上述分析，本章我们构建了如下待检验的理论模型框架：

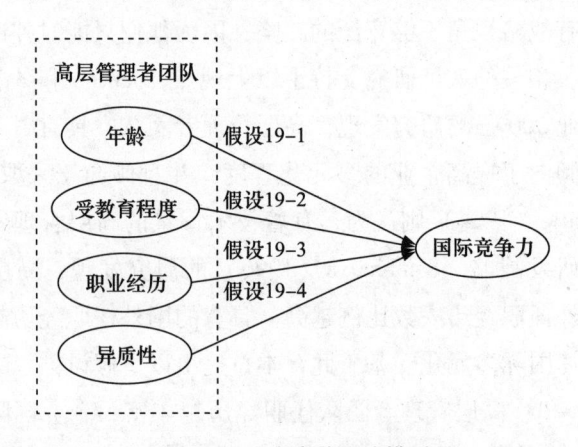

图19-1 本章的理论模型

资料来源：笔者整理。

第三节 研究设计

一 研究样本

本章所收集的样本为2011—2012年上海市、浙江省和江苏省的上市公司。本章研究所用数据主要来自Wind数据库。高层管理者团队以及董事长的人口统计学背景的原始数据，从Wind数据库深度数据库中的"董事、监事、高层管理者和员工情况"子数据库获得。多元化测量所用的产品和行业多元化方面的数据,包括公司的经营范围、主营业务收入构成(行业)、主营业务收入构成(产品)也来自 Wind 数据库。在数据处理过程中,剔除了一些原本归在制造业分类但主营业务并非制造业的企业,以及多元化业务报告含混不清的样本。最终,用于分析的样本为 187 个。

二 变量测度

高层管理者团队的范围界定。当前,对高层管理者团队的范围定义有两种:有些研究认为,企业的高管为包括 CEO、COO、业务单元主管以及副总裁等在内的所有高管,有些研究则在高层管理者团队中还包括董事长。我国上市公司的年报信息披露要求提供公司高层管理者名单。我们根据此划定了高层管理者团队的范围,包括公司的总经理、副总经理、总经理助理、总工程师、总会计师等。

(一) 高层管理者团队年龄

年报中仅报告了企业家的出生年份,因此,年龄 = 2012 – 出生年份。我们也将高层管理者的年龄分为 3 个等级,分别为 39 岁以下、40—49 岁、50 岁及以上。分别赋值为 1—3。同样,我们用 2012 年占比最高的年龄层次来代表公司整个管理团队的年龄。

(二) 高层管理者团队受教育程度

高层管理者受教育程度我们通过学历来测度。高层管理者的学历分为 3 个等级,分别为大专及以下、本科、研究生及以上,并分别赋值为 1、2 和 3。我们取 2012 年每个公司高层管理者团队中占比最高的学历水平来代表整个高层管理者团队的学历。

(三) 高层管理者团队职业经历

职业经历我们主要通过职业背景来测量。根据年报中高层管理者的任职资料来确定其职业背景。对于具有多种任职背景的高层管理者,选择其任职时间最长的职业。我们把高层管理者的背景分为财务类背景、管理类背景以及生产技术类背景。我们取 2012 年高层管理者团队中的主要职业背景来表示整个团队的职业背景。在分析中,高层管理者团队的职业背景作为哑变量来处理。财务、管理类为 0,生产技术类为 1,以比例最高的职业背景作为高层管理者团队的整体职业经历。

(四) 高层管理者团队异质性

主要通过高层管理者团队成员的结构来分析。我们主要分析高层管理者的任职经历，如果高层管理者团队成员全部来自企业本身，赋值为1，如果有外部加盟，但本土出生比例占多数则赋值为2，如果外部加盟的高层管理者成员占多数则赋值为3。

(五) 关于企业国际化经营绩效的测量

我们主要通过企业国际业务经营总额在企业全部业务经营总额中所占的比例来测度。我们以2012年的企业年度财务报表来获得企业国际化经营绩效的测度值。

(六) 控制变量的测量

企业规模采用企业2012年年底资产总额的对数值来反映。市场性质采取企业主要业务在主要国际市场的分布来反映，其中，发达国家取值1，发展中国家取值0。

第四节 数据分析和结果

一 回归分析

表19-1给出了本章中相关变量的均值、标准差以及彼此之间的相关系数。从表19-1中我们可以看到，企业规模与企业国际化经营绩效存在正相关关系，高层管理者团队年龄与企业国际化绩效存在显著的负相关关系，高层管理者团队受教育程度、任职经历和异质性水平与企业国际化绩效存在显著的正相关关系。另外，多重共线性检验表明，VIF最高为1.564，说明本章中所有的变量之间不存在多重共线性问题。

我们采用Stata 12.0对上述相关假设进行回归分析，具体结果如表19-2所示。从表19-2可以看出，高层管理者团队年龄与企业国际化绩效呈显著负相关（$r = -0.13$，$p < 0.05$），假设19-1成立。高层管理者团队受教育程度与企业国际化绩效之间呈显著正相关关系（$r = 0.16$，$p < 0.05$），即拥有高学历的高层管理者团队更倾向于进行国际化经营。这验证了假设19-2。另外，高层管理者团队职业经历与企业国

际化绩效之间不存在显著的相关关系（r=0.08，不显著），假设19-3没有得到实证支持。而高层管理者团队异质性程度与企业国际化绩效之间则存在显著正相关关系（r=0.11，p<0.05），这说明拥有更高异质性水平的高层管理者团队在企业国际化经营方面更加开放，假设19-4得到实证支持。

表19-1　　　　　　　　描述性统计与相关性水平

变量	均值	标准差	1	2	3	4	5	6
企业规模	34.56	14.56						
目标市场	0.46	0.22	0.09					
高层管理者团队年龄	1.68	1.23	0.16*	0.03				
高层管理者团队受教育程度	2.14	1.45	0.11	0.07	0.12			
高层管理者团队任职经历	0.67	0.43	0.04	0.06	0.13	0.17*		
高层管理者团队异质性程度	1.78	1.09	0.08	0.02	0.15	0.29**	0.19*	
国际化绩效	0.34	0.28	0.19*	0.03	-0.25*	0.25*	0.16*	0.19*

注：*、**分别表示10%、5%的显著性水平。

表19-2　　　　　　　　描述性统计与相关性水平

	模型1	模型2	模型3	模型4	模型5
企业规模	0.13*	0.11*	0.09	0.11*	0.11*
目标市场	0.06	0.03	0.02	0.03	0.02
高层管理者团队年龄		-0.13*			
高层管理者团队受教育程度			0.16*		
高层管理者团队任职经历				0.08	
高层管理者团队异质性程度					0.11*
常数项	5.56	5.38	4.86	5.31	4.99
R^2	0.016*	0.024*	0.018*	0.009	0.019*
F	1.342	1.568	2.108	1.047	2.085

注：*表示10%的显著性水平。

二 稳健性检验

为了检验本章回归分析结果的可靠性,我们分别对本章所收集到的数据按照上海、浙江和江苏三省市进行了单独分析。研究结果显示,所有三个地区样本中,高层管理者团队年龄和高层管理者团队受教育程度对企业国际化绩效产生显著的正向影响,即假设19-1和假设19-2成立,同时,在上海市的样本中,高层管理者团队职业经历对于企业国际化绩效的影响也显著,即假设19-3成立。这可能与上海市样本中高层管理者的任职多样化有关,而在浙江、江苏企业的高层管理者中,由企业自身培养的比例比较大有关。这一研究结论与表19-2的研究结果非常相似,总体上看,本章的稳健性研究结论是可靠的。

第五节 结论与讨论

目前,国内有关高层管理者团队的研究主要集中于高层管理者团队特征与企业绩效关系方面,以往的学者做了大量的研究。而国内关于高层管理者团队和企业国际化战略关系的研究则处于起步阶段,主要以理论研究为主。国内关于高层管理者团队的国际化研究,则以其对企业国际化绩效的影响作为研究的主线。从当前的实际研究情况来看,高层管理者团队与企业战略关系的研究处于起步阶段,并且以定性的理论研究为主,实证研究主要以企业海外技术创新或研发投入来测量企业国际化战略。考虑到企业国际化面临的双重制度文化情景,作为企业高层管理团队,必然需要考虑决策"软情景"和社会情景的潜在影响。

本章的研究结论表明,企业高层管理者团队年龄会对企业国际化绩效产生显著的负向影响,这是对以往研究的重要验证。说明在我国企业跨国并购过程中,高层管理者团队年龄大小也将对企业的国际化经营风险认知、决策机制产生显著影响,年龄较大的高层管理者团队在经验判断、决策稳健性方面更强,国际化经营更加趋向于保守策略,有"守成"的味道。而年轻的高层管理者团队更富有激情,在国际化经营方面更愿意接受挑战,抗压能力更强,也更加具备开拓进取的精神。

从高层管理者团队受教育程度来看，团队成员教育程度越高，企业的国际化经营成效也越好。这是符合我国高层管理者团队的实际情况的。在我国大部分民营企业中，很多高层管理者都是草根出生，并没特别丰富的教育经历。而在国际化经营的相对高门槛下，企业国际化对于高层管理者团队的文化水平提出了更高的要求，这也是大部分出国经营的企业需要大力挖掘跨国经营人才的重要动机之一。

从高层管理者团队异质性水平来看，团队内部成员异质性水平越高，企业获得国际化经营绩效的可能性越强，这也是符合我国当前企业国际化经营实际的。对于大部分民营企业来说，本土出生的高层管理者团队更加看重自身的经验和判断力，缺乏更加广阔的国际化经营思维和战略决策力，因此，从外部引进的国际化人才能够弥补本土高层管理者团队在这方面的不足，尤其是当高层管理者团队内部外来成员增加时，其话语权也将得到扩张，国际化经营的思路也将得到很好的贯彻执行。

另外，我们的研究还发现，高层管理者团队职业经历对于企业国际化绩效影响并不显著，这可能与高层管理者团队职业多样化有关系，跨行业的职业经历在民营企业中可能并没有特别的优势。最后，企业规模也对企业国际化绩效产生显著的影响，这与企业实力相关，说明规模越大的企业，其竞争力也越强，在国际竞争中谈判空间更大，承受风险的能力也越强。

第四篇
民营企业国际化决策机制研究

本篇从企业国际化过程中的战略决策视角来讨论企业国际化问题。首先,从国家和企业两个层面总结出了企业跨国并购的驱动模式,具体包括规范市场型、转型市场型、封闭市场型和震荡市场型四种决策模式。其次,分别从企业跨国并购的组织合法性、资源基础、所有权结构和制度同构四个方面详细展开了讨论,主要观点如下:(1)企业跨国并购中的组织合法性是一个内外部聚焦转变的动态过程;(2)资源利用程度是决定新兴市场国家跨国并购的重要决策依据;(3)新兴市场国家企业跨国并购中的所有权结构涉入程度是受到制度距离、文化差异以及行业关联性等因素影响的;(4)中国早期的企业跨国并购倾向于采取以往成功企业的跨国并购模式进行国际化,而随着并购经验的不断积累,在跨国并购决策过程中则倾向于选择多样化的并购战略。最后,本篇还讨论了企业国际化绩效的评价方式对于企业国际化绩效的影响,并以资源型企业为例,总结出了五种国际化决策模式。

第二十章　企业跨国并购驱动机制研究

第一节　研究背景

随着我国企业全方位参与全球市场竞争，实施"走出去"战略已经成为我国企业获取长期竞争优势的必经之路。作为新兴市场的主要领导者，我国企业跨国并购已经成为 21 世纪初期国际并购市场的重要力量之一。2010 年，英国《经济学家》杂志曾以 China Buys up the World 作为封面，大幅报道我国企业在全球范围内兴起的并购热潮。普华永道《2014 年中国地区企业并购回顾与 2015 年前瞻》则指出：2014 年，中国企业海外并购数量再创新高，达到了 272 宗，并购金额达到了 569 亿美元。然而，令人遗憾的是，在如此大规模的企业跨国并购浪潮中，我国企业的并购效益并不高，大部分的企业并购活动都未能达到预期的目标。近年来，国内外学者针对可能影响我国企业跨国并购的潜在影响因素进行了大量的研究，并从各个角度对这些影响要素进行了解读。总结起来，可以概括为：我国企业跨国并购是一个涵盖了经济、文化、产业以及企业等多个层面要素的企业国际化过程，这个过程受到很多先发条件的动态影响，包括企业属性、行业变革、制度演进等（DeYoung et al.，2009；Gomes et al.，2013）。

虽然国内外有关企业跨国并购的研究已经持续了近半个世纪，所取得的研究成果十分丰富，但这些研究主要关注单个或者少数几个影响因素对于企业跨国并购的影响，是一种"自变量—因变量"之间的因果逻辑分析方法。这种由"自变量—因变量"二元关系构成的统计方法很难清晰地阐述三个以上变量之间的交互影响作用（王凤彬、江鸿和王璁，2014），而考虑到企业跨国并购面临情景的复杂性，使以往的相关研究结果之间普遍缺少足够说服力的理论对话，进而导致企业跨国并购研究结果破碎化现象十分明显。这种研究的破碎化突出体现在既有研究往往只关注企业并购过程中的极少数变量，忽视了跨国情景下多重影响因素协同效应可能对企业跨国并购的影响。Deng（2009）指出，当前针对我国企业海外投资驱动机制的研究大体上可以划分为企业发展驱动，包括所有权优势、战略性资产获取等，以及政府政策推动，包括国家"走出去"战略、国家经济崛起战略等。

在定量研究中，虽然我们可以从理论上较容易地证明两个变量之间存在因果性，但研究往往很难排除其他解释性前因条件的存在，从而导致研究逻辑过于"拘束"（夏鑫、何建民和刘嘉毅，2014）。在定性研究中，研究者虽然能通过归纳演绎和逻辑推理，从极少量个案中得出竞争性结论，但这种研究结果往往由于样本条件的限制而导致研究结果的普适性面临挑战。因此，如何综合实证研究中质性研究与量化研究的优缺点，是当前跨国并购乃至经济管理领域所亟须解决的问题。面对如此情景，本章研究创新性地将定性比较分析（Qualitative Comparative Analysis，QCA）引入企业跨国并购研究中，以克服以往相关研究中只能探讨单个或少数几个变量对企业跨国并购的影响机制问题。定性比较分析能够克服传统研究范式中定性与定量这两种方法的缺点（Ragin，2014），经过30多年的发展，定性比较分析不仅综合了传统定性研究和定量研究的优点，更逐渐从一种技术手段变成了一种全新的社会科学研究思想，并被社会科学领域的学者广泛采用（夏鑫、何建民和刘嘉毅，2014）。然而，综观国内相关领域，采用定性比较分析方法展开研究的成果仍然十分缺乏，仅有的研究也只是零散分布于政治学、社会学等领域。正是基于以上背景，本章以企业跨国并购作为切入点，期望通过研究发现导致跨国并购成败的不同前因条件构型，完善我国企业跨国并购相关理论，促进定性比较分析在国内管理学界的应用，同时，为我国企业跨国并购的战略制定提供理论指导。

第二节 相关理论基础

为了较为全面地分析我国企业跨国并购的驱动机制问题，我们需要对企业跨国并购的可能影响因素进行系统梳理，根据 Nicholson 和 Salaber（2013）的研究思路，可以将企业的跨国并购影响要素划分为交易属性和并购者属性两个层面，其中，交易属性包括支付方式、收购比例、相对规模以及目标状态等，而并购者属性则包含产业关联性、先前经验以及所有权结构等。我国企业跨国并购一般都是产业关联度很高的全资收购，企业所有权结构相对简单、相对被并购企业的规模也通常不占优势。另外，考虑到我国独特的社会经济发展体制，在我国企业跨国并购过程中，经济体制、意识形态以及社会文化等方面的要素对于我国企业跨国并购影响十分深远。因此，本章拟从国家层面和企业层面来探讨影响我国企业跨国并购的驱动机制问题，其中，国家层面的影响要素则包括并购监管制度、不确定性规避和权力距离三方面（Sinkovics，2015），企业层面的影响要素主要包括企业并购经验、企业控制能力和并购支付方式（Deng，2009；杨道广、张传财和陈汉文，2014）。

一 企业跨国并购决策的国家因素

（一）并购监管制度（Supervision System，SUS）

由于企业跨国并购涉及不同的社会、经济和制度环境，这种国家经济制度体系的不同对于企业跨国并购运作监管必然存在显著差异，从而影响企业跨国并购绩效。当前有关企业监管制度主要从管制、规范和认知三个维度展开分析（Xu and Shenkar，2002）。当企业进入陌生的海外市场时，首先面对的就是当地的并购政策法律制度，这些具备强制约束效力的制度规则将给予跨国并购企业最大的监管压力。企业为了获得东道国政府或者相关权力部门的支持，不得不向管制规则低头（Nas，2012）。违反管制规则的巨大成本使企业更愿意用短时间的高成本在东道国内将自身"合法化"（Reimann et al.，2012）。幸运的是，这种具有强制约束力的管制制度通常以法律、政策的方式存在，因而能够被主并企业获取并学习。而规范和认知层面的制度要素则相对表现得更加隐蔽，需要外来者通过长时间的探索和学习才能掌握。因此，不同国家之间管制距离的差异是企业跨国并购面临的重要风险之一。

（二）不确定性规避（Uncertainty Avoidance，UAI）

不确定性规避是指社会管理者在避免和控制环境不确定性上的迫切程度。一般来说，不确定性规避程度高的社会文化比较重视权威、资历、年龄等在人际交往中的考量，并试图通过制定许多约束性强的条令规范制度，不允许出现越级的思想和行为。而不确定性规避程度低的社会文化导向则对于不确定的、反常的行为和意见比较宽容，对未知领域的探索持开放态度，鼓励社会冒险，而对于建立等级严明的规范制度的诉求较少，甚至在独占性、确定性较强的领域（如宗教）都容许各种不同意见的同时存在。我国社会文化属于高不确定规避的范畴（Liu and Woywode，2013），因此，在面对同样是较高不确定性规避的东道国文化时，我国企业可以通过权威赋予、地位取代等方式在被并企业中迅速构建新的组织规则。当东道国处于较低的不确定性规避文化时，我国企业则很难在并购后的企业中完全重新建立一套沿袭原有组织架构模式的组织规则。这也在大量的企业跨国并购中获得了验证：面临不确定规避倾向较高的东道国市场，跨国企业更倾向于采取完全并购的方式进入（黄凌云、杨娜和王珏，2014）。

（三）权力距离（Power Distance，PDI）

权力距离是指某一社会中权力的集中程度和领导的独裁程度，以及社会对此现象的接受程度，也可以理解为企业与政府之间的社会距离。温日光（2015）指出，东道国社会权力距离与企业并购完成率之间存在显著的正相关关系，也与跨国并购后的中央控制程度（整合程度）存在显著的正相关关系（Lane and Lubatkin，1998）。我们推断，当东道国市场是一个较高权力距离的市场环境时，被并企业更愿意接收主并企业的"领导权"，从而在非正式的明文制度，例如，管制之外更加配合主并企业的兼并收购，减少主并企业与被并企业的整合成本，进而提高企业的跨国并购绩效。黄凌云等（2014）对文化维度与企业绩效的相关研究也发现,不同国家之间的权力距离差异将影响企业跨国并购后的整合效益。

二 企业跨国并购决策的企业因素

(一)企业跨国并购经验(Organizational Acquisition Experience,ACE)

自 19 世纪第一次并购浪潮以来,全球已经历了五次大规模并购浪潮,围绕并购的研究也持续不断。早期研究多把并购行为作为一次独立事件,忽略了企业在连续并购行为中的经验学习过程。越来越多的学者认为,企业的并购行为并不孤立,企业的多次并购行为之间存在很强的组织学习过程(Francis,2014)。组织学习理论指出,企业组织必须擅长从过去的事件中获取有益的经验知识,这样,才能不断提升组织的智慧,增强企业核心竞争力(陈国权和宁南,2009)。已有大量的研究成果表明,具有丰富并购经验的企业在选择并购目标以及进行并购后整合、管理方面要明显优于那些并购经验欠缺的企业。无论企业以往的并购事件是否成功,企业都可以从中获得有益的经验启发,进而构建出相对成熟的解决方案,减少企业在处理类似问题时付出的沉没成本,提高层管理者理效率,促进企业并购整合后竞争力的提升(Muehlfeld et al.,2012;郭冰、吕巍和周颖,2011)。

(二)企业管控能力(Corporate Control,COC)

早期的企业并购理论认为,公司的横向兼并可以促使并购双方产生协同效应,进而提高社会生产效率,创造价值。然而,很多研究结论和企业实践却并不支持该结论,2006 年专业咨询机构埃森哲进行的一次针对企业高层管理者的调查结果显示,只有一半的企业高层管理者认为企业在跨国并购后产生了收益协同效应(Ficery et al.,2007)。在后续的研究中,也有学者发现,企业在跨国并购之后的整合过程中出现了"协同效应陷阱"。主并企业由于无法对并购后的目标进行有效整合,导致被并企业成为主并企业经营过程中沉重的包袱。有研究指出,主并企业内部控制管理能力决定了企业并购协同效应效果,忽视并购过程中主并企业的控制能力,可能使原本正常的企业运营在并购后陷入危机,落入"协同效应陷阱"(赵息和张西栓,2013)。吴超鹏等(2008)还指出，主并企业控制能力越强，不仅会对跨国并购进程产生直接影响，而且会对被并企业的高层管理者权力产生有效制约，最大限度化解高层管理者的不合作行为，进而提高企业跨国并购绩效。此外，也有研究认为，主并企业控制能力弱会制约其获取被并企业的核心知识（黎常，2008），从而导致企业无法达到获取战略性资产的并购目的。因此，主并企业管控能力也是影响企业跨国并购绩效的重要因素之一。

（三）支付方式（Payment Method，PME）

在企业跨国并购过程中，不同的支付方式同样会影响企业的跨国并购绩效。从信息传递的角度来看，要约收购中被并企业要求现金支付可以向市场传递自身市场价值较高的积极信号，并可以帮助主并企业获得较高的收益（Fishman，1989）。相比于债务转移和股票支付方式，主并企业采用现金支付同样会向市场传递并购活动价值较高的信号（Cornu，2000）。Basu（2009）的研究也显示，当企业管理层需要对企业保持较强的控制力时，管理层更倾向于采用现金而不是股票支付的方式进行并购。从市场估值角度来看，当并购方股票价值被低估时，其更可能会使用现金支付，从而降低并购成本，提高企业跨国并购绩效（Alexandridis et al.，2012）。

第三节 研究设计

定性比较分析是一种以案例研究为导向的理论集合研究方法，具备一种全新的分析逻辑（王程铧，2013）。其本质是一种韦伯式的思想实验，例如，对于 k 个变量而言，有着 2k 个包含所有前因条件的逻辑条件组合，3k−1 个至少包含一个前因条件的逻辑条件组合。这些逻辑条件组合都可以看作是潜在的前因条件构型。进而通过评估一致率和覆盖率，挑选出最具解释力的数个逻辑条件组合，最终得到可能导致结果的前因条件构型。其中，一致性是指评估运算出来的逻辑条件组合与原始实证数据的逻辑条件组合之间的关系程度。该值范围在 0—1 之间，最理想的状态是接近 1，但一般只要大于 0.8 即可认为这样的逻辑条件组合可以被接受,可以用来解释实际现象。覆盖率则是在一致性运算后,评估运算出来的逻辑条件组合在原始实证数据中存在的比例,可以用来反映逻辑条件组合对结果的解释程度。如此得到的就是较为原始而繁杂的复杂解,进一步通过简单类反事实分析和困难类反事实分析简化得到优化解和简洁解。

我们认为,QCA 方法比传统统计学方法更适合本研究。

首先,QCA 对因果关系的理解与传统的定量分析存在显著差异。QCA 方法将因果关系视为复杂的并且是可替代的,这意味着自变量并不能独自作用于因变量,而是以组合的方式共同影响结果,这个组合即前因条件构型,又称路径或多重条件并发原因,自变量是其中一个不可分割的组合要素。研究者在研究中并不关注单个自变量对因变量的效应,而是专注于社会现象的前因条件构型(Ragin,2000)。QCA 方法可以很清晰地识别出决定企业跨国并购成功和失败情况下的前因条件构型,而传统的统计方法则很难做到这一点。

其次,传统回归分析方法仅能处理对称的相关关系(若 A→B,则 ~A→~B),而对于变量之间非对称关系则很难处理。然而,在现代社会科学领域研究中,很多情况下变量之间的因果关系都是不对称的(若 A→B,则 ~A→~B 未必成立)。例如,企业丰富的跨国并购经验促进了企业跨国并购的成功,那么传统的统计学则认为,企业并购经验缺失则会导致企业并购的失败。事实上,即使企业并购经验不存在,企业的跨国并购也可能成功。因此,与传统回归分析方法相比,QCA 方法允许并且能很好地处理这种因果不对称关系,更适合用于此类社会科学问题的研究(Fiss,2011)。

再次,大量的文献综述和实证研究结果显示,多种路径可能在导致同一研究结果上具有同等效应(A→B,C→B)。例如,企业跨国并购经验虽然能促进企业跨国并购的成功,但企业对于并购企业的核心技术高度关注也同样可能促进企业跨国并购的成功。传统的统计分析方法一般通过定义中介、调节变量将主效应之外的其他变量纳入分析,然而,这样却限制了所有自变量在解释因变量变异时的内在关系,使自变量只能处于替代或者累加的关系中,而非完全等效效应(王凤彬、江鸿和王璁,2014),QCA方法则能够很好地处理这种完全等效的因果关系(Fiss,2007;Grandori and Furnari,2008)。

最后,本章研究样本大小为48个,并不符合传统定量研究所规定的"大样本"要求,无法对企业、国家层面的众多影响要素做有效的跨层次处理,从而很难获得理想的结果。采用案例研究方法,案例数量又过于庞大。QCA方法的核心算法是布尔逻辑运算,分析结果稳健性与样本大小无关,只取决于样本中的个体是否具有代表性。本研究样本量适中,样本涵盖各年度具有代表性的跨国并购案例,非常适合采用QCA方法进行研究。更重要的是,QCA方法并不要求对多层次的前因条件做特殊处理,尤其适合本研究的跨层次探索(Lacey and Fiss,2009)。此外,除前文提到的企业跨国并购经验(ACE)、企业管控能力(COC)、支付方式(PME)、并购监管制度(SUS)、不确定性规避(UAI)和权力距离(PDI)6个自变量和并购结果1个因变量以外,研究并不引入更多变量,原因是不希望在模型设定之初人为地引入过多的复杂性,以降低每一种前因条件构型的覆盖率,并且,根据 Marx 和 Dusa 的数据模拟,当前因条件为6时,样本数达到39个即可清晰区分随机数据和真实数据,本章研究样本量为48个,因此能保证分析结果具有较高的内部效度(Marx and Dusa,2011)。

第四节 数据分析和结果

一 数据来源

本章研究数据来自中国并购工会数据库,该工会是中国企业并购联合会主导的,在国内企业跨国并购行业具有领导地位,为保证样本的代表性,我们选取了2004—2014年的年度典型跨国并购案例作为我们的分析样本。样本共包括48起并购事件,其中,并购成功的案例来自2004—2014年我国并购公告里的年度十大跨国并购案例,共包含25起;而并购失败的案例则来自2004—2014年的年度典型并购失败案例,共包含23起。

二 真值表构建

本章按照清晰集定性比较分析的要求,将样本中的前因条件及结果按照"二分归属原则"标定为 0 或 1(Ragin,2014),具体如表 20 – 1 所示。接下来,我们对本研究的驱动要素和跨国并购成效进行赋值测量。对于企业跨国并购经验的测度,我们以企业本次跨国并购事件发生之前是否具有并购经验作为判定标准,若有则赋值为 1;若没有则赋值为 0。企业管控能力方面,Aybar 和 Ficici(2009)、Nicholson 和 Salaber(2013)通过主并企业是否获得被并企业的核心资源、充分利用被并企业战略性资产的机会来评价主并企业的管控能力。我们采用他们的思路来测量企业管控能力,当企业并购过程中获得了标的企业的核心技术、专利或者市场资源时,我们将其赋值为 1;反之,则赋值为 0。支付方式的测量,采用现金支付赋值为 1,其他支付方式赋值为 0。关于并购监管制度的测度,我们以透明国际发布的清廉指数作为评价标准,采用该指标的原因在于企业跨国并购过程中非商业因素(贿赂、偏见以及决策的稳定性)的重要影响作用,我们以清廉指数得分等于或大于 50 赋

表 20 – 1　　　　　　　　变量选择与赋值

	解释变量	数据统计	数据权重(%)	赋值
企业层面	企业跨国并购经验(ACE)	本次并购前有并购经验	97.92	1
		本次并购前没有并购经验	2.08	0
	企业管控能力(COC)	获得核心技术、专利或者市场资源	52.08	1
		没有获得核心技术、专利或者市场资源	47.92	0
	支付方式(PME)	现金支付	43.75	1
		其他支付方式	56.25	0
国家层面	并购监管制度(SUS)	清廉指数(≥50)	27.08	1
		清廉指数(<50)	72.92	0
	不确定性规避(UAI)	不确定性规避指数(≥30)	72.92	1
		不确定性规避指数(<30)	27.08	0
	权力距离(PDI)	权力距离指数(≥50)	39.58	1
		权力距离指数(<50)	60.42	0

值为1，低于50则赋值为0。关于不确定性规避和权力距离的测度，我们主要利用了Hofstede所开发的五维度文化比较模型中的相关指标，按照Hofstede的评价方法，我们将不确定性规避指数等于或大于30的赋值为1，低于30的赋值为0；同理，权力距离指数等于或大于50的赋值为1，低于50的赋值为0。最后，我们获得了本案例资料编码赋值后的真值如表20-2所示。

表20-2 真值

ACE	COC	PME	SUS	UAI	PDI	CON
0	1	0	1	1	1	1
1	1	0	0	0	1	1
1	1	1	1	0	1	1
1	1	1	1	1	1	1
0	1	0	1	0	1	1
1	1	1	0	1	2	1
1	1	0	1	0	2	1
1	1	1	0	1	2	1
1	1	0	1	0	7	1
0	1	0	1	0	7	0
0	1	1	1	1	3	0
0	0	0	1	0	1	0
0	1	1	1	0	1	0
0	0	0	0	0	1	0
0	0	0	1	0	1	0
0	0	0	1	1	1	0
0	0	1	0	1	1	0
0	1	1	0	0	1	0
0	1	1	0	1	1	0
0	1	1	1	0	1	0
1	0	0	0	0	1	0
1	1	1	1	1	1	0
0	0	0	0	0	2	0
1	0	0	0	0	2	0
1	1	1	1	0	2	0
1	0	0	1	0	3	0

三 企业跨国并购驱动模式分析

本章中,我们使用 fsQCA2.0 软件分析我国 48 家企业跨国并购样本的数据,识别出决定企业跨国并购成败的前因条件构型。并购结果一致性门槛值都设定为不小于 0.8,由此得到并购成功与并购失败的初始前因条件构型,即复杂解。之后,结合上节有关企业跨国并购的驱动要素,设定简单类反事实前因条件(结合现有并购经验研究,设定 ACE 为跨国并购成功的简单类反事实前因条件),通过简单类反事实分析和困难类反事实分析得出简洁解和优化解。当一个变量同时出现于简洁解和优化解中,则将其记为核心条件;若变量仅出现在优化解中,而未出现在简洁解中,则将其记为边缘条件。本章的研究结果如表 20 - 3 所示。

表 20 - 3   企业跨国并购成功的前因条件构型

	C_{1a}	C_{1b}	C_2	C_3	C_4	C_5
PME	⊕	⊕	●		⊕	⊕
ACE	●			●		
COC	·		●		·	●
SUS		⊕	⊕		⊕	⊕
UAI	·			⊕	·	·
PDI		⊕	⊕		●	●
CS	1	1	1	1	1	1
CV	0.36	0.32	0.12	0.16	0.04	0.04
NCV	0.08	0.04	0.12	0.16	0.04	0.04
OCS	1					
OCV	0.72					

注:(1) ●或·表示该条件存在,⊕或⊕表示该条件不存在,"空白"表示构型中该条件可存在、可不存在;●或⊕表示核心条件,·或⊕表示辅助条件。(2) CS 表示一致率(consistency),CV 表示覆盖率(coverage),NCV 表示净覆盖率(net coverage),即由该构型独立解释、不与同一被解释结果的其他构型重合的覆盖率;OCS 表示总体一致率(overall consistency),OCV 表示总体覆盖率(overall coverage)。

由表20-3我们可以初步得到：影响我国企业跨国并购决策的要素组合包括6种前因构型，并且每一种前因条件构型中都包含企业管控能力（COC）变量，这意味着较强的COC能够为主并企业的跨国并购活动奠定扎实的基础，本研究进一步对COC进行回溯分析发现，COC也是企业跨国并购成功的必要条件。鉴于表20-3中各个驱动机制模型中均包含COC变量，因此，在后续的分析中，我们默认所有的企业跨国并购决策机制模型都包含COC要素，为了便于分析，而不在后续的决策模型中进行详尽的阐述。鉴于软件直接计算出的成功并购构型相对复杂，这里首先对表20-3中的成功并购构型进行归并，从而将它们归纳为以下四种企业跨国并购决策机制模式。

（一）规范市场型（~PME*ACE*COC*~SUS*UAI*~PDI）

在规范市场型决策模式中，包括两个子决策模式（C_{1a}：~PME*ACE*COC*UAI；C_{1b}：~PME*ACE*COC*~USU*~PDA），都非常强调主并企业的非现金支付和企业并购经验的主导作用。其中，第一种决策模式（~PME*ACE*COC*UAI）充分体现了拥有成熟的企业内部管理体系和多年并购经验的跨国企业，通过采取非现金支付的支付方式，在企业行为更加成熟的东道国市场中，将能够获得相对较高的跨国并购绩效。此类跨国企业的并购目标大多位于产业结构趋于稳定、企业工作流程明确、行业规范完备的发达国家，如美国、加拿大、澳大利亚等国家。与第一种驱动模式相比，第二种决策模式（~PME*ACE*COC*~SUS*~PDA）虽然强调企业成熟管理体制、并购经验和非现金支付之间的协同作用，但也强调跨国企业在监管制度较为宽松，政治体制和社会文化更为民主的市场环境中更容易获得成功。

需要指出的是，由于fsQCA软件默认寻求最大的覆盖率，因而可能导致软件将细微的差异放大，从而形成两种相似但不相同的构型。虽然上述两类模型的前因条件构型不同，但两者的案例素材来源重复性很高。进一步分析显示，两者皆来自同一优化解，该优化解即"规范市场型"决策模式（~PME*ACE*COC*~SUS*UAI*~PDI，覆盖率为0.28，一致性为1，唯一覆盖率为0.28）；这一决策模式反映了拥有成熟的企业内部管理体系和多年并购经验的我国跨国企业，倾向于通过采取非现金支付的方式进入监管更自由、产业结构更成熟和政治更民主的发达国家资本市场。而且，我们的研究还发现，规范市场型决策模式的案例覆盖率和案例数量都比其他四类决策要素模型要高。因此，规范市场模型为我国大型跨国企业制定合理的跨国并购战略提供了一条具有启发意义的并购路径。

(二) 转型市场型 (PME*COC* ~ SUS*UAI* ~ PDI)

在转型市场型决策模式中，国家层面的前因条件构型包括较低的并购监管制度、较高的不确定性规避倾向和较低的权力差距认同。这一决策模式较为符合当前一些新兴市场国家的市场发展特征，例如，产业结构成熟度不断提升，金融市场监管逐渐开放，管理决策民主化程度不断提升。在转型市场决策模式中，跨国并购企业通过现金方式支付，向逐渐开放并且对资本高流动性需求强烈的转型经济体市场传递积极的并购信号，从而获得当地市场的青睐和认可，进而推动企业跨国并购的成功。值得注意的是，虽然转型市场型决策模式和规范市场型决策模式在国家层面上的因素完全相同，但转型市场型决策模式更加强调现金支付对企业跨国并购成功的帮助，而对于企业并购经验却并不关心。从企业层面的要素来看，相对于要求企业具备并购经验和非现金支付的规范市场决策模式，转型市场决策模式更适合那些初次参与跨国并购，或者现金流较为充沛的企业。当前，处于转型市场模式中的国家包括南非、印度、俄罗斯等新兴市场国家。

(三) 封闭市场型 (ACE*COC*SUS* ~ UAI*PDI)

封闭市场型在国家层面要素组合上与转型市场型决策模式完全相反。具体包括被高度监管的并购市场、较大的权力距离和较低的不确定性规避。一般来说，此类国家市场并不具备成熟的市场管理体制，企业的商业行为更容易受到政治体制、文化权力的干扰，东道国国内企业的国际市场参与度较低。当前，我国虽然已经在市场改革方面取得了巨大的成就，但与西方发达国家近百年的市场经济发展经验相比，我国市场经济体制仍然处于改革的起步阶段，而我国大型跨国企业的国际化进程，也不过是在加入世界贸易组织的十几年时间。因此，我国企业在面临市场监管严格、权力距离显著以及不确定性规避低下方面具有丰富的应对经验。在进入国外类似的市场进行并购活动时，丰富的并购经验能够很好地帮助我国企业完成跨国并购。可以说，转型市场决策模式符合我国企业以往国内并购经验在海外市场的应用。转型市场国家中，比较典型的包括越南、菲律宾、哈萨克斯坦等。对于在国内并购经验丰富的我国企业而言，采用封闭市场型决策模式是我国企业进入这些国家市场的有效途径。

（四）震荡市场型（~PME*COC*~SUS*UCA*PDI）

事实上，与规范市场型决策模式类似，震荡市场型决策模式的两个构型 C_4 和 C_5 也来自同一优化解，并且仅包含一个并购案例：2011 年，中国铌业收购巴西本土企业巴西矿冶公司。正如规范市场型决策模式所指出，csQCA 可能会将构型过度分解。例如，震荡型决策模式的两个子类型 C_4 和 C_5 前因条件构型上完全相同，仅在困难类反事实分析的结果上不同，csQCA 的分析结果就将其视为不同。事实上，这两种决策模式所获得的优化解是相同的，即震荡市场型决策模式。震荡型决策模式强调，在市场开放度大，不确定性规避高以及权力距离明显的东道国市场，拥有成熟管理机制的跨国企业通过非现金支付更容易获得跨国并购的成功。这一驱动模式与转型市场型决策模式在国家层面要素上仅存在权力距离的差异，这可能与前几年巴西经济低迷、政府亟须引入大量外商投资，提振经济发展信心有关。在企业层面上，非现金支付能够帮助企业跨国并购获得成功，可能是由于当地企业需要采取股票或债券等支付方式，加深彼此之间的联系，维持外商投资的可持续发展。处于震荡市场型决策模式中的国家市场主要包括巴西、阿根廷等拉美一些国家。

第五节 结论与讨论

通过引入清晰集定性比较分析方法，本章总结出了我国企业跨国并购的四种主要决策模式。首先从国家制度角度对并购目标所在国家的市场结构进行分析，按照并购监管制度、不确定性规避和权力距离的差异，本章将并购目标企业所在国家市场类型划分为规范市场型、转型市场型、封闭市场型和震荡市场型。这四种国家市场类型在面对外来者所实施的跨国并购行为时,市场反应存在显著的差异。正是考虑到市场运行机制的不同,我们进一步结合企业层面的前因条件构型,分别对不同国家市场类型决策模式下企业跨国并购战略进行了探讨,以期获得适应不同国家市场情景下的我国企业跨国并购最佳策略。

从企业层面来看,首先,企业内部管控能力是促进企业跨国并购成功的必要条件,企业成熟的并购管理体系保证了企业跨国并购战略的顺利执行,并且能够较好地应对并购过程中的各种困难。其次,与以往的多数研究相反,现金支付对企业跨国并购绩效的影响,在大多数情况下都没有起到显著的积极作用,仅在并购目标所在东道国为转型国家市场时,现金支付成了企业跨国并购成功的重要前因条件。当并购目标所在东道国为封闭市场构型时,企业的并购支付方式则不再是关键的前因条件,这可能是由于这些国家市场的并购监管制度、产业结构以及市场意识仍然处于较为原始的状态,现金支付方式仅仅只代表了货币的支付价值,并不会在市场中形成一种提振市场信心的附加价值,因此,支付方式对企业并购的影响并不显著。最后,以往研究中普遍支持企业并购经验能够促进企业跨国并购的观点,同样并不适用于所有市场下的跨国并购,例如,我们的研究指出,在转型市场决策模式下的国家市场中,企业以往的并购经验对于企业跨国并购成功的帮助并不大,考虑到转型市场在制度监管变革、产业结构调整等方面面临持续的改革过程,意味着市场对于外来企业偏离本地市场管制的并购行为的容忍程度较高,从而弱化了企业并购经验在目标市场并购过程中的启发效应。

当然,同所有的质性研究和量化研究一样,本章所提出的我国企业跨国并购驱动模式前因构型仍然存在局限性。比如,由于案例资料详细程度以及案例数量所限制,本章研究的前因条件数量受到了一定的限制,而根据 Hofstede 的跨文化比较模型,目前仅文化层面的因素就至少包含 6 种,我们仅仅选取了不确定性规避和权力距离两个要素,还可能导致案例覆盖率的减少。其次,受限于跨国并购失败的文献研究较为稀缺,本章并未详细探讨导致企业并购失败的影响因素,这在以后的研究中是需要进行进一步探讨的。

第二十一章 企业跨国并购组织合法性聚焦

第一节 研究背景

改革开放40年来，中国巨大的市场容量、庞大的人口红利以及政府主导的工业化、城镇化建设为本土企业的快速成长提供了绝佳的发展机会（范黎波、周英超和杨震宁，2014），各行各业都涌现出了一批在国内市场具有相当影响力的明星企业，例如，通信行业的华为、饮料行业的娃哈哈、汽车行业的吉利等。然而，近年来，中国经济步入发展新常态，习惯了"窝里横"的中国企业亟须重新解读外部制度环境的快速变化来维持竞争力（Peng，2003；魏江、王诗翔和杨洋，2016）。在国家"一带一路"倡议背景下，"走出去"战略已经成了这些中国企业突破发展"天花板"的重要出路。遗憾的是，这些成长于转型经济背景下的中国企业，在"泥沙俱下"的跨国并购浪潮中并购成功率并不高。

虽然"走出去"的中国企业大都在国内完成了原始积累，具备了一定的市场竞争力，但是，与发达国家领先企业相比，仍然在核心技术、品牌建设方面存在不小的差距（Deng，2009；刘洋、魏江和江诗松，2013）。中国转型经济与发达国家成熟市场经济的巨大制度落差（魏江、应瑛和刘洋，2014），导致中国企业在并购发达国家市场目标时，如何获得东道国市场及相关利益主体的认可是其面临的最大挑战，因此，理论界与实务界都十分重视跨国并购活动中企业在东道国市场合法地位的获得，强调跨国企业的"入乡随俗"（Vaara and Tienari，

2011)。然而，企业跨国经营通常面临国内、国外两种制度情景的约束，双元嵌入的制度特征十分明显（Lu and Xu，2006；Nell et al.，2015；魏江、王诗翔和杨洋，2016）。学者尝试从制度距离、文化差异、组织冲突等视角来解释跨国企业面临的这种制度两难问题（Hillman and Wan，2005；Greenwood et al.，2011；陈怀超和范建红，2013；魏江、王诗翔和杨洋，2016），但他们并没有深入探讨企业如何在这种双元制度情景下获得组织合法性。相反，当前大多数研究通常只考虑一种情景下（以外部为主）的组织合法性问题（Vaara and Tienari，2002；Dacin et al.，2007；陈怀超和范建红，2014；何霞和苏晓华，2016），很少从组织合法性聚焦情景的变化过程视角来考察企业的跨国并购活动。

对于企业跨国并购面临双元制度情景合法性聚焦的难题，现有文献还缺乏足够的理论解释力。Vaara 和 Monin（2010）尝试将组织合法化纳入企业并购的战略决策全过程当中，试图通过分析企业组织合法化与并购行动之间的互动关系，来推进企业完成并购活动。但是，他们的研究仅仅停留在说理、讲演等修辞策略上，对于中国企业跨国并购来说，如何获取稀缺的战略性资源来支撑并购行动更加关键（Deng，2009；Yang and Hyland，2012；王海，2007）。基于此，本章尝试从动态能力视角来探讨我国企业跨国并购过程中组织合法性聚焦与并购行动策略之间的内在逻辑关系。动态能力作为一种企业高阶能力（Teece et al.，1997），非常适合跨国企业对于稀缺性资源获取、整合及重构等相关能力诉求的理论研究（Luo，2000），同时也能够为企业跨国并购过程中组织合法化聚焦与行动决策之间的内在互动机制提供理论基础。

第二节 相关理论基础

一 企业跨国并购的组织合法性

当企业进入一个在制度、文化上都与母国存在显著差异的陌生市场时，不仅要面临东道国政府部门的全面审查，还要努力适应东道国市场的运营规则，因此，克服外来者劣势是企业国际化经营中首先要解决的问题（Nahavandi and Malekzadeh, 1988; Zaheer, 1995; Johnson et al., 2009）。企业外来者劣势通常被看作是："导致企业竞争力下降的海外市场经营的额外成本……这种成本只会在企业的海外市场经营中出现"（Zaheer, 1995）。企业为了克服外来者劣势需要在组织合法性上付出巨大的努力，组织合法性是组织在特定情景下的地位授权过程，是一种企业被组织内外部各种利益相关者所认可和接纳的过程（Elsbach and Sutton, 1992; Kostova et al., 2008; Drori and Honig, 2013）。企业的这种合法性构建过程在跨国并购活动中显得尤为重要，近年来，国际战略管理研究越来越重视企业跨国并购过程中的组织合法性获取问题（Vaara and Tienari, 2011; Du and Boateng, 2015; 洪联英、陈思和韩峰，2015）。为了获得东道国市场的合法地位授权，努力适应东道国市场的制度体系，融入东道国市场文化是跨国企业必须重视的决策议题。对于中国大部分后发企业来说，在进入发达国家市场时通常面临的是高度权威性的制度力量（鲁桐，2007），如果能够获得这种权威制度力量的认可，那么东道国的市场控制机制将对企业的组织架构和实践起到积极的塑造作用，是跨国企业完成技术、知识获取等并购目标的先决条件，组织合法性作为一种获取资源的途径对于跨国并购成败具有战略性影响。

以往的研究指出，实施国际化战略的中国企业都十分重视组织外部情景的合法性问题（Williamson and Raman, 2011; Klossek et al., 2012），即表现为对获得东道国政府、市场及其他相关组织认可和接纳的迫切渴望。这与中国大部分企业作为国际市场中跨国并购的追随者和学习者的角色是密不可分的，一方面由于中国大部分企业缺乏丰富的跨国并购经验，需要不断地获得外部并购资源的支持来推进并购进程，从而逐渐形成了一种对外部市场的强烈依赖（Yang and Hyland, 2012）；另一方面则是基于中国企业对海外市场战略性资源的极度渴望（Deng, 2009）。然而，这种以外部组织合法性为导向的并购策略是否真的促进了我国企业跨国并购效益的提升却一直没有定论（Williamson and Raman, 2011; 倪中新、花静云和武凯文，2014），反而引起了理论界与实践界的不断反思：中国企业一味地"崇洋媚外"是否推动了企业核心竞争力的提升？"入乡随俗"真的能够提高中国企业在外部市场的身份认可吗？跨国并购面临的双重制度、文化情景决定了单一情景下的组织合法性聚焦很难匹配企业跨国并购战略决策的要求，需要考虑不同国家之间制度文化的差异性。由于我国独特的转型经济背景和大型企业国有化的所有制结构特征，使学者关于组织合法性的研究逐渐聚焦到国家间制度距离、文化障碍等方面（Zhang et al.，2011；Du and Boateng，2015；唐炎钊、王子哲和王校培，2008；张建红和周朝鸿，2010；陈怀超和范建红，2014），试图通过分析政治法律制度、社会文化价值等国家层面的要素差异来解释企业在东道国市场的不利局面。另外，也有学者从所有权控制、组织架构、技术知识整合等角度来探讨并购过程中企业面临的劣势地位（Rui and Yip，2008；洪联英、陈思和韩峰，2015），尝试从企业微观层面来探讨中国企业面临的跨国并购制度性偏见。总体上看，这些学者虽然也在研究中强调了本土情景的重要性，并一直尝试着为中国企业的跨国并购找到一条弥合国内外制度情景差异的"折中道路"。

组织合法化作为一个情景适应意涵的社会化构建过程，社会化技能的运用在推动组织合法化进程中十分关键（Vaara and Tienari，2002；Vaara et al.，2006；彭长桂和吕源，2014）。在双重制度嵌入背景下，探讨组织合法化过程中的企业行动策略显然要比将组织合法化纯粹地作为制约企业并购成败的核心要素之一更有意义。跨国并购情景下的组织合法化过程除品牌宣传、媒体沟通等话语策略的运用之外，还需要企业采取更加多元化的行动策略，如实力展示、战略联盟、商业法务咨询等，Vaara和Tienari（2011）在这方面研究做出了基础性贡献。Vaara和Monin（2010）指出，企业并购中的组织合法性是一个不断与企业行动互动的过程，合法性中的"合规原则"为企业系列并购行动的实施奠定了基本的法理地位，而企业系列并购行动的常态化则能够保证"合规原则"最终形成一种制度化力量。Vaara和Tienari（2011）认为，企业跨国并购中的合法性包括全球化、国家化与地域化三个层次，这种组织合法化的层次性聚焦是为了满足不同层面利益诉求者的身份认同而形成的组织合法性行动表达。总之，跨国并购过程中企业的行动策略与组织合法化之间存在某种互动机制。

二 组织合法化：动态能力的观点

将组织合法性纳入企业跨国并购行动框架中，作为指导企业并购行动策略的制度性依据，通过企业持续、系列的并购行动策略来完成组织合法化过程是一个急需探讨的理论议题。从资源基础观来看，在快速变化的外部环境下，企业面临的资源挑战更加艰巨，动态能力的发挥是企业有效整合内外部资源，进而推进跨国并购行动的重要因素（Rui and Yip，2008；吴先明和苏志文，2014）。动态能力的提出是基于企业应对外部快速变化的环境的需要，是企业不断构建、整合与重组内外部资源能力以快速适应持续变化的外部环境的能力（Teece et al.，1997；Teece，2007），本质上是一种内部的能力（Winter，2003）。以 Eisenhardt 和 Martin（2000）为代表的学者指出，企业动态能力是企业在面临快速变化环境时所形成的一种规范性的、共通性的组织行动范式。他们的理由也很充分，即快速变化的环境下企业动态能力只能是一个"最优"的行动适应过程，并且这种行动过程往往存在共性特征……并不是唯一的……（Eisenhardt and Martin，2000）。简言之，能力观的动态能力强调，为了适应外部快速变化的环境而构建了一种内嵌入组织内部的独特的资源整合能力，这种能力是无法被模仿和复制的（Teece et al.，1997；Verona and Ravasi，2003），过程观的动态能力强调企业应对外部环境的行动过程是可以被借鉴和采纳的，具有融通性（Eisenhardt and Martin，2000）。

（一）能力观视角的组织合法化

能力观的研究指出，动态能力的构建内嵌入组织运行当中，具有显著的异质性特征，能力的演进依赖于企业具体行动路径、独特的资产定位以及与众不同的组织进程（Teece et al.，1997）。因此，企业之间的动态能力是存在显著差异的，Teece（2007）将动态能力进一步划分为感知机会与威胁的能力、获取能力和重构能力三种类型。因此，企业之间动态能力的差异可以通过这三种动态能力的不同运用体现出来（Jantunen et al.，2012）。从组织合法化的角度来看，感知机会与威胁能力能够帮助企业识别新出现的市场机会（Teece，2007），从而为企业的合法地位取得创造必要的知识基础。获取能力是企业吸收、整合组织合法化相关资源的先决条件，并利用这些资源来不断推进企业的合法化进程（Vaara and Tienari，2011）。重构能力主要是应对合法化过程中出现的那些复杂的阻碍因素，强调通过对资源、知识的创造性配置和重组来化解合法性过程中遭遇的难以协调的利益纠纷（Verona and Ravasi，2003；Jantunen et al.，2012）。那么，在企业跨国并购过程中，不同类型动态能力的发挥机制差异会对组织合法化带来什么样的影响呢？当前关于这一方面的研究仍然存在理论空白。

（二）过程观视角的组织合法化

持过程观的学者认为，动态能力是一个致力于修正组织操作常规的过程，通过改变企业既有的资源及其构型以应对外部快速变化的环境（Eisenhardt and Martin，2000；Helfat and Peteraf，2003）。作为企业中一种具有"最佳实践"操作流程的组织惯例，其具备的普适性、融通性能够促进企业内部与外部知识的有效转移，顺利推进企业对于各种资源的整合进程，并最终塑造出一种符合各方利益诉求的全新的组织惯例（Helfat et al.，2007；吴先明和苏志文，2014）。从这个意义上说，过程观的动态能力更加符合跨国并购企业的组织合法化分析。但这种组织惯例能否得到有效执行却一直存在争议，即企业操作常规的阶层性及其带来的权威地位变化（Helfat and Winter，2011；李彬、王凤彬和秦宇，2013）。在国内外双重制度文化情景下，企业对于外部环境的刺激更加敏感，极易诱发企业既有组织操作常规的复杂化（李彬、王凤彬和秦宇，2013），从而导致组织合法化面临的挑战更大。那么，这种执行力存在差异的组织操作常规对于企业组织合法化的影响到底怎样呢？是不是只有高度权威性的组织惯例才能够对组织合法化塑造产生影响？这些问题都亟待理论上的解释。

三 理论缺口与研究框架

虽然已有关于企业跨国并购中组织合法化的研究能够帮助我们理解中国企业跨国并购的战略决策机制，但仍然存在一些理论研究缺口。一方面，以往的研究主要关注企业跨国并购的外部组织合法性，并且主要是从静态视角来考虑企业面临的组织合法性问题。虽然 Vaara 和 Tienari

(2011)的研究关注到了组织合法性的动态特征,但没有对企业内外部情景下的组织合法性转变过程进行详尽的阐释。另一方面,在企业跨国并购过程中,组织合法性与企业并购行动决策之间存在紧密的互动关系(Vaara and Monin, 2010;陈怀超和范建红,2013),但已有研究并没有深入探讨这种互动机制是怎样的?尤其是在中国后发企业并购发达国家领先企业的独特情景下,相关研究十分缺乏。

正是基于上述考虑,本章在已有研究的基础上,将企业跨国并购中的组织合法性与企业动态能力整合起来,对中国企业跨国并购过程中的组织合法化及其并购行动策略进行探讨。首先,我们将跨国并购中的企业合法性聚焦划分为内部组织合法性聚焦、外部组织合法性聚焦和内外并重型聚焦三种类型。其次,基于能力观视角通过对企业不同并购阶段三种不同类型动态能力重要性的分析,概括出低阶能力整合模式、中阶能力整合模式和高阶能力整合模式三种动态能力整合模式。同时,基于过程观视角,根据企业并购过程中组织操作常规的权威性程度总结出弱组织惯例和强组织惯例两种类型。最后,通过吉利并购沃尔沃的案例分析,提炼出中国企业跨国并购过程中组织合法性聚焦、能力整合模式以及组织惯例之间的影响机制框架。

第三节 研究设计

一 研究方法

基于上述研究议题,本章将采用单案例探索性研究方法来进行分析。理由如下:首先,本章的研究主旨在于回答中国后发企业"如何"兼并发达国家领先企业的问题,本质上是一个"如何"(How)型范畴的案例研究,需要对案例的动态演进进行全过程演示,因此,采用单案例探索性研究法是非常合适的(Yin, 2002)。其次,企业的跨国并购活动是一个在国内外双重组织情景下的复杂并购决策行为,采用单案例纵向研究有利于笔者对这一跨越文化制度情景的企业并购活动过程进行详尽的探讨(Eisenhardt, 1989)。最后,在纵向案例研究中,可以按照活动发生的时间顺序对关键事件进行逻辑推理，识别特定情景下的关键事件促发条件，同时归纳它们之间的逻辑关系，有利于本章关于企业三种类型动态能力之间因果关系的逻辑探讨，从而提高案例研究的内部效度，并构建更具普适性的理论构念（Strauss and Corbin, 1998；吴先明和苏志文, 2014）。

二 案例选取

本章在案例选取上遵循典型性原则（Eisenhardt, 1989），以2010年中国浙江吉利控股集团（以下简称吉利）宣布并购福特汽车旗下沃尔沃品牌（以下简称吉利并购沃尔沃）的案例作为研究素材。作为迄今为止中国企业海外并购最终获得成功的经典案例之一，该案例在很大程度上能够反映当前中国同类企业海外并购的实际情况，是转型经济背景下中国后发企业并购发达国家领先企业的代表作之一。首先，从当时并购双方的实力来看，作为主并方的浙江吉利是一家成立不到20年的民营企业，无论从企业实力还是品牌声誉上都无法与百年老店福特汽车相提并论。其次，吉利并购沃尔沃不仅涉及主并方吉利与被并方福特之间复杂的业务谈判及其跨文化制度情景差异，还包含并购目标沃尔沃总部及其工厂所在地的独特社会情景，这极大地丰富了案例研究的制度文化情景空间。最后，吉利从萌发并购想法（2002）到核心业务完成框架性整合（2013）经历了相当漫长的过程，在这一过程中涌现出了很多战略转折事件，例如，2006年福特提出"one Ford"战略，2009年9月，福特宣布吉利成为竞购沃尔沃的首选竞购方，以及2010年11月吉利与沃尔沃成立沃尔沃—吉利对话与合作委员会，等等。这为我们全面梳理整个并购过程、总结并购经验提供了丰富的素材。吉利并购沃尔沃关键事件脉络如图21-1所示。

三 数据收集及分析

为了保证案例研究的可靠性，案例研究对于定性分析数据资料的来源要求多元化，包括结构化或半结构化访谈、现场观察以及档案查阅等渠道，以保证研究的信效度水平（Yin, 1994, 2002）。本章研究遵循案例研究对于数据的这种要求，从多个渠道来收集所需要的数据材料，具体包括企业内部员工的半结构化访谈、实地考察、企业内部档案资料查

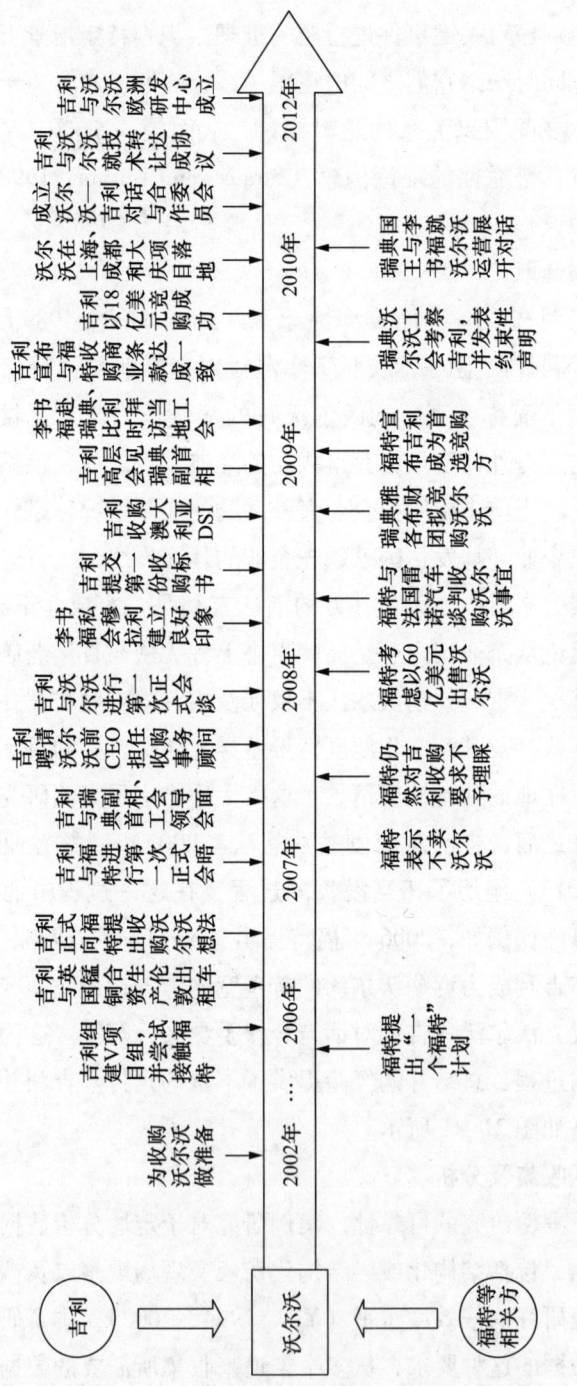

354 / 第四篇　民营企业国际化决策机制研究

吉利

- 2002年：为收购沃尔沃做准备
- 2006年：吉利与英国锰铜合资组建V项目组，并尝试产出接触福特，敦促福特出租福特
- 2007年：吉利正式向福特提出收购沃尔沃想法；吉利与福特进行第一次正式会晤；吉利聘请沃尔沃前CEO担任收购事务顾问
- 2008年：吉利与沃尔沃进行第一次收购会面问谈；李书福私会穆拉利，建立良好印象；吉利提交第一份收购标书；吉利收购澳大利亚DSI
- 2009年：吉利宣布与福特收购商业条款成一致；李书福瑞典比时当访瑞典副首相；吉利高层会见瑞典副首相
- 2010年：吉利成立沃在上海、成都和大庆项目落地；吉利以18亿美元款达成收购成功；吉利与沃尔沃对话合委员会协议
- 2012年：吉利与沃尔沃欧洲研发中心成立；吉利与沃尔沃就技术转让达成协议

沃尔沃

福特等相关方

- 2006年：福特提出"一个福特"计划
- 2007年：福特表示不卖沃尔沃
- 2008年：福特仍然对吉利收购要求不予理睬；福特考虑以60亿美元出售沃尔沃
- 2009年：福特与法国雷诺汽车谈判收购沃尔沃；福特宣布吉利成为首选竞购方
- 2010年：瑞典沃尔沃工会考察吉利，并发表约束性声明；瑞典国王与李书福就沃尔沃运营展开对话

图21-1　吉利并购沃尔沃事件发展示意

资料来源：笔者整理。

询、企业网站及权威媒体报道搜索、文献资料查阅等方式,在满足数据资料三角验证的基础上,尽可能多地获得丰富的案例素材。

(一)半结构化访谈

本章研究的半结构化访谈主要包括两个阶段:第一阶段是2010年,笔者就开始追踪吉利并购沃尔沃这一跨国并购案例,研究团队首先向企业受访者介绍了调研目的,并紧紧围绕吉利并购沃尔沃过程中为了克服各种困难所展现出来的资源整合能力这一主题展开对话式访谈,在吉利工作的三位私交良好校友的帮助下,研究团队访谈到了参与并购相关活动的5位中层管理者和10位基层管理者。第二阶段从2012年开始,在浙江省商务厅、浙江省发改委相关处室的帮助下,笔者所在研究团队更是对吉利并购沃尔沃之后彼此之间的业务关系进行了长达三年的跟踪观察和研究。这一阶段,研究团队紧紧围绕吉利并购沃尔沃后在技术转让、组织制度安排以及企业发展战略等并购后的整合话题展开了详尽的访谈。在此期间,笔者两位在吉利任职中层管理者的同学也为调研访谈提供了巨大的帮助,我们总共访谈了32位吉利员工,其中,公司副总裁级别的高层管理者4位,地区子公司总经理级别的中层管理者10位,部门经理级别的基层管理者18位。在两次访谈活动中,我们保证每次都有3人以上的研究团队参与访谈,采用1—2位负责发问,1位负责录音和速记的分工模式进行访谈,每次访谈平均时间都在3小时以上,具体访谈情况如表21-1所示。

(二)二手资料收集

为了避免回溯性解释、印象管理等可能导致案例研究信效度产生偏差的现象(Eisenhardt and Graebner,2007;魏江、应瑛、刘洋,2014),本案例通过档案文件、书籍文献、媒体报道以及现场观察等二手资料收集渠道来补充、验证上文所获得的数据资料,通过对比验证的方法来提高案例研究的信效度水平。本案例研究采用的二手资料收集方法主要包括:(1)档案文件查询。在向企业负责人阐述了资料查阅只用于学术研究,不会有任何商业机密泄露的情况下,我们从企业内部获得了大量有关吉利并购沃尔沃的珍贵资料,经过分析整理后,总计达到了10万字的文本材料。为了稳妥起见,我们还将最终整理形成的文本材料返回

表 21-1　　　　　　　　半结构化访谈情况汇总

访谈阶段	访谈时间	访谈次数	访谈人次	基层管理者	中层管理者	高层管理者	录音时长	录音字数	受访者职位统计
第一阶段	2010年	3	15	10	5	0	744分钟	9.8万字	集团总裁办负责人（1）、集团人力资源中心部长（1）、战略市场部部长（1）、融资管理部部长（1）、制造系统北仑公司负责人（1）、吉利路桥基地冲压厂和总装厂负责人（2）、吉利汽车研究院高级工程师（2）、采购公司海外KD负责人（1）、研究院V项目组成员（2）、研究院装备工程部研发骨干（1）、研究院整车部员工（2）
第二阶段	2012—2014年	8	36	18	10	4	1648分钟	24.6万字	集团副总裁（2）、董办主任（1）、集团高级顾问（1）、集团董事（2）、融资管理部部长（1）、技术部部长（1）、投资与资本运营部部长（1）、动力总集成部主管（1）、车身及外饰部负责人（2）、内饰及附件开发部负责人（2）、集团外事秘书（1）、吉利宁波中心主管（2）、吉利中欧汽车技术中心（CEVT）项目主管（2）、吉利中欧汽车技术中心（CEVT）研发骨干（3）、全球造型设计中心研发主管（2）、全球造型设计中心运营主管（3）、CMA平台技术研发主管（2）、V项目组高级工程师（3）、M项目组高级工程师（4）

注：括号内表示受访人数。

给吉利相关负责人审阅，一方面是为了保证后面证据举例不涉及商业机密泄露，另一方面也是对文本整理结果准确性的再一次检验。（2）现场观察。在对企业人员访谈过程中,我们还顺便参观了企业的各种宣传资料,包括企业官方宣传手册、发展历史、展示材料以及各类演讲 PPT 等,我们还派了一位研究生在杭州吉利总部实习了两个月,通过在日常工作生活中与员工的非正式交流,获得了一些宝贵的吉利组织运作经验总结。(3)网上资料收集。我们还对吉利官网、沃尔沃官网以及国内外主流媒体关于吉利并购沃尔沃的相关报道进行了收集整理。

(三)数据分析

研究团队成员,首先,对访谈录音进行誊抄,并按照主题归类整理成文本文档。其次,对档案文件、现场观察以及网上收集的资料也进行整理,同样,按照主题归类成文本文档。最后,对这些不同渠道获得的文本文档进行对比分析,以对数据材料进行三角验证,并选用其中获得最多渠道支持和描述最详尽的素材作为案例分析的原始数据(崔淼、欧阳桃花和徐志,2013)。由于本章研究聚焦于吉利并购沃尔沃的整个过程,尝试探讨不同合法性聚焦背景下企业如何发挥动态能力来实现并购目标的机制问题,我们采用 Pan 和 Tan(2011)提出的 SPS 案例研究范式来进行分析,SPS 案例研究范式强调遵循结构化、实用化和情景化的原则进行案例研究,他们提出的阶段式建模方法尤其适合本章关于吉利并购沃尔沃过程的研究。我们将吉利并购沃尔沃的过程划分为四个阶段,分析每一阶段吉利主要面临的合法化聚焦、企业能力应对方式以及组织惯例强度。在这个过程中,不断与现有研究成果进行比较分析,并借助于图表演绎展示的方法(Glaser and Strauss,1967),尝试挖掘潜在的理论涌现(Eisenhardt,1989)。

第四节 主要发现

1986 年浙江吉利创建于浙江台州临海,最早从事电冰箱、两轮摩托车的生产和销售。1997 年正式进入汽车行业,成为中国第一家民营轿车企业。2001 年,成为中国首家获得轿车生产资质的民营企业。2005 年,与英国锰铜控股公司签署协议合资生产伦敦经典出租车。

2006年，被认定为首批"国家级企业技术中心"。2009年，收购澳大利亚自动变速器公司（DSI）。2010年，收购福特旗下高级轿车品牌沃尔沃。多年来，吉利一直专注于实业，专注于技术创新和人才培养，取得了快速发展，资产总值超过千亿元，连续四年进入世界500强，连续十二年进入中国企业500强，连续九年进入中国汽车行业十强，是国家"创新型企业"和"国家汽车整车出口基地企业"。

从2002年李书福首次在一次中层管理者会议上提出收购沃尔沃的最初想法，到2010年8月吉利与福特完成沃尔沃并购的股权交割签约，并在11月成立沃尔沃—吉利对话与合作委员会，再到2012年3月吉利与沃尔沃就沃尔沃向吉利转让技术达成最终协议，以及此后吉利与沃尔沃联合在哥德堡建立欧洲研发中心，整合吉利与沃尔沃的优势资源，打造新一代中级车模块化机构及相关部件，以提高吉利汽车和沃尔沃汽车未来的市场竞争力。吉利从提出非正式收购要约到完成并购后的组织机制设计、核心技术转让等方面的有效整合，整个过程实际上持续了十年之久。

（一）非正式接触阶段

早在2002年，吉利董事长李书福在浙江临海召开的一次中层管理者会议上说："我们要去买沃尔沃，从现在起就应该做准备了。"无论是当时的中层管理者还是其他人看来，这对于一家以低端车起家的草根民营企业无异于痴人说梦。然而，李书福一直坚信沃尔沃符合吉利未来发展的战略诉求：沃尔沃以安全性能立足于全球市场，与吉利长期坚持的发展理念是一致的。然而，并购沃尔沃这样一家在世界汽车市场拥有近百年声誉的豪车品牌，对于吉利来说并不能一蹴而就，而需要长期的积累和坚持。自此以后，吉利就开始尝试国际化战略，2006年10月，吉利及旗下上市公司上海华普与英国锰铜控股公司正式签署在上海合资生产TX4伦敦出租车的协议。通过与锰铜公司的合作，吉利能够获得其先进的技术和成熟的销售网络，也是吉利国际化战略的一次很好的锻炼，这一切都是为了并购沃尔沃做准备。2006年，随着全球汽车市场的普遍低迷，福特汽车出现了高达127亿美元的巨额亏损。同年，穆拉利正式加盟福特汽车出任首席执行官，并提出了"一个福特"战略，这为福特后面出售沃尔沃奠定了基础,也让吉利第一次看到了并购沃尔沃的商机。2007年1月,在底特律的北美汽车展上,李书福专门拜会了当时的福特汽车首席财务官勒克莱尔,含蓄地表达了吉利看好沃尔沃,并希望与福特合作的意愿,并在当年的7月正式向福特方面发出了收购沃尔沃的意向书,然而,当2008年1月在北美汽车展上再次会面时,勒克莱尔明确告知李书福不卖沃尔沃。这个意思很明确:福特向来注重自己的声誉,由于对吉利缺乏认知,对于吉利并购沃尔沃的提议不予考虑。

吉利并没有因为福特的冷淡态度而心灰意冷,而是从以下三方面实现突破:首先,积极吸纳了国内在汽车领域具有丰富国际化经验的顶级人才组成专门收购团队,包括在欧美汽车行业工作近20年的赵福全、来自华晨宝马的财务专家尹大庆以及在国际投融资领域工作多年的张芃等。其次,拜访了瑞典副首相兼工业与能源大臣奥洛夫松和瑞典汽车工业领导人以及沃尔沃在瑞典的工厂等,向他们全面介绍吉利的情况。最后,在并购正式启动之前吉利就聘请了罗斯柴尔德金融集团作为并购谈判顾问,以显示吉利的并购诚意。2009年年初,在罗斯柴尔德集团董事长大卫·罗斯柴尔德的亲自安排下,李书福在底特律会见了福特CEO穆拉利,李书福首先从穆拉利在波音的管理理念开始谈起,高度赞赏了穆拉利在波音取得的成就,顺势拉近了彼此之间的距离,然后切入吉利收购沃尔沃的强烈意愿。李书福说:"我准备得很充分,顾问团队都请好了。"在跨国并购活动中,只有花大钱请了并购顾问团队,才能体现真诚的态度,吉利在并购准备阶段所表现出的诚恳态度给福特高层留下了极为深刻的印象,穆拉利当时就表示:"一旦启动沃尔沃出售程序,将第一时间通知你们。"

由上述分析可知,非正式接触阶段吉利并购沃尔沃可以概括为两个子阶段:第一阶段从2002年李书福首次提出并购沃尔沃的想法开始到2008年1月勒克莱尔在北美汽车展会上明确告知吉利不卖沃尔沃为止。第二阶段从2008年3月吉利重新构建V项目团队开始一直到2009年1月李书福会见穆拉利,并获得穆拉利亲口承诺会第一时间告知吉利出售沃尔沃为止。非正式接触阶段吉利并购沃尔沃的合法性聚焦、能力运用方式及组织惯例的典型事件证据如表21-2所示。

表 21-2　　　　　　　　非正式接触阶段典型事件证据

时间		核心事件	合法性聚焦	主导能力形式	组织惯例	结果
子阶段一	2002年至2008年1月	1. 李书福在中层干部大会上提出收购沃尔沃想法，遭到了各方力量的质疑；	内部	S	弱	对吉利缺乏认知，不予考虑吉利对沃尔沃的并购意向
		2. 吉利与锰铜合资在上海生产伦敦出租车，吉利占多数股权，获得了锰铜的先进技术和成熟销售网络，是一次很好的国际化锻炼；	内部	S'	强	
		3. 吉利整合内部资源，抽调精干力量成立以收购沃尔沃为目标的 V 项目组；	内部	S'	弱	
		4. 李书福第一次拜会首席财务官勒克莱尔表达并购意愿，并发出并购意向书；	内部	S	弱	
		5. 李书福第二次会见勒克莱尔，对方仍然表示不卖沃尔沃	外部	S	强	
子阶段二	2008年3月至2009年1月	1. 吸收外部高端并购专业人才，重建 V 项目组，构建分工明确的国际化并购团队；	内部	R	强	深入了解吉利，被吉利的真诚和执着感动，若出售沃尔沃会第一时间告知吉利
		2. 拜访瑞典副首相及汽车工业领导人，向他们宣传、介绍和推销吉利；	内部	S	弱	
		3. 并购准备期就聘请罗斯柴尔德金融集团作为并购顾问，体现吉利的诚恳态度；	内部	S'	强	
		4. 会见福特 CEO 穆拉利，采用西方的表达方式讲述吉利的"中国故事"，提升吉利在福特高层中的良好形象	内外兼顾	S'	弱	

注：S 表示感知能力（Sensing Capability）；S' 表示获取能力（Seizing capability）；R 表示重构能力（Reconfiguring capability）。下同。

子阶段一：从合法性聚焦角度来看，该阶段的合法性聚焦主要在吉利内部，例如，提出并购沃尔沃的想法、成立 V 项目组乃至李书福两次会见勒克莱尔对吉利的介绍，并表达并购沃尔沃的想法等，更多地从吉利的角度考虑尝试并购沃尔沃。从能力运用角度来看，这一阶段吉利也主要是以感知能力发挥为主，是对并购资源的识别阶段。从组织惯例角度来看，吉利在尝试说服福特方面都是试探性的，没有构建稳定、持续性的并购战略，是一种弱组织惯例主导的行动策略，例如，最初成立的 V 项目组，一方面缺乏跨国并购方面的高级人才，另一方面项目组成员的分工也不明确。另外，在与勒克莱尔的两次交谈过程中，吉利高层管理者只是委婉、隐晦地表达了对沃尔沃的兴趣，这使福特高层管理者并不信服吉利的实力，从而坚定了其不卖沃尔沃的立场。

子阶段二：从合法性聚焦角度来看，此阶段合法性聚焦仍然偏向于内部组织情景，这从吉利重组 V 项目团队、主动向瑞典副首相及相关人士宣传、推销吉利，聘请罗斯柴尔德集团等系列行为反映出来。从能力运用角度来看，这一阶段吉利涵盖了感知能力、获取能力和重构能力等所有动态能力形式，这在李书福会见穆拉利时采用西方思维讲述吉利的"中国故事"得到很好的验证，这对于吉利获得福特认可，以及后续并购沃尔沃帮助非常大（王自亮，2011）。从组织惯例角度来看，一方面，吉利的国际化团队组建、咨询顾问聘请等都是按照国际并购规则行事，具有很强的组织惯例；另一方面，主动拜访瑞典副首相，采用中西结合的交流方式与穆拉利会谈，这些都是为了达到特定目的而采取的临时性创新行动，不具备长期性，本质上是一种弱组织惯例。

（二）并购前准备阶段

2008 年年底，福特正式发布公告考虑以 60 亿美元的价格出售沃尔沃。2009 年 2 月，吉利聘请了沃尔沃前任董事长、现任罗斯柴尔德集团顾问奥尔森作为吉利并购沃尔沃的顾问，在奥尔森的牵线下，福特向吉利提供了有关沃尔沃的重要数据。随后，在罗斯柴尔德集团的支持下，2009 年 3 月，吉利在承诺收购后保留 DSI 核心管理团队，并维持原有薪酬待遇的情况下，以迅雷不及掩耳之势全资收购了 DSI，不仅获得了汽车核心零部件生产能力，也为吉利收购沃尔沃赢得了市场声誉。同时也在 3 月，吉利在对沃尔沃进行全面调研的基础上，按照国际惯例正式向福特提交收购沃尔沃的第一轮标书,并于 2009 年 7 月又向福特递交了约束性竞标书,进入第二轮竞选。在此期间,吉利高层又一次到瑞典拜会了瑞典副首相兼工业与能源大臣奥洛夫松等人,并阐述了吉利若能成功收购沃尔沃后将保留沃尔沃在瑞典乃至欧洲的工厂及其他组织。2009 年 9 月,吉利向高盛集团发行可转换债券和认股权证,给吉利带来了 3.3 亿美元的资金,随后,福特公司正式宣布吉利成为沃尔沃的首选竞购方。

2009 年 11 月,在获得福特首选竞购方之后,吉利分别对瑞典斯德哥尔摩、哥德堡以及比利时布鲁塞尔等地进行考察访问,会见了各地的政府官员和沃尔沃工会代表。此时的西方汽车工业界以及沃尔沃工会并不看好吉利能够管好沃尔沃,"吉利是世界上非常小的汽车公司,不足以消化和吸收沃尔沃""如果福特都不能取得成功的话,我们实在很难想象一家中国汽车企业能对沃尔沃做出怎样的贡献?""吉利收购的意图仍不清楚,我们感到很伤心"等充斥着当时的国外舆论界。吉利团队并没有因此灰心,尤其是李书福更是展现出了一种罕见的坚定,例如,在面对比利时沃尔沃根特工厂工会抛出的用三个词来说明为什么吉利是最适合竞购沃尔沃的公司时,李书福说了"I Love you",采用一种率真的西式表达顿时赢得了沃尔沃代表的好感。此后,吉利的高层管理者团队多次奔赴国外与沃尔沃管理层和工会沟通,详细阐述并购后在员工待遇、工厂保留等方面的意见,尽最大可能维护员工的权利,并提出了"沃人治沃"的管理理念。2010 年年初,吉利邀请了瑞典沃尔沃管理层和工会代表到吉利宁波基地、吉利研究院等进行参观访问,近距离感受吉利的实力和文化。随后沃尔沃工会发表声明,如果吉利能够遵守对沃尔沃管理团队、企业文化及财务的承诺,沃尔沃工会将支持吉利收购沃尔沃。在此期间,吉利与福特也先后宣布关于沃尔沃并购的所有商业条款达成一致。

同理,并购前准备阶段可以进一步细分为两个子阶段:第一阶段从福特正式发布出售沃尔沃公告开始到吉利成为首选竞购方为止。第二阶段从吉利拜访沃尔沃欧洲工厂及当地政府到吉利与福特关于并购所有商业条款达成一致为止。这两个子阶段吉利并购沃尔沃的合法性聚焦、能力运用方式及组织惯例的典型事件证据如表 21-3 所示。

表 21-3　　　　　　　　并购前准备阶段典型事件证据

	时间	核心事件	合法性聚焦	主导能力形式	组织惯例	结果
子阶段一	2008年年底至2009年10月	1. 吉利聘请了沃尔沃前任董事长奥尔森作为吉利并购沃尔沃的顾问;	内部	S'	弱	福特公司正式宣布吉利成为沃尔沃的首选竞购方
		2. 吉利收购DSI,赢得市场声誉,进一步积攒并购经验,获得市场并购支撑资源;	内外兼顾	R	强	
		3. 吉利高层拜会瑞典副首相兼工业与能源大臣奥洛夫松等,听取了沃尔沃有关方面对于吉利并购的看法和建议;	外部	S	弱	
		4. 吉利获得高盛集团3.3亿美元资金,自此高盛作为战略投资者进入并购事件当中;	外部	S'	强	
		5. 吉利在对沃尔沃进行全面调研的基础上,正式向福特提交收购沃尔沃的第一轮标书	外部	S	强	
子阶段二	2009年11月至2010年2月	1. 吉利会见沃尔沃欧洲各地政府官员和工会组织代表,阐述吉利并购沃尔沃的方案;	内部	S	弱	沃尔沃工会有条件支持吉利收购沃尔沃;吉利与福特也都先后宣布关于沃尔沃并购的所有商业条款都达成一致
		2. 西方汽车业界以及沃尔沃工会并不看好吉利能够管好沃尔沃;	外部	S	强	
		3. 吉利多次向沃尔沃管理层级工会阐述采用"沃人治沃"的管理理念,承诺保留现有大部分管理模式;	内外兼顾	S'	强	
		4. 邀请瑞典沃尔沃管理层级工会代表到吉利宁波基地、吉利研究院等进行参观访问	外部	S'	弱	

子阶段一：从合法性聚焦角度来看，该阶段的合法性聚焦表现为外部组织情景导向为主，例如，再次拜访瑞典副首相等听取他们的建议、引入高盛注资提升吉利实力，以赢得福特和沃尔沃的认可。从能力运用角度来看，感知能力、获取能力与整合能力的综合运用体现了吉利资源整合的专业化水平，提高了吉利获取、吸收外部资源的效率，极大地推进了吉利并购的进程。从组织惯例角度来看，吉利也进行了创新，在维持整体并购战略稳定的情况下，进行了灵活调整以找到最优实践路径（Pudelko and Mendenhall，2009），例如，大胆地聘请奥尔森为吉利并购顾问、听取沃尔沃的并购建议等作为一种弱组织惯例，不仅为吉利带来了额外的资源（通过奥尔森获得福特关于沃尔沃十分珍贵的大量数据资料），同时，也为吉利赢得沃尔沃管理层级工会的好感加分不少。而在递交并购标书、并购 DSI、高盛入股方面则严格按照国际惯例行事作为一种强组织惯例，则充分体现了吉利专业、诚恳的并购态度。

子阶段二：从合法性聚焦角度来看，该阶段的合法性聚焦同样侧重于外部组织情景，整个过程都是紧紧围绕吉利并购沃尔沃的理念阐释，以及如何说服沃尔沃管理层及工会相信吉利能够管理好沃尔沃展开。从能力运用角度来看，这一阶段主要以感知能力和获取能力为主，这是由企业管理者及员工之间独特的交流机制所决定的。从组织惯例角度来看，一方面，拜会欧洲各地政府官员和工会、邀请沃尔沃管理层来访都是一种"拉关系"的非正式行为。这种行为是为了克服阶段性障碍而采取的临时性策略，具备弱组织惯例的特点（Helfat and Winter，2011）。另一方面，发达国家企业管理层及其工会对于吉利的态度时，是基于一种规范、公开并且符合西方范式的沟通机制来评价并购者的（Collins et al.，2009），进而说服自己相信对方。吉利提出的"沃人治沃"理念则是一种吉利未来管理沃尔沃的权威性制度框架，也是一种强组织惯例。

（三）并购谈判阶段

2009 年 11 月开始，吉利和福特在伦敦霍金豪森律师事务所展开了谈判，正式谈判是一个十分艰苦的过程，福特作为百年老店，不仅能聘请到全球一流的谈判专家和咨询公司，而且本身就非常熟悉国际并购程序和技巧,特别是法律和技术的关键点。为了应对这种情况,吉利在谈判团队组建方面也好好谋划了一番,做到有的放矢,例如,聘请的罗斯柴尔德金融集团大中华区负责人张芃善于疏通政府关系,汽车业务专家考克斯熟谙知识产权谈判,奥尔森则有助于吉利与沃尔沃高层、工会及供应商的沟通。另外,吉利还邀请到了富尔德律师事务所、德勤会计师事务所、罗兰贝格、博然思维集团等具有国际顶级水准的并购顾问,与吉利重新组建的 V 项目组联合发力,最终获得了谈判的胜利。在这次谈判中,最核心的问题就是收购价格和知识产权。

1. 收购价格谈判

在谈判开始的时候,福特管理层认为,既然吉利认定沃尔沃是个"公主",就应该拿出"公主"的价格来收购,卖个 25 亿—30 亿美元还是非常有希望的。吉利方面认为,这个价格仍然偏高,这不仅是吉利负担的问题,更是为沃尔沃未来考虑的问题。吉利通过多方资料收集和分析发现,福特出售沃尔沃是必须要做的事情,并且作为全球汽车业的领导者之一,福特有责任为沃尔沃找到一个负责任的买家,以保证沃尔沃品牌的延续。另外,福特在实施"一个福特"战略之后,资金周转已经明显好转,出售沃尔沃的核心目的是"瘦身",而不是获得沃尔沃的"输血"。从沃尔沃可持续经营方面来看,首先,全球汽车市场在金融危机下仍然处于萎靡状态,收购沃尔沃可能还存在巨大的经营风险。其次,沃尔沃目前仍然处于亏损状态,吉利除购买价格之外,还需要拿出一大笔资金给沃尔沃"输血"补亏。再次,近年来,福特对于沃尔沃研发经费和固定资产的投资大幅度减少,这意味着出售之后,沃尔沃的投资回报将大幅度延后。最后,沃尔沃员工庞大的养老金问题是一笔巨大的资金负担,而这也是吉利在并购准备期向沃尔沃工会承诺的。为了证明吉利所阐述理由的充分性,吉利还多次提议福特高层一起去哥德堡沃尔沃总部和工厂现场参观和考察,经过一个多月的艰苦谈判,最终成交价在 18 亿美元,符合吉利对于收购价格的预期。

2. 知识产权谈判

吉利并购沃尔沃过程中的知识产权谈判是最复杂、最困难的谈判,这是由知识产权内容纷繁、高度融合以及涉及吉利、福特以及沃尔沃三方的跨专业、跨文化等多种因素造成的。另外,吉利作为新进入者,在面对福特时处于信息不对称的劣势,这些都给吉利知识产权谈判带来了巨大的挑战。相反,这些条件却是福特在知识产权谈判中的筹码,刚开始谈判的时候,福特在知识产权方面寸步不让,丝毫没有回旋余地。面对福特的强硬立场,吉利团队进行了系统、缜密的分析,提出了一个知识产权谈判的原则性框架:首先,保证原属沃尔沃的知识产权全部回归;其次,保证沃尔沃获得与福特共有知识产权的充分授权;最后,为吉利争取到更多知识产权的使用权,最大限度地规避知识产权纠纷。为了达成上述目标,吉利高层管理者团队主要采取了以下策略:

第一,对并购涉及的海量知识产权进行了艰苦卓绝的查阅、厘清和商业运作范围界定工作,这是开始谈判的基本筹码。

第二,以谈判大局为重,从长期发展角度来看待问题,采取化繁为简、变难为易的整体策略。吉利谈判团队指出:"虽然福特与沃尔沃在一些知识产权上相互融合、难以拆分,但如果沃尔沃在归入吉利旗下后无法获得与福特共有知识产权的商业运营许可,沃尔沃是无法正常经营的,那么吉利购买这样的沃尔沃的意义在哪里呢?"

第三,采取"将心比心"的共鸣战略。吉利收购沃尔沃,本质上就是购买沃尔沃的品牌和知识产权,就如当年福特收购沃尔沃,看重沃尔沃在安全方面拥有的全球领先的先进技术等知识产权一样。"沃尔沃没有知识产权,就是'空壳'的沃尔沃,只有有了知识产权,沃尔沃才是'沉甸甸'的沃尔沃。"(王自亮,2011)经过多轮的艰苦谈判,吉利最终获得了原属沃尔沃的全部知识产权,并争取到了福特部分知识产权的使用权,达到了谈判的预期目标。

并购谈判阶段主要是并购价格和知识产权谈判。这两个阶段吉利在合法性聚焦、能力运用方式及组织惯例的典型事件证据如表21-4所示。

3. 并购价格谈判

从合法性聚焦角度来看,价格谈判阶段的合法性聚焦以外部组织情景与内外组织情景兼顾并重,吉利对福特出售沃尔沃的"底牌"分析是外部情景导向,而吉利组建专业化谈判团队、运营沃尔沃实际成本需

表 21-4　　　　　　　　　并购谈判阶段典型事件证据

时间		核心事件	合法性聚焦	主导能力形式	组织惯例	结果
并购价格谈判	2009年11—12月	1. 吉利按照国际惯例组建了高水平的专业化谈判团队；	内外兼顾	R	强	吉利与福特最终以18亿美元达成交易协议，符合吉利对于收购价格的预期
		2. 福特相信沃尔沃卖到25亿—30亿美元是合理的价格；	外部	S	弱	
		3. 吉利调查发现，福特在出售过程中最关心的还是出售后沃尔沃能否保持健康持续的发展；	外部	S	强	
		4. 并购完成之后，吉利需要花费巨额资金来保证并购后的沃尔沃正常运营；	内外兼顾	S	强	
		5. 吉利提议一起去哥德堡沃尔沃总部和工厂现场参观、考察，以经营事实来说话	外部	S'	弱	
知识产权谈判	2009年12月至2010年3月	1. 吉利在知识产权谈判方面处于不利地位；	外部	S	强	吉利获得了原属沃尔沃的全部知识产权，并获得福特部分知识产权的使用权，完成谈判预期目标
		2. 福特在知识产权方面不肯让步；	外部	S	强	
		3. 在分析了优劣势之后，吉利提出知识产权并购的原则性框架；	内外兼顾	R	强	
		4. 吉利团队对海量知识产权进行查阅、厘清和商业运作范围界定工作；	外部	S'	强	
		5. 以并购大局为重，采取化繁为简、变难为易的知识产权谈判策略；	内外兼顾	R	弱	
		6. 采取"将心比心"的共鸣战略，从福特当年并购沃尔沃来对比如今的吉利并购沃尔沃，获得福特的认同感	内外兼顾	R	弱	

要则是一种双向考虑的策略。从能力运用角度来看，感知能力是这一阶段的主要能力表现形式，这与吉利需要不断观察、分析福特的战略意图密切相关。从组织惯例角度来看，吉利也采用了"强""弱"结合的组

织惯例,在谈判团队组建及成员分工、坚持并购价格心理底线方面,严格按照吉利既定的目标实施,具有长期的战略导向性(Helfat and Peteraf,2003),是一种强组织惯例。在探析福特"底牌"、邀请福特共同参观沃尔沃工厂方面,更多的是一种为了克服谈判僵局的临时性创新行动,显然属于弱组织惯例。

4. 知识产权谈判

从合法性聚焦角度来看,该阶段的合法性聚焦同样表现为外部情景与内外组织情景兼顾并重,这是由于:一方面吉利要时刻关注福特的知识产权谈判策略,另一方面又要根据自己的知识产权诉求来寻求最佳的谈判路径和结果。从能力运用角度来看,这一阶段,企业的重构能力非常重要,重构能力是一种聚焦于资源重组、配置的能力(Teece,2007;Jantunen et al.,2012),重构能力的运用既是为了改变福特关于知识产权的出售态度,也是为了吉利以后能够很好地吸收、整合知识产权。从组织惯例角度来看,吉利严格按照并购知识产权谈判的国际流程来办事。这种国际知识产权交易规则十分稳定,是一种很强的组织惯例(许和连和柴江艺,2010)。另外,为了说服福特让步,也需要创新性地采取一些谈判技巧,例如,化繁为简、"将心比心"等策略,这显然也是一种为了特定目的而临时性创建弱组织惯例。

(四)并购后整合阶段

吉利与福特在签署沃尔沃相关并购协议之后,对于吉利来说,如何来管理沃尔沃是一个十分棘手的问题,其中又以组织制度设计和核心技术转让最为关键。在组织制度设计方面,2010年7月,作为完成对沃尔沃并购的先决条件,李书福正式出任沃尔沃轿车公司董事长,同时,为吉利并购沃尔沃立下汗马功劳的前沃尔沃 CEO 奥尔松担任沃尔沃副董事长,并在不降低沃尔沃原有团队积极性的前提下,对沃尔沃董事会与监事会进行了重组,以利于吉利对沃尔沃的有效控制。2010年9月,沃尔沃工会主席 Bergstrom 一行到吉利杭州总部参观考察,并与吉利高层交流了关于吉利与沃尔沃之间关系的意见,对吉利管理沃尔沃的"沃人治沃"理念表示支持。以李书福为首的吉利高层认为,面对并购后的沃尔沃整合首先要尊重事实、实事求是,2010年11月,李书福在与瑞典国王的会见中就明确提出,吉利关于沃尔沃的管理方针是"全球化与本土化"相结合的战略。"欧洲的沃尔沃一定在欧洲研发、生产和销售,所有的零部件供应链都不会变化。""但是,沃尔沃要开拓中国市场,就应该听听中国人的声音……。"(王自亮,2011),同样在11月,吉利与沃尔沃宣布成立沃尔沃—吉利对话与合作委员会,标志着以李书福为首的吉利高层在管理沃尔沃方面采取的"和而不同"理念得到了完美的实践。

关于沃尔沃向吉利转让核心技术。吉利当初收购沃尔沃的重要目的之一就是看中了沃尔沃的核心技术,因此,从沃尔沃获得核心技术推动吉利汽车品质的提升是吉利后期如何管理沃尔沃中十分重要的环节,这一点一直是吉利高层管理者团队十分重视的。李书福在公开场合多次强调,"吉利是吉利,沃尔沃是沃尔沃,两者不是父子关系,而是兄弟关系",兄弟关系就应该相互帮助,取长补短,共同进步。到2011年11月,沃尔沃在中国成都、上海和大庆的项目相继落地开工建设。2012年3月,吉利CEO安聪慧与沃尔沃CEO雅各布代表双方签字,就沃尔沃向吉利转让技术达成协议,标志着吉利在获得沃尔沃核心技术方面迈出了扎实的一步。2013年9月,吉利和沃尔沃联合建立的吉利集团欧洲研发中心正式启动运营,联合打造的新一代中级车模块化架构及相关部件将为沃尔沃与吉利汽车未来的市场需求提供巨大帮助,标志着吉利与沃尔沃在优势资源整合方面实现了新的跨越。从这一系列事件中可以看出,在后续的吉利与沃尔沃关系管理中,吉利与沃尔沃之间从员工交流、高层互访等最初级的合作形式,到组建共同研发团队研发某一技术或产品的中级合作模式,再到设立联合研发中心,打造新一代模块化架构等高级合作模式。通过这种循序渐进的方式,吉利最终从沃尔沃获得了大部分核心技术和人才。当然,沃尔沃也获得了吉利在研发、生产成本方面的优势资源,并在中国大陆市场上获得了宝贵的经验。

由上述分析可知,并购后整合阶段也可以细分为组织制度设计和核心技术转让两方面。有关这两方面,吉利在合法性聚焦、能力运用方式及组织惯例上的典型事件证据如表21-5所示。

表21-5　　　　　　　　　并购后整合阶段典型事件证据

	时间	核心事件	合法性聚焦	主导能力形式	组织惯例	结果
组织制度设计	2010年7—11月	1. 李书福与奥尔松分别出任沃尔沃董事长和副董事长，在不降低沃尔沃原有团队积极性的前提下，对沃尔沃董事会与监事会进行了重组；	内外兼顾	R	强	吉利与沃尔沃在管理沃尔沃方面达成了一致意见，"和而不同"理念得到贯彻
		2. 沃尔沃工会主席Bergstrom对吉利管理沃尔沃的"沃人治沃"理念表示支持；	外部	S	强	
		3. 李书福明确提出，吉利关于沃尔沃的管理方针是"全球化与本土化"相结合的战略；	内外兼顾	R	强	
		4. 吉利与沃尔沃宣布成立沃尔沃—吉利对话与合作委员会	内外兼顾	R	强	
核心技术转让	2010年9月至2013年9月	1. 李书福表示吉利与沃尔沃不是父子般的隶属关系，而是兄弟式的合作关系；	内外兼顾	S'	强	通过技术转让与整合，吉利与沃尔沃在优势资源整合方面实现了新的飞跃
		2. 尊重事实、实事求是，给予沃尔沃相对独立的经营发展空间，同时引进沃尔沃到中国投资；	内外兼顾	S'	强	
		3. 吉利CEO安聪慧与沃尔沃CEO雅各布代表双方签字，就沃尔沃向吉利转让技术达成协议；	内外兼顾	R	强	
		4. 吉利和沃尔沃联合建立的吉利集团欧洲研发中心正式启动运营，联合打造的新一代中级车模块化架构及相关部件	内外兼顾	R	强	

1. 组织制度设计

从合法性聚焦角度来看，吉利管理沃尔沃在组织制度设计上的合法性聚焦主要采取了内外兼顾的模式，吉利并购沃尔沃是为了自身发展，这必然要求吉利重视自身内部的合法性；而沃尔沃作为技术和品牌上的领先者，显然，无法完全按照吉利的组织架构模式进行管理，需要给予沃尔沃一定的自由发挥空间，这就要求吉利关注外部合法性。从能力运用来看，重构能力是这一阶段的主要能力运用形式，这是由重构能力的本质决定的（Teece，2007；Jantunen et al.，2012），也是吉利改变、创新管理沃尔沃组织制度设计的必然要求。从组织惯例角度来看，吉利所有行动都是具有强约束性的，是一种强组织惯例，体现在行动的公开、客观以及高度承诺等方面（Helfat and Peteraf，2003；Helfat et al.，2007），这是保证吉利能够顺利完成对沃尔沃组织管理制度设计的需要。

2. 关键技术转让

从合法性聚焦角度来看，有关沃尔沃向吉利转让核心技术方面的合法性聚焦同样以内外兼顾模式为主，获取沃尔沃核心技术是吉利并购沃尔沃的目标之一，这是吉利重视自身内部合法性的前提条件。而沃尔沃作为技术领者，要想从沃尔沃中获得先进技术必然不能急于求成，而要采取符合沃尔沃发展需求且循序渐进的方法，这就要吉利关注外部合法性。从能力运用角度来看，以重构能力为主、感知能力和获取能力为辅是这一阶段的主要能力运作形式，这符合吉利渐进式获取先进技术的实际要求。从组织惯例角度来看，吉利这期间所有的行动也都是强约束性的，这是由技术转让的利益分配、组织规范性等决定的（吴先明和苏志文，2014），所以，这也是一种强组织惯例。

（五）并购全过程图景

纵观吉利并购沃尔沃的发展历程可得，吉利跨国并购过程中合法性聚焦经历了一个以内部组织情景为主向重视外部情景转变最后过渡到内外兼顾的变革过程。企业能力运用模式则表现为以感知能力、获取能力等单一能力形式逐渐发展到综合运用感知能力、获取能力和重构能力的跃迁过程，并且越到并购的后面阶段，企业重构能力的重要性越明显。最后，吉利在并购系列行动中的组织惯例则展现出以弱组织惯例为主到"强弱"组织惯例并存再到强组织惯例主导的发展过程。强组织惯例保证了企业并购战略过程的稳定推进，而弱组织惯例则有助于企业采取创新性行为克服跨国并购面临的制度性障碍。吉利并购沃尔沃的全过程图景如图 21-2 所示。

在跨国并购非正式接触阶段,吉利首先需要明确并购沃尔沃的战略价值在哪里,因此,这时候的企业合法性需要聚焦于企业内部组织情景。由于缺乏足够的海外并购经验,这期间吉利为并购沃尔沃而采取的行动都是试探性、阶段性的,强调感知能力和获取能力的运用,由于尚未形成一套系统、成熟的行动方案,弱组织惯例的特征十分明显。到了并购前期准备阶段,吉利急需外部关键资源来帮助其在并购沃尔沃上取得进展,这就要求吉利重视企业外部组织情景合法性,具体表现为全面认识福特、沃尔沃等对于吉利并购的态度,加强吉利与他们之间的沟通,并通过获取外部核心资源来推动吉利并购活动满足国际化范式,这期间感知能力和获取能力仍然占据主导地位。吉利在某些行动决策上有意识地采取了规范的国际化流程,例如,聘请罗斯柴尔德集团为并购顾问,以凸显吉利并购行为的专业化水平,具有强组织惯例的特点。在并购谈判阶段,对福特和沃尔沃进行全面分析,充分利用外部条件来争取并购利益最大化是吉利谈判的主导思想,此时的合法性聚焦以外部导向为主,同时兼顾吉利内部组织情景。这一阶段,吉利需要对福特出售沃尔沃的战略意图进行详细研判,并采取针对性的战术进行回应,因此,感知能力和重构能力在这一阶段发挥了重要的作用。而谈判过程中规范的谈判流程决定了吉利的系列并购行动是一种强组织惯例,而发挥吉利"中国式"谈判策略的灵动性由于是暂时性的创新行动策略,因此是一种弱组织惯例。最后,并购后整合阶段,在满足吉利并购诉求的前提下发挥沃尔沃的积极性迫使吉利采取了一种内外兼顾的组织情景合法性聚焦策略。在此阶段,吉利借助沃尔沃的技术、品牌来提升自身实力十分重要,因此,从组织制度设计和核心技术转让上进行整合与重构十分必要,重构能力在这一阶段的作用就十分突出。另外,吉利的这一系列整合活动都是紧紧围绕吉利实力提升展开的,具有持续性和稳定性,显然是一种强组织惯例。

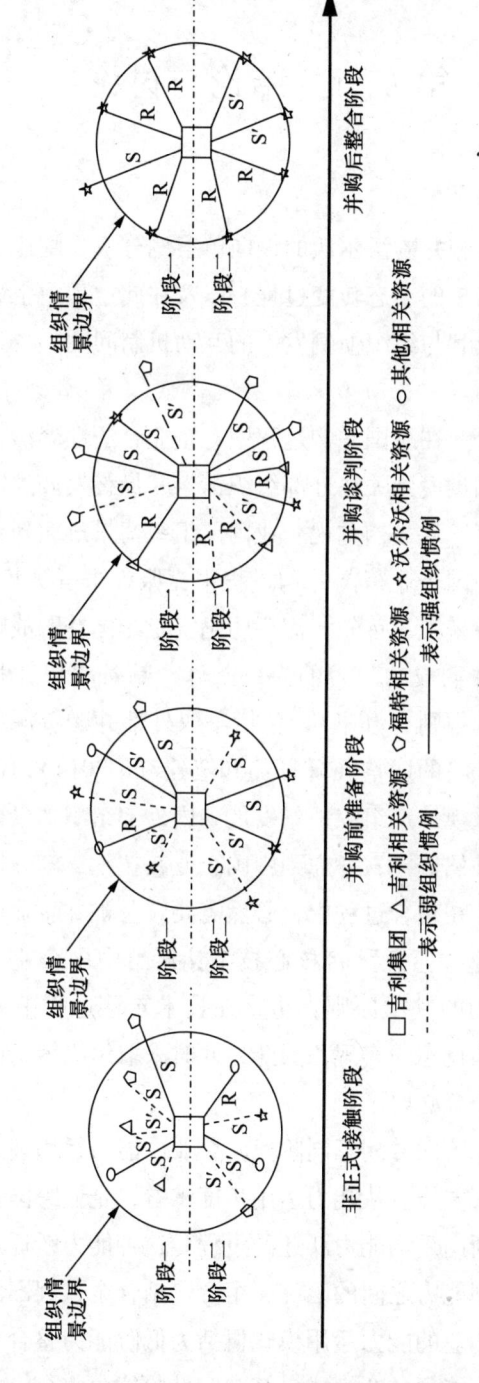

第二十一章 企业跨国并购组织合法性聚焦 / 373

图 21-2 吉利并购沃尔沃合法性聚焦、能力形式以及组织惯例演变全景

资料来源：笔者整理。

第五节 结论与讨论

一 主要结论

本章通过对吉利并购沃尔沃的纵向单案例分析,阐述了跨国并购过程中企业合法性聚焦的动态转变过程,以及在此过程中企业能力整合模式的阶段性特征及其与组织惯例发展的互动机制问题。本章的主要结论包括以下三个方面。

第一,中国企业在跨国并购过程中,企业合法性聚焦主要经历了由内部组织情景为主过渡到关注外部组织情景并最终发展到内外部组织情景兼顾的演变过程。从最初重视企业内部组织情景过渡到聚焦于外部组织情景的过程是中国企业跨国并购过程中克服外来者劣势的必然要求,对于中国后发企业来说,首先,需要明确实施跨国并购战略的目标,这是评价企业跨国并购成功与否的先决条件,具备战略性和系统性。其次,按照国际并购规则"办事",包括争取外部并购资源、获得被并目标的认可等并购策略的调整(陈怀超和范建红,2014),进而顺利推进企业跨国并购。重视外部组织情景发展到内外部组织情景兼顾则是保证并购目标实现的必然选择,考虑到中国企业在技术、知识等方面整体上落后于被并企业,在整合过程中,必然需要顾及被并企业的诉求,从而让被并的领先企业"愿意"将核心技术让渡给中国企业。但同时也要坚持中国企业并购的基本原则,防止在技术转移过程中付出沉重的代价,从而保证并购目标的实现,因此,此时采取组织情景内外兼顾的合法性聚焦策略就十分必要了。

第二,在企业跨国并购不同阶段,企业的能力运用模式以及组织惯例强度也存在显著差异。从能力运用角度来看,企业跨国并购过程是一个由感知能力不断向重构能力跃迁的过程,这种能力跃迁过程需要企业不断强化不同类型能力之间的匹配、组合。结合全过程图景的分析,我们可以进一步将企业的能力运用模式概括为低阶能力整合模式、中阶能力整合模式和高阶能力整合模式。其中,低阶能力整合模式主要是感知能力与获取能力的组合运用，高阶能力整合模式则突出重构能力的重要性，而中阶能力整合模式则是处于两者之间的过渡阶段，主要是以感知能力和获取能力为主，重构能力偶尔运用的能力整合模式。另外，伴随着企业能力的不断整合变化，企业的组织惯例也经历了以弱组织惯例为主发展到弱组织惯例与强组织惯例并存，最后形成强组织惯例为主导的演进历程。这种企业组织惯例的变革过程与企业不同类型能力的持续动态匹配、组合过程十分密切。本章研究发现，整体上看，低阶能力整合模式更容易导致企业形成弱组织惯例，而高阶能力整合模式形成企业强组织惯例的可能性更高。这是由不同类型能力的本质所决定的，感知能力只能帮助企业有效识别外部组织情景及机会（Barreto，2010），获取能力为企业获得外部资源支持提供了渠道（Wang and Ahmed，2007；Barreto，2010），而真正能够改进企业核心能力要素结构，并形成竞争力的关键还是企业的重构能力（Verona and Ravasi，2003；Jantunen et al.，2012），因此，我们进一步概括出企业跨国并购过程中企业能力整合模式与组织惯例之间的关系如图 21-3 所示。

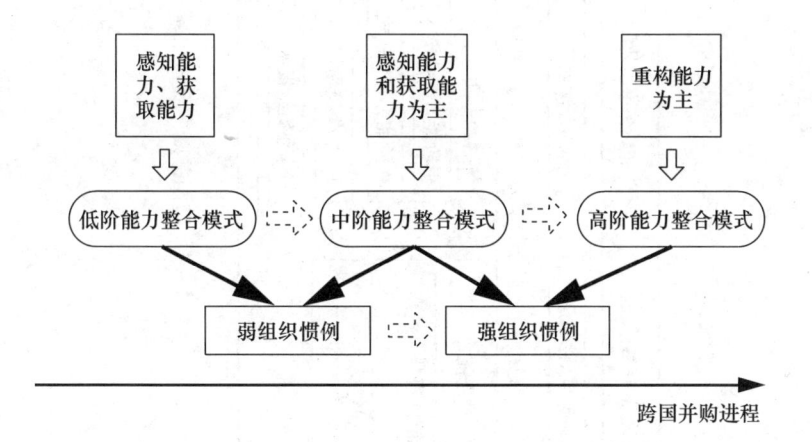

图 21-3 跨国并购中企业能力整合模式与组织惯例之间的关系

资料来源：笔者整理。

第三，本章构建了一个跨国并购中合法性聚焦与能力整合模式、组织惯例关系演变框架（见图 21-4）。在中国企业跨国并购进程中，为

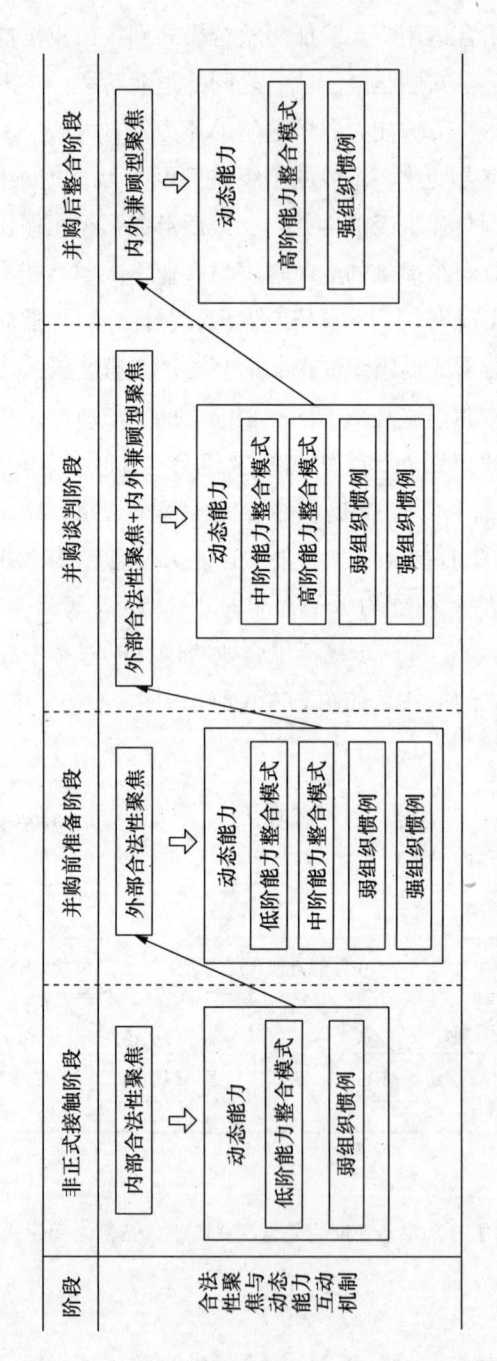

阶段	非正式接触阶段	并购前准备阶段	并购谈判阶段	并购后整合阶段
合法性聚焦与动态能力互动机制	内部合法性聚焦 ⇩ 动态能力 / 低阶能力整合模式 / 弱组织惯例	外部合法性聚焦 ⇩ 动态能力 / 低阶能力整合模式 / 中阶能力整合模式 / 弱组织惯例 / 强组织惯例	外部合法性聚焦+内外兼顾型聚焦 ⇩ 动态能力 / 中阶能力整合模式 / 高阶能力整合模式 / 弱组织惯例 / 强组织惯例	内外兼顾型聚焦 ⇩ 动态能力 / 高阶能力整合模式 / 强组织惯例

图 21-4 跨国并购中合法性聚焦与能力整合模式、组织惯例关系演变框架

资料来源：笔者整理。

了获得自身在国际市场上的竞争能力，企业需要从组织内部诉求来考虑企业战略决策问题，即内部组织情景合法性。起初，在企业内部组织情景合法性导向下，企业对于内外部资源的态度通常是探索、感知和尝试性获取（Gavetti and Levinthal，1999），并不期望能够对其进行深度的消化、整合，并且在此过程中容易沿袭企业已有的行动范式（董俊武、黄江圳和陈震红，2004）。这种行动范式却通常难以满足国际化情景对于企业的合法性要求，导致企业并购活动效率低下，从而很难形成一种规范化的组织惯例。为了克服这种不利局面，企业逐渐开始重视国际化情景的合法性问题，以成熟的企业跨国并购行动范式来获得外部资源的支持，并尝试采用中阶能力整合模式对某些核心资源进行重构，提升局部竞争力，与此同时，在组织外部合法性要求下的一些企业行动范式也最后形成了强组织惯例。当企业通过聚焦于国际化组织情景获得丰富的资源和能力积累之后，企业必然要重新考虑企业自身的并购诉求问题，因此，内外部组织情景兼顾的情况就在此阶段的合法性聚焦中出现了。在此阶段，我国企业需要再次评估外部资源与企业内部并购目标的匹配问题，因此，以资源重构能力为主导的高阶能力整合模式在这一阶段表现得尤为明显，通过高效率的资源重构形成最佳并购行动路线，即通过强组织惯例的形成最终完成企业并购的谈判。在最后的整合阶段，一方面，我国企业需要达成并购预期目标。另一方面，被并主体的技术、知识领先优势迫使我国企业不得不采取一种"学习者"的姿态来获得技术上的有效吸收、融合（范黎波、周英超和杨震宁，2014）。因此，内外兼顾的组织情景合法性聚焦策略是我国企业整合阶段的必然选择。而此时企业已经基本上完成对被并者资源属性的识别、认知过程，因此，全面采取高阶能力整合模式来完成先进技术、知识的转移、吸收以及融合是此阶段中国企业的终极目标，并且以这种高阶能力整合模式为基础的行动路线（强组织惯例）将贯穿后续的整个并购整合阶段。

二 理论贡献

对于企业组织合法性研究的贡献。

第一，为了克服外来者劣势，早期的学者都十分重视企业跨国并购的外部合法性研究（Nahavandi and Malekzadeh，1988；Elsbach and Sutton, 1992; Vaara and Tienari, 2002), 强调通过价值协同、风险规避、形象展示、修辞策略等方法来获得外部相关利益者的认同（Vaara and Tienari, 2002; 陈怀超和范建红, 2013), 但却往往忽略了企业自身内部合法性的诉求。这种企业内外部合法性失衡也是导致并购失败的重要原因之一（Maurizio et al., 2013）。本章研究首先引入了跨国并购过程中企业自身合法性聚焦的概念，强调了企业并购过程中组织合法性获取是一个"内部+外部"的二元聚焦范畴，并且详细阐述了这种企业组织合法性构建过程是一个由内部聚焦到外部聚焦再到内外部兼顾的合法性聚焦转变过程。我们的研究结论是对以往有关企业跨国并购过程中重视外部组织合法性研究的有效补充。

第二，本章的研究回应了 Vaara 和 Monin (2010) 有关并购过程中企业组织合法化的阶段性及其与组织行为之间的递归性影响关系。一方面，本章明确了跨国并购不同阶段的企业组织合法化不仅仅只有内部情景和外部情景两种"对立"状态，还有内外兼修的"和而不同"状态，并强调了这种内外兼顾型组织合法性聚焦对于企业并购后整合的重要促进作用。另一方面，在 Vaara 和 Monin (2010) 的基础上，我们进一步从动态能力视角来讨论组织合法性与企业行动之间的关系，不仅将并购过程中双方的知识、技术及人才等资源整合过程很好地纳入合法性框架当中，克服了 Vaara 和 Monin (2010)、Vaara 和 Tienari (2011) 仅仅将这些资源作为支撑条件的研究不足，同时，我们通过全面分析企业能力整合模式、组织惯例形成与组织合法性聚焦之间的作用关系，进一步深化了 Vaara 和 Monin (2010) 关于企业跨国并购过程中组织合法化与企业行为之间作用机制的理论框架。

对于动态能力领域研究的贡献。一直以来，关于动态能力的研究存在两种截然不同的理论观点，即以 Teece 等 (1997) 为代表的能力观和以 Eisenhardt 和 Martin (2000) 为代表的过程观。持能力观的学者认为，动态能力作为一种企业高阶能力，是对组织内外部资源的一种持续优化重构以应对外部环境变化所带来的挑战（Teece et al., 1997; Verona and Ravasi, 2003; Teece, 2007; Barreto, 2010）。持过程观的学者认为，动态能力是企业在长时间的实践过程中所形成的组织"最佳行动"

范式，这种组织行动范式最终在企业决策过程中形成具有规范性、普遍性意义的组织惯例（Eisenhardt and Martin, 2000; Zollo and Winter, 2002; Zott, 2003）。我们的研究在对这两种观点进行探索性分析后，尝试对它们之间的内在影响关系进行了探讨，构建了企业能力观与过程观之间的理论对话机制。

首先，按照 Teece（2007）、Jantunen 等（2012）的研究思路，我们将企业动态能力划分为感知能力、获取能力和重构能力，在企业具体行动决策中，需要不同类型的动态能力相互匹配、组合来共同发挥作用。根据不同类型动态能力重要性差异，我们进一步提出了低阶能力整合模式、中阶能力整合模式和高阶能力整合模式三类企业动态能力整合模式，强调动态能力在企业决策中的作用不仅仅是单一能力的不同，还存在不同类型能力组合所带来的巨大差异，是对 Jantunen 等（2012）研究的深化和拓展。

其次，作为组织惯例或者常规流程来看，动态能力能够通过"最佳行动路径"来推动企业目标的实现（Helfat and Peteraf, 2003），但这种企业组织惯例的权威性却存在很大的差异，从操作常规的效果来看，存在明显的"强弱"之分。在动荡的外部组织情景压力下，企业组织惯例强弱与企业资源整合功效休戚相关（Helfat et al., 2007），而企业资源整合功效则受到企业能力整合模式的显著影响。因此，我们创造性地构建了一个企业能力整合模式与组织惯例的匹配框架，是对 Barreto（2010）、李彬等（2013）研究的进一步深化，同时还指出，企业低阶能力整合模式更容易导致企业的弱组织惯例，而高阶能力整合模式促进企业强组织惯例形成的可能性更高。

第二十二章　企业跨国并购资源基础研究

第一节　研究背景

近30年来,随着以中国为首的新兴市场国家对外直接投资大幅增长,已成为全球经济增长的重要动力。据《2014年世界投资报告》,新兴市场国家对外投资流量占全球对外直接投资的1/3以上。2013年,中国作为新兴市场国家中对外直接投资的最大经济体,继续保持着世界第三大投资者的地位,实现了1010亿美元的新纪录(联合国贸发会议,2014)。这些对外直接投资大部分是通过企业跨国并购实现的。企业跨国并购作为一种快速的国际增长战略,增长是由企业多样化的目标驱动的。

近年来,越来越多的学者研究了新兴市场公司对外直接投资的区位决定因素(Jain et al., 2013; Ramasamy et al., 2012)。然而,从比较的角度探讨企业的跨国并购仍存在一些研究空白。在对外直接投资的文献中,新兴市场公司的跨国并购没有得到充分的重视,反而还存在如下困惑:一方面,学者忽略了资源依赖理论的影响,而这一理论是解释企业为什么参与并购的重要理论之一,资源依赖理论能够较好地解释新兴市场企业跨国并购的区位选择问题。另一方面,也有研究认为,资源依赖理论是检验发达经济体企业与新兴市场企业并购差异的重要切入点,但现有研究却很少尝试在不同背景中研究新兴市场公司的跨国并购。因此,通过研究新兴市场企业跨国并购对不同类型目标市场(发达国家或新兴市场国家)的选择可以进一步推进主流理论的发展。

第二节 相关理论基础

跨国并购研究中的核心问题是："什么吸引了新兴市场企业的跨国并购？"随着新兴市场国家正成为重塑全球商业格局的关键力量，学者已经开始探讨这一关键问题（Buckley et al.，2007）。然而，在以往研究中，学者较少关注新兴市场公司在不同类型市场上发起的并购（Jain et al.，2013），也未得出一致的研究结论。一些学者指出，发达国家和发展中国家的市场之间存在吸引力的差距（Kang and Jiang，2012），然而，在另一些学者却证明两种类型的市场并无显著差异（Duanmu，2012）。因此，为解决这一研究差异，在本章研究中，我们收集了新兴市场国家的样本数据，并且研究单个国家样本的结果是否可以推广到其他新兴市场企业，回答不同类型目标市场是否存在吸引力的差距。

从本质上说，资源依赖理论被认为是识别企业收购目标的前提（Haleblian et al.，2009；Hillman et al.，2009）。越来越多的新兴市场企业将跨国并购视为其获取所需重要资源的中心选择，以减少对外部环境的过度依赖（Peng，2012；Rabbiosi et al.，2012）。但令人遗憾的是，当前研究中并没有采用资源依赖理论来检验新兴市场企业跨国并购的区位决定因素（Deng，2013）。因此，本章尝试通过应用和扩展资源依赖的观点来填补这一研究空白，并分析在不同市场中新兴市场企业东道国相互依存的程度如何影响新兴市场公司参与国际收购的程度。

一 并购资源依赖逻辑

资源依赖理论的中心论点是依赖于外部环境的企业可以执行多种策略来对抗外部约束并获取关键资源（Pfeffer and Salncik，2003）。这些行动的核心是权力的概念，即控制至关重要的资源。企业并购是企业管理和最小化环境不确定性的手段（Davis and Cobb，2010）。与合资企业和其他组织间的选择不同，企业并购是一种完全的资源吸收，公司能够通过收购来控制其所需资源或其他企业需要的企业，从而增强其相对于竞争对手的实力（Casciaro and Piskorski，2005）。资源管理理论为理解组织环境与资源增强效应提供了一个以外部为中心的视角,其很好地解释了组织市场和资源之间的关系,从而成为最广泛应用的理论范式,解释了企业参与并购的原因(Davis and Cobb, 2010)。然而,在资源依赖的相关文献中仍存在一部分研究空白,即较少关注新兴市场公司发起的跨国并购。因此,在不同国家制度条件下,资源依赖角度是否能一致解释并购的前提条件仍然是未知的。

为了扩展企业并购的资源依赖逻辑,我们认为,面对国内稀缺的资源约束,企业可能会在海外投资,以获取替代资源来增加自身的实力。因此,我们将并购逻辑定义为企业获得和控制资源,从而减轻对它所嵌入的外部环境的资源依赖(Davis and Cobb, 2010)。并购逻辑显示,新兴市场企业对东道国的依赖取决于潜在收购企业控制新兴市场企业所需的重要资源或市场的程度。也就是说,东道国对资源的依赖程度预示着跨国并购顺利完成的可能性。同样,东道国对新兴市场企业的依赖加强了焦点组织的自主性和合法性(Pant and Ramachandran, 2012)。

尽管资源依赖理论似乎是建立在企业、环境、企业为减少依赖关系采取的行动之间的(Casciaro and Piskorski, 2005; Sherer and Lee, 2002),但是,企业并购逻辑在国际市场环境中并没有得到严格的检验。此外,以往研究的关注点集中在行业或公司层面的分析,忽略了国家层面的考量(Casciaro and Piskorski, 2005)。考虑到资源依赖理论是企业对环境的依赖,因此,企业的相关活动也应该在国家层面上进行讨论(Davis and Cobb, 2010)。通过关注国家层面,我们将进一步加深对全球环境下并购逻辑的理解。

二 在并购逻辑中寻找市场的动机

从资源依赖的角度来看,市场不仅是资源的渠道,也是实际实施企业战略的途径,代表着企业监控和操纵国家间资源流动的能力(Davis and Cobb, 2010)。在全球市场相互依赖的时代,新兴市场企业不仅依赖于本国的企业,而且越来越依赖于国外的原材料、中间产品或下游市场的其他企业(Bhagata et al., 2011)。此外,企业并购逻辑也暗示,由于某些关键供应材料的缺乏,新兴市场企业会采取收购策略来应对这种约束压力(Finkelstein, 1997)。一个企业可以扩展到新的地理位置,以减少与现有市场或相关参与者的约束，从而改变权力不平衡的困境。因此，企业并购可能会使新兴市场企业在市场上获得更多的权力，控制更多核心资源并确保资源的持续流动（Pfeffer and Salancik, 2003）。例如，收购当地著名的企业被认为有助于新兴市场企业向消费者传递合法性信号来帮助新兴市场企业进行营销活动并缓解企业在市场上的"陌生人"的形象。

本地企业通常拥有客户、渠道控制、关键供应源以及与监管机构的关系等资源，这些资源在短期内无法轻易复制，因此，通过收购，新兴市场企业可以在一定程度上稳定和控制这些资源的流动。最重要的是，通过控制有限且关键资源可以建立进入壁垒来获得更多的市场支配力量，从而阻止或限制竞争对手的进入（Gaffney et al., 2013；Shimizu et al., 2004）。此外，由于国内竞争激烈、市场主导地位强大，新兴市场企业往往无法在国内获得足够的市场份额。因此，新兴市场企业可以通过投资海外来避免国内的市场约束（Heeley et al., 2006）。

东道国庞大的市场预示着国际市场能够吸引潜在的并购企业来积极参与并购（Kyrkilis and Pantelidis, 2003；Tolentino, 2010）。从资源依赖的角度出发，特定的市场往往代表着一个资源富集池，新兴市场企业可以通过资产、信息和合法性的流动，从而增加并购交易的可能性（Gaffney et al., 2013）。从国家层面来看，由于国家的财政财富与新兴市场企业的能力呈正相关关系，因而创造了企业特有的优势，这些优势已被认为是国际收购所必需的（Kyrkilis and Pantelidis, 2003；Sun et al., 2012）。越来越多的研究表明，来自新兴市场国家的金融市场规模是跨国并购的一个重要决定因素。Duanmu（2012）发现，东道国的金融市场规模是中国对外直接投资的重要吸引力。东道国对金融市场的投资为投资者创造了更多的购买潜力，以及更多的投资机会（Globerman and Shapiro, 2005）。因此我们推测，东道国金融市场规模将会对新兴市场企业发起的跨国并购数量产生积极影响。由此，本章提出以下假设：

假设22-1：东道国金融市场规模与新兴市场企业的跨国并购数量呈正相关关系。

三 在并购逻辑中寻求资源的动机

从资源依赖的角度来说,考虑到并购动机在资源需求方面的重要性。为了应对外部环境的不确定性,企业经常实施并购策略来吸收资源(Pfeffer and Salancik, 2003)。特别是企业从不同经济体获得的资源可能会影响它们对收购的决定(Finkelstein, 1997)。虽然一些研究已经将资源获取的要素纳入跨国并购背后的驱动力,但它们通常关注的是并购的交易角色,而不是对资源的控制。在本章研究中,我们主要关注东道国资源(包括自然资源和战略资产)对后续并购的影响。从根本上说,企业并购需要与目标企业提供的资源相匹配,而资源丰富的国家理所当然成为新兴市场企业跨国并购的重点区域(Haleblian et al., 2009)。

获取并保持自然资源是新兴市场企业参与国际收购的主要动机之一(Gaur et al., 2014; Stucchi, 2012)。以中国为例,随着中国经济快速增长(Kang and Jiang, 2012),中国政府已经利用对外直接投资来确保国内稀缺要素的投入。自然资源是吸引跨国并购的另一个重要因素。中国企业寻求的主要自然资源包括矿产、石油、木材、渔业和农产品(Morck et al., 2008)。因此,新兴市场企业将增加和拥有丰富自然资源的发展中国家之间的跨国并购数量。基于此,本章提出以下假设:

假设22-2:东道国的自然资源与新兴市场企业的跨国并购数量呈正相关关系。

除了自然资源,新兴市场企业也通过并购获得无形资源和创新知识。有研究认为,诸如卓越的营销专长、产品差异化、专利保护技术和管理诀窍等战略资产构成了新兴市场企业参与国际收购的主要战略动机,并且在发达国家表现得尤为明显(Jullens, 2013; Rabbiosi et al., 2012)。新兴市场企业通过收购发达市场企业获得了大量无形资源,如知名品牌、新颖的产品技术和丰富的分销商网络(Nicholson and Salaber, 2013)。例如,联想在2005年收购了IBM的PC集团,这次收购使联想立即成为全球第三大个人电脑供应商。同样,新兴市场企业正在研究发达国家以获得高质量的研发机构和在国内尚未发现的劳动力(Abrami et al., 2014; Chen et al., 2012)。例如,许多拥有所有权优势的印度软件公司已经转移到国外以获取创新的技能,以及在国内无法获得的专有技术(Gaur et al.,2014;Chen et al.,2012)。

当进入国外市场寻找战略资产时,新兴市场企业更有可能通过收购以将业务内化,如联盟和合资。这是因为,并购更有可能降低新兴市场企业的机会成本,以吸收关键资源,如先进技术或管理技能。最重要的是,跨国并购可能帮助新兴市场企业控制一些重要的资源,不仅简化了业务,而且提高了它们相对于当地企业的议价能力,从而减轻了依赖的不确定性(Gaffney et al.,2013;Haleblian et al.,2009)。鉴于跨国并购正日益成为新兴市场企业获取先进技术的重要战略部署,本章提出以下假设:

假设22-3:东道国的战略资产与新兴市场公司的跨国并购数量呈正相关关系。

四 政府行政效率的调节作用

进一步分析发现,并购逻辑受到东道国政府政策管理水平的约束,这是资源依赖理论文献中经常被忽视的一个重要的制度变量。政府效力是制度体系的组成部分,其代表着东道国的制度治理程度,反映了公众对服务质量、政策制定和执行质量的看法(Kaufmann et al.,2010)。东道国政府设计和实施有效的经济和政策的能力是外国投资者参与国际并购活动必不可少的先决条件(Lin et al.,2009)。如果没有这样有效的政策,经济机会的发展将受到限制,其对外国投资者的吸引力也会降低。东道国政府往往对外国投资者拥有相当大的议价能力。正如Boddewyn和Brewer(1994)所言,一旦一家外国企业投资于东道国时,其在当地政府的议价能力就会下降。

本章中,我们把重点放在东道国政府的治理能力上,以便进一步了解并购逻辑如何更有效地政府治理能力在跨国并购中的作用。资源依赖理论学者专注于研究如何通过并购来增强收购企业的力量,以减少竞争(Santos and Eisenhardt,2005)。然而,在并购东道国当地的重要竞争对手过程中,新兴市场企业不可避免地受到东道国政府的密切监测。从本质上看,由于资源依赖理论的管理方式经常与普遍存在的反垄断规则密切相关,因此,该理论的解释力受到竞争法的影响,而竞争法在政府效力高的东道国更有可能实施。基于此，本章提出以下假设：

假设22-4：东道国金融市场规模与新兴市场企业跨国并购数量之间的关系将受到东道国政府效能的负面影响。

与通过跨国并购而建立的市场力量相比，东道国政府对新兴市场企业的战略资源寻求行为更为敏感。这是因为，具备了以创新为基础的知识优势，新兴市场企业更有可能成为总部设在本土的跨国企业强有力的挑战者（Jullens，2013；Sun et al.，2012）。由于政府效能很高，东道国很有可能不仅是基于竞争性的法律，而且还受到国家利益的关注（Bremmer，2014）。因此，作为战略选择，跨国并购不仅是由企业的资源需求驱动的，而且也是企业面临的制度约束的反映（Peng et al.，2008）。最重要的是，更严格的反合并立法可能会影响后续并购的吸引力，因为反垄断当局经常要求从跨国并购中剥离一些有价值的资产。当面对新兴市场企业与东道国之间的相互信任压力时，新兴市场企业不得不根据东道国政府效能水平来调整企业战略。因此，本章提出以下两个假设：

假设22-5a：东道国的自然资源与新兴市场企业的跨国并购数量之间的关系将受到东道国政府效能的负面影响。

假设22-5b：东道国的战略资产与新兴市场企业的跨国并购数量之间的关系将受到东道国政府效能的负面影响。

第三节 研究设计

一 变量测度

在本章中，因变量采用企业在东道国市场上的跨国并购数量来反映。我们选择使用并购交易的数量来衡量并购活动的水平，这样，每笔交易都可以得到平等对待。我们遵循 Globerman 和 Shapiro（2005）的方法，用股票市值与 GDP 的比率来表示东道国市场的金融市场规模。对于资源需求变量，我们将矿石和金属出口与东道国商品出口的比率作为自然资源。参考 Buckley 等（2007）的研究，我们将在东道国注册的专利注册总数作为战略资产需求变量的指标。

关于调节变量，我们采用 Kaufmann 等（2010）开发的 6 个全球治理指标之一的政府效能指标，来代表东道国政府的行政效率。为了有效检验调节作用，我们参考了 Connelly 等（2010）和 Penner 等（2005）的研究思路。

关于控制变量，我们使用了世界银行数据库中的国内生产总值增长率、国内市场总值和外汇储备数据来衡量国内市场对外商投资活动的影响。国内生产总值增长是以每个国家国内生产总值的年增长率来衡量的。与市场总值类似，国内市场总值是用股票市场资本化率与每家收购公司国内生产总值的比率来衡量的。外汇储备是指在国际货币基金组织持有的货币黄金、特别提款权以及 IMF 成员国的外汇储备中，每一个国家的外汇储备目前美元的总价值。有观点指出，拥有健全金融环境的国内市场企业更倾向于投资国外，因为国内经济发展能够给其带来全球竞争的国家优势（Luo and Wang，2012；Tolentino，2010）。此外，我们利用文化距离来控制不同文化的影响，用 Hofstede 的四个文化维度来衡量并购企业和目标企业的民族文化差异的程度。我们遵循 Kogut 和 Singh（1988）的方法，将文化距离的四个维度合并为一个复合变量。预计文化距离将会增加跨国并购的不确定性，因此，当国内与东道国之间的文化距离较大时，并购的规模将会减小（Kang and Jiang，2012）。最后，我们以前一年在东道国市场上使用海外并购的数量来控制先前的并购对当前投资活动的影响。

二 方法选择

我们选取的因变量是每个新兴市场企业的跨国并购数量，是正整数。因此，我们采用泊松或负二项回归模型进行分析。尽管泊松回归确保了因变量的零值被合并到一个模型中，但它不能处理方差率，称为过度分散，因为它假定事件在一段时间内以一定的速率发生。因此，我们最终选用负二项回归模型作为本章的研究方法，这是因为，数据的分布更加符合泊松分布的要求（Hilbe，2007），而标准的负二项模型可能无法处理跨国并购数据中存在缺失值的数据。因此，我们应用 Vuong 测试（Vuong，1989）来确定一个零膨胀的负二项回归是否比标准的负二项模型更好。由于我们的研究中 Vuong Z 分数不显著（p < 0.05），所以，我们决定采用负二项式模型来分析数据。

第四节 数据分析和结果

表 22-1 和表 22-2 反映了本章研究中所有变量的描述性统计和相关关系。另外，我们利用方差膨胀因子检验变量的共线性。测试结果发现所有膨胀因子都大于 1 且小于 10，因此不存在共线性问题。

表 22-1　　发达国家市场样本的描述性统计和相关性水平

变量	均值	标准差	1	2	3	4	5	6	7	8
1. 并购数量	2.52	4.76								
2. 金融市场规模	100.58	53.66	0.17***							
3. 自然资源	4.35	5.64	0.14***	0.08*						
4. 战略资产	3.81	0.85	0.30***	-0.07*	-0.13***					
5. 政府效能	91.92	6.70	-0.14***	0.43***	0.12**	0.32***				
6. 母国GDP增长	5.86	3.71	0.17***	0.06	0.02	-0.05	0.02			
7. 母国金融市场规模	69.76	57.17	0.16***	0.07*	0.14***	0.08*	0.02	-0.01		
8. 外汇储备	11.07	0.58	0.19***	-0.14***	0.04	0.02	-0.13***	0.41***	-0.08**	
9. 文化距离	2.11	1.11	-0.02	-0.03	0.10**	0.12**	0.12***	0.18***	-0.22***	0.30***

注：*、**、*** 分别表示 10%、5%、1% 的显著性水平；表中第一栏的序号表示与表中第一列序号相对应的变量。

表 22-2　　发展中国家市场样本的描述性统计和相关性水平

变量	均值	标准差	1	2	3	4	5	6	7	8
1. 并购数量	1.22	2.01								
2. 金融市场规模	48.72	49.83	0.01							
3. 自然资源	10.55	16.38	-0.03	0.10*						

续表

变量	均值	标准差	1	2	3	4	5	6	7	8
4. 战略资产	2.84	0.97	-0.02	0.21***	-0.28***					
5. 政府效能	54.12	19.12	-0.07*	0.32***	-0.16**	0.09*				
6. 母国GDP增长	5.54	3.73	-0.05	0.18**	-0.03	0.09*	0.07*			
7. 母国金融市场规模	78.34	67.08	-0.01	0.06*	0.16**	0.07*	-0.22***	-0.06		
8. 外汇储备	11.01	0.61	0.12**	0.18**	0.03	0.03	0.18**	0.40***	-0.23**	
9. 文化距离	1.08	0.84	-0.16**	-0.01	-0.06	0.24***	0.20**	0.07*	0.33***	-0.16**

注：*、**、***分别表示10%、5%、1%的显著性水平，表中第一栏的序号表示与表中第一列序号相同的变量。

表22-3反映了发达国家市场的负二项回归分析结果。模型1是只包含控制变量和调节变量的基准模型。模型2至模型4分别检验了三种动机对跨国并购的影响显著性水平。模型5涵盖了所有的自变量，并将其作为模型6的基准模型。

表22-3　　　　　　　发达国家市场的负二项回归分析

自变量	模型1 假设22-1	模型2 假设22-2	模型3 假设22-3	模型4 假设22-3	模型5 所有主效应	模型6 [a]	
						高政府效能	低政府效能
截距	-5.189 (0.961)	-5.977*** (1.152)	-4.850*** (0.999)	-7.362*** (1.044)	-10.161*** (1.109)	-4.318** (1.490)	-14.052*** (1.769)
母国GDP增长	0.013 (0.012)	0.001 (0.011)	0.016 (0.013)	0.016 (0.012)	0.012 (0.012)	0.032 (0.017) 0.068	0.002 (0.015) 0.007
母国金融市场规模	0.003*** (0.001)	0.002** (0.000)	0.002** (0.000)	0.003** (0.001)	0.002* (0.001)	0.003** (0.001) 0.006	0.001 (0.000) 0.003
外汇储备	0.453*** (0.088)	0.549*** (0.090)	0.426*** (0.089)	0.527*** (0.090)	0.714*** (0.094)	0.494*** (0.121) 0.928	0.941*** (0.152) 2.015

续表

自变量	模型1 假设22-1	模型2 假设22-2	模型3 假设22-3	模型4 假设22-3	模型5 所有主效应	模型6 [a]	
						高政府效能	低政府效能
文化距离	-0.026** (0.001)	-0.009 (0.040)	-0.046 (0.041)	-0.061 (0.042)	-0.031 (0.046)	-0.208 (0.054) -0.416	-0.048 (0.068) -0.101
前一年海外并购数量	0.059*** (0.003)	0.058*** (0.002)	0.058*** (0.003)	0.58*** (0.003)	0.037*** (0.003)	0.070*** (0.009) 0.146	0.020*** (0.004) 0.044
政府效能	-0.005** (0.001)	-0.012* (0.006)	-0.006** (0.001)	-0.004** (0.001)	-0.006** (0.002)	-0.029*** (0.007) -0.063	-0.012 (0.010) 0.029
金融市场规模		0.005*** (0.001)			0.006*** (0.001)	0.004*** (0.001) 0.008	0.010*** (0.002) 0.026
自然资源			0.020*** (0.004)		0.035*** (0.005)	0.015* (0.006) 0.035	0.041*** (0.012) 0.092
战略资产				0.347*** (0.049)	0.411*** (0.050)	0.232 (0.071) 0.482	0.716*** (0.085) 1.513
对数似然值	-1690.51	-1672.60	-1682.87	-1661.09	-1605.78	-898.60	-672.82
Wald 卡方值	733.76***	768.56***	746.11***	770.08***	901.94***	322.69***	471.00***
样本量	923	923	923	923	923	545	378

注：a 模型6中数值依次为估计系数、标准差、平均边际效应。*、**、***分别表示10%、5%、1%的显著性水平。

假设22-1、假设22-2和假设22-3表明，金融市场规模、自然资源和战略资产与每个东道国市场的跨国并购数量呈正相关关系。在表22-3的模型2和模型5中，金融市场规模对跨国并购具有正向影响，且显著（$r_1 = 0.005$，$p < 0.001$；$r_1 = 0.006$，$p < 0.001$）。此外，在模型3和模型5中，自然资源对于企业跨国并购具有正向影响且显著

（$r_3 = 0.020$，$p < 0.001$；$r_4 = 0.035$，$p < 0.001$）；通过模型 4 和模型 5 分析，战略资产对于企业跨国并购的影响正向也显著（$r_5 = 0.347$，$p < 0.001$；$r_6 = 0.411$，$p < 0.001$）。因此，假设 22 – 1、假设 22 – 2 和假设 22 – 3 在发达国家市场中得到了实证支持。发达国家的市场规模越大，拥有的自然资源和战略资产越丰富，新兴市场企业在发达国家发起的并购数量也越多。

假设 22 – 4、假设 22 – 5a 和假设 22 – 5b 则表明，东道国政府效力的水平降低了金融市场规模、自然资源和战略资产对新兴市场企业的跨国并购数量的影响。如前所述，我们将样本分成两个子样本，由政府效率的平均值来检验调节作用。我们研究了自变量对每个子样本的因变量的边际效应。如表 22 – 3 中模型 6 所示，在低政府效能下，金融市场规模、自然资源和战略资产对于跨国并购的影响均为正且显著（$r_7 = 0.010$，$p < 0.001$；$r_8 = 0.041$，$p < 0.001$；$r_9 = 0.716$，$p < 0.001$）。因此，假设 22 – 4、假设 22 – 5a 和假设 22 – 5b 得到了实证数据支持。由此我们得出以下结论：当新兴市场企业在发达国家进行跨国并购时，东道国政府效能力越低，跨国并购的数量与东道国市场的规模、自然资源的丰富性以及国家的战略资产之间的正向关系就越强。

表 22 – 4 反映了发展中国家市场的负二项回归分析结果。与表 22 – 3 相似，模型 1 是基准模型，模型 5 涵盖了所有自变量，模型 6 检验政府效能水平对并购数量的影响。在市场寻求动机的主要影响下，在模型 2 和模型 5 中，金融市场规模对于跨国并购的影响呈现出积极效应（$r_{10} = 0.002$，$p < 0.05$；$r_{11} = 0.002$，$p < 0.05$）。在模型 2 和模型 5 中，自然资源对于跨国并购的影响也呈现出积极效应（$r_{12} = 0.035$，$p < 0.001$；$r_{13} = 0.009$，$p < 0.05$）。然而，在模型 4 和模型 5 中，战略资产的影响不再显著。因此，假设 22 – 1 和假设 22 – 2 在发展中国家市场情景下也得到了支持，而假设 22 – 3 则没有。总之，发展中国家金融市场规模越大，自然资源越丰富，跨国并购数量就越多。

从调节作用的角度来看，表 22 – 4 的模型 6 表明，在低政府效能情况下，金融市场规模、自然资源和战略资产对跨国并购的影响都是显著的（$r_{14} = 0.008$，$p < 0.05$；$r_{15} = 0.007$，$p < 0.05$；$r_{16} = 0.202$，$p <$

0.01)。但在高政府效能情况下，战略资产对于企业跨国并购的影响不再显著（$r_{17}=0.047$，n.s），因此，假设 22-5b 得到数据支持，假设 22-4 和假设 22-5a 没有得到数据支持。这说明，新兴市场国家的政府效能积极地调节了东道国市场金融市场规模、自然资源与企业跨国并购数量之间的关系。

表 22-4　　发展中国家市场的负二项回归分析

自变量	模型 1	模型 2 假设 22-1	模型 3 假设 22-2	模型 4 假设 22-3	模型 5 所有主效应	模型 6 [a] 高政府效能	低政府效能
截距	-3.393* (1.406)	-3.001* (1.425)	-3.478* (1.421)	-3.133* (1.492)	-2.941 (1.509)	-1.159 (2.003)	-4.482 (2.463)
母国 GDP 增长	0.002 (0.015)	0.003 (0.015)	0.003 (0.015)	0.005 (0.015)	0.002 (0.015)	0.003 (0.019) 0.005	0.014 (0.024) 0.025
母国金融市场规模	0.006*** (0.001)	0.006*** (0.002)	0.006*** (0.001)	0.006*** (0.001)	0.006*** (0.001)	0.006*** (0.002) 0.007	0.006* (0.002) 0.010
外汇储备	0.309* (0.127)	0.287* (0.128)	0.322* (0.129)	0.281* (0.135)	0.297* (0.136)	0.154 (0.177) 0.162	0.328** (0.123) 0.481
文化距离	-0.198** (0.073)	-0.197** (0.073)	-0.198** (0.073)	-0.196** (0.076)	-0.175* (0.076)	-0.117 (0.108) -0.128	-0.598** (0.156) -0.702
前一年海外并购数量	0.125*** (0.022)	0.123*** (0.022)	0.121*** (0.022)	0.112*** (0.023)	0.103*** (0.023)	0.075 (0.043) 0.085	0.131*** (0.018) 0.192
政府效能	-0.003 (0.003)	0.002 (0.003)	-0.003 (0.003)	0.005 (0.003)	0.003 (0.004)	0.008 (0.007) 0.009	0.005 (0.003) 0.007
金融市场规模		0.002* (0.000)			0.002* (0.001)	0.003* (0.001) 0.005	0.008* (0.003) 0.014

续表

自变量	模型1	模型2 假设22-1	模型3 假设22-2	模型4 假设22-3	模型5 所有主效应	模型6 [a]	
						高政府效能	低政府效能
自然资源			0.035 *** (0.005)		0.009 * (0.003)	0.013 * (0.005) 0.016	0.007 * (0.003) 0.012
战略资产				0.090 (0.055)	0.047 (0.058)	0.047 (0.074) 0.055	0.202 ** (0.142) 0.306
对数似然值	-978.33	-966.28	-977.12	-977.46	-934.23	-590.13	-552.05
Wald 卡方值	103.68 ***	112.65 ***	106.72 ***	103.85 ***	113.85 ***	46.90 ***	66.07 ***
样本量	1053	1053	1053	1053	1053	484	569

注：*、**、*** 分别表示 10%、5%、1% 的显著性水平。

在控制变量的影响方面，如表22-3和表22-4的模型5所示，国内金融市场总值、外汇储备的系数均为正且显著，表明在发达国家市场和发展中国家市场，当它们的国家拥有更大的金融市场规模，拥有较高的外汇储备，以及在前一年进行更多的收购时，它们很可能在发达国家和发展中国家进行更多的并购。此外，我们发现，在发展中国家市场下文化距离的回归系数都为负值且显著。因此，在发展中国家市场背景下，当文化距离较小时，新兴市场企业跨国并购的数量将越多。

第五节　结论与讨论

本章的研究结果表明，东道国金融市场规模，自然资源和战略资产正向影响新兴市场企业的国际收购强度。此外，我们还发现，发达市场与新兴市场之间在政府效能的作用机制上是存在显著差异的，在新兴市场市场背景下，较低的政府效能可以正向调节金融市场规模，自然资源和战略资产对于企业跨国并购数量的正向影响。而在发达国家市场背景下，政府效能越低，只有战略资产对企业跨国并购数量有正向影响。本章研究通过关注重要的市场和资源驱动因素,提供了资源依赖视角下来自新兴市场企业的跨国并购。我们的研究结果表明,东道国的资源可用性是跨国并购的一个重要前提,新兴市场企业和资源依赖理论的融合为理解新兴市场企业跨国并购行为提供了一个新的视角。

我们的研究结果还表明,当新兴市场企业通过收购本土企业的所有权时,并购逻辑的预测能力受到东道国政府管理有效性的影响。最重要的是,政府效能可能是一种强制力,迫使企业采取行动,使企业适应环境和满足东道国政府的要求。在东道国市场内的这种制度力量也可能导致同构性(DiMaggio and Powell,1983),并影响新兴市场企业采用特定形式来降低依赖性(Peng et al.,2008)。

我们还发现,发达市场和新兴市场的企业跨国并购的决定因素存在差异,这与资源依赖论证的预测是一致的。在发达新兴市场背景下,我们所有的假设都得到了支持,而在新兴市场,我们的假设得到了部分支持,这是由不同东道国市场中的资源可用性程度不同决定的。在发达市场,专利对企业跨国并购的影响程度比自然资源要强,这意味着知识资产对比自然资源的重要性越来越高。但是,在新兴市场中,专利对于企业跨国并购的影响作用并不重要,但自然资源的作用是非常显著的,这可能是由于新兴市场普遍缺乏原始创新知识造成的。

第二十三章　企业跨国并购所有权参与机制研究

第一节　研究背景

传统的对外投资研究主要集中在发达国家企业的战略决策上。近年来，来自新兴市场国家的跨国企业由于积极参与全球投资越来越受到关注。2012年，新兴市场国家外国直接投资占全球的近1/3。为了快速获得海外市场目标企业高价值的、互补性强的战略性资源和能力，新兴市场企业纷纷将跨国并购作为外商直接投资的主要进入战略方式。新兴市场企业发起的世界跨国并购比重从2005年的15%上升到2010年的29%。尽管学者对新兴市场企业的对外直接投资做了大量的研究，但大多数研究仅关注于对外活动的数量如投资流量（跨境并购数量）。至于新兴市场企业是如何做出战略决策的，目前相关研究仍旧缺乏。例如，如何选择跨国并购的目标企业是跨国并购研究中的一个重要议题。本章研究主要聚焦于新兴市场企业跨国并购所有权参与程度。

跨国并购所有权参与即收购企业拥有的所有权的程度，是影响企业跨国并购的主要前因条件。所有权收购的风险和收益可以决定收购企业的成功和生存。具体而言，在所有权参与方面选择不当往往会导致问题和错误，如资源承诺和目标企业的不合理整合、收购方和目标企业之间的不匹配。在以往研究中，关于所有权参与的决定因素主要考察了国家层面的因素，如制度距离或文化距离，却很少讨论行业水平如行业不相关以及企业层面的董事会结构等。董事会会影响甚至鼓动战略决策，但对于新兴市场企业董事会结构如何影响股权参与跨国并购的经验证据却很少。为弥补这一研究空白，本章采用多层次方法分析国家层面、行业层面和企业层面的因素对跨国并购的所有权参与程度的影响，以检验EMNCs发起的跨国并购所有权参与程度的关键决定因素。

除所有权参与跨国并购的决定因素外，本章还探讨了所有权参与水平是否以及如何影响新兴市场企业的绩效。与之前的研究不同的是，本章采用跨国并购作为整体战略研究其对并购企业的影响，重点是所有权参与程度。自2000—2012年以来，总部设在新兴市场国家（巴西、中国、印度、印度尼西亚等）的699家企业发起了1358个跨国并购。本章通过交易成本理论、制度理论和代理理论得出新兴市场企业的所有权策略及其对绩效的影响。本章通过以下几个方面对新兴市场企业和跨国并购的文献做出贡献。首先，本章侧重于检验所有权参与水平，弥补了以往的研究空白。其次，本章探讨了影响跨国并购企业的所有权参与水平的因素。具体而言，我们通过采用多层次的方法，考察来自国家（制度距离、文化距离）、行业（行业相关性）和企业（董事会集中和独立）水平的因素，为所有制战略的决定因素提供了广泛的视角。最后，本章考察所有权参与的高低是否影响新兴市场企业的市场价值。

第二节　相关理论及假设

一　跨国并购的所有权参与

当跨国企业决定在国外进行并购时，需要确定企业所有权参与程度。以往研究已对所有权参与程度进行了界定，即完全收购是通过获得当地企业100%的股权，部分并购是通过获得当地企业一部分的股权。采取何种水平的所有权收购方式涉及不同的战略考量。例如，与部分收购相比，完全收购涉及单独收购目标企业，并使收购企业获得目标企业对投资资产和收益的完全控制权。然而，完全收购会增加收购企业在国外市场中的环境干扰和风险。同时，部分所有权收购为收购企业提供了优势，如分享投资机会，降低风险。然而，部分所有权参与的收购不能实现对目标企业的完全控制，会导致合伙机会主义的存在，并且往往不能充分实现收购企业与目标企业的整合。因此，企业在决定以何种所有权收购决策时需要考虑信息不对称造成的风险以及市场的不确定性程度，并以此权衡企业的优势和成本，从而制定出最优的所有权参与程度。

并购中的信息不对称问题是企业收购过程中的重点和难题，尤其是当目标企业位于遥远的国家或行业时。例如，在实施收购策略时，收购方需要评估目标企业的真实价值以及未来协同收益的潜力，而若此时收购企业与目标企业的国家与行业相去甚远时，这些收益便不容易确定。并且目标企业的特定信息可能是隐蔽的，这就会造成收购企业无法获得所需的全部消息，并导致最终收购的失败。此外，积极参与目标企业的治理是一个昂贵的过程，因为收购者需要了解目标企业本身和其所在东道国环境的各种问题。因此，收购企业需要考虑尽职调查过程的复杂性，因为他们不仅需要评估目标企业的财务状况，还需要评估嵌入目标企业的所在地的环境。在这种情况下，企业往往会采取所有权参与程度较低的收购策略，以此减少由于错误选择而造成的损害和风险。因此，更大程度的不确定性会导致收购企业选择所有权参与程度较低的收购策略。

交易成本理论和制度理论指出，影响外资并购中所有权参与程度的决定因素有国家层面的因素如制度距离或文化距离以及行业层面的不相关性行业等因素。随着代理理论的引入，我们认为，企业层面的董事会结构也会影响所有权参与等战略决策，因为董事会董事处于决策过程的最高点。本章研究采用多层次的方法，同时考察国家层面（制度距离和文化距离）、行业层面（行业相关性）和企业层面（董事会集中和独立性）因素如何影响新兴市场企业的跨境并购中的所有权参与。此外，本章还检验了所有权参与是否影响投资者对新兴市场企业的市场价值的评价。

二 理论假设

交易成本理论和制度理论认为，企业通过所有权参与水平决定，以应对东道国制度环境的不确定性。具体而言，高度的制度性距离导致企业考虑低而不高的所有权，以保持灵活性。在母国和东道国之间、正式和非正式机构之间更大的差异使跨国企业在东道国有效运作和建立合法性方面出现更大的困难。与制度距离相关的风险包括缺乏对当地机构和企业的了解，以及监控和维持与当地客户和供应商关系的障碍增加。为了降低与高制度距离相关的风险，跨国企业可能会减少对目标企业的投资或选择收购目标企业的低所有权。Dikova 等（2010）发现，正式和非正式的制度距离越大，跨境收购交易的可能性就越小。Xu 等（2004）发现，制度距离越大时，所有权参与程度就越低。

然而，制度距离与所有权参与程度之间的负相关关系可能不一定适用与新兴市场企业。与发达市场相比，新兴市场的会计准则较为宽松，围绕股票市场上市和注册的法律要求也较低，投资者保护程序也较弱。因此，当新兴市场企业并购比本国正式制度更强的国家的目标企业时，不仅可以改善其会计准则和投资者保护程序，还可以提高其对公众投资者的吸引。因此，面临高制度距离的新兴市场企业可能倾向于在并购中获得高所有权而不是低所有权。近期在跨境并购的研究也证明了这一论点。Lahiri 等（2014）重点关注服务行业的跨国并购，他们发现，当交易涉及高度的制度距离时，新兴市场企业倾向于选择完全的所有权参与。因此，在本章研究中，我们认为，与发达市场的跨国公司相反，当新兴市场企业面临高制度距离时，可能会选择高度的所有权参与。由此，本章提出以下假设：

假设 23-1：当并购企业和目标企业国家之间的制度距离很高时，跨国并购中所有权参与程度会提高。

由于文化差异、消费者偏好以及商业惯例和市场制度力量的因素，导致跨国并购的跨国企业受到严重的信息不对称困扰。文化距离是指收购企业和目标企业国家之间的文化差异程度。文化距离增加了沟通的成本和风险，由于文化距离不同于正规制度（如法律）的规定，跨国企业需要花费更多的时间和精力去学习包括不同文化价值观和信仰在内的非正式制度。因此，跨文化距离会加大跨国企业理解和管理的挑战及困难。当来自东道国企业多元文化的不确定性增加时，采用低资源承诺的低所有权参与程度可以降低与不确定性相关的风险。如 Barkema 和 Vermeulen（1998）发现，较大的文化距离与部分拥有的收购倾向有关（相对于完全收购）。因此，我们推断，与发达市场的跨国企业一样，新兴市场企业在收购文化距离较大的企业时会选择低所有权参与程度。因此，本章提出以下假设：

假设23-2：当并购企业和目标企业所在国家市场之间的文化距离很高时，所有权参与程度就会降低。

除国内和东道国的制度和文化距离外，对目标行业的熟悉程度也会影响跨境并购的所有权决策。当收购企业进入海外收购同行业时，它们可以更容易地评估国外的行业结构，还可以有效地与现有参与者竞争并获得竞争优势。这种行业相关性会降低企业的不确定性，因而更易实现高度或全部的所有权参与。若收购企业与目标企业处于不同行业时，相互评估和管理对方的技术和资产的困难就会增加，导致错误估值并最终难以实现有效的整合。因此，为了避免不利的选择风险，当面临更大的行业不确定性时，收购企业更倾向于低所有权参与。

从以往研究来看，在进入模式选择方面，Balakrishnan 和 Koza（1993）发现，当企业来自不同行业时，合资企业更受欢迎。Chen 和 Hennart（2004）、Chari 和 Chang（2009）根据发达市场的企业样本也发现，行业之间的不相关性会导致东道国寻求的股权比例下降。在新兴市场的背景下，研究发现，当涉及相关行业收购时，多数或完全收购的可能性较高。基于此，本章提出以下假设：

假设23-3：当并购企业和目标企业处于同一行业时，所有权参与的程度会增加。

但是，并不是所有企业在信息不对称条件下都拥有相似的行为，在寻找所有权参与的决定因素时，需要考虑企业层面的差异。代理理论强调最大限度地减少代理人的机会主义行为，这表明股东需要促使董事们提出合理的治理措施。用更多的股票补偿董事以使他们的利益和风险偏好与股东的利益一致。而一旦董事的利益与股东的利益相一致，董事在做决策时会更加关注企业的长期收益潜力，因此会倾向于高所有权收购。相比之下，当董事会集中度较低时，董事会成员可能不愿意选择高风险决策（高所有权），因为长期企业价值的升值对个人财富的贡献很小。

以往的并购研究多局限于发达市场的企业。虽然在过去几十年里，新兴市场企业的跨国并购研究取得了显著的增长，但关于董事会结构如何影响企业跨国并购的研究仍然很少。一般来说，具有高度集中的董事会结构的企业，高层管理者通常直接代表控股股东。在本章研究中，我们认为，新兴市场企业与发达市场中的跨国企业类似，高董事会集中度的董事会成员和股东的利益及风险偏好相一致。因此，EMNC将选择高风险的决策。基于此，本章提出以下假设：

假设23-4：当并购企业的董事会集中度较高时，所有权参与程度会提高。

除董事会集中之外，董事会独立性水平也可能影响董事会成员的监督效能。董事会中独立董事的出席加强了董事会的监督和控制职能。由于独立董事与可能严重干扰企业利益决策的企业内部关系相独立，外部董事被认为比内部董事更能够对高层管理者的决策提供独立和客观的监督。在国际化经营背景下，董事会中外部人员的比例较高时，董事会更倾向于高风险的决策，并且对国际化风险具有较高的容忍度，更愿意承担外国直接投资的风险。总而言之，通过组建更独立的董事会可能会阻止风险规避。因此，我们认为，当董事会独立性较高时，新兴市场企业会选择高风险的决策和高参与度的所有权结构，基于此，本章提出以下假设：

假设23-5：当并购企业的董事会独立性很高时，所有权参与程度就会提高。

最后，关于所有权参与对收购企业市场价值的影响研究。Jory等(2012)认为，从事股权收购的企业会面临股价降低的风险，因为它们可能会吸收目标企业中不太理想的资产和负债。另外，大量的中国企业在收购企业时是将其视为一种进入新市场的模式而不是简单地控制目标企业，因此，收购后业绩的改善并不是那么明显及快速。因此，我们认为，当新兴市场企业在跨国并购中实行高所有权参与时，投资者可能会给予较高的估值，因为这些企业对未来与目标企业的整合和潜在增长做出了坚定承诺和信念。因此，我们推断，对跨国并购的高度参股可能与收购企业的市场价值正相关。因此，本章提出以下假设：

假设23-6：企业跨国并购的正面市场价值与所有权的参与程度呈正相关关系。

第三节 研究设计

一 数据来源

本章中所用的数据主要来自汤姆逊 SDC 数据库。具体包括 2000—2012 年汤姆逊 SDC 数据库中有关 EMNC 跨国并购的数据。并且企业跨国并购必须是由上市公司完成,并且已经公布了交易价值的数据。此外,我们从 Bloomberg 数据库中获得了有关董事信息和财务业绩的数据。之所以将样本限定在上市公司,是为确保二手资料的可用性,因为上市公司能够保证董事会信息公开。最终确定样本规模为 9 个新兴国家的 699 家企业的 1358 个跨国并购数据。其中,印度企业发起了 318 起(23.4%)交易,中国企业发起 271 起(16%),南非企业发起 205 起(15.1%)等。从收购企业来看,制造业企业 539 家(39.7%),矿业企业 207 家(15.2%),服务业企业 194 家(14.3%),其余来自其他行业(30.8%)。

二 变量测度

行业相关性是一个二元变量,如果收购企业具有与目标企业相同的四位数 SIC 代码,则其值为 1,否则为零。此外,考虑到董事会集中由董事拥有的股份情况,这是衡量一个企业董事所持有的全部权益的比例。最后,董事会独立性是指收购企业董事会中独立董事的比例。通过独立的外部董事与董事会董事总数的比例来衡量的。假定外部董事的独立性可以确保企业的决策是为了所有股东的利益,从而减弱管理者和控股股东的占有程度。

控制变量,我们首先控制了交易规模、政府参与和交易性质三个交易特征变量。我们用交易总价值的自然对数来衡量交易规模。如果收购企业被 SDC 数据库标记为政府拥有或参与,我们将政府参与编码为 1,否则编码为 0。如果跨国并购被 SDC 数据库标为要约,招标编号为 1,否则编码为 0。我们还控制了影响所有权参与的特定因素。包括采用收购企业权益市场价值的自然对数来衡量企业的规模。

第四节 数据分析和结果

一 实证检验

表23-1给出了所有自变量和因变量的描述性统计量。如表23-1所示,企业规模与文化距离之间的相关性最高。为了评估变量之间是否存在多重共线性,我们通过方差膨胀因子进行检验,检验结果表明,所有的方差膨胀因子都小于5。因此,我们认为,本章所采用的数据不存在多重共线性。

表23-2列出了所有权参与水平和收购企业市场价值的回归结果。模型1给出了影响所有权参与的所有控制变量的结果。模型2显示了假设23-1至假设23-5中描述的主要效果的结果。同样,模型3显示了影响收购企业市场价值的所有控制变量的结果。模型4至模型6分别表示所有权参与对CAR(-1,+1)、CAR(-5,+5)和托宾Q的收购企业市场价值的影响。

假设23-1表示制度距离与所有权参与之间存在正相关关系。如模型2所示,机构距离与所有权参与显著正相关($r=1.06$,$p<0.05$),假设23-1成立。这表明,当东道国的制度环境与本国相似时,新兴市场企业可能会增加其所有权参与。假设23-2则认为,文化距离与所有制参与程度之间存在负相关关系。如模型2所示,文化距离与所有权参与度没有显著相关性($r=-0.19$,n.s)。因此,当目标企业的国家与本国文化相同或相似时,新兴市场企业不一定会增加其所有权参与。此外,模型2还显示,当并购和目标企业处于同一行业时,所有权参与程度显著提高($r=3.20$,$p<0.05$)。因此,假设23-3成立。即当收购企业与目标企业在同一行业时,新兴市场企业可能会增加它们的所有权的参与。

关于董事会结构与所有权参与之间的关系,模型2显示所有权参与会对董事会集中程度产生显著的积极影响($r=1.28$,$p<0.05$),但对于董事会独立性则没有显著影响($r=0.11$,n.s)。因此,假设23-4得到实证支持,但假设23-5不成立。研究结果显示,当企业董事会成

表 23-1 描述性统计与相关性水平

变量	均值	标准差	1	2	3	4	5	6	7	8	9	10
1. 所有权参与	79.76	29.09										
2. CAR(-1,+1)	0.09	6.18	0.12***									
3. CAR(-5,+5)	0.50	11.62	0.12***	0.57***								
4. 托宾 Q	4.50	68.83	0.13***	-0.04***	-0.04***							
5. 制度距离	1.36	0.34	0.13***	-0.08***	-0.11***	-0.06*						
6. 文化距离	12.70	29.16	-0.007**	-0.11***	-0.12***	-0.01	0.35***					
7. 行业相关性	0.68	0.46	0.03	-0.01	0.01	0.03	0.01	-0.07***				
8. 董事会集中度	7.18	16.77	0.02	0.21***	0.23***	0.11*	0.12***	0.13***	-0.13***			
9. 董事会独立性	44.05	16.37	-0.03	0.02	0.18***	0.06*	0.05*	-0.20***	-0.01	0.06*		
10. 政府参与	3.11	2.19	0.13*	-0.05*	-0.02	0.06*	-0.20***	-0.34***	0.11*	0.26***		
11. 交易性质	0.12	0.32	-0.08***	-0.05*	-0.01	-0.01	0.09***	0.20***	-0.02	0.10***	0.13***	
12. 企业规模	9.00	3.21	-0.03	0.09***	0.09***	-0.09***	-0.32***	-0.66***	0.05***	0.19***	-0.21***	0.03

注: *、**、***分别表示10%、5%、1%的显著性水平; 表中第一栏的序号表示与表中第一列相同序号的变量。

员拥有大量企业股票时，新兴市场企业可能会增加股权参与度，但当拥有更多独立董事时，则不会增加股权参与度。最后，表 23-2 的模型 4 至模型 6 表明，所有权参与程度与跨国并购短期窗口内的绩效（-1，+1）（r=0.12，p<0.05），较长窗期间的绩效（-5，+5）（r=0.12，p<0.05）以及托宾 Q（r=0.13，p<0.05）都存在显著正相关，这说明，企业的所有权参与程度显著提高了企业的跨国并购绩效，假设 23-6 获得实证支持，即投资者会给予高所有权收购企业较高的估值。

表 23-2　　　　　　　　　　回归分析结果

	模型 1	模型 2	模型 3	模型 4	模型 5	模型 6
政府参与	2.62	1.12	-23.06*	-23.25*	-5.61*	-0.09
交易性质	2.33***	2.04***	1.34	1.36	0.60	-0.06*
企业规模	-0.89*	-0.57*	-1.24	-1.21	-0.13	-0.03
制度距离		1.06*	-1.22	-1.08	-0.11	-0.18
文化距离		-0.19	-3.62***	-3.47	-2.34	-0.01
行业相关性		3.20*	1.03***	1.05	1.38*	0.28*
董事会集中度		1.28*	1.51*	1.53*	0.21*	0.06*
董事会独立性		0.11	0.72	0.68	0.04	0.01
所有权参与				0.12*	0.15*	0.16*
χ^2	65.05***	83.28***				
loglikelihood	-875.12	832.45				
F			24.45***	17.68***	24.23***	8.67**
R^2			0.231	0.257	0.368	0.168

注：*、**、***分别表示 10%、5%、1% 的显著性水平。

二　稳健性检验

为了进一步测试本章研究结果的稳健性，我们进行了如下补充分析。为了检验研究结果是否会在所有权参与水平测量方法改变时导致研究结论发生变化，我们将因变量分为两组：完全收购和部分收购。在上文的分析中，我们使用的是连续变量。在稳健性测试中，我们使用二分法对并购方式进行测量。根据 Yang 和 Deng 等（2015）的研究经验，我们将完全收购定义为在收购后控制目标企业 95% 以上股权的收购企业。结果与表 23-2 中的模型 2 结果类似，由此推断，我们的研究结论是具有稳健性的。

第五节 结论与讨论

随着新兴市场企业在国际投资中的重要性日益增加，本章集中于所有权参与对企业跨国并购战略中的影响。本章研究结果显示，在所有权参与跨国并购的决定中，新兴市场企业与发达市场企业跨国并购所面临的情景并不完全相同。与发达市场的企业类似，当收购同一行业的企业时，新兴市场企业在跨国并购中会采取较高的所有权参与程度。尽管如此，新兴市场企业和发达市场的企业之间也有不同之处。当目标企业位于一个制度距离较高的国家时，新兴市场企业的所有权参与程度会较高。来自制度体系不完善国家的企业更倾向于拥有较高的所有权参与程度，因为这会给新兴市场企业相对较弱的制度体系或投资者保护程序带来诸多好处，增强其对公众投资者的吸引。

本研究的结果还表明，不同层次的制度距离、行业关联性和董事会集中度对所有权的参与具有显著的影响。例如，考虑到行业相关性降低了估值成本和逆向选择风险，当收购同一行业的目标企业时，新兴市场企业可能会提高所有权参与程度。同样，当董事会成员拥有大量股份时，新兴市场企业也可能会提高股权参与程度，因为风险决策（如跨国并购中的高所有权）只有在董事会和股东的利益高度一致时才会被选中。与此同时，我们的研究并没有支持文化距离与所有权参与之间的关系，也没有支持董事会独立性与所有权参与之间的关系。这可能是由于新兴市场企业对本国和目标企业国家之间正规制度发展的差异比对非正式制度发展差异（文化距离）更敏感。最后，董事会独立性不显著证实了外部董事在新兴市场不可能独立的论点，以至于他们可能无法有效地服务于董事会的职能来增加管理层对国际化进程中模糊性的容忍。

从所有权参与和收购企业市场价值的关系来看，本章的研究结果表明，投资者确实对拥有较高所有权参与的新兴市场企业给予较高的估值。尽管之前的研究已指出，发达市场收购企业的股价可以在进入新兴市场时反映价值收益，但我们的结果将这一结论扩展到了新兴市场企业，即当新兴市场企业愿意承担跨国并购中采用高所有权参与方式的一切风险时，投资者将对这些企业的未来具有高度的信心与估值。

第二十四章 企业跨国并购中制度同构机制研究

第一节 研究背景

经济全球化背景下,新兴市场企业在国际扩张活动中发展非常迅速(Luo and Tung, 2007)。例如,中国 2006 年对外直接投资达到了 211.6 亿美元,其中,40% 是通过跨国并购实现的。在中国企业发起的跨国并购中,有成功完成交易的(如 2005 年联想收购 IBM 个人电脑部门),但并购失败的例子也不少(如海尔竞购美泰克和中海油竞购优尼科)。以往的研究主要集中在新兴市场企业的动机和挑战上(Buckley et al., 2007; Deng, 2004; Luo and Tung, 2007)。然而,针对这些新兴市场企业发起的并购战略的制度问题仍旧并不明了。中国企业实行跨国投资的一个重要特征是主要大型企业的股份由政府相关部门控制(Walter and Howie, 2003)。例如,早期来看,几乎所有承担跨国并购的中国企业的主要股东都是政府或其代理机构(Luo and Tung, 2007)。因此,政府可能是影响企业国际扩张战略特征和结果的关键因素,尽管现有文献强调新兴市场企业中政府参与的重要影响(Sim and Pandian, 2003),但政府是否能够迫使企业在特定市场背景下采取相似行为仍然存在争议。因为不同市场情景下的企业战略的一致性和差异性往往包含不同的价值观(合法性与竞争优势)和不同的理论含义(Westphal et al., 1997),因此,探讨中国企业在跨国并购战略中所受的政府的影响具有深刻的理论意义。

在企业跨国并购中,政府机构对企业的影响是通过制度同构现象展现出来的,因此,制度同构也经常被认为是企业进入东道国时对于成功企业的模仿行为,如建立分支机构(Barreto and Baden-Fuller, 2006)、选择进入模式(Davis et al., 2000; Wu, 2002)。但这种分析方法存在两个明显的缺陷:一是低估了企业多重战略决策的复杂性;二是无法回答诸如"不同的并购战略决策是否对一致性力量做出同等反应?"以及"并购的哪一方会对一致性力量做出更快反应?"等问题。

在本章中,我们使用多元方法重新审视企业跨国并购策略制定中的制度同构概念。一般来说,跨国并购战略包括以下四项战略决策:(1) 并购目标区位;(2) 产业关联性;(3) 并购后的所有权结构;(4) 交易规模。这四项战略决策机制在以往的研究中经常被探讨,是影响企业跨国并购规模的重要因素。当企业的这四个战略决策机制对制度一致性压力的反应不同时,制度同构的概念不再是简单地二选一。因此,在本章中,我们尝试探讨由制度理论提出的三种同构机制:行业中其他企业的成功经验(模仿机制)、政府部门的监管变革(强制机制)及目标市场是否是世界贸易组织成员(规范机制)。

第二节 相关理论及假设

以往有关政府机构对企业战略的影响研究证实了组织间模仿机制产生的经验证据(Beckman and Haunschild, 2002; Haunschild and Miner, 1997; Yang and Hyland, 2006)。然而,对于企业间战略决策的模仿可能产生的结果,却缺乏充分的讨论和实证支持。随着制度理论在企业战略决策领域的普遍应用,学者已经意识到,解决三个同构机制之间的联系是非常具有理论价值的。在本章中,我们首先构建了一个概念模型,以探讨企业跨国并购的多种战略选择是否符合时间规律,以及三种同构机制如何影响企业战略决策的一致性程度。我们首先分析制度文献中强调的时间维度,其次分析行业中其他企业并购成败(模仿机制)、政府监管变化(强制机制)和目标市场是否为世界贸易组织代表(规范机制)

三种同构机制。

战略同构表明，企业有可能按照其他企业战略来制定自己的战略，从而导致企业策略的相似性（DiMaggio and Powell, 1983）。因此，从时间维度考虑，同构趋势非常重要。随着时间的推移，所有社会参与者，如社会团体、政府机构和专业协会，在监督企业行为方面发挥更积极的作用，并且驱使企业形成合法的实践活动，制定出恰当的规则和标准（Baum and Oliver, 1992；Meyer and Rowan, 1977），并最终影响企业对商业行为和活动的决策。因此，随着合规压力逐渐增加，企业行为会随着时间的推移趋于一致。

在中国市场情景下，大多数承接跨国并购的中国企业都是国有企业，政府是决定和监督企业决策的主导者。因此，遵循制度理论，我们认为，政府或其机构的合规力量强烈影响中国企业跨国并购的一致性程度。并且，这种一致性程度随着时间的推移而增加。国际背景下的制度同构经验证明，企业之间的模仿发生在各种决策中，如国外市场或产品市场进入（Guillen, 2002；Wu, 2002）或国际合资企业形成（Yang and Chen, 2007）。因此，本章提出以下假设：

假设24－1：随着时间的推移，企业跨国并购的战略一致程度将不断增加。

DiMaggio和Powell（1983）提出了制度同构发生的三种机制：模仿同构、强制同构和规范同构。模仿同构是一种对不确定性的回应。如果没有明确的行动方案，企业可能会采取类似于竞争对手的行动来应对这种不确定性。在有关模仿讨论的文献中，来自同行业其他企业的学习机制吸引了学者的普遍关注（Haleblian et al., 2006；Ingram and Baum, 1997；Kim and Miner, 2007）。由于不同类型的经验会产生不同的价值（Chuang and Baum, 2003；Kim and Miner, 2007），因此，在本章中，我们只考察其他企业在跨境并购中的失败经验对并购战略一致性的影响。

失败经验是一种知识来源，其提供了模仿或触发企业寻找新活动和策略的导向（Kim and Miner, 2007）。企业在战略决策时会观察其他企业采取的战略，如若其他企业采取的战略失败时，企业就会回避该战略选择，转而选择另外一种（Levinthal and March, 1993）。合规压力使企业模仿成功企业的行为。因此，失败的行业经验会增加组织选择的合规程度。在中国企业跨国并购的背景下，我们认为，对失败案例的了解能够促使企业对成功者的模仿。尽管中国从其他国家接受了大量的外商直接投资，但大多数中国的外资企业在国外正处于跨国并购的初期阶段。由于跨国并购高风险的存在，我国有大量的不完整交易的数量，如被撤回的交易数量。因此，企业跨国并购的失败经历会促发其他中国企业跨国并购模仿那些成功企业的战略制定，基于此，本章提出以下假设：

假设24-2：企业跨国并购战略的一致性程度与企业跨国并购失败数量呈正相关关系。

除从其他企业失败的并购机制中学习外，制度理论中的强制机制也受到很多学者的关注。强制同构往往意味着企业面临着更大社会期望的压力。政府的监管变化可能对企业决策产生显著影响。例如，一些政府机构的监管变化会在商业环境中形成不确定性，影响所有企业的运营（Robock and Simmonds，1989），从而使企业更倾向于相互模仿（Haunschild and Miner，1997）。相比之下，政府相关监管机构放松管制则意味着鼓励企业探索新的战略和解决方案。

中国政府1994年颁布了第一部对外贸易法。在1994年之前，中国没有统一的外贸法，缺乏一部核心的贸易法则，使任何法规都不如预期的那么有效（Gao，2005）。由于中国对外贸易的迅速增长，立法机构最终通过了1994年7月1日生效的《中华人民共和国对外贸易法》。这一法规变化有望降低中国国际贸易的不确定性。制度理论认为，当市场制度监管不确定性下降时，企业模仿其他企业行为的可能性就会大大下降，合规程度就会降低。因此，本章提出以下假设：

假设24-3：政府监管发生变化时，企业跨国并购战略的一致性程度就会下降。

DiMaggio和Powell（1983）认为，规范同构是专业化发展的必然要求。在特定的社会组织场域中，规范、规则和行为准则可以创造秩序并提高企业行为的一致性（North，1991）。此外，处于同一行业的企业往往会通过和专业行业协会进行交流，从而使一些规范制度达成共识

(Mizruchi and Fein, 1999; Bendor and Swistak, 2001; Terlaak, 2007)。

世界贸易组织是一个类似规范的机构。其包含全球大部分国家之间贸易的规则制定，为政府提供了一个分享信息以及谈判贸易协定的论坛和平台。世界贸易组织协定为国际商业提供了法律基础，有约束力的政府将其贸易政策保持在商定的限度内。加入世界贸易组织后，中国积极履行加入世界贸易组织承诺，确保中国的各项法律法规符合国际规则和条例。因此，本章提出以下假设：

假设 24-4：中国企业跨国并购战略一致性程度与中国加入世界贸易组织积极程度有关。

第三节 研究设计

一 数据来源

本章所用数据来源是自汤姆森金融公司的"Thomson One Banker"数据库。我们以中国企业在1985—2006年完成的跨国并购为研究样本。通过筛选，最终样本规模为671家中国企业的1004项跨国并购项目。其中，43.2%的收购企业来自金融业（如商业银行和投资公司），20.2%的收购企业来自制造业，其余收购企业来自服务业和公用事业等领域。

二 变量测度

（一）跨国并购战略一致性

研究参考 Yang 和 Chen（2007）的研究方法。首先，为了确定收购企业和目标企业之间的产品相关性，我们做出如下假定：如果双方的四位数 SIC 代码相同，则编码为0；如果四位数 SIC 代码的前两位数字相同则编码为1；如果四位数 SIC 代码中只有一位数字相同则编码为2，如果四位数 SIC 代码全部不同则编码为3。其次，我们计算了同一时间段内其他企业并购行为导致的并购企业对这种并购行为做出回应的并购比重。这个比重越高意味着企业并购战略一致性的程度越高。

(二) 目标位置

首先，我们同样将并购所在不同国家分别编码为 1—11。其次，计算同一时间段内企业并购行为与其他企业并购相似性的比重。关于企业所有权结构，当收购企业拥有 100% 股权时，编码为 1；当收购企业占多数股份（50% 以上但低于 100%）时，编码为 2；当收购企业正好拥有 50% 的股份时，编码为 3；当收购企业的股权比例低于 50% 时，编码为 4。最后，再计算同一时间段内收购企业对于其他并购行为回应的并购行为所占所有并购行为的比重。

(三) 并购时间

我们采用并购发生时间作为测量变量。按照事件发生的月份，进行操作化定义（$t_1, t_2, t_3 \cdots$）。时间越大表示并购发生的时间越近。并购失败经验则通过收购企业并购之前其他企业所进行的并购失败（撤回）案例数量来进行衡量。

(四) 监管变化

我们以 2001 年中国加入世界贸易组织作为分界点，2001 年之前编码为 0，2001 年之后（含 2001 年）编码为 1。

(五) 控制变量

首先，我们使用虚拟变量（收购国）来控制收购企业（中国内地为 0，中国香港为 1）的不同地理位置，因为这些地区很可能呈现出不同的并购相似战略。其次，完成日期记录了交易宣布和完成之间的天数。最后，企业过去并购经验是收购企业特征的另一个控制变量。

第四节 数据分析和结果

我们采用逻辑回归来检验本章提出的研究假设。我们先对本章样本进行了描述性统计分析，表 24-1 展示了本章相关变量的描述性统计和相关系数。如表 24-1 所示，除进入时间和行业失败经历之间存在 0.84 的高度相关外，其他变量之间的相关系数都在可控的范围之内，因此，

表 24-1　各变量描述性统计与相关系数

变量	均值	标准差	1	2	3	4	5	6	7	8	9	10	11
1. 整合（所有）	1.15	0.34											
2. 整合（产品相关）	0.35	0.15	0.53***										
3. 整合（目标位置）	0.08	0.09	0.64***	0.05									
4. 整合（所有权）	0.35	0.11	0.46***	0.08**	0.08**								
5. 整合（交易规模）	0.36	0.20	0.63***	0.07*	0.11**	0.09**							
6. 进入时间	17.69	5.53	−0.23***	−0.10***	−0.52***	−0.26***	0.12***						
7. 行业失败经历	34.85	28.34	−0.12**	−0.08**	−0.34***	−0.19***	0.14***	0.84***					
8. 监管政策	0.11	0.31	0.02	−0.04	0.07**	0.03	0.06*	−0.22***	−0.18***				
9. 成员资格	0.10	0.30	0.04	0.02	−0.17***	−0.07*	0.05	0.28***	0.01	−0.12***			
10. 收购企业所在地	0.82	0.38	0.03	0.02	0.02	0.05	−0.01	−0.07*	−0.06*	−0.06*	−0.08**		
11. 完成日期	39.20	88.21	−0.12***	−0.07*	0.02	−0.02	−0.15***	0.03	0.032	−0.01	0.02	−0.02	
12. 并购经验	10.44	38.73	0.01	0.15***	−0.02	0.01	−0.06*	0.07*	0.04	−0.02	−0.01	0.01	0.01

注："*、**、***"分别表示10%、5%1%的显著性水平；表中第一栏序号表示与表中第一列相同序号的变量。

我们初步判断，本章提出的研究假设基本获得数据的支持。此外，我们还对变量之间的共线性进行了分析，由于任意两个变量的方差膨胀因子值均低于 10（Belsley et al.，1980），因此我们推断，本章的数据不存在共线性问题，所有变量都保留在回归分析中。

表 24-2 列出了本章所有假设的回归结果。模型 1 给出了所有控制变量的回归结果。模型 2 至模型 6 则是本章假设的所有检验结果。如模型 6 所示，时间效应与企业跨国并购的整体一致性存在负相关关系（$r = -0.072, p < 0.01$）。从战略一致性分维度角度来看，模型 3 和模型 4 中的目标位置决策、所有权决策都支持了时间效应和企业跨国并购战略一致性之间的负相关关系（$r = -0.031, p < 0.001$；$r = -0.009, p < 0.001$）。而从模型 2 中产品关联性角度可知，时间效应和企业跨国并购战略一致性之间不存在正向影响关系（$r = -0.002$，不显著）。综上所述，假设 24-1 不成立。因此，我们推断，并非所有的企业跨国并购战略决策都以同样的方式对并购的时间做出反应。我们还发现，企业以往的行业失败经历与企业跨国并购的总体战略一致性整体上存在正相关关系（$r = 0.004, p < 0.001$）。从战略一致性分维度来看，模型 4 和模型 5 中的所有权结构和交易规模都支持企业并购失败经历与企业跨国并购战略一致性程度之间存在正相关关系（$r = 0.001, p < 0.001$；$r = 0.002, p < 0.001$），因此，我们可以推断假设 24-2 成立。

在表 24-2 中进一步发现，总体上看，政府监管政策与企业跨国并购战略整体一致性存在负相关关系（$r = -0.171, p < 0.05$）。从战略一致性分维度来看，模型 2、模型 3 和模型 5 中的产品相关性、目标位置和交易规模都支持了政府监管政策与企业跨国并购战略一致性程度之间存在的负相关关系（$r = -0.067, p < 0.001$；$r = 0.068, p < 0.001$；$r = -0.046, p < 0.05$），因此，假设 24-3 成立。成员资格（世界贸易组织）与企业跨国并购战略整体一致性存在正相关关系（$r = 0.104, p < 0.05$）。从战略一致性分维度角度来看，模型 3 中的目标位置支持成员资格（世界贸易组织）获得与企业跨国并购战略一致性程度之间存在正相关关系（$r = 0.018, p < 0.05$），因此，假设 24-4 成立。

表 24－2　跨境并购整合程度回归分析

变量	模型 1：控制变量	模型 2：产品相关	模型 3：目标位置	模型 4：所有权	模型 5：交易规模	模型 6：所有	假设检验结果
截距	1.205*** (0.042)	0.503*** (0.041)	0.418*** (0.055)	0.483*** (0.019)	0.415*** (0.074)	1.489*** (0.065)	
进入时间		−0.002 (0.002)	−0.031*** (0.005)	−0.009*** (0.001)	−0.012 (0.008)	−0.072** (0.024)	H1 不成立
行业失败经历		0.001 (0.002)	0.001 (0.000)	0.001* (0.000)	0.002** (0.000)	0.004** (0.001)	H2 成立
监管政策		−0.067*** (0.018)	−0.068*** (0.017)	−0.018 (0.010)	−0.046* (0.019)	−0.171* (0.077)	H3 成立
成员资格（世界贸易组织）		0.026 (0.018)	0.018* (0.007)	0.016 (0.011)	0.050 (0.028)	0.104* (0.050)	H4 成立
控制变量							
收购国	−0.005 (0.029)	−0.011 (0.010)	0.002 (0.005)	0.006 (0.008)	0.009 (0.017)	−0.108 (0.029)	

续表

变量	模型1: 控制变量	模型2: 产品相关	模型3: 目标位置	模型4: 所有权	模型5: 交易规模	模型6: 所有	假设检验 结果
完成时间	-0.001*** (0.000)	-0.001 (0.000)	0.001 (0.001)	-0.001 (0.001)	-0.001*** (0.000)	-0.001*** (0.000)	
行业							
制造业	-0.018 (0.036)	-0.052*** (0.012)	-0.007 (0.006)	0.003 (0.010)	0.034 (0.021)	-0.002 (0.031)	
公共设施	-0.068 (0.044)	-0.015 (0.016)	-0.016* (0.007)	-0.007 (0.012)	-0.046 (0.026)	-0.084* (0.037)	
批发	0.099* (0.049)	0.059** (0.017)	-0.006 (0.008)	-0.012 (0.013)	0.025 (0.029)	0.071 (0.045)	
金融	0.157*** (0.031)	0.080*** (0.011)	-0.003 (0.005)	0.014 (0.009)	0.041* (0.018)	0.144*** (0.028)	
公司经验	-0.004** (0.000)	0.001*** (0.000)	-0.000 (0.000)	0.001 (0.000)	-0.001*** (0.000)	-0.001** (0.000)	
R^2	0.16	0.26	0.41	0.18	0.16	0.24	

注:"*、**、***分别表示10%、5%、1%的显著性水平。

第五节 结论与讨论

本章的研究结果表明，企业跨国并购战略一致程度随着并购时间的推移而下降，且并非所有的企业跨国并购的战略选择都以相同的方式对市场变化做出反应。虽然目前在海外投资的中国企业大多数都是国有企业，这些企业具有深厚的中国政府背景，但研究发现，中国政府的控制作用并不会显著影响企业跨境并购战略的一致性。这可能是由于以下原因造成的：一是中国企业跨国并购仍然处于早期发展阶段，各方面经验都不足。这就需要企业在跨境并购中不断寻找"更好"的并购选择，因此，企业在其对外扩张战略中会尝试不同的替代方案。直到2003年，中国的民营企业才被允许在境外进行投资活动（Buckley et al.，2007）。与国有企业不同，中国的民营企业基本不受政治动机的约束，更有可能寻求新的机会并产生新的战略。因此，随着民营企业在后期加入跨国并购竞争中，企业跨境并购战略一致程度会随着时间的推移而逐渐下降。

考虑到中国经济受到国家控制的问题（Scott，2003），这种制度环境可能对中国企业的国际化决策产生深远的影响。本章的研究结果显示，进行跨国并购的中国企业不会随着时间的推移而发生重大的战略决策变化，长期来看，这与中国政府的经济体制有关，中国政府虽然不会对企业的跨国并购决策施加直接影响，但在市场规制、产业导向以及财政政策等方面，则给予了中国企业各种无形的影响压力，本章进一步探索了国际市场扩张战略的独特性对企业跨国并购战略决策的影响，丰富了企业跨国并购战略决策理论。

第二十五章 企业绩效评价方式及其效果研究

第一节 研究背景

全球经济化的不断深化促使并购活动日益成为企业重要的发展战略。由于企业并购方式、并购目标的多样化,使当前在评价企业并购绩效时也面临着诸多选择。无论是对于理论界还是实务界来说,选取能够满足企业并购绩效预期目标的评价方法是衡量企业并购成败的重要前提之一。在当前大量的企业并购交易过程中,企业股票价格与财务指标通常会发生很大的波动,因此,以企业财务指标和股票价格为主要指标的企业并购绩效评价一直是理论研究的主要方向。当前,针对企业并购绩效主要有以下两种模式:一种是对比企业并购前后的财务报表和会计报表对企业并购效益进行评估,从而评价企业并购效益的"财务指标法"。另一种是基于参考企业股价的变化,具体方法是将企业的并购行为当成单个事件,比较企业并购前后某段时间内(事件窗口)并购双方股东获得的收益,这种方法也叫"事件研究法"。

当前,国内外已经有一些学者开始关注企业并购绩效评价方式差异可能对企业并购活动评价产生的影响。Chatterjee 和 Meeks (1996) 的研究发现,当并购企业会计指标中商誉的计算方法出现变化时,其与并购绩效之间的影响关系也会出现一个从不显著到正向影响的变化过程。为了验证这种企业会计指标中商誉指标变化对于企业并购绩效影响的可靠性,也有学者采用事件研究法对商誉变化与企业并购绩效关系进行了研究,均发现这种影响关系出现了一个显著的下降过程(Langetiegt,

1978; Asquith, 1983; Limmack, 1991; Gregory, 1997)。然而,也有学者分析发现,并购活动中企业股价变化与企业并购绩效之间的紧密性并没有出现下降的趋势,反而逐渐上升(Franks et al., 1991; Draper and Paudyal, 1999),甚至呈现出先升后降的 N 形关系(Ingham et al., 1992)。周绍妮和文海涛基于产业演进的视角,提出了一个动态的企业并购绩效评估模型:在不同的产业发展阶段,由于企业并购动机的差异,在评价企业并购绩效时所采用的并购绩效评价方式也不一样(周绍妮和文海涛,2013)。因此,探究企业不同绩效评价方式对于企业并购绩效的影响是否存在显著差异具有重要的理论价值。

遗憾的是,受制于并购主体、并购标的以及并购方式等因素的制约,以往的研究主要是检验产业性质、并购方式、企业所在地等外部可控性要素对企业并购绩效的影响机制,当前国内外学术界尚未全面探讨企业并购绩效评价方式所造成的企业并购绩效差异性问题。通过对以往相关研究的总结性分析,我们发现,学者主要采取定性研究方法来对以往的实证结果进行分类归纳,开展简单的统计学描述,无法深入探讨不同并购绩效评价方式对企业并购绩效之间差异的内在机理,这主要是由以下两方面因素引起的:一是无法避免研究的主观性。主要体现在带有主观判断的文献选取所产生的代表性偏差,如文献未发表、发表期刊档次参差不齐等,并且无法修正这种文献偏差对结果所造成的影响(陈立敏和王小瑕,2014)。二是难以深入阐释其他调节性因素可能对这种变量关系的影响效益,这种调节性因素主要包括样本来源、并购情景等,分析这些调节性因素可能对研究结果造成的研究偏差,以往的研究尚未给出科学的解释,即难以避免这类研究设定偏倚问题(Mis – specialization Bias)(彭俞超和顾雷雷,2014)。为了克服上述研究的不足,本章利用 Meta 方法,对 1985—2015 年 48 项相关研究文献中所获取的 53 个效应值进行分析。相对于以往的研究,采用 Meta 分析能够对已有的多种实证研究结果进行总结性分析评价,从而使研究更具客观性和科学性。首先,通过对众多同一研究主题文献的汇总再分析,Meta 分析有效地弱化了单一研究在样本量相对较小、测量误差和抽样误差等随机性因素可能造成的影响,从而可以对研究变量之间的关系进行更为准确的估计。其次,由于 Meta 分析汇集了尽可能多的研究样本,而这些样本往往能够从国家、行业等角度进行归类,因此可以通过控制研究对象的样本特征探讨变量之间关系的差异,进而探究导致这种差异的潜在因素(谢洪明和程聪,2012)。

第二节 相关理论及假设

一 绩效评估指标

目前,学术研究中采用较多的企业并购绩效评价指标主要包括财务指标和股价指标。其中,从财务绩效(或称运营绩效)视角评价企业并购绩效是采用时间最长的传统分析方法,由于会计处理中的权责发生制原则,企业并购财务绩效评价方式主要从以下两类指标上进行考察:一类是利润指标,包括资产回报率(Return on Assets,ROA)、销售回报率(Return on Sales,ROS)、股权回报率(Return on Equity,ROE)等指标。另一类是现金流指标,包括预期贴现现金流(Discounted Cash Flow,DCF)、基于投资的现金流回报(Cash Flow Return on Investment,CFROI)等(陈健、席酉民、郭菊娥,2005)。由于财务指标的相对稳健性,现代企业财务评价体系仍然主要以应计制为基础,并以会计利润为核心设计相应的指标进行企业绩效分析。当前,学术界主要以反映企业利润指标的 ROA 和 ROE 作为对企业绩效进行评估的重要指标(Garcia - Castro et al., 2010)。然而,这种企业的财务绩效评价真的能反映企业实际的并购效益吗?相当一部分学者对此仍然持审慎的观点,甚至有学者对此提出了质疑。Chatterjee 和 Meeks(1996)的研究指出,即使是在相同的地区和行业内,但只要运用到并购交易中的会计方法不同,企业真实的并购绩效就会被扭曲,从而导致企业获利出现虚高的现象。也有学者指出,在利用财务指标对企业并购绩效进行评估时,往往也需要对财务指标的真实性进行假设限定(赵息、齐建民和郝静,2012),这事实上也暗示在使用财务指标评价企业并购绩效时存在一定的偏差。

采用股票价值来评估企业并购绩效的典型方法是事件研究法。事件研究法基于有效市场假设（Efficient Markets Hypothesis，EMH），通过分析企业并购事件发生期间企业股票价格变化来评价企业并购绩效。事件研究法主要包括：市场调整模型、均值调整模型和市场模型三类，其中，市场调整模型是当前应用最为广泛的模型。采用事件研究法来分析企业并购绩效主要关注并购事件引发的企业超额回报（Abnormal Return，AR）、累计超额收益率（Cumulative Abnormal Return，CAR）和购入—持有超额收益（Buy and Hold Abnormal Return，BHAR）。陈信元与江锋（2005）指出，相对于其他评价模型，市场调整模型具有更高的有效性，因此，累积超额收益（CAR）应当以市场调整模型作为计算基础。一般来说，企业超额回报（AR）取决于企业真实股票收益与企业预期股票收益之间的差额，这种差额通常会通过企业并购发生的特定时间范围进行限定，即事件窗口期间内，因此，事件窗口的界定在企业并购绩效的事件研究中就显得非常重要。但最近的研究指出，从方法学角度来看，虽然事件窗口选择的差异会干扰对企业并购超额回报（AR）的评估（陈健、席酉民和郭菊娥，2005；Jacobsen，2014），但相对于基于财务指标角度的企业并购绩效评价方式，事件研究法仍然具有很强的适用性。学者在对企业并购绩效事件分析法进行不断的改进之后，采用事件研究法探讨并购活动导致企业股票变化与企业并购回报之间的关系分析逐渐呈现稳定性，即事件研究方法的"鲁棒性"特征（Corrado，2011），从而更加精确地评价企业并购绩效。

总体上看，基于股票价值视角的企业并购效益评价与基于财务视角的企业并购绩效评价两种方法对企业并购绩效的评估具有本质上的差异。而在后续的研究中，根据事件窗口长短，针对企业并购的事件研究法可以进一步划分为长期研究和短期研究。短期研究的事件窗口一般限制在一年内，通常考虑采用每日或者每月的企业 AR 作为企业并购绩效评估指标，但过短研究的事件窗口期间划分可能会忽视并购宣布前的企业潜在市场反应（陈健、席酉民和郭菊娥，2005；Jacobsen，2014），因此，在后续有关企业并购绩效的研究中，学者一般更多考虑的是长期时间窗口的研究。长期研究的事件窗口一般长于一年，通常采用 CAR 和 BHAR 作为绩效评估指标。但是，相对于 CAR 对企业收益不断累加的要求，BHAR 更多考虑的是企业并购行为发生前期收益对并购行为完成后期收益的影响，尤其是当企业股票价值出现剧烈波动时，BHAR 能将股票的波动数据计入模型内部，从而更全面地保留这种股票波动数据中的潜在信息（Ritter, 1991）。由此，我们推断，在企业并购过程中，不同并购绩效评估方式所获得的企业并购绩效之间存在显著的差异。基于此，本章提出以下假设：

假设 25 - 1：采用财务绩效评价（ROA）与采用股票价值评价（CAR、AR 与 BHAR）所反映的企业并购绩效存在显著差异；并且在股票价值评价模型中，短期事件窗口研究指标（AR）、长期事件窗口研究指标（CAR 与 BHAR）所反映的企业并购绩效也存在显著差异。

二 潜在调节变量

陈立敏（2014）和 Ahammad（2014）的研究指出，由于受到文化情景、企业性质、制度距离等外部因素的影响，在企业并购过程中，想要获得相同条件下企业并购绩效"简单而明确"的内在关系是不可能的。以往的研究已经对不同国家、不同产业以及不同并购标的等可能影响企业并购绩效的作用机制进行了大量的经验研究。在本章中，我们将在文献回顾的基础上梳理可能对不同绩效评价方式所获得的企业并购绩效之间关系起到调节作用的潜在调节变量进行进一步分析，根据企业并购国家距离、身份距离和行业距离将其划分为国际距离（国内并购 vs 跨国并购）、身份距离（主并企业 vs 被并企业）和行业距离（关联并购 vs 跨界并购）三类因素。

（一）国际距离

从企业的实际市场资源配置、市场运行机制来看，发起并购活动的企业对东道国国内市场运行机制一般都能够"驾轻就熟"。然而，由于国家之间的制度距离、文化差异等情景性因素的制约，企业跨国并购则必须面对目标市场与东道国市场各种制度性隔阂，这一方面造成了企业相关财务指标在不同国家之间可能存在差异化，进而影响企业跨国并购财务绩效的评价；另一方面缺乏对国际市场的深入了解也会阻碍主并企业与被并企业之间高效率的信息流动（Vahlne and Wiedersheim - paul, 1973），降低企业全面学习、理解当地市场环境的可能性（Vahlne and

Nordstr，1992），从而导致主并企业由于制度距离、文化差异以及其他国家层面的制度性障碍而对国外市场掌握不够（O'grady and Lane，1996；Vaara et al.，2014），最终降低目标市场中企业信息"及时与准确"的反馈（Van et al.，2013），进一步影响企业跨国并购绩效评价所需指标信息的获取。综上所述，我们认为，企业是否从事跨国并购活动将对不同企业绩效评估方法所获得的企业并购绩效之间产生显著的调节作用。基于此，本章提出以下假设：

假设25-2a：不同企业绩效评价方式所获得的企业并购绩效之间的关系在企业国内并购与企业跨国并购之间存在显著的差异。

(二) 身份距离

并购双方是否都能从并购事件中获得企业预期的价值增量一直是企业并购研究领域中的核心问题之一。已有研究证实，在企业并购过程中，为降低并购成本，并购双方都有采取盈余管理来降低并购成本的倾向（李增福、郑友环和连玉君，2011）。并购活动中的盈余管理是指管理层通过会计方法或其他财务方式改变并购后的财务报告，从而努力提升基于会计指标的合约效果（Healy and Wahlen，1999）。也有研究表明，企业股价与会计盈余之间存在密切联系，较高的企业财务盈余会给企业带来股票价格的溢出效应（Chaney and Lewis，1995），但由于市场各方通常会对企业并购可能产生的盈余管理存在预期，因此，企业在并购活动完成以后，主并企业的并购绩效往往会出现一个短暂的上升之后形成长期的下滑（李增福、郑友环和连玉君，2011；李增泉、余谦和王晓坤，2005），而被并企业在并购后的绩效则又是另一番景象。Barraclough（2013）的研究发现，被并购企业在并购事件宣布后往往会获得一些有利的市场预期，并且在并购完成之后会获得较为理想的并购收益，而主并企业在完成并购之后的一段时间内则可能会面临一些不利因素对企业绩效产生的消极影响。因此，本章提出以下假设：

假设25-2b：在企业并购绩效评价过程中，不同绩效评价方式所获得的企业并购绩效之间在主并企业与被并企业之间也存在显著的差异。

（三）行业距离

企业并购活动根据并购双方的产业关联性可以将并购活动分为横向并购、纵向并购和混合并购三类。其中，横向并购和纵向并购属于相关行业之间的并购，混合并购则属于跨行业并购。Jensen（1986）认为，在跨行业并购过程中，主并企业对于被并企业的经营业务通常难以达到精通的程度，从而导致主并企业过度投入被并企业经营低效率领域的可能性增加，给企业自由现金流造成巨大的威胁。因此，相对于关联产业内的企业并购活动，企业混合并购面临的并购难度显然更大，这在一定程度上将导致企业跨行业并购绩效出现下降。此外，一些企业出于短期市场利益的目的而进行跨行业并购（王璐清、何婧和赵汉青，2015），这也将使企业并购绩效在特定事件窗口期内短期快速上升之后迅速出现长期下滑的趋势，从而加剧了企业跨行业并购绩效的低估程度。因此，本章提出以下假设：

假设25-2c：在企业并购绩效评价过程中，并购活动所在行业的关联程度将在不同绩效评价方式所获得的企业并购绩效之间产生显著的调节作用。

第三节 研究设计

一 数据来源

我们以"M&A""Mergers and Acquisitions""M&A performance""M&A empirical study"以及这些英文关键字的组合、"兼并""收购""并购绩效评估"等若干关键词在Elsevier Science、EBSCO以及中国知网等主流数据库上进行了文献检索。由于研究的时效性，我们以1985—2013年发表的文献作为收集对象，对搜索到的文献进行进一步筛选，筛选主要遵循以下四个原则：（1）必须具有明确的绩效评价方式；（2）必须是实证研究；（3）文献中特定评价方式下的并购绩效的数据能够通过转换变成效应值；（4）如果发现采用同一研究样本进行实证分析的多个文献，只取其中一个文献进行分析。通过上述两个阶段的文献整理，我们最终获得了 57 篇可供分析的文献。

在获得研究所需文献之后，为了保证本章所获得数据的可靠性，我们挑选了两位工作负责、能够胜任本研究数据编码工作的研究人员进行数据整理。整理的原则是每位研究人员独立对研究变量进行统一的定义，然后按照该定义对论文中的数据进行归类整理，在大多数文献中针对特定变量上出现多个事件窗口数据的时候，我们统一采用事件窗口时间间隔最长的数据作为本章的研究数据，然后对所获得的数据进行逐一对比分析。对于编码结果误差在上下 0.1 的区间内的数据，通过互相讨论计算平均值的方式解决，大于上下 0.1 的区间的数据直接删除。通过上述方法处理，能够保证本章所获得的数据是相互独立的，这能有效地避免由于多个非独立数据之间的干扰效应而导致的数据偏差（Hedges and Olkin, 2014），最终我们获得了来自 48 篇文献中的 53 个并购绩效数据（见表 25 – 1）。

表 25 – 1　　　　　并购绩效评价方式的基本资料

作者	时间（年）	样本量（个）	SE	ES_{CAR}	ES_{AR}	ES_{BHAR}	ES_{ROA}
Ang 和 Kohers	2001	677	0.039	0.285			
Jarrell 和 Poulsen	1989	462	0.047	0.12			
Fuller	2003	632	0.040	0.221			
Seth、Song 和 Pettit	2002	100	0.102	0.659			
Capron 和 Pistre	2002	101	0.101	-0.293			
Bigelli 和 Mengoli	2004	191	0.073	0.174			
Beitel、Schiereck 和 Wahrenburg	2004	92	0.106	0.413			
Houston、James 和 Ryngaert	2001	64	0.128		0.543		
Kohers 和 Kohers	2001	90	0.107		-0.569		
Doukas 和 Travlos	1998	301	0.058		0.533		
Doukas 和 Travlos	1998	175	0.076		-0.689		
Doukas 和 Travlos	1998	99	0.102		0.747		
Fuller、Netter 和 Stegemoller	2002	619	0.040		0.153		
Megginson、Morgan 和 Nail	2004	92	0.106			-0.49	-0.359
Chi、Sun 和 Young	2011	931	0.033	0.363			
Doukas 和 Kan	2006	122	0.092				0.246

续表

作者	时间（年）	样本量（个）	SE	ES$_{CAR}$	ES$_{AR}$	ES$_{BHAR}$	ES$_{ROA}$
Meinshausen 和 Schiereck	2011	192	0.073	0.377			0.578
Gleason、Mathur 和 Wiggins	2003	331	0.055	0.540			
Emery 和 Switzer	1999	173	0.077	0.5			
Gupta 和 Misra	2007	503	0.045		0.541		
Conn、Cosh、Gues 和 Hughes	2005	707	0.038	−0.264		−0.236	
Kiymaz	2009	374	0.052	−0.495			
Manzon、Sharp 和 Travlos	1994	103	0.100	0.346			
Kang	1993	119	0.093	0.339			
Hagendorff、Collins 和 Keasey	2008	110	0.097	−0.545			
Campa 和 Hernando	2004	154	0.079				0.122
Zollo 和 Singh	2004	31	0.189				0.47
Ramaswamy 和 Waegelein	2003	142	0.085				0.512
Singh 和 Zollo	1998	184	0.074				0.651
Officer、Poulsen 和 Stegemoller	2009	357	0.053	0.163			
Bae、Chang 和 Kim	2013	186	0.074		0.257		
Nicholson 和 Salaber	2013	53	0.141	0.652			
顾露露和 Reed	2011	157	0.081	0.031			
李梅	2008	49	0.147	−0.126			
费一文和蔡明超	2003	58	0.135	−0.41			0.578
廖理、曾亚敏和张俊生	2009	89	0.108	0.636			
宋献中和周昌仕	2007	54	0.140	0.481			
李哲和何佳	2007	199	0.071				0.493
朱滔	2006	1589	0.025			−0.259	
李善民和朱滔	2006	251	0.067			−0.232	
朱红军和汪辉	2005	102	0.101			0.554	
李增泉、余谦和王晓坤	2005	416	0.049	0.228		0.197	
李善民和朱滔	2005	942	0.033			0.125	
李青原和王永海	2007	117	0.094				−0.189
李善民、曾昭灶、王彩萍、朱滔和陈玉罡	2004	84	0.111				0.346
姚俊、吕源和蓝海林	2004	593	0.041				0.411
陈收、罗永恒和舒彤	2004	37	0.171	−0.635			
白云霞、吴联生和徐信忠	2004	68	0.124				−0.289

在对各项研究设计进行编码后发现，48 项研究中，有 25 项（47.2%）采用 CAR 指标评价企业并购绩效，9 项（17.0%）采用 AR 指标评价企业并购绩效，7 项（13.2%）采用 BHAR 指标评价企业并购绩效，12 项（22.6%）采用 ROA 指标评价企业并购绩效。另外，从事国内并购研究的文献有 17 项（32.1%），从事跨国并购研究的文献有 8 项（15.1%），关注主并企业研究的有 17 项（32.1%），而关注被并企业研究的有 8 项（15.1%），关联行业并购的文献有 13 项（24.5%），非关联行业并购的文献有 9 项（17.0%）。在本章所获得的数据中还存在一些偏差较大的奇异值的情况，奇异值会对元分析的结果造成负面影响。由于剔除奇异值会造成效应值的变化，学者对于是否剔除奇异值一直存在不同的意见。基于本章所获得效应值大小跨度较大，本节采取以往学者在元分析中保留奇异值的保守处理方法（程聪和谢洪明，2013）。

二　异质性检验

目前，管理学领域普遍采用的 Meta 分析方法最初是由 Olkin 和 Hedges（2014）提出的，由于该方法具有相对严谨的操作流程，并且能够获得较为可靠的统计结果从而被学者普遍接受。该方法首先通过异质性检验来评估不同研究文献在相同研究构念之间研究结果差异的显著性水平，如果异质性检验结果显著，则需要对纳入 Meta 分析的研究，采取删除偏差最大的研究样本、亚组分析以及调节变量控制分析等方法进行再一次异质性检验，一直到异质性检验结果不显著为止（Cano et al.，2004）。由于本章所收集的文献中有关并购绩效的评价存在多个时间区间的绩效值，按照上文的标准，本章以企业并购事件时间窗口区间最大的数值作为计算效应值的源数据。通过对文献的整理发现，本章的并购绩效效应值主要通过 T 值和 Z 值进行转换，我们遵循 Lipsey 和 Wilson（2001）所阐述的数据转换方法进行效应值变换。为了保证数据的可信度和稳定性，在计算整体效应值时，应充分考虑数据所对应的样本大小，为了保证每项研究对总体效应值的贡献程度与其样本在总样本中所占的比例相一致，采取对每个效应值以其标准误平方的倒数为权重方法进行加权计算（Hedges and Olkin，2014），具体公式为：

$$ES = \frac{\sum(w_i ES_i)}{\sum(w_i)}, ES_i = \frac{1}{\sqrt{n-3}}, w_i = n-3, i = 1,2,3,\cdots$$

式中，ES 是所有效应值的加权效应值，ES_i 表示第 i 个效应值统计量，w_i 表示第 i 个效应值的方差倒数权重，i 表示效应值数量。具体异质性检验结果如表 25-2 所示。

表 25-2　　　　　　　并购绩效评价方式异质性检验结果

模型	独立样本	样本量	异质性水平			Tau-squared 检验
			Q 值	Df(Q)	I^2	
CAR 随机效应	25	6565	662.65***	24	96.4%	0.098
AR 随机效应	9	2129	358.41***	8	97.8%	0.204
BHAR 随机效应	7	4073	188.25***	6	96.8%	0.060
ROA 随机效应	12	1990	109.58***	12	89.0%	0.058

注：***表示 1% 的显著性水平。

在 Meta 分析中，Q 值和 I^2 值这两个指标是检验研究结果异质性水平高低的重要指标，本章中，各项绩效评价方式所获得的并购绩效的 Q 值均远远大于效应值个数（最小的 Q = 109.58 大于效应值数量 12），Q 值均显著，并且相应的 I^2 值都远高于理论要求的最小值 60%（最小为 89.0%），因此可以推断不同并购绩效评价方式所形成的企业并购绩效之间存在显著性差异，初步验证了假设 25-1。当样本总体检验结果为异质时，通常有两种处理方式：（1）删除极端效应值，再进行固定效应模型分析；（2）采用考虑组内和组间变异的随机效应模型分析（Lipsey and Wilson, 2001）。由于本章已经对奇异值采取了保留处理，因此，考虑采用方法（2）的随机效应模型分析方法。

三　主效应检验

表 25-3 是不同并购绩效评估方式分析结果，考虑到 AR 和 BHAR 评价方式所获得的并购绩效效应值数量小于 30，样本量较小，为保证模型稳健性，我们同时检验它们的固定效应和随机效应。由表 25-3 可知，CAR 绩效评价方式对企业并购绩效的影响程度为 0.186（$p <$

0.01），ROA 绩效评价方式对企业并购绩效的影响程度为 0.348（p < 0.001），但 AR 绩效评价方式、BHAR 绩效评价方式对企业并购绩效的影响机制在随机效应模型下不再显著。当采用固定模型时，AR 绩效评价方式和 BHAR 绩效评价方式对企业并购绩效的影响则显著，其中，AR 绩效评价方式对企业并购绩效的影响程度为 0.219（p < 0.001），BHAR 评价方式对企业并购绩效的影响程度为 -0.102（p < 0.001）。并且从表 25-3 中可以发现，所有效应值 95% 的置信区间均在 0 水平线的一侧，表明所获得的研究结果具有较高的可信度水平。因此，由 Meta 分析结果可知，四种并购绩效评价方式对企业并购绩效的影响是显著的，除 BHAR 评价方式对企业并购绩效的影响为负外，其他三类绩效评价方式对企业并购绩效产生正向影响。因此，假设 25-1 得到了进一步的实证结果支持。

表 25-3　　不同并购绩效评估方式总体绩效及其置信水平

模型	独立样本	样本量	总体效应及 95% CI 置信区间			双尾检验	
			ES	下限	上限	Z	p
CAR 随机效应	25	6408	0.186	0.052	0.319	2.73	0.006
AR 随机效应	9	2129	0.115	-0.185	0.416	0.75	0.451
AR 固定效应	9	2129	0.219	0.176	0.261	10.04	0.000
BHAR 随机效应	7	4073	-0.034	-0.222	0.155	0.35	0.727
BHAR 固定效应	7	4073	-0.102	-0.132	-0.07	6.46	0.000
ROA 随机效应	12	1455	0.348	0.206	0.491	4.79	0.000

四　调节作用检验

对于异质性检验显著的研究结果，如果删除其中一项偏离最大的效应值后异质性检验结果仍然显著，并且纳入 Meta 分析的每组效应值个数仍然大于三项，则可以认为，该变量之间的关系存在其他潜在变量的调节作用，将调节变量纳入其中进行分析就非常必要。正是基于上述考虑，我们采用二阶异质性检验进行进一步分析，具体方法为：首先删除每一绩效评价方式中并购绩效偏离最大的效应值，然后再次检验不同亚组下的绩效评价方式对并购绩效影响的异质性水平，检验结果发现，这种不同绩效评价方式下的并购绩效结果异质性水平仍然都是显著的。因此，我们将国家距离（国内并购 vs 跨国并购）、身份距离（主并企业 vs 被并企业）和行业距离（关联并购 vs 跨界并购）纳入调节作用分析中，检验结果如表 25-4 所示。

表 25-4　　　　　　　　　　　　调节作用检验

调节变量	不同并购绩效评估方式效果							
	ES_{CAR}		ES_{AR}		ES_{BHAR}		ES_{ROA}	
国内并购 vs 跨国并购	0.185vs 0.130 (17vs8)	2.53 (n.s)	0.223vs 0.211 (5vs4)	0.07 (n.s)	-0.085vs -0.160 (4vs3)	3.88*	0.325vs 0.532 (9vs4)	16.67***
主并企业 vs 被并企业	0.206vs 0.119 (17vs8)	11.07**	缺失		缺失		0.006vs 0.414 (4vs5)	59.21***
关联并购 vs 跨界并购	0.420vs -0.098 (13vs9)	374.93***	0.270vs 0.155 (5vs4)	6.88**	0.175vs -0.254 (3vs4)	170.32***	0.552vs 0.018 (6vs4)	82.61***

从表 25-4 中可以看出，企业是否从事跨国并购对于企业采用 BHAR 和 ROA 评价企业并购绩效具有显著的调节作用，具体表现为采用 BHAR 评价方式所获得的企业并购绩效在跨国并购中并购效益更差，而采用 ROA 评价方式所获得的企业并购绩效在跨国并购中并购效益更好，支持假设 25-2a。评价主体对于采用 CAR 和 ROA 评价企业并购绩效具有显著的调节作用，具体来说，采用 CAR 评价方式所获得的企业并购绩效在主并企业中所体现的并购效益更好，而采用 ROA 评价方式所获得的企业并购绩效在被并企业中所体现的并购效益更好，支持假设 25-2b。最后，我们还发现，并购行业关联性对四种评价方式所获得的企业并购绩效具有显著的调节作用，具体来看，CAR、AR、BHAR、ROA 四种评价方式所获得的并购绩效在关联行业并购中要明显好于跨行业并购，因此，假设 25-2c 成立。

第四节　结论与讨论

本章通过对发表于 1985—2013 年的 48 篇研究文献的 53 个效应值进行集成分析，探讨了企业并购过程中四种不同绩效评价方式下企业并购绩效的差异性问题，并进一步探讨了国家距离（国内并购 vs 跨国并购）、身份距离（主并企业 vs 被并企业）和行业距离（关联并购 vs 跨界并购）三个因素对于这种由于评价方式不一样所形成的企业并购绩效差异的调节作用。Meta 分析发现，采用 ROA 评价方式所获得的企业并购绩效最好（ESROA = 0.348），采用 CAR 和 AR 评价方式所获得的企业并购绩效次之（ESCAR = 0.186；ESAR = 0.219），而采用 BHAR 评价方式所获得的企业并购绩效评价效果最差（ESBHAR = -0.102）。为了进一步确认导致这种评估方式多样化情景下企业并购绩效之间差异的内在影响机制，我们进行了二阶异质性检验。二阶异质性检验结果表明，企业并购国家距离、身份距离和行业距离确实在不同绩效评价方式所导致的并购绩效关系之间起到调节作用。

从企业并购活动发生所在地来看，BHAR 绩效评价方式更适合于国内并购中企业并购效益的评价，而 ROA 评价方式则更适合于跨国并购中企业并购效益的评价。这从另一个角度验证了 Varra 等（2014）的研究结论，同时也表明了制度文化政策等对于企业财务绩效（ROA）的影响较小，而对于 BHAR 指标则会形成显著的影响作用。从并购企业身份来看，CAR 和 ROA 两种绩效评价方式所获得的企业并购绩效在主并企业和被并企业之间表现出显著的差异。这也从另一个视角解释了为何不同学者对同一并购事件中主并企业与被并企业并购绩效分析后得出了不同的观点（陈健、席酉民和郭菊娥，2005）。主并企业采取 CAR 评价方式获得的并购效益更好，而被并企业则是采用 ROA 评价指标获得的并购效益更积极。这说明，主并企业的并购绩效要在未来相对较长的时间内才能完全体现出来，而被并企业的并购绩效则是在获得主并企业资金或者股权后就立即体现出来的。从并购行业范围来看，CAR、AR、

BHAR、ROA 评价方式所获得的并购绩效在关联行业并购中要明显好于跨行业并购。这一研究结果表明，行业壁垒仍然是制约企业并购绩效提升的重要阻碍因素。

本章从绩效评价方式的视角来探讨企业并购绩效差异性问题，在以往的研究中是不多见的，对于深化企业并购相关理论研究具有深刻的理论启发。本章的主要理论贡献包括以下两方面：第一，本章首次证实了企业并购绩效评价方式是影响企业并购绩效差异的重要因素之一，补充了企业并购战略相关的理论成果。第二，本章通过对以往相关研究的归纳性分析，明确了 CAR、AR、BHAR 和 ROA 等评价方式对于企业并购绩效的影响程度，获得了较为可靠的研究结论。

但是，本章也存在一些不足之处：首先，本章只是获取了文献中时间窗口区间最长的并购绩效数据作为数据来源，这不利于反映企业整个并购过程的绩效变化问题，从而使研究结论存在一定的偏差。其次，一些文献虽然在并购绩效评价方法中获得了重要的结论，但由于缺乏稳健的数据转换方法，使我们难以将其纳入 Meta 分析中，导致本研究在一些变量关系研究上存在数据偏差现象。因此，未来从方法学上考虑评估绩效的准确性也是我们需要关注的方向之一。

第二十六章 资源型企业跨国并购决策模式研究

第一节 研究背景

企业进入海外国家的主要模式有绿地投资和并购两种形式（Chen, 2008），相对于绿地投资主要是对企业已有能力的扩展，跨国并购能够为企业带来快速成长的机会（Nocke and Yeaple, 2007）。由于海外资源市场具有较高的垄断性，并且西方发达国家已经在主要资源市场上建立了显著的优势地位，相对于绿地投资模式，跨国并购更符合我国资源型企业的海外资源获取选择。近年来，随着我国企业海外投资数量的急剧增加，越来越多的资源型企业将跨国并购作为实现企业国际化的主要途径（Athreye and Kapur, 2009; Gubbi et al., 2010）。2014 年，我国企业共实施对外投资并购项目 595 起，直接投资额 324.8 亿美元，占当年我国对外直接投资流量的 26.4%。在跨国并购行业中，又以资源型企业跨国并购金额最大，2014 年，采矿业并购金额达到了 179.1 亿美元，占当年并购总额的 31.4%。

在我国石油和天然气等自然资源较高对外依存度的大背景下，我国资源型企业跨国并购对于保障我国能源安全、满足国内经济和社会发展的需求显然具有重要作用。但是，由于自然资源具有不可再生性，相关国家在利用自然资源优势吸引外资的同时，也会出于自身发展战略考虑对外来投资者进行战略性限制。近年来，我国企业持续大规模的跨国资源投资并购行为在国际市场上引起了主要发达国家的不满情绪，《经济学人》曾经撰文将我国企业比喻为"一条贪婪的龙",显然,我国资源型企业的跨国并购要面对比其他行业更强的"外来者劣势"(Moeller et al.,2013)。针对企业跨国经营中的外来者劣势,学者主要从东道国市场经验(Kolstad and Wiig,2012)、东道国制度体系(Globerman and Shapiro,2002;Kolstad and Wiig,2012)、地理距离(Buckley et al.,2007)、政治风险(Quer et al.,2012)、文化距离(Kang and Jiang,2012)等角度展开分析,这种研究的显著不足之处在于研究视角较为单一,未能综合分析各种制度性因素可能对企业跨国并购产生的交互性影响,同时也没有考虑企业自身的组织惯例对于并购决策的影响,尤其是考虑到我国资源型企业经营决策背后隐含的浓厚"国家意识"。

基于上述考虑,本章将采用定性比较分析方法来探讨我国资源型企业跨国并购决策问题,这种研究方法将有效地克服定量研究中简单的"自变量—因变量"之间的因果逻辑分析,尽可能地综合所有解释性前因条件对研究结果的综合影响机制问题(Ragin,2014;王凤彬、江鸿和王璁,2014)。此外,清晰集定性比较分析方法能够将当前定性研究和定量研究的优点综合起来,已经在国外社会科学领域研究中逐渐被学者采用(夏鑫、何建民和刘嘉毅,2014)。然而,目前国内在经济管理领域采用定性比较分析方法的研究还十分缺乏。因此,本章以资源型跨国企业并购为重点,引入清晰集定性比较分析方法,尝试从国家制度差异和企业组织惯例层面总结出各种因素交互影响下的我国资源型企业跨国并购的驱动机制问题,不仅在研究方法上进行了创新,同时也为完善我国企业跨国并购相关理论做出显著贡献。

第二节 相关理论基础

在早期的研究中,Dunning(1993)将企业跨国投资的主要动机分为外部市场寻求、效率寻求和资源寻求三种类型,并认为,企业的跨国投资行为是建立在所有权优势、区位优势和内部化优势这三种优势之上。然而,我国很多企业的跨国并购行为并不具备 Dunning 所阐述的优势条件。另外，出于大力推进海外自然资源获取的战略考虑，我国政府为资源型企业跨国并购提供了许多政策优惠（Luo，2001），但这并不足以解释我国资源型企业跨国并购的差异性。事实上，由于我国大部分资源型企业较强的政府背景、独特的国有所有权属性等，跨国并购过程中面临诸如东道国制度环境、企业决策机制等宏观和微观因素的影响更为显著（Hitt et al.，2007；Dunning，2013），因此，本章从国家制度差异与企业组织惯例两个层面分析驱动我国资源型企业跨国并购的因素。

一　国家制度层面

不同国家在发展轨迹、制度建设上的独特性导致国家间最终形成的经济制度环境也会存在差异，这种制度差异主要体现在管制、规范以及认知等方面（Kostova，1996）。学者在探究影响企业经营的制度因素时，主要归类为正式制度和非正式制度（Estrin et al.，2009），或者管制制度、规范制度以及认知制度。正式制度或管制制度主要是一些对企业跨国并购监管产生影响的东道国法律法规（Estrin et al.，2009），非正式制度或规范制度或认知制度则主要是指东道国社会价值、信仰以及共同准则等文化类因素（North，2006）。由于自然资源在国民经济增长和社会发展中发挥的基础性作用，东道国政府对企业跨国并购的监管制度以及对相关产业的市场约束将会更加严格，尤其是对我国等新兴市场国家资源寻求型企业的跨国并购行为（Sun et al.，2012）。

（一）并购监管制度（Regulatory，RE）

作为资源型跨国并购企业，在并购过程中面临着东道国政府各种严格的经济制度审查是不可避免的，这在很大程度上会影响跨国企业在东道国经营的合法性。尤其是对于关系到东道国经济命脉的矿产、油气等基础性经济资源的跨国并购活动，跨国企业获得东道国的制度认可并维持其合法性至关重要（Kostova and Roth，2002），因为这会影响到企业在东道国的经营发展（Scott，2013）。另外，东道国本身的制度完备性也将对这种资源型跨国并购产生显著的影响，例如，Cuervo-Cazurra（2006）认为，东道国政治制度缺乏稳定性，将使资源型企业跨国并购面临着很大的政治社会风险。薛求知和韩冰洁（2008）指出，东道国政府的腐败程度对企业跨国并购的影响更为直接，一旦腐败成为东道国商业活动规则中不可避免的一部分，那么跨国企业对合法性的获取就需要遵从东道国的腐败要求。另外，由于东道国腐败而导致的企业额外支出无形之中也会成为企业在东道国的"额外负担"，增加企业在东道国运营成本，从而影响企业的跨国并购绩效。

（二）市场约束（Market Discipline，MD）

企业跨国并购中外来者劣势的特征之一就是东道国政府的市场约束机制，即东道国政府从市场准入方面对海外企业跨国并购设置门槛，以保护本国企业的市场地位（程聪和贾良定，2016）。出于保障国家能源安全、满足本国经济社会长期发展需求的考量，同时考虑到自然资源的不可再生性，资源型企业跨国并购将面临更高的市场门槛（薛求知和韩冰洁，2008），东道国政府同时又会鼓励本土资源型企业投资经营本国的资源（张洪和刁莉，2010），从而进一步强化了东道国政府对于外来资源型企业的市场约束。另外，自然资源市场往往具有垄断特性（Davis et al.，2000），一旦政府通过限制海外企业进入东道国市场，资源型企业跨国并购将面临必然失败的局面，因而自然资源类产业在东道国是否受到限制，会对我国资源型企业的跨国并购产生显著影响。

（三）不确定性规避（Uncertainty Avoid，UA）

相对于正式制度对于企业跨国并购的影响，非正式制度阻碍跨国企业在东道国获取合法性地位的可能性更大（Kostova and Zaheer，1999；Contractor et al.，2014；吴晓云和陈怀超，2013）。东道国与母国之间的文化差异在对知识产生需求的同时，又会对知识以及其他因素在东道国和母国之间的流动产生阻碍（Benito and Gripsrud，1992），也正是由于文化差异本身存在的双重性，导致其对经济活动的影响存在不确定性。而较高的文化差异也就意味着企业在进行跨国并购时需要投入的、用以协调由于文化差异所带来的管理成本较大，并且差异越大，成本费用就越高。同时，企业在后期的运营管理中也会由于与并购方存在的文化差异导致庞大的沟通、运营成本。

二 组织惯例层面

企业组织特征诸如企业跨国并购经验、企业高层决策模式以及支付方式等同样也会对企业的跨国并购产生影响（Kohli and Mann，2012；

Nicholson and Salaber，2013）。Liao（2015）指出，企业跨国投资经验是影响企业国际化经营绩效的核心要素。Nielsen（2011）认为，跨国并购过程中企业高层态度是决定企业跨国并购进程的重要影响因素。另外，企业并购交易支付方式则是体现企业跨国并购实力的重要特征（Nicholson and Salaber，2013）。

（一）企业跨国并购经验（Experience，EX）

跨国并购经验既是企业在跨国并购过程中形成的一种隐性知识（Johanessen et al.，1999），也是组织学习最重要的知识来源之一（Li et al.，2014）。跨国并购经验对于帮助企业处理海外复杂投资环境中出现的突发状况具有积极作用（Luo and Peng，1999）。企业已有的跨国并购经验能够帮助企业减少由于对东道国市场环境陌生感、东道国法律歧视性以及东道国商业伙伴关系的不确定性所造成的经营障碍（Hong and Lee，2014）。对资源型企业跨国并购而言，由于自然资源对东道国社会经济发展同样具有重要作用，以自然资源为目的的企业海外并购稍有不慎就会留下"新殖民主义"的印象，而企业已有的跨国并购经验能够增加企业对东道国制度环境等的熟悉程度（López‐Duarte and Vidal‐Suárez，2013）；在帮助企业深入了解东道国与母国间环境差异的同时，为企业妥善处理与东道国之间的关系起到重要作用，也有利于企业克服外来者劣势，提升企业的跨国并购绩效。

（二）企业高层态度（Managerial Bias，MB）

在企业国际化经营中，需要企业管理层具备处理多种文化制度和竞争性环境下的决策能力，尤其是企业高层管理者更善于制定出符合企业最优决策的战略体系（Gupta and Govindarajan，2002；Nielsen and Nielsen，2011）。早期的企业行为理论认为，企业的决策者通常是有限理性的，高层管理者在做出跨国并购决策时常常会在已有经验中搜寻决策理论基础，这导致了并购企业的决策行为往往遵循以往的决策惯例和体系（Nielsen and Nielsen，2011），因此，管理者对企业国际化的固有态度常常影响跨国并购行为的决策。这在资源型跨国并购中体现得尤为明显，我国资源型跨国企业主要以国有企业为主，等级严明、国家意志为显著特征的企业决策模式必然会对我国企业的跨国并购活动产生深远影响。

(三) 支付方式 (Pay Method, PM)

在企业跨国并购过程中，企业支付方式对跨国并购成败也有重要的影响。事实上，自然资源并购市场并非完全竞争市场，而在不完全竞争市场中，并购信息通常是不对称的，被并购者相对于投资者而言往往能对企业价值进行更准确的评估。在信息不对称时，企业更倾向于采用非现金支付方式（Nicholson and Salaber, 2013），因为相对于非现金支付的负向超额收益而言，现金支付能够给被并购方带来超额回报（Martynova and Renneboog, 2008; Mann and Kohli, 2009），也就意味着现金支付的价格要远远高于被并购企业的实际价值。但是，采用股票交易等方式则能够保留一定数量的东道国股东，这对新并购企业能够产生很好的监督作用，从而有利于提升企业的并购绩效（Kang and Kim, 2008），然而，如果主并企业拥有较强烈的并购后控制欲望时，现金支付方式则会受到被并企业的欢迎（Basu et al., 2009）。

第三节 研究设计

为了更好地分析国家制度差异和企业组织惯例等不同制度层面因素对企业跨国并购的综合影响，我们采用定性比较分析方法（QCA）来进行探讨。相对于其他定性与定量研究方法，QCA 方法结合了两者的优势。首先，QCA 方法并不关注单个自变量对因变量的效应，而是将导致结果的前因条件视为复杂的组合关系，并且不同前因条件之间的组合范式是可以相互替代的，这种导致某一结果的前因条件组合称为前因条件构型，所有的前因条件都可以是前因条件构型中不可分割的要素（Ragin, 2000）。其次，传统线性回归分析方法只能处理变量之间的对称关系（若 A→B，则 ~A→ ~B），而无法解释变量之间可能存在的非对称关系。比如，若 A→B，则 ~A→ ~B 未必成立的问题。QCA 方法则能够很好地处理这种变量之间的因果不对称关系，更适合用于当前社会科学相关复杂问题的研究（Fiss, 2011）。最后，QCA 方法对于数据样本的要求远远小于传统回归分析的数据样本要求，根据 Marx 和 Dusa

(2011) 的分析经验,当前因条件数量为 6 时,样本数达到 39 个即可清晰地区分随机数据和真实数据,本章研究样本量为 41 个,能保证分析结果具有较高的内部效度。

一 数据来源

本章研究的基础数据来自 Zephy 数据库,我们选取 2008—2014 年我国典型资源获取型跨国并购案例作为我们的分析样本,具体包括矿产、油气、水电以及其他能源类项目。为了获得更具代表性的样本,我们进一步将所获得的样本与中国并购协会的历年十大并购案例、中国并购年度十大并购案例等进行比较,最终我们以 41 起我国企业资源型并购事件作为案例分析对象,其中并购成功的案例 18 起,并购失败的案例 23 起。

二 真值表构建

我们按照清晰集定性比较分析方法对于数据的要求,首先,将所获得数据的前因要素以及结果按照 0 或 1 原则赋值为 0 或 1 (Ragin, 2014),具体分类标准如表 26-1 所示。其次,我们对有关资源型企业跨国并购的相关影响因素以及案例的相应结果进行赋值。

表 26-1　　　　　　　　变量选择与赋值

	解释变量	数据统计标准	数据权重(%)	赋值
国家制度层面	并购监管制度(RE)	政府清廉指数 (≥50)	70.73	1
		政府清廉指数 (<50)	29.27	0
	不确定性规避(UA)	不确定性规避指数 (≥30)	60.98	1
		不确定性规避指数 (<30)	39.02	0
	市场约束(MD)	所在产业属于东道国限制性市场	63.41	1
		所在产业属于东道国非限制性市场	36.59	0
组织惯例层面	企业跨国并购经验(EX)	本次并购前有东道国并购经验	36.59	1
		本次并购前没有东道国并购经验	63.41	0
	企业高层态度(MB)	开拓型并购倾向	43.90	1
		保守型并购倾向	56.10	0
	支付方式(PM)	现金支付为主	53.66	1
		其他支付方式为主	46.34	0

国家制度层面因素的赋值：（1）并购监管制度。我们主要考虑东道国政府的行政公信力，以透明国际发布的政府清廉指数作为评价标准，采用该指标的原因在于企业跨国并购过程中非商业因素（商业贿赂、政治偏见以及政策持续性）的重要影响作用，我们以清廉指数得分等于或高于 50 赋值为 1，低于 50 则赋值为 0。（2）不确定性规避。跨国并购中不确定性规避的意义在于对外来企业的接纳程度，尤其是那些对本国经济社会资源形成强烈冲击的商业行为的宽容程度，我们主要利用 Hofstede 所开发的五维度文化比较模型中的不确定性指标，按照 Hofstede 的评价方法，将不确定性规避指数等于或高于 30 的赋值为 1，低于 30 的赋值为 0。（3）市场约束。油气、矿产以及能源类资源的经营在很多国家都存在不同层面的政府保护性措施，因此，资源类企业的并购行为经常会遭遇非市场性的制约，如果东道国有关资源类经营存在国家层面的政策，就赋值为 1，没有则赋值为 0。

组织惯例层面因素的赋值。（1）跨国并购经验。我们以企业本次跨国并购事件发生之前是否具有东道国并购经验作为判定标准，若有则赋值为 1，若没有则赋值为 0。（2）企业高层态度。并购过程中企业高层决策者对于并购过程能够产生显著的影响，本章中，我们将高层决策者倾向于采取以我为主、决断坚决的高层并购决策模式称为开拓型决策，并赋值为 1，而将高层决策者采取积极磋商、温和谈判的决策模式称为保守型决策，并赋值为 0。（3）并购支付方式。若并购完成后以采用现金支付为主的赋值为 1，若采用其他支付方式为主的则赋值为 0。最终，我们获得了本次案例资料的真值表如表 26-2 所示。

表 26-2　　　　　　　　　变量真值表分析

RE	UA	MD	EX	MB	PM	FRE
0	0	1	0	1	1	4
0	1	1	1	0	0	3
0	1	1	0	0	0	3
0	1	1	0	0	0	3
1	0	1	0	0	1	3

续表

RE	UA	MD	EX	MB	PM	FRE
0	1	0	0	0	1	2
0	1	1	0	1	1	2
0	1	0	1	1	1	2
1	0	1	1	1	0	2
1	1	0	1	0	0	1
1	1	0	0	0	1	1
1	1	0	1	0	1	1
1	1	0	1	0	0	1
1	1	0	0	1	1	1
0	1	1	0	0	1	1
0	1	0	0	1	1	1
0	1	0	0	0	0	1
0	1	1	1	1	0	1
0	1	0	1	0	1	1
1	0	1	0	1	0	1
1	0	0	1	1	1	1
0	0	1	1	0	0	1
0	0	1	0	0	1	1
0	0	0	0	1	0	1
0	0	0	0	1	1	1
0	0	0	1	0	1	1

第四节　实证分析

一　整体检验

本章中，我们使用 fsQCA2.0 程序进行分析，fsQCA2.0 程序首先构建出潜在构型的真值表，并根据设定的一致性门槛值和案例频数门槛值自动筛选出对被解释结果具有充分性的前因条件构型。其次，结合我们的理论分析,通过简单类反事实和困难类反事实分析简化所筛选出的构型,获得我们需要的简洁解、中间解和复杂解。我们认为,不存在绝对的单个前因条件能够对企业跨国并购产生绝对性的影响作用。我们将按照 Ragin(2006)给出的建议,将一致性门槛值设定为 0.8,所获得的资源型企业跨国并购成功前因条件构型如表 26-3 所示。其中,核心条件意味着复杂解与简洁解中都包括该要素,而边缘条件则只在复杂解中出现。

表 26-3　　资源型企业跨国并购成功的前因条件构型

	假设 26-1	假设 26-2a	假设 26-2b	假设 26-3	假设 26-4	假设 26-5
UA	●	⊕	•	•	•	⊕
RE	⊕	●	●	●	⊕	●
MD	●	•	⊕	⊕	⊕	⊕
EX	⊕		⊕	●	●	●
PM	●	⊕	⊕			
MB		●	•	⊕	●	●
CS	1	1	1	1	1	1
CV	0.17	0.17	0.06	0.06	0.11	0.06
NCV	0.17	0.17	0.06	0.06	0.11	0.06
OCS	1					
OCV	0.61					

注:(1)●或•表示该条件存在,⊕或⊕表示该条件不存在,"空白"表示构型中该条件可存在、可不存在;●或⊕表示核心条件,•或⊕表示辅助条件。(2)CS 表示一致率(consistency),CV 表示覆盖率(coverage),NCV 表示净覆盖率(net coverage),即由该构型独立解释、不与同一被解释结果的其他构型重合的覆盖率;OCS 表示总体一致率(overall consistency),OCV 表示总体覆盖率(overall coverage)。

由表 26-3 我们可以初步了解到,我国资源型企业跨国并购成功的前因条件构型主要包括 6 种前因构型,并且任何一种单因素前因条件都无法概括所有的前因条件构型,我们进一步对单因素条件进行回溯分析发现,所有的单前因条件都无法满足资源型企业跨国并购成功的必要条件的最低门槛值，因此，我们判断，推动我国资源型企业跨国并购的驱动机制是多要素的前因条件构型组合。进一步对表 26-3 进行分析，我们发现，我国资源型跨国并购的前因条件构型主要可以归纳为 5 种模式：

（一）UA*~RE*MD*~EX*PM 构型

在该前因条件构型中，一致性系数达到了 1，覆盖率则为 0.17，这说明，对于我国部分资源型跨国企业来说，只要东道国不确定性规避越高，即使面临政府腐败、市场进入门槛很高，企业只要采用现金支付方式，一般来说，克服企业在该目标国的并购经验缺乏问题，并进入该国家市场进行跨国并购活动的可能性还是挺高的。在这种制度差异情景下，我们发现，企业高层管理者的决策模式对于企业跨国并购的影响是很小的，甚至可以忽略不计。这种跨国并购驱动模式比较适合那些政局相对稳定但治理效率不高等特征的制度情景，对外来投资需求较为迫切的国家市场，包括俄罗斯、印度、巴西等都符合上述国家制度情景。

（二）RE*~PM*MB 构型

在该前因条件构型中，具体包括两个子驱动模式（~UA*RE*MD*~PM*MB 和 UA*RE*~MD*~EX*~PM*MB），在这两种子驱动模式中，都包括政府管制越严格、非现金支付方式和高层管理者积极进取型的决策风格这三个前因条件，这说明，这种资源型企业跨国并购驱动模式下，东道国的政府完善、规范的并购管制制度情景下，我国资源型企业高层管理者更有在该国家市场实施跨国并购的意愿，并更倾向于采用非现金支付方式来完成跨国并购活动。考虑到这两个子模式具有相同的简洁解，按照定性比较分析的归并原则，我们进一步将这两种子模式驱动机制进行化解，最后得到一种高阶的驱动模式（RE*~EX*~PM*MB），从这种高阶驱动模式中可以看到，东道国完善的制度体能够克服企业在当地的并购经验缺乏的不足，而企业高层管理者积极进取的并购策略则能够化解非现金并购带来的不利局面，显而易见，这种资源型企业跨国并购驱动模式更加强调东道国市场制度的完备性，具有高效、完善的市场规范体系，当前北美、西欧的大部分国家都属于此类规范制度化类型。

(三) UA*RE* ~MD*EX*PM* ~MB 构型

在该前因条件构型中，一致性率达到了 1，覆盖率为 0.06，从国家制度层面来看，不确定性规避越高、政府管制严格以及政府针对标的资源市场门槛的降低，同时，从企业组织惯例层面来看，企业丰富的东道国并购经验、现金支付方式以及在高层管理者在决策上的谨慎态度是推动该类资源型企业跨国并购的重要前因条件构型。这说明，对于我国部分资源型企业跨国并购活动来说，东道国市场不确定性规避越高与政府管制制度越完善，能够克服东道国市场对于标的资源的约束效应，同时企业在东道国的经验积累再加上采取用现金支付则能够克服企业高层管理者在决策过程中的信心不足问题。这类资源型并购东道国市场制度体系国家主要是印度尼西亚、日本等东南亚与东亚部分国家市场，这类国家在制度文化上与我国的差异相对较小。

(四) UA* ~RE* ~MD*EX*PM*MB 构型

在该前因条件构型中，一致性率达到了 1，覆盖率为 0.11，这种构型中国家制度层面的因素包括不确定性规避越高、政府管制缺失以及较低标的资源市场门槛。从企业组织惯例层面来看，企业丰富的东道国并购经验、现金支付方式以及高层管理者在决策上的进取心态是推动该类资源型企业跨国并购的重要前因条件构型。我们认为，这种模式最关键的地方在于企业自身强大的并购实力有效地弥补了国家制度层面的严重不足，这在我国很多开拓型的企业中体现得尤为明显，例如，我国企业为了获得可观的油气、矿产资源，不得不在非洲、中东乃至南美等政局相对不稳定、政府管制混乱等制度极不稳定的国家进行并购投资，唯一的要求就是要能够对并购完成后的企业未来具有较好的预期（不确定性规避较高）。这类东道国主要是南非、伊朗以及阿根廷等非洲、中东以及拉美地区的一些制度建立十分不足的国家。

(五) ~UA*RE* ~MD*EX*PM*MB 构型

在该前因条件构型中，一致性率达到了 1，覆盖率为 0.06，这种构型与上一种构型的最大区别在于国家制度层面，在这类构型中，国家管制制度相对完善，但不确定性规避和市场门槛进入都较低，这类国家市场主要是东欧和中亚等地区的一些国家，这些国家油气、矿产资源相对丰富，政府管制制度也较为完备，但整体政治稳定性较低。这些地区的国家市场也是近年来我国资源型企业实施跨国并购的重要"拓荒"目标市场之一。同样，这类跨国并购活动需要企业自身强大的并购实力来有效弥补国家制度层面要素的不足，例如，这类资源型投资东道国主要是蒙古、哈萨克斯坦、乌克兰以等中亚、东欧地区的一些国家。

二 进一步检验

鉴于 fsQCA 软件直接计算出的并购前因条件构型相对复杂，并且 fsQCA 软件在计算过程中默认寻求最大覆盖率，我们按照前因条件最少的前提下剔除重复覆盖的原则，对表 26-3 中的跨国并购构型进行进一步归并，从而获得资源型企业跨国并购驱动机制模式的高阶简约构型，具体如表 26-4 所示。

表 26-4　资源型企业跨国并购驱动机制模式的高阶简约构型解释

简约并集	前因条件构型	CS	CV
RE * ~PM * MB	假设 26-2a 或假设 26-2b	0.89	0.45
UA * MD * PM	假设 26-1	1	0.43
~MD * EX * MB	假设 26-4 或假设 26-5	0.72	0.43
RE * EX * PM	假设 26-3	0.89	0.48

由表 26-4 可知，除 ~MD * EX * MB 这一简约构型解释条件外，其他三个资源型企业跨国并购的简约构型解释条件的一致性都达到了 0.7 以上水平，覆盖率都在 0.4 以上，第一个简约构型解释条件表明，东道国政府完善的管制制度体系，同时，非现金支付方式和企业高层管理者积极进取的跨国并购策略是推动资源型企业跨国并购活动获得成功的核心条件；第二个简约构型解释条件表明，较高的东道国市场不确定性规避与市场门槛，同时采用现金支付方式这三个要素组合也能够推动资源型企业跨国并购活动的持续展开；第三个简约构型解释条件则表明，东道国政府完善的管制制度体系，同时，企业在东道国的丰富并购经验与采用现金支付方式是企业跨国并购获得成功的又一重要前因条件组合。

综上可知，国家制度层面与企业组织惯例的前因条件之间是相互补充的关系，并且企业组织惯例前因条件中，支付方式是最为关键的核心条件，国家制度要素中，政府管制制度体系是影响资源型企业跨国并购的重要条件，而不确定性规避则需要与市场准入制度相结合才能够发挥最大的效用。我们推断，这与企业跨国并购追求经济效益最大化是一致的，而支付方式则是企业兼并过程中经济利益分配最直观的表现形式。政府管制制度在很大程度上代表了东道国市场的规范化程度，具备完善市场化运作体系的东道国市场能够显著增强企业在东道国市场的跨国并购投资活动信心。

第五节 结论与讨论

本章中，我们采用清晰集定性比较分析从国家制度和组织惯例两个制度性视角来探讨我国资源型企业跨国并购机制问题，获得了 5 种前因条件构型，其中，有两种构型是归属同一类的子模型。这 5 种企业跨国并购前因条件构型详细地刻画了我国资源型企业跨国并购的可能驱动机制问题。正是考虑到国家制度体系的巨大差异，我们进一步结合企业自身的组织特征，分别对这 5 种资源型企业跨国并购模式进行了探讨，以期获得适应不同国家市场情景的我国资源型企业跨国并购最佳路径。我们研究发现，我国资源型企业跨国并购根据并购目标所在国家市场制度的差异，可以概括为 $UA^* \sim RE^* MD^* \sim EX^* PM$、$RE^* \sim EX^* \sim PM^* MB$、$UA^* RE^* \sim MD^* EX^* PM^* \sim MB$、$UA^* \sim RE^* \sim MD^* EX^* PM^* MB$ 和 $\sim UA^* RE^* \sim MD^* EX^* PM^* MB$ 5 种类型，并针对这 5 种资源型企业跨国并购驱动机制前因条件构型进行了系统分析，明确了不同驱动机制适合的东道国市场类型。

研究进一步发现，从国家制度层面来看，东道国政府管制制度体系是决定我国资源型企业跨国并购成功的核心条件，东道国完善的市场管理体系能够给予外部企业实施跨国并购积极的信心，通过制度力量保证企业在跨国并购活动过程中的合法权益，提升企业的市场信心。而不确定性规避则需要与市场门槛相结合来发挥外部资源型企业的并购推动作用。从企业组织惯例来看，我们发现，跨国并购支付方式对资源型企业跨国并购活动产生决定性影响，其可能性原因在于资源型企业跨国并购都是并购金额体量十分巨大的并购活动，采用现金或非现金支付方式显然会释放出强烈市场信号，进而对并购活动本身产生巨大的影响。另外，企业在东道国的并购经验则需要与高层决策者的决策模式相互补充来影响资源型企业的跨国并购活动。

我国资源型企业跨国并购的驱动机制可以总结为三种范式：第一，在东道国政府完善的管制制度体系情景下，企业采用非现金支付方式的同时企业高层管理者积极进取的跨国并购策略是推动资源型企业跨国并购活动获得成功的核心条件。第二，当企业面临的东道国市场不确定性规避较高，同时政府对于目标资源市场管制较为严格时，采用现金支付方式能够有效地提升企业在该市场中的跨国并购成功率。第三，在东道国政府完善的管制制度体系背景下，企业如果在东道国具备丰富的并购经验，那么采用现金支付方式也能够取得跨国并购的成功。

当然，本章仍然存在以下一些不足之处。首先，由于案例资料来源的多样化以及案例数量的限制，影响资源型企业跨国并购的前因条件还包括企业规模、是否跨行业等因素，这些要素也可能是影响资源型企业跨国并购成败的核心要素。其次，在我们的样本中，国有企业占绝大多数，考虑到我国资源型企业跨国并购目标的多样化，我们的研究结论是否适用于大多数民营企业仍然是一个未知数，需要在未来的研究中做进一步分析。

第五篇
民营企业国际化战略的实践思考

本篇主要是关于企业国际化战略实施理论总结基础上的一些实践思考及启示。从竞争动态性角度来看，跨国企业在不断做大做强的过程中，如何保持企业竞争力需要企业重视核心能力的培育，本篇以阿里和腾讯之间的系列竞争为例，总结出了兼并、收购企业欠缺的核心战略资产，不断重塑企业核心竞争力至关重要。其次，本篇还从企业战略性社会责任项目实施角度进行了讨论，提出了明确的项目目标导向、及时的项目市场反应、显著的项目经济效益以及良好的项目声誉机制对于提升企业竞争力的重要性。最后，本篇还从浙江民营企业国际化如何借鉴国外经验、浙江民营企业征信体系建设、民营企业规模化与振兴浙江实体经济、民营企业社会责任实践等角度论证了民营企业国际化的必要性和现实意义。

第二十七章　跨国企业动态竞争中的身份域效应

第一节　研究背景

面临纷繁复杂的动态竞争情景，无论是率先发起竞争行动的攻击者，还是采取反击策略的回应者，为了获得或维持竞争优势，试图通过诸如先发制人、佯装攻击、引诱策略等（McGrath et al.，1998；Hsieh et al.，2015），在尽力扰乱竞争对手行动的同时，搜寻稀缺资源并实施最佳竞争策略。在信息网络日益发达和产业分工日趋细化的背景下，处于同一领域的企业之间将围绕特定目标展开连续的竞争行动。近年来，那些能够在激烈的动态竞争中获得成功的企业，总是能够在与竞争对手的"攻击—回应"系列竞争中占据优势地位，比如，在我国互联网第三方支付及其相关业务的系列竞争行动中，阿里巴巴集团（以下简称阿里）以支付宝为平台率先推出了声波支付、余额宝等，腾讯控股有限公司（以下简称腾讯）则以微信为载体推出了扫码支付、微信红包等，迅速占领了第三方支付及其相关业务竞争高地。那么，面对竞争态势错综复杂、市场生态体系尚未完善的我国互联网第三方支付及其相关业务领域，阿里和腾讯是如何在众多竞争对手持续的竞争行为中实施最优竞争决策，并最终脱颖而出的呢？

Chen等（2007）最早对这一问题进行了探讨，他们从竞争张力的视角出发，认为企业的竞争决策是由企业独特的竞争张力感知决定的，当竞争对手的攻击行动对企业竞争张力感知形成强烈的冲击时，就会引发企业相应的战术回应。他们的研究十分强调竞争对手的相对规模、竞争攻击量以及竞争能力对于企业竞争张力的冲击效应，在这种竞争张力感知效用下，企业将采取纯粹的经济利益驱动的战术回应行动。后来的一些学者继承了这种研究范式，考察了市场多样性、资源禀赋、经验积累以及组织绩效等因素对于企业竞争行动的影响（Chen and Danny, 2012；谭伟强、彭维刚和孙黎, 2008；陆亚东和孙金云, 2013），但这些研究仍然局限在企业资源、市场、产品等客观因素上，并没有重视作为竞争张力感知承受主体的企业决策者、利害关系人的主观感受。Livengood 和 Reger（2010）则从心理认知角度对企业动态竞争中的竞争行为进行了分析，他们认为，企业面对竞争对手攻击行动时所采取的反击策略，不仅是一种纯粹经济利益驱动引发的结果，更是企业决策者在考量了企业发展战略、竞争对手意图以及市场变化等所有可能因素后所做出的最优决策行动。企业在特定业务领域的长期经营过程中，将在核心技术、知识等资源上实现持续累积，并以此构建企业在该领域的核心竞争力，以核心竞争力为基础奠定的企业业务领域称为企业的身份域，动态竞争中企业独特的身份域将对企业竞争行动产生深远影响。

一般来说，动态竞争中企业实施竞争行动主要受到经济理性或者情感认知的驱动。Tsai 等（2011）的研究指出，企业对来自外部竞争行动的评估受到其嵌入市场方式的显著影响。企业之所以能够在持续的竞争行动中准确识别竞争对手意图，并从"竞争者智慧"的角度来构建竞争策略组合，以实施针对性极强的反击行动（田志龙、邓新明和 Taieb Hafsi, 2007），一方面是企业在长期的市场渗透过程中形成了独特的企业身份域，从而能够明确企业的核心利益在哪里；另一方面是动态竞争下持续的市场竞争熏陶也促使企业积累了丰富的竞争联盟经验，这种经验是在企业与市场、企业与企业之间利益与情感交织的复杂博弈过程中习得的（Duysters et al., 2012；卫武、夏清华、资海喜和贺伟, 2013）。那么，企业身份域如何在企业持续的"攻击—回应"竞争行为中发挥作用呢？处于企业身份域范畴内外部的企业竞争行动决策过程是怎样的，它们之间有什么差异？经济理性和情感认知这两种驱动机制到底如何影响企业竞争行动的实施，其内在互动机制又如何？国内外现有的研究都没有给出明确的答案。基于此,探讨企业身份域影响条件下,经济理性和情感认知这两种驱动因素对于企业竞争行动的作用机制,不仅有助于厘清动态竞争情景下企业如何通过持续的竞争行动获取竞争优势,丰富企业动态竞争理论,还有助于企业如何在动态的市场竞争中制定长期竞争战略,维持企业竞争优势。

第二节 相关理论基础

一 动态竞争中的企业身份域

将企业之间的竞争行动视为"进攻"与"回应"的交替行为是动态竞争的核心思想(Chen et al.,1992;田志龙、邓新明和 Taieb Hafsi,2007),在这种企业交替竞争行动中,如果率先发起进攻的企业引发竞争对手的反击强度越小、反击速度越慢,则其进攻行动所获得的效益就越高(Chen et al.,1992;Ferrier et al.,1999)。因此,学者对影响动态竞争中企业"攻击—回应"行为的可能因素,例如,企业规模、竞争强度、竞争速度、市场夺取能力等(Chen,1996;Lee et al.,2000;Mas-Ruiz et al.,2005;谢洪明、蓝海林、叶广宇和杜党勇,2003;汪克夷和冯桂平,2004)进行了大量的探讨。这些研究重点关注动态竞争中企业攻击与回应过程,较为详尽地阐明了它们之间的互动机制,并获得了许多经典的研究结论,比如,"进攻发起者的行动要在对手做出回应之前获得可观的回报""回应者的反击速度在很大程度上决定了回应者策略的成功与否",等等。但这些研究并没有正面回答最本质的问题:动态竞争中这种"攻击—回应"竞争行为的交替出现是如何形成的?

动态竞争中进攻者与回应者之间的信息不对称是重要原因,进攻者与回应者之间竞争张力失衡为进攻者发动攻击行动创造了条件,而回应者对于竞争张力的感知能力则决定了其反击行动的速度和质量(Chen et al.,2007)。从认知理论来看,企业高层决策者在面临复杂多变的外部环境时,信息接收和处理能力都十分有限。在企业核心业务规制和管理者职业操守下,企业将会把主要精力集中在应对敏感度高、动机明确且有能力应对的竞争者攻击行动上（Seo and Barrett, 2007；董小英、鄢凡、刘倩倩和张俊妮，2008）。因此，我们推断，基于企业核心专长所形成的经营理念是决定企业竞争行动的首要因素。而探讨这种企业独特经营理念在外部环境激励与企业竞争行动之间的调节功能是战略管理领域的重要研究内容（Fiske and Taylor, 2008）。当前，能够在激烈的竞争环境中存续下来的企业，其组织内部成员都能够较为统一地理解"我们作为一个组织共同体"的价值所在（Nag et al., 2007）。在组织理论的启发下，Livengood 和 Reger（2010）首次明确提出了动态竞争中企业身份域的概念，即企业高层领导对于企业本质的认知：经营企业的意义何在？企业在业界的地位和声誉如何？企业为什么会获得成功？不同的时空条件下，企业身份域将表现出显著差异，例如，企业规划在未来特定时期成为影响力最广的市场力量、企业总部或核心部门占据地理上的区位优势、企业对于特定业务中某些产品或服务的高度关注，等等。但是，不论企业身份域的具体表现方式如何，它们所反映的本质都是一样的：企业在长期竞争过程中所塑造的核心竞争力及其业务领域，以及为了维持企业在该业务领域中长期竞争优势所必须获得的技术、知识等资源禀赋。

二　企业竞争行为的身份域效应

觉察（Awareness）—动机（Motivation）—能力（Capability）模型（AMC 模型）是由 Chen（1996）首先提出来的，受到信息加工理论的启发，他将影响企业面临竞争对手攻击行动时是否采取回应行动的核心驱动因子归结为觉察、动机和能力三个方面。AMC 模型是动态竞争中经典的理论框架，被普遍运用于动态竞争情景下企业竞争行动决策、资源整合策略以及组织动态能力等领域的分析（Chen and Danny, 2012）。AMC 模型指出："首先，所有三个驱动因子——觉察、动机、能力，都必须具备引发企业回应行动的条件……任何一个驱动因子促发条件的缺失，都可能导致企业竞争行动的失效……"（Gimeno, 1999）。然而，以往的学者倾向于从客观市场角度来评价这三个驱动因子的促发条件，比如，以竞争行动可见度与企业规模来呈现"觉察"（Chen and Miller, 1994）、以企业进入不同市场的兴趣来反映"动机"（Gimeno, 1999）、以企业信息处理能力和策略执行程度来衡量"能力"（Haveman and Nonnemaker, 2000），等等。这样的研究脉络存在以下两个显著的缺陷：一方面，由于驱动因子促发条件评估方式的差异，在研究中，人为地将觉察、动机和能力割裂开来，而忽视了上述三个因子的一脉相承性，从而难以掌握动态竞争中企业"攻击—回应"竞争行为的内在互动机制。另一方面，这种以客观市场为切入点的研究强调企业竞争行动的目标就是获取经济效益。但也有研究表明，一些企业的回应行动并不是单纯的经济利益驱动的（Katila and Chen, 2008）。对此，后续的学者进行了拓展。比如，Ferrier（2001）探讨高层管理团队特质对于企业竞争行动的影响，不仅对觉察、动机与能力等驱动因子进行了有效整合，同时也尝试探讨了这些驱动因子促发条件的主观因素。Chen 等（2007）虽然强调竞争对手规模、攻击强度和竞争能力等客观条件对于企业竞争张力感知的影响，但也隐约表达了企业高层管理者认知因素在其中的作用。近年来的研究越来越意识到，"觉察"大体上是一种企业的感性行为：企业高层管理者对于竞争行动引发的市场机会敏感吗？"动机"本质上则是一种心理认知现象：企业决策层面对竞争行动采取何种回应策略？而"能力"则是企业针对攻击者所付诸的实际回应行动。根据 AMC 模型，拥有特定身份域的企业，其驱动竞争行动的觉察、动机与能力存在显著的差异，这也是导致动态竞争中企业"攻击—回应"竞争行为偏差的重要原因。

（一）觉察

独特的身份域意味着企业对自身所占据的业务领域具有深刻的认知，具体表现为企业在该业务领域中的市场地位、声誉机制以及竞争持久性，等等，企业必然投入大量的时间、资源聚焦在彰显其独特身份域的业务领域中（Livengood and Reger, 2010）。另外，由于身份域的存在，企业决策者将围绕身份域形成独特的心理暗示，这种心理暗示能够促使企业决策者重点评估企业所占据业务领域的潜在威胁因素，迅速识别竞争对手针对企业身份域的攻击行动（Ocasio, 1997；Mas - Ruiz et al., 2005），进而更加快速、有效地实施反击策略计划。比如，推广第三方支付及其相关业务一直是阿里打造支付宝的核心战略，支付宝在支付领域积累了大量的技术和市场经验,以互联网为支撑的第三方支付业务及其相关服务就成了支付宝的身份域。因此,互联网产业中任何关于第三方支付业务创新的因素都将受到阿里的重点关注,而其他企业以第三方支付业务为主旨的竞争行动必将引起阿里的高度警觉。

(二) 动机

虽然一些研究强调,以维持企业身份域优势的企业竞争行动一旦取得成功,就能给高层管理者带来经济报酬,例如物质奖励、薪酬结构改善等(Cho and Hambrick, 2006; Kaplan, 2008),这才是推动企业决策者构建回应动机的直观驱动因素。但企业身份域本身对于高层管理者在工作中的心理认知塑造也不容忽视,企业身份域对于决策层的心理暗示直接催生了管理者实施回应行动的主观动机,这种动机的目的性非常明确,就是要阻止竞争者针对企业身份域的威胁行动。这也可以解释当前动态竞争中一个十分有趣的现象:有些企业更愿意在自己的身份域范畴内部与竞争对手展开竞争,而不是在身份域之外(Markman et al., 2011)。按照产业经济理论观点来看,交战双方的"战场"远离企业身份域所在的业务领域,企业就越安全。然而,事实却并非如此,在企业身份域范畴内展开竞争,能够强化企业的身份域意识,促使企业竞争策略价值取向更加明确,从而实现企业与竞争对手在市场区隔、经营模式上的不断错位,以凸显企业身份域的独一无二特征。

(三) 能力

动态竞争中,企业回应能力建立在企业决策者有关竞争行动的觉察和动机基础之上。在企业日益重视自身身份域保护的竞争情景中,企业决策者必然会提高身份域范畴内的竞争行动觉察意识和动机水平,进而提升企业在特定竞争场域内的竞争能力(Kaplan, 2008)。当企业将主要精力聚焦于企业身份域内部时,就预示着大量的企业资源被富集在身份域所在竞争场域的竞争活动中,当企业获得足够的知识累积和学习曲线经验时(Haleblian et al., 2012),其在身份域范畴内的竞争能力将能够显著提升。在身份域内部面临竞争对手的攻击行动,企业将能够凭借长期积累的技术、知识等资源优势实施及时、准确地回应行动。这种资源在身份域范畴内的富集效应,虽然极大地促进了企业维持身份域优势的回应能力,但却弱化了企业在身份域范畴外部的竞争力。

三 简短述评与研究缺口

从上述理论回顾来看,动态竞争中企业的"攻击—回应"竞争行为并不是一种绝对的对称关系,企业在特定条件下实施的具体竞争行动也不一定是纯粹的经济理性行动,还可能受到企业经营理念、企业决策者认知等的影响。Chen 等(2007)、Livengood 和 Reger(2010)等以 AMC 模型为基础,探讨了企业核心战略、企业决策者认知对企业竞争行为决策的影响,将动态竞争中的企业"攻击—回应"竞争行为过程研究拓展到竞争行动产生的前因与后果研究。尤其是 Livengood 和 Reger(2010)提出的企业身份域概念,强化了企业核心竞争力及其核心业务领域在企业竞争行动决策中的作用。

尽管这些研究有助于理解动态竞争中企业"攻击—回应"竞争行为的形成及其作用机制,但仍然存在一些明显的理论研究缺口。首先,动态竞争情景下企业身份域范畴内外部的竞争行动有何差异?身份域影响企业竞争行动的具体过程机制怎样?其次,在企业独特的身份域效应下,经济理性和情感认知这两种企业竞争行动的驱动因素如何发挥作用,它们与企业身份域之间又有怎样的内在联系?最后,企业身份域的存在强化了企业对于身份域范畴内部竞争力的提升,而相对忽略了身份域外部竞争能力的培养(Tsai et al.,2011)。那么,在外部市场变革剧烈的情景下,这种企业身份域范畴内外部竞争力的失衡将对企业的"攻击—回应"竞争行为造成怎样的影响?企业又将如何应对这种竞争力的内外部失衡?本章将通过下文的案例分析回答上述问题。

第三节 研究设计

一 方法选择

研究问题属性在很大程度上决定了研究方法的选择。本章探讨动态竞争中企业身份域对于企业"攻击—回应"竞争行为的影响,本质上是一个"如何"(How)型的研究议题,因此,案例研究方法是一种较为合适的选择（殷，2010）。本章采用纵向比较案例分析方法对该问题进行详细探讨，理由如下：首先，当企业面临的外部竞争环境快速变化时，企业动态竞争中的"攻击—回应"竞争行为是一个极其复杂的过程。而采用纵向比较案例研究方法则有利于笔者对这一复杂过程进行详尽的探究（Eisenhardt，1989）。其次，在纵向比较案例研究中，可以按照关键事件发生的时间对其进行排序，这尤其适合本章关于企业"攻击—回应"竞争行为因果逻辑地探讨，提高案例研究的内部效度（Strauss and Corbin，1998）。最后，纵向比较案例方法还允许跨案例分析，可以确认特定情景中哪些因素促发了企业竞争行动的产生，并帮助我们构建更具普适性的构念，形成理论思路（迈尔斯和休伯曼，2008）。

二 案例选取

由于动态竞争中企业"攻击—回应"竞争行为的对偶性，本章选取阿里与腾讯作为研究对象。理由如下：首先，遵循案例研究聚焦原则（Eisenhardt，1989）。在当前我国互联网产业中，阿里和腾讯是当之无愧的领导者，代表我国互联网企业的最高水平，它们所发起的竞争行动能够形成范围极广的影响力，代表了当前我国互联网产业竞争的典型策略。其次，遵循案例研究可比较性原则（Eisenhardt，1989）。阿里和腾讯虽然在产业发展定位上差别很大，但近年来却相互视为最大的竞争对手，很多重要的竞争行动都是针对彼此展开的。这为探讨动态竞争中企业"攻击—回应"竞争行为提供了绝好的案例素材。最后，遵循案例选择的极化原则（Eisenhardt，1989）。阿里和腾讯分别在我国互联网电商和社交领域进行了长期的积累，使它们即使在同一领域的竞争行动中也展现出了截然不同的决策模式。

1999年，阿里正式成立，起初主要是为小企业提供"一站式"电子商务服务。2003年，阿里推出了我国首个私人电子商务网站——淘宝网，并发布了针对个体消费者的在线支付系统——支付宝。2003—2009年，阿里旗下的淘宝、支付宝等获得了高速发展，同时，阿里通过收购口碑网、中国雅虎等一系列重要兼并战略，构建起了一个涵盖B2B、B2C等的综合式电子商务平台。2010—2013年，为了更加精准有效地服务客户，阿里将淘宝网分拆为淘宝网、淘宝商城和一淘三部分，并开始进入移动商务市场。2012年,阿里将淘宝商城更名为天猫,并推出了移动友好互动平台软件——来往。2013年,阿里在原来支付宝的基础上陆续推出了余额宝、快的打车服务,并参股新浪微博、高德地图等。到2014年,阿里已经基本完成了线上市场布局,并将发展重心转向O2O细分业务市场。

而腾讯则于1998年在广东深圳成立,当时公司定位于发展无线网络寻呼系统。2005年,腾讯推出了专业在线支付平台——财付通,致力于为互联网用户和企业提供安全、便捷的在线支付服务。2007—2010年,腾讯拓展了业务范围,在互联网搜索、互动娱乐、网络应用以及电子商务等领域都进行了大规模投资。2010年,腾讯正式成立独立运营的腾讯电商控股公司,开始布局移动互联网电子商务领域。2011年,腾讯推出了其移动互联网领域的标志性产品——微信。到2013年年底,微信的注册用户突破了6亿,成为亚洲最大的移动即时通信软件,并结合财付通开放微信支付功能,推出了理财通、滴滴打车服务。2014年,腾讯入股大众点评网、京东等11家企业,标志着腾讯也将O2O市场作为企业未来发展的重心。

虽然阿里与腾讯发展初期的战略定位不同,但2011年以后,阿里与腾讯都将移动电子商务产业作为企业未来发展的主要方向,彼此之间的业务重合度不断提升,推出的产品或服务也日益相似,针对彼此的竞争行动十分频繁。因此,本章将以2011年以后阿里与腾讯之间的竞争案例素材作为分析的重点。

三 数据收集

案例研究对于数据资料要求很高,针对同一佐证材料最好有不同的出处,以保证研究的信效度(Yin,1994)。一般来说,案例研究的数据主要来自正式或非正式访谈、现场观察以及二手资料等渠道(Corbin and Strauss,1990)。过去两三年,我国互联网产业正处于高歌猛进的发展阶段,电子商务、即时通信以及互联网金融等一批新兴产业极大地改变了人们的生活方式。以阿里、腾讯为代表的我国互联网企业为了抢夺这些新兴产业市场高地,发起或参与的各种"战争"引起了实务界和理论界的极大关注。有关阿里、腾讯以及其他互联网企业之间各种"战争"的讨论经常占据网络、杂志、报纸等各种媒体的头条。在当前高度发达的网络情景下，阿里、腾讯等互联网企业的任何竞争行动都会被媒体快速挖掘出来。因此，从网站、论坛、自媒体等网络媒体和报纸、杂志等平面媒体中收集有关阿里、腾讯竞争行动的数据资料进行加工、整理具有较大的可行性和科学性（Chen et al.，1992；谢洪明、蓝海林、叶广宇和杜党勇，2003；田志龙、邓新明和 Taieb Hafsi，2007）。本章研究将主要采用二手资料，并辅以非正式访谈所获得的数据作为分析资料。

（一）二手资料收集

以往关于动态竞争中企业竞争行为的分析，学者也十分重视二手资料的收集，例如，Chen 等（1992，1996），都以美国《航空日报》这本专业杂志的素材为资料来源分析美国航空企业之间的竞争关系。谢洪明等（2003）则以 1997—2002 年中国资讯网、《中国高新技术产业报》《人民日报》《信息时报》等报刊网站中有关我国彩电企业竞争行动的相关报道为基础，探讨了我国主要彩电企业之间的竞争行动。田志龙等（2007）以中国资讯网、中国家电网等网站中的资料作为分析家电企业竞争互动的资料来源。本章也采用这种方法来获取有关阿里与腾讯具体竞争行动的相关数据资料。由于本章聚焦于动态竞争情景下企业身份域对于企业"攻击—回应"竞争行为的影响机制问题，因此，在案例资料收集方面还需要满足以下三个条件：（1）必须是企业核心业务或重点关注领域的竞争行动；（2）至少具备一次以上的"攻击—回应"竞争循环过程，且每一次竞争行动都产生显著的竞争效果；（3）企业在竞争过程中都推出了具体的产品或服务。基于上述三个原则，笔者发现，阿里与腾讯在以第三方支付及其相关服务业务上的一系列竞争行动满足本章的资料分析要求。因此，本章将主要围绕这一主题展开资料收集。

通过对网络媒体的初步收集、整理，笔者发现，有关阿里与腾讯在第三方支付领域的竞争信息存在大量的重复性，因此，经过进一步筛选，网络资料收集主要聚焦在凤凰网科技栏目、新浪网科技栏目和第一财经网三家网络媒体平台。平面媒体资料则主要聚焦在《证券日报》《21 世纪经济报道》和《中国经济时报》三家专业经济类报纸。这些媒体在对阿里、腾讯竞争行动进行详细报道、发布权威消息以及采访企业高层方面都具有代表性。除上述二手资料外,在中国知网检索了有关阿里与腾讯相关的学术论文,共获得有效学术论文 68 篇,其中,硕士论文 13 篇,期刊论文 55 篇。另外,还利用百度、Google 等搜索工具以"阿里巴巴""腾讯""阿里与腾讯"等关键词进行了信息检索。经过整理,共采集到有效信息 348 条。其中,阿里 187 条,腾讯 161 条,阿里与腾讯都包含的 52 条。本章收集的二手资料分布情况如表 27-1 所示。

表 27-1　　　　　　　　二手资料分布

	凤凰科技	新浪科技	第一财经网	《证券日报》	《21 世纪经济报道》	《中国经济时报》
阿里	41	33	13	42	31	27
腾讯	33	24	15	37	29	23
阿里与腾讯	17	11	2	13	6	3

(二)非正式访谈

本章研究小组中的一位作者曾在支付宝实习长达半年,在实习期间,通过办公沟通、会议交流以及业余聚会等非正式访谈形式对支付宝的运作方式、管理文化进行了详细调研,并通过查阅内部文档、材料等方式了解了很多外部渠道很难获得的关于支付宝历史的经典故事、事件,为本章研究提供了更加丰富的研究素材。另外,通过在阿里、腾讯工作的同学和朋友关系,本章研究小组也有幸采访到了两位阿里高层管理者、两位来自支付宝和聚划算的中层管理者以及两位来自腾讯从事微信营销业务的中层管理者、两位来自快的打车的高层管理者、一位来自大众点评网的中层管理者,访谈时间在 1—3 小时。这些访谈对象具有以下特点:(1)具有相对较高的行政职务,参与了企业(部门)具体的行动决策;(2)工作在第一线,负责企业(部门)具体业务的实施。在聊天式的访谈过程中,一方面,研究人员对前面收集到的资料中存在矛盾、模糊情况的素材进行询问、明确;另一方面,尽可能获得高层决策者有关企业行动计划的决策习惯。经过整理分析,总共获得有效信息条目 43 条，其中，有关阿里的 27 条，有关腾讯的 16 条。

四 数据整理及信效度检验

(一) 数据整理标准

关于企业动态竞争行为的研究，Chen 等（1992）指出，可以通过关键词来区分企业的攻击与回应行动，例如，"……反击……""……跟随……""……在……的压力下……""……响应……"，等等。而谢洪明等（2003）则对企业竞争行动进行了归类，包括"推出新产品""进入新市场""进入新行业"等 12 种竞争类型。田志龙等（2007）也采用关键字识别的方法对动态竞争中企业竞争互动的市场行为或非市场行为进行了界定。本章将充分借鉴上述文献的分析思路，对所收集到的资料进行归类分析，当资料中出现了"率先""主动""攻击""封杀"和"颠覆"或类似意思的关键词或语句时，则界定为进攻行动；当出现"应对……威胁""迫于……压力""围剿"以及"抵御"等或类似意思的关键词或语句时，则界定为回应行动（邓新明，2010）。比如，"……为了避免重蹈新浪微博的后尘，微信再度实施封杀微信营销账号策略……"，这一信息被视为腾讯的攻击行动，"……支付宝钱包宣布正式推出扫码支付，此举被认为是对微信线下拓展的全面围堵……"，这一信息被视为阿里的回应行动。具体编码过程如下：研究团队成员分为两组，每组两人，进行独立编码，编码主要以竞争行动类型（阿里攻击行动、阿里回应行动、腾讯攻击行动、腾讯回应行动）和竞争行动主题（支付宝 vs 财付通、微信 vs 来往、快的打车 vs 滴滴打车、余额宝 vs 理财通）为划分依据，以表格的形式进行总结。编码完成后，分析两组编码者的编码情况并采用评分者信效度检验以确保编码结果的客观准确，具体的编码结果分析将在下文中详细阐述。

(二) 数据信效度检验

由于本章的资料主要以二手资料为主，并辅以非正式访谈资料，为保证所获得资料的信效度水平，有必要从资料内容角度进行信效度检验，具体检验过程如下：虽然在前期的资料收集过程中已经尽量剔除了同一来源中具有相同或相近意思的表述，只保留一条信息条目。但不同来源中意思相同或相近的表述仍然存在，为此，按照表述详细程度的原则,对不同来源中意思相同或相近的表述,只保留表述最为详细、信息量最大的条目。经过初级编码、汇总之后,总共获得167条信息条目,信息条目的保留率为167/391 = 42.7%,说明几乎每一信息条目都至少有两个不同的资料来源,再加上通过学术论文等所获得资料的交叉验证,可以初步判断,这167条信息条目具有较高的效度水平。接下来,笔者对汇总的167条信息条目进行信度分析。

首先,按照资料来源对案例汇总资料进行一级编码,其中,网络媒体有64条信息条目,从第三方角度陈述的27条,当事方陈述的37条;平面媒体共有88条信息条目,从第三方角度陈述的47条,当事方陈述的41条;非正式访谈共有15条信息条目,全部由当事方陈述。由此可知,本研究所收集的二手资料中有关当事方陈述的信息条目达到了78条,这些来自媒体报道的当事方陈述本质上也可以看作是访谈数据。一级编码结果汇总如表27 - 2所示。

表27 - 2 一级编码结果汇总

资料分类	资料来源	编码	条目数量	第三方陈述	当事方陈述
网络媒体	通过凤凰科技网站收集	A1	27	9	18
	通过新浪科技网站收集	A2	24	11	13
	通过第一财经网收集	A3	13	7	6
平面媒体	通过《证券日报》收集	B1	32	17	15
	通过《21世纪经济报道》收集	B2	31	14	17
	通过《中国经济时报》收集	B3	25	16	9
非正式访谈	通过访谈阿里和腾讯中高层管理人员	C1	15	0	15

其次,研究小组中的两位成员对已经汇总的167条信息条目按照阿里攻击行动、阿里回应行动、腾讯攻击行动、腾讯回应行动进行二级编码。整个二级编码过程中两位编码者独立进行编码。编码完成之后,本章研究采用Marques和McCall(2005)、许庆瑞等(2013)所采用的混淆矩阵来检验编码过程的信度水平,编码结果如表27 - 3所示。在

表 27-3 中，a 表示行选项，b 表示列选项，对于编码者 M 来说，Xab 所代表的是第 b 列所表示的编码条目数量，而对编码者 N 来说，Xab 所代表的则是第 a 行所表示的编码条目数量，比如，$X_{12}=5$，表示在编码者 M 看来，这 5 个信息条目代表"阿里回应行动"，而在编码者 N 看来，这 5 个信息条目则代表"阿里攻击行动"。显然，编码者 M 和编码者 N 对于这 5 条信息条目的编码存在分歧，只有当 a 与 b 相等时，两位编码者的编码结果才是一致的。由表 27-3 可知，两位编码者本次编码过程的有效编码信息条目共有 $28+36+35+33=132$ 条，编码结果的信度为 $132/167=79\%$，具有较高的信度水平。

表 27-3　　　　　　　　　二级编码结果信度分析

		编码者 M 编码结果				编码者 N 编码结果汇总
		阿里攻击行动	阿里回应行动	腾讯攻击行动	腾讯回应行动	
编码者 N 编码结果	阿里攻击行动	28	5	1	2	36
	阿里回应行动	6	36	2	1	45
	腾讯攻击行动	1	3	35	5	44
	腾讯回应行动	4	1	4	33	42
编码者 M 编码结果汇总		39	45	42	41	167

最后，通过对上述 132 条有效编码信息条目进行进一步梳理，按照阿里与腾讯竞争主题进行划分，笔者选取了"支付宝 vs 财付通""微信 vs 来往""快的打车 vs 滴滴打车"以及"余额宝 vs 理财通"等具有明确主题词信息的资料进行二次检验。在剔除了难以区分属于哪个主题和不包含在上述四个主题之内的信息条目之后，本章的两位编码者进一步对余下的 128 条信息条目进行独立编码，按照信息条目所表达的意思归入"支付宝 vs 财付通""微信 vs 来往""快的打车 vs 滴滴打车"以及"余额宝 vs 理财通"这四个类别中，形成三级编码。在此基础上，对三级编码结果继续采用上述方法对编码结果进行信度检验，检验结果如表 27-4 所示。两位编码者的三级编码共获得有效编码条目 31+28+33+

16 = 108 条，编码结果的信度水平为 108/128 = 84.4%，仍具有较高的信度水平。因此，可以推断，本章获得的数据资料的信度水平可用于科学研究。

表 27 – 4　　　　　　　　　三级编码结果信度分析

		编码者 M 编码结果				编码者 N 编码结果汇总
		支付宝 vs 财付通	微信 vs 来往	快的打车 vs 滴滴打车	余额宝 vs 理财通	
编码者 N 编码结果	支付宝 vs 财付通	31	2	1	3	37
	微信 vs 来往	0	28	2	2	32
	快的打车 vs 滴滴打车	1	2	33	0	36
	余额宝 vs 理财通	4	2	1	16	23
编码者 M 编码结果汇总		36	34	37	21	128

从上述分析来看，本章所收集到的案例资料具有较高的信效度水平，能够满足本章有关阿里与腾讯之间动态竞争行为规律的分析。本章将以三级编码所获得的 108 条信息条目作为案例分析的资料。

第四节　案例分析

一　案例整体描述

第三方在线支付业务是电子商务的核心内容之一。目前，我国电子商务市场上主要是银联支付和各类第三方在线支付平台。根据易观智库的数据，2013 年，我国互联网在线支付业务方面，银联支付、支付宝与财付通分别以 42.4%、17.9% 与 7.3% 占据前三位。而仅从非金融支付中的第三方支付业务来看，支付宝以 46.3% 的绝对优势排名第一，财付通则以 20.3% 位居第二。以支付宝为核心的阿里与以财付通为核心的腾讯在布局第三方支付及其相关业务过程中，都将彼此视为最大竞争对手，两大巨头围绕支付宝与财付通支付平台业务为主题展开的竞争行为在很大程度上都针对彼此展开。

在第三方支付业务发展初始阶段，无论是从用户数量还是市场份额来看，支付宝一直完胜其他第三方支付平台，正如阿里巴巴创始人马云所说，是"拿着望远镜都看不到对手的"。阿里小微国内事业群总裁樊治铭在"共创"支付宝分享日中也坦言："支付宝的对手只有一个，就是我们手中的现金。"腾讯的财付通则一直以追赶者的姿态不断逼近支付宝，2010年腾讯电商控股有限公司成立之后，财付通助理总经理吴毅就表示："财付通的开放平台更强调电子商务和生活服务领域，在竞争对手中更关注的会是阿里集团。"其后，财付通各类针对支付宝的竞争行动也很好地印证了这一点，无论是2010年推出水电缴费业务，2011年推出微信，2012年推出银行卡转账业务，2013年推出扫码支付、滴滴打车服务，还是2014年推出"抢红包"和理财通业务，都是对支付宝核心业务针对性极强的直接竞争行动。从时间上看，财付通推出信用卡业务要比支付宝迟了近3年，推出生活服务类项目则比支付宝迟了近2年，手机支付业务比支付宝迟了近1年，但是，推出理财通业务却仅比余额宝迟了7个月，红包业务也仅仅比支付宝迟了5个多月，而推出扫码业务却领先支付宝近3个月，推出微信则比阿里推出来往领先了1年。从竞争效果来看，财付通在2013年率先推出扫码支付，一度在线下支付业务拓展速度上领先支付宝，而在2014年新年抢红包活动中，腾讯还以800万用户参与的优势超过了支付宝500多万用户的参与数。支付宝与财付通从诞生到现在，特别是2010年以来的具有相互竞争性质的业务按照推出时间大体如图27-1所示。

从支付宝与财付通第三方支付领域中的核心业务推出时间来看，2011年以前，财付通几乎所有业务的推出都落后于支付宝至少半年以上。进入2012年之后，借助于微信所形成的强大社交平台，财付通以极具针对性并且高效的产品创新策略，取得了与支付宝相抗衡的实力甚至具备了一定优势，例如线下支付业务，从而引发了支付宝的强烈反击。这说明，2011年以后，财付通在第三方支付业务领域已经严重威胁到了支付宝一直以来的主导地位。结合图27-1中的关键事件时间轴，2012年以后，阿里与腾讯之间不仅在支付业务产品推出时间间隔上更加短暂，而且在支付业务产品功能上也十分相似。这说明，阿里与腾讯在这一期间的相互竞争行动十分激烈，并且针对性极强。下面将主要围绕2012年之后阿里与腾讯在第三方支付业务领域的典型竞争行动展开分析。

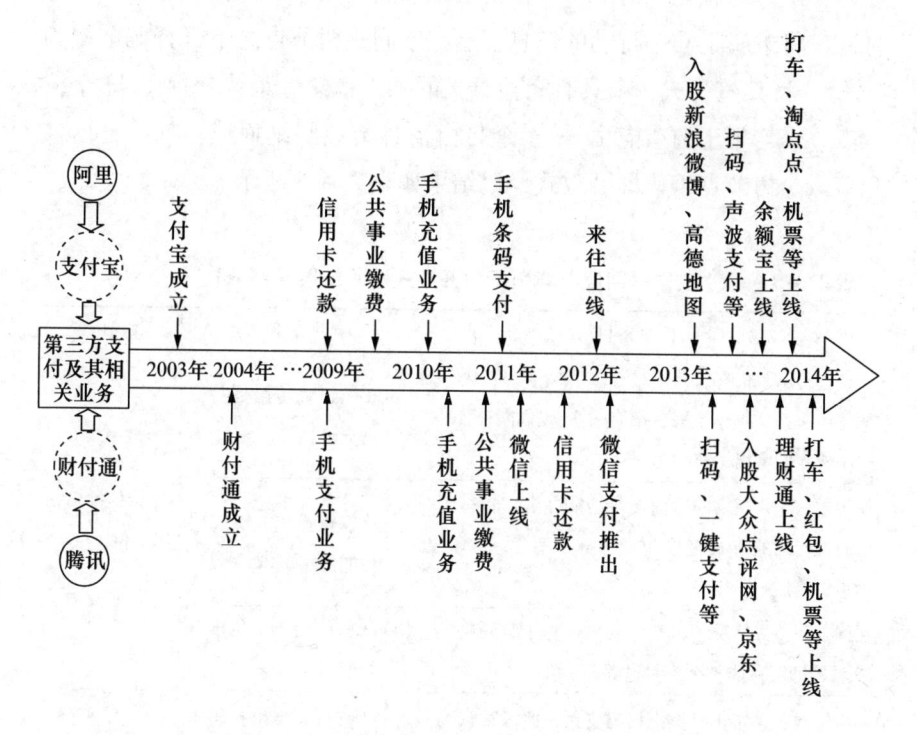

图27-1 支付宝与财付通针对性业务推出时间

资料来源：笔者整理。

二 案例分析过程

（一）开放式译码

本章以Strauss和Corbin（1998）有关扎根理论的分析原则为指导，并参考吴先明和苏志文（2014）的资料处理步骤，对前文收集到的有关支付业务主题的信息条目进行开放式译码，开放式译码的意义在于通过对零散资料进行比较、检视，再以新的方式组合起来，以实现零散资料的逻辑化和概念化（Strauss and Corbin, 1998）。我们使用Nvivo 8.0软件来完成本阶段的工作。

首先，贴标签。对前文混淆矩阵检验后获得的108条信息条目进行初步简化提炼（译码前缀"Z"），删除关联性不强、重复或者表意模糊的信息节点，最终获得了有关支付业务内容的101个自由信息节点。

其次，概念化。对101个自由信息节点按照行动主体、行动目标等标准，将隶属于同一行动的信息节点归于同一树节点之下（译码前缀为"Z"），将其整合成一个具有完整意义的独立概念，最终获得了33个树节点，平均每个树节点由3—4个自由信息节点归纳而成。部分自由信息节点、树节点编码即开放式译码结果如表27-5所示。

表27-5 "攻击—回应"竞争行为开放式译码结果（部分）

信息条目	自由信息节点	树节点
昨日，腾讯微信在广州举行首次"微信·公众"合作伙伴沟通会，每一个展台都有一个大大的二维码，吸引小伙伴们拿出手机体验……	z1 腾讯宣传微信二维码支付	Z1 微信推出扫码支付
使用微信5.0版本的微信支付功能并绑定银行卡，可以通过扫码的方式直接购买咖啡、零食，打印照片，为手机充值……	z2 微信推出具有扫码功能的新版本	
在网络环境好情况下，整个支付过程十分顺畅，平均10秒钟即可完成整个支付过程……	z3 微信扫码支付十分方便	
支付宝钱包宣布正式推出扫码支付，此举被认为是对微信线下拓展的全面围堵……	z4 支付宝推出扫码支付对抗微信	Z2 支付宝推出扫码支付
马云亲临百货商场，用30秒购买男袜，为支付宝钱包站台……	z5 马云为支付宝扫码支付助威	
支付宝钱包正式推出扫码支付，并透露支持商家达到46万……	z6 支付宝扫码支付效益良好	
放弃了线下POS业务的支付宝，另辟蹊径，以声波支付，杀回线下支付业务……	z7 支付宝推出声波支付	Z3 支付宝推出声波支付
消费者在所有收银台付款时，可以打开手机上的"支付宝钱包"，选择"当面付"，分别可以采用扫码支付与声波支付，其中声波支付还可以在没有网络的情况下通畅使用……	z8 支付宝推出声波支付补充扫码支付	

第二十七章 跨国企业动态竞争中的身份域效应 / 469

续表

信息条目	自由信息节点	树节点
选择声波支付时,可以将手机话筒对准指定区域进行支付,只需3秒钟……	z9 声波支付十分方便	Z3 支付宝推出声波支付
支付宝钱包负责人樊治铭表示:"扫码适合网络环境较好的场合,而没有网络信号也无所谓,声波支付都能安全地支付"	z10 声波支付很安全	
腾讯微信希望通过构建扫码支付、APP内支付和公众号支付三种微信支付方式,联合易迅网打造"微信卖场"……	z11 微信推出微信卖场	Z4 微信打造微商
今年"双11"期间,微信联合易迅网,在北上广深等核心城市打造"微信卖场"……	z12 微信与易迅网联盟	
在新的微信版本中,微信可以帮助那些希望达成移动交易的商家直接在朋友圈内开通产品销售广告……	z13 微信支付邀请更多电商加盟	Z5 微信创建公众号
微信开通商家公众号,用户直接在公众号里买东西,类似天猫……	z14 微信构建商家公众号	
……	……	……

(二)主轴译码

主轴译码是通过对获得的初始概念性资料进行再加工、组合,以期望能够将具有特定关联关系(如因果、递进等)的概念联结起来,以表达某一特定的事件,并抽象出能够解释该事件的理论要素。参照Corbin和Strauss(1990)有关主轴译码"条件—行动策略—结果"的编码范式,本章将以回应者行动的"觉察—动机—能力"模型来解构阿里与腾讯之间的"攻击—回应"竞争行为。其中,觉察是指企业对于特定领域竞争态势变化的感知,动机是指回应者针对该竞争情景变化形成的反击策略,而能力则是指回应者所发起的回应行动及其结果。回应者的某一行动结果有可能成为引发攻击者下一觉察行为产生的条件,这在阿里与腾讯有关移动支付业务的系列竞争中体现得尤为明显。例如,开放式译码形成的"微信推出扫码支付""支付宝推出声波支付""微信打造微商""阿里强推来往""微信屏蔽来往链接""淘宝全面封杀微信"等初始范畴,可以在"觉察—动机—能力"这一范式下整合成一条逻辑"轴线":为了拓展移动支付业务,腾讯在新的微信版本中推出了扫码支付方式,这一行动引起了阿里旗下支付宝的高度警觉,支付宝随即推出了更安全、可靠的声波支付,以彰显其在支付领域的老大地位;面对支付宝在支付方式中的咄咄逼人气势,微信则采取了创建公众号、打造微商等方式予以回应,不断对阿里旗下的支付宝、淘宝形成竞争压力;阿里则采取几乎不计成本的方式强推来往以对抗微信,并在淘宝、天猫中实施对微信链接的封杀行动,微信也通过屏蔽来往链接、封杀淘宝营销账号等方式予以回应。

笔者对这一竞争"轴线"进行进一步范畴化处理,将其划分为支付方式竞争、支付载体竞争和支付渠道竞争三个竞争主范畴,并概括出每一竞争主范畴中的核心要素。比如,支付方式竞争主范畴就包括"市场地位受到挑战""保持核心业务竞争优势""推出优势产品"等核心要素,并抽象出该竞争范畴下的关键技术为"支付模式技术"。同理,我们也梳理出了阿里与腾讯在支付载体、支付渠道、打车软件、O2O业务生态等领域的竞争逻辑"轴线",并通过范畴化整理出特定主范畴下的核心要素与关键技术或资源,结合阿里与腾讯在特定发展阶段的身份域内涵,从而展现出阿里与腾讯"攻击—回应"竞争行为的全过程,具体如表27-6所示。

(三) 选择性译码

选择性译码就是在获得了表达事件的关键要素之后,将它们系统地联系起来,并讨论这些要素之间、要素与其他核心范畴之间的内在关系,从而反映事件背后的理论逻辑(Corbin and Strauss, 1990)。因此,选择性译码的关键就是将编码后的初始概念以及由此开发出来的关键要素、关系条件等梳理清楚,然后按照逻辑演绎的思路组合成一个可以概括事件发展全过程的理论范式模型。例如,当微信大规模推出扫码支付功能时,支付宝立刻感受到支付业务的市场地位受到了严峻挑战,为了维持已有的竞争优势,凭借自身在支付技术方面的长期技术积累,支付宝迅速推出了竞争性极强的产品(声波支付)。由于支付技术是支付宝长期专注的技术领域,具有深厚的技术优势和推广经验,因此,可以阐

第二十七章 跨国企业动态竞争中的身份域效应 / 471

表27-6 "攻击—回应"竞争行为主辑译和结果

主范畴	攻击者行动	回应者行动（AMC模型）			关键技术或资源	身份域范畴
		察觉	动机	能力		
支付方式竞争	腾讯：微信推出扫码支付	市场地位受到挑战 佐证：移动支付方式面临微信支付竞争	保持核心业务竞争优势 佐证：维持支付宝在移动支付方式上的优势	推出优势产品 佐证：支付宝推出扫码支付、声波支付	支付模式技术	支付宝长期致力于第三方支付技术研发，具有深厚的支付技术积累，因此，回应行动是阿里身份域范围内
支付载体竞争	腾讯：创建公众号，打造微商链接	主要业务面临冲击 佐证：淘宝网、天猫等营销和支付业务面临竞争	进入对手业务领域展开竞争 佐证：进入移动社交等业务领域展开竞争	推出非关联产品 佐证：强推来任，构建淘宝营销账号	社交网络技术	社交网络业务并不属于阿里的主流业务范畴之内，因此，回应行动不在阿里身份域内
支付渠道竞争	阿里：强推来任，屏蔽微信链接	核心利益受到威胁 佐证：微信微商模式受到挑战，微信营销渠道面临来任竞争	维护核心产品优势 佐证：维持社交平台优势，通过整制用户流量渠道打击对手	关闭微信共享渠道 佐证：屏蔽来任链接，封杀淘宝在通道营销账号	即时通信技术	即时通信业务是腾讯的核心业务，因此，回应行为在腾讯身份域内
打车软件竞争	阿里：以更高的补贴进入北京打车市场	已有市场受到威胁 佐证：滴滴打车在北京市场份额显著下降	维持市场占有率 佐证：维持滴滴打车在北京市的占有率	提出补贴服务多样化 佐证：实施价格战，赠送微信娱乐产品	地图显示技术，道路交通资源	在线地图并不属于腾讯的业务范围，并且道路交通资源匮乏，因此，回应行动不在腾讯身份域内

续表

主范畴	攻击者行动	回应者行动（AMC模型）			关键技术或资源	身份域范畴
		察觉	动机	能力		
打车软件竞争	腾讯：采用灵活的补贴方式回应	市场地位不稳定 佐证：快的打车在主要城市的市场份额起伏较大	保持市场优势 佐证：打车在主要城市主要占有情况	被动采取跟随行动 佐证：永远比对手更优惠的价格补贴，送淘宝、天猫优惠卡	地图显示技术、道路交通资源	在线地图业务并不属于阿里的业务范围，并且道路交通资源匮乏，因此，回应行动不在阿里自身身份域范围内
O2O业务生态竞争	阿里：入股新浪微博、高德地图等	优势业务面临竞争 佐证：阿里补充社交技术短板，增加移动流量入口	弥补支付平台技术劣势 佐证：完善微信支付场景，增强支付体验	联合互补企业、优化资源配置 佐证：入股大众点评网，联合京东整合拍拍网	支付场景技术、平台体验资源	借助即时通信和社交网络的巨大优势，通过整合外部资源来弥补腾讯在支付上的劣势，平台搭建上的O2O业务构建、回应行为在腾讯业务链，回应行为在腾讯身份域范围内
	腾讯：入股大众点评网、联合京东等	核心业务面临挑战 佐证：腾讯优化电商平台，提升支付体验	克服社交和流量"瓶颈" 佐证：改善社交关系，拓宽流量入口	投资或兼并方式获取技术或资源 佐证：入股新浪微博，收购高德地图	地图显示技术、社交网络技术	发挥阿里在支付技术和电商平台上的显著优势，通过投资或兼并方式获取地图显示技术、流量入口资源，打造阿里完善的O2O业务生态系统，因此，回应行动在阿里自身身份域范围内

释为一个发生在阿里身份域范畴之内的回应行动。当微信凭借自身在社交网络技术和用户资源方面的显著优势,创建公众号、推出微商产品时,阿里更是感受到核心利益(电商业务)面临冲击,促发了进入对方业务领域展开竞争的动机,从而强行推出不是自身核心技术范围内的产品(来往)。来往作为一款社交类的通信产品,其核心技术并不是阿里的技术专长,与阿里的核心业务也相去甚远,因此,是一个发生在阿里身份域范畴之外的回应行动。相应地,结合上文的主轴译码分析结果,我们也可以对阿里与腾讯在打车软件、O2O业务生态等领域的竞争行动进行理论分析,从而概括出阿里与腾讯在第三方支付业务领域"攻击—回应"系列竞争行为的理论范式,具体如图27-2所示。

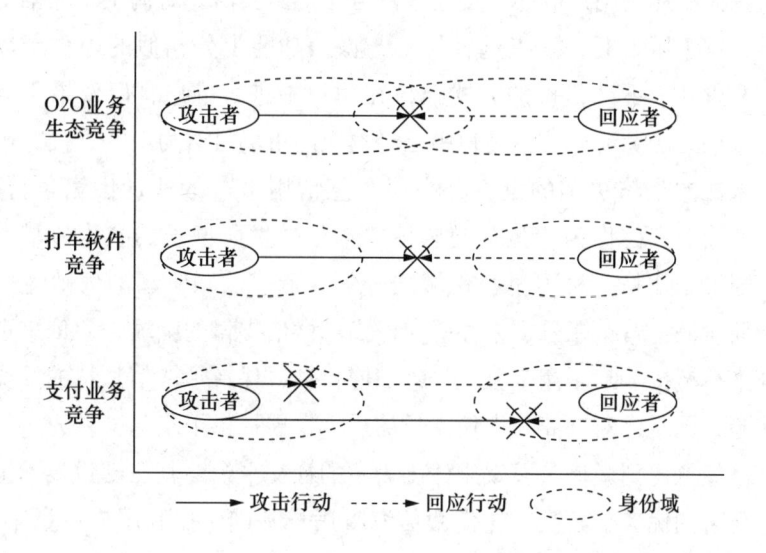

图 27-2 企业"攻击—回应"竞争行为的理论范式

资料来源:笔者整理。

三 案例分析结果

在开放式译码、主轴译码以及选择性译码分析后,我们最终获得了阿里与腾讯"攻击—回应"系列竞争行为的三种竞争范式及其竞争的基本机制,为了探讨这三种竞争范式之间的内在区别和联系,我们进一步挖掘了这三种竞争范式中回应者行动的驱动机制及其反击效果。前面的理论分析已经表明,当企业面临外部竞争时,采取回应行动的驱动类型主要包括经济理性和情感认知两种方式。基于此,笔者从企业高层管理者战略决策倾向性和关键技术或资源获取方式两个层面来探讨阿里与腾讯在上述三种竞争范式中竞争行动的驱动机制问题,并分析特定驱动机制下的回应行动效果。具体如表27-7所示。

当腾讯在微信中推出扫码支付时,阿里迅速在支付宝中推出极具针对性的二维码支付、声波支付等进行回应,保持了支付宝在第三方支付方式上的领先地位,这种回应行动基于支付宝在支付方式创新领域的长期技术积累,也符合支付宝维持核心业务竞争优势的战略目标,因此,是属于阿里身份域范畴内的一种经济理性驱动的竞争行动。当腾讯基于微信庞大的社交用户群体,创建公众号,推出微商,对淘宝、天猫等不断形成竞争压力时,阿里选择推出与微信功能十分相似的来往予以回应,并以几乎不计代价的方式强行在用户中进行推广,但效果十分一般,来往无法撼动微信在用户中已经奠定的市场号召力。一方面,阿里强推来往的策略更多的是一种高层"感情用事"的非理性竞争行动;另一方面,来往作为一款社交软件并不是阿里所擅长的技术领域,因此,强推来往是一种阿里身份域之外的、情感认知驱动的失败竞争行动。面对淘宝营销账号、来往等对微商、微信支付的围攻,微信采取了屏蔽来往链接、封杀淘宝公众号等回应行动,保持了微信独特的社交平台体验,同时也对微商和微信支付的后续发展提供了空间。首先,微信团队已经意识到微信是以娱乐休闲为主的社交平台,其在支付技术上并没有显著的优势;其次,凭借微信海量用户基础,控制用户流量渠道,充分发挥微信在社交渠道上的技术优势,维持微信的竞争地位。因此,这一行动是属于腾讯身份域之内的、经济理性驱动的竞争行动。

作为第三方支付业务的重要细分市场,打车软件业务自兴起之日就受到了阿里和腾讯的密切关注。为了在打车软件市场中获得主导地位,分别受到阿里和腾讯支持的快的打车和滴滴打车都采取了大规模的价格战来试图击垮对手,然而,这种疯狂的"烧钱"模式不但没有打败竞争对手,却给双方带来了巨大的成本压力,是不可持续的。同时,缺乏成熟电子地图显示技术、道路交通资源等缺陷,也让快的打车和滴滴打

第二十七章 跨国企业动态竞争中的身份域效应 / 475

表27-7 三种竞争范式的驱动机制及其效果证据

竞争范式	回应领域	回应行动驱动机制			回应行动效果		身份域范畴
		驱动类型	构成	要素证据	效果	典型证据	
攻击和回应行动分别在身份域内外部	支付方式	经济理性	高层战略决策倾向	重视支付技术开发，保持核心业务竞争优势	良好	支付宝扫码支付支持商家达到46万家，第三方支付业务市场占有率遥遥领先	内部
			关键技术或资源配置	放弃不熟悉的APP技术，利用自身技术专长，开发声波支付等更有竞争力的支付技术			
	支付载体	情感认知	高层战略决策倾向	盲目进入对手业务领域展开竞争，着急把战火"烧到"对方地盘	一般	来往无论在用户数量还是社交流量方面都远远落后于微信，主要是阿里自己内部使用，市场前景暗淡	外部
			关键技术或资源配置	开发不属于自身专长的技术产品，在市场中推广该非关联产品，付出沉重的资源代价			
	支付渠道	经济理性	高层战略决策倾向	维护核心产品优势，充分发挥已有业务专长打击对手	良好	有效地维护了微信良好的社交应用体验，给微商成长创造了条件	内部
			关键技术或资源配置	凭借流量渠道和社交技术、资源优势，信合理利用自身优势，技术手段给予对手沉痛打击			

续表

竞争范式	回应领域	驱动类型	回应行动驱动机制		效果	回应行动效果	身份域范畴
			构成	要素证据		典型证据	
攻击和回应都在动都份域外部	打车软件	情感认知	高层战略决策倾向	迫切想要维持市场占有率，争做市场老大地位	一般	滴滴打车系统技术过硬，打车高峰期，客户应用系统经常瘫痪，导致微信支付不成功，补贴难以长期维持	外部
			关键技术或资源配置	忽视专车核心技术获取，大打价格战，给企业带来巨大的资源成本负担			
	打车软件	情感认知	高层战略决策倾向	急于保持市场的稳定性，维持市场长期优势	一般	缺乏高效的地图定位技术，快的打车系统难以准确定位，给消费者造成不便，补贴难以长期维持	外部
			关键技术或资源配置	忽视专车技术获取，采取跟随战略，大打价格战局面，造成资源浪费			
攻击和回应都在动都份域内部	O2O业务生态	经济理性	高层战略决策倾向	弥补平台技术劣势，完善支付体验	良好	通过入股大众点评网、京东等，实现了腾讯电商资源的优化整合，初步形成了一个品类丰富的O2O生态链	内部
			关键技术或资源配置	获取核心技术，优化内外部资源整合			
	O2O业务生态	经济理性	高层战略决策倾向	完善社交平台体验，增加用户流量人口	良好	通过投资新浪微博、高德地图等，阿里获得了社交网络、地图显示等方面的关键技术，完善了阿里O2O技术链	内部
			关键技术或资源配置	获取核心技术和社交资源，拓宽新兴市场稀缺技术未来渠道			

车陷入了系统不够稳定、面临监管机构管制的麻烦。快的打车和滴滴打车最后不得不相互妥协，在双方都不再推出显著优惠的打车补贴后，打车软件市场大幅度缩水，并逐渐被拥有成熟专车寻呼技术、配套用车资源的 Uber 慢慢蚕食。从阿里和腾讯相关高层决策者对于打车软件市场的态度来看，急于确立在打车软件市场的地位，速战速决消灭竞争对手的心态十分明显。从打车软件的技术和资源属性来看，阿里和腾讯都不具备十分成熟的道路交通寻呼技术、用车资质等资源。在竞争过程中，试图仅仅通过价格战来取胜市场，却忽视了对于打车软件核心技术的获取、关键资源的整合，因此，这种竞争行动是属于阿里和腾讯身份域之外的、情感认知的竞争行动。

随着我国第三方支付业务范围的不断扩大，阿里和腾讯都意识到，在自身并不擅长业务上情绪化的"你死我活"式的竞争行动不仅不能击败竞争对手，反而消耗了企业大量的资源。因此，如何弥补自身技术短板，优化内外部资源配置就显得十分必要。例如，阿里逐渐意识到社交网络、在线地图技术等对于未来 O2O 产业布局的重要性，而腾讯等在相关技术方面已经占据了先机，这就迫使阿里不得不"放低姿态"与新浪微博、高德地图进行双赢式的合作，以构建阿里完整的 O2O 产业生态体系，这符合阿里有关移动互联网产业的长期战略目标，因此，这是阿里身份域内的、能够给阿里发展带来长期竞争优势的经济理性驱动的竞争行动。面对阿里通过入股新浪微博、高德地图等移动流量入口来不断完善 O2O 产业生态体系，腾讯也认识到了自身在支付场景、电商平台等领域的不足，同样，也在与大众点评网、京东的合作中"放下身段"友好协商，通过入股大众点评网、京东商城来完善 O2O 技术链。这符合腾讯以微信支付为基础构建完善的 O2O 产业生态链的发展目标，因此，通过投资大众点评网、京东来丰富腾讯的支付场景和支付平台，既是腾讯身份域内的竞争行动，也是一种经济理性驱动的竞争行动。

第五节 结论与讨论

一 研究结论

在初期的企业"攻击—回应"系列竞争行为中,面对竞争者发起的攻击行动,回应者总是尽力依托企业核心专长,通过发挥自身在核心业务上积累起来的技术、经验等竞争优势,来回应竞争者发起的竞争行动。随着新兴市场的不断发掘和企业市场范围的不断拓展,竞争对手持续的攻击行动使外部竞争强度迅速提升,从而给企业带来市场、资源以及制度等各种压力。在外部挤压效应的驱使下,通过补贴、促销等成本领先战略维持企业市场地位,迅速占领新兴市场,成为企业的主要竞争方式,然而,这种竞争行动由于缺乏对新兴市场核心技术、关键资源等的掌握,往往难以形成持续的竞争优势。在技术复杂度不断提升和市场细分不断加强的背景下,为了维持长期竞争优势,企业需要通过投资入股、兼并、联盟等形式,有针对性地获取外部核心技术,实现资源优势互补,从而不断完善企业在新兴市场上的技术、资源积累,重塑企业的竞争力结构,扩大企业的核心专长,奠定企业未来的竞争优势。企业"攻击—回应"系列竞争行为的理论逻辑概括如图 27-3 所示。

一方面,动态竞争中的企业为了维护核心业务的竞争优势,对于侵犯企业战略利益的竞争行动,将凭借自身在核心业务领域的技术、资源优势给予激烈的回应,并总是试图将"战场烧到对手的地盘",在竞争对手长期经营的业务范围内展开竞争。由于缺乏技术、资源积累,企业在身份域之外的竞争行动效果将显著低于身份域内部的竞争行动效果,因此,当企业通过兼并、联盟等方式,不断获取外部技术、知识等核心资源,改进了企业竞争力要素,拓宽了企业的身份域范围,其竞争行动往往又会回到企业身份域范畴之内。这一结论很好地回答了产业经济理论与企业认知理论关于竞争场域距离与企业竞争优势关系的讨论(Markman et al., 2011)。本章认为,企业竞争行动距离企业核心利益区域的远近与企业竞争优势之间并不是一种简单的线性影响关系,需要根

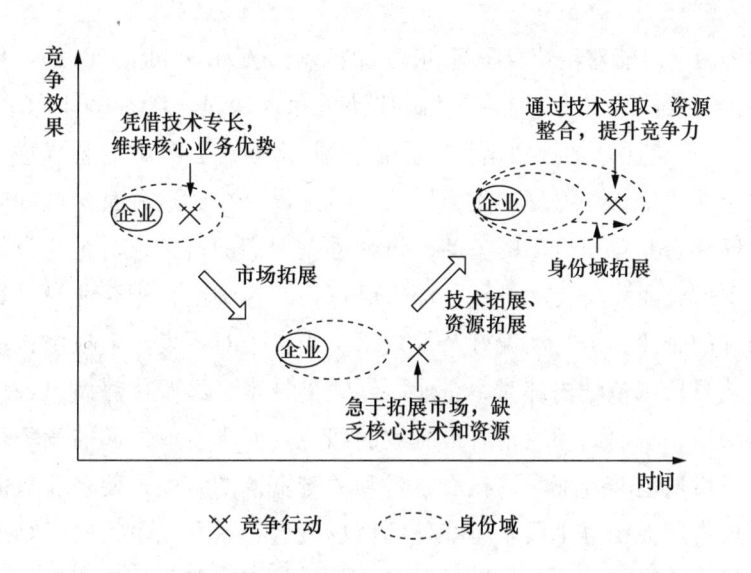

```
                    竞争效果
                         ↑
                         │    凭借技术专长,              通过技术获取、资源
                         │    维持核心业务优势             整合,提升竞争力
                         │      ╭────╮                      ╭────╮
                         │      │企业 ✗│                    │企业 ✗│
                         │      ╰────╯                      ╰────╯
                         │                                       身份域拓展
                         │          ⇘ 市场拓展      ⇗
                         │                       技术拓展、
                         │                       资源拓展
                         │              ╭────╮
                         │              │企业 ✗│
                         │              ╰────╯
                         │              急于拓展市场,缺
                         │              乏核心技术和资源
                         └─────────────────────────────────→ 时间

                         ✗ 竞争行动      ╭──╮ 身份域
                                        ╰──╯
```

图 27-3 企业"攻击—回应"竞争行为的理论逻辑

资料来源:笔者整理。

据企业在核心专长上的知识、技术等资源积累程度,企业投放在核心专长之外的资源数量进行决策。

另一方面,在企业身份域的影响下,企业竞争行动驱动机制主要包括经济理性和情感认知两种范式,企业身份域内部的竞争行动主要由经济理性驱动,这意味着企业所有行动决策都是建立在企业技术专长和资源优势基础上的,企业的竞争行动通常能够获得预期的实施效果。而企业身份域外部的竞争行动则主要由情感认知驱动,这主要体现在企业很多具体行动计划都以新兴市场的快速拓展、迅速打击竞争对手为目标,而相对忽略了企业在新兴市场的核心技术获取和关键资源积累,因此,从长期来看,竞争行动实施效果往往无法达到企业的预期值。这一研究结果从另一角度验证了 Livengood 和 Reger(2010)有关企业身份域内外部竞争力差异的问题,即企业为了维护身份域优势,将主要资源集中在提升企业身份域内部竞争力上,而相对忽略了身份域外部竞争力的培养。

二 理论贡献

第一,以往的学者虽然关注到了动态竞争中企业伦理、高层管理者认知等因素可能对企业竞争行动产生的影响（Tsai et al., 2011），但对于这种促发因素的具体作用机制却缺乏深入探讨。Livengood 和 Reger（2010）从企业认知视角出发，指出企业身份域是影响企业情感认知促发企业竞争行动偏好的重要原因，但并没有探讨这种身份域到底是如何影响企业竞争行动的。此次研究遵循他们的研究，对企业身份域情景下的企业竞争行动进行了深入的探讨，详细剖析了企业身份域范畴内外的企业竞争行动偏好及其效果。当竞争对手发起的攻击行动是在企业身份域范畴内部时，企业能够凭借技术、经验优势做出最优的竞争决策，从而给予攻击者最有效的回应。而当企业发起的竞争行动处于身份域范畴外部时，核心技术和关键资源的缺失，使企业只能采取低成本、促销等手段来争夺外部市场机会，这种竞争策略很难维持长期的竞争优势。因此，通过联盟、兼并等方式获取外部市场的核心技术、知识及其他稀缺资源，在拓展企业身份域范畴的同时，重构企业核心竞争要素，从而将竞争行动重新纳入企业身份域范畴内部。这一研究结果不仅回答了"企业如何识别竞争者行为意图的问题？"还回答了"企业如何对竞争者不同竞争行为进行战术回应的问题？"，是对 Chen 等（2007）、Livengood 和 Reger（2010）等相关研究的有益补充，推动了动态竞争相关理论的发展。

第二，系统地探讨了企业不同身份域范畴下的竞争行动驱动机制。在早期的动态竞争研究中，学者普遍认为，企业竞争策略的实施就是要能够给企业带来经济效益（Chen and Miller, 1994；田志龙、邓新明和 Taieb Hafsi, 2007），是一种纯粹经济理性视角的竞争行动，因此，信息处理能力、行动成本以及市场容量等客观指标是企业判断竞争策略实施与否的重要条件（Haveman and Nonnemaker, 2000）。而在后来的系列研究中，学者也指出，企业动态竞争中的一些竞争行动并没有表现出强烈的逐利性（Katila and Chen, 2008），更多的是企业价值理念、高层管理者团队认知诉求的一种市场表达（Cho and Hambrick, 2006）。本章研究尝试对这两种观点进行了整合，提出了企业竞争行动的驱动机制主要由企业高层战略决策倾向和关键技术或资源两个维度进行评价，进而探讨不同企业身份域效应下的竞争行动驱动机制差异问题，从关键技术获取、市场资源积累等角度梳理了动态竞争中身份域效应下的企业竞争行动驱动机制理论模型。

第三，构建了动态竞争中企业"进攻—回应"竞争行为的完整框架。在获得了企业身份域范畴内外部企业竞争行动的不同驱动机制后，从外部市场变化和企业追求持续竞争力的视角出发，探讨了企业竞争行动驱动机制在身份域范畴内外部的变化过程，明确了企业竞争行动目标从起初的市场拓展到后来的技术获取、资源整合的变化过程（Haleblian et al., 2012），较好地阐释了动态竞争研究领域企业竞争行动中存在的竞争"非理性"现象（Livengood and Reger, 2010），同时，也是对田志龙等（2007）有关动态竞争中企业竞争互动理论框架的进一步完善。总之，本章遵循前人有关动态竞争从过程研究回溯到前因与后果研究脉络的研究思路，尝试构建了一个完整的"进攻—回应"竞争行为理论逻辑框架，为未来的进一步研究指明了方向。

三 实践启示

本章的研究结论将给企业如何在激烈的市场竞争中展开竞争提供以下启示：

首先，在实施竞争行动之前，企业需要明确自身的核心战略利益在哪里。在与竞争对手竞争过程中，尽量将"战场"纳入企业具有核心专长的业务当中，最大限度地发挥企业在核心技术、经验及其他资源方面积累的优势，与对手展开竞争。

其次，在远离企业核心业务的新兴市场竞争中，为了快速获得市场领先地位，企业总是希望将核心业务竞争中的成功经验复制到身份域外部的竞争行动中，但技术、知识等不同市场关键要素的错位，都将导致企业以往成功竞争经验的失效。另外，新兴市场中企业竞争行动受到竞争对手行动决策干扰的可能性更大，一旦企业决策者被对手竞争行为所触动，就容易冲动行事，制定出非理性的竞争策略，这对企业来说是非常不利的。例如，阿里强推来往就是典型的非理性竞争行动，这是企业在新兴市场竞争中需要避免的。

最后，要不断加强企业的技术获取、资源整合。动态竞争中企业之间高强度、高频率的竞争行动将促进外部市场不断变化乃至新兴市场的不断涌现，这种外部市场的变化将对企业的既有地位产生深远的影响，为了在长期的竞争中维持优势地位，通过联盟、兼并等方式不断加强企业对于外部新兴市场的技术获取、整合优势资源，进而调整企业核心利益范畴，最终促进企业在未来市场中竞争行动的实施。

第二十八章 跨国企业推动 SCSR 项目实施机制研究

第一节 研究背景

进入 21 世纪以来，消费者运动兴起、环境保护意识增强以及 SA8000、ISO26000 等企业社会责任标准在世界范围内日益普及，要求企业在经营过程中更加重视企业社会责任（Corporate Social Responsibility，CSR）。当企业行为满足"促进了一些社会福利，并且这种行为并不是出于企业纯粹的商业目的和法律要求"时，这种行为就是 CSR 活动（Williams and Siegel，2001）。这种关于 CSR 的界定不仅清楚地分离了企业的市场和非市场活动，同时也指明了 CSR 行为是由企业面临的日益增长的外部压力所驱动的。企业被要求提供越来越多的社会福利项目，来缓解当今世界所面临的各种社会难题。更有甚者，在政府机构、社会团体以及非营利组织的巨大压力下，企业不得不像经营营利项目那样来经营社会福利项目，而外部制度体系与舆论导向则不断地给予企业这样的暗示：经营社会福利项目同样会给企业带来收益。

然而，CSR 活动是否真的具有这样的效果，企业经营者经常会对这种日常经营中日益高涨的 CSR 热情表现出怀疑态度。虽然已经有学者如 Michael Porter 等（2006）指出，CSR 项目实施既可以促进企业创新、获取竞争优势，也能够创造社会福利。但遗憾的是，CSR 的非市场行为到底如何才能够转化为创造盈利的市场活动，却一直未能得到有效的解释。综观 20 多年来关于 CSR 与企业经营绩效之间关系的研究，其结果是十分令人迷惑的：一些研究证明两者之间存在正相关关系（Roman et al.，1999），另一些研究则表明两者之间没有关系（石军伟、胡立君和付海艳，2009），还有一些则认为两者之间负相关（Orlitzky et al.，2003；李正，2006；温素彬和方苑，2008）。从企业经营的角度来看，影响企业价值创造的因素实在太多了，而 CSR 行为的多样化则进一步导致了研究者很难有效地分离出企业哪些 CSR 行为才是决定企业价值创造的核心要素（Ray et al.，2004），从而在企业内部缺乏有效且可持续的 CSR 战略推动机制。

大多数情况下，企业只有在创造竞争优势、实现股东价值这一基本目标达成后，才会考虑外部利益相关者的社会福利性诉求，即实施有目的的 CSR 活动。当企业高层管理者在设计相关项目以寻求竞争优势时，围绕该项目的企业行为必然能够有效地促进企业经营绩效。因此，在企业决定实施 CSR 计划时，企业高层管理者在某种程度上也希望将非市场活动视为企业经营成本投资于一项具有潜在回报的项目。然而，企业对于 CSR 活动的实施并不像传统的企业市场活动一样，可以简单地通过市场交易法则将非市场的社会活动转换为有利可图的商品或服务。因此，作为企业高层管理者，关键在于评估 CSR 行为可能产生的经济效益，即强化和扩大那些可以给企业带来潜在利润或者弥补企业劣势的行为，即要求企业实施战略性 CSR 行动。在此背景下，Burke 和 Logsdon（1996）提出了战略性企业社会责任（Strategic Corporate Social Responsibility，SCSR），指出企业社会责任战略管理要求企业能够充分满足所有利益相关者的合法权益，重视和扩大那些能够在特定领域取得竞争优势的工作，合理分配企业资源以满足社会所有利益相关者的诉求。

在外部社会责任舆论的持续施压下，SCSR 项目的实施能够提升企业非市场活动创造价值的潜力，同时产生项目的社会效应。即企业提供的产品或服务属性不仅要能够为企业创造价值，还要能够提供配套的社会福利。总之，SCSR 为企业经营开辟了一个新的竞争力空间，其中既充满了机会，但也抬高了企业进入门槛。由于 SCSR 项目显著的双重功能，促使我们不得不考虑企业是如何平衡其战略机遇和社会行动计划要求，从而实现连接企业市场目标和社会期望的共同目的。即推动企业

SCSR 项目实施的核心要素什么？外部不同利益相关者又是如何来评判企业 SCSR 项目实施的？

第二节 相关理论基础

一 CSR 理论：一个被动适应的过程

自 20 世纪五六十年代人类第三次科技革命以来，关于企业与社会关系的研究日益成为学者关注的焦点，并最终衍生出了利益相关者管理、企业伦理、企业公民、可持续发展等一系列旨在促进企业发展与社会进步的研究构念（Schwartz and Carroll，2007）。在这些试图缓和企业发展与社会进步之间日益不平衡的理论与实践中，都蕴含着企业需要承担社会责任的意涵（Matten and Moon，2008）。Bakker 等（2005）指出，利益相关者管理、企业伦理、企业公民、可持续发展等都是需要通过企业 CSR 活动来实现的，企业执行 CSR 活动的方式将对企业与社会之间关系产生显著的影响作用，在推动世界经济发展的同时，也要促进社会福利的持续增长。因此，在当今资源紧缺、环境恶化的社会大背景下，作为科技创新、生产力进步的主要承担者，企业需要肩负起保护环境、提高社会福利的呼声日益高涨。

早期的学者主要从传统经济学中收益或投资的视角来探讨企业 CSR 行为，认为企业在经营过程中追求利益最大化时只需要遵守最基本的社会规范即可（Levitt，1958）。在此后的近半个世纪，西方学界几乎都围绕着这个初始的 CSR 观点展开研究，提出了诸如代理理论（Ross，1973）、企业道德理论（French，1979）以及后来的功能主义理论（Preston and Post，2012），等等。这些理论的基本立足点在于 CSR 项目的主要功能仍然是获取经济效益，而社会福利则是建立在经济效益基础上的附加功能。Elkington（1999）在关于企业可持续发展的论证中，提出的三重底线原则更是强调经济发展功能在社会发展中的重要性。随着技术水平和商业模式的不断创新，单纯的投入或产出效益分析显然无法解释现代企业的诸多 CSR 行为，后续的相关学者明确表示，企业 CSR

战略的适用条件应该更加宽广。企业不应该只遵循最基本的行业规范，还应当主动承担一定的社会责任。然而，履行以社会福利增长为目标的企业社会责任，很多时候意味着企业将不得不"牺牲"一部分资源来从事无关企业回报的活动，这种赔本赚吆喝的"买卖"显然并不是所有企业都能接受的。因此，如何平衡企业利益最大化与社会福利增长之间的关系就成了研究的焦点。

Marrewijk 和 Werre（2003）指出，企业在实施以可持续发展为主旨的 CSR 项目中，必须充分展示企业在调和利益相关方与社会责任承担之间的互动过程。Logsdon、Wood（2002）和 Waddock（2004）强调，企业履行社会责任本质上是一个企业公民行为，企业公民行为的核心在于协调各方利益，善待弱势群体。面对消费者、福利组织乃至自然环境，企业总是以强者的姿态出现，因此，作为平衡企业利益最大化与社会福利增长的重要手段，大多数企业 CSR 项目总是被无意识地当作一种被迫的回应行为而被社会舆论所知晓。在政府强制力量、外部组织以及福利机构的持续压力下，企业 CSR 项目能够有效地降低经营过程中的社会风险（Elkington，1999）。而 Dahlsrud（2008）对以往有关企业 CSR 内涵的 37 项研究进行综合分析发现，随着企业发展与社会经济之间关系的日趋复杂，内涵更加丰富的企业 CSR 项目在后续的研究中逐渐居主导地位。虽然学者试图通过拓展 CSR 内涵及其项目实施范围，来缓和当前企业发展与社会环境之间日益不平衡的关系态势，但仍然没有脱离将企业 CSR 项目实施视为一种被动回应战略的樊篱。另外，在企业 CSR 项目分析中，重视企业 CSR 活动在经济利益与社会福利之间的平衡关系，其基本立足点仍然是企业利益与社会福利之间"此消彼长"的"零和博弈关系"，这就决定了企业 CSR 项目的实施要么牺牲部分企业利益来换取社会福利的增长，要么忽略社会福利来实现企业利益最大化。从企业长期发展来看，这种 CSR 项目的实施显然是非战略性的（Husted and Allen，2007），并不具备长期推进的动力。

二 SCSR 理论：主动实施的企业战略行为

企业缺乏主动实施 CSR 项目的原因在于无法准确地预估 CSR 活动的市场效应。自 20 世纪 70 年代以来，CSR 活动是否能够促进企业价值创造的议题一直悬而未决，而大量的经验研究结果也是莫衷一是。战略管理理论强调，在外部竞争规制日趋完善的情景中，企业要获取竞争优势，除具备出众的企业资源和能力外，其战略行动与外部环境的高度契合十分重要。这种行动与环境的契合效应通过企业高层管理者的经营哲学体现出来：既要达到股东预期的经营利润，又要兑现社会福利增长的承诺。随着战略管理理论的兴起，CSR 理论逐渐与战略管理理论交融，因此，尝试从战略角度来考察 CSR 行为，研究如何战略性地选择和实施 CSR 项目以提升企业绩效，在后续的研究中得到了学者的普遍重视。Burke 和 Logsdon（1996）最早提出了 SCSR 的概念，他们认为，相对于被动回应的非战略性 CSR 活动，SCSR 项目则能够很好地协调企业利益诉求与社会福利满足之间的平衡，使之实现共赢的局面，并主动将企业可能面临的社会问题纳入企业核心价值体系当中，成为企业经营哲学的一部分。因此，战略理论视角的企业 CSR 项目，将从"什么是企业的 CSR 项目""企业为什么实施 CSR 项目"上升到"企业如何实施 CSR 项目"的研究范畴之上。后续的学者针对这种 SCSR 项目实施过程中融入企业核心战略的可行性进行了理论阐述（Lantos，2001；王水嫩、胡珊珊和钱小军，2011）。

从价值创造的角度来看，SCSR 项目之所以能够在追求企业利润最大化的同时承载社会责任（Baron，2001），与 SCSR 项目的战略属性紧密相关。当消费者愿意为企业在提供产品或服务过程中解决某一社会问题支付额外报酬时，企业的 SCSR 项目就创造了价值。但不可否认的是，这种伴随社会问题解决的企业产品或服务提供方式对企业的技术、知识等资源提出了更高的要求，当企业为提高产品或服务的社会效益而将资源重新整合时，成本就提高了，而基于成本或效益产出比的企业经营绩效则是企业无法回避的议题（Ghoshal et al.，1999）。事实上，许多 SCSR 项目的实施虽然给企业带来了显著的声誉优势，但企业股东却不得不面对由于成本增加所导致的股份收益下降的尴尬局面。因此，并非所有的 SCSR 项目所创造的价值都能够被企业所接受（Hillman and Keim，2001）。Porter 和 Kramer（2006）指出，SCSR 项目需要寻找到那些能够为企业和社会创造共享价值的市场机会，在获取企业可持续竞争优势的同时解决资源利用效率低下、环境污染日趋严重等社会问题。这种观点并未摆脱传统 CSR 理论的束缚，实际上，除共同价值创造的问题外，企业在 SCSR 项目运作中还面临着如何在价值创造过程中降低企业社会成本的问题，这也是近年来 SCSR 理论研究和企业实务中面临的最大困惑（Bhattacharyya，2010）。因此，SCSR 项目的功能除如何弥补那些由于企业产品缺陷或服务质量低下对消费者或环境造成的伤害行为外，而要致力于解决如何更有利于企业经营和服务社会，但同时不会给企业增加额外负担的问题。这两个核心问题的解决，显然需要将企业核心战略与社会责任紧密连接起来，融入企业创造性的 SCSR 项目当中。Husted 和 Allen（2007）系统地比较了 SCSR 和传统 CSR 之间的差别，SCSR 最显著的特征在于从更广泛的角度来考虑企业与社会之间的关系，把社会问题纳入企业战略范畴，并从中寻找市场机会进行产品和服务创新，进而提升企业竞争力。Jamali（2007）指出，SCSR 并不是一种强制性的 CSR 行为，更加强调企业社会责任承担的自主性与长期性，是具有战略价值的自愿性责任。这就决定了企业的 SCSR 项目并不是完全对外负责的利他性活动，而是超越了经济、法律及伦理等范畴的市场（营利性）与社会（公益性）相结合的主动战略行为。创新性的 SCSR 项目强化了企业与社会的相互依存关系，强调通过创新企业战略与社会责任承担融合过程中的市场机会发掘来创造企业和社会共享价值，这显然超出了传统 CSR 理论的解释能力范畴。

综合上述分析，CSR 项目与 SCRS 项目的区别大致可以归纳如表 28-1 所示。

表 28-1　　　　　　　　CSR 项目与 SCSR 项目的区别

	CSR 项目	SCSR 项目
责任性质	强制性、被动型	自愿性、主动型
责任范畴	伦理责任、法律责任	战略性责任、利他性责任
行为导向	专注企业当前面临的社会问题，缓和社企关系	识别和理解最具战略价值的社会问题，发现创新机会
实施目标	通常无法预期	往往能够有效掌控

那么，企业该如何来成功实施这种创造性的 SCSR 项目呢？显然，从战略管理的视角出发，仅仅强调企业在 SCSR 项目的实施过程中的战略自主性是远远不够的。

第一，SCSR 项目作为一种开拓性的市场创新项目，面临着更多的市场不确定性，明确 SCSR 项目，实施目标以及在此基础上的资源整合方式（Husted and Allen，2007），能够奠定 SCSR 项目实施的理论基础。

第二，肩负着经济利益和社会福利双重诉求的企业 SCSR 项目，将不得不在市场化和非市场化行为中不断做出权衡，从而使外界对 SCSR 项目的推进趋势更加敏感，这就要求企业能够提前预判实施 SCSR 项目可能引起的市场应激，包括企业股东、消费者甚至政府监管部门等的反应（Burke and Logsdon，1996），以便能够及时掌握外部因素可能对 SCSR 项目推进形成的反弹效应。

第三，SCSR 项目所具备的初创性属性，决定了 SCSR 项目在推进过程中必然面临着高昂的试错成本和巨大的项目风险，这不仅对 SCSR 项目的市场经济效益提出了很高的要求，而且企业对于实施 SCSR 项目所获得的收益要具备独占性（Szekely and Knirsch，2005），这也是保证企业 SCSR 项目顺利实施的重要前提之一。

第四，企业通过 SCSR 项目的实施要能够建立起有效的声誉机制（Waddock，2004），这种声誉机制不仅能够为企业顺利推进 SCSR 项目实施营造良好的外部舆论环境，而且，企业社会责任心、品牌形象等方面也将是企业 SCSR 项目实施社会功能的重要评价要素之一。因此，本章认为，企业在实施 SCSR 项目过程中，要能够对 SCSR 项目实施目标、产品或服务的市场反响、项目经济效益、市场影响力以及企业品牌塑造具有清晰的判断，从而掌握 SCSR 项目实施的市场预期。进而为企业在解决如何创造共同价值的同时，降低企业社会成本这一 SCSR 项目实施"过程黑箱"提供了分析途径，丰富了 SCSR 战略相关理论。

综合上述分析，CSR 与 SCSR 项目实施过程机制可以大致描述如图 28-1 所示。

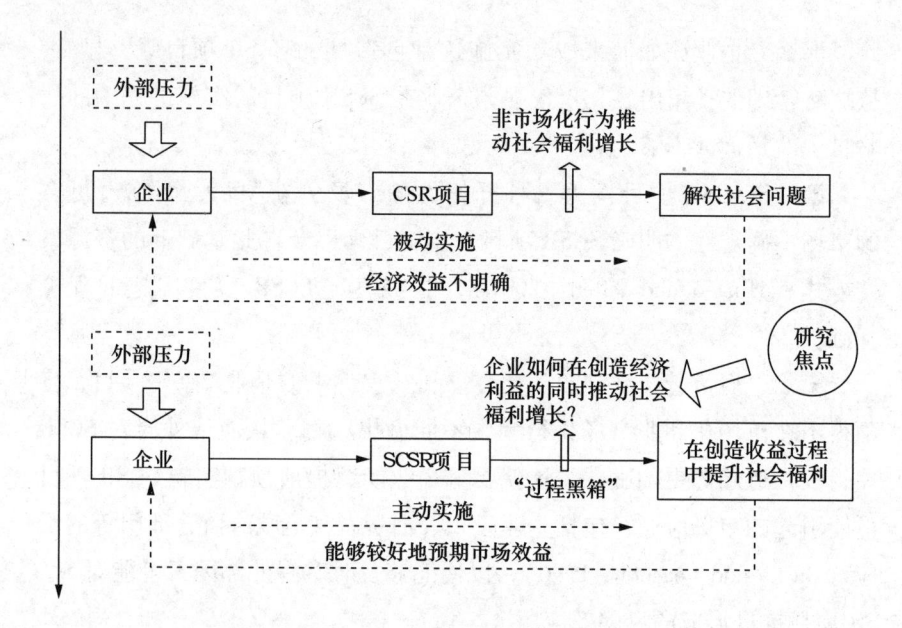

图 28-1　CSR 与 SCSR 项目实施过程机制

资料来源：笔者整理。

第三节　SCSR 项目案例分析

一　专车服务项目案例概述

2014 年下半年，在我国很多城市的出租车市场上，以"滴滴专车""一号专车"为主的专车服务达到了火爆的程度，获得了消费者的高度青睐，迅速改变了我国汽车租赁市场的既有业态，对我国传统的出租车运营体系形成了挑战。专车服务作为企业推出的城市汽车租赁创新性项目，其旨在填补我国汽车租赁市场中存在的高端租车消费需求盲点。通过预约服务、接送服务、上门服务等，并在车内提供矿泉水、纸巾、杂志以及视频娱乐等配套设施，营造一种高级租车服务的汽车出租模式。专车服务模式的基本逻辑是通过高档次的汽车租赁、高品质的租车服务，从而向消费者收取比一般出租车更贵的服务价格。在移动互联网产

第二十八章 跨国企业推动 SCSR 项目实施机制研究 / 491

业风起云涌的背景下,专车服务项目的推出既是新兴互联网企业为了实现抢占专车软件市场、提升企业在移动端流量目标的重要战略手段,同时对于填补我国高端租车服务市场空白、提升我国汽车租赁资源配置效率具有积极的推动作用。因此,我国专车服务项目的推出,不仅对"滴滴专车""一号专车"等布局我国移动 O2O 产业、提升竞争力具有积极意义,同时对于满足我国不同层次租车人群、缓解城市打车难问题具有积极作用。专车服务无论是从租车市场弥补还是服务模式便捷方面看,都是一种企业效益创造与社会福利增长双赢的行为。因此,从上文关于 SCSR 项目标准的界定来看,我国市场上以"滴滴专车""一号专车"为核心力量的专车服务是一项企业推出的 SCSR 项目,具体如图 28 - 2 所示。

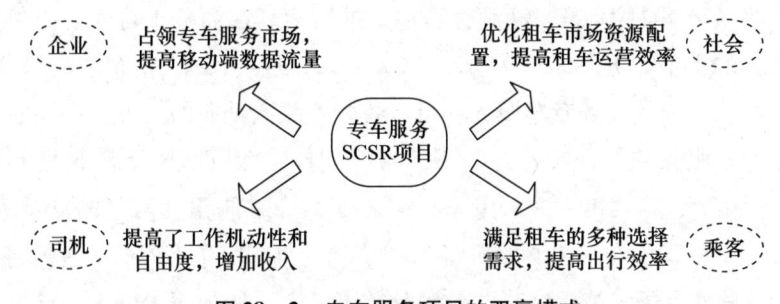

图 28 - 2　专车服务项目的双赢模式

资料来源:笔者整理。

但是,作为一种刚起步的创新性汽车租赁业务,以"滴滴专车""一号专车"为主的专车软件服务商在推行专车服务项目过程中,难免存在平台运营经验不足、寻呼系统不完善等问题,不仅需要面对高昂的试错成本以及前期宣传成本(与汽车租赁公司洽谈、打车优惠券等),同时还要面临着相关执法部门对于专车"合法性"身份质疑的制度性压力。他们在推动专车服务项目过程中必然会遭到各种形式的阻碍,其合法性诉求也将经历一个曲折的发展历程。2014 年年底,上海、北京、广州、济南等城市交通执法部门陆续对所在城市"滴滴专车""一号专车"等提供专车预约服务软件公司进行了严厉打击,引发了舆论的极大关注,验证了专车服务这一 SCSR 项目在实施过程中的艰巨性。本章将通过对"滴滴专车""一号专车"等从项目实施目标、市场竞争、运营收益、制度约束以及社会舆论等多个视角进行剖析，具体阐述专车服务这一 SCSR 项目的推进机制及其涌现出来的战略特质。

二　专车服务项目案例分析

2014 年下半年开始，"滴滴专车""一号专车"、易到用车和 Uber 打车等互联网专车软件不断涌现，成了继外卖软件市场之后又一个被广泛看好的互联网软件市场。以 BAT（百度、阿里与腾讯的简称）为首的我国互联网巨头都纷纷投资于专车软件服务商，以期望在汽车租赁市场这一新兴移动端流量接口处获得领先地位。2014 年 7 月 8 日，"一号专车"宣布推出定位于中高端用户市场的租车服务业务。2014 年 8 月 4 日，易到用车宣布将与百度合作推出基于百度地图的商务租车服务业务。2014 年 8 月 19 日，滴滴打车宣布推出为高端商务出行人群提供优质服务的租车业务。2014 年 12 月 17 日，百度与 Uber 宣布战略合作，共同开拓中国的商务专车服务项目。我国互联网企业的三大巨头同时投资于专车服务项目，彼此之间不仅目标明确，而且战略重心也极其相似。"滴滴专车"和"一号专车"自不必说，在腾讯和阿里的支持下，从最初出租车市场的"滴滴打车"和"快的打车"争夺开始，一直将占领打车软件市场，垄断移动打车消费者流量入口作为两大巨头的终极目标。专车软件作为升级版的打车软件不仅是两大巨头在打车软件市场产品战略决策上的自然延伸，同时也是提升移动端产品竞争力、实施差异化竞争的必然结果，为了获得如同出租车打车软件市场一样的垄断地位，"滴滴专车"和"一号专车"都采取了同样的高额打车补贴优惠这一"烧钱"模式来拓展专车服务市场，不断提高用户黏性来稳固在打车市场的优势地位。而对于百度来说，与易到和 Uber 的合作，能够充分利用百度地图来打造生活服务 O2O 平台，通过易到用车、Uber 打车来实现交易流量增加，从而克服一直以来百度在 PC 端以信息和广告收入为主要营利模式难以在移动端实现迁移的问题。正如百度 CEO 李彦宏所说，"百度投资 Uber 当然是一个战略行为，而且还是一个极为重要的战略行为"。

作为当前移动端重要的用户流量入口之一，专车服务业务的推出为 BAT 通过投资专车软件服务商占据未来移动端流量的又一重要入口提供了十分难得的机会,而专车软件服务商则能够在 BAT 融资的大力支持下,推动专车服务业务的拓展,并在市场竞争中拥有雄厚的竞争资本,为抢占专车服务市场奠定基础。例如,在尚未投资滴滴打车之前,腾讯的微信支付一直未能在移动第三方支付端用户市场获得显著增长,而通过滴滴打车绑定微信支付之后,微信支付的用户数量显著增长,使用黏性也大幅度提升,而"滴滴打车"也在腾讯的巨额融资帮助下,迅速扩大了市场占有率。因此,专车服务项目能够很好地满足 BAT 与专车软件服务商各自的战略诉求,将 BAT 与专车软件服务商之间的战略目标完美地融合在一起,这种目标明确、前景广阔、潜力巨大的战略愿景,无疑是推动专车服务项目获得成功的重要基础。而从专车业务推出的本身来看,其开发高端租车用户、丰富出行租车选择以及缓解城市打车难的问题,更是将这种带有市场改革属性的创新性项目的社会道德感提升到了一个更高的层次,在项目实施过程中将获得社会舆论的积极响应。因此,本章提出了以下推论:

推论一:企业 SCSR 行动基于 SCSR 项目明确的经济效益与社会福利导向,企业实施 SCSR 行动要目标清晰。

正当"滴滴专车""一号专车"等在我国各大城市租车市场上"拼杀"得难分难解的时候,从 2014 年 8 月开始,我国很多城市的交通管理部门陆续对这种专车服务提出了监管要求。2014 年 10 月,沈阳市交通局明确表示,没有取得出租汽车经营许可权的机动车提供专车服务属于非法运营。2014 年 11 月,南京市交通执法部门也发表声明,严禁私家车、挂靠车等非租赁车辆用于专车租赁经营。2014 年 12 月,上海市交通委针对"滴滴专车"进行了严厉的处罚,明确表示"滴滴专车是黑车,营运不合法"。2015 年 1 月,北京市交通执法部门也宣布,将加大对依托互联网专车软件从事专车租赁服务的社会车辆进行监管。政府执法部门的一系列治理政策出台,严重干扰了"滴滴专车""一号专车"等专车服务公司有关中高端专车租赁业务的开展。从执法部门的角度来看,其政策执法的核心出发点是利用专车软件从事汽车租赁服务的机动车不具备营运资格,属于"黑车"范围,这种"黑车"不仅在安全性方面存在严重的漏洞,还会扰乱汽车租赁市场。

针对政府管理部门的专车治理等可能引起的市场管制行为，"滴滴专车"等制定了及时的应对策略。例如，关于专车的安全性问题，"滴滴专车"负责人就表示，"滴滴专车"所推出的专车和一般意义上的"黑车"并不是一回事，市场上从事租赁业务的黑车往往信息、价格都不透明，而且也难以对其进行有效监管，而"滴滴专车"所用的专车都是经过严格审核的，不仅价格透明，并且配备一套完善的监管机制。从技术层面来看，GPS定位跟踪、网络实时监控等都为专车的智能化监管创造了条件。另外，"滴滴专车"还有一套双重保险制度：通过特定保险公司投保的同时，"滴滴专车"还设有自己的保险基金池，在发生专车租赁事故或者产生用车纠纷时，能够从以上两个渠道获得双重赔付。"一号专车"则针对专车的安全性问题设立了先行赔付制度：专门出资1亿元成立了乘客先行赔付基金，并和中国平安保险公司共同达成责任人责任险合作框架，明确规定消费者在使用专车服务过程中发生意外事故，由先行赔付基金首先给予赔偿。而对于专车"身份"问题，"滴滴专车"等也在面对政府执法部门的质询过程中不断采取应对措施，一方面，强化专车服务与正规汽车租赁公司、劳务公司的合作，其专车服务平台不再允许私家车的接入。另一方面，创新专车租赁模式，在政策允许框架内通过专车软件公司与汽车租赁公司、劳务公司和用户签订四方协议，在此协议下提供专车预约服务。

另外，从以消费者为主的社会公众视角来看，除了应对政府部门检查，"滴滴专车""一号专车"等也加强了专车服务在社会上的正面宣传，引导舆论导向积极看待专车软件为依托的专车服务。在当前我国越来越多城市日益拥堵、不断缩减新增机动车指标的背景下，专车服务的推出能够有效地将租赁公司闲置车辆、劳务公司的大量代驾人员等资源进行优化配置，为客户出行提供更多的选择余地，缓解我国城市中日益突出的打车难问题。在专车软件设置方面，推出更加人性化的设计，使租车客不受时空限制呼叫专车，满足不同的租车客根据自身需要精确预约到专车服务。这一系列的社会公关活动为"滴滴专车""一号专车"等挽回了被政府相关部门禁止的消极影响。2015年1月，我国交通运输部颁布的《出租汽车经营服务管理规定》正式开始实施，其中明确规定,为了满足不同客户的多样化、差异性租车需求,鼓励各地探索发展预约出租汽车,确立了只允许接受预约、不得在道路上巡游揽客的预约汽车租赁服务模式。这一系列围绕专车服务业务发展的消费者、政府部门反响,专车服务公司都采用了相关的应对措施,并获得了良好的效果。基于上述分析,推出第二个研究推论:

推论二:企业 SCSR 行动需要把握 SCSR 项目战略前瞻性,充分应对 SCSR 项目实施所形成的市场反应。

借助专车软件提供专车服务就是中高端商务用车即时租赁服务,这种专车服务在我国租车领域具有广阔的前景,其市场增量价值在千亿级别以上。从我国汽车租赁市场的宏观估计来看,在高峰时段,我国主要大型城市中至少有 1/3 的用户是打不到车的,其中高端商务人士的租车需求更是被大大抑制。从微观视角来看,由于政策性垄断体制的存在,我国当前城市的出租车行业普遍存在车型单一、舒适度差以及预约时空受限等局限性,根本无法满足消费者的多样化租车需求。快的打车李姓负责人表示,商务租车市场将是一个数亿级的增量市场。从性价比来看,由于专车服务对象主要是中高端层次的"打车族",在提供高品质的租车服务时,其收费也要高出很多。相比于一般出租车费用,专车租车费用要高出 2 倍的价格,一般在 2—4 倍,这无疑大大增加了专车服务的利润。由于汽车档次较高,并且在车上配备了矿泉水、纸巾、充电器等服务,大部分接受专车服务的客户在心理上对于这种相对高昂的专车费用大体都能够接受。

巨大的市场前景和良好的预期收益也给"滴滴专车""一号专车"等带来了显著的经济效应。首先,这些专车软件服务公司的市场价值得到了极大的提升,获得了巨额的风险融资。2014 年 12 月,滴滴打车宣布获得超过 7 亿美元的融资,快的打车在 2014 年的融资总额则达到了 10 亿美元之巨,并在 2015 年年初又获得了 6 亿美元的融资。而百度也在 2014 年接连战略投资了易到用车和 Uber 打车,投资规模也在亿美元级别。其次,在专车服务收费模式上更具创新性,不仅对专车服务费用抽成,还在服务平台上获得巨额广告收入。以"滴滴专车""一号专车"为首的专车软件服务公司将运营费用进行了错位和分散化。"滴滴专车"和"一号专车"等推出的，能够抵消部分打车费用的抵用券，往往是在微信、支付宝内采用红包的形式赠送给消费者的，而且能够采用"裂变、共享"的方式进行扩散。不仅无形中提升用户黏度，也借助于微信、微博等社交媒介拓展了专车软件的市场效益和品牌价值。同时，依靠专车平台所汇集的庞大移动用户群，专车平台能够获得十分巨大的平台广告收益，这也是专车软件公司的重要收入来源。最后，为了争取更多专车资源，"滴滴专车"还采用潮汐式收费模式，在上下班高峰期"滴滴专车"不对专车司机抽取任何佣金，而非高峰段的司机则最多抽取 20% 的佣金，同时对司机发放 20—30 元不等的直接补贴。另外，专车服务过程中面临行政执法部门的罚款时，"滴滴专车""一号专车"也都对专车司机采取了补偿措施，例如，替专车司机上交部分罚款，最高能够到 80%。这些都表明，专车服务业务虽然让企业运营成本增加，并且可能面临行政性处罚风险，但其所带来的市场经营、无形资产、品牌效应乃至企业其他产品的连带效应等经济效应将是十分可观的，基于此，提出以下推论：

推论三：企业 SCSR 行动需要企业 SCSR 项目获得较高的正向市场反馈，企业 SCSR 项目必须形成显著经济效益。

专车服务作为一种创新的汽车租赁模式，对于推动我国出租车租赁市场改革具有重要的推动作用。虽然最近多个城市交管部门针对专车服务的整治行为，使"滴滴专车""一号专车"等受到了诸多争议。但无论是从政府高层、专家人士、专车司机乃至专车乘客，都非常认同专车服务这一汽车租赁创新模式。《人民日报》评论员文章就明确指出，"互联网专车作为一种有效缓解打车难困境，减轻交通拥堵压力的创新汽车租赁模式。能够从广度和深度上推进市场化改革，冲破垄断利益的樊篱，揭开保守观念的自缚，一定能踢好出行改革的临门一脚"（周人杰，2015）。我国交通部也在最近表示，当前我国主要城市中出现的专车软件为创新服务模式开辟了新的途径，专车服务对于满足运输市场高品质、多样化、差异性需求具有积极作用。相关专业人士也对专车服务给予了很高的评价：专车服务为市民提供了多样化和更方便的出行选择，并且服务也较为完善，甚至配有相关保险，应该给予一定支持。打击专车则是一种"劣币驱逐良币"的行为。而作为专车服务的主要参与对象，专车司机和专车乘客都持支持态度，从事专车业务的司机不仅能够获得更高的工资报酬，而且工作时间也更加灵活、机动；而专车乘客一直对我国众多城市中的"打车难"问题意见颇多，专车服务的出现，无疑大大提高了消费者的出行便利性，专车软件则进一步破解了租车预约的时空限制，提高了出行效率，也是符合普通大众对于实施出租车改革、打破行政性垄断经营的期望的。

上述高层政府部门、专业人士、专车司机以及专车乘客对于专车服务模式的态度已经表明，作为一种依托互联网技术推动的现代城市出行模式变革，在优化城市出租车资源配置、提高出租车服务质量、满足群众出行多样化需求方面起到有效的补充，专车服务这一新型租车模式对于推动我国汽车租赁市场发展具有积极作用，完全被社会支持和认可。当然，作为一种新生的租车模式，肯定存在一些不完善的方面，例如，私家车擅自接入专车预约系统接客等。而一些城市交管部门对"滴滴专车""一号专车"等专车软件公司的封杀行为却起到了完全相反的效果，不仅将舆论完全倒向"滴滴专车""一号专车"等专车软件服务商，免费为它们做了一次社会效益显著且影响广泛的广告，促进了企业品牌宣传。另外，也能够督促"滴滴专车""一号专车"等企业不断完善专车服务业务体系，杜绝私家车等不合法汽车接入专车服务系统平台，并加强对专车服务过程的管理，提高服务质量，有效地维护企业的高品质专车服务声誉。基于上述分析，本章提出以下推论：

推论四：企业 SCSR 行动需要该 SCSR 项目具有较高的名誉性，帮助企业建立高效的声誉传递和反馈机制。

第四节　进一步的实证检验

尽管上文有关"滴滴专车""一号专车"等专车服务项目的分析，为我们明确企业 SCSR 项目实施过程中的目标导向、市场反应、经济效益以及声誉机制等战略特质提供了很好的案例支持。但这种基于案例形式的分析仍然存在结论稳健性和普适性的问题。从专车服务所涉及的主要利益相关者来看，他们在评估专车服务这一 SCSR 项目实施过程中，关注的战略要素显然是存在差异的，而这也是导致我国很多城市频繁出现"滴滴专车"等专车服务被禁止、出租车司机罢工的重要原因之一。受到 Guo 和 Zhang（2013）和王诗宗等（2014）等成果中有关混合研究设计思路的启发，接下来，本章将采用问卷调研的方式，对专车服务中的主要利益相关者进行数据收集，并进行量化分析，以期对上文的假设进行更深入的探讨。

参考 Turker（2009）的问卷设计思路，本章首先对 SCSR 构念的内涵和外延进行了系统的回顾，并收集了有关 SCSR 的相关测量量表。其次，重点参考了 Dahlsrud（2008）和 Husted、Allen（2007）的研究成果，之所以选择这两篇文献，是因为 Dahlsrud（2008）在探讨 SCR 构念内涵方面十分系统和完善，汇集了 37 个有关 SCR 的构念界定的整合分析，有利于掌握 SCSR 项目实施过程中战略要素的本质。而 Husted 和 Allen（2007）则通过一家美国户外用品及运动服制造商、一家西班牙林业开发公司和一家西班牙快递公司的案例分析，构建了企业 SCSR 项目实施过程中包含目标性、独占性、自愿性和主动性等战略特质的理论模型，并开发了针对这些战略特质的问卷量表，这将对本次调查问卷的设计给予很大的启发。最后，结合本章针对专车服务这一 SCSR 项目研究的实际，我们发展了包含 16 个问题条目的调查问卷，其中，目标导向包括 4 个问题项，市场反应包括 5 个问题项，经济效益包括 4 个问题项，声誉机制包括 3 个问题项。

一　数据获取

本章的数据来自笔者对浙江杭州市专车服务市场的调研资料，调研对象主要是专车司机和专车乘客两个群体。作为专车服务的主要参与者，专车司机从事专车租赁工作是为了获得更高的报酬，因此，能够在一定程度上代表专车服务这一 SCSR 项目提供方（专车软件公司、专车租赁公司、司机等）的观点。而专车乘客作为消费者，通过专车服务业务提供的多样化消费选择，则能够在某种程度上反映社会福利受益方的观点。具体的数据收集方法如下：

（1）司机样本数据的获取。本章研究团队成员在市区出行过程中，通过滴滴打车和快的打车客户端选择专车服务，有意识地选择专车出行方式。在行车过程中，在告知司机调研目的的情况下，与司机针对相关问题进行对话或者在服务结束后请司机填答的方式，以获得相关数据。为了获得足量的数据样本，团队成员还发动了部分在校学生（3位研究生、5位本科生）参与了本次调研活动，并通过手套、小饰品等方式给予物质奖励。最终获得司机样本47份。

（2）消费者样本数据的获取。在选择专车出行过程中，本章研究团队成员与三位专车司机建立了相对稳定的专车租赁服务关系，在与其进行良好高效的沟通之后，邀请他们帮忙收集专车乘客的相关资料，最终获得了63份问卷。本次调研的时间跨度为2014年9—12月，一共收集到调研数据样本110份，在对数据进行初步统计分析后，剔除回答结果明显不符合实际的8份问卷之后，获得有效问卷102份，其中，专车司机样本46份，专车乘客样本56份。另外，针对专车司机，本研究以专车性质（私营＝1；租赁公司＝2；其他＝3）和专车服务软件类型（滴滴专车＝1；一号专车＝2）作为控制变量。针对专车乘客，本研究则以性别（男＝1；女＝2）和租车费用（40元以下＝1；40—80元＝2；80元以上＝3）作为控制变量。

二　实证分析

（一）总体样本的探索性因子分析

为了检验专车服务这一SCSR项目实施过程中涌现出的战略特质，本章采用探索性因子分析法进行验证。首先，考虑到本章所用的调查问卷属于原创性调研问卷，需要对数据进行系统的可靠性检验，本章研究严格按照Turker（2009）有关调查问卷数据可靠性的检验方法，对所有的16个问题项进行相关分析，以充分检验本章所用数据是否具备因子分析的基础。由表28-2可知，问卷16个问题项共产生120个相关系数，其中显著性水平高于0.05的有79个（表28-2中标粗部分），达到了65.8%，考虑到本次收集数据属于小样本数据（只有102个有效样本），我们可以判定本章所采用的调研数据是具有较高的可信度的，接下来的因子分析能够保证结果的稳健性。

表28-2 问题项相关分析（N=102）

问题项目	mb_1	mb_2	mb_3	mb_4	fy_1	fy_2	fy_3	fy_4	fy_5	jx_1	jx_2	jx_3	jx_4	sy_1	sy_2
mb_2	0.618														
mb_3	0.616	0.637													
mb_4	0.339	0.301	0.326												
fy_1	0.200	0.379	0.258	−0.168											
fy_2	0.444	0.546	0.510	0.126	0.563										
fy_3	0.379	0.449	0.438	0.114	0.405	0.655									
fy_4	0.385	0.455	0.376	0.034	0.453	0.634	0.693								
fy_5	0.445	0.467	0.418	0.139	0.432	0.555	0.656	0.881							
jx_1	0.132	0.337	0.126	−0.002	0.375	0.417	0.323	0.380	0.284						
jx_2	0.129	0.344	0.188	0.040	0.398	0.462	0.367	0.435	0.332	0.949					
jx_3	0.244	0.449	0.273	0.039	0.448	0.423	0.450	0.489	0.450	0.613	0.590				
jx_4	0.228	0.420	0.272	0.037	0.546	0.511	0.492	0.560	0.518	0.715	0.722	0.867			
sy_1	−0.016	0.191	0.034	0.181	0.345	0.119	0.044	−0.023	0.073	−0.051	−0.006	0.097	0.236		
sy_2	0.004	0.047	0.054	0.256	0.065	−0.013	0.092	0.003	0.011	0.194	0.226	0.090	0.220	0.330	
sy_3	0.249	0.245	0.203	0.413	0.413	0.173	0.146	0.046	0.086	0.140	0.158	0.179	0.234	0.395	0.371

第二十八章　跨国企业推动 SCSR 项目实施机制研究 / 501

经过上述步骤后，我们采用主成分分析法，抽取特征值大于 1 的成分，并采用最大方差法进行旋转，并按照系数从大到小进行排序，并将大于 0.5 的载荷系数标粗，最后得到如表 28-3 所示结果。由表 28-3 可知，所有问题项的载荷系数都大于 0.5，其中，问题项 mb_2、mb_1 和 mb_3 都跨越了两个维度，即所谓的"骑墙派"，在一般的因子分析结果中应予剔除，本章在剔除了这三个问题项后，再次进行探索性因子分析，将分析结果与未剔除之间的结果进行对比，发现结果变化不大，仍然具有类似的 4 个因子。因此，我们推断，专车服务这一 SCSR 项目在实施过程中确实具备目标导向、市场反应、经济效益和声誉机制 4 个战略特质。从表 28-3 中 4 个因子的特征值和解释变异百分比来看，市场反应的特征值和解释变异百分比最高，分别为 6.268 和 39.176%；其次是经济效益，分别为 2.075 和 12.967%；再次是目标导向，分别为 1.874 和 11.713%；最后是声誉机制，分别为 1.257 和 7.855%，4 个因子的累计解释变异百分比为 71.711%。由此可见，在专车服务这一企业 SCSR 项目实施过程中，专车服务的市场反应速度、实效性是最为关键的战略特质，其次是专车服务这一 SCSR 项目所能够带来的经济效益大小，再次是专车服务项目的目标导向明确性，最后才是专车服务项目实施能够给企业带来的声誉传递和反馈效应。

表 28-3　　SCSR 问卷探索性因子分析（N=102）

问题项	市场反应	经济效益	目标导向	声誉机制
fy_4 为了使专车运营合法化，滴滴、快的等对相关政府部门进行了公关活动	**0.822**	0.296	0.053	-0.086
fy_5 专车软件使用起来非常方便	**0.814**	0.187	0.137	-0.010
fy_2 专车搜寻和预约非常准时、可靠	**0.749**	0.275	0.175	0.091
fy_3 专车司机能够根据是否上下班高峰期，调整出车时间和频次	**0.736**	0.242	0.161	0.031
fy_1 在应对交管部门禁止营运方面，专车服务方（包括滴滴、快的等）采取了非常及时的措施	**0.635**	0.254	-0.255	0.484

续表

问题项	市场反应	经济效益	目标导向	声誉机制
mb_2 专车服务提供给人们新的租车服务选择,丰富了人们的出行方式	**0.558**	0.210	**0.533**	0.148
jx_1 接手专车业务显著增加了司机的收入	0.160	**0.938**	0.034	-0.004
jx_2 通过推出专车服务,采用滴滴打车、快的打车软件的汽车司机日益增多	0.202	**0.919**	0.058	0.032
jx_4 相比打不到车,我更愿意花多一点的钱打"专车"	0.456	**0.760**	-0.011	0.234
jx_3 随着专车服务的普及,将会有越来越多的人选择专车出行	0.425	**0.692**	0.033	0.110
mb_4 专车服务是滴滴打车和快的打车开拓的又一重要市场,提高了汽车租赁企业的市场竞争力	-0.090	0.019	**0.802**	0.177
mb_1 开发高端租车需求用户	**0.504**	-0.013	**0.661**	-0.003
mb_3 "滴滴专车""一号专车"是打车软件公司推出的又一市场改革型产品	**0.526**	0.020	**0.632**	0.040
sy_1 通过专车业务,滴滴打车、快的打车的市场影响力日益增大	0.090	-0.075	-0.039	**0.836**
sy_3 通过专车业务,越来越多的"打车族"知道了"滴滴专车""一号专车"等专车服务	0.095	0.089	0.205	**0.752**
sy_2 相对出租车来说,专车服务质量更高,安全性也有保证	-0.250	0.309	0.263	**0.568**
特征根值	6.268	2.075	1.874	1.257
解释变异百分比(%)	39.176	12.967	11.713	7.855

(二)分组样本的探索性因子分析

在整体样本因子分析中,我们发现,mb_1、mb_2 和 mb_3 都显著跨越两个因子,这显然不利于我们对各因子的进一步探讨。另外,专车司机和专车乘客分别作为企业经营利益相关者和社会福利相关者的重要代表,其看待专车服务项目的视角必然存在差异,那么,他们对于专车服务 SCSR 项目实施过程中不同战略特质的评价是否存在差异呢?为此,本章分别对专车司机和专车乘客两个子样本进行同样的因子分析检验,结果如表 28-4 所示，除专车司机中 fy_2 问题项没有达到要求之外，其他问题项都满足本章的检验要求，并且不存在"骑墙派"问题项。专车司机的样本数据检验表明，经济效益是最为关键的战略特质，其次是目标导向，再次是声誉机制，最后是市场反应。而专车乘客样本数据的检验结果则表明，市场反应是专车服务项目实施过程中最关键的战略特质，其次才是经济效益，再次是声誉机制，最后是目标导向。显而易见，在专车服务 SCSR 项目实施过程中，专车司机和专车乘客所关注的项目实施重心显然是不同的，专车司机更加关注提供专车服务所能够给自己带来的收入增加问题（经济效益）；其次是专车服务在城市汽车租赁市场中的未来发展趋势，例如补贴政策可持续性（目标导向），而对于专车服务是否扰乱城市出租车市场秩序（声誉机制）、专车软件平台是否能够应对政府监管压力（市场反应）则显得不是十分重视。与之相反的是，专车乘客却更加关注专车服务给出行带来的便捷性，例如打专车的灵活性、乘坐舒适度等（市场反应）；其次才会考虑打"专车"的价格问题（经济效益），而对于专车服务项目是否受到政府禁止、专车服务是否扰乱租车市场（声誉机制），以及专车服务试图改善我国城市汽车租赁市场现状（目标导向）则并不是特别关心。

表 28-4　　　　　分组样本的探索性因子分析 (N=102)

问题项	专车司机				专车乘客			
	经济效益	目标导向	声誉机制	市场反应	市场反应	经济效益	声誉机制	目标导向
mb_1	-0.060	0.794	0.156	0.330	0.246	0.109	0.033	0.814
mb_2	0.241	0.754	0.377	0.280	0.287	0.300	0.000	0.676
mb_3	0.091	0.870	0.062	0.244	0.492	-0.009	0.087	0.619
mb_4	0.132	0.789	0.020	-0.013	0.126	0.054	0.736	0.300
fy_1	0.186	0.173	0.910	0.061	0.796	0.281	0.088	0.088
fy_2	0.315	0.451	0.304	0.470	0.767	0.268	-0.083	0.275
fy_3	0.335	0.199	0.146	0.730	0.714	0.191	-0.103	0.385
fy_4	0.098	0.208	-0.009	0.901	0.792	0.466	-0.097	0.158
fy_5	0.021	0.199	0.115	0.904	0.785	0.362	-0.009	0.215

续表

问题项	专车司机				专车乘客			
	经济效益	目标导向	声誉机制	市场反应	市场反应	经济效益	声誉机制	目标导向
jx_1	0.952	0.096	0.083	-0.069	0.168	0.919	-0.102	0.106
jx_2	0.939	0.121	0.099	0.001	0.261	0.880	-0.031	0.067
jx_3	0.711	0.081	0.343	0.232	0.334	0.729	-0.008	0.210
jx_4	0.730	0.112	0.447	0.323	0.398	0.825	0.117	0.062
sy_1	0.047	0.064	0.899	0.101	0.100	-0.134	0.709	-0.334
sy_2	0.628	0.070	-0.005	0.323	-0.211	0.024	0.866	-0.156
sy_3	0.221	0.152	0.819	0.057	-0.110	-0.013	0.687	0.403
特征根值	6.657	2.527	1.881	1.413	6.759	2.376	1.732	1.022
解释变异百分比(%)	41.603	15.792	11.759	8.833	42.246	14.853	10.827	6.389

第五节 结论与讨论

本章通过对当前我国主要大城市中兴起的,以"滴滴专车""一号专车"等为主的专车服务业务进行分析,探讨了专车服务实施过程中涌现出来的 SCSR 项目战略特质,以及围绕这一 SCSR 项目实施过程中,不同利益相关者对于这种战略特质认知的倾向性问题。

第一,企业在推动 SCSR 项目实施过程中,明确的项目目标导向、及时的项目市场反应、显著的项目经济效益以及良好的项目声誉机制起到了十分重要的作用。由于要顾及企业经营获利和社会福利增长两方面,这意味着企业 SCSR 项目的实施必然十分困难,明晰的项目实施目标,则能够在很大程度上降低企业乃至外部对于 SCSR 项目实施风险的担忧,提升企业和社会公众信心。为了降低 SCSR 项目实施难度,则要求企业有能力应对项目实施可能带来的消费者反响、政策规制等市场反馈,并能够不断地及时调整和完善 SCSR 项目运行机制。而 SCSR 项目实施过程中产生的显著经济效益,以及企业对于经济效益的独占性和积极社会反响，不仅是推动企业继续运营 SCSR 项目的重要驱动力量，也能够强化企业在获取利润的同时不断创造项目的社会福利。最后，是 SCSR 项目实施所带来的企业声誉传递效应，作为 SCSR 项目发起者的企业，一方面，能够在激烈的专业市场竞争中占领道德高地；另一方面，在面临政策约束、破除创新壁垒时，也容易获得公众舆论的支援，为企业 SCSR 顺利项目推进创造良好的外部舆论环境。

第二，企业 SCSR 项目实施所涉及的不同利益相关者，面对 SCSR 项目的战略特质倾向性存在显著差异，具体如图 28-3 所示。在 SCSR 项目实施中，主要存在关心企业经营利益和关注社会福利的两方代表，本章研究表明，重视企业经营绩效的利益相关者（如专车司机）更加关注 SCSR 项目实施所带来的经济效益，即 SCSR 项目的实施能否为自身带来显著的经营回报。其次关心 SCSR 项目的实施目标及其未来发展趋势问题，这不仅影响到企业推进 SCSR 项目实施的信心，同时也是衡量 SCSR 项目下一步计划的重要考量因素。再次是 SCSR 项目实施能够给企业带来的社会声誉、市场影响力变化，良好企业社会声誉，显著的用户黏性效应，都将抬高企业 SCSR 项目经营的进入门槛，有助于企业获得在该市场上的相对竞争优势。最后是对于 SCSR 项目实施过程中引起的消费市场反响、政府管制等，企业虽然在前期会提前进行预判，并形成预警方案，但仍然存在市场应对能力重视不够的问题，造成这一现象的原因，可能是 SCSR 项目实施带来的显著市场效益和积极社会效应使企业没有充分重视项目的潜在风险，而专车服务被多个城市交通主管部门处罚，偶尔出现的出租车司机罢工则是最好的例证。

相反，更加注重社会福利增长的利益相关者（如专车乘客），则将 SCSR 项目实施能够带来的消费项目资源配置效率优化、产品质量提升以及服务便捷性等市场反应放在第一位，例如，本章中专车乘客可以不受时空限制预约专车、随时随地寻呼专车以及高品质的乘车环境等。其次，考虑的是项目实施需要消费者付出的成本问题，SCSR 项目通常需要更加高昂的经营成本，而这些成本最终主要是由消费者来承担的，因此，经营成本就成为消费者关心的第二个焦点，即消费者是否能够承受由于产品质量提高、服务品质提升等带来的额外成本负担。企业形象和品牌是消费者关注的第三要素，反映了消费者对于 SCSR 项目实施企业的认知模式，这种认知模式通常体现在 SCSR 项目的社会效应方面，进而影响消费者对于 SCSR 项目实施所带来的产品、服务等的消费态度。而 SCSR 项目的目标导向则相对不是消费者关注的焦点，这说明，对于普通消费者来说，更加强调 SCSR 项目实施所带来的实际社会福利增加，并不十分在乎企业经营 SCSR 项目的战略目标，更不会重视企业那些相对空洞的宣传口号。

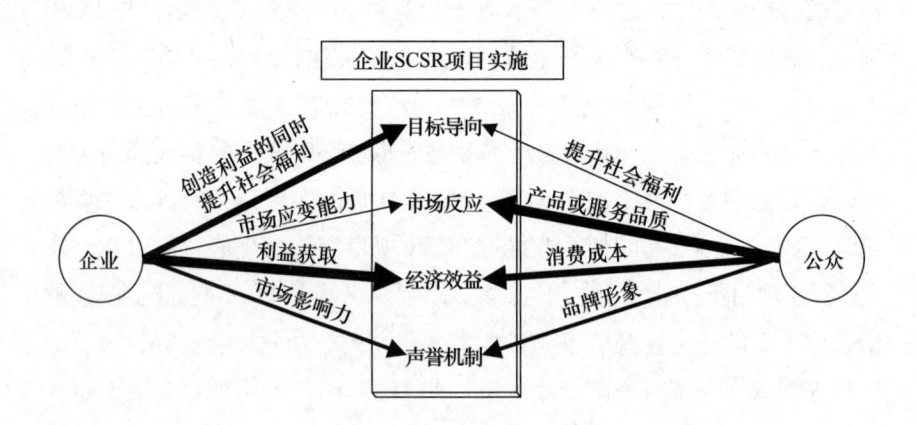

图 28-3　企业与公众对于 SCSR 项目战略特质的认知

注：箭头线条越粗，说明越重要。
资料来源：笔者整理。

本章也产生了显著的理论贡献：一方面，相比于以往的研究将重点聚焦在 SCSR 项目实施效果可能对 SCSR 项目产生的影响，本章则从 SCSR 项目实施的过程视角对 SCSR 项目战略展开详细分析，首次系统地阐述了我国企业在推进 SCSR 项目实施过程中涌现出的战略特质，主要包括目标导向、经济效益、市场反应和声誉机制，并详细探讨了这 4 个特质在推动企业 SCSR 项目实施中的作用机制，是对 Husted 和 Allen（2007）、Jamali（2007）等有关 SCSR 项目实施战略要素理论框架的进一步完善。从机制上阐明了我国企业推进实施 SCSR 项目的动力来源及其作用途径，首次提出了我国企业 SCSR 项目实施过程机制理论模型，从战略视角较好地回答了"企业为什么要实施 SCSR 项目"这一理论问题，从战略要素分配角度阐述了企业如何在创造盈利与实现社会福利增长之间实现平衡，在填补了有关我国企业 SCSR 项目研究中的理论缺口同时，回应了 Bhattacharyya（2010）关于 SCSR 研究中如何在创造共赢价值的同时降低企业社会成本这一理论困惑。

另一方面，在以往的 SCSR 项目研究中主要有两种相互矛盾的思路：一种观点倾向于将企业 SCSR 作为一种"志愿者"行为来看待（King，2007；Orlitzky and Swanson，2008），强调企业 CSR 行为是企业发展到一定程度后自然而然会形成的公民行为，是企业主动社会责任的行为。另一种观点则认为，企业逐利的本质决定了这种主动承担社会责任的行为是不可持续的，从而更加强调政府、公众以及舆论对于企业 SCSR 活动的影响，这种外部因素形成的政治影响、社会资本等能够给企业带来稀缺性的资源基础（McWilliams and Siegel，2002；Besley and Ghatak，2007）。本章通过对专车服务这一企业 SCSR 项目的分析，从专车司机和专车乘客这两个分别能够代表企业利益和社会福利相关利益者的角度出发，尝试将上述两种观点进行了整合，为企业 SCSR 项目研究提供了一种新的研究思路。通过分别探讨专车司机和专车乘客对于同一 SCSR 项目战略特质的关注程度，证实了这种来自不同利益相关者的 SCSR 项目战略特质关注度差异，是企业 SCSR 项目实施顺利与否的重要影响力量。本章的理论观点是对 Campbell（2007）、Orlitzky 等（2011）等有关企业、公众以及政府部门制度博弈下企业经营社会化的理论深化过程，为回答"企业该如何顺利地实施 SCSR 项目？"这一理论难题提供了新的理论研究视角。

本章的研究结论对于我国企业如何开展 SCSR 活动具有以下几方面的启示。首先，企业要将 SCSR 项目能够给企业带来的预期收益和社会效益尽量明确化，提高企业推动 SCSR 项目实施的信心，通过系统的项目论证、市场宣传乃至社会公关行为，不断完善项目的目标导向。其次，要能够对 SCSR 项目实施可能产生的市场反应给予足够的重视，提前做好应对策略，这是保证 SCSR 项目顺利推进的重要因素。例如，滴滴打车、快的打车面对城市交管部门提出的"黑车"、专车安全无保障等质疑，采取的系统平台识别、设立保险基金以及实施监控追踪等措施，有效地缓解了专车业务面临的市场压力。再次，由于 SCSR 项目实施所带来的高昂成本，必须保证企业对于 SCSR 项目能够创造显著的经济效益，并努力提高 SCSR 项目市场门槛，确保企业对于项目经济效益的独占性，这一点对于企业来说至关重要。最后，企业要充分利用 SCSR 项目实践所带来的声誉效益，借此提升企业的社会地位和品牌形象，提升企业市场号召力。

第二十九章 浙江民营企业国际化经验借鉴及应对策略

第一节 浙江民营企业国际化经营现状分析

浙江陆域狭小、资源缺乏，多年来，浙江省政府一直注重实施"走出去"发展战略，推动浙江企业的海外经营和海外扩张，实现企业的可持续发展。作为民营企业大省，以民营企业为主的浙江企业运营机制灵活、市场嗅觉灵敏，过去引领了全国民营经济的发展，如今也在民营企业跨国经营中处于全国领先地位。如今，浙江已经诞生了一批以吉利集团、阿里巴巴集团、万向集团等为代表的在全国乃至世界上都具有很强影响力的跨国公司，而吉利集团、阿里巴巴集团、万向集团、德力西集团等都在国外建立了成熟的研发中心、销售网络或者生产基地。浙江省政府也大力支持和鼓励浙江企业走出国门投资创业，并在全国率先出台了一系列促进浙江企业"走出去"的政策法规文件。2013年，浙江省出口总额2488亿美元，比上年增长10.8%，其中，民营企业出口1667亿美元，比上年增长18.8%，占全省出口总值的67.0%，对全省出口增长贡献率为108.6%。2013年，浙江企业实际对外直接投资24亿美元。另外，浙江企业对外承包工程完成营业额44亿美元，比上年增长18.6%；对外劳务合作实际收入1.1亿美元。经审批和核准的境外投资企业和机构共计568家，投资总额达到55.2亿美元，增长41.7%。总体上看，浙江已经在纺织、轻工、服装、家电等行业形成了一批颇具实力的跨国公司，并在境外投资、经营规模等方面都处于全国领先地位。

从投资行业来看，尽管传统行业略多于新兴技术产业，但从事新兴产业的企业正在不断加大海外投资的步伐，特别是与海外研发活动相关的投资。近几年以来，特别是国际金融危机和欧债主权危机爆发以来，原来许多从事新兴产业的企业也加快了在欧洲投资的步伐，特别是电子与半导体、可再生能源、医药健康、计算机和软件企业等行业显得更为突出。从进入模式来看，伴随着浙江企业在国内的快速发展，越来越多企业在发达经济体通过绿地投资（百分百股权独资在东道国经营）开展直接投资，这个过程主要依靠自身力量和在发达经济体的领先企业、同乡、领事馆和华侨等开展合作。总体上看，浙江民营企业在国际化过程中逐渐展现出具有中国特色、符合浙江民营企业发展实际的国际化经营道路。

第二节　浙江民营企业国际化经营劣势探讨

自 20 世纪 90 年代以来，在改革开放大潮中发展起来的部分浙江民营企业就尝试国际化经营策略，典型如万向、吉利等，并取得了令人瞩目的成就。进入 21 世纪，浙江民营企业的国际化步伐更是不断加快，尤其是以跨国并购形式展开的国际化战略取得了巨大的进步。然而，由于受到民营企业发展市场环境、体制机制等的制约，浙江民营企业在国际化战略实施过程中，仍然面临如下问题：

一　持续恶化的国际市场经营环境

当前，世界主要经济体都不断加强对本国市场的保护，不断提高知识产权、技术等核心资产的国际化转移限制，进而提高了企业国际化经营的难度。由于中国与欧盟、美国、日本等发达经济体的法律框架和经济体制差异、中西文化壁垒和思维行为方式差异使浙江企业短时间难以适应。一方面，初次到欧盟、美国、日本发达经济体投资的企业面临着一系列新环境下法律框架和经济体制差异带来的挑战。面临着陌生的公司法、税务法、劳工法、竞争法和知识产权保护环境等，不同于国内的会计准则、福利制度和金融监管体系，使国际化经营不足的企业在短期内难以适应。国际市场环境的不断恶化,对于浙江民营企业的海外经营形成了巨大的挑战。例如,从浙江民营企业的跨国并购来看,浙江民营企业的跨国并购对象常常是发达国家陷入经营困境的廉价企业。由于民营企业发展水平相对较低,其所急需的战略资产也带有一定的特殊性,比如在发达国家已经落后但却在国内十分稀缺的技术专利等。但是,这种对于先进技术、核心专利的并购常常面临发达国家政府和相关机构的严格审查和排斥。

二 企业国际化经营支撑体系不足

由于我国独特的市场经营体制,再加上民营企业长期以来在政策、资源和市场上受到的政策支持不足,使浙江民营企业在国际化经营中面临市场配套机制十分落后。具体来看,在浙江民营企业"走出去"过程中,国内咨询服务机构缺乏。信息服务方面,政府有关"走出去"的信息服务滞后,海外领事馆相关力量不足。目前,中央和地方各级政府的信息提供平台分散在不同部门,缺乏系统性和全面性,部分信息的时效性和针对性方面达不到企业的要求;同时,政府针对"走出去"的信息提供渠道不通畅,对已有信息平台的宣传不够,许多被调研的杭州企业并不知晓如何获得有关信息。服务机构支撑方面,从咨询、融资到评估等都离不开专门咨询服务机构的支持。但是,国内在提供企业跨国并购法律、金融等专业服务的机构无论是实力还是经验都明显欠缺,部分甚至还从未接触过跨国并购业务。目前,绝大多数民营企业跨国并购都过度依赖于国外的专业服务机构。这些外资中介机构虽然具有专业化资质及丰富的跨国并购经验,但本土化水平不高,无法从中国经济发展角度出发,而且也不排除国外中介机构出于本国利益的考虑,而将自身经营存在问题的企业介绍给中国民营企业。

三 企业国际化政策体系较为混乱

这种政策体系的混乱主要体现在以下两方面:一方面是国际化经营的审批程序相对烦琐、复杂,并存在多头管理的现象。虽然我国从中央政府到各级地方政府机构对民营企业国际化经营的审批较以前有所放松,审批权也不断下放,但调研中企业普遍反映目前的审批规定对于民营企业跨国并购上市融资、市场准入、外汇管理等方面仍然存在较大的限制，审批程序持续时间较长。这些政策在很大程度上限制了民营企业国际化的步伐。特别是在上市融资和外汇管理等方面的歧视性规定，成为民营企业国际化之路上的阻碍。另一方面是相关政策支持的不完善。很多浙江民营企业对于政府政策层面出台相应的税收优惠政策、海外并购企业回归的落地支持、土地支持等政策有着强烈的诉求。提出希望政府能给予企业国际化经营与引进的外资企业相同的税收优惠政策，在企业国际化经营战略实施中，支持企业将并购海外企业在本土落地，在土地政策等方面支持企业将海外研发基地、生产基地等移到本土，帮助企业降低生产成本，有效整合全球供应链。

四 民营企业自身经营实力的制约

企业制度缺位，管理水平不高，不仅影响了民营企业整体实力的发展，也制约了企业实施国际化战略的步伐。信息不对称，国际化经营风险大。例如，企业国际化经营过程中的信息不对称往往是导致并购失败的主要原因。特别是民营企业在实施跨国并购时，要获取标的企业的准确信息更是难上加难。很多民营企业自身缺乏进行海外调研的能力，过分依赖国外中介机构，即使进行了长时间的认真调查，也只能取得"相对翔实"的信息，真正的"价值底牌"永远攥在竞争对手的手里。专业人才少，经营管理难。企业国际化经营是一项复杂的系统工程，涉及国际投资、国际金融、国际会计、国际法规和惯例以及东道国的政治法律、社会制度、文化风俗等许多领域的知识，但民营企业大都缺乏这方面的人才，以致在国际化经营过程中经常处于被动的地位。浙江省民营企业在成功收购国外企业后，一般都只能在国外聘请专业经理人进行管理。因为民营企业内部，很难选派通晓外语、熟悉国际惯例、有良好经营策略胆识的高级管理综合型人才。

五 境外投融资成本高，国际化预警机制不健全

当前浙江企业跨国并购中主要采用现金支付的融资方式，因此，企业融资成本高、政府提供的补助资金支持有限，使企业跨国经营中所承担的资金利息费用很高，融资成本负担重。另外，与我国政府签订避免双重征税协定的国家还不多，使浙江跨国公司在海外创造的利润返还国内时，存在重复缴纳企业所得税的问题，在一定程度上影响了企业营利

水平，也可能对企业进行再投资产生影响，从而出现"走出去"易、"走下去"难的困境。另外，浙江"走出去"企业的实力参差不齐，同时在并购目标选择、并购产业布局方面缺乏政府相关部门或行业协会的有效引导，造成浙江企业在海外重复投资甚至恶性竞争的情况时有发生，从而造成浙江企业海外并购效益差异很大，不利于浙江跨国企业形成海外产业整体竞争优势。我国政府以及浙江省政府在构建企业海外并购预警体系方面也十分不完善，未能对我国企业并购目标国建立完善的风险评估、预警系统，也没有构建有效的企业海外保护机构，因此，有必要加强政府对海外企业投资的保护，加强海外企业之间的联系与合作。

第三节 日本和韩国企业国际化经营经验分析

一 日本企业国际化经营经验分析

日本企业跨国并购开始于20世纪70年代，是日本经济发展到特定阶段的必然产物。尤其是在《广场协议》之后，日本企业的跨国并购在20世纪80年代中期达到了高潮，不仅成为世界上最大的债权国，积累了巨额的外汇储备。同时，在20世纪90年代日本本土经济泡沫破灭，遭遇"失去的十年"时期，日本跨国公司在海外的经营却持续增长，维持了日本经济的强劲国际竞争力，确立了日本制造在全球经济中的显赫地位。日本跨国公司的成功经验主要可以概括为以下三个方面：

(一) 日本政府产业政策的大力支持

1958年，日本就成立了贸易振兴会（现JETRO），促进日本与海外之间的贸易与投资，加强在外企业商务合作，培育日本跨国企业。并出台了《国际竞争力强化法案》《产业振兴临时措施法案》等法律，积极支持和协助日本企业提升国际竞争力。1974年，日本还成立了日本在外企业协会，负责对海外事业进行指导、咨询；向政府提供对外投资政策建议。日本政府非常注重与对外投资地政府关系的维护，先跟当地政府打好交道，取得日本企业在当地的认同，为企业资源汇集、情报收集等提供大力支持。

（二）独特的主银贷款机制和相互持股融资模式

日本跨国公司在海外扩张过程中，其资金来源主要是其主银行的贷款。所谓主银行，是指某一企业与特定银行之间长期的合作关系，该企业在长期发展中的贷款主要来自主银行，主银行同时也是企业的重要股东之一。而相互持股则能够保证企业股东的相对稳定性，维持企业跨国并购的集团化发展，增强企业国际化经营实力。

（三）跨国公司海外扩张采取渐进式、布点式扩张策略

在日本企业海外扩张过程中，日本企业往往采取综合商社率先布局、子公司分路包抄的形式。20世纪90年代以来，日本跨国公司倾向于采取小规模合资建立关系，其次取得优先认股权，最后获得控股地位的渐进式并购策略。从产业层面来看，通过财团关联起来的日本企业根据企业实力和并购目标分散进入不同国际市场，形成企业集团的全球性"布点式"并购形态，最终形成产业合围。

二　韩国企业国际化经营经验分析

韩国自采取外向型经济发展战略以来，跨国公司的不断壮大为韩国经济腾飞起到了积极作用。其对于增加韩国外汇收入、保证资源和能源供应、带动出口贸易、学习国外先进技术等方面都起到了巨大的推动作用，是韩国成长为"亚洲四小龙"的重要力量。韩国跨国公司的成功经验主要包括以下三个方面：

（一）加强政府宏观调控，完善企业海外扩张支援制度

韩国自20世纪60年代末开始制定一系列的支援海外投资事业法规，例如，《出口保险法》《韩国进出口银行法》《海外投资许可及事后管理要领》等，从金融、税收、保险、情报及缔结政府间协定等方面支持韩国跨国公司发展。例如，以韩国进出口银行为核心设立海外投资金融支援制度，包括海外投资资金贷款、主要资源开发基金、对发展中国家投融资基金等。韩国政府对海外投资者采取海外投资损失准备金制度、国外纳税额扣除制度以及税收减免制度。

（二）扶持大财团，培育大型跨国公司

韩国政府为了克服生产要素流动迟缓、信息来源基础差以及规模效益缺乏等缺点，韩国政府采用财政补贴、信贷倾斜、贸易补助等优惠措施，扶持了一批大型企业集团，减少了资本分散性和不节约性。同时，通过《不正当蓄财处理法》推动了韩国传统财阀向现代企业财团组织转变，改善了韩国财团企业的产业结构。另外，在进入21世纪以后，韩国政府还通过"企业互换"政策，采用合并、分离、出售等方式，对大型跨国公司进行产业引导，减少重复投资、防止企业间恶性竞争，提高企业国际竞争力。

（三）建立跨国公司海外投资风险预警和应对管理制度

从企业来看，在东南亚金融危机发生以后，韩国政府积极介入韩国前五大跨国公司（现代、三星、LG、大宇、鲜京）的重整及合并，政府一方面帮助筹措资金，另一方面帮助实现产品多样化和向其他领域渗透，将政府计划中的大规模的进口替代项目和出口项目交给这些财团来执行，为他们引进关键技术提供贷款担保，最大限度地减少市场风险。从外部来看，设立以韩国政府财政拨款为主的海外投资保险制度，加入国际投资保证机构、与有关国家签订防止双重征税协定等。

第四节　促进浙江民营企业国际化经营的对策建议

目前，浙江经济发展形势与20世纪七八十年代的日本、90年代的韩国经济具有相似之处，而浙江在资源、文化方面与日本和韩国都是一脉相承的东亚儒家文化，针对当前浙江本土跨国公司发展实际，日本和韩国跨国公司的成功经验值得浙江政府部门和跨国公司借鉴。

一　政府要加强对浙江民营企业国际化经营的引导

在民营企业国际化培育方面，实行分类管理，对于具有较强国际竞争力的龙头企业给予重点扶持，选择一批企业予以重点扶持，引导企业加快制定实施品牌、资本、市场、人才、技术国际化战略和跨国经营发

展计划,加强对跨国经营的领军企业的培育,重点联系和大力支持,实施发展领军型民营企业跨国公司的激励政策,支持金融、保险、中介服务机构等各类企业通过契约、协议等形式结成风险共担的跨国并购联合体或战略联盟,组建集团公司推进跨国并购,加快培育一批具有自主知识产权、知名品牌和国际竞争力的本土大型跨国公司。通过龙头企业带动浙江本土实力相对较弱的配套企业的国际化经营,进而推动本土产业链的国际化,构建产业目标明确、产业层次分明的"立体式"浙江跨国公司群体。在企业并购策略上,鼓励企业改变以往以现金购买、全面收购的并购模式向入股、合资的渐进式模式转变,降低浙江跨国公司国际化经营风险。

二 大力发展中介服务,健全社会化服务机制

浙江省金融办于2007年开始对在浙江开展IPO、再融资和上市公司重组并购等业务的中介机构进行信誉评价,并对部分优秀中介机构进行表彰。虽然浙江非常注重为上市企业打造优质中介服务体系,但鲜有省内机构提供专业的跨国并购中介服务。省内企业跨国并购过程中,往往只能依赖于国外中介机构。因此,要大力发展和完善跨国并购相关的本土中介服务,为企业境外投资提供资信调查、信用评级、行业风险分析、国别信息信用管理咨询与培训等服务。培育面向企业境外投资和跨国经营的社会化服务机构,鼓励服务机构"走出去",设立境外服务站点,加强信息、法律、维权等境外服务。

三 尝试建立浙江民营企业外汇、税收管理改革试点

第一,对于发展势头强劲、国际化经营效益突出的大型浙江民营企业,在不违背中央政府有关我国跨国经营外汇、税收管理基本制度的前提下,浙江省政府应该尝试向中央及相关部门申请放宽外汇、税收管理,指定一批具有代表性的浙江跨国公司以最低税率的选择单边缴税进行试点改革,便于企业跨国经营利润的回流。

第二,抓住中央在浙江进行金融改革试点的契机,地方政府作担保,鼓励一批资金紧张但成长性良好的跨国企业与浙江地方性银行开展"一对一"的定向长期合作,本着风险共担、利益共享的原则,构建稳定的"银企合作联盟",进行浙江民营企业融资改革试点。

四 加强企业国际经营人才培育，完善浙江民营企业跨国经营预警和保护机制

第一，针对浙江民营跨国公司国际化经营人才缺乏的显现，一方面，浙江省政府及各级政府要大力支持浙江民营企业在高级人才引进、安置方面给予政策支持，提高浙江民营企业人才吸引力。另一方面，政府要为企业有关人员在国际化经营知识获取、专业培训等方面提供良好的平台，例如邀请专家授课、讲座，提供出国考察、语言培训、信息提供等。从企业内部提升企业跨国经营的风险认知和应对能力。

第二，浙江省政府要充分利用中央政府积极与俄罗斯、欧盟、非盟以及南美国家等国家非正式组织等建立的经贸合作关系，尝试与浙江民营企业投资较多、风险较大的国家或地区建立政府间的合作协议，加强对浙江民营企业在这些地区的保护。

第三十章　浙江民营企业征信体系建设对策研究

第一节　浙江民营企业国际化经营迫切需要征信体系支撑

在浙江民营企业国际化经营中，融资贷款难度大、成本高一直是制约民营企业国际化经营成效的重要制约因素，一项针对浙江杭州地区的企业国际化经营调查研究表明，有83%的被调查企业反映海外融资难、融资贵。究其原因，一是境外信贷支持难。由于信贷跨国环境的差异性等原因，所在国银行很难给海外投资企业放贷。因此，浙江民营企业从国内获得贷款是支撑起国际化经营的重要融资渠道。然而，国内银行目前在海外分支业务量小、金融品种单一，支持企业"走出去"的股权投资形式较少，难以满足广大民营企业的需求。这是由于民营企业缺乏足够的"底牌"来说服国内金融机构给予贷款。因此，本章基于完善民营企业信誉的角度，通过推进征信体系建设，实现民营企业（大部分是中小微企业）信用的准确描述和科学评价，能够有效地消除借贷双方的信息隔阂，为授信机构进一步预估风险提供重要参考，从而大幅提升借贷活动的成功率。相关调查显示，61%的浙江民营企业存在资金紧张或者非常紧张的现象，只有5%的企业表示资金充裕。其主要原因就是浙江民营企业征信体系建设显著落后于现实需求，民营企业与银行等信贷机构之间未能有效打破信息樊篱，具体存在如下三个问题：

一　民营企业成为征信体系"信息孤岛"

长期以来，由于民营企业实力薄弱，经营缺乏稳定性，贷款风险相对高，我国现行的金融政策一直对民营企业怀有偏见，现行征信评价框架仍未摆脱传统金融机构"重实物轻无形"的风险控制理念，对民营企业重视不足，导致绝大多数民营企业因规模、资产等限制游离于征信体系之外，无法获取相应的金融服务。据人民银行相关资料，目前浙江省在册征信机构仅有6家（北京40家，上海34家），其中营业范围涉及民营企业征信不到一半，与浙江庞大的民营企业基数相比，征信服务存在较大缺口。如何通过技术、征信等手段来加大对民营企业融资的支持力度，非常值得研究和探讨。

二　征信数据采集缺乏有效途径

目前，依靠以人民银行征信部门为主体的单一行业体系无法实现对浙江民营企业信用数据及信息的有效归集和整理。除去财务等日常运营数据，即使工商、税务、司法等公共政务相关信息因发布周期、发布格式等差异也需要较高的采集成本，数据质量和可持续性维护无法得到保证。民营企业仍然处于金融体系的大规模溢出的"灰色地带"。

三　信用指标体系不能反映民营企业特征

浙江省企业信用数据主要来自人民银行征信系统中各金融机构根据统一目录所报送的信贷信息，但民营企业，尤其是中小微企业自身积累少、投入大，业务稳定性不足，资金需求呈现量少、紧急、频繁等特征，与大型企业存在显著差异，固定统一使用同一指标体系不仅造成部分新创企业信用信息空白，而且还导致民营企业在信用评价中处于劣势，未能如实、准确地反映经营状况，反而加剧了民营企业融资困境。

第二节　浙江"先行先试"取得的经验借鉴

浙江省历来具有"敢为人先"的优良传统，作为民营企业发展大省，近年来，浙江民营企业在国际化经营过程中对于融资需求越来越大，浙江省从政府部门到行业机构、相关企业都积极应对，并从民营企业征信的视角展开了大量的探索性工作，部分地区及企业依托自身地域特征及技术优势对推进征信体系建设、破解民营企业融资困境做出了诸多尝试，部分做法及经验对浙江省推进民营企业发展相应工作具有重要参考价值。

一 台州小微金改：系统优化小微企业信用服务

2012年年底，浙江省委省政府决定在台州设立小微企业金融服务改革创新试验区，经过多年探索与建设，"台州小微金融品牌"在全国已有广泛影响，并于2015年年底升格为国家级小微金改试验区。其主要经验有三条：

第一，以打通信用数据为基础。由市政府牵头成立信息平台，实行"政府建设、财政出资、人行代管、免费查询"的运作模式，对分散在公安、财税、法院、国土、市场监管等部门的公共信息进行整合，有效地提升小微企业"透明度"，金融机构贷前调查、贷中审批、贷后管理等各环节效率均大幅度提高。

第二，以专营信用机构为主体。积极发展各类小微企业金融服务机构，依托产业集群和商圈设立电商特色银行、科技银行、文化产业银行，重点为电子商务、科技创业、文化创意等专业化小微企业提供个性化服务，目前全市设立小微企业金融服务专营机构200多家，约占新设网点的80%，有效地满足了小微企业的多样化需求。

第三，以差异信用服务为核心。针对小微企业轻资产、薄积累的发展特征，将信用评价标准从抵押、利润等硬指标向发展潜力等软指标倾斜，产生了如泰隆银行的"三品三表"（人品、产品、押品、水表、电表、海关报表）、台州银行的"三看三不看"（不看报表看原始、不看抵押看技能、不看公司治理看家庭治理）、民泰银行的"九字诀"（看品行、算实账、同商量）等行之有效的实际操作模式，大幅提升了民营企业尤其是小微企业融资成功率。

二 蚂蚁金服：基于大数据创新征信模式

互联网技术为信息的归集和处理提供了新的方式和手段，蚂蚁金服依托母公司阿里巴巴所掌握的海量数据，结合大数据和数据挖掘技术对基于互联网的信用描画进行了探索及尝试，为了客观地反映企业和个人

信用状况提供新渠道。主要做法有三个方面:

(一) 有效利用信息渠道

蚂蚁金服将自身支付、融资、理财和保险四大平台在开展业务过程中的用户信息收录数据库,并依托阿里巴巴业务网络进一步归集诚信通及淘宝中的个人与企业交易数据,从而通过互联网进行实时、高频的数据采集。

(二) 深入挖掘数据价值

通过应用 Deep Learning 等顶尖的大数据技术对所掌握数据进行分析,实现对个人及小微企业的具体形象进行描画。如通过历史交易数据和现金流判断企业实际经营状态,利用沉淀消费数据分析顾客消费习惯和未来行为等。

(三) 营造多元应用生态

基于大数据获得的信用情况通过"芝麻信用分"直观展示,被广泛应用于贷款、出行、医疗、租赁等多种场景,为服务机构提供重要参考,缩短业务流程,提升服务效率。而信用主体所产生的交易和行为数据又将被再次收集,用于丰富数据库,以便未来做出更全面、真实、可靠、有效的信用评估。

三 多方协同机制:基于"政府—机构—企业"的信用互通机制

第一,要完善"政府—中介—民间"多方协同服务机制。建立健全政府鼓励和支持企业"走出去"的政府服务体系,提升海外商贸和对外投资联络服务能力,为企业"走出去"提供必需的信息公共服务。提供专门的融资渠道,甚至建立针对企业国际化经营的融资机构,不断优化民营企业国际化经营的资金使用效率。鼓励保险公司进行保险产品创新。鼓励中信保浙江分公司的国际业务创新,让浙江企业享受香港保险机构分行业、分产品的更差异化的保险产品,简化担保程序,降低担保门槛;鼓励和放活我省企业、进出口银行浙江省分行和商业银行等对外担保的自主决策。

第二,充分发挥工商联、贸促会、国际商会、行业协会等机构的影响力和号召力,通过行业协会等组织为民营企业提供信誉担保、信誉证明,提高民营企业的贷款资质,组建浙江省境外投资企业服务商会,为民营企业提供综合和高效服务。在境内建立联席会议制度，定期针对民营企业的国际化经营资金情况进行检查和汇报，每个月或双月进行联系和沟通，最大限度地降低资金风险。鼓励浙江省企业在境外组建不同区域、不同市场、不同产业的联合会或商会多渠道收集企业信用信息，并将这些信息投送到相关融资机构，建立行业自律机制，服务浙江省企业走出去。

第三节 完善浙江民营企业征信体系建设的建议

完善浙江民营企业国际化经营中的融资问题，首先要解决民营企业的征信体系建设问题，民营企业只有具备了充分的征信水平，在实施国际化经营这种相对风险较高的经营战略时，才能获得国内融资机构的信任，取得多样化的融资渠道和融资保证。

一 把征信体系建设作为破解民营企业融资困境的一项重要而长期任务

民营企业尤其是中小微企业融资"难、贵、繁"问题表面上看是缺钱，实质是缺信息、缺信用。国际上，无论是发达国家（如美国、英国）还是新兴市场国家（如印度、马来西亚），或通过商业盈利驱动或通过公共部门推动都将发展小微企业征信服务作为扶持中小微实体经济的主流选择。建议结合"小微企业三年成长计划"和"531X"工程，把中小微企业征信体系建设作为重要而长期的任务来推进，在继续深入推进台州小微金融服务改革试点的基础上，将部分成功经验在杭州、宁波、温州等城市逐步推广，创造便利条件，营造良好氛围，加速打造信用浙江升级版。

二 完善公共服务平台，构建信息归集机制

国际经验和省内实践表明，由政府主导的公共部门往往在征信体系中发挥核心作用。建议进一步强化浙江省信用中心的相应职能，强化与人民银行征信中心业务联系，以统一社会信用代码为唯一标志，指导制

定中小微企业信用信息采集标准。同时，针对台州小微金改试点情况所呈现的公共信息共享盲点、痛点，将有关直属部门信息的查询权限向地市下放，全面构建公共部门间横向到边、纵向到底的信用信息共建共享、协同推进机制。

三　借鉴国外成功模式，优化信用评价体系

在现行以银行为主体的信用评级体系中，5A 级单位几乎清一色为大型企业，其重要原因之一就是评价指标过于侧重规模、利润等财务数据，造成评价结果与客观事实发生偏差。建议结合中小微企业特征研究建立信用评价模型，借鉴美国小企业信用评分系统（Small Business Scoring Service，SBSS）、日本八千代银行 SOHO 模型等国外较为成功的中小企业信用评价方法，在兼顾体现当前经营状况的同时，重点突出企业主个人特质、质量安全、守法经营、社会责任等非财务信息，更为准确地反映中小微企业潜在风险和盈利能力，为授信机构提供科学参考。

四　协同多种机构资源，丰富信用服务形式

中小微企业量大面广，征信服务需求日益多样化，仅靠公共征信机构无法完全满足。建议结合商事制度改革简化征信机构的设立流程，培育发展社会征信机构，发挥市场作用鼓励征信机构通过专业化、精细化丰富服务种类、提升服务水平，引导征信服务从信用调查、信用报告等基础类服务向信用评分、信用管理咨询等增值类服务拓展，驱动浙江省小微企业征信服务向多样化、综合化、定制化方向发展。

五　利用信息技术优势，实现征信手段升级

浙江省作为国家信息经济示范区和"两化"深度融合示范区，具有"互联网+"基因，建议利用阿里巴巴技术优势加速打造标准化企业云平台，推进小微企业和征信机构共同上云，在降低企业信息系统构建成本的同时，为打通征信机构和小微企业的信息传递渠道奠定硬件基础；推广"蚂蚁金服"征信服务模式，引导征信机构利用大数据技术弥补小微企业财务信息缺失、资产抵押不足等先天缺陷；鼓励征信机构通过互联网提供在线服务的同时，向移动端拓展，营造便捷、友好的征信服务环境。

第三十一章 浙江民营企业规模化与实体经济振兴

第一节 浙江实体经济发展现状分析

自党的十八大以来，我国经济增长已进入新时代，伴随着经济结构调整的深入，经济发展有"脱实向虚"的趋势。归纳起来看，当前浙江省实体经济发展主要面临如下五个问题：

一 有效投资支撑不足

据测算，"十二五"期间，浙江省实体经济固定资产投资年均名义增长率为14.7%，而同期房地产、金融加基础设施固定资产投资增长率为20.4%，考虑到规模以下企业未计入统计数据，两者之间的实际差距超过50%，而同期广东省两者之差仅为1.1个百分点，江苏省基本同步。这些数据充分表明，浙江省资金"脱实向虚"已较为严重，实体经济"供血"不足。

二 实体经济收益沦为洼地

受国内外需求增速下降、生产成本提高等多重因素综合作用，浙江省实体经济边际收益逐年下降，2015年，全省工业企业主营业务平均利润率（税后）仅为4.2%，只有江苏的85%、上海的75%。可见，浙江省实体经济自我"造血"功能进一步减弱。

三 要素成本不断上升

随着浙江省人均GDP突破万美元关口，各项要素价格不断上升，2016年，浙江省在职职工年人均工资为66668元，而安徽省为55139

元、四川省为 58915 元；企业用电成本为 0.687 元，而安徽省为 0.646 元、四川省为 0.535 元，浙江省企业成本优势已经不存在。同时，劳动力供应下降，2011—2015 年，浙江省制造业城镇单位就业人员连续五年出现 1%—2% 的负增长，同期，广东、江苏、河南等省份却以 10% 的速度增长。

四 产业结构调整任务艰巨

浙江省十大传统产业主营业务收入占比明显偏高，2015 年为 39.54%，显著高于全国平均水平，同期，江苏、广东及河南仅为 30% 左右。虽然近年来杭州市信息经济、高端装备等新兴产业发展迅速，但浙江省产业结构优化任重道远。

五 创新驱动能力没有形成

"十二五"期间，浙江省全社会研发支出年均增长率仅为 15%，与全国平均水平大致相当。2016 年，企业科技活动经费支出占销售产值的 1.4%，与日本、美国等发达国家 3% 的水平相差明显。创新资源投入无论从数量或者质量方面均与经济地位存在较大差距，创新尚不能成为新动能。

第二节 振兴浙江实体经济的三大原则

一 振兴实体经济必须以供给侧结构性改革为主线

当前实体经济困境在于供需结构失衡、金融与实体经济失衡、房地产与实体经济失衡等，因此，必须加强供给侧结构性改革，深入推进"三去一降一补"，矫正要素配置扭曲；坚定不移地打好"提标""育新""汰劣""扶优"等振兴实体经济组合拳，把"浙江制造"打造成"中国制造"的新标杆。

二 实体经济与虚拟经济要融合发展

只有实体经济、虚拟经济融合共生，经济发展才可持续。浙江省作为国家信息经济示范区和"两化"深度融合示范区，具有"互联网+"基因，要加快推动虚拟经济与实体经济融合发展，选择若干传统产业集聚地,推进"传统产业+互联网、工贸一体化"等试点工作。

三 传统产业改造提升与新兴产业培育发展要"两手"齐抓

培育新动能,绝不是放弃传统产业而另搞一套标新立异的产业体系,新兴产业发展必须依赖于传统产业所形成的技术积累、制造能力和产业组织等基础的支撑。当前,浙江省新旧动能转换慢的重要原因在于传统产业比重较大但增速慢,而新兴产业虽然增速较快但体量仍旧较小。因此,要把传统产业改造提升放在突出位置,用高新技术嫁接传统产业,用新技术、新业态、新模式对传统经济进行改造升级;同时顺应新一轮科技革命和产业革命趋势,加速推进战略性新兴产业和高新技术产业发展,培育产业增长新动力,由此形成实体经济振兴的"双引擎"。

第三节 以民营企业"小升规"为抓手,振兴实体经济

浙江省是民营企业发展大省,民营企业尤其是中小微企业在促进浙江省创业创新的同时,"低小散弱"问题依然突出。2013年,浙江省委省政府提出并大力实现"小升规"工作,作为转型升级组合拳和振兴实体经济发展的"重要一招"加快推进,取得不错成效,三年(2013—2015年)累计完成"小升规"12694家。然而,在推进民营企业实施"小升规"战略的过程中,仍存在"不想升、不敢升、不能升"的问题,甚至出现已上规企业要"下规"的现象。这对于振兴实体经济绝对不是一个好现象。

一 民营企业"小升规"对于振兴实体经济的意义

(一)民营企业"小升规"是实体经济稳增长的"生力军"

据统计,目前浙江省纳入统计的"小升规"企业共11513家,占全部规模以上工业企业(41180家)的28%。2018年1—4月,浙江省全省入库"小升规"企业实现工业总产值2092亿元、主营业务收入1965亿元、出口交货值330亿元、利润68亿元、税金55亿元,分别同比增长26.6%、23.8%、22.9%、85.6%、42.9%,增幅超过浙江省规模以

上工业增速的22.9个、21.9个、22.9个、68.2个、35.7个百分点以上。特别是"小升规"企业贡献了全省规模以上工业总产值增量的62%，拉动工业产值增长2.3个百分点。

（二）民营企业"小升规"成为优结构的"加速器"

从浙江省的实体经济发展趋势来看，"小升规"工作是"稳增长、调结构、促转型、增后劲"的重要举措，目前，"小升规"企业中七大产业占比逐步提高、接近45%，八大高耗能行业企业占比逐渐降低。特别是，装备制造业"小升规"企业数量和产值占比分别从2013年的39.7%、37.1%提高至2015年的42.3%、48.7%，八大高耗能行业"小升规"企业数量和产值占比分别从2013年的27.8%、39.7%下降至2015年的23.1%、23.3%，也带动浙江省新兴产业加快发展和传统产业改造提升，并逐步形成"双引擎"。

（三）民营企业"小升规"成为创新创业的"动力源"

当前浙江省"小升规"企业已经成为工业经济增长的重要动力。近年来，创新创业进入新一轮高潮，创业的形态和特征也不断演化。围绕创新创业活动新特点，以小微企业为主题的"小升规"服务将更加重视营造主体协同、要素聚合、机制健全、环境友好的创新创业生态。注重引导民营企业往信息经济、高端装备、环保七大产业和科技型、创新型、成长型企业方向培育。2018年1—4月，"小升规"企业科技活动经费支出18.5亿元，同比增长27.9%，是浙江省规模以上企业的2.7倍；研发的投入大大激发了科技创新和新产品增加，1—4月新产品产值574亿元，同比增长50.5%，远高于浙江省规模以上企业13.6%的增幅。此外，"小升规"企业在扩大就业、保障民生、搞活经济等方面呈现示范作用。

（四）民营企业"小升规"成为提升企业国际竞争力的"稳定剂"

对于浙江大部分民营企业老说，规模小、实力弱是制约其国际化战略的重要原因。打造具有核心竞争力的本土大型跨国公司一直是浙江省委省政府的重要决策战略之一。相比于上海、广东、江苏等兄弟省市在企业跨国公司中重视大企业的引领作用外，浙江民营企业国际化中以中小企业为主，从而形成了浙江企业国际化过程中"量大不强""面广没有优势"的尴尬局面，因此，着力打造一批具有国际竞争力的大型跨国企业集团,例如吉利、万向等,对于提升浙江民营企业整体国际竞争力具有重要战略意义。

二 民营企业"小升规"面临的困境

(一) 小富即安思想导致很多规下企业"不想升"

部分企业主竞争意识较为薄弱,主观上缺乏将企业做大做强的需求,而且对上规模后给企业带来的发展优势和长远收益认识不足,往往容易满足于"客户不缺、小本获利"的现状,自主扩大生产规模、促使企业上规模升级的意愿和积极性不强。特别是当前经济下行压力加大,客观上也减弱了规模以下企业上规的意愿。

(二) 担心利益受损导致规模以下企业"不敢升"

浙江省中小微企业量大面广,政府有关部门往往把监管的重点放在规模以上企业,规模以下企业往往享受着不纳入统计口径、人员开支较少、管理成本较低的显性便利和执法监管较少、税费缴纳不严、社会责任较轻的隐性福利,导致部分小微企业担心上规模后享受到的政策优惠抵不上新增的税收开支和工作成本而"躲"在下面不愿上规模,即使已经达到上规模标准,也不愿申报,甚至上了规模还想办法下规模。

(三) 公共服务体系不健全导致规模下企业"不能升"

相对于中大型企业,小微企业在核心技术、管理水平、市场营销等方面处于劣势、抗风险能力不足,也面临着研发人员与熟练技术工人"两头短缺"、融资负担高居不下、用地指标较为紧张等困局,再加上职业培训、公共技术、法律法规等公共服务体系不健全,规模以下企业想升都力不从心。

第四节 促进民营企业"小升规",振兴实体经济的对策建议

一 宏观视角

(一) 补齐科技创新短板,培育实体经济增长动力

浙江省科技创新短板十分突出,大院大所等创新载体明显不足。因

此，要大力推进杭州城西科创大走廊、宁波科技大走廊、浙南科技城、特色科技小镇等创新载体建设，形成浙江省科技创新大平台；探索国际高端创新资源的引进和利用机制，改革科技成果收益分配制度，集聚国内外高端创新要素，加大力度促进科技成果转化；借鉴美国制造业创新网络计划、欧盟第七科技框架计划的操作模式，探寻 PPP 模式在科技创新计划中的应用，寻求科技创新领域的公私合作，培育研发产业，探索社会资本参与研发活动的新模式。

（二）提升传统产业，促进制造业转型升级

建议设立浙江省实施振兴实体经济（传统产业改造）财政奖励政策，优选一批工业产值 500 亿元以上工业大县开展振兴实体经济试点，加大对实体经济特别是传统产业改革提升的支持力度；推广实施"浙江制造"标准，培育"浙江制造"品牌；积极发挥各级政府产业基金引导作用，吸引社会资本共同设立产业基金，支持实体经济振兴；进一步完善各级政府及职能部门绩效考评机制，设立市县实体经济振兴考核指标，营造推进实体经济振兴的良好氛围。

（三）进一步加大降成本力度，提高实体经济竞争力

2017 年，浙江省制订实施了企业减负三年行动计划，直接减轻企业负担 1010 亿元，企业反响热烈，收到良好效果，但"降成本永远在路上"。建议进一步贯彻"放管服"的行政理念，强势推进"最多跑一次"改革，倒逼各级政府减权放权，节省制度性交易成本；进一步削减行政事业性收费和涉政中介收费，建立动态目录清单管理制度；规范整顿行业协会，切实推进协会与行政部门脱钩；落实能源价格调整政策，推广水、电、燃气差别定价，扩大直供电交易范围；降低企业社保负担，对部分保项予以减征或者调低费率；降低土地使用成本，推广工业用地"弹性出让""先租后让"等用地模式，减少企业资金占用。

二　微观视角

（一）把"小升规"工作放在转型升级组合拳中更为重要位置

目前，浙江省共有民营小微企业 121.7 万户，占全部企业总数的 95%以上。从微观视角看，浙江经济能否转型升级成功，关键是中小微企业转型升级能否成功。"小升规"在"个转企—小升规—规改股—股

上市"这条小微企业成长升级链中起着承上启下的作用，抓好了可发挥"四两拨千斤"的作用。建议将"小升规"工作作为浙江省"小微企业三年成长计划"重要内容加快推进，与供给侧结构性改革结合起来，制订新一轮"小升规"三年行动计划，建立"小升规"重点对象企业培育库，充分调动各地各部门的积极性，形成"小升规"工作的常态化、规范化、制度化。同时，继续加大宣传力度，总结推广成功范例培育模式，开展"创业成长之星"评选，示范带动全省企业提质升级。

（二）加大政策供给，让规模以下企业"升得上"

要切实落实好兑现好《关于促进小微企业转型升级为规模以上企业的意见》（浙政办发〔2013〕118号）明确的税费优惠、社保减免、财政扶持等方面的政策措施，让上规模企业实实在在得到实惠，吸引更多规下民营小微企业积极主动上规。要结合当前"三去一降一补"为重点的供给侧结构性改革，研究制定新形势下"小升规"有关政策，在高新技术企业申报、首台（套）产品认定、省市名牌评选等方面对"小升规"企业予以一定程度倾斜。要以"全省民营小微企业政策宣传月"活动为载体，切实加大各级政府出台扶持民营小微企业发展的一系列政策措施的宣传力度，让广大民营小微企业知晓政策、掌握政策、运用政策，切实发挥政策的扶持、引导和激励效用。

（三）加快构建公共服务体系，让上规模企业"稳得住"

发达国家经验表明，高效服务往往是网络化、体系化的，是一个生态系统。比如，美国小企业管理局（SBA）下设10个地区分局，整合各州100多个地区办公室和辖区内的信贷、教育、培训机构和志愿人员为小企业提供服务。建议尽快制定出台省中小企业公共服务体系建设指导意见，依托于中小企业公共服务平台网络（96871），建立以省市县三级中小企业公共服务中心为主体、政府扶持的公共服务机构为支撑、社会化服务主体共同参与的公共服务体系。在温州、台州等地试点基础上，探索完善小微企业"服务券"制度，为培育库企业提供精准服务和优质服务。继续组织实施小微企业机器换人、电商换市、创新培育、智能制造、绿色制造、协同创新和协同制造、管理提升、中国质造·浙江好产品、融资服务和法律服务等"小升规"专项行动，组织开展特色化指导服务，更好地服务上规模企业。

（四）建议"扶上马、送一程"，让上规模企业"做得大"

"上规"是"小升规"工作和企业发展的阶段性目标，而推动企业"升级"和做强做大，才是"小升规"工作最根本目的和企业发展的永恒主题。建议开展以"升级"为主要内容的管理培训和指导服务，对近三年新上规模的企业，开展技术创新、商业模式创新、战略管理、品牌建设、提高投融资能力为主要内容的培训，对科技型、创新型和成长型的新上规模企业加强指导和服务。加强与"个转企""规改股""股上市"等配套政策的衔接，形成推动小微企业由"低散弱"向"高精优"转型提升的扶持体系。深入推进小规模企业对接现代技术、现代金融"双对接"活动，帮助小微企业对接利用省内外高端创新资源，加快跨越式发展。

第三十二章 "一带一路"背景下民营企业社会责任实践

第一节 加强企业社会责任是实施"一带一路"倡议的必然要求

第二次世界大战针对"一带一路"倡议,目前,国际上一些国家主观上把这一战略与美国第二次世界大战后提出的《马歇尔计划》相提并论,并认为这种的"一带一路"倡议是中国版的"马歇尔计划",从而使相关国家对于"一带一路"倡议存在疑惑甚至质疑之声。虽然我国政府在不同场合一再强调"一带一路"倡议不是一种新的关系约束机制,而是一种适应全球新背景下的国家间经济发展合作理念和倡议。但仍然需要我国政府付出实际行动才能打消别人的疑虑。习近平总书记提出的"一带一路"倡议,其核心内涵是以经济合作为基础、人文交流为支撑的相关国家(地区)共同繁荣的开放包容发展理念。为了深刻阐释我国"一带一路"倡议共同繁荣的发展理念,在践行"一带一路"倡议过程中,我国跨国公司必然要承担起"桥头堡"的作用。

经过40年的改革开放,我国经济总量已经稳居世界第二位,并出现了一批具有国际竞争力的企业群体。受市场需求、自然资源获取与核心技术等战略资产并购等多元目标驱动,我国跨国公司几乎遍布全世界各国家和各行业。然而,与此相对应的是,我国跨国公司在海外的社会责任却没有得到相应的重视。美国《财富》杂志通过对全球500强企业社会责任的评估也表明,我国企业社会责任承担在这份榜单中排名非常靠后。例如,一些在非洲投资的中国企业沿用在国内的粗放式经营思维、劳工关系紧张、偷漏税、造成当地环境破坏等，受到当地民众的抵制，不仅企业经营发展受到制约，也严重影响了我国其他企业在当地的进一步发展。这显然与当前我国政府提出的"一带一路"倡议、共同进步的发展理念是不相容的，在国家大力推进实施"一带一路"倡议，我国企业"走出去"的责任会越来越重，步伐也会越来越快，在如何履行社会责任的问题上，我国企业在投资国面临的挑战也越来越大。

长期以来，我国企业由于技术水平、竞争力等方面的不足，"生存下来"是企业最重要的目标，而相对忽略了企业社会责任的承担。再加上我国各级政府部门在企业社会责任监督方面缺乏相对行之有效的管理体系，一定程度上助长了我国企业对于社会公共利益的"不负责任"行为。近年来，随着我国企业国际化经营活动的日益增多，加强企业社会责任建设已经成为当前我国跨国公司最为紧迫的任务。不同于一般的企业社会责任，跨国公司的企业社会责任由于具有跨国、跨地区的特点，其企业社会责任具有国际化、跨国化和多样化的显著特征。在跨国公司经营过程中，由于跨国公司的母国属性以及各东道国之间差异巨大，在国外政府部门、相关机构和公众团地的压力下，我国企业不得不被动地去适应当地的社会责任规范，这对于我国企业在当地的长期发展显然是不利的。

第二节　我国民营企业社会责任实践的不足

由于我国跨国公司起步较晚，作为后进者，我国企业仍然聚焦在短期的海外短期经济利益获取方面，对于社会责任承担的观念仍然十分落后，尚未建立完善的企业社会责任承担制度体系。从我国跨国公司在海外的社会责任实践情况来看，我国跨国公司在社会责任制度建设和实践方面主要存在以下四个问题：

一　我国跨国公司更加关注企业经营效益，而对社会责任承担的社会效益关注度不够

我国企业在"走出去"过程中，一些企业仍然沿袭了国内一直存在的"赚钱"为第一要务,一切为了赚钱而不计代价的落后企业发展理念。从而在国外生产经营过程中,不重视员工权益、产品标准以及环境保护等问题,一切都围绕着节省成本,以尽可能获经营利润为目标为经营基本原则。这种现象在一些非洲、南美国家十分普遍,显然,这种行为不仅使我国跨国企业的形象在当地遭到了严重的破坏,也让我国一直以来倡导的可持续发展、共同繁荣的对外经济贸易政策面临国际社会的质疑,从而是我国企业"走出去"面临更多的困难,而在很多国家的且经营活动遭到国外政府部门、民间组织以及普通公众的抵制的概率也将提升。无形中,损失了且承担社会责任所带来的社会经济效益。

二 我国跨国公司更加重视政府社会责任公关,往往不够重视企业民间社会责任承担

我国跨国公司发展起步较晚,并且主要是以国有企业为主导的跨国公司在实施国际化经营活动。由于我国国有企业浓厚的政府背景,在对外投资经营时,更加重视与东道国政府及其相关部门之间的沟通和协议,而相对忽视了东道国非政府部门、民间组织、社区、工会以及消费者群体的利益和诉求。使我国跨国公司虽然通过对东道国政府层面的资金援助、技术帮助等形式实践了企业社会责任,但在民间层面的员工权益保护、社区服务、产品质量以及环境保护等方面仍然存在极大的提升空间。总是在出现社会责任缺失引发矛盾时,才被动地通过捐赠、补贴等慈善行为来安抚各方面的要求,这样的结果就是我国跨国公司往往能够得到东道国政府在当地的经营支持,但却往往难以得到民间组织和公众的支持,企业的实际生产经营活动总是存在各种"隐性"挫折和困难,需要花费极大的额外成本。

三 我国跨国公司参与国际社会责任决策有限,在社会责任标准制定方面缺少发言权

国外发达国家跨国公司的经营已经存在很长时间了,而关于跨国公司的社会责任实践形成了国际化标准,例如SA8000、ISO26000等。这些具有国际性约束效应的企业社会责任主要是由欧美等发达国家的跨国公司主导制定的。作为国际社会通用的企业社会责任基本原则,这些标准维持了跨国公司在东道国经营的基本准则。然而,随着产业专业化水平和企业经营要求的持续提高,当前的跨国公司企业社会责任则全面细化到产业、服务以及产品质量等企业经营所涉及的几乎所有领域。由于我国跨国公司起步较晚,且主要还是处于产业链底端,在这种专业化细分领域的企业社会责任标准制定方面缺乏发言权,未能参与到企业社会责任标准的制定当中,企业社会责任报告也难以形成实质性的考察指标,从而只能被动地接受东道国的社会责任要求,不利于跨国公司企业战略的制定和实施。

四 我国跨国公司社会责任实践环境更为复杂,企业社会责任承担机制十分不完善

跨国公司国际化经营的重要目的之一在于确立企业在全球市场的领先地位。作为后起国家的我国跨国公司已经很难在欧美等成熟市场获得较好的市场机会和发展优势,为了获得比较优势,我国跨国公司在实施跨国经营战略时,更愿意选择非洲、南美等社会治理较差、发展相对更为落后及经营风险更高的东道国谋求发展。这些国家由于在政治稳定性、市场体系建设以及商业保护制度等方面存在较大的缺陷,使跨国公司的经营容易受到各种冲击,企业在履行社会责任所面临的困难也更加大,这从我国跨国公司在非洲经营时所遭受的各种风险和经营成本中体现得尤为明显,也非常不利于跨国公司开展系统、有序的企业社会责任实践活动。而我国政府在应对企业在海外面临的这种企业社会责任承担困境时,缺乏有效的应对措施。

第三节 加强我国企业社会责任建设的对策与建议

一 以企业社会责任标准国际准则要求自己,全面接受东道国政府对于企业社会责任的监督

首先,我国跨国企业在进入海外市场时,要以 SA8000 等企业社会责任标准作为基本的社会责任行为准则,保证企业在海外的生产经营活动符合国际社会责任标准,主动向东道国政府、民间机构以及社会团体开放、展示企业的社会责任承担成果。在此基础上，加强与东道国政府部门、民间机构和社会团体的沟通交流，遵守当地的社会习惯，并主动接受东道国政府部门对于企业生产经营活动的监督，并与之商榷建立符合双边利益的社会责任承担长效机制，充分利用企业在当地社会责任履行制度建设的契机，增强我国跨国企业在当地的竞争力和比较优势。

二 以"一带一路"倡议为基础，加快我国企业海外社会责任制度建设的顶层设计

从国家宏观角度对我国跨国企业的社会责任承担制度体系进行系统建设，充分发挥"一带一路"倡议在指导跨国企业社会责任承担方面的作用，强调企业海外经营过程中"获利"为首要目标的同时，重视企业服务于国家"一带一路"倡议推进过程中的经济发展和社会进步双重使命。加强国家有关"一带一路"倡议推进过程中企业社会责任实践机制的设计，充分考虑"一带一路"沿线国家（地区）国情，突出我国社会责任承担的灵活性和差异化，从顶层制度设计层面谋划我国企业在"一带一路"沿线国家（地区）的社会责任承担体系。

三 建立"一带一路"倡议第三方企业社会责任评价机构（体系），完善企业社会责任承担评估和认证机制

"一带一路"倡议实施中要实现兼容并包、共同发展，必须要加强企业社会责任第三方评价机构（体系）的建设，秉承友好协商、共同参与的原则，由我国政府或代表企业牵头，联合"一带一路"沿线国家政府或相关企业，组建符合"一带一路"沿线国家企业社会责任实践的社会责任评价机构（体系），本着公平、公正、公开的原则制定符合各方利益的社会责任评价标准，并由该机构负责对"一带一路"范围内的企业社会责任承担情况进行定期的评估、考核，并建立完善的企业社会责任信息采集、评估和认证信息库，强化对企业的社会责任承担情况的监督。

四 建立企业社会责任动态评估机制，加强对我国跨国公司海外社会责任的考核管理

为了有效地推进企业在"一带一路"倡议中的服务功能，建议由中央政府相关部门牵头建立我国"一带一路"倡议中企业社会责任的

考核机制，制定完善的社会责任考核评价体系，定期对企业进行考核、筛选，对于在社会责任承担方面表现优秀的企业给予表彰，并宣传、推广其相关经验和做法。而对于社会责任承担表现差的企业，则要给予惩戒，对于因社会责任承担失当而造成恶劣影响的，则要求关联企业或机构承担连带责任。

五 加强对"一带一路"倡议中企业社会责任履行机制的理论探讨，完善我国跨国企业海外社会责任承担理论

充分发挥国家智库在"一带一路"倡议中企业社会责任承担机制研究中的作用，鼓励我国相关科研机构、研究智囊等对于"一带一路"倡议中企业社会责任承担的理论研究，探讨我国企业在践行"一带一路"倡议过程中可能面临的困难及其解决方法，全面阐释我国跨国企业承担"一带一路"倡议国家经济发展战略的社会责任实践路径以及未来形成我国特色企业社会责任承担标准的政策建议。

总之，"一带一路"倡议的提出，是我国实施全面"走出去"经济发展战略的升级版，对我国企业国际化提出了更高的要求，尤其是在企业促进我国经济可持续发展、企业国际经营中"合作、共赢"等国际社会责任承担方面，要求企业发挥"桥头堡"的作用。然而，当前，我国民营企业海外企业社会责任承担情况却非常不理想，尚未形成具有中国国际化特色的完善社会责任承担体系，这不仅严重制约了我国企业的国际化经营的可持续性，同时也将对我国"一带一路"倡议的实施产生负面影响。本章从我国民营企业要为建设"一带一路"倡议服务的角度出发，提出了努力践行"一带一路"倡议兼容并包和共同繁荣的经济发展理念，以企业社会责任国际准则为基础，依据不同国家国情建立层次分明的我国跨国公司社会责任实践体系。

参考文献

[1] 安同良、周绍东、皮建才：《R&D、补贴对中国企业自主创新的激励效应》，《经济研究》2009年第10期。

[2] 蔡宗宪：《联盟合作网路、知识流通、创新绩效之关联性研究——以我国电子厂商为例》，博士学位论文，成功大学，2007年。

[3] 陈国权、宁南：《组织从经验中学习：现状、问题、方向》，《中国管理科学》2009年第1期。

[4] 陈怀超、范建红、牛冲槐：《基于制度距离的中国跨国公司进入战略选择：合资还是独资？》，《管理评论》2013年第12期。

[5] 陈怀超、范建红：《制度距离、中国跨国公司进入战略与国际化绩效：基于组织合法性视角》，《南开经济研究》2014年第2期。

[6] 陈怀超、范建红：《制度距离下中国跨国公司并购与绿地的选择：基于组织合法性的视角》，《世界经济研究》2013年第12期。

[7] 陈健、席酉民、郭菊娥：《国外并购绩效评价方式研究综述》，《当代经济科学》2005年第3期。

[8] 陈立敏、王小瑕：《国际化战略是否有助于企业提高绩效——基于Meta回归技术的多重误设定偏倚分析》，《中国工业经济》2014年第11期。

[9] 陈明森：《产业升级外向推动与利用外资战略调整》，科学出版社2004年版。

[10] 陈清：《中国外资并购政府规制研究》，博士学位论文，北京邮电大学，2007年。

[11] 陈晓红、王傅强：《基于SEM的我国中小企业外部环境评价体系研究》，《商业经济与管理》2008年第10期。

[12] 陈晓红、王陟昀：《中小企业外部环境评价方法比较研究》，《科学学与科学技术管理》2008年第9期。

[13] 陈昕：《创业者人力资本与社会资本对创业绩效影响研究》，博士学位论文，山东大学，2010年。

[14] 陈信元、江峰：《事件模拟与非正常收益模型的检验力》，《会计研究》2005年第7期。

[15] 陈永霞、贾良定、李超平、宋继文、张君君：《变革型领导、心理授权与员工的组织承诺：中国情景下的实证研究》，《管理世界》2006年第1期。

[16] 陈忠卫、雷红生：《创业团队内冲突、企业家精神与公司绩效关系》，《经济管理》2008年第15期。

[17] 陈忠卫、郝喜玲：《创业团队企业家精神与公司绩效关系的实证研究》，《管理科学》2008年第1期。

[18] 程聪、张颖、陈盈、谢洪明：《创业者政治技能促进创业绩效提升了吗？——创业导向与组织公正的中介调节作用》，《科学学研究》2014年第8期。

[19] 程聪、曹烈冰、张颖、谢洪明：《中小企业渐进式创新影响因素结构分析：资源基础还是能力制胜？》，《科学学研究》2014年第9期。

[20] 程聪、贾良定：《我国企业跨国并购驱动机制研究：基于清晰集的定性比较分析》，《南开管理评论》2016年第6期。

[21] 程聪、刘凤婷、池仁勇、郭元源：《产业国际分工与企业跨国并购：并购战略决策的视角》，《管理评论》2016年第12期。

[22] 程聪、谢洪明、池仁勇：《中国企业跨国并购的合法性聚焦：内部外部还是内部+外部》，《管理世界》2017年第4期。

[23] 程聪、谢洪明、杨英楠、曹烈冰、程宣梅：《理性还是情感：动态竞争中企业"攻击—回应"竞争行为的身份域效应：基于AMC模型的视角》，《管理世界》2015年第8期。

[24] 程聪、谢洪明：《企业外部环境、绿色经营策略与竞争优势关系研究：以环境效益为调节变量》，《科研管理》2012年第11期。

［25］程聪、谢洪明：《市场导向与组织绩效：一项元分析的检验》，《南开管理评论》2013 年第 6 期。

［26］程聪、张颖、陈盈、谢洪明：《创业者政治技能促进创业绩效提升了吗？创业导向与组织公正的中介调节作用》，《科学学研究》2014 年第 8 期。

［27］程聪：《创业者心理资本与创业绩效：混合模型的检验》，《科研管理》2015 年第 10 期。

［28］池文海、黄庭锺、魏国州：《领导型态、组织学习、全面品质管理对组织绩效之影响——以台湾咨询电子产业为例》，《明新学报》2007 年第 33 期。

［29］迟考勋：《转型经济中民营企业制度创业机制的探索性案例研究》，硕士学位论文，浙江工商大学，2012 年。

［30］崔淼、欧阳桃花、徐志：《基于资源演化的跨国公司在华合资企业控制权的动态配置》，《管理世界》2013 年第 6 期。

［31］戴万稳、蒋建武：《交易型领导与组织学习过程》，《管理学报》2010 年第 9 期。

［32］单标安、费宇鹏、于海晶、陈彪：《创业者人格特质的内涵及其对创业产出的影响研究进展探析》，《外国经济与管理》2017 年第 4 期。

［33］邓新明：《企业竞争行为的回应预测研究》，《南开管理评论》2010 年第 2 期。

［34］丁韶彬：《美国对外援助的法律架构及其演进》，《国际论坛》2012 年第 14 期。

［35］丁岳枫：《创业组织学习与创业绩效关系研究》，博士学位论文，浙江大学，2006 年。

［36］董洁林、陈娟：《互联网时代制造商如何重塑与用户的关系——基于小米商业模式的案例研究》，《中国软科学》2015 年第 8 期。

［37］董俊武、黄江圳、陈震红：《动态能力演化的知识模型与一个中国企业的案例分析》，《管理世界》2004 年第 4 期。

［38］董小英、鄢凡、刘倩倩、张俊妮：《不确定环境中我国企业高层

管理者信息扫描行为的实证研究》,《管理世界》2008 年第 6 期。

[39] 杜运周、尤树洋:《制度逻辑与制度多元性研究前沿探析与未来研究展望》,《外国经济与管理》2013 年第 12 期。

[40] 范黎波、周英超、杨震宁:《"中国式婚姻":成长型企业的"赘婿式"并购与跨国公司的"教练型"治理》,《管理世界》2014 年第 12 期。

[41] 方世荣、彭彦群、张雍升、黄识铭:《以关系张力探讨关系光明面与关系黑暗面》,《管理学报》2009 年第 4 期。

[42] 房路生:《企业家社会资本与创业绩效关系研究》,博士学位论文,西北大学,2010 年。

[43] 高明瑞、刘常勇、黄义俊、张乃仁:《企业绿色管理、环境绩效与竞争优势关系性之研究》,《管理与系统》2010 年第 2 期。

[44] 葛顺奇、罗伟:《中国制造业企业对外直接投资和母公司竞争优势》,《管理世界》2013 年第 6 期。

[45] 緱倩雯、蔡宁:《制度复杂性与企业环境战略选择:基于制度逻辑视角的解读》,《经济社会体制比较》2015 年第 1 期。

[46] 顾琴轩、王莉红:《人力资本与社会资本对创新行为的影响——基于科研人员个体的实证研究》,《科学学研究》2009 年第 10 期。

[47] 郭冰、吕巍、周颖:《公司治理、经验学习与企业连续并购:基于我国上市公司并购决策的经验证据》,《财经研究》2011 年第 10 期。

[48] 郭海、李垣、段熠:《控制机制对创业能力与突变创新关系影响研究》,《科研管理》2007 年第 5 期。

[49] 韩炜、杨俊、包凤耐:《初始资源、社会资本与创业行动效率——基于资源匹配视角的研究》,《南开管理评论》2013 年第 3 期。

[50] 韩翼、杨百寅:《师徒关系开启徒弟职业成功之门:政治技能视角》,《管理世界》2012 年第 6 期。

[51] 韩翼、杨百寅:《真实型领导、心理资本与员工创新行为:领导成员交换的调节作用》,《管理世界》2011 年第 12 期。

[52] 何霞、苏晓华：《环境动态性下新创企业战略联盟与组织合法性研究：基于组织学习视角》，《科研管理》2016 年第 2 期。

[53] 洪联英、陈思、韩峰：《海外并购、组织控制与投资方式选择》，《管理世界》2015 年第 10 期。

[54] 洪霄烨：《战后日本企业跨国并购及其启示》，硕士学位论文，吉林大学，2010 年。

[55] 胡晨光、程惠芳、俞斌：《有为政府与集聚经济圈的演进——一个基于长三角集聚经济圈的分析框架》，《管理世界》2011 年第 2 期。

[56] 胡健、李向阳、孙金花：《中小企业环境绩效评价理论与方法研究》，《科研管理》2009 年第 2 期。

[57] 胡卫国、方海峰：《汽车产业发展政策分析：产业组织理论的视角》，《科学学与科学技术管理》2007 年第 2 期。

[58] 黄凌云、杨娜、王珏：《文化特征与冲突对中国企业 OFDI 投资策略影响研究》，《经济科学》2014 年第 3 期。

[59] 黄义俊、高明瑞：《以利害关系人为前因之绿色创新的行为与环境绩效关系之实证研究》，《管理评论》2003 年第 3 期。

[60] 黄忆湘：《防堵张力与防堵积极性之关联性：觉察—动机—能力观点》，硕士学位论文，中兴大学，2008 年。

[61] 贾良定、张君君、钱海燕、崔荣军、陈永霞：《企业多元化的动机、时机和产业选择——西方理论和中国企业认识的异同研究》，《管理世界》2005 年第 8 期。

[62] 贾良定、唐翌、李宗卉、乐军军、朱宏俊：《愿景型领导：中国企业家的实证研究及其启示》，《管理世界》2004 年第 2 期。

[63] 江诗松、龚丽敏、魏江：《转型经济背景下后发企业的能力追赶：一个共演模型——以吉利集团为例》，《管理世界》2011 年第 4 期。

[64] 姜波、刘成军：《汲取美国实践经验发展我国海外经营》，《国际经济合作》2002 年第 4 期。

[65] 姜翰、金占明、焦捷、马力：《不稳定环境下的创业企业社会资

本与企业"原罪"——基于管理者社会资本视角的创业企业机会主义行为实证分析》,《管理世界》2009 年第 6 期。

[66] 蒋天颖、程聪:《企业知识转移生态学模型》,《科研管理》2012 年第 2 期。

[67] 蒋天颖、张一青、王俊江:《企业社会资本与竞争优势的关系研究:基于知识的视角》,《科学学研究》2010 年第 8 期。

[68] 鞠芳辉、谢子远、宝贡敏:《西方与本土:变革型、家长型领导行为对民营企业绩效影响的比较研究》,《管理世界》2008 年第 5 期。

[69] 蓝海林、谢洪明:《企业战略的抽象群及其演化引论》,《管理工程学报》2003 年第 4 期。

[70] 蓝庆新、张雅凌:《印度对外直接投资的经验及对我国实施"走出去"战略的启示》,《东南亚纵横》2009 年第 3 期。

[71] 黎常:《中外合资企业管理控制与知识获取关系的实证研究》,《科学学研究》2008 年第 6 期。

[72] 李彬、王凤彬、秦宇:《动态能力如何影响组织操作常规?一项双案例比较研究》,《管理世界》2013 年第 8 期。

[73] 李超平、时勘:《变革型领导与领导有效性之间关系的研究》,《心理科学》2003 年第 1 期。

[74] 李海舰、田跃新、李文杰:《互联网思维与传统企业再造》,《中国工业经济》2014 年第 10 期。

[75] 李乾文:《创业绩效四种理论视角及其评述》,《经济界》2004 年第 6 期。

[76] 李新春、何轩、陈文婷:《战略创业与家族企业创业精神的传承——基于百年老字号李锦记的案例研究》,《管理世界》2008 年第 10 期。

[77] 李娅、陈华:《跨国并购管制与国家经济安全》,《企业改革与管理》2006 年第 2 期。

[78] 李增福、郑友环、连玉君:《股权再融资,盈余管理与上市公司业绩滑坡》,《中国管理科学》2011 年第 2 期。

[79] 李增泉、余谦、王晓坤：《掏空、支持与并购重组》，《经济研究》2005年第1期。

[80] 李正：《企业社会责任与企业价值的相关性研究：来自沪市上市公司的经验证据》，《中国工业经济》2006年第2期。

[81] 李正彪：《企业成长的社会关系网络研究》，人民出版社2010年版。

[82] 凌文辁、张治灿、方俐洛：《中国职工组织承诺研究》，《中国社会科学》2001年第2期。

[83] 刘昌黎：《现代日本经济概论》，东北财经大学出版社2002年版。

[84] 刘红忠：《中国对外直接投资的实证研究及国际比较》，复旦大学出版社2001年版。

[85] 刘洪深、汪涛、周玲、苏晨汀：《制度压力、合理性营销战略与国际化企业绩效——东道国受众多元性和企业外部依赖性的调节作用》，《南开管理评论》2013年第5期。

[86] 刘军、吴隆增、许浚：《政治技能的前因与后果：一项追踪实证研究》，《管理世界》2010年第11期。

[87] 刘笋：《WTO法律规则体系对国际投资法的影响》，中国法制出版社2001年版。

[88] 刘万利、胡培：《创业风险对创业决策行为影响的研究：风险感知与风险倾向的媒介效应》，《科学学与科学技术管理》2010年第9期。

[89] 刘文炳：《中央企业国际竞争力研究：并购重组的视角》，中国经济出版社2011年版。

[90] 刘小平：《组织承诺研究综述》，《心理学动态》1999年第7期。

[91] 刘洋、魏江、江诗松：《后发企业如何进行创新追赶？研发网络边界拓展的视角》，《管理世界》2013年第3期。

[92] 刘振、崔连广、杨俊、李志刚、宫一洧：《制度逻辑、合法性机制与社会企业成长》，《管理学报》2015年第4期。

[93] 柳燕：《创业环境、创业战略与创业绩效关系的实证研究》，博士学位论文，吉林大学，2007年。

[94] 鲁桐：《中国企业海外市场进入模式研究》，经济管理出版社 2007 年版。

[95] 陆亚东、孙金云：《中国企业成长战略新视角：复合基础观的概念、内涵与方法》，《管理世界》2013 年第 10 期。

[96] 罗伯特·K. 殷：《案例研究：设计与方法》，周海涛、李永贤、李虔译，重庆大学出版社 2010 年版。

[97] 罗小鹏、刘莉：《互联网企业发展过程中商业模式的演变——基于腾讯的案例研究》，《经济管理》2012 年第 2 期。

[98] 马鸿佳、董保宝、葛宝山、罗德尼·若宁：《创业导向、小企业导向与企业绩效关系研究》，《管理世界》2009 年第 9 期。

[99] 马鸿佳、董保宝、葛宝山：《高科技企业网络能力、信息获取与企业绩效关系实证研究》，《科学学研究》2010 年第 1 期。

[100] 马亚明、张岩贵：《技术优势与对外直接投资：一个关于技术扩散的分析框架》，《南开经济研究》2003 年第 4 期。

[101] 买忆媛、叶竹馨、陈淑华：《从"兵来将挡，水来土掩"到组织惯例形成：转型经济中新企业的即兴战略研究》，《管理世界》2015 年第 8 期。

[102] 买忆媛、熊婵：《创业团队的认知锁定对创业团队稳定性的影响：基于创业团队的多案例研究》，《科学学研究》2012 年第 3 期。

[103] 迈尔斯、休伯曼：《质性资料的分析：方法与实践》，张芬芬译，重庆大学出版社 2008 年版。

[104] 毛其淋、许家云：《中国对外直接投资促进抑或抑制了企业出口？》，《数量经济技术经济研究》2014 年第 9 期。

[105] 孟慧：《变革型领导风格的实证研究》，《应用心理学》2004 年第 10 期。

[106] 倪中新、花静云、武凯文：《我国企业的"走出去"战略成功吗：中国企业跨国并购绩效的测度及其影响因素的实证研究》，《国际贸易问题》2014 年第 8 期。

[107] 彭俞超、顾雷雷：《经济学中的 Meta 回归分析》，《经济学动态》

2014 年第 2 期。

[108] 彭长桂、吕源：《组织正当性的话语构建：谷歌和苹果框架策略的案例分析》，《管理世界》2014 年第 2 期。

[109] 乔晶、胡兵：《中国对外直接投资：过度抑或不足》，《数量经济技术经济研究》2014 年第 7 期。

[110] 商务部、国家统计局、国家外汇管理局：《2013 年度中国对外直接投资统计公报》，中国统计出版社 2014 年版。

[111] 沈超红：《创业绩效结构与绩效形成机制研究》，博士学位论文，浙江大学，2006 年。

[112] 石军伟、胡立君、付海艳：《企业社会责任、社会资本与组织竞争优势：一个战略互动视角》，《中国工业经济》2009 年第 11 期。

[113] 苏芳、毛基业、谢卫红：《资源贫乏企业应对环境剧变的拼凑过程研究》，《管理世界》2016 年第 8 期。

[114] 孙亮：《我国企业海外并购法律环境问题研究》，硕士学位论文，暨南大学，2010 年。

[115] 孙明贵：《九十年代日本企业兼并的特点和原因》，《外国经济与管理》1999 年第 1 期。

[116] 孙耀吾、翟翌、顾荃：《服务主导逻辑下移动互联网创新网络主体耦合共轭与价值创造研究》，《中国工业经济》2013 年第 10 期。

[117] 谭伟强、彭维刚、孙黎：《规模竞争还是范围竞争？——来自中国企业国际化战略的证据》，《管理世界》2008 年第 2 期。

[118] 汤临佳、范彦成、池仁勇、程聪：《跨国投资活动中的经验学习和经验误用效应研究：来自中国企业对拉美投资的经验证据》，《经济理论与经济管理》2016 年第 11 期。

[119] 唐炎钊、王子哲、王校培：《跨国并购文化整合的一个分析框架：论我国企业跨国并购的文化整合》，《经济管理》2008 年第 10 期。

[120] 唐翌、周萍：《且行且思：动态环境下的企业即兴战略》，《清华

管理评论》2017 年第 5 期。

[121] 田茂利：《知识型创业企业社会责任及其与创业绩效的关系研究》，博士学位论文，浙江大学，2007 年。

[122] 田志龙、邓新明、Taieb Hafsi：《企业市场行为、非市场行为与竞争互动：基于中国家电行业的案例研究》，《管理世界》2007 年第 8 期。

[123] 汪克夷、冯桂平：《动态竞争中的竞争速度研究》，《科学学与科学技术管理》2004 年第 6 期。

[124] 王冰：《创业团队异质性、团队氛围与创业绩效关系研究》，博士学位论文，吉林大学，2012 年。

[125] 王程韡：《腐败的社会文化根源：基于模糊集的定性比较分析》，《社会科学》2013 年第 10 期。

[126] 王凤彬、江鸿、王璁：《央企集团管控架构的演进：战略决定、制度引致还是路径依赖？一项定性比较分析（QCA）尝试》，《管理世界》2014 年第 12 期。

[127] 王海：《中国企业海外并购经济后果研究：基于联想并购 IBMPC 业务的案例分析》，《管理世界》2007 年第 2 期。

[128] 王洪青、张文勤：《国外政治技能最新研究进展述评》，《外国经济与管理》2012 年第 12 期。

[129] 王缉慈：《创新的空间——企业集群与区域发展》，北京大学出版社 2001 年版。

[130] 王珏：《从 TCL 跨国并购视角看中国中小企业国际化战略》，《管理世界》2006 年第 3 期。

[131] 王侃：《基于资源获取的创业者特质、创业网络与网店经营绩效关系研究》，博士学位论文，吉林大学，2011 年。

[132] 王璐清、何婧、赵汉青：《资本市场错误定价如何影响公司并购》，《南方经济》2015 年第 33 期。

[133] 王诗宗、宋程成、许鹿：《中国社会组织多重特征的机制性分析》，《中国社会科学》2014 年第 12 期。

[134] 王水嫩、胡珊珊、钱小军：《战略性企业社会责任研究前沿探析

与未来展望》,《外国经济与管理》2011年第11期。

[135] 王先辉、段锦云、田晓明:《员工创造性:概念、形成机制及总结展望》,《心理科学进展》2010年第5期。

[136] 王永钦、杜巨澜、王凯:《中国对外直接投资区位选择的决定因素:制度、税负和资源禀赋》,《经济研究》2014年第12期。

[137] 王自亮:《风云纪:吉利并购沃尔沃全记录》,红旗出版社2011年版。

[138] 卫维平:《基于结构方程模型的企业家精神与企业绩效关系研究》,博士学位论文,天津大学,2008年。

[139] 卫武、夏清华、资海喜、贺伟:《企业的可见性和脆弱性有助于提升对利益相关者压力的认知及其反应吗?——动态能力的调节作用》,《管理世界》2013年第11期。

[140] 魏存平、邱菀华:《群体决策基本理论评述》,《北京航空航天大学学报》(社会科学版)2000年第2期。

[141] 魏江、王诗翔、杨洋:《向谁同构?中国跨国企业海外子公司对制度双元的响应》,《管理世界》2016年第10期。

[142] 魏江、应瑛、刘洋:《研发网络分散化、组织学习顺序与创新绩效:比较案例研究》,《管理世界》2014年第2期。

[143] 温日光:《风险观念、并购溢价与并购完成率》,《金融研究》2015年第8期。

[144] 温素彬、方苑:《企业社会责任与财务绩效关系的实证研究:利益相关者视角的面板数据分析》,《中国工业经济》2008年第10期。

[145] 吴爱华、苏敬勤:《人力资本专用性、创新能力与新产品开发绩效——基于技术创新类型的实证分析》,《科学学研究》2012年第6期。

[146] 吴超鹏、吴世农、郑方镳:《管理者行为与连续并购绩效的理论与实证研究》,《管理世界》2008年第7期。

[147] 吴先明、苏志文:《将跨国并购作为技术追赶的杠杆:动态能力视角》,《管理世界》2014年第4期。

[148] 吴先明：《中国企业对发达国家的逆向投资：创造性资产的分析视角》，《经济理论与经济管理》2007年第9期。

[149] 吴晓云、陈怀超：《制度距离在国际商务中的应用：研究脉络梳理与未来展望》，《管理评论》2013年第4期。

[150] 吴友富：《企业跨国并购中的跨文化沟通》，《上海管理科学》2010年第1期。

[151] 夏鑫、何建民、刘嘉毅：《定性比较分析的研究逻辑：兼论其对经济管理学研究的启示》，《财经研究》2014年第10期。

[152] 项本武：《中国对外直接投资的贸易效应研究——基于面板数据的协整分析》，《财贸经济》2009年第4期。

[153] 肖静华、谢康、吴瑶、冉佳森：《企业与消费者协同演化动态能力构建：B2C电商梦芭莎案例研究》，《管理世界》2014年第8期。

[154] 谢洪明、程聪：《企业创业导向促进创业绩效提升了吗？一项Meta分析的检验》，《科学学研究》2012年第7期。

[155] 谢洪明、蓝海林、刘钢庭、曾萍：《动态竞争理论的研究评述》，《科研管理》2003年第6期。

[156] 谢洪明、蓝海林、叶广宇、杜党勇：《动态竞争：中国主要彩电企业的实证研究》，《管理世界》2003年第4期。

[157] 谢申祥、王孝松：《异质产品竞争条件下的跨国并购与技术授权》，《科学学研究》2012年第4期。

[158] 徐海杰：《"金砖四国"外商直接投资政策比较研究及其对中国的启示》，硕士学位论文，安徽大学，2011年。

[159] 徐雨森、逯垚迪、徐娜娜：《快变市场环境下基于机会窗口的创新追赶研究——HTC公司案例分析》，《科学学研究》2014年第6期。

[160] 徐长江、时勘：《变革型领导与交易型领导的权变分析》，《心理科学进展》2005年第5期。

[161] 许强、高一帆：《企业R&D组织方式与创新绩效：资源因素的调节》，《科研管理》2016年第12期。

[162] 许庆瑞、吴志岩、陈力田：《转型经济中企业自主创新能力演化路径及驱动因素分析——海尔集团1984—2013年的纵向案例研究》，《管理世界》2013年第4期。

[163] 许小东、陶劲松：《新创企业中创业者创业压力、创业承诺与创业绩效的关系研究》，中国管理现代化研究会，2010年。

[164] 许鑫、蔚海燕、姚占雷：《并购事件中的网络口碑研究：基于吉利收购沃尔沃的新浪微博实证》，《图书情报工作》2011年第12期。

[165] 薛求知、韩冰洁：《东道国腐败对跨国公司进入模式的影响研究》，《经济研究》2008年第4期。

[166] 陈文婷：《创业学习、知识获取与创业绩效》，博士学位论文，东北财经大学，2011年。

[167] 阎大颖、洪俊杰、任兵：《中国企业对外直接投资的决定因素：基于制度视角的经验分析》，《南开管理评论》2009年第6期。

[168] 阎大颖：《中国企业对外直接投资的区位选择及其决定因素》，《国际贸易问题》2013年第7期。

[169] 杨道广、张传财、陈汉文：《内部控制，并购整合能力与并购业绩：来自我国上市公司的经验证据》，《审计研究》2014年第3期。

[170] 杨付、张丽华：《团队沟通、工作不安全氛围对创新行为的影响：创造力自我效能感的调节作用》，《心理学学报》2012年第10期。

[171] 杨林：《创业型企业高层管理者团队垂直对差异与创业战略导向：产业环境和企业所有制的调节作用》，《南开管理评论》2014年第1期。

[172] 杨书燕、吴小节、汪秀琼：《制度逻辑研究的文献计量分析》，《管理评论》2017年第3期。

[173] 叶许红、张彩江、廖振鹏：《组织氛围对企业创新实施影响研究》，《科研管理》2006年第1期。

[174] 于海波、郑晓明、方俐洛、凌文辁、刘春萍：《如何领导组织学

习：变革型领导与组织学习的关系》,《科学学与科学技术管理》2008年第6期。

[175] 张德胜、金耀基:《儒商研究：儒家伦理与现代社会探微》,《社会学研究》1999年第3期。

[176] 张建红、卫新江、海柯·艾伯斯:《决定中国企业海外收购成败的因素分析》,《管理世界》2010年第3期。

[177] 张建红、周朝鸿:《中国企业走出去的制度障碍研究——以海外收购为例》,《经济研究》2010年第6期。

[178] 张鹏、邓然、张立琨:《企业家社会资本与创业绩效关系研究》,《科研管理》2015年第8期。

[179] 张生太、梁娟:《组织政治技能、组织信任对隐性知识共享的影响研究》,《科研管理》2012年第6期。

[180] 张骁、胡丽娜:《创业导向对企业绩效影响关系的边界条件研究——基于元分析技术的探索》,《管理世界》2013年第6期。

[181] 张骁、王永贵、杨忠:《公司创业精神、市场营销能力与市场绩效的关系研究》,《管理学学报》2009年第4期。

[182] 张玉利、刘依冉、杨俊、郝喜玲:《创业者认知监控能改善绩效吗？一个整合模型及实证检验》,《研究与发展管理》2017年第2期。

[183] 赵可汗、贾良定、蔡亚华、王秀月、李珏兴:《抑制团队关系冲突的负效应：一项中国情景的研究》,《管理世界》2014年第3期。

[184] 赵文:《组织政治知觉与组织公民行为之间的关系研究：组织公正感的中介作用》,博士学位论文,复旦大学,2010年。

[185] 赵文红、孙万清、王垚:《创业者社会网络、市场信息对新企业绩效的影响研究》,《科学学研究》2013年第8期。

[186] 赵息、齐建民、郝静:《基于因子分析的上市公司并购财务绩效评价——来自主板市场的经验证据》,《西安电子科技大学学报》(社会科学版)2012年第3期。

[187] 赵息、张西栓:《内部控制、高层管理者权力与并购绩效：来自

中国证券市场的经验证据》,《南开管理评论》2013 年第 2 期。

[188] 郑称德、王倩、刘浼潇、倪亮亮、吴宜真:《电子商务市场特征对产品创新影响的实证研究》,《管理科学》2014 年第 6 期。

[189] 钟卫东、黄兆信:《创业者的关系强度、自我效能感与创业绩效关系的实证研究》,《中国科技论坛》2012 年第 1 期。

[190] 仲理峰:《心理资本对员工的工作绩效、组织承诺及组织公民行为的影响》,《心理学报》2007 年第 2 期。

[191] 周人杰:《让"专车"服务撬动行业改革》,人民网—人民日报,2015 年 1 月 12 日。

[192] 周荣华:《社会资本、创业导向对小微企业创业绩效影响研究》,博士学位论文,江西师范大学,2013 年。

[193] 周绍妮、文海涛:《基于产业演进、并购动机的并购绩效评价体系研究》,《会计研究》2013 年第 10 期。

[194] 周雪光、艾云:《多重逻辑下的制度变迁:一个分析框架》,《中国社会科学》2010 年第 4 期。

[195] 朱华晟:《浙江产业群:产业网络、成长轨迹与发展动力》,浙江大学出版社 2003 年版。

[196] 左璇、李建良:《印度海外并购研究——基于 1991—2007 年数据分析》,《中国集体经济》2009 年第 28 期。

[197] Abrami, Regina M., William C. Kirby and F. Warren Mcfarlan, "Why China Can't Innovate", *Harvard Business Review*, Vol. 92, No., 2014, pp. 107 – 111.

[198] Ahammad, Mohammad Faisal, Shlomo Yedidia Tarba, Yipeng Liu and Keith W. Glaister, "Knowledge Transfer and Cross – Border Acquisition Performance: The Impact of Cultural Distance and Employee Retention", *International Business Review*, Vol. 25, No. 1, 2016, pp. 66 – 75.

[199] Ahuja, Gautam and Riitta Katila, "Where Do Resources Come from? The Role of Idiosyncratic Situations", *Strategic Management Journal*, Vol. 25, No. 8 – 9, 2004, pp. 887 – 907.

[200] Alexandridis, George, Christos F. Mavrovitis and Nickolaos G. Travlos, "How Have M&As Changed? Evidence from the Sixth Merger Wave", *Social Science Electronic Publishing*, Vol. 18, No. 8, 2012, pp. 663 – 688.

[201] Almandoz, J., "Arriving at the Starting Line: The Impact of Community and Financial Logics on New Banking Ventures", *Academy of Management Journal*, Vol. 55, No. 6, 2012, pp. 1381 – 1406.

[202] Amabile, Teresa M., Regina Conti, Heather Coon, Jeffrey Lazenby and Michael Herron, "Assessing the Work Environment for Creativity", *Academy of Management Journal*, Vol. 39, No. 5, 1996, pp. 1154 – 1184.

[203] Amason, Allen C., "Distinguishing the Effects of Functional and Dysfunctional Conflict on Strategic Decision Making: Resolving a Paradox for Top Management Teams", *Academy of Management Journal*, Vol. 39, No. 1, 1996, pp. 123 – 148.

[204] Amburgey, Terry L. and Anne S. Miner, "Strategic Momentum: The Effects of Repetitive, Positional, and Contextual Momentum on Merger Activity", *Strategic Management Journal*, Vol. 13, No. 5, 1992, pp. 335 – 348.

[205] Amit, Raphael and Joshua Livnat, "Diversification and the Risk – Return Trade – Off", *Academy of Management Journal*, Vol. 31, No. 1, 1988, pp. 154 – 166.

[206] Andrew W. Savitz, *The Triple Bottom Line: How Today's Firm to Succeed among the Economy, Society and Environment*, Jossey – Bass Press, 2006.

[207] Argote, Linda, Sara L. Beckman and Dennis Epple, "The Persistence and Transfer of Learning in Industrial Settings", *Strategic Management of Intellectual Capital*, Vol. 36, No. 2, 1998, pp. 189 – 209.

[208] Argote, Linda and Eric Darr, "Repositories of Knowledge in Fran-

chise Organizations: Individual, Structural, and Technological", *The Nature and Dynamics of Organizational Capabilities*, 2009.

[209] Argouslidis, Paraskevas C. and Kostis Indounas, "Exploring the Role of Relationship Pricing in Industrial Export Settings: Empirical Evidence from the Uk", *Industrial Marketing Management*, Vol. 39, No. 3, 2010, pp. 460 – 472.

[210] Ashforth, Blake E. and Peter H. Reingen, "Functions of Dysfunction: Managing the Dynamics of an Organizational Duality in a Natural Food Cooperative", *Administrative Science Quarterly*, Vol. 59, No. 3, 2014, pp. 474 – 516.

[211] Asquith, Paul, "Merger Bids, Uncertainty, and Stockholder Returns", *Journal of Financial Economics*, Vol. 11, No. 1, 1983, pp. 51 – 83.

[212] Athreye, Suma and Sandeep Kapur, "Introduction: The Internationalization of Chinese and Indian Firms – Trends, Motivations and Strategy", *Birkbeck Working Papers in Economics & Finance*, Vol. 8, No. 1, 2009, pp. 46 – 51.

[213] Avolio, Bruce J. et al., "Transformational Leadership and Organizational Commitment: Mediating Role of Psychological Empowerment and Moderating Role of Structural Distance", *Journal of Organizational Behavior*, Vol. 25. No. 8, 2004, pp. 951 – 968.

[214] Aybar, Bülent and Aysun Ficici, "Cross – Border Acquisitions and Firm Value: An Analysis of Emerging – Market Multinationals", *Journal of International Business Studies*, Vol. 40, No. 8, 2009, pp. 1317 – 1338.

[215] Baer, Markus and Michael Frese, "Innovation Is Not Enough: Climates for Initiative and Psychological Safety, Process Innovations, and Firm Performance", *Journal of Organizational Behavior*, Vol. 24, No. 1, 2003, pp. 45 – 68.

[216] Baker, Ted, Anne S. Miner and Dale T. Eesley, "Improvising

Firms: Bricolage, Account Giving and Improvisational Competencies in the Founding Process", *Research Policy*, Vol. 32, No. 2, 2003, pp. 255 – 276.

[217] Baker, Ted and Reed E. Nelson, "Creating Something from Nothing: Resource Construction through Entrepreneurial Bricolage", *Administrative Science Quarterly*, Vol. 50, No. 3, 2005, pp. 329 – 366.

[218] Baker, Ted, "Resources in Play: Bricolage in the Toy Store (Y)", *Journal of Business Venturing*, Vol. 22, No. 5, 2007, pp. 694 – 711.

[219] Bakker, Frank G. A. De, "A Bibliometric Analysis of 30 Years of Research and Theory on Corporate Social Responsibility and Corporate Social Performance", *Business & Society*, Vol. 44, No. 3, 2005, pp. 283 – 317.

[220] Bakker, M. P. Leiter, *Work Engagement: The Essential in Theory and Research*, Psychology Press, New York, 2010.

[221] Balakrishnan, Srinivasan, and Mitchell P. Koza, "Information Asymmetry, Adverse Selection and Joint – Ventures: Theory and Evidence", *Journal of Economic Behavior & Organization*, Vol. 20, No. 1, 1993, pp. 99 – 117.

[222] Barkema, H. and Vermeulen, F., "International Expansion through Start – up or Acquisition: A Learning Perspective", *Academy of Management Journal*, Vol. 41, No. 1, 1998, pp. 7 – 26.

[223] Barnes, Tina, Ian Pashby and Anne Gibbons, "Effective University – Industry Interaction: A Multi – Case Evaluation of Collaborative R&D Projects", *European Management Journal*, Vol. 20, No. 3, 2002, pp. 272 – 285.

[224] Barney, Jay B. and Mark H. Hansen, "Trustworthiness as a Source of Competitive Advantage", *Strategic Management Journal*, Vol. 15, No. S1, 1994, pp. 175 – 190.

[225] Barney, Jay, "Firm Resources and Sustained Competitive Advantage", *Journal of Management*, Vol. 17, No. 1, 1991, pp. 3 – 10.

[226] Baron, David P., "Private Politics, Corporate Social Responsibility, and Integrated Strategy", *Journal of Economics & Management Strategy*, Vol. 10, No. 1, 2001, pp. 7 –45.

[227] Baron, R. M. and Kenny, D. A., "The Moderator mediator Variable Distinction in Social Psychological Research: Conceptual, Strategic, and Statistical Considerations", *Journal of Personality and Social Psychology*, Vol. 51, 1986, pp. 1173 – 1182

[228] Baron, Robert A. and Jintong Tang, "Entrepreneurs' Social Skills and New Venture Performance: Mediating Mechanisms and Cultural Generality", *Journal of Management*, Vol. 35, No. 2, 2008, pp. 282 – 306.

[229] Baron, Robert A., "Opportunity Recognition as Pattern Recognition: How Entrepreneurs 'Connect the Dots' to Identify New Business Opportunities", *Academy of Management Perspectives*, Vol. 20, No. 1, 2006, pp. 104 – 119.

[230] Barraclough, Kathryn, David T. Robinson, Tom Smith and Robert E. Whaley, "Using Option Prices to Infer Overpayments and Synergies in M&A Transactions", *Review of Financial Studies*, Vol. 26, No. 3, 2013, pp. 695 – 722.

[231] Barreto, Ilídio and Charles Baden – Fuller, "To Conform or to Perform? Mimetic Behaviour, Legitimacy – Based Grou and Performance Consequences", *Journal of Management Studies*, Vol. 43, No. 7, 2006, pp. 1559 – 1581.

[232] Barreto, Ilídio, "Dynamic Capabilities: A Review of Past Research and an Agenda for the Future", *Journal of Management*, Vol. 36, No. 1, 2009, pp. 256 – 280.

[233] Bartz, Jennifer A. and John E. Lydon, "Relationship – Specific Attachment, Risk Regulation, and Communal Norm Adherence in Close Relationships", *Journal of Experimental Social Psychology*, Vol. 44, No. 3, 2008, pp. 655 – 663.

[234] Bass, B. M., *Leadership and Performance Beyond Expectations*, Harper and Row, New York, 1985.

[235] Bass, B. M. and B. J. Avolio, "The Implications of Transactional and Transformational Leadership for Individual, Team, and Organizational Development", *Research in Organizational Change & Development*, Vol. 4, 1990, pp. 231 – 272.

[236] Bass, Bernard M. and Bruce J. Avolio, "Potential Biases in Leadership Measures: How Prototypes, Leniency, and General Satisfaction Relate to Ratings and Rankings of Transformational and Transactional Leadership Constructs", *Educational & Psychological Measurement*, Vol. 49, No. 3, 1989, pp. 509 – 527.

[237] Bass, Bernard M., "Two Decades of Research and Development in Transformational Leadership", *European Journal of Work & Organizational Psychology*, Vol. 8, No. 1, 1999, pp. 9 – 32.

[238] Basu, Nilanjan, Lora Dimitrova and Imants Paeglis, "Family Control and Dilution in Mergers", *Journal of Banking & Finance*, Vol. 33, No. 5, 2009, pp. 829 – 841.

[239] Batjargal, Bat, "Internet Entrepreneurship: Social Capital, Human Capital, and Performance of Internet Ventures in China", *Research Policy*, Vol. 36, No. 5, 2007, pp. 605 – 618.

[240] Battilana, Julie, Metin Sngul, Anne Claire Pache and Jacob Model, "Harnessing Productive Tensions in Hybrid Organizations: The Case of Work Integration Social Enterprises", *Academy of Management Journal*, Vol. 58, 2015, pp. 1658 – 1685.

[241] Battilana, Julie and Silvia Dorado, "Building Sustainable Hybrid Organizations: The Case of Commercial Microfinance Organizations", *Academy of Management Journal*, Vol. 53, No. 6, 2010, pp. 1419 – 1440.

[242] Baum, J. and Oliver, C., "Institutional Embeddedness and the Dynamics of Organizational Populations", *American Sociological Review*,

Vol. 57, No. 4, 1992, pp. 540 -559.

[243] Baum, Joel A. C. and Frank Dobbin, "The Iron Cage Revisited: Institutional Isomorphism and Collective Rationality in Organizational Fields", *American Sociological Review*, Vol. 48, No. 2, 1983, pp. 147 -160.

[244] Becker, Howard S. , "Notes on the Concept of Commitment", *American Journal of Sociology*, Vol. 66, No. 1, 1960, pp. 32 -40.

[245] Beckman, C. and Haunschild, P. , "Network learning: The Effects of Partners' Heterogeneity of Experience on Corporate Acquisitions", *Administrative Science Quarterly*, Vol. 47, No. 1, 2002, pp. 92 -124.

[246] Belsley, D. , Kuh, E. and Welsch, R. , *Regression Diagnostics*, Wiley, New York, NY, 1980.

[247] Bendor, J. and Swistak, P. , "The evolution of norms", *American Journal of Sociology*, Vol. 106, No. 6, 2001, pp. 1493 -1545.

[248] Benito, Gabriel R. G. and Geir Gripsrud, "The Expansion of Foreign Direct Investments: Discrete Rational Location Choices or a Cultural Learning Process?", *Journal of International Business Studies*, Vol. 23, No. 3, 1992, pp. 461 -476.

[249] Berry, Michael A. and Dennis A. Rondinelli, "Proactive Corporate Environmental Management: A New Industrial Revolution", *The Academy of Management Executive* (1993 -2005), Vol. 12, No. 2, 1998, pp. 38 -50.

[250] Besharov, Marya L. and Wendy K. Smith, "Multiple Institutional Logics in Organizations: Explaining Their Varied Nature and Implications", *Academy of Management Review*, Vol. 39, No. 3, 2014, pp. 364 -381.

[251] Besley, Timothy and Maitreesh Ghatak, "Retailing Public Goods: The Economics of Corporate Social Responsibility", *Journal of Public Economics*, Vol. 91, No. 9, 2007, pp. 1645 -1663.

[252] Beugelsdijk, Sjoerd and Niels Noorderhaven, "Entrepreneurial Attitude and Economic Growth: A Cross – Section of 54 Regions", *Annals of Regional Science*, Vol. 38, No. 2, 2004, pp. 199 – 218.

[253] Bhagata, Sanjai, Shavin Malhotra and Peng Cheng Zhu, "Emerging Country Cross – Border Acquisitions: Characteristics, Acquirer Returns and Cross – Sectional Determinants", *Emerging Markets Review*, Vol. 12, No. 3, 2011, pp. 250 – 271.

[254] Bhattacharyya, Som Sekhar, "Exploring the Concept of Strategic Corporate Social Responsibility for an Integrated Perspective", *European Business Review*, Vol. 22, No. 1, 2010, pp. 82 – 101.

[255] Bishop, James W. and K. Dow Scott, "An Examination of Organizational and Team Commitment in a Self – Directed Team Environment", *Journal Applied Psychology*, Vol. 85, No. 3, 2000, pp. 439 – 450.

[256] Blickle, Gerhard, James A. Meurs, Ingo Zettler, Jutta Solga, Daniela Noethen, Jochen Kramer and Gerald R. Ferris, "Personality, Political Skill, and Job Performance", *Journal of Vocational Behavior*, Vol. 72, No. 3, 2008, pp. 377 – 387.

[257] Bo, Bernhard Nielsen and Sabina Nielsen, "The Role of Top Management Team International Orientation in International Strategic Decision – Making: The Choice of Foreign Entry Mode", *Journal of World Business*, Vol. 46, No. 2, 2011, pp. 185 – 193.

[258] Boateng, Agyenim, Wang Qian and Tianle Yang, "Cross – Border M&as by Chinese Firms: An Analysis of Strategic Motives and Performance", *Thunderbird International Business Review*, Vol. 50, No. 4, 2008, pp. 259 – 270.

[259] Boddewyn, Jean J. and Thomas L. Brewer, "International – Business Political Behavior: New Theoretical Directions", *Academy of Management Review*, Vol. 19, No. 1, 1994, pp. 119 – 143.

[260] Bono, Joyce E. and Timothy A. Judge, "Self – Concordance at

Work: Toward Understanding the Motivational Effects of Transformational Leaders", *Academy of Management Journal*, Vol. 46, No. 5, 2003, pp. 554 – 571.

[261] Bremmer, Ian, "The New Rules of Globalization", *Harvard Business Review*, Vol. 92, No. 1 – 2, 2014, p. 103.

[262] Buckley, P., Clegg, L., Cross, A., Liu, X., Voss, H. and Zheng, P., "The Determinants of Chinese Outward Foreign Direct Investment", *Journal of International Business Studies*, Vol. 38, No. 4, 2007, pp. 499 – 518.

[263] Buckley, Peter J., L. Jeremy Clegg, Adam Cross, Xin Liu, Hinrich Voss and Ping Zheng, *The Determinants of Chinese Outward Foreign Direct Investment*: Edward Elgar, 2010.

[264] Burke, Lee and Jeanne M. Logsdon, "How Corporate Social Responsibility Pays off", *Long Range Planning*, Vol. 29, No. 4, 2010, pp. 495 – 502.

[265] Burns. J. M., *Transforming Leadership: The New Pursuit of Happiness*, New York, NY: Harper and Row, 2003.

[266] Burns, J. M., *Leadership*, New York, NY: Harper & Row, 1978.

[267] Bycio, Peter, Rick D. Hackett and Joyce S. Allen, "Further Assessments of Bass's (1985) Conceptualization of Transactional and Transformational Leadership", *Journal of Applied Psychology*, Vol. 80, No. 4, 1995, pp. 468 – 478.

[268] Byrne, Z., "How do Procedural and Interactional Justice Influence multiple Levels of Organizational Outcomes?", Paper Presented at the Annual Meeting of the Society for Industrial and Organizational Psychology, Atlanta, GA. 1999, April – May.

[269] Büschgens, Thorsten, Andreas Bausch and David B. Balkin, "Organizational Culture and Innovation: A Meta – Analytic Review", *Journal of Product Innovation Management*, Vol. 30, No. 4, 2013, pp. 763 – 781.

[270] Campbell, John L., "Why Would Corporations Behave in Socially Responsible Ways? An Institutional Theory of Corporate Social Responsibility", *Academy of Management Review*, Vol. 32, No. 3, 2007, pp. 946–967.

[271] Canales, Rodrigo, "Weaving Straw into Gold: Managing Organizational Tensions between Standardization and Flexibility in Microfinance", *Organization Science*, Vol. 25, No. 1, 2014, pp. 1–28.

[272] Cano, Cynthia Rodriguez, Francois A. Carrillat and Fernando Jaramillo, "A Meta-Analysis of the Relationship between Market Orientation and Business Performance: Evidence from Five Continents", *International Journal of Research in Marketing*, Vol. 21, No. 2, 2004, pp. 179–200.

[273] Capello, Roberta and Alessandra Faggian, "Collective Learning and Relational Capital in Local Innovation Processes", *Regional Studies*, Vol. 39, No. 1, 2005, pp. 75–87.

[274] Casciaro, Tiziana and Mikolaj Jan Piskorski, "Power Imbalance, Mutual Dependence, and Constraint Absorption: A Closer Look at Resource Dependence Theory", *Administrative Science Quarterly*, Vol. 50, No. 2, 2005, pp. 167–199.

[275] Cassiman, B. and Colombo, M. G., "Mergers and Acquisitions: The Innovation Impact", *Bollettino Dellistituto Sieroterapico Milanese*, Vol. 38, No. 1–2, 2006, pp. 13–20.

[276] Casson, M., *The Entrepreneur: An Economic Theory*, Rowman & Littlefield, 1982.

[277] Cefis, Elena, "The Impact of M&a on Technology Sourcing Strategies", *Economics of Innovation & New Technology*, Vol. 19, No. 1, 2010, pp. 27–51.

[278] Chandler, Gaylen N., Dawn R. Detienne, Alexander Mckelvie and Troy V. Mumford, "Causation and Effectuation Processes: A Validation Study", *Journal of Business Venturing*, Vol. 26, No. 3, 2011,

pp. 375 - 390.

[279] Chaney, Paul K. and Craig M. Lewis, "Earnings Management and Firm Valuation under Asymmetric Information", *Journal of Corporate Finance*, Vol. 1, No. 3 - 4, 1995, pp. 319 - 345.

[280] Chao, Chen Ho and Vikas Kumar, "The Impact of Institutional Distance on the International Diversity - Performance Relationship", *Social Science Electronic Publishing*, Vol. 45, No. 1, 2010, pp. 93 - 103.

[281] Chapman, Keith, "Cross - Border Mergers/Acquisitions: A Review and Research Agenda", *Journal of Economic Geography*, Vol. 3, No. 3, 2003, pp. 309 - 334.

[282] Chari, Murali Dr. and Kiyoung Chang, "Determinants of the Share of Equity Sought in Cross - Border Acquisitions", *Journal of International Business Studies*, Vol. 40, No. 8, 2009, pp. 1277 - 1297.

[283] Chatterjee, R. and Meeks, G., "The Financial Effects of Takeover: Accounting Rates of Return and Accounting Regulation", *Journal of Business Finance & Accounting*, Vol. 23, No. 5 - 6, 2010, pp. 851 - 868.

[284] Chen, L. Y., "An Examination of the Relationship between Leadership Behavior and Organizational Commitment at Steel Companies", *Journal of Applied Management and Entrepreneurship*, Vol. 2, 2002, pp. 122 - 142.

[285] Chen, Ming Jer, Ken G. Smith and Curtis M. Grimm, "Action Characteristics as Predictors of Competitive Responses", *Papers*, Vol. 38, No. 3, 1992, pp. 439 - 455.

[286] Chen, Ming Jer, Kuo Hsien Su and Wenpin Tsai, "Competitive Tension: The Awareness - Motivation - Capability Perspective", *Academy of Management Journal*, Vol. 50, No. 1, 2007, pp. 101 - 118.

[287] Chen, Ming Jer and Danny Miller, "Competitive Attack, Retaliation and Performance: An Expectancy - Valence Framework", *Strategic*

Management Journal, Vol. 15, No. 2, 1994, pp. 85 – 102.

[288] Chen, MingJer and Danny Miller, "Competitive Dynamics: Themes, Trends, and a Prospective Research Platform", *Academy of Management Annals*, Vol. 6, No. 1, 2012, pp. 135 – 210.

[289] Chen, Shih Fen S. and Jean Francois Hennart, "A Hostage Theory of Joint Ventures: Why Do Japanese Investors Choose Partial over Full Acquisitions to Enter the United States?", *Journal of Business Research*, Vol. 57, No. 10, 2004, pp. 1126 – 1134.

[290] Chen, Shih Fen S. and Jean Francois Hennart, "Japanese Investors' Choice of Joint Ventures Versus Wholly – Owned Subsidiaries in the Us: The Role of Market Barriers and Firm Capabilities", *Journal of International Business Studies*, Vol. 33, No. 1, 2002, pp. 1 – 18.

[291] Chen, Shih Fen S., "The Motives for International Acquisitions: Capability Procurements, Strategic Considerations, and the Role of Ownership Structures", *Journal of International Business Studies*, Vol. 39, No. 3, 2008, pp. 454 – 471.

[292] Chen, V., Li, J. and Shapiro, D., "International Reverse Spillover Effect on Parent Firms: Evidence from Emerging Market MNEs in Developed Markets", *European Management Journal*, Vol. 30, 2012, pp. 204 – 218.

[293] Chen, Yu Shan, Shyh Bao Lai and Chao Tung Wen, "The Influence of Green Innovation Performance on Corporate Advantage in Taiwan", *Journal of Business Ethics*, Vol. 67, No. 4, 2006, pp. 331 – 339.

[294] Chen, Yuan Yi and Michael N. Young, "Cross – Border Mergers and Acquisitions by Chinese Listed Companies: A Principal – Principal Perspective", *Asia Pacific Journal of Management*, Vol. 27, No. 3, 2010, pp. 523 – 539.

[295] Chen, Zhen Xiong and Anne Marie Francesco, "The Relationship between the Three Components of Commitment and Employee Performance in China", *Journal of Vocational Behavior*, Vol. 62, No. 3,

2003, pp. 490 – 510.

[296] Cheng, Cong and Monica Yang, "Enhancing Performance of Cross – Border Mergers and Acquisitions in Developed Markets: The Role of Business Ties and Technological Innovation Capability", *Journal of Business Research*, Vol. 81, 2017, pp. 107 – 117.

[297] Chesbrough, Henry and Adrienne Kardon Crowther, "Beyond High Tech: Early Adopters of Open Innovation in Other Industries", *R & D Management*, Vol. 36, No. 3, 2006, pp. 229 – 236.

[298] Child, John and Suzana B. Rodrigues, "The Internationalization of Chinese Firms: A Case for Theoretical Extension?", *Management & Organization Review*, Vol. 1, No. 3, 2005, pp. 381 – 410.

[299] Cho, Charles H., Dennis M. Patten and Robin W. Roberts, "Corporate Political Strategy: An Examination of the Relation between Political Expenditures, Environmental Performance, and Environmental Disclosure", *Journal of Business Ethics*, Vol. 67, No. 2, 2006, pp. 139 – 154.

[300] Cho, Theresa S. and Donald C. Hambrick, "Attention as the Mediator between Top Management Team Characteristics and Strategic Change: The Case of Airline Deregulation", *Organization Science*, Vol. 17, No. 4, 2006, pp. 453 – 469.

[301] Chuang, Y. and Baum, J., "It's All in the Name: Failure – Induced Learning by Multiunit Chains", *Administrative Science Quarterly*, Vol. 48, No. 1, 2003, pp. 33 – 59.

[302] Clarkson, Peter M., Yue Li, Gordon D. Richardson and Florin P. Vasvari, "Revisiting the Relation between Environmental Performance and Environmental Disclosure: An Empirical Analysis", *Accounting Organizations & Society*, Vol. 33, No. 4 – 5, 2008, pp. 303 – 327.

[303] Cohen, J., Cohen, P., West, S. G. and Aiken, L. S., Applied Multiple Regression/Correlation Analysis for the Behavioral Sciences (3rd edition), Mahwah, NJ: Lawrence Erlbaum, 2003.

[304] Collins, Jamie D., Tim R. Holcomb, S. Trevis Certo, Michael A. Hitt and Richard H. Lester, "Learning by Doing: Cross – Border Mergers and Acquisitions", *Journal of Business Research*, Vol. 62, No. 12, 2008, pp. 1329 – 1334.

[305] Connelly, Brian L., Laszlo Tihanyi, S. Trevis Certo and Michael A. Hitt, "Marching to the Beat of Different Drummers: The Influence of Institutional Owners on Competitive Actions", *Academy of Management Journal*, Vol. 53, No. 4, 2010, pp. 723 – 742.

[306] Contractor, F., Lahiri, S., Elango, B. and Kundu, S., "Institutional, Cultural and Industry Related Determinants of Ownership Choices in Emerging Market FDI Acquisitions", *International Business Review*, Vol. 23, No. 5, 2014, pp. 931 – 941.

[307] Corbin, Juliet M. and Anselm L. Strauss, *Basics of Qualitative Research: Techniques and Procedures for Developing Grounded Theory*, 1998.

[308] Corbin, Juliet and Anselm Strauss, "Grounded Theory Research: Procedures, Canons and Evaluative Criteria", *Qualitative Sociology*, Vol. 13, No. 1, 1990, pp. 3 – 21.

[309] Cordano, M. and Frieze, I. H., "Pollution Reduction Preferences of U. S. Environmental Managers: Applying Adze's Theory of Planned Behavior", *Academy of Management Journal*, Vol. 43, No. 4, 2000, pp. 627 – 641.

[310] Cording, Margaret, Petra Christmann and David R. King, "Reducing Causal Ambiguity in Acquisition Integration: Intermediate Goals as Mediators of Integration Decisions and Acquisition Performance", *Academy of Management Journal*, Vol. 51, No. 4, 2008, pp. 744 – 767.

[311] Corner, Patricia Doyle and Marcus Ho, "How Opportunities Develop in Social Entrepreneurship", *Entrepreneurship Theory & Practice*, Vol. 34, No. 4, 2010, pp. 635 – 659.

[312] Cornu, Philippe, Du, X. and An Isakov, "The Deterring Role of the

Medium of Payment in Takeover Contests: Theory and Evidence from the UK", *European Financial Management*, Vol. 6, No. 4, 2000, pp. 423 – 440.

[313] Corrado, Charles J., "Event Studies: A Methodology Review", *Social Science Electronic Publishing*, Vol. 51, No. 1, 2014, pp. 207 – 234.

[314] Covin, Jeffrey G. and Dennis P. Slevin, "A Conceptual Model of Entrepreneurship as Firm Behavior", *Social Science Electronic Publishing*, Vol. 16, No. 1, 1991, pp. 7 – 26.

[315] Cox, Annette, Stefan Zagelmeyer and Mick Marchington, "Embedding Employee Involvement and Participation at Work", *Human Resource Management Journal*, Vol. 16, No. 3, 2006, pp. 250 – 267.

[316] Crossan, Mary M., "Improvisation in Action", *Organization Science*, Vol. 9, No. 9, 1998, pp. 593 – 599.

[317] Crossan, Mary, Miguel Pina E. Cunha, Dusya Vera and João Cunha, "Time and Organizational Improvisation", *Academy of Management Review*, Vol. 30, No. 1, 2005, pp. 129 – 145.

[318] Cuervo – Cazurra, Alvaro, "Who Cares About Corruption?", *Journal of International Business Studies*, Vol. 37, No. 6, 2006, pp. 807 – 822.

[319] Cui, Lin and Fuming Jiang, "FDI Entry Mode Choice of Chinese Firms: A Strategic Behavior Perspective", *Journal of World Business*, Vol. 44, No. 4, 2009, pp. 434 – 444.

[320] Cupach, William R. and Brian H. Spitzberg, "The Dark Side of Close Relationships Ii", *Mit Sloan Management Review*, Vol. 46, No. 3, 2011, pp. 75 – 82.

[321] Dacin, M. Tina, Christine Oliver and Jean Paul Roy, "The Legitimacy of Strategic Alliances: An Institutional Perspective", *Strategic Management Journal*, Vol. 28, No. 2, 2007, pp. 169 – 187.

[322] Dahlsrud, Alexander, "How Corporate Social Responsibility Is De-

fined: An Analysis of 37 Definitions", *Corporate Social Responsibility & Environmental Management*, Vol. 15, No. 1, 2008, pp. 1 – 13.

[323] Dansereau, Fred, George Graen and William J. Haga, "A Vertical Dyad Linkage Approach to Leadership within Formal Organizations: A Longitudinal Investigation of the Role Making Process", *Organizational Behavior & Human Performance*, Vol. 13, No. 1, 1975, pp. 46 – 78.

[324] Das, T. K. and Bing Sheng Teng, "Instabilities of Strategic Alliances: An Internal Tensions Perspective", *Organization Science*, Vol. 11, No. 1, 2000, pp. 77 – 101.

[325] Das, T. K., "Strategic Alliance Temporalities and Partner Opportunism", *British Journal of Management*, Vol. 17, No. 1, 2006, pp. 1 – 21.

[326] Datta, Deepak K. and James P. Guthrie, "Executive Succession: Organizational Antecedents of Ceo Characteristics", *Strategic Management Journal*, Vol. 15, No. 7, 2010, pp. 569 – 577.

[327] Davis, G. F. and Cobb, J. A., *Resource Dependence Theory: Past and Future*. In F. Dobbin & C. B. Schoonhoven (eds.), Stanford's Organization Theory Renaissance, 1970 – 2000, Bingley, NY: Emerald Group, 2010, pp. 21 – 42.

[328] Davis, Jason P., Kathleen M. Eisenhardt and Christopher B. Bingham, "Optimal Structure, Market Dynamism, and the Strategy of Simple Rules", *Administrative Science Quarterly*, Vol. 54, No. 3, 2009, pp. 413 – 452.

[329] Davis, Peter S., Ashay B. Desai and John D. Francis, "Mode of International Entry: An Isomorphism Perspective", *Journal of International Business Studies*, Vol. 31, No. 2, 2000, pp. 239 – 258.

[330] De Dreu, C. K. and L. R. Weingart, "Task Versus Relationship Conflict, Team Performance, and Team Member Satisfaction: A Meta – Analysis", *Journal of Applied Psychology*, Vol. 88, No. 4,

2003, pp. 741 – 749.

[331] Deephouse, David L., "To Be Different, or to Be the Same? It's a Question (and Theory) of Strategic Balance", *Strategic Management Journal*, Vol. 20, No. 2, 2015, pp. 147 – 166.

[332] Delios, Andrew, Ajai S. Gaur and Shige Makino, "The Timing of International Expansion: Information, Rivalry and Imitation among Japanese Firms, 1980 – 2002", *Journal of Management Studies*, Vol. 45, No. 1, 2008, pp. 169 – 195.

[333] Delong, Gayle and Robert Deyoung, "Learning by Observing: Information Spillovers in the Execution and Valuation of Commercial Bank M&As", *Journal of Finance*, Vol. 62, No. 1, 2007, pp. 181 – 216.

[334] Deng, P., "Outward investment by Chinese MNCs: Motivations and implications", *Business Horizons*, Vol. 47, No. 3, 2004, pp. 8 – 16.

[335] Deng, P. and Yang, M., "Cross – Border Mergers and Acquisitions by Emerging Market Firms: A Comparative Investigation", *International Business Review*, Vol. 24, No. 1, 2015, pp. 157 – 172.

[336] Deng, P., "Chinese Outward Direct Investment Research: Theoretical Integration and Recommendations", *Management & Organization Review*, Vol. 9, No. 3, 2013, pp. 513 – 539.

[337] Deng, P., "Why Do Chinese Firms Tend to Acquire Strategic Assets in International Expansion?", *Journal of World Business*, Vol. 44, No. 1, 2009, pp. 74 – 84.

[338] Denis, D. and McConell, J., "International Corporate Governance", *Journal of Financial and Quantitative Analysis*, Vol. 38, No. 1, 2003, pp. 1 – 36.

[339] Deyoung, Robert, Douglas D. Evanoff and Philip Molyneux, "Mergers and Acquisitions of Financial Institutions: A Review of the Post – 2000 Literature", *Journal of Financial Services Research*, Vol. 36, No. 2 – 3, 2009, pp. 87 – 110.

[340] DiMaggio, P. and Powell, W., "The Iron Cage Revisited: Institu-

tional Isomorphism and Collective Rationality in Organizational Fields", *American Sociological Review*, Vol. 48, No. 2, 1983, pp. 147 – 160.

[341] Dibenigno, Julia and Katherine Kellogg, "Beyond Occupational Differences: The Importance of Cross – Cutting Demographics and Dyadic Toolkits for Collaboration in a Us Hospital", *Administrative Science Quarterly*, Vol. 59, No. 3, 2014, pp. 375 – 408.

[342] Dikova, D., Sahib, P. and van Witteloostuijn, A., "Cross – Border Acquisition Abandonment and Completion: The Effects of Institutional Differences and Organizational Learning in the International Business Service Industry, 1981 – 2001", *Journal of International Business Studies*, Vol. 41, No. 2, 2010, pp. 223 – 245.

[343] Dikova, Desislava, Padma Rao Sahib and Arjen Van Witteloostuijn, "Cross – Border Acquisition Abandonment and Completion: The Effect of Institutional Differences and Organizational Learning in the International Business Service Industry, 1981 – 2001", *Journal of International Business Studies*, Vol. 41, No. 2, 2010, pp. 223 – 245.

[344] Domenico, Maria Laura Di, Helen Haugh and Paul Tracey, "Social Bricolage: Theorizing Social Value Creation in Social Enterprises", *Entrepreneurship Theory & Practice*, Vol. 34, No. 4, 2010, pp. 681 – 703.

[345] Draper, Paul and Krishna Paudyal, "Corporate Takeovers: Mode of Payment, Returns and Trading Activity", *Journal of Business Finance & Accounting*, Vol. 26, No. 5&6, 2010, pp. 521 – 558.

[346] Du, Min and Agyenim Boateng, "State Ownership, Institutional Effects and Value Creation in Cross – Border Mergers & Acquisitions by Chinese Firms", *International Business Review*, Vol. 24, No. 3, 2015, pp. 430 – 442.

[347] Du, Y., "Institutional Pluralism and New Venture Growth in China: A Three Way Interaction", *Academy of Management Annual Meeting*

Proceedings, No. 1, 2013, p. 12732.

[348] Duanmu, Jing Lin, "Firm Heterogeneity and Location Choice of Chinese Multinational Enterprises (Mnes)", *Journal of World Business*, Vol. 47, No. 1, 2012, pp. 64 - 72.

[349] Dubinsky, Alan J., Francis J. Yammarino, Marvin A. Jolson and William D. Spangler, "Transformational Leadership: An Initial Investigation in Sales Management", *Journal of Personal Selling & Sales Management*, Vol. 15, No. 2, 1995, pp. 17 - 31.

[350] Duffy, Michelle K., Jason D. Shaw and Eric M. Stark, "Performance and Satisfaction in Conflicted Interdependent Groups: When and How Does Self - Esteem Make a Difference?", *Academy of Management Journal*, Vol. 43, No. 4, 2000, pp. 772 - 782.

[351] Dunn, Mary B. and Candace Jones, "Institutional Logics and Institutional Pluralism: The Contestation of Care and Science Logics in Medical Education, 1967 - 2005", *Administrative Science Quarterly*, Vol. 55, No. 1, 2010, pp. 114 - 149.

[352] Dunning, J. H., *International Production and the Multinational Enterprises*, London: Allen & Unwin, 1981.

[353] Dunning, John H., "The Eclectic (Oli) Paradigm of International Production: Past, Present and Future", *International Journal of the Economics of Business*, Vol. 8, No. 2, 2001, pp. 173 - 190.

[354] Dunning, John H., "The Eclectic Paradigm of International Production: A Restatement and Some Possible Extensions", *Journal of International Business Studies*, Vol. 19, No. 1, 1988, pp. 1 - 31.

[355] Dutta, Shantanu, Samir Saadi and Peng Cheng Zhu, "Does Payment Method Matter in Cross - Border Acquisitions?", *International Review of Economics & Finance*, Vol. 25, No. 1, 2013, pp. 91 - 107.

[356] Duymedjian, Raffi and Charles Clemens Rüling, "Towards a Foundation of Bricolage in Organization and Management Theory", *Organization Studies*, Vol. 31, No. 2, 2010, pp. 133 - 151.

[357] Duysters, Geert, Koen H. Heimeriks, Boris Lokshin, Elise Meijer and Anna Sabidussi, "Do Firms Learn to Manage Alliance Portfolio Diversity? The Diversity – Performance Relationship and the Moderating Effects of Experience and Capability", *European Management Review*, Vol. 9, No. 3, 2012, pp. 139 – 152.

[358] Edgington, Eugene S., "Review of the Discovery of Grounded Theory: Strategies for Qualitative Research", *Canadian Psychologist Psychologie Canadienne*, Vol. 8a, No. 4, 1967, pp. 360 – 360.

[359] Edwards, J. R. and L. S. Lambert, "Methods for Integrating Moderation and Mediation: A General Analytical Framework Using Moderated Path Analysis", *Psychological Methods*, Vol. 12, No. 1, 2007, p. 1.

[360] Eisenberger, R., G. Karagonlar, F. Stinglhamber, P. Neves, T. E. Becker, M. G. Gonzalezmorales and M. Steigermueller, "Leader – Member Exchange and Affective Organizational Commitment: The Contribution of Supervisor's Organizational Embodiment", *Journal of Applied Psychology*, Vol. 95, No. 6, 2010, pp. 1085 – 1103.

[361] Eisenhardt, K. M. and J. A. Martin, "Dynamic Capabilities: What Are They?" Paper presented at the CCC/Tuck Conference on the Evolution of Firm Capabilities, 2000.

[362] Eisenhardt, Kathleen M. and Melissa E. Graebner, "Theory Building from Cases: Opportunities and Challenges", *Academy of Management Journal*, Vol. 50, No. 1, 2007, pp. 25 – 32.

[363] Elkington, John, "Cannibals with Forks : The Triple Bottom Line of 21st Century Business", *Environmental Quality Management*, Vol. 8, No. 1, 2010, pp. 37 – 51.

[364] Elsbach, K. D. and R. I. Sutton, "Acquiring Organizational Legitimacy Through Illegitimate Actions: A Marriage of Institutional and Impression Management Theories", *Academy of Management Journal*, Vol. 35, No. 4, 1992, pp. 699 – 738.

[365] Estrin, Saul, Delia Baghdasaryan and Klaus E. Meyer, "The Impact

of Institutional and Human Resource Distance on International Entry Strategies", *Journal of Management Studies*, Vol. 46, No. 7, 2010, pp. 1171 – 1196.

[366] Etzkowitz, Henry and Loet Leydesdorff, "The Dynamics of Innovation: From National Systems and" Mode 2 "to a Triple Helix of University – Industry – Government Relations", *Research Policy*, Vol. 29, No. 2, 2000, pp. 109 – 123.

[367] Faison, S., *Chinese Face Uncertainties from Asia' s Financial Chaos*, New York Times, 1998.

[368] Fang, Eric, Robert W. Palmatier, Lisa K. Scheer and Ning Li, "Trust at Different Organizational Levels", *Journal of Marketing*, Vol. 72, No. 2, 2008, pp. 80 – 98.

[369] Fang, Shyh Rong, Yong Sheng Chang and Yan Chiun Peng, "Dark Side of Relationships: A Tensions – Based View", *Industrial Marketing Management*, Vol. 40, No. 5, 2011, pp. 774 – 784.

[370] Farjoun, Moshe, "Strategy Making, Novelty and Analogical Reasoning—Commentary on Gavetti, Levinthal, and Rivkin (2005)", *Strategic Management Journal*, Vol. 29, No. 9, 2008, pp. 1001 – 1016.

[371] Ferrier, Walter J., Ken G. Smith and Curtis M. Grimm, "The Role of Competitive Action in Market Share Erosion and Industry Dethronement: A Study of Industry Leaders and Challengers", *Academy of Management Journal*, Vol. 42, No. 4, 1999, pp. 372 – 388.

[372] Ferrier, Walter J., "Navigating the Competitive Landscape: The Drivers and Consequences of Competitive Aggressiveness", *Academy of Management Journal*, Vol. 44, No. 4, 2001, pp. 858 – 877.

[373] Ferris, Gerald R., Darren C. Treadway, Robert W. Kolodinsky, Wayne A. Hochwarter, Charles J. Kacmar, Ceasar Douglas and Dwight D. Frink, "Development and Validation of the Political Skill Inventory", *Journal of Management Official Journal of the Southern Management Association*, Vol. 31, No. 1, 2005, pp. 126 – 152.

[374] Ficery, Kristin, Tom Herd and Bill Pursche, "Where Has All the Synergy Gone? The M&a Puzzle", *Journal of Business Strategy*, Vol. 28, No. 5, 2007, pp. 29 – 35.

[375] Finkelstein, Sydney, "Interindustry Merger Patterns and Resource Dependence: A Replication and Extension of Pfeffer (1972)", *Strategic Management Journal*, Vol. 18, No. 10, 1997, pp. 787 – 810.

[376] Fishman, Michael J., "Preemptive Bidding and the Role of the Medium of Exchange in Acquisitions", *Journal of Finance*, Vol. 44, No. 1, 1989, pp. 41 – 57.

[377] Fiske, S. T. and Taylor, S. E., *Social Cognition: From Brains to Culture*, New York: McGraw – Hill, 2008.

[378] Fiss, P. C., "A Set – Theoretic Approach to Organizational Configurations", *Academy of Management Review*, Vol. 32, No. 4, 2007, pp. 1180 – 1198.

[379] Fiss, Peer C., "Building Better Causal Theories: A Fuzzy Set Approach to Typologies in Organization Research", *Academy of Management Journal*, Vol. 54, No. 54, 2011, pp. 393 – 420.

[380] Floris, Maurizio, David Grant and Leanne Cutcher, "Mining the Discourse: Strategizing During Bhp Billiton's Attempted Acquisition of Rio Tinto", *Journal of Management Studies*, Vol. 50, No. 7, 2013, pp. 1185 – 1215.

[381] Francis, Bill B., Iftekhar Hasan, Xian Sun and Maya Waisman, "Can Firms Learn by Observing? Evidence from Cross – Border M&As", *Journal of Corporate Finance*, Vol. 25, No. 25, 2014, pp. 202 – 215.

[382] Franks, Julian, Robert Harris and Sheridan Titman, "The Postmerger Share – Price Performance of Acquiring Firms", *Journal of Financial Economics*, Vol. 29, No. 1, 2004, pp. 81 – 96.

[383] Fredericks, Elisa, "Infusing Flexibility into Business – to – Business Firms: A Contingency Theory and Resource – Based View Perspective

and Practical Implications", *Industrial Marketing Management*, Vol. 34, No. 6, 2005, pp. 555 – 565.

[384] French, Peter A., "The Corporation as a Moral Person", *American Philosophical Quarterly*, Vol. 16, No. 3, 1979, pp. 207 – 215.

[385] Friedrich, Tamara L. and Dawn L. Eubanks, "Leading for Innovation: Reevaluating Leader Influences on Innovation with Regard to Innovation Type and Complexity", *International Studies of Management & Organization*, Vol. 40, No. 2, 2010, pp. 6 – 29.

[386] Gaffney, Nolan, Ben Kedia and Jack Clampit, "A Resource Dependence Perspective of Emne FDI Strategy", *International Business Review*, Vol. 22, No. 6, 2013, pp. 1092 – 1100.

[387] Gallaugher, John M. and Charles E. Downing, "Portal Combat: An Empirical Study of Competition in the Web Portal Industry", *Journal of Information Technology Management*, Vol. 11, No. , 2000, pp. 13 – 24.

[388] Gao, Y., "Foreign Trade Law in China and Its Revision", *China: An International Journal*, Vol. 3, No. 1, 2005, pp. 50 – 73.

[389] Garcia – Castro, Roberto, Miguel A. Ariño, and Miguel A. Canela, "Does Social Performance Really Lead to Financial Performance? Accounting for Endogeneity", *Journal of Business Ethics*, Vol. 92, No. 1, 2010, pp. 107 – 126.

[390] Garcia – Pont, Carlos and Nitin Nohria, "Local Versus Global Mimetism: The Dynamics of Alliance Formation in the Automobile Industry", *Strategic Management Journal*, Vol. 23, No. 4, 2002, pp. 307 – 321.

[391] García – Morales, Víctor J., María Teresa Bolívar – RAmos and Rodrigo Martín – Rojas, "Technological Variables and Absorptive Capacity's Influence on Performance through Corporate Entrepreneurship", *Journal of Business Research*, Vol. 67, No. 7, 2014, pp. 1468 – 1477.

[392] Garud, Raghu and Peter Karnøe, "Bricolage Versus Breakthrough: Distributed and Embedded Agency in Technology Entrepreneurship", *Research Policy*, Vol. 32, No. 2, 2003, pp. 277 – 300.

[393] Gaur, A. S., Kumar, V. and Singh, D., "Institutions, Resources, and Internationalization of Emerging Economy Firms", *Journal of World Business*, Vol. 49, No. 1, 2014, pp. 12 – 20.

[394] Gavetti, G. and D. Levinthal, *Cognition and the Evolutionary Dynamics of Organizations*, Paper Presented at the "Knowledge, Knowing and Organization" Track of the EGOS Colloquium, Warwick University, Warwick, UK, 1999.

[395] Gay, Brigitte and Bernard Dousset, "Innovation and Network Structural Dynamics: Study of the Alliance Network of a Major Sector of the Biotechnology Industry", *Research Policy*, Vol. 34, No. 10, 2005, pp. 1457 – 1475.

[396] Ghoshal, Sumantra, Christopher A. Barlett and Peter Moran, "A New Manifesto for Management", *Sloan Management Review*, Vol. 40, No. 3, 2001, pp. 9 – 20.

[397] Gimeno, Javier, Robert E. Hoskisson, Brent D. Beal and William P. Wan, "Explaining the Clustering of International Expansion Moves: A Critical Test in the U. S. Telecommunications Industry", *Academy of Management Journal*, Vol. 48, No. 2, 2005, pp. 297 – 319.

[398] Gimeno, Javier, "Reciprocal Threats in Multimarket Rivalry: Staking out 'Spheres of Influence' in the U. S. Airline Industry", *Strategic Management Journal*, Vol. 20, No. 2, 2015, pp. 101 – 128.

[399] Glenn G. Stock, James L. Hanna and Melinda Hulsey Edwards, "Implementing an Environmental Business Strategy: A Step – by – Step Guide", *Environmental Quality Management*, Vol. 6, No. 4, 1997, pp. 33 – 41.

[400] Globerman, Steven and Daniel Shapiro, "Global Foreign Direct In-

vestment Flows: The Role of Governance Infrastructure", *World Development*, Vol. 30, No. 11, 2004, pp. 1899 –1919.

[401] Golden - Biddle, Karen and Hayagreeva Rao, "Breaches in the Boardroom: Organizational Identity and Conflicts of Commitment in a Nonprofit Organization", *Organization Science*, Vol. 8, No. 6, 1997, pp. 593 –611.

[402] Gomes, Carlos F., Mahmoud M. Yasin and João V. Lisboa, "An Empirical Investigation of Manufacturing Performance Measures Utilization", *International Journal of Productivity & Performance Management*, Vol. 56, No. 3, 2013, pp. 187 –204.

[403] Gong, Yaping, "Subsidiary Staffing in Multinational Enterprises: Agency, Resources, and Performance", *Academy of Management Journal*, Vol. 46, No. 6, 2003, pp. 728 –739.

[404] Graebner, Melissa E., "Momentum and Serendipity: How Acquired Leaders Create Value in the Integration of Technology Firms", *Strategic Management Journal*, Vol. 25, No. 8/9, 2004, pp. 751 –777.

[405] Graen, G., M. Graen and M. Graen, "Japanese Management Progress: Mobility into Middle Management", *Journal of Applied Psychology*, Vol. 73, No. 73, 1988, pp. 217 –227.

[406] Graen, G. and J. F. Cashman, *A Role - Making Model of Leadership in Formal Organizations: A Developmental Approach*, Kent State University, 1975.

[407] Graen, George B., Michael A. Novak and Patricia Sommerkamp, "The Effects of Leader - Member Exchange and Job Design on Productivity and Satisfaction: Testing a Dual Attachment Model", *Organizational Behavior & Human Performance*, Vol. 30, No. 1, 1982, pp. 109 –131.

[408] Grandori, Anna and Santi Furnari, "A Chemistry of Organization: Combinatory Analysis and Design", *Organization Studies*, Vol. 29, No. 3, 2008, pp. 459 –485.

[409] Gray, Roderic J., "Organisational Climate and Project Success", *International Journal of Project Management*, Vol. 19, No. 2, 2001, pp. 103 – 109.

[410] Green, Stephen G., Stella E. Anderson and Sheryl L. Shivers, "Demographic and Organizational Influences on Leader – Member Exchange and Related Work Attitudes", *Organizational Behavior & Human Decision Processes*, Vol. 66, No. 2, 1996, pp. 203 – 214.

[411] Greenwood, Royston, C. R. Hinings and Dave Whetten, "Rethinking Institutions and Organizations", *Journal of Management Studies*, Vol. 51, No. 7, 2014, pp. 1206 – 1220.

[412] Greenwood, Royston, Mia Raynard, Farah Kodeih, Evelyn R. Micelotta and Michael Lounsbury, "Institutional Complexity and Organizational Responses", *Academy of Management Annals*, Vol. 5, No. 1, 2011, pp. 317 – 371.

[413] Gregory, Alan, "An Examination of the Long Run Performance of UK Acquiring Firms", *Journal of Business Finance & Accounting*, Vol. 24, No. 7&8, 2010, pp. 971 – 1002.

[414] Gruenfeld, Deborah H., Katherine Y. Williams, Elizabeth A. Mannix and Margaret A. Neale, "Group Composition and Decision Making: How Member Familiarity and Information Distribution Affect Process and Performance", *Organizational Behavior & Human Decision Processes*, Vol. 67, No. 1, 2010, pp. 1 – 15.

[415] Grégoire, Yany and Robert J. Fisher, "Customer Betrayal and Retaliation: When Your Best Customers Become Your Worst Enemies", *Journal of the Academy of Marketing Science*, Vol. 36, No. 2, 2008, pp. 247 – 261.

[416] Gubbi, Sathyajit R., Preet S. Aulakh, Sougata Ray, M. B. Sarkar and Raveendra Chittoor, "Do International Acquisitions by Emerging – Economy Firms Create Shareholder Value? The Case of Indian Firms", *Journal of International Business Studies*, Vol. 41, No. 3,

2010, pp. 397 – 418.

[417] Guillen, Mauro F., "Structural Inertia, Imitation, and Foreign Expansion: South Korean Firms and Business Groups in China, 1987 – 1995", *Academy of Management Journal*, Vol. 45, No. 3, 2002, pp. 509 – 525.

[418] Gulati, Ranjay, "Network Location and Learning: The Influence of Network Resources and Firm Capabilities on Alliance Formation", *Strategic Management Journal*, Vol. 20, No. 5, 1999, pp. 397 – 420.

[419] Guo, Chao and Zhibin Zhang, "Mapping the Representational Dimensions of Non – Profit Organizations in China", *Public Administration*, Vol. 91, No. 2, 2013, pp. 325 – 346.

[420] Guo, Hai, Zhongfeng Su and David Ahlstrom, "Business Model Innovation: The Effects of Exploratory Orientation, Opportunity Recognition, and Entrepreneurial Bricolage in an Emerging Economy", *Asia Pacific Journal of Management*, Vol. 33, No. 2, 2016, pp. 533 – 549.

[421] Gupta, Anil K. and Vijay Govindarajan, "Cultivating a Global Mindset", *The Academy of Management Executive* (1993 – 2005), Vol. 16, No. 1, 2002, pp. 116 – 126.

[422] Hagedoorn, John and Geert Duysters, "The Effect of Mergers and Acquisitions on the Technological Performance of Companies in a High – Tech Environment", *Technology Analysis & Strategic Management*, Vol. 14, No. 1, 2002, pp. 67 – 85.

[423] Haleblian, Jerayr, Cynthia E. Devers, Gerry Mcnamara, Mason A. Carpenter and Robert B. Davison, "Taking Stock of What We Know About Mergers and Acquisitions: A Review and Research Agenda", *Journal of Management*, Vol. 35, No. 3, 2009, pp. 469 – 502.

[424] Haleblian, Jerayr, Ji Yub Kim and Nandini Rajagopalan, "The Influence of Acquisition Experience and Performance on Acquisition Be-

havior: Evidence from the U. S. Commercial Banking Industry", *Academy of Management Journal*, Vol. 49, No. 2, 2006, pp. 357 – 370.

[425] Haleblian, Jerayr and Bernadine J. Dykes, "Exploring Firm Characteristics That Differentiate Leaders from Followers in Industry Merger Waves: A Competitive Dynamics Perspective", *Strategic Management Journal*, Vol. 33, No. 9, 2012, pp. 1037 – 1052.

[426] Hambrick, Donald C. and Phyllis A. Mason, "Upper Echelons: The Organization as a Reflection of Its Top Managers", *Social Science Electronic Publishing*, Vol. 9, No. 2, 1984, pp. 193 – 206.

[427] Haunschild, Pamela R. and Anne S. Miner, "Modes of Interorganizational Imitation: The Effects of Outcome Salience and Uncertainty", *Administrative Science Quarterly*, Vol. 42, No. 3, 1997, pp. 472 – 500.

[428] Haunschild, Pamela R. and Bilian Ni Sullivan, "Learning from Complexity: Effects of Prior Accidents and Incidents on Airlines' Learning", *Administrative Science Quarterly*, Vol. 47, No. 4, 2002, pp. 609 – 643.

[429] Haunschild, Pamela R., "Interorganizational Imitation: The Impact of Interlocks on Corporate Acquisition Activity", *Administrative Science Quarterly*, Vol. 38, No. 4, 1993, pp. 564 – 592.

[430] Haveman, Heather A. and Lynn Nonnemaker, "Competition in Multiple Geographic Markets: The Impact on Growth and Market Entry", *Administrative Science Quarterly*, Vol. 45, No. 2, 2000, pp. 232 – 267.

[431] Haveman, Heather A., "Follow the Leader: Mimetic Isomorphism and Entry into New Markets", *Administrative Science Quarterly*, Vol. 38, No. 4, 1993, pp. 593 – 627.

[432] Healy, Paul M. and James M. Wahlen, "A Review of the Earnings Management Literature and Its Implications for Standard Setting", *So-

cial Science Electronic Publishing, Vol. 13, No. 4, 1999, pp. 365 – 383.

[433] Hedges, L. V. and I. Olkin, *Statistical Method for Meta – Analysis*, Academic Press, 2014.

[434] Heeley, M. B., King, D. and Covin, J., "Effects of Firm R&D Investment and Environment on Acquisition Likelihood", *Journal of Management Studies*, Vol. 43, 2006, pp. 1513 – 1535.

[435] Helfat, C., "Dynamic Capabilities: Understanding Strategic Change in Organizations", *Academy of Management Review*, Vol. 30, No. 1, 2007, pp. 203 – 207.

[436] Helfat, Constance E. and Margaret A. Peteraf, "The Dynamic Resource – Based View: Capability Lifecycles", *Strategic Management Journal*, Vol. 24, No. 10, 2003, pp. 997 – 1010.

[437] Helfat, Constance E. and Sidney G. Winter, "Untangling Dynamic and Operational Capabilities: Strategy for the (N) Ever – Changing World", *Strategic Management Journal*, Vol. 32, No. 11, 2011, pp. 1243 – 1250.

[438] Henisz, Witold J. and Andrew Delios, "Uncertainty, Imitation, and Plant Location: Japanese Multinational Corporations, 1990 – 1996", *Administrative Science Quarterly*, Vol. 46, No. 3, 2001, pp. 443 – 475.

[439] Hilbe, J. M., *Negative Binomial Regression*, Cambridge, UK: Cambridge University Press, 2007.

[440] Hill, C. W. and Jones, G. R., *Strategic Management Theory: An Integrated Approach*, 5th ed, Boston, MA: Houghton Mifflin Publishing, 2001.

[441] Hillman, Amy J., Michael C. Withers and Brian J Collins, "Resource Dependence Theory: A Review", *Journal of Management*, Vol. 35, No. 6, 2015, pp. 1404 – 1427.

[442] Hillman, Amy J. and Gerald D. Keim, "Shareholder Value, Stake-

holder Management, and Social Issues: What's the Bottom Line?", *Strategic Management Journal*, Vol. 22, No. 2, 2001, pp. 125 – 139.

[443] Hillman, Amy J. and William P. Wan, "The Determinants of Mne Subsidiaries' Political Strategies: Evidence of Institutional Duality", *Journal of International Business Studies*, Vol. 36, No. 3, 2005, pp. 322 – 340.

[444] Hitt, Michael A., Paul W. Beamish, Susan E. Jackson and John E. Mathieu, "Building Theoretical and Empirical Bridges across Levels: Multilevel Research in Management", *Academy of Management Journal*, Vol. 50, No. 6, 2007, pp. 1385 – 1399.

[445] Hitt, Michael A. and Vincenzo Pisano, "The Cross Border Merger and Acquisition Strategy: A Research Perspective", *Management Research*, Vol. 1, No. 2, 2003, pp. 133 – 144.

[446] Hitt, Michael, Jeffrey Harrison, R. Duane Ireland and Aleta Best, "Attributes of Successful and Unsuccessful Acquisitions of US Firms", *British Journal of Management*, Vol. 9, No. 2, 1998, pp. 91 – 114.

[447] Hmieleski, Keith M. and Jon C. Carr, "The Relationship between Entrepreneur Psychological Capital and New Venture Performance", *Social Science Electronic Publishing*, 2008.

[448] Hodgkinson, Ian R., Paul Hughes and Darwina Arshad, "Strategy Development: Driving Improvisation in Malaysia", *Journal of World Business*, Vol. 51, No. 3, 2016, pp. 379 – 390.

[449] Hoffman, A J., *Competitive Environmental Strategy*, Island Press, Washington, D. C., 2000.

[450] Hofstede, G., Hofstede, G. J. and Minkov, M., *Cultures and Organizations*, McGraw Hill New York, NY, 1997.

[451] Hogg, Michael A. and Deborah I. Terry, "Social Identity and Self – Categorization Processes in Organizational Contexts", *Academy of*

Management Review, Vol. 25, No. 1, 2000, pp. 121 – 140.

[452] Hong, Sungjin J. and Seung Hyun Lee, "Reducing Cultural Uncertainty through Experience Gained in the Domestic Market", Journal of World Business, Vol. 50, No. 3, 2015, pp. 428 – 438.

[453] Honig, Benson, "A Process Model of Internal and External Legitimacy", Organization Studies, Vol. 34, No. 3, 2013, pp. 345 – 376.

[454] Hornsey, Matthew J. and Michael A. Hogg, "Assimilation and Diversity: An Integrative Model of Subgroup Relations", Personality & Social Psychology Review, Vol. 4, No. 2, 2000, pp. 143 – 156.

[455] Hoskisson, R. E. and Hitt, M. A., "Antecedents and Performance Outcomes of Diversification: A Review and Critique of Theoretical Perspectives", Journal of Management, Vol. 16, No. 2, 1990, pp. 461 – 509.

[456] Howell, Jane M. and Bruce J. Avolio, "Transformational Leadership, Transactional Leadership, Locus of Control, and Support for Innovation: Key Predictors of Consolidated – Business – Unit Performance", Journal of Applied Psychology, Vol. 78, No. 6, 1993, pp. 891 – 902.

[457] Hsieh, Kai Yu, Wenpin Tsai and Mingjer Chen, "If They Can Do It, Why Not Us? Competitors as Reference Points for Justifying Escalation of Commitment", Academy of Management Journal, Vol. 58, No. 1, 2015, pp. 38 – 58.

[458] Hult, G. Tomas, M., O. C. Ferrell and Robert F. Hurley, "Global Organizational Learning Effects on Cycle Time Performance", Journal of Business Research, Vol. 55, No. 5, 2002, pp. 377 – 387.

[459] Husted, Bryan W. and David B. Allen, "Strategic Corporate Social Responsibility and Value Creation among Large Firms: Lessons from the Spanish Experience", Long Range Planning, Vol. 40, No. 6, 2007, pp. 594 – 610.

[460] Hwang, Hokyu and Walter W. Powell, "The Rationalization of Chari-

ty: The Influences of Professionalism in the Nonprofit Sector", *Administrative Science Quarterly*, Vol. 54, No. 2, 2009, pp. 268 – 298.

[461] Hymer, S. H., *The International Operation of National firms: A Study of Direct Investment*, Cambridge, Massachusetts, and London, England: The MIT Press, 1960.

[462] Ilies, R., J. D. Nahrgang and F. P. Morgeson, "Leader – Member Exchange and Citizenship Behaviors: A Meta – Analysis", *Journal of Applied Psychology*, Vol. 92, No. 1, 2007, pp. 269 – 277.

[463] Ingram, Paul, "Opportunity and Constraint: Organizations' Learning from the Operating and Competitive Experience of Industries", *Strategic Management Journal*, Vol. 18, No. S1, 1997, pp. 75 – 98.

[464] Inkpen, Andrew C. and Eric W. K. Tsang, "Social Capital, Networks, and Knowledge Transfer", *Academy of Management Review*, Vol. 30, No. 1, 2005, pp. 146 – 165.

[465] Ireland, R. Duane, Michael A. Hitt and David G. Sirmon, "A Model of Strategic Entrepreneurship: The Construct and Its Dimensions", *Journal of Management*, Vol. 29, No. 6, 2003, pp. 963 – 989.

[466] Jacobsen, Stacey, "The Death of the Deal: Are Withdrawn Acquisition Deals Informative of Ceo Quality?", *Journal of Financial Economics*, Vol. 114, No. 1, 2014, pp. 54 – 83.

[467] Jain, Naveen K., Douglas R. Hausknecht and Debmalya Mukherjee, "Location Determinants for Emerging Market Firms", *Management Decision*, Vol. 51, No. 1 – 2, 2013, pp. 396 – 418.

[468] Jamali, Dima, "The Case for Strategic Corporate Social Responsibility in Developing Countries", *Business & Society Review*, Vol. 112, No. 1, 2007, pp. 1 – 27.

[469] Jantunen, Ari, Hanna Kaisa Ellonen and Anette Johansson, "Beyond Appearances – Do Dynamic Capabilities of Innovative Firms Actually Differ?", *European Management Journal*, Vol. 30, No. 2, 2012, pp. 141 – 155.

[470] Jehn, K. A., Northcraft, G. B. and Neale, M. A., "Why Differences Make a Difference: A Field Study of Diversity, Conflict and Performance in Workgroups", *Administrative Science Quarterly*, Vol. 44, 1999, pp. 741 –763.

[471] Jehn, Karen A. and Elizabeth A. Mannix, "The Dynamic Nature of Conflict: A Longitudinal Study of Intragroup Conflict and Group Performance", *Academy of Management Journal*, Vol. 44, No. 2, 2001, pp. 238 –251.

[472] Jehn, Karen A., "A Multimethod Examination of the Benefits and Detriments of Intragroup Conflict", *Administrative Science Quarterly*, Vol. 40, No. 2, 1995, pp. 256 –282.

[473] Jensen, Michael C., "Agency Costs of Free Cash Flow, Corporate Finance, and Takeovers", *American Economic Review*, Vol. 76, No. 2, 2001, pp. 323 –329.

[474] Jensen, Michael and Edward J. Zajac, "Corporate Elites and Corporate Strategy: How Demographic Preferences and Structural Position Shape the Scope of the Firm", *Strategic Management Journal*, Vol. 25, No. 6, 2004, pp. 507 –524.

[475] Jory, Surendranath R., Jeff Madura and Thanh N. Ngo, "Deal Structure Decision in the Global Market for Divested Assets", *International Review of Financial Analysis*, Vol. 24, No. 24, 2012, pp. 104 –116.

[476] Jr, David J. Ketchen, Jeremy C. Short and James G. Combs, "Is Franchising Entrepreneurship? Yes, No, and Maybe So", *Entrepreneurship Theory & Practice*, Vol. 35, No. 3, 2011, pp. 583 –593.

[477] Jullens, J., "How Emerging Giants Can Take on the World", *Harvard Business Review*, Vol. 91, No. 12, 2013.

[478] Kallunki, Juha Pekka, Elina Pyykkö and Tomi Laamanen, "Stock Market Valuation, Profitability and R&D Spending of the Firm: The Effect of Technology Mergers and Acquisitions", *Journal of Business*

Finance & Accounting, Vol. 36, No. 7 – 8, 2009, pp. 838 – 862.

[479] Kang, Yuanfei and Fuming Jiang, "FDI Location Choice of Chinese Multinationals in East and Southeast Asia: Traditional Economic Factors and Institutional Perspective", *Journal of World Business*, Vol. 47, No. 1, 2012, pp. 45 – 53.

[480] Kaplan, Sarah, "Cognition, Capabilities, and Incentives: Assessing Firm Response to the Fiber – Optic Revolution", *Academy of Management Journal*, Vol. 51, No. 4, 2008, pp. 672 – 695.

[481] Katila, Riitta and Eric L. Chen, "Effects of Search Timing on Innovation: The Value of Not Being in Sync with Rivals", *Administrative Science Quarterly*, Vol. 53, No. 4, 2008, pp. 593 – 625.

[482] Kaufmann, Daniel and Aart Kraayand Massimo Mastruzzi, "The Worldwide Governance Indicators: Methodology and Analytical Issues", *Hague Journal on the Rule of Law*, Vol. 3, No. 2, 2011, pp. 220 – 246.

[483] Keller, Robert T., "Technology – Information Processing Fit and the Performance of R&D Project Groups: A Test of Contingency Theory", *Academy of Management Journal*, Vol. 37, No. 1, 1994, pp. 167 – 179.

[484] Kelley, Donna J., Lois Peters and Gina Colarelli O'Connor, "Intra – Organizational Networking for Innovation – Based Corporate Entrepreneurship", *Journal of Business Venturing*, Vol. 24, No. 3, 2009, pp. 221 – 235.

[485] Kim, Ji Yub and Anne S. Miner, "Vicarious Learning from the Failures and Near – Failures of Others: Evidence from the U. S. Commercial Banking Industry", *Academy of Management Journal*, Vol. 50, No. 3, 2007, pp. 687 – 714.

[486] Kim, Tai Young, Hongseok Oh and Anand Swaminathan, "Framing Interorganizational Network Change: A Network Inertia Perspective", *Academy of Management Review*, Vol. 31, No. 3, 2006, pp. 704 –

720.

[487] King, Andrew, "Cooperation between Corporations and Environmental Groups: A Transaction Cost Perspective", *Academy of Management Review*, Vol. 32, No. 3, 2007, pp. 889 – 900.

[488] Klossek, Andreas, Bernd Michael Linke and Michael Nippa, "Chinese Enterprises in Germany: Establishment Modes and Strategies to Mitigate the Liability of Foreignness", *Journal of World Business*, Vol. 47, No. 1, 2012, pp. 35 – 44.

[489] Knight, N., *Imaging Globalization in China*, Cheltenham, UK: Edward Elgar, 2008.

[490] Kogut, Bruce and Harbir Singh, "The Effect of National Culture on the Choice of Entry Mode", *Journal of International Business Studies*, Vol. 19, No. 3, 1988, pp. 411 – 432.

[491] Koh, William L., Richard M. Steers and James R. Terborg, "The Effects of Transformation Leadership on Teacher Attitudes and Student Performance in Singapore", *Journal of Organizational Behavior*, Vol. 16, No. 4, 1995, pp. 319 – 333.

[492] Kohli, Reena and Bikram Jit Singh Mann, "Analyzing Determinants of Value Creation in Domestic and Cross Border Acquisitions in India", *International Business Review*, Vol. 21, No. 6, 2012, pp. 998 – 1016.

[493] Kojima, Kiyoshi, "A Macroeconomic Approach to Foreign Direct Investment", *Hitotsubashi Journal of Economics*, Vol. 14, No. 1, 1973, pp. 1 – 21.

[494] Kolstad, Ivar and Arne Wiig, "What Determines Chinese Outward FdI?", *Journal of World Business*, Vol. 47, No. 1, 2009, pp. 26 – 34.

[495] Kor, Yasemin Y. and Huseyin Leblebici, "How Do Interdependencies among Human – Capital Deployment, Development, and Diversification Strategies Affect Firms' Financial Performance?", *Strategic*

Management Journal, Vol. 26, No. 10, 2005, pp. 967 – 985.

[496] Kostova, T., Success of the Transnational Transfer of Organizational Practices within Multinational Companies, Minnesota: University of Minnesota, 1996.

[497] Kostova, Tatiana, Kendall Roth and M. Tina Dacin, "Institutional Theory in the Study of Multinational Corporations: A Critique and New Directions", Academy of Management Review, Vol. 33, No. 4, 2008, pp. 994 – 1006.

[498] Kostova, Tatiana and Kendall Roth, "Adoption of an Organizational Practice by Subsidiaries of Multinational Corporations: Institutional and Relational Effects", Academy of Management Journal, Vol. 45, No. 1, 2002, pp. 215 – 233.

[499] Kostova, Tatiana and Srilata Zaheer, "Organizational Legitimacy under Conditions of Complexity: The Case of the Multinational Enterprise", Academy of Management Review, Vol. 24, No. 1, 1999, pp. 64 – 81.

[500] Kreiser, P. M., L. D. Marino and K. M. Weaver, "Assessing the Psychometric Properties of the Entrepreneurial Orientation Scale: A Multi – Country Analysis", Entrepreneurship Theory & Practice, Vol. 26, No. 4, 2002, p. 71.

[501] Kropp, Fredric, Noel J. Lindsay and Aviv Shoham, "Entrepreneurial, Market, and Learning Orientations and International Entrepreneurial Business Venture Performance in South African Firms", International Marketing Review, Vol. 23, No. 5, 2006, pp. 504 – 523.

[502] Krylova, Ksenia, Dusya Vera and Mary Crossan, "Knowledge Transfer in Knowledge – Intensive Organizations: The Crucial Role of Improvisation in Transferring and Protecting Knowledge", Journal of Knowledge Management, Vol. 20, No. 5, 2016, pp. 1045 – 1064.

[503] Kuivalainen, Olli, "Start – Up Patterns of Internationalization: A Framework and Its Application in the Context of Knowledge – Inten-

sive Smes", *European Management Journal*, Vol. 30, No. 4, 2012, pp. 372 – 385.

[504] Kyrkilis, Dimitrios and Pantelis Pantelidis, "Macroeconomic Determinants of Outward Foreign Direct Investment", *International Journal of Social Economics*, Vol. 30, No. 7, 2003, pp. 827 – 836.

[505] Lahiri, S., Elango, B. and Kundu, S., "Cross – border Acquisition in Services: Comparing Ownership Choice of Developed and Emerging Economy MNEs in India", *Journal of World Business*, Vol. 49 No. 3, 2014, pp. 409 – 420.

[506] Lane, Peter J. and Michael Lubatkin, "Relative Absorptive Capacity and Interorganizational Learning", *Strategic Management Journal*, Vol. 19, No. 5, 1998, pp. 461 – 477.

[507] Langetieg, Terence C., "An Application of a Three – Factor Performance Index to Measure Stockholder Gains from Merger", *Journal of Financial Economics*, Vol. 6, No. 4, 1978, pp. 365 – 383.

[508] Lantos, Geoffrey P., "The Boundaries of Strategic Corporate Social Responsibility", *Journal of Consumer Marketing*, Vol. volume 18, No. 7, 2013, pp. 595 – 630 (536).

[509] Lee, Hun, Ken G. Smith, Curtis M. Grimm and August Schomburg, "Timing, Order and Durability of New Product Advantages with Imitation", *Strategic Management Journal*, Vol. 21, No. 1, 2015, pp. 23 – 30.

[510] Lee, Kyungmook and Johannes M. Pennings, "Mimicry and the Market: Adoption of a New Organizational Form", *Academy of Management Journal*, Vol. 45, No. 1, 2002, pp. 144 – 162.

[511] Lehrer, Mark and Kazuhiro Asakawa, "Rethinking the Public Sector: Idiosyncrasies of Biotechnology Commercialization as Motors of National R&D Reform in Germany and Japan", *Research Policy*, Vol. 33, No. 6 – 7, 2004, pp. 921 – 938.

[512] Levinthal, D. and March, J., "The Myopia of Learning", *Strategic*

Management Journal, Vol. 14, 1993, pp. 95 – 112, (special issue).

[513] Levitt, Theodore, "The Dangers of Social Responsibility", Harvard business review, Vol. 36, No. 5, 1958.

[514] Lewicki, R. J., Saunders, D. M. and Barry, M., Negotiation, New York: McGraw – Hill/Irwin, 2005.

[515] Leybourne, Stephen A., "Managing Change by Abandoning Planning and Embracing Improvisation", Journal of General Management, Vol. 31, No. 3, 2006.

[516] Li, Jiatao and Fiona Kun Yao, "The Role of Reference Groups in International Investment Decisions by Firms from Emerging Economies", Journal of International Management, Vol. 16, No. 2, 2010, pp. 143 – 153.

[517] Li, Yong, Ilan B. Vertinsky and Jing Li, "National Distances, International Experience, and Venture Capital Investment Performance", Social Science Electronic Publishing, Vol. 29, No. 4, 2014, pp. 471 – 489.

[518] Li, Yuan L., "Entrepreneurial Orientation, Strategic Flexibilities and Indigenous Firm Innovation in Transitional China", International Journal of Technology Management, Vol. 41, No. ICM2007, 2008, pp. 223 – 246.

[519] Liao, Tsai Ju, "Local Clusters of Soes, Poes, and Fies, International Experience, and the Performance of Foreign Firms Operating in Emerging Economies", International Business Review, Vol. 24, No. 1, 2015, pp. 66 – 76.

[520] Limmack, R. J., "Corporate Mergers and Shareholder Wealth Effects: 1977 – 1986", Accounting & Business Research, Vol. 21, No. 83, 1991, pp. 239 – 252.

[521] Liou, Ru Shiun, Chen Ho Chao and Monica Yang, "Emerging Economies and Institutional Quality: Assessing the Differential Effects of Institutional Distances on Ownership Strategy", Journal of World Bus-

iness, Vol. 51, No. 4, 2016, pp. 600 – 611.

[522] Lipsey, M. W. and Wilson, D. B., *Practical Meta – Analysis*, Sage Publications Thousand Oaks, CA, 2001.

[523] Liu, Xiaohui, and Trevor Buck, "Innovation Performance and Channels for International Technology Spillovers: Evidence from Chinese High – Tech Industries", *Research Policy*, Vol. 36, No. 3, 2007, pp. 355 – 366.

[524] Liu, Yipeng and Michael Woywode, "Light – Touch Integration of Chinese Cross – Border M&A: The Influences of Culture and Absorptive Capacity", *Thunderbird International Business Review*, Vol. 55, No. 4, 2013, pp. 469 – 483.

[525] Livengood, Scott and Rhonda K. Reger, "That's Our Turf!: Identity Domains and Competitive Dynamics", *Academy of Management Review*, Vol. 35, No. 1, 2010, pp. 48 – 66.

[526] Logsdon, Jeanne M. and Donna J. Wood, "Business Citizenship", *Business Ethics Quarterly*, Vol. 12, No. 2, 2002, pp. 155 – 187.

[527] Lowe, Kevin B., K. Galen Kroeck and Nagaraj Sivasubramaniam, "Effectiveness Correlates of Transformation and Transactional Leadership: A Meta – Analytic Review of the Mlq Literature", *Leadership Quarterly*, Vol. 7, No. 3, 1996, pp. 385 – 425.

[528] Lu, Jane W. and Dean Xu, "Growth and Survival of International Joint Ventures: An External – Internal Legitimacy Perspective", *Journal of Management*, Vol. 32, No. 3, 2006, pp. 426 – 448.

[529] Lu, Jane W., "Intra – and Inter – Organizational Imitative Behavior: Institutional Influences on Japanese Firms' Entry Mode Choice", *Journal of International Business Studies*, Vol. 33, No. 1, 2002, pp. 19 – 37.

[530] Lumpkin, G. T. and Gregory G. Dess, "Clarifying the Entrepreneurial Orientation Construct and Linking It to Performance", *Academy of Management Review*, Vol. 21, No. 1, 1996, pp. 135 – 172.

[531] Luo, Y. and Tung, R., "International Expansion of Emerging Market Enterprises: A Springboard Perspective", *Journal of International Business Studies*, Vol. 38, No. 4, 2007, pp. 481–498.

[532] Luo, Yadong, Qiuzhi Xue and Binjie Han, "How Emerging Market Governments Promote Outward Fdi: Experience from China", *Journal of World Business*, Vol. 45, No. 1, 2010, pp. 68–79.

[533] Luo, Yadong and Mike W. Peng, "Learning to Compete in a Transition Economy: Experience, Environment, and Performance", *Journal of International Business Studies*, Vol. 30, No. 2, 1999, pp. 269–295.

[534] Luo, Yadong and Rosalie L. Tung, "International Expansion of Emerging Market Enterprises: A Springboard Perspective", *Journal of International Business Studies*, Vol. 38, No. 4, 2007, pp. 481–498.

[535] Luo, Yadong and Stephanie Lu Wang, "Foreign Direct Investment Strategies by Developing Country Multinationals: A Diagnostic Model for Home Country Effects", *Global Strategy Journal*, Vol. 2, No. 3, 2012, pp. 244–261.

[536] Luo, Yadong, "Dynamic Capabilities in International Expansion", *Journal of World Business*, Vol. 35, No. 4, 2011, pp. 355–378.

[537] Luo, Yadong, "Partner Selection and Venturing Success: The Case of Joint Ventures with Firms in the People's Republic of China", *Organization Science*, Vol. 8, No. 6, 1997, pp. 648–662.

[538] Luo, Yadong, "Toward a Cooperative View of Mnc–Host Government Relations: Building Blocks and Performance Implications", *Journal of International Business Studies*, Vol. 32, No. 3, 2001, pp. 401–419.

[539] Luthans, Fred, Steven M. Norman, Bruce J. Avolio and James B. Avey, "The Mediating Role of Psychological Capital in the Supportive Organizational Climate–Employee Performance Relationship", *Journal of Organizational Behavior*, Vol. 29, No. 2, 2008, pp. 219–238.

[540] Luthans, Fred and Bruce J. Avolio, "Psychological Capital Development: Toward a Micro – Intervention", *Journal of Organizational Behavior*, Vol. 27, No. 3, 2006, pp. 387 – 393.

[541] Luthans, Fred and Carolyn M. Youssef, "Human, Social, and Now Positive Psychological Capital Management: Investing in People for Competitive Advantage", *Organizational Dynamics*, Vol. 33, No. 2, 2004, pp. 143 – 160.

[542] López – Duarte, Cristina and Marta M. Vidal – Suárez, "Cultural Distance and the Choice between Wholly Owned Subsidiaries and Joint Ventures", *Journal of Business Research*, Vol. 66, No. 11, 2013, pp. 2252 – 2261.

[543] Mann, B. J. S. and R. Kohli, "Impact of Mode of Payment and Insider Ownership on Target and Acquirer's Announcement Returns in India", *Vikalpa the Journal for Decision Makers*, Vol. 34, No. 4, 2009, pp. 51 – 66.

[544] Manz, Charles C. and Henry P. Sims, "Leading Workers to Lead Themselves: The External Leadership of Self – Managing Work Teams", *Administrative Science Quarterly*, Vol. 32, No. 1, 1987, pp. 106 – 129.

[545] March, James G., "Exploration and Exploitation in Organizational Learning", *Organization Science*, Vol. 2, No. 1, 1991, pp. 71 – 87.

[546] Markman, G., Waldron, T. L. and Panagopoulos, A., "Organizational Hostility and Blind Spots: When Attackers Are Not Competitors, *Working Paper*, Colorado State University, 2011.

[547] Marques, Joan F. and Chester Mccall, "The Application of Interrater Reliability as a Solidification Instrument in a Phenomenological Study", *Qualitative Report*, Vol. 10, No. 3, 2005, pp. 439 – 462.

[548] Marquis, Christopher, Mary Ann Glynn, Mark Mizruchi and Jason Owen, "Vive La RéSistence – Competing Logics and the Consolidation of U. S. Community Banking", *Academy of Management Jour-

nal, Vol. 50, No. 4, 2007.

[549] Marrewijk, Marcel Van and Marco Werre, "Multiple Levels of Corporate Sustainability", *Journal of Business Ethics*, Vol. 44, No. 2 – 3, 2003, pp. 107 – 119.

[550] Martin, Xavier, Anand Swaminathan and Will Mitchell, "Organizational Evolution in the Interorganizational Environment: Incentives and Constraints on International Expansion Strategy", *Administrative Science Quarterly*, Vol. 43, No. 3, 1998, pp. 566 – 601.

[551] Martynova, Marina and Luc Renneboog, "A Century of Corporate Takeovers: What Have We Learned and Where Do We Stand?", *Journal of Banking & Finance*, Vol. 32, No. 10, 2008, pp. 2148 – 2177.

[552] Martín – Rojas, Rodrigo, Víctor J. García – Morales and María Teresa Bolívar – RAmos, "Influence of Technological Support, Skills and Competencies, and Learning on Corporate Entrepreneurship in European Technology Firms", *Technovation*, Vol. 33, No. 12, 2013, pp. 417 – 430.

[553] Marx, Axel and Adrian Dusa, "Crisp – Set Qualitative Comparative Analysis (Csqca), Contradictions and Consistency Benchmarks for Model Specification", *Methodological Innovations Online*, Vol. 6, No. 2, 2011, pp. 97 – 142.

[554] Mathews, John A., "Dragon Multinationals: New Players in 21 St Century Globalization", *Asia Pacific Journal of Management*, Vol. 23, No. 1, 2006, pp. 5 – 27.

[555] Mathieu, John E. and James L. Farr, "Further Evidence for the Discriminant Validity of Measures of Organizational Commitment, Job Involvement, and Job Satisfaction", *Journal of Applied Psychology*, Vol. 76, No. 1, 1991, pp. 127 – 133.

[556] Mathisen, Gro Ellen, Torbjørn Torsheim and Ståle Einarsen, "The Team – Level Model of Climate for Innovation: A Two – Level Con-

firmatory Factor Analysis", *Journal of Occupational & Organizational Psychology*, Vol. 79, No. 1, 2006, pp. 23 –35.

[557] Matten, Dirk and Jeremy Moon, "'Implicit' and 'Explicit' Csr: A Conceptual Framework for a Comparative Understanding of Corporate Social Responsibility", *Academy of Management Review*, Vol. 33, No. 2, 2008, pp. 404 –424.

[558] Mcevily, Bill and Alfred Marcus, "Embedded Ties and the Acquisition of Competitive Capabilities", *Strategic Management Journal*, Vol. 26, No. 11, 2005, pp. 1033 –1055.

[559] Mcgrath, Rita Gunther, Ming Jer Chen and Ian C. Macmillan, "Multimarket Maneuvering in Uncertain Spheres of Influence: Resource Diversion Strategies", *Academy of Management Review*, Vol. 23, No. 4, 1998, pp. 724 –740.

[560] Mcwilliams, Abagail and Donald Siegel, "Additional Reflections on the Strategic Implications of Corporate Social Responsibility", *Academy of Management Review*, Vol. 27, No. 1, 2002, pp. 15 –16.

[561] Melles, Gavin and Blair Kuys, "Legitimating Industrial Design as an Academic Discipline in the Context of an Australian Cooperative Centre", *Procedia – Social and Behavioral Sciences*, Vol. 2, No. 2, 2010, pp. 5228 –5232.

[562] Meyer, Christine B. and Ellen Altenborg, "The Disintegrating Effects of Equality: A Study of a Failed International Merger", *British Journal of Management*, Vol. 18, No. 3, 2007, pp. 257 –271.

[563] Meyer, John P. and Natalie J. Allen, "Testing the Side – Bet Theory of Organizational Commitment: Some Methodological Considerations", *Journal of Applied Psychology*, Vol. 69, No. 3, 1984, pp. 372 –378.

[564] Meyer, John W. and Brian Rowan, "Institutionalized Organizations: Formal Structure as Myth and Ceremony", *American Journal of Sociology*, Vol. 83, No. 2, 1977, pp. 340 –363.

[565] Mikhailitchenko, A. G., *Symbiotic Networks in SME Internationaliza-*

tion: A US - China - Russia study, Cleveland State University, 2008.

[566] Miles, R. E. , C. C. Snow, A. D. Meyer and Coleman Hj Jr. , *Organizational Strategy, Structure, and Process*: McGraw - Hill, 1978.

[567] Miller, Danny and Ming Jer Chen, "Nonconformity in Competitive Repertoires: A Sociological View of Markets", *Social Forces*, Vol. 74, No. 4, 1996, pp. 1209 - 1234.

[568] Miller, Danny, "The Correlates of Entrepreneurship in Three Types of Firms", *Management Science*, Vol. 29, No. 7, 1983, pp. 770 - 791.

[569] Miner, Anne S. , Pamela R. Haunschild and Andreas Schwab, "Experience and Convergence: Curiosities and Speculation", *Industrial & Corporate Change*, Vol. 12, No. 4, 2003, pp. 789 - 813.

[570] Mintzberg, H. , *Power in and around Organizations*, Englewood Cliffs, NJ: Prentice Hall, 1983.

[571] Misangyi, Vilmos F. , Gary R. Weaver and Heather Elms, "Ending Corruption: The Interplay among Institutional Logics, Resources, and Institutional Entrepreneurs", *Academy of Management Review*, Vol. 33, No. 3, 2008, pp. 750 - 770.

[572] Mizruchi, M. and Fein, L. , "The Social Construction of Organizational Knowledge: A Study of the Uses of Coercive, Mimetic, and Normative Isomorphism", *Administrative Science Quarterly*, Vol. 44 , No. 4, 1999, pp. 653 - 683.

[573] Moeller, Miriam, Michael Harvey, David Griffith and Glenn Richey, "The Impact of Country - of - Origin on the Acceptance of Foreign Subsidiaries in Host Countries: An Examination of the 'Liability - of - Foreignness' ", *International Business Review*, Vol. 22, No. 1, 2013, pp. 89 - 99.

[574] Montabon, Frank, Robert Sroufe and Ram Narasimhan, "An Examination of Corporate Reporting, Environmental Management Practices and Firm Performance", *Journal of Operations Management*, Vol. 25, No. 5, 2007, pp. 998 - 1014.

[575] Moorman, Christine and Anne S. Miner, "The Convergence of Planning and Execution: Improvisation in New Product Development", *Journal of Marketing*, Vol. 62, No. 3, 1998, pp. 1 – 20.

[576] Moorman, Robert H., Gerald L. Blackely and Brain P. Niehoff, "Does Perceived Organizational Support Mediate the Relationship between Procedural Justice and Organizational Citizenship Behavior?", *Academy of Management Journal*, Vol. 41, No. 3, 1998, pp. 351 – 357.

[577] Morck, Randall, Bernard Yeung and Minyuan Zhao, "Perspectives on China's Outward Foreign Direct Investment", *Journal of International Business Studies*, Vol. 39, No. 3, 2008, pp. 337 – 350.

[578] Moschier, Caterina and Jose Manuel Campa, "The European M&a Industry: A Market in the Process of Construction", *Academy of Management Perspectives*, Vol. 23, No. 4, 2009, pp. 71 – 87.

[579] Mowday, Richard T., Richard M. Steers and Lyman W. Porter, "The Measurement of Organizational Commitment", *Journal of Vocational Behavior*, Vol. 14, No. 2, 1979, pp. 224 – 247.

[580] Mudambi, Ram and Tim Swift, "Professional Guilds, Tension and Knowledge Management", *Research Policy*, Vol. 38, No. 5, 2009, pp. 736 – 745.

[581] Muehlfeld, Katrin, Padma Rao Sahib and Arjen Van Witteloostuijn, "A Contextual Theory of Organizational Learning from Failures and Successes: A Study of Acquisition Completion in the Global Newspaper Industry, 1981&2008", *Strategic Management Journal*, Vol. 33, No. 8, 2012, pp. 938 – 964.

[582] Mueller, Stephen L. and Anisya S. Thomas, "Culture and Entrepreneurial Potential: A Nine Country Study of Locus of Control and Innovativeness", *Journal of Business Venturing*, Vol. 16, No. 1, 2000, pp. 51 – 75.

[583] Murillo – Luna, Josefina L., Concepción Garcés – Ayerbe and Pilar

Rivera – Torres, "Why Do Patterns of Environmental Response Differ? A Stakeholders' Pressure Approach", *Strategic Management Journal*, Vol. 29, No. 11, 2008, pp. 1225 – 1240.

[584] Más – Ruiz, Francisco J., Juan L. Nicolau – Gonzálbez and Felipe Ruiz – Moreno, "Asymmetric Rivalry between Strategic Groups: Response, Speed of Response and Ex Ante Vs. Ex Post Competitive Interaction in the Spanish Bank Deposit Market", *Strategic Management Journal*, Vol. 26, No. 8, 2005, pp. 713 – 745.

[585] NY, Seth A., "Sources of Value Creation in Acquisitions: An Empirical Investigation", *Strategic Management Journal*, Vol. 11, No. 6, 1990, pp. 431 – 446.

[586] Nag, Rajiv, Kevin G. Corley and Dennis A. Gioia, "The Intersection of Organizational Identity, Knowledge, and Practice: Attempting Strategic Change Via Knowledge Grafting", *Academy of Management Journal*, Vol. 50, No. 4, 2007, pp. 821 – 847.

[587] Nahavandi, Afsaneh and Ali R. Malekzadeh, "Acculturation in Mergers and Acquisitions", *International Executive*, Vol. 30, No. 1, 1988, pp. 10 – 12.

[588] Nell, Phillip C., Jonas Puck and Stefan Heidenreich, "Strictly Limited Choice or Agency? Institutional Duality, Legitimacy, and Subsidiaries' Political Strategies", *Journal of World Business*, Vol. 50, No. 2, 2015, pp. 302 – 311.

[589] Nicholson, Rekha Rao and Julie Salaber, "The Motives and Performance of Cross – Border Acquirers from Emerging Economies: Comparison between Chinese and Indian Firms", *International Business Review*, Vol. 22, No. 6, 2013, pp. 963 – 980.

[590] Nocke, Volker and Stephen Yeaple, "Cross – Border Mergers and Acquisitions Vs. Greenfield Foreign Direct Investment: The Role of Firm Heterogeneity", *Journal of International Economics*, Vol. 72, No. 2, 2007, pp. 336 – 365.

[591] North, D. C., *Understanding the Process of Economic Change*, Academic Foundation, 2006.

[592] North, D., "Institutions", *Journal of Economic Perspectives*, Vol. 5, No. 1, 1991, pp. 97 – 112.

[593] Nunlee, Martin Phenix, "The Control of Intra – Channel Opportunism through the Use of Inter – Channel Communication", *Industrial Marketing Management*, Vol. 34, No. 5, 2005, pp. 515 – 525.

[594] O'Grady, Shawna and Henry W. Lane, "The Psychic Distance Paradox", *Journal of International Business Studies*, Vol. 27, No. 2, 1996, pp. 309 – 333.

[595] O'Reilly, Charles and Jeffrey Pfeffer, *Hidden Value: How Great Companies Achieve Extraordinary Results with Ordinary People*, Harvard Business School Press, 2000.

[596] OECD, *The Economic and Social Impact of Electronic Commerce: Preliminary Findings and Research*, Paris, Head of Publication Services, 2008.

[597] Ocasio, William, "Towards an Attention – Based View of the Firm", *Strategic Management Journal*, Vol. 18, No. S1, 1997, pp. 187 – 206.

[598] Oliver, Christine, "Strategic Responses to Institutional Processes", *Academy of Management Review*, Vol. 16, No. 1, 1991, pp. 145 – 179.

[599] Orlikowski, Wanda J. and Debra J. Hofman, "An Improvisational Model for Change Management: The Case of Groupware Technologies", *Working Paper*, Vol. 38, No. 2, 1997, pp. 11 – 21.

[600] Orlitzky, M. and Swanson, D. L., *Toward Integrative Corporate Citizenship: Research Advances in Corporate Social Performance*, Palgrave Macmillan, London, UK, 2008.

[601] Orlitzky, Marc, Donald Siegel and David Waldman, "Strategic Corporate Social Responsibility and Environmental Sustainability", *Business & Society*, Vol. 50, No. 1, 2011, pp. 6 – 27.

[602] Orlitzky, Marc, Frank L. Schmidt and Sara L. Rynes, "Corporate Social and Financial Performance: A Meta-Analysis", *Organization Studies*, Vol. 24, No. 3, 2003, pp. 403-441.

[603] Ozgen, Eren and Robert A. Baron, "Social Sources of Information in Opportunity Recognition: Effects of Mentors, Industry Networks, and Professional Forums", *Journal of Business Venturing*, Vol. 22, No. 2, 2007, pp. 174-192.

[604] Pache, Anne Claire and F. Santos, "When Worlds Collide: The Internal Dynamics of Organizational Responses to Conflicting Institutional Demands", *Academy of Management Review*, Vol. 35, No. 3, 2010, pp. 455-476.

[605] Pache, Anne Claire and Filipe Santos, "Inside the Hybrid Organization: Selective Coupling as a Response to Competing Institutional Logics", *Academy of Management Journal*, Vol. 56, No. 4, 2013, pp. 972-1001.

[606] Palmatier, Robert W., Rajiv P Dant and Dhruv Grewal, "A Comparative Longitudinal Analysis of Theoretical Perspectives of Interorganizational Relationship Performance", *Journal of Marketing*, Vol. 71, No. 4, 2007, pp. 172-194.

[607] Pan, Shan L. and Barney Tan, "Demystifying Case Research: A Structured-Pragmatic-Situational (Sps) Approach to Conducting Case Studies", *Information & Organization*, Vol. 21, No. 3, 2011, pp. 161-176.

[608] Pant, Anirvan and J. Ramachandran, "Legitimacy Beyond Borders: Indian Software Services Firms in the United States, 1984 to 2004", *Global Strategy Journal*, Vol. 2, No. 3, 2012, pp. 224-243.

[609] Pegels, C. Carl, Yong I. Song and Baik Yang, "Management Heterogeneity, Competitive Interaction Groups, and Firm Performance", *Strategic Management Journal*, Vol. 21, No. 9, 2015, pp. 911-923.

[610] Peng, Mike W., "Institutional Transitions and Strategic Choices", *A-*

cademy of Management Review, Vol. 28, No. 2, 2003, pp. 275 – 296.

[611] Peng, Mike W. , "The Global Strategy of Emerging Multinationals from China", Global Strategy Journal, Vol. 2, No. 2, 2012, pp. 97 – 107.

[612] Penner – Hahn, Joan and J. Myles Shaver, "Does International Research and Development Increase Patent Output? An Analysis of Japanese Pharmaceutical Firms", Strategic Management Journal, Vol. 26, No. 2, 2010, pp. 121 – 140.

[613] Perez – Freije, Javier, "Creative Tension in the Innovation Process: How to Support the Right Capabilities", European Management Journal, Vol. 25, No. 1, 2007, pp. 11 – 24.

[614] Pfeffer, J. and Salancik, G. R. , The External Control of Organizations: A Resource Dependence Perspective, Stanford University Press, 2003.

[615] Pfeffer, J. , Power in Organizations, Boston: Pitman, 1981.

[616] Pinkley, Robin L. , "Dimensions of Conflict Frame: Disputant Interpretations of Conflict", Journal of Applied Psychology, Vol. 75, No. 2, 1990, pp. 117 – 126.

[617] Politis, Diamanto, "The Process of Entrepreneurial Learning: A Conceptual Framework", Entrepreneurship Theory & Practice, Vol. 29, No. 4, 2010, pp. 399 – 424.

[618] Porter, E. , Mark R. Kramer, E. Porter, Mark R. Kramer, E. Porter and Mark R. Kramer, "Estrategia Y Sociedad", Harvard Business Review, Vol. 84, No. 12, 2006, pp. 42 – 56.

[619] Porter, Lyman W. , Richard M. Steers, Richard T. Mowday and Paul V. Boulian, "Organizational Commitment, Job Satisfaction, and Turnover among Psychiatric Technicians", Journal of Applied Psychology, Vol. 59, No. 5, 1974, p. 603.

[620] Porter, M. E. and der Linde Van, C. , "Green and Competitive: Ending the Stalemate", Harvard Business Review, Vol. 28, No. 6, 1995, pp. 128 – 129 (122) .

[621] Preffer, J. and Salancik, G., *The External Control of Organizations: A Resource Dependence Perspective*, Stanford University Press, 2007.

[622] Pressey, Andrew and Nikolaos Tzokas, "Lighting up the Dark Side of International Export/Import Relationships", *Management Decision*, Vol. 42, No. 5, 2004, pp. 694 – 708.

[623] Preston, Lee E. and James E. Post, *Private Management and Public Policy: The Principle of Public Responsibility*, Stanford Business Books, 2013.

[624] Puranam, Phanish, Harbir Singh and Maurizio Zollo, "Organizing for Innovation: Managing the Coordination – Autonomy Dilemma in Technology Acquisitions", *Academy of Management Journal*, Vol. 49, No. 2, 2006, pp. 263 – 280.

[625] Puranam, Phanish and Kannan Srikanth, "What They Know Vs. What They Do: How Acquirers Leverage Technology Acquisitions", *Strategic Management Journal*, Vol. 28, No. 8, 2007, pp. 805 – 825.

[626] Quer, Diego and Laura Rienda, "Political Risk, Cultural Distance, and Outward Foreign Direct Investment: Empirical Evidence from Large Chinese Firms", *Asia Pacific Journal of Management*, Vol. 29, No. 4, 2012, pp. 1089 – 1104.

[627] Rabbiosi, Assist, Larissa, Assist, Stefano Elia and Assist, Fabio Bertoni, "Acquisitions by Emncs in Developed Markets", *Management International Review*, Vol. 52, No. 2, 2012, pp. 193 – 212.

[628] Ragin, C. C., *The Comparative Method: Moving Beyond Qualitative and Quantitative Strategies*, University of California Press, 2014.

[629] Ragin, C. C., *Fuzzy – Set Social Science*, University of Chicago Press, 2000.

[630] Ramasamy, Bala, Matthew Yeung and Sylvie Laforet, "China's Outward Foreign Direct Investment: Location Choice and Firm Ownership", *Journal of World Business*, Vol. 47, No. 1, 2012, pp. 17 – 25.

[631] Ramus, T. , A. Vaccaro and S. Brusoni, "Institutional Complexity in Turbulent Times: Formalization, Collaboration, and the Emergence of Blended Logics", *Academy of Management Journal*, Vol. 60, No. 4, 2016, pp. 1253–1284.

[632] Rawley, Evan, "Diversification, Coordination Costs and Organizational Rigidity: Evidence from Microdata", *Strategic Management Journal*, Vol. 31, No. 8, 2010, pp. 873–891.

[633] Ray, Gautam, Jay B. Barney and Waleed A. Muhanna, "Capabilities, Business Processes, and Competitive Advantage: Choosing the Dependent Variable in Empirical Tests of the Resource–Based View", *Strategic Management Journal*, Vol. 25, No. 1, 2010, pp. 23–37.

[634] Reay, Trish and C. R. Hinings, "Managing the Rivalry of Competing Institutional Logics", *Organization Studies*, Vol. 30, No. 6, 2009, pp. 629–652.

[635] Rego, Arménio, Filipa Sousa, Carla Marques and Miguel Pina E. Cunha, "Authentic Leadership Promoting Employees' Psychological Capital and Creativity", *Journal of Business Research*, Vol. 65, No. 3, 2012, pp. 429–437.

[636] Reimann, Felix, Matthias Ehrgott, Lutz Kaufmann and Craig R. Carter, "Local Stakeholders and Local Legitimacy: Mnes' Social Strategies in Emerging Economies", *Journal of International Management*, Vol. 18, No. 1, 2012, pp. 1–17.

[637] Reivich, K. and Shatte, A. , *The Resilience Factor: 7 Essential Skills for Overcoming Life's Inevitable Obstacles*, New York: Random House, 2002.

[638] Ren, Bing, Hao Liang and Ying Zheng, *An Institutional Perspective and the Role of the State for Chinese OFDI*, Palgrave Macmillan UK, 2012.

[639] Reuber A. Rebecca and Eileen Fischer, "When Nobody Knows Your Name: Country–of–Origin as a Reputational Signal for Online Busi-

nesses", *Corporate Reputation Review*, Vol. 14, No. 1, 2011, pp. 37 – 51.

[640] Ritter, Jay R. , "The Long – Run Performance of Initial Public Offerings", *Social Science Electronic Publishing*, Vol. 46, No. 1, 1991, pp. 3 – 27.

[641] Ritter, Thomas and Hans Georg Gemünden, "Network Competence: Its Impact on Innovation Success and Its Antecedents", *Journal of Business Research*, Vol. 56, No. 9, 2003, pp. 745 – 755.

[642] Robbins, S. P. and Coulter, M. , *Management* (7th edition), Tsinghua University Press, 2004.

[643] Robock, S. and Simmonds, K. , *International Business and Multinational Enterprises*, Irwin, Homewood, IL, 1989.

[644] Robock, Stefan H. , "International Business and Multinational Enterprises", *International Executive*, Vol. 15, No. 3, 1973, pp. 5 – 6.

[645] Roman, R. , S. Hayibor and B. R. Agle, "The Relationship between Social and Financial Performance", *Business & Society*, Vol. 38, No. 1, 1999, pp. 109 – 125.

[646] Rosenkopf, Lori and Atul Nerkar, "Beyond Local Search: Boundary – Spanning, Exploration, and Impact in the Optical Disk Industry", *Strategic Management Journal*, Vol. 22, No. 4, 2001, pp. 287 – 306.

[647] Ross, Stephen A. , "The Economic Theory of Agency: The Principal's Problem", *American Economic Review*, Vol. 63, No. 2, 1973, pp. 134 – 139.

[648] Rui, Huaichuan and George S. Yip, "Foreign Acquisitions by Chinese Firms: A Strategic Intent Perspective", *Journal of World Business*, Vol. 43, No. 2, 2008, pp. 213 – 226.

[649] Salunke, Sandeep, Jay Weerawardena and Janet R. Mccoll – Kennedy, "Competing through Service Innovation: The Role of Bricolage and Entrepreneurship in Project – Oriented Firms", *Journal of Busi-*

ness Research, Vol. 66, No. 8, 2013, pp. 1085 – 1097.

[650] Sambharya, Rakesh B., "Foreign Experience of Top Management Teams and International Diversification Strategies of U. S. Multinational Corporations", Strategic Management Journal, Vol. 17, No. 9, 2015, pp. 739 – 746.

[651] Santos, Filipe M. and Kathleen M. Eisenhardt, "Organizational Boundaries and Theories of Organization", Organization Science, Vol. 16, No. 5, 2005, pp. 491 – 508.

[652] Sarkis, Joseph, "A Strategic Decision Framework for Green Supply Chain Management", Journal of Cleaner Production, Vol. 11, No. 4, 2003, pp. 397 – 409.

[653] Sathe, V., Corporate Entrepreneurship: Top Managers and New Business Creation, Cambridge University Press, 2003.

[654] Savitz, Andrew W. and Karl Weber, The Triple Bottom Line How Today's Best – Run Companies Are Achieving Economic, Social, and Environmental Success—and How You Can Too, Jossey – Bass, 2006.

[655] Saxenian, Annalee and Jinn – Yuh Hsu, "The Silicon Valley – Hsinchu Connection: Technical Communities and Industrial Upgrading", Social Science Electronic Publishing, Vol. 10, No. 4, 2001, pp. 893 – 920.

[656] Schneider, Thomas E., "Is There a Relation between the Cost of Debt and Environmental Performance?", An Empirical Investigation of the U. S. Pulp and Paper Industry, 1994 – 2005, 2008.

[657] Schwartz, Mark S. and Archie B. Carroll, "Integrating and Unifying Competing and Complementary Frameworks: The Search for a Common Core in the Business and Society Field", Business & Society, Vol. 47, No. 2, 2008, pp. 148 – 186.

[658] Scott, W. R., Institutions and Organizations: Ideas, Interests, and Identities, Sage Publications, 2013.

[659] Scott, W., Institutions and Organizations, Sage, Thousand Oaks,

CA, 2001.

[660] Scott, W., *Organizations: Rational, Natural and Open Systems*, Prentice-Hall, New York, 2003.

[661] Seligman, Martin E. P., "Positive Psychology", *American Psychologist*, Vol. 55, No. 2, 2000, pp. 5-14.

[662] Semadar, A., Robins, G. and Ferris, G. R., "Comparing the Effects of Multiple Social Effectiveness Constructs on Managerial Performance", *Journal of Organizational Behavior*, Vol. 27, No. 4, 2006, pp. 443-461.

[663] Seo, M. G. and L. F. Barrett, "Being Emotional During Decision Making - Good or Bad? An Empirical Investigation", *Academy of Management Journal Academy of Management*, Vol. 50, No. 4, 2007, p. 923.

[664] Seth, Anju, "Sources of Value Creation in Acquisitions: An Empirical Investigation", *Strategic Management Journal*, Vol. 11, No. 6, 1990, pp. 431-446.

[665] Shah, Pri Pradhan and Karen A. Jehn, "Do Friends Perform Better Than Acquaintances? The Interaction of Friendship, Conflict, and Task", *Group Decision & Negotiation*, Vol. 2, No. 2, 1993, pp. 149-165.

[666] Shane, Scott, "Academic Entrepreneurship: University Spinoffs and Wealth Creation", *Social Science Electronic Publishing*, Vol. 30, No. 4, 2004, pp. 494-496.

[667] Sharfman, Mark P. and Chitru S. Fernando, "Environmental Risk Management and the Cost of Capital", *Strategic Management Journal*, Vol. 29, No. 6, 2008, pp. 569-592.

[668] Sharma, Sanjay, "Managerial Interpretations and Organizational Context as Predictors of Corporate Choice of Environmental Strategy", *Academy of Management Journal*, Vol. 43, No. 4, 2000, pp. 681-697.

[669] Sheng, Shibin, Kevin Zheng Zhou and Julie Juan Li, "The Effects of

Business and Political Ties on Firm Performance: Evidence from China", *Journal of Marketing*, Vol. 75, No. 1, 2011, pp. 1 – 15.

[670] Shenkar, Oded, "Institutional Distance and the Multinational Enterprise", *Academy of Management Review*, Vol. 27, No. 4, 2002, pp. 608 – 618.

[671] Sherer, P. and Lee, K., "Institutional Change in Large Law Firms: A Resource Dependency and Institutional Perspective", *Academy of Management Journal*, Vol. 45, No. 1, 2002, pp. 102 – 119.

[672] Shimizu, Katsuhiko, Michael A Hitt, Deepa Vaidyanath and Vincenzo Pisano, "Theoretical Foundations of Cross – Border Mergers and Acquisitions: A Review of Current Research and Recommendations for the Future", *Journal of International Management*, Vol. 10, No. 3, 2004, pp. 307 – 353.

[673] Shirokova, Galina, Oleksiy Osiyevskyy and Karina Bogatyreva, "Exploring the Intention – Behavior Link in Student Entrepreneurship: Moderating Effects of Individual and Environmental Characteristics", *European Management Journal*, Vol. 34, No. 4, 2016, pp. 386 – 399.

[674] Sim, A. and Pandian, J., "Emerging Asian MNEs and their Internationalization Strategies: Case Study Evidence on Taiwanese and Singaporean Firms", *Asia Pacific Journal of Management*, Vol. 20, No. 1, 2003, pp. 27 – 50.

[675] Sinkovics, Rudolf R., Noemi Sinkovics, Kyu Lew Yong, Mohd Haniff Jedin and Stefan Zagelmeyer, "Antecedents of Marketing Integration in Cross – Border Mergers and Acquisitions", *International Marketing Review*, Vol. 32, No. 1, 2015, pp. 2 – 28.

[676] Skaggs, Bruce C. and Tammy Ross Huffman, "A Customer Interaction Approach to Strategy and Production Complexity Alignment in Service Firms", *Academy of Management Journal*, Vol. 46, No. 6, 2003, pp. 775 – 786.

[677] Smith, Laura G. E. , Nicole Gillespie, Victor J. Callan, Terrance W. Fitzsimmons and Neil Paulsen, "Injunctive and Descriptive Logics During Newcomer Socialization: The Impact on Organizational Identification, Trustworthiness, and Self - Efficacy", *Journal of Organizational Behavior*, Vol. 38, No. 4, 2017, pp. 487 - 511.

[678] Sobel, Michael E. , "Asymptotic Confidence Intervals for Indirect Effects in Structural Equation Models", *Sociological Methodology*, Vol. 13, No. 13, 1982, pp. 290 - 312.

[679] Spreitzer, Gretchen M. , "Psychological Empowerment in the Workplace: Dimensions, Measurement, and Validation", *Academy of Management Journal*, Vol. 38, No. 5, 1995, pp. 1442 - 1465.

[680] Stajkovic, Alexander D. and Fred Luthans, "Self - Efficacy and Work - Related Performance: A Meta - Analysis", *Psychological Bulletin*, Vol. 124, No. 2, 1998, pp. 240 - 261.

[681] Starik, Mark and Alfred A. Marcus. , "Introduction to the Special Research Forum on the Management of Organizations in the Natural Environment: A Field Emerging from Multiple Paths, with Many Challenges Ahead", *Academy of Management Journal*, Vol. 43, No. 4, 2000, pp. 539 - 546.

[682] Strauss, A. and Corbin, J. , *Basics of Qualitative Research* (2nd ed.), Thousand Oaks, CA: Sage, 1998.

[683] Stucchi, Tamara, "Emerging Market Firms' Acquisitions in Advanced Markets: Matching Strategy with Resource - Institution - and Industry - Based Antecedents", *European Management Journal*, Vol. 30, No. 3, 2012, pp. 278 - 289.

[684] Sun, Sunny Li, Mike W. Peng, Bing Ren and Daying Yan, "A Comparative Ownership Advantage Framework for Cross - Border M&As: The Rise of Chinese and Indian Mnes", *Journal of World Business*, Vol. 47, No. 1, 2012, pp. 4 - 16.

[685] Tajfel, Henri and John C. Turner, "The Social Identity Theory of In-

tergroup Behavior", *Psychology of Intergroup Relations*, Vol. 13, No. 3, 1986, pp. 7 – 24.

[686] Tan, Justin and Hau Siu Chow, "Isolating Cultural and National Influence on Value and Ethics: A Test of Competing Hypotheses", *Journal of Business Ethics*, Vol. 88, No. 1, 2010, pp. 197 – 210.

[687] Teece, D. J., Pisano, G. and Shuen, A., "Dynamic Capabilities and Strategic Management", *Strategic Management Journal*, Vol. 18, 1997, pp. 533 – 537.

[688] Teece, David J., "Explicating Dynamic Capabilities: The Nature and Microfoundations of (Sustainable) Enterprise Performance", *Strategic Management Journal*, Vol. 28, No. 13, 2007, pp. 1319 – 1350.

[689] Terlaak, A., "Order without law? The Role of Certified Management Standards in Shaping Socially Desired Firm Behaviors", *Academy of Management Review*, Vol. 32, No. 3, 2007, pp. 968 – 985.

[690] Thornton, Patricia H., *Markets from Culture: Institutional Logics and Organizational Decisions in Higher Education Publishing*, Stanford University Press, 2004.

[691] Thornton, Patricia H. and William Ocasio, "Institutional Logics and the Historical Contingency of Power in Organizations: Executive Succession in the Higher Education Publishing Industry, 1958 – 1901", *American Journal of Sociology*, Vol. 105, No. 3, 2015, pp. 801 – 843.

[692] Thornton, Patricia H., "The Rise of the Corporation in a Craft Industry: Conflict and Conformity in Institutional Logics", *Academy of Management Journal*, Vol. 45, No. 1, 1999, pp. 81 – 101.

[693] Tims, Maria, Arnold B. Bakker and Despoina Xanthopoulou, "Do Transformational Leaders Enhance Their Followers' Daily Work Engagement?", *Leadership Quarterly*, Vol. 22, No. 1, 2011, pp. 121 – 131.

[694] Tippins, Michael J. and Ravipreet S. Sohi, "It Competency and Firm Performance: Is Organizational Learning a Missing Link?", *Strategic*

Management Journal, Vol. 24, No. 8, 2003, pp. 745 – 761.

[695] Toffel, M. W. , "The Growing Strategic Importance of End – of – Life Product Management", California Management Review, Vol. 45, No. 3, 2003, pp. 102 – 129.

[696] Tolentino, Paz Estrella, "Home Country Macroeconomic Factors and Outward Fdi of China and India", Journal of International Management, Vol. 16, No. 2, 2010, pp. 102 – 120.

[697] Tsai, Wenpin, K. H. Su and M. J. Chen, "Seeing through the Eyes of a Rival: Competitor Acumen Based on Rival – Centric Perceptions", Academy of Management Journal, Vol. 54, No. 4, 2011, pp. 761 – 778.

[698] Turker, Duygu, "Measuring Corporate Social Responsibility: A Scale Development Study", Journal of Business Ethics, Vol. 85, No. 4, 2009, pp. 411 – 427.

[699] Ulaga, Wolfgang and Andreas Eggert, "Relationship Value and Relationship Quality", European Journal of Marketing, Vol. 40, No. 3/4, 2013, pp. 311 – 327.

[700] Vaara, E. and J. Tienari, "Justification, Legitimization and Naturalization of Mergers and Acquisitions: A Critical Discourse Analysis of Media Texts", Organization, Vol. 9, No. 2, 2012, pp. 275 – 304.

[701] Vaara, Eero, Janne Tienari and Juha Laurila, "Pulp and Paper Fiction: On the Discursive Legitimation of Global Industrial Restructuring", Vol. 27, No. 6, 2006, pp. 789 – 813.

[702] Vaara, Eero, Paulina Junni, Riikka M. Sarala, Mats Ehrnrooth and Alexei Koveshnikov, "Attributional Tendencies in Cultural Explanations of M&A Performance", Strategic Management Journal, Vol. 35, No. 9, 2014, pp. 1302 – 1317.

[703] Vaara, Eero and Philippe Monin, "A Recursive Perspective on Discursive Legitimation and Organizational Action in Mergers and Acquisitions", Organization Science, Vol. 21, No. 1, 2010, pp. 3 – 22.

[704] Vahlne, J. E. and Nordstr, M. K. A. , *Is the Globe Shrinking*: *Psychic Distance and the Establishment of Swedish Sales Subsidiaries During the Last 100 Years*, University of Uppsala, 1992.

[705] Vahlne, J. E. and Wiedersheim – Paul, F. , "Economic Distance: Model and Empirical Investigation", *Export and Foreign Establishments*, 1973, pp. 81 – 159.

[706] Van Heerden, Dorathea, Jose Rodrigues, Dale Hockly, Bongani Lambert, Tjaart Taljard and Andrew Phiri, "Efficient Market Hypothesis in South Africa: Evidence from a Threshold Autoregressive (Tar) Model", *Mpra Paper*, 2013.

[707] Vanevenhoven, J. , D. Winkel and D. Malewicki, "Varieties of Bricolage and the Process of Entrepreneurship", *New England Journal of Entrepreneurship*, Vol. 14, No. 2, 2011, pp. 53 – 66.

[708] Vasconcellos, Geraldo M. and Richard J. Kish, "Factors Affecting Cross – Border Mergers and Acquisitions: The Canada – U. S. Experience", *Global Finance Journal*, Vol. 7, No. 2, 1997, pp. 223 – 238.

[709] Vendelo, M. T. , "Improvisation and Learning in Organizations—An Opportunity for Future Empirical Research", *Management Learning*, Vol. 40, No. 4, 2009, pp. 449 – 456.

[710] Vera, D. and Crossan, M. , *Reconciling Learning Paradoxes through Improvisation*, Proceedings of International Conference on Organizational Learning, Knowledge and Capabilities, London, Ontario, Canada, 2007, pp. 992 – 1013.

[711] Vera, Dusya and Mary Crossan, "Strategic Leadership and Organizational Learning", *Academy of Management Review*, Vol. 29, No. 2, 2004, pp. 222 – 240.

[712] Verona, Gianmario and Davide Ravasi, "Unbundling Dynamic Capabilities: An Exploratory Study of Continuous Product Innovation", *Industrial & Corporate Change*, Vol. 12, No. 3, 2003, pp. 577 – 606.

[713] Vuong, Quang H. , "Likelihood Ratio Tests for Model Selection and

Non - Nested Hypotheses", *Econometrica*, Vol. 57, No. 2, 1989, pp. 307 - 333.

[714] Waddock, Sandra, "Parallel Universes: Companies, Academics, and the Progress of Corporate Citizenship", *Business & Society Review*, Vol. 109, No. 1, 2004, pp. 5 - 42.

[715] Waldman, David A., Gabriel G. Ramírez, Robert J. House and Phanish Puranam, "Does Leadership Matter? Ceo Leadership Attributes and Profitability under Conditions of Perceived Environmental Uncertainty", *Academy of Management Journal*, Vol. 44, No. 1, 2001, pp. 134 - 143.

[716] Walter, Achim, Michael Auer and Thomas Ritter, "The Impact of Network Capabilities and Entrepreneurial Orientation on University Spin - Off Performance", *Journal of Business Venturing*, Vol. 21, No. 4, 2006, pp. 541 - 567.

[717] Walter, C. and Howie, J., *Privatizing China: The Stock Markets and Their Role in Corporate Reform*, Wiley, Singapore, 2003.

[718] Wang, Catherine L. and Pervaiz K. Ahmed, "Dynamic Capabilities: A Review and Research Agenda", *International Journal of Management Reviews*, Vol. 9, No. 1, 2007, pp. 31 - 51.

[719] Wang, Hui, Kenneth S. Law, Rick D. Hackett, Duanxu Wang and Zhen Xiong Chen, "Leader - Member Exchange as a Mediator of the Relationship between Transformational Leadership and Followers' Performance and Organizational Citizenship Behavior", *Academy of Management Journal*, Vol. 48, No. 3, 2005, pp. 420 - 432.

[720] Wayne, Sandy J., Lynn M. Shore, William H. Bommer and Lois E. Tetrick, "The Role of Fair Treatment and Rewards in Perceptions of Organizational Support and Leader - Member Exchange", *J Appl Psychol*, Vol. 87, No. 3, 2002, pp. 590 - 598.

[721] Weber, Yaakov, Shlomo Yedidia Tarba and Ziva Rozen Bachar, "Mergers and Acquisitions Performance Paradox: The Mediating Role

of Integration Approach", *European J of International Management*, Vol. 5, No. 4, 2011, pp. 373 – 393.

[722] Westlund, Hans and Roger Bolton, "Local Social Capital and Entrepreneurship", *Small Business Economics*, Vol. 21, No. 2, 2003, pp. 77 – 113.

[723] Westphal, J., Gulati, R. and Shortell, S., "Customization or Conformity? An Institutional and Network Perspective on the Content and Consequences of TQM adoption", *Administrative Science Quarterly*, Vol. 42, No. 2, 1997, pp. 366 – 394.

[724] Wiersema, M. A. and Bantel, K. A., "Top Management Team Demography and Corporate Strategic Change", *Academy of Management Journal*, 1992, Vol. 35, pp. 91 – 121.

[725] Williamson, Oliver E., "The Economics of Organization: The Transaction Cost Approach", *American Journal of Sociology*, Vol. 87, No. 3, 1981, pp. 548 – 577.

[726] Williamson, P. J. and A. P. Raman, "How China Reset Its Global Acquisition Strategy", *Harvard Business Review*, Vol. 36, No. 7, 2011, pp. 128 – 138.

[727] Winter, G., *Business and the Environment*, Hamburg: McGraw – Hill, 1998.

[728] Winter, Sidney G., "Understanding Dynamic Capabilities", *Strategic Management Journal*, Vol. 24, No. 10, 2003, pp. 991 – 995.

[729] Witt, Michael A. and Arie Y. Lewin, "Outward Foreign Direct Investment as Escape Response to Home Country Institutional Constraints", *Journal of International Business Studies*, Vol. 38, No. 4, 2007, pp. 579 – 594.

[730] Wolf, Patricia, Stephanie Kaudela – Baum and Jens O. Meissner, "Exploring Innovating Cultures in Small and Medium – Sized Enterprises: Findings from Central Switzerland", *International Small Business Journal*, Vol. 30, No. 3, 2012, pp. 242 – 274.

[731] World Investment Report, *Transnational Corporations and Infrastructure Challenge*, New York and Geneva: United Nations Conference on Trade and Development, 2008.

[732] Wu, Friedrich, Lim Siok Hoon and Yuzhu Zhang, "Dos and Don'ts for Chinese Companies Investing in the United States: Lessons from Huawei and Haier", *Thunderbird International Business Review*, Vol. 53, No. 4, 2011, pp. 501 – 515.

[733] Wu, J., "Intra – and Inter – Organizational Imitative Behavior: Institutional Influences on Japanese Firms' Entry Mode Choice", *Journal of International Business Studies*, Vol. 33, No. 1, 2002, pp. 19 – 37.

[734] Wu, Liang, Heng Liu and Jianqi Zhang, "Bricolage Effects on New – Product Development Speed and Creativity: The Moderating Role of Technological Turbulence", *Journal of Business Research*, Vol. 70, No. , 2016, pp. 127 – 135.

[735] Wu, Wann Yih, Man Ling Chang and Chih Wei Chen, "Promoting Innovation through the Accumulation of Intellectual Capital, Social Capital, and Entrepreneurial Orientation", *R & D Management*, Vol. 38, No. 3, 2008, pp. 265 – 277.

[736] Xia, Jun, Justin Tan and David Tan, "Mimetic Entry and Bandwagon Effect: The Rise and Decline of International Equity Joint Venture in China", *Strategic Management Journal*, Vol. 29, No. 2, 2008, pp. 195 – 217.

[737] Xie, Qunyong, "Ceo Tenure and Ownership Mode Choice of Chinese Firms: The Moderating Roles of Managerial Discretion", *International Business Review*, Vol. 23, No. 5, 2014, pp. 910 – 919.

[738] Xu, Dean, Yigang Pan and Paul W. Beamish, "The Effect of Regulative and Normative Distances on Mne Ownership and Expatriate Strategies", *Mir Management International Review*, Vol. 44, No. 3, 2004, pp. 285 – 307.

[739] Yamakawa, Yasuhiro, Mike W. Peng and David L. Deeds, "What Drives New Ventures to Internationalize from Emerging to Developed Economies?", *Entrepreneurship Theory & Practice*, Vol. 32, No. 1, 2008, pp. 59-82.

[740] Yang, M. and Chen, S., *Conformity or Differentiation in the Formation Contents of International Joint Ventures*, Paper Presented at the Annual Conference Meeting of the Academy of International Business, Indianapolis, IN, 2007.

[741] Yang, M. and Hyland, M., "Who do Firms Imitate? A Multilevel Approach to Examining Sources of Imitation in the Choice of Mergers and Acquisitions", *Journal of Management*, Vol. 32, No. 3, 2006, pp. 381-399.

[742] Yang, Monica and Mary Anne Hyland, "Similarity in Cross-Border Mergers and Acquisitions: Imitation, Uncertainty and Experience among Chinese Firms, 1985-2006", *Journal of International Management*, Vol. 18, No. 4, 2012, pp. 352-365.

[743] Yang, Monica and Mary Anne Hyland, "Who Do Firms Imitate? A Multilevel Approach to Examining Sources of Imitation in the Choice of Mergers and Acquisitions", *Journal of Management*, Vol. 32, No. 3, 2006, pp. 381-399.

[744] Yang, Y. and Tyers, R., "The Asian Crisis and Economic Change in China", *Japanese Economic Review*, Vol. 52, No. 4, 2001, pp. 491-510.

[745] Yin, R. K., *Case Study Research: Design and Methods*, 2nd ed. Sage publications, Thousand Oaks, 1994.

[746] Yin, Robert K., *Case Study Research: Design and Methods*, 4th ed., Vol. 44, No. 1, 2009, p. 108.

[747] Youssef, C. M. and Luthans, F., *A Positive Organizational Behavior Approach to Ethical Performance*, *Positive Psychology in Business Ethics and Corporate Social Responsibility*, Greenwich, CT: Information

Age, 2005.

[748] Zaheer, Srilata, "Overcoming the Liability of Foreignness", *Academy of Management Journal*, Vol. 38, No. 2, 1995, pp. 341 – 363.

[749] Zhang, Jianhong, Chaohong Zhou and Haico Ebbers, "Completion of Chinese Overseas Acquisitions: Institutional Perspectives and Evidence", *International Business Review*, Vol. 20, No. 2, 2011, pp. 226 – 238.

[750] Zhu, Qinghua, Joseph Sarkis and Kee Hung Lai, "Green Supply Chain Management: Pressures, Practices and Performance within the Chinese Automobile Industry", *Journal of Cleaner Production*, Vol. 15, No. 11, 2007, pp. 1041 – 1052.

[751] Ziegler, Andreas, Michael Schröder and Klaus Rennings, "The Effect of Environmental and Social Performance on the Stock Performance of European Corporations", *Environmental & Resource Economics*, Vol. 37, No. 4, 2007, pp. 661 – 680.

[752] Zollo, Maurizio and Sidney G. Winter, "Deliberate Learning and the Evolution of Dynamic Capabilities", *Organization Science*, Vol. 13, No. 3, 2002, pp. 339 – 351.

[753] Zott, Christoph, "Dynamic Capabilities and the Emergence of Intraindustry Differential Firm Performance: Insights from a Simulation Study", *Strategic Management Journal*, Vol. 24, No. 2, 2003, pp. 97 – 125.